Anita Finkenzeller, Gabriele Kuhn-Schmelz, Rita Wehfritz

Praxis- und Methodenlehre

für die sozialpädagogische Erstausbildung

5. Auflage

Bestellnummer 42901

Die in diesem Produkt gemachten Angaben zu Unternehmen (Namen, Internet- und E-Mail-Adressen, Handelsregistereintragungen, Bankverbindungen, Steuer-, Telefon- und Faxnummern und alle weiteren Angaben) sind i. d. R. fiktiv, d. h., sie stehen in keinem Zusammenhang mit einem real existierenden Unternehmen in der dargestellten oder einer ähnlichen Form. Dies gilt auch für alle Kunden, Lieferanten und sonstigen Geschäftspartner der Unternehmen wie z. B. Kreditinstitute, Versicherungsunternehmen und andere Dienstleistungsunternehmen. Ausschließlich zum Zwecke der Authentizität werden die Namen real existierender Unternehmen und z. B. im Fall von Kreditinstituten auch deren IBANs und BICs verwendet.

Die in diesem Werk aufgeführten Internetadressen sind auf dem Stand zum Zeitpunkt der Drucklegung. Die ständige Aktualität der Adressen kann vonseiten des Verlages nicht gewährleistet werden. Darüber hinaus übernimmt der Verlag keine Verantwortung für die Inhalte dieser Seiten.

service@bv-1.de
www.bildungsverlag1.de

Bildungsverlag EINS GmbH
Ettore-Bugatti-Straße 6-14, 51149 Köln

ISBN 978-3-427-**42901**-2

westermann GRUPPE

© Copyright 2017: Bildungsverlag EINS GmbH, Köln
Das Werk und seine Teile sind urheberrechtlich geschützt. Jede Nutzung in anderen als den gesetzlich zugelassenen Fällen bedarf der vorherigen schriftlichen Einwilligung des Verlages.
Hinweis zu § 52a UrhG: Weder das Werk noch seine Teile dürfen ohne eine solche Einwilligung eingescannt und in ein Netzwerk eingestellt werden. Dies gilt auch für Intranets von Schulen und sonstigen Bildungseinrichtungen.

Inhaltsverzeichnis

Vorwort		9
1	**Berufliche Anforderungen**	**11**
1.1	Berufsmotivation und Erwartungen an den Beruf	14
1.2	Erwartungen und Entwicklung im Praktikum	15
1.2.1	Merkmale des beruflichen Lernens	16
1.2.2	Die Aufgaben der Praxisanleitung	17
1.2.3	Der Entwicklungsprozess im Praktikum	18
1.3	Die Arbeitsstelle	19
1.3.1	Die verschiedenen beruflichen Einsatzfelder	20
1.3.2	Die Konzeption der Einrichtung	21
2	**Die entdeckende Beobachtung**	**24**
2.1.	Die Bedeutung der entdeckenden Beobachtung	25
2.2	Beobachtungsziele und Beobachtungsinhalte	26
2.3	Beobachtungsfehler	29
2.4	Beobachtungsverfahren	31
2.4.1	Die Gesamtgruppe überblicken	33
2.4.2	Das Kind beobachten	33
2.4.3	Lernfortschritte beobachten	37
2.4.4	Entwicklungsrisiken beobachten	37
2.4.5	Selbstbeobachtung	37
2.5	Beobachtungen auswerten und verstehen	38
2.5.1	Auswertung im Team	39
2.5.2	Auswertung mit dem Kind	40
2.5.3	Auswertung mit den Eltern	44
2.5.4	Kritische Distanz beim Beobachten	45
2.6	Dokumentation der Beobachtungen	50
2.6.1	Das Portfolio	51
2.6.2	Formen der Dokumentation	51
2.6.3	Organisation der Dokumentation	52
2.7	Die Beobachtung in der beruflichen Ausbildung	53
3	**Grundlegende Bedürfnisse von Kindern**	**58**
3.1	Grundbedürfnisse	60
3.2	Bedürfnisgerechte Raum- und Lernortgestaltung	62
3.3	Bedürfnisgerechter Tagesablauf	66
3.4	Ausgewählte Situationen und Bedürfnisse von Kindern in Tageseinrichtungen	72

3.4.1	Mädchen und Jungen	73
3.4.2	Kinder unter drei Jahren	77
3.4.3	Kinder mit Entwicklungsgefährdung	82
3.4.4	Kinder mit besonderem Förderbedarf	84
3.4.5	Kinder mit Hochbegabung	90
3.4.6	Besondere Lebenssituationen von Kindern	96
3.4.7	Kinder aus anderen Kulturkreisen	102
3.4.8	Resilienz – das Immunsystem der kindlichen Entwicklung	108
4	**Spiel**	**112**
4.1	Die Bedeutung des Spiels für die kindliche Entwicklung	114
4.1.1	Spielen ist die Lebensform des Kindes	115
4.1.2	Das Spiel ist Bildungsmittelpunkt	116
4.2	Spielmaterial	121
4.3	Spielformen	124
4.3.1	Probieren, Gestalten, Experimentieren und Forschen	125
4.3.2	Das darstellende Spiel	126
4.3.3	Regelspiele	132
4.3.4	Bewegungsspiele	138
4.4	Das Freispiel	142
4.4.1	Die Beobachtung und Auswertung des kindlichen Spiels	142
4.4.2	Kindliche Grundbedürfnisse erkennen und verstehen	145
4.5	Spielräume schaffen	155
5	**Bildungsprozesse begleiten**	**159**
5.1	Die Bildungsbiografie der pädagogischen Fachkraft	160
5.2	Das Bild vom Kind	161
5.3	**Das Bild von der pädagogischen Fachkraft**	**163**
5.3.1	Bildungsprozesse mit Kindern kooperativ gestalten	165
5.3.2	Bildung in der lernenden Gemeinschaft ermöglichen	165
5.3.3	Mit Kindern philosophieren	**166**
5.3.4	Kindliche Bildungsprozesse moderieren	166
5.3.5	Kinder in ihrem Verhalten unterstützen und sie stärken	**168**
5.3.6	Kindern Hilfestellung geben	**169**
5.3.7	Problemlösendes Verhalten von Kindern stärken	**169**
5.3.8	Projekte und Aufgaben im Hinblick auf die Anforderungen und Fähigkeiten des Kindes analysieren	**170**
5.4	Bildungspläne und Bildungsschwerpunkte	172

6	**Erzieherisches Handeln**	175
6.1	Gezielte Aktivitäten planen und durchführen	177
6.1.1	Die Auswahl der Kinder und die Zusammensetzung der Zielgruppe	177
6.1.2	Lernziele bestimmen	178
6.1.3	Themen finden und den Lerngegenstand analysieren	182
6.1.4	Methodische Grundsätze	184
6.1.5	Die Materialauswahl treffen	186
6.1.6	Den Verlauf planen	187
6.1.7	Gezielte Aktivitäten schriftlich vorbereiten	189
6.2	Die gemeinsame Runde planen	195
6.3	Projekte gestalten	197
6.3.1	Merkmale und Wert von Projekten	198
6.3.2	Planung und Projektverlauf	199
6.3.3	Beispiel für ein Projekt zum Bildungsschwerpunkt „Religiosität"	200
6.4	Erzieherisches Handeln reflektieren	203
7	**Medien in der pädagogischen Arbeit**	204
7.1	Die verschiedenen Medienarten	205
7.2	Druckmedien	207
7.2.1	Das Bilderbuch	208
7.2.2	Die Erzählung/das Märchen	210
7.3	Audiovisuelle Medien	213
7.3.1	Fernsehen, DVD, Video	213
7.3.2	Hörmedien	217
7.4	Elektronische Informationsmedien	221
7.5	Die Förderung von Medienkompetenz	228
8	**Begleitung von Übergängen**	229
8.1	Der Übergang von der Familie in die Kinderkrippe	234
8.2	Der Übergang von der Familie/Kinderkrippe in den Kindergarten	239
8.3	Der Übergang vom Kindergarten in die Schule/in den Hort	246
9	**Verkehrssicherheitserziehung**	251
9.1	Kinder sind von Beginn an Verkehrsteilnehmer	253
9.2	Basiskompetenzen der Verkehrssicherheitserziehung: Kinder unter fünf Jahren	256
9.3	Gezielte Verkehrssicherheitserziehung: Kinder ab fünf Jahren	260
9.4	Sicherheitserziehung in Tageseinrichtungen	264

10	**Teamarbeit**	**265**
10.1	Grundlagen der Teamarbeit	266
10.1.1	Aufgaben der Teammitglieder	267
10.1.2	Vorteile der Teamarbeit	270
10.1.3	Teambildung	274
10.1.4	Konflikte im Team	277
10.2	Umfeld und Kooperationspartner	279
10.3	Mit Fachdiensten zusammenarbeiten	286

11	**Eltern als Bildungs- und Erziehungspartner**	**290**
11.1	Die Bedeutung der Erziehungs- und Bildungspartnerschaft	292
11.1.1	Die Bedeutung der Kooperation aus Sicht der Eltern	292
11.1.2	Die Bedeutung der Kooperation aus Sicht der Kinder	294
11.1.3	Die Bedeutung der Kooperation aus Sicht der pädagogischen Fachkräfte	295
11.2	Formen der Bildungs- und Erziehungspartnerschaft mit Eltern	295
11.2.1	Gespräche zwischen Tür und Angel	297
11.2.2	Elternabend	299
11.2.3	Elternsprechstunde	301
11.2.4	Tag der offenen Tür	303
11.2.5	Elternbrief und Hort-/Kitazeitung	304
11.2.6	Gemeinsame Feste	307
11.2.7	Zusammenarbeit mit dem Elternbeirat	308
11.2.8	Elternbefragung	308
11.3	Gesprächsführung in der Zusammenarbeit mit Eltern	309
11.3.1	Im Gespräch eine Klärung herbeiführen	312
11.3.2	Methodische Grundsätze bei der Gesprächsführung	313
11.4	Probleme in der Zusammenarbeit mit Eltern	321
11.5	Besondere Bedürfnisse von Familien mit Migrationshintergrund	323
11.5.1	Formen der Zusammenarbeit mit Migrantenfamilien	326
11.5.2	Persönliche Einstellung zur Zusammenarbeit mit Migrantenfamilien	331

12	**Feste und Feiern**	**333**
12.1	Feste im Leben von Menschen	335
12.2	Planung und Gestaltung von Festen	336
12.3	Einzelne Feste	340
12.3.1	Kindergeburtstag	340
12.3.2	Erntedankfest	342
12.3.3	Halloween	345
12.3.4	St. Martin	346

12.3.5	Nikolaus	348
12.3.6	Advent und Weihnachten	351
12.3.7	Fasching	354
12.3.8	Ostern	356
12.3.9	Muttertag	359
12.3.10	Sommerfest	360
13	**Qualität**	**362**
13.1	Die acht Qualitäts-Schlüsselbegriffe	364
13.2	Das Konzept gibt den Soll-Standard einer Einrichtung vor	366
13.3	Die Arbeit mit der Qualität	369
13.3.1	Messen der Qualität	370
13.3.2	Qualität dokumentieren und organisieren	371
13.3.3	Qualität entwickeln	372
13.3.4	Qualität reflektieren	373
14	**Methodische Grundsätze zu gezielten Aktivitäten und ausgewählte Praxisbeispiele**	**375**
14.1	Emotionalität und soziale Beziehungen	376
14.1.1	Entspannungsübungen und Fantasiereisen	376
14.1.2	Die Gesprächsführung	379
14.1.3	Das angeleitete Rollenspiel	381
14.1.4	Kreis- und Singspiele	383
14.2	Sprache und Literacy	385
14.2.1	Märchen und Geschichten	385
14.2.2	Ratespiele	388
14.2.3	Das Fingerspiel	391
14.3	Informations-, Kommunikationstechnik und Medien	393
14.3.1	Die Bilderbuchbetrachtung	393
14.3.2	Lebenspraktische Übungen	397
14.3.3	Informationstechnik im darstellenden Spiel	399
14.4	Mathematik, Naturwissenschaft und Technik	401
14.4.1	Die mathematische Bildung	402
14.4.2	Didaktische Spiele	405
14.4.3	Naturwissenschaftliche Experimente	408
14.5	Umwelt und Gesundheit	411
14.5.1	Kimspiele	411
14.5.2	Hauswirtschaftliche Angebote	415

14.6	Ästhetik, Kunst und Kultur	418
14.6.1	Das angeleitete Malen	418
14.6.2	Das Falten	421
14.6.3	Die Drucktechnik	424
14.6.4	Das Modellieren	427
14.6.5	Das kreative Gestalten	430
14.7	Musik	433
14.7.1	Singen mit Kindern	433
14.7.2	Gestaltung von Klangszenen	436
14.8	Bewegung, Tanz und Sport	438
14.8.1	Das Erlebnisturnen	438
14.8.2	Die Turnstunde	439
14.9	Wertorientierung und Religiosität	443

Anhang **446**

Literaturverzeichnis **450**

Bildquellenverzeichnis **456**

Stichwortverzeichnis **457**

Vorwort

Dieses Lehr- und Arbeitsbuch wurde für die sozialpädagogische Erstausbildung konzipiert. Es wendet sich an Teilnehmerinnen und Teilnehmer in sozialpädagogischen Erstausbildungen und Erzieherinnen[1] sowie deren Praxisanleiterinnen, aber auch an Praktikerinnen in sozialpädagogischen Einrichtungen und in der Tagespflege.

Das Buch enthält die wesentlichen Inhalte, die für angehende Pädagoginnen berufsrelevant sind. Darüber hinaus erhalten die Lernenden in einem Praxisteil mit ausgewählten Beispielen ganz konkrete Umsetzungsmöglichkeiten gezielter Aktivitäten zu den verschiedenen Bildungsschwerpunkten. Als Orientierungsmaßstab diente den Autorinnen dabei der Bayerische Bildungs- und Erziehungsplan, stellvertretend für Orientierungs- und Bildungspläne anderer Bundesländer.

Der Titel wurde in der Neuauflage grundlegend aktualisiert. Insbesondere die Themen Beobachtung, Aufsichtspflicht, Spiel, kindliche Bildungsprozesse begleiten, die besondere Situation von asylsuchenden Familien mit ihren Kindern und Medien wurden stark überarbeitet und ergänzt.

Das Buch ist so aufgebaut, dass jedes Kapitel von einer praxisrelevanten Falldarstellung und von den jeweiligen Lernzielen eingeleitet wird. Durch den unterrichtsunterstützenden Aufbau können Schülerinnen selbstständig mit dem Buch arbeiten bzw. es als Arbeitsmaterial im handlungsorientierten Unterricht nutzen.

Die Autorinnen sind als Diplomsozialpädagoginnen selbst seit vielen Jahren in der Ausbildung von Kinderpflegerinnen tätig. Sie konnten ihre einschlägigen Berufserfahrungen als Sozialpädagoginnen und Erzieherinnen in sozialpädagogischen Arbeitsfeldern und ihre Zusatzqualifikationen wie z. B. im sozialtherapeutischen Rollenspiel, der Themenzentrierten Interaktion (TZI) sowie in der Familien- und Gruppentherapie in die entsprechenden Themenfelder einbringen.

Das Buch bietet praktische Hilfestellung und vermittelt gleichzeitig den theoretischen Hintergrund als Basis für die praktische Arbeit. Ergänzend dazu steht ein Arbeitsheft zur Verfügung mit praktischen Übungsaufgaben zu den einzelnen Kapiteln, z. B. Praktikumsberichte, Beobachtungsprotokolle, Ausarbeitungen und Projektplanung. Die Autorinnen danken allen, die durch Anregungen zum Gelingen beigetragen haben, und wünschen den Leserinnen und Lesern einen erfolgreichen Umgang mit dem Buch.

---

1 Aus Gründen der sprachlichen Vereinfachung verwenden wir die weibliche Form der Berufsbezeichnungen.

1 Berufliche Anforderungen

In diesem Kapitel lernen Sie,

* dass Kindheitserfahrungen einen starken Einfluss auf die zukünftige Erzieherpersönlichkeit und deren Erwartungen haben,

* dass es wichtig ist, sich in einem anspruchsvollen Prozess beruflichen Lernens mit den eigenen Erwartungen und Erfahrungen auseinanderzusetzen,

* dass die Zusammenarbeit zwischen Praktikantin, Praxisanleitung und Schule einen wesentlichen Einfluss auf die Qualität der Ausbildung hat,

* dass unterschiedliche sozialpädagogische Einrichtungen Eltern in ihrer Erziehungsarbeit unterstützen,

* dass berufliche Anforderungen von der Art der Einrichtung und deren Konzeption abhängig sind.

1 Berufliche Anforderungen

Situation

Simone hat einen anstrengenden Schnuppertag in ihrer Praxisstelle, der Kindertagesstätte Sonnenschein, hinter sich.

Sie war eine halbe Stunde alleine mit der ganzen Gruppe im Stuhlkreis, weil die Erzieherin mit einem Kind, das sich eine Perle in die Nase gesteckt hatte, ins Büro musste und die Kinderpflegerin gerade beim Einkaufen war. Bis zu diesem Zeitpunkt wurde gerade gesungen und Simone sollte jetzt mitsingen, obwohl sie doch in der Schule eine so schlechte Note im Singen hatte und nicht mehr öffentlich singen mag. Außerdem gab es Ärger mit einer Mutter, die Simones Gruppenleiterin sehr aufgebracht vorwarf, die Kinder zu wenig zu fördern. Im Kindergarten St. Martin würden die Kinder schon Englisch lernen. Simone schwirrt noch immer der Kopf, weil es den ganzen Tag so laut und hektisch zugegangen ist.

Dabei war im Wochenpraktikum während der Schulzeit alles so anders. Dort hatte Simone die meiste Zeit mit den Kindern am Spieltisch gespielt und gemalt und sich dabei richtig in ihre eigene Kindergartenzeit zurückgesetzt gefühlt. Aber jetzt darf sie auch nicht mehr den ganzen Tag mit ihrem „kleinen Liebling" Tobi spielen, sondern soll mit möglichst allen Kindern Kontakt aufnehmen. Als sie in der Mittagspause ihre Cola trinken wollte, hat ihr das ihre Praxisanleiterin, Frau Schmid, untersagt, weil die Kinder auch keine Cola trinken dürfen. Simone weiß noch nicht so genau, was von ihr erwartet wird. Sie befürchtet, vieles falsch zu machen.

Simone bekommt Zweifel, ob ihre Berufswahl die richtige war und ob sie nicht doch die eben frei gewordene Lehrstelle zur Frisörin annehmen soll, von der ihre Nachbarin gestern gesprochen hat.

1 Berufliche Anforderungen

Aufgaben

1. Notieren Sie, welche Fragen und Probleme Simone hat.
2. Überlegen Sie mithilfe Ihres Stundenplans, in welchen Fächern Sie Hilfestellung für Simone finden können. Formulieren Sie konkrete Fragen.
3. Formulieren Sie einen Brief, den Sie als Simones Freundin an sie richten. Versuchen Sie, Simone in ihrer Entscheidungsfindung damit behilflich zu werden.

Der professionelle erzieherische Umgang mit Kindern erfordert von sozialpädagogischen Fachkräften die Fähigkeit, sich immer wieder, besonders aber zu Beginn der Berufstätigkeit, an Erfahrungen in der eigenen Familie zu erinnern und diese zu hinterfragen. Wenn die sozialpädagogische Mitarbeiterin erzieht, ermahnt, anerkennt, handelt, reagiert und organisiert, wird dies immer vor dem Erfahrungshintergrund ihrer eigenen Herkunftsfamilie geschehen. Daher ist es notwendig, diesen näher zu beleuchten, um zwischen den eigenen Problemen und den Problemen der Kinder unterscheiden zu können. Wer hierzu in der Lage ist, kann kompetentes erzieherisches Handeln erlernen. Die Ausbildung zur Berufspädagogin ist ein fortlaufender und geplanter Prozess, in dem das Lernen und Sammeln von Erfahrungen im Mittelpunkt steht.

Die pädagogische Fachkraft wird sich in der Ausbildung mit den eigenen Erwartungen an den Beruf und mit den Erwartungen anderer auseinandersetzen müssen. Sie wird ihr fachliches Wissen im Praktikum erproben und üben und ihre Erfahrungen vor dem Hintergrund der eigenen Biografie überdenken und dadurch berufliche Identität und Kompetenz entwickeln.

Dies verdeutlicht die folgende Situation:

Die Praktikantin Susanne berichtet ihrer Anleiterin, dass es ihr persönlich sehr schwerfalle, wenn Monika, fünf Jahre, sich im Freispiel bei ihr auf den Schoß setzt und weint.
Monikas Eltern haben sich vor Kurzem getrennt. Monika weint sehr viel, hält ständig einen Hasen und einen Teddybären in der Hand und verzieht sich im Freispiel in die Kuschelecke. Wenn die Praktikantin Susanne da ist, setzt sie sich auf ihren Schoß und erzählt des Öfteren, dass ihr Papa nichts mehr von ihr wissen wolle und nicht mehr nach Hause komme. Susanne ist sehr deprimiert und hilflos. Im Anleitungsgespräch kann geklärt werden, dass auch Susannes Eltern sich getrennt haben und durch Monikas Erfahrungen dieser Schmerz wieder aktiviert wird. Zu Monikas Schmerz kommt auch noch der Schmerz und die Hilflosigkeit der Praktikantin hinzu. Susanne kann erst nach diesem Reflexionsgespräch erkennen, was Monika braucht: Nähe, Zuwendung, Spiele, bei denen einzelne Teile wieder zusammengesetzt werden (Puzzle), oder Spiele, in deren Verlauf Gefühle der Geborgenheit vermittelt werden, z. B. „Die Henne Berta".

1 Berufliche Anforderungen

Aufgabe

Zeichnen Sie ein Bild von Ihrer „Kindheitsfamilie". Welche Vorstellungen haben Sie von Kindern und Kindheit? Tauschen Sie Ihre Erfahrungen in der Klasse aus.

➲ *Weitere Aufgaben zu diesem Thema finden Sie im Kapitel 1 des Arbeitshefts.*

1.1 Berufsmotivation und Erwartungen an den Beruf

Aufgaben

1. Sammeln Sie Stellenanzeigen aus Zeitung und Fachzeitschriften, die Ihrem Berufsziel entsprechen.
2. Wie stellen Sie sich die Arbeit in diesen Einrichtungen aufgrund der Stellenanzeigen vor?
3. Auf welche Stelle würden Sie sich bewerben?
4. Diskutieren Sie in der Klasse:
   – Warum haben Sie sich für Ihre Ausbildung entschieden?
   – Was wünschen Sie sich in diesem Beruf? Welche Befürchtungen haben Sie?
   – Warum sind in der Klasse vorwiegend Schülerinnen?

Bei einer Umfrage unter Erzieherinnen und Kinderpflegerinnen in sozialpädagogischen Einrichtungen in Freising zu den Erwartungen, die an sie gestellt werden, wurden folgende Ergebnisse genannt:

Körperliche Belastbarkeit, Beweglichkeit, Regenerationsfähigkeit, Verkraften von Belastungen in Spitzenzeiten bei Krisen und Krankheiten, Konzentrationsfähigkeit, geistige Beweglichkeit, Umstellungsfähigkeit und Flexibilität, schnelle Informationsaufnahme, schnelle Informationsverarbeitung, gutes Gedächtnis, Genauigkeit beim Arbeiten, z.B. beim Beobachten, Lebens- und Berufserfahrung, Lied- und Spielschatz, Sicherheit im Umgang mit Kindern, Eltern und im Team, Fähigkeit zur menschlichen Zusammenarbeit, Ausgeglichenheit, Beständigkeit in der Arbeit, Selbstständigkeit, Begeisterungsfähigkeit, Spontanität, Geduld, Unbeschwertheit, Teamgeist, Kontinuität, Gelassenheit, Beobachtungsfähigkeit, Selbstsicherheit, Erfahrung bei der Einschätzung des Entwicklungsstandes des Kindes, Zuverlässigkeit, positive Einstellung zur Arbeit, Kenntnis über die Zusammenhänge in der Einrichtung, Verantwortungsbewusstsein, Überblick über die Gruppe und die Gesamtzusammenhänge, wenig Eigenbetroffenheit, Toleranz, Einschätzung der eigenen Fähigkeiten und Grenzen, durchdachte Entscheidungen, Sinn für das Machbare.

Damit werden die Fähigkeiten und Fertigkeiten von pädagogischen Mitarbeiterinnen in verschiedenen sozialpädagogischen Arbeitsfeldern genannt, welche zur Betreuung, Bildung und Erziehung von Kindern notwendig sind.

Um zu klären, welche Gründe zur eigenen Berufsmotivation geführt haben und ob die richtige Berufswahl getroffen wurde, sind folgende Fragen hilfreich:

Checkliste zur Berufswahl

* Warum habe ich diesen Beruf gewählt?
* Welche Erzieherpersönlichkeit will ich werden?
* Welche persönlichen Erfahrungen und Erlebnisse fallen mir aus meiner Kindheit zum Thema „Erziehung" ein?
* Welche Vorstellungen von Erziehung habe ich?
* Welche der in der Umfrage genannten Erwartungen kann ich vermutlich erfüllen bzw. nicht erfüllen?
* Habe oder hatte ich Vorbilder bzw. woher stammen meine Vorstellungen von Erziehung?
* Was tue ich gern, was nicht so gern?
* Was kann ich gut, was nicht so gut?
* Welche meiner Erwartungen werden wahrscheinlich erfüllt/nicht erfüllt werden?

1.2 Erwartungen und Entwicklung im Praktikum

Situation

„Lehrjahre sind keine Herrenjahre!" Mit Schrecken denkt Viktoria an ihren ersten Tag in ihrer Praxisstelle zurück und an den Satz, den ihr ihre Eltern dazu gesagt haben. Sie fühlte sich so unsicher, wusste gar nicht, wo sie hingehen sollte. Kinder sind mit Fragen gekommen, die sie nicht beantworten konnte. Viktoria wusste einfach nicht, ob sie jetzt in der Puppenecke spielen durften oder nicht, ob sie die Schere haben durften oder nicht. Sie wurde zum Tischabwischen geschickt, sollte Tee kochen und der Erzieherin beim Aufräumen des Turnraums helfen. So hatte sie sich ihr Praktikum nicht vorgestellt!

Aufgabe

Malen Sie ein Bild, das Ihre Gefühle vor dem ersten Praxistag zum Ausdruck bringt.

Spätestens beim ersten Praktikum schlüpft die Schülerin, die als Tochter vielleicht noch selbst erzogen wird, in die Rolle der Praktikantin, die nun erziehen soll. Dieser Perspektivenwechsel birgt viele Konflikte und die Erkenntnis, dass Erwartungen und Vorstellungen vom Beruf sich nicht immer mit den Erfahrungen im Praktikum decken.

Im Praktikum finden die ersten „Gehversuche" zur Erziehung und Betreuung von Kindern statt. Innerhalb der Berufsausbildung in sozialpädagogischen Arbeitsfeldern ist das Praktikum ein wichtiger und zentraler Teil der Ausbildung. Die Aufnahme einer Praktikantin hat Auswirkungen auf den gesamten Tagesablauf einer Einrichtung.

Die Praktikantin stellt sich folgende Fragen:

* Werden mich die Eltern und Kinder so akzeptieren, wie ich bin?
* Was darf ich im Praktikum machen?
* Was macht eine Praktikantin im Kindergarten? Was ist ihr Bereich?
* Wie verläuft ein Tag im Kindergarten, im Hort?
* Welche Leute werde ich kennenlernen?
* Bekommt man im Kindergarten Aufgaben, was man mit den Kindern machen soll, oder muss man sich das selbst überlegen?

1.2.1 Merkmale des beruflichen Lernens

Im Praktikum entsteht ein Lernbündnis zwischen Praxisanleitung, Praktikantin und Schule. Dabei übernimmt die Auszubildende Werte, Normen und Regeln sozialpädagogischer Berufe:

Erproben	Im Praktikum werden die schulischen Inhalte erprobt.
Ausbildungsziele	Die Gestaltung des Praktikums wird bestimmt durch Ausbildungsziele. Diese sind auch Gegenstand der Praktikumsbeurteilung.
Kontakt	Die Praktikantin steht in direktem Kontakt mit Kindern, Jugendlichen und Eltern.
Berufsidentität	Sie erwirbt im Praktikum Kenntnisse und Fertigkeiten, die nicht schon mit „Berufserfahrung" gleichgesetzt werden können. Im Praktikum beginnt die Praktikantin eine Berufsidentität zu entwickeln.
Praxisanleitung	Ein wesentliches Merkmal der praktischen Ausbildung ist die Praxisanleitung. Eine Mitarbeiterin und Berufsvertreterin ist dafür verantwortlich.
Theorie	Die praktischen Erfahrungen ermöglichen durchaus wieder eine verstärkte Motivation, sich mit theoretischen Kenntnissen in der Ausbildungsstätte nach dem Praktikum auseinanderzusetzen.
Reflexion	Die Kenntnisse und Erfahrungen in sozialpädagogischen Arbeitsfeldern werden reflektiert. Ein beruflicher Entwicklungsprozess, die berufliche Sozialisation, wird in Gang gesetzt.

Die Praxis ist auf den Einzelfall gerichtet und verlangt Entscheidungen. Genaue Richtlinien, Handlungsanweisungen oder gar Rezepte und Ratgeber wird es dabei nicht geben.

Eine der wesentlichen Erwartungen an den Beruf ist, dass notwendige Kenntnisse, Hilfsmittel und Fähigkeiten zum Erziehen beherrscht werden. Deshalb muss die Praktikantin lernen, tragfähige Beziehungen aufzubauen.

Dabei ist die **Ungleichheit der Beziehung zwischen Praktikantin und Kind** eine Grundvoraussetzung.

Die Praktikantin	Das Kind
– beobachtet, – erzieht, – diszipliniert, – entscheidet, – zeigt Konsequenz und – begründet ihr Handeln.	– probiert aus, – will Grenzen erfahren, – entwickelt sich und – sucht seinen Platz in der Gruppe.

Diese Ungleichheit in der Beziehung zwischen Praktikantin und Kind widerspricht jedoch häufig den anfänglichen Erwartungen der Praktikantin von ihrer Rolle als gute Kameradin für das Kind. Entsprechend komplex und umfangreich sind die Aufgaben der Praxisanleitung.

1.2.2 Die Aufgaben der Praxisanleitung

Das Praktikum ist ein Lernprozess für alle Beteiligten.

Die Praxisanleiterin ist Vorgesetzte. Sie erteilt Anweisungen und Arbeitsaufträge, informiert und weist in die Aufgaben sozialpädagogischer Arbeitsfelder ein.

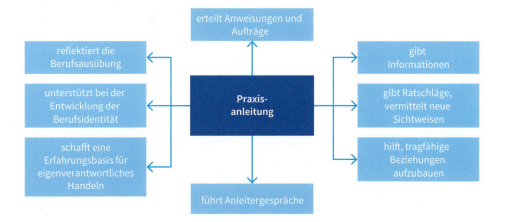

Die Praxisanleiterin benötigt dazu Grundwissen und Kompetenzen im Bereich der Mitarbeiterführung und im Bereich der professionellen, kollegialen Beratung. Sie kann sicher organisieren, plant und gestaltet das Praktikum zielbewusst und verfügt über persönliche Kompetenzen im Bereich der Kommunikation, Gesprächsführung, Beratung und im Konfliktmanagement.

Der Ort, an dem Theorie und Praxis in besonderem Maß miteinander verknüpft sind, ist das Praktikum. Der Ausbildungsstelle kommt eine besondere Verantwortung zu, da sie die Praktikantin beurteilt und am Ende der Ausbildung an der praktischen Prüfung mitwirkt.

Ausbildungsstätte/Schule und Praxisanleitung tauschen Informationen aus, arbeiten zusammen und reflektieren mit der Praktikantin den Entwicklungs- und Ausbildungsprozess.

Die Anleitertätigkeit ist oft eine einsame Tätigkeit, die Unterstützung durch die Betreuungslehrkraft der Ausbildungsstätte/Schule braucht. Diese stützt die Praxisanleitung und ermöglicht den Austausch mit anderen Anleitern. Dadurch wachsen Schule und Praxisstelle zusammen:

Schule ⟷ Praxisstelle		
Information	**Kooperation**	**Reflexion**
– Ziele – Schwerpunkte – gesetzliche Bestimmungen – Termine – Kriterien zur Beobachtung und Beurteilung	– Rollen klären – Erfahrungen austauschen – Beziehungen stärken – Entwicklungen begleiten – Übereinkünfte treffen – Team werden	– Wer bin ich? – Was will ich? – Was kann ich?

Die Qualität der Praxisanleitung wird bestimmt von der helfenden Beziehung zwischen Anleitung und Praktikantin. Die Entstehung und Entwicklung dieses Hilfsprozesses ist das wichtigste Element der Anleitung.

1.2.3 Der Entwicklungsprozess im Praktikum

Im Verlauf des Praktikums entwickeln sich berufspezifische und persönliche Fähigkeiten der Praktikantin in einer bestimmten Reihenfolge:

1.3 Die Arbeitsstelle

Situation

Erika, Nicole, Melanie und Sandra, vier Freundinnen aus der Ausbildungszeit, treffen sich drei Jahre nach ihrem Berufsabschluss zum ersten Mal wieder. Ihre Berufserfahrungen nehmen einen großen Teil des Gesprächs ein:
Erika und **Nicole** hat es nach München in eine große Kindertagesstätte inmitten eines dicht besiedelten Hochhausviertels verschlagen. Es gibt darin drei Krippengruppen, drei Kiga-Gruppen und zwei Hort-Gruppen. Erika arbeitet in der Kinderkrippe, Nicole in einer Kiga-Gruppe.
Melanie arbeitet im katholischen Kindergarten einer Kleinstadt. Eine zweigruppige Kinderkrippe wird gerade angebaut.
Sandra ist in einer Betriebskindertagesstätte einer großen Firma beschäftigt.
Die Freundinnen erzählen angeregt über ihre unterschiedlichen Erlebnisse und Arbeitserfahrungen.

Aufgaben

1. Welche der Einrichtungen kommt der am nächsten, die Sie aus eigener Erfahrung als Kind oder als Praktikantin kennen?
2. Mit welchen Kindern der unterschiedlichen Altersgruppen arbeiten die vier Freundinnen?
3. In welcher Einrichtung würden Sie am liebsten arbeiten? Begründen Sie Ihren Wunsch.

Während vor Jahren das Einsatzfeld der pädagogischen Fachkraft zum größten Teil der klassische Kindergarten war, hat sich dieses Bild in letzter Zeit stark verändert und ist noch immer in einem großen Umstrukturierungsprozess begriffen. Je nach Betreuungsbedarf der Familien, der von den Trägern und

Städten meist über Elternbefragungen ermittelt wird, besuchen heute nicht nur die drei- bis sechsjährigen Kinder außerhäusliche Erziehungs- und Bildungseinrichtungen. Die Betreuung von Säuglingen und Kleinstkindern hat stark zugenommen. Um noch mehr Müttern die Berufstätigkeit zu ermöglichen, werden im Moment viele öffentliche Mittel in den Ausbau geeigneter Einrichtungen investiert. Die Öffnungszeiten richten sich nach dem Betreuungsbedarf der Kinder. Es gibt Einrichtungen, die zwischen 6.00 Uhr am Morgen und 20.00 am Abend geöffnet sind.

Alle diese Einrichtungen dienen der Bildung, Erziehung und Betreuung der Kinder und unterstützen die Eltern bei ihrer Erziehungsarbeit.

1.3.1 Die verschiedenen beruflichen Einsatzfelder

Je nach Bundesland haben sich verschiedene Bezeichnungen für sozialpädagogische Einrichtungen eingebürgert. Im Folgenden werden die gebräuchlichsten vorgestellt.

Die Kinderkrippe

Die Kinderkrippe ist eine Tagesstätte für Kinder bis zum Kindergartenalter.

Die Gruppe besteht aus bis zu zwölf Kindern.

Der Kindergarten

Hier werden meist Kinder zwischen dem dritten und sechsten Lebensjahr betreut.

Kinderkrippe

Jede Gruppe ist geschlechtsgemischt und besteht aus ca. 25 Kindern.

Der Kinderhort

Der Kinderhort ist eine Tageseinrichtung für schulpflichtige Kinder bis zum zwölften Lebensjahr.

Kindergarten

Die Kinder, hauptsächlich Grundschulkinder, kommen nach der Schule in den Hort. Neben der Versorgung mit Mittagessen werden die Hortkinder bei den Hausaufgaben betreut. Außerdem besteht die Möglichkeit, verschiedene Freizeitangebote zu nutzen.

Die Gruppenstärke beträgt bis zu 25 Kinder.

Die Kindertagesstätte

Kinderhort

Die Kindertagesstätte betreut Kinder zwischen dem zweiten Monat und dem zwölften Lebensjahr. In vielen Bundesländern ist „Kindertagesstätte" der Oberbegriff für Krippe, Kindergarten und Hort.

Immer häufiger werden die Kinder im Alter von frühestens zwei Monaten bis sechs Jahren in einer Gruppe gemischt. Die Altersmischung ist hier breit gestreut und soll der Situation in der Familie damit näherkommen.

Kindertagesstätte

Das Kinderhaus/Familienzentrum

Hier finden sich alle bisher genannten Einrichtungen zur ganztägigen Kinderbetreuung unter einem Dach wieder.

Das Kinderhaus ist das Ergebnis der jüngsten Entwicklung. Hier ist man bestrebt, die Trennung von Altersgruppen aufzuheben. Die Kinder sollen in möglichst verschiedenen Altersgruppen gemischt werden. Dies kann eine Kombination aus Krippe und Kindergarten, Kindergarten und Hort oder aus allen dreien sein.

Kinderhaus/Familienzentrum

Die größere Altersmischung soll vielfältigere soziale Kontakte zwischen Kindern unterschiedlicher Altersstufen ermöglichen, die heute in Kleinfamilien nicht mehr möglich sind.

Im Kinderhaus sind zudem noch Anlaufstellen für Familien untergebracht, die das Haus erst zum „Haus für Kinder" machen. Das können Elternerziehungsberatungsstellen, Elternkontaktgruppen, Elterncafés, Interessengruppen, Sprachgruppen für ausländische Eltern und ähnliche Angebote sein.

Die Kindertagesstätte als Familienzentrum

Familienzentren gehen auf das Early-Excellence-Konzept aus England zurück, das das Ziel verfolgt, Kinder zu fördern, Eltern zu begleiten und Familien zu unterstützen. Hier arbeiten frühpädagogische Fachkräfte mit Eltern und allen am Entwicklungsprozess der Kinder beteiligten Akteure zusammen. Die Anwesenheit von Vertretern der Familienberatung, der Heilpädagogik, Logopädie, des Sozialamts oder der Ausländerbehörde erleichtert die Kooperation von Kindertagesstätte und Fachdiensten und den Austausch von Informationen. Diese Zusammenarbeit ist seit dem Inkrafttreten des Bundeskinderschutzgesetzes vom 1. Januar 2012 erwünscht und gefordert. Durch die Bündelung von Bildung, Beratung und Betreuung wird den Eltern eine umfassende Familienförderung gewährt und sichergestellt, dass der Nachwuchs so früh wie möglich gefördert und die Vereinbarkeit von Beruf und Familie gestärkt wird. Eltern erhalten Hilfe und Unterstützung in ihrer Erziehungskompetenz, Angebote zur Zusammenführung von Generationen, Angebote zur Lebensbewältigung und Angebote zum Austausch zwischen Erziehungsbeteiligten.

Tagespflegestelle

Bis zu fünf Kinder werden bei einer Tagespflegeperson regelmäßig betreut. Das Jugendamt ist verantwortlich für Qualifikation und Begleitung der Tagespflegemutter.

Tagespflegestelle

1.3.2 Die Konzeption der Einrichtung

Situation

Die fast fertig ausgebildete Sozialassistentin Jenny wird bei ihrem Bewerbungsgespräch in der Evangelischen Kindertagesstätte „Arche" gefragt, welche religiöse Grundhaltung sie habe und ob sie sich in ihrer Freizeit sozial engagieren würde, denn man stelle nur eine Mitarbeiterin ein, die ins Konzept der „Arche" passe. Mit diesen Fragen hatte Jenny nicht gerechnet. Ihr ist nicht ganz klar, ob sie dem entspricht, was in der Konzeption der „Arche" gefordert wird.

Aufgaben

1. Überprüfen Sie anhand der Konzeption Ihrer Ausbildungseinrichtung, welche Erwartungen an die Mitarbeiterinnen gerichtet werden.
2. Finden Sie heraus, welche Inhalte in einer Konzeption grundsätzlich zu finden sind.
3. Erstellen Sie mit Ihrer Gruppe eine gemeinsame Konzeption für eine „Einrichtung Ihrer Träume".
4. Betrachten Sie Ihre Konzeption aus der Sicht von Eltern, die ihr Kind in Ihrer Einrichtung unterbringen möchten. Vielleicht gibt es noch etwas zu ändern?

Im allgemeinen Sprachgebrauch ist ein **Konzept** eine schriftliche Skizze von Gedanken zu einem bestimmten Thema. Konzepte für sozialpädagogische Einrichtungen skizzieren die Gedanken der Mitarbeiterinnen und Mitarbeiter über ihre theoretischen Arbeitsgrundlagen. Unter Berücksichtigung der kindlichen Bedürfnisse, der Erwartungen der Eltern, des Trägers und der Gesetze formuliert das Mitarbeiterteam im Konzept seine pädagogischen Ziele. Diese sollen sich wie ein roter Faden durch die Arbeit ziehen.

Warum und für wen werden Konzeptionen erstellt?

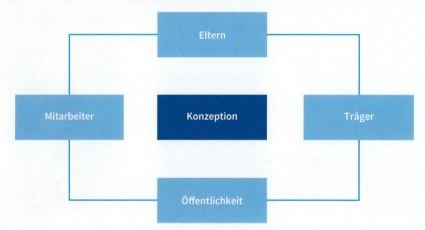

Heute werden Eltern mit einer Vielzahl pädagogischer Theorien und Erziehungsstile konfrontiert. Unterschiedliche pädagogische Konzepte werden öffentlich diskutiert. Eltern möchten sich mithilfe der Konzeption ein Bild von der Einrichtung machen. Ein Träger möchte bestimmten Erziehungszielen – z. B. der religiösen Erziehung – einen gewissen Stellenwert einräumen und Einfluss nehmen auf die inhaltliche Arbeit des Teams. Auch innerhalb des Erzieherteams kann es in Bezug auf den Erziehungsstil, die Wertvorstellungen usw. unterschiedliche Meinungen und Standpunkte geben.

Die Konzeption erfüllt dabei verschiedene Funktionen:

1. Die gemeinsame Erarbeitung stärkt die Teamfähigkeit der Mitarbeiterinnen und Mitarbeiter, fördert die Fähigkeit zum Überdenken der eigenen Arbeit und unterstützt die Mitarbeiter darin, gemeinsame Ziele bewusst zu verfolgen und nach außen zu vertreten.

2. Sie ist das gemeinsame Arbeitsergebnis des gesamten Teams in Zusammenarbeit mit dem Träger und evtl. auch noch anderen Beteiligten (z. B. Eltern) und sorgt damit für inhaltliche Klarheit der Arbeit für alle Beteiligten.
3. Sie macht für Eltern, neue Mitarbeiter und die Öffentlichkeit die Arbeitsweise der Einrichtung transparent.

Was sollte eine Konzeption beinhalten?

Jedes Team möchte seine eigenen Schwerpunkte setzen. Damit gibt jede Konzeption das unverwechselbare Bild einer Einrichtung wieder, das sich von dem anderer Einrichtungen unterscheidet. Mitarbeiterinnen und die Öffentlichkeit möchten in einer Konzeption prinzipiell folgende Aussagen vorfinden:

Inhalte der Konzeption

1. Beschreibung der Einrichtung:
   * Geschichte der Einrichtung und damit eventuell verbundener Hintergrund
   * geografische Lage
   * Einzugsbereich der Familien
   * Auswahlkriterien für die Aufnahme von Kindern
   * Größe, Gruppenstärke, Gruppenzusammensetzung
   * Personal
   * Öffnungszeiten
   * Ferienzeiten

2. Lebenssituation der Familie im Einzugsgebiet
3. pädagogische Ziele
4. pädagogischer Ansatz
5. Arbeitsweise und Inhalt der Arbeit
6. Zusammenarbeit mit
   * Eltern
   * Schulen
   * Öffentlichkeit
7. Zusammenarbeit im Team

2 Die entdeckende Beobachtung

1. Objekt entdecken: Schaut, was ich gefunden habe!

2. Objekt erproben: Was kann ich damit machen?

3. Freude über den Erfolg: Schaut mal, was ich geschafft habe!

4. Weitere Erkundungen

In diesem Kapitel lernen Sie,

* welche Bedeutung die Beobachtung im Berufsalltag hat,
* was die Beobachtungsinhalte und -ziele sind,
* welche Beobachtungsverfahren es gibt,
* wie die Auswertung und die Dokumentation von Beobachtungen erfolgen.

2 Die entdeckende Beobachtung   25

Situation

Lisa, fünf Jahre, kommt morgens als eine der Ersten in die Kindergartengruppe, nimmt ihre Brotzeittasche, holt eine Brezel heraus und setzt sich gleich an den Frühstückstisch. Dort bleibt sie lange sitzen und schaut von ihrem Platz aus den Jungen in der Bauecke beim Spielen zu. Sie findet selbst schwer in ein Spiel. Am liebsten ist sie nach dem Frühstück am Maltisch. Die Gruppenleiterin Frau Miller bittet ihre Praktikantin Christina, Lisa am Frühstückstisch zu beobachten. Sie braucht Beobachtungsunterlagen für das Bildungsgespräch mit den Eltern.

Aufgaben

1. Betrachten Sie das Bild und überdenken Sie die beschriebene Situation.
2. Sammeln Sie Fragestellungen zur oben beschriebenen Situation.

2.1. Die Bedeutung der entdeckenden Beobachtung

Situation

Frau Miller lädt zu einer Teamfortbildung ein mit dem Thema: „Die Bedeutung der fachlichen Beobachtung für das pädagogische Handeln in der Kita". Dabei erfährt Christina viel über Wahrnehmung und über die Bedeutung, die das Team der fachlichen Beobachtung der Kinder beimisst.

Die fachliche Beobachtung ist der Dreh- und Angelpunkt der pädagogischen Arbeit.

„Aus Wahrnehmen entsteht Beobachten, wenn Interesse und Neugierde hinzukommen und die Wahrnehmung sich auf einen bestimmten Gegenstand, eine ausgewählte Person, einen Vorgang als Ausschnitt aus der Umwelt fokussiert."
(Knauf, 2016)

Pädagogen sahen in der Vergangenheit Kinder häufig unter dem Aspekt, wie ein Kind zu sein hat. Das Kind ist aber der Akteur seiner Entwicklung, es ko-konstruiert seine Wirklichkeit in der Auseinandersetzung vor allem mit Gleichaltrigen, in der Kindergruppe und mit Erwachsenen in seiner Lernumgebung. Die fachliche Beobachtung des kindlichen Verhaltens ermöglicht der pädagogischen Fachkraft eine **kindzentrierte Sichtweise**, d. h. die Kinder so zu sehen, wie sie sind. Was im Einzelfall Gegenstand der fachlichen Beobachtung ist, hängt von der jeweiligen Fragestellung, vom Ziel ab, also davon, was der Beobachter erfahren und geklärt haben möchte. An einem Vormittag finden rund 650 Interaktionen zwischen dem einzelnen Kind und der pädagogischen Fachkraft statt und rund 1 000 Interaktionen zwischen Fachkraft und der Gruppe. Es lohnt sich deswegen, die ganze Gruppe im Auge zu behalten.

Bei der Fortbildung erzählt Frau Krämer, die Gruppenleitung der „Blauen Gruppe":
„Ich habe 25 Kinder in der Gruppe, da muss ich täglich beobachten. Schon alleine, um gefährliche Situationen zu erkennen und abzuwenden. Es gibt immer wieder übermütige Kinder, die ich rechtzeitig bremsen muss. Außerdem möchte ich natürlich die Interessen, Stärken und Schwächen meiner Kinder kennenlernen. Dazu beobachte ich die Kinder im Freispiel, wie sie mit Spielmaterial umgehen, wie intensiv und fantasievoll sie spielen. Ich möchte auch wissen, ob die Kinder miteinander spielen oder ob es Kinder gibt, die außerhalb der Gruppe stehen. Nur so kann ich Beziehungen und soziale Rollen in der Gruppe erkennen und beeinflussen. Die Ergebnisse meiner Beobachtungen möchte ich gerne mit meiner Mitarbeiterin in der Gruppe und im Team besprechen. Gemeinsam können wir so aktuelle Themen und Projekte planen. Wenn ich besonders auffälliges Verhalten an Kindern beobachte, möchte ich, dass wir uns gemeinsam überlegen, wie wir reagieren können. Ich wünsche mir, dass wir uns so gegenseitig unterstützen und uns unter Umständen Hilfe von der Erziehungsberatungsstelle holen. Deshalb ist die Beobachtung für mich unentbehrlich."

Frau Miller, Christinas Praxisanleiterin, berichtet von einem Gespräch mit Frau Gruber, einer Grundschullehrerin. Frau Gruber sagt:
„Ich bin sehr zufrieden mit der Zusammenarbeit mit unserem Kindergarten. Von dort erhalte ich detaillierte Auskünfte über Kinder, die eingeschult werden. Besonders wenn die Schulfähigkeit noch unsicher ist, können rechtzeitig Kindergartenbesuche stattfinden, bei denen geklärt werden kann, ob das Kind noch ein Jahr im Kindergarten bleibt oder eine besondere Förderung braucht. Solche Maßnahmen, die durch Elterngespräche ermöglicht werden, können so manchem Kind einen unglücklichen Schulbeginn ersparen.

2.2 Beobachtungsziele und Beobachtungsinhalte

Das Kind ist der Akteur seiner Entwicklung. Es ko-konstruiert seine Wirklichkeit in der Auseinandersetzung mit seinen gleichaltrigen Gruppenmitgliedern, mit den Erwachsenen und seiner Umgebung. Das Kind bildet sich in eigenwilligem, selbstständigem Handeln.

Fachliches Beobachten ermöglicht professionelles pädagogisches Handeln. Die pädagogische Fachkraft kann mit Fachwissen, vor allem über die kindliche Entwicklung, und mit beruflicher Handlungskompetenz das Kind und seine Lernwege erforschen, die Beobachtungsergebnisse auswerten, Ziele für pädagogisches Handeln setzen, die Umsetzung der Ziele planen und durchführen, die Umsetzung reflektieren und dadurch wieder neue Beobachtungsziele festlegen.

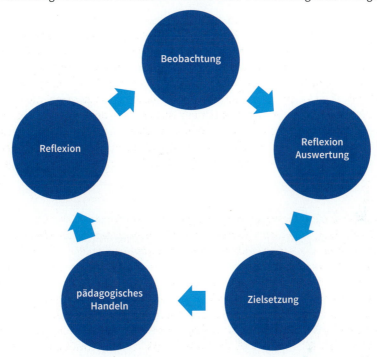

Die Bildungs- und Orientierungspläne schreiben die wahrnehmende Beobachtung aller Kinder in regelmäßigen Abständen vor. Dadurch werden die Ziele der Bildungs- und Orientierungspläne vergleichbar mit dem pädagogischen Alltag und der kindlichen Entwicklung. Das Festhalten von Ereignissen in Wort und Bild erfolgt immer mit einem bestimmten **Ziel**. Dabei ist die Beobachtung keine Ansammlung von Einzeldaten, sondern eine wertschätzende, erzieherische Haltung mit der Absicht, die Qualität der pädagogischen Arbeit zu sichern. Dank ihrer Beobachtungsfähigkeit wird die pädagogische Fachkraft zur **Expertin für die Kinder**.

Beobachtungsziele	Beobachtungsinhalte
Das Kind entdecken – seine Bildungs- und Lernprozesse verstehen – kindliche Stärken und Ressourcen entdecken – Entwicklungsrisiken erkennen	**Das Kind** – äußere Erscheinung, Gestik, Mimik, Körperhaltung – Verhalten – Vorlieben und Interessen – Spiel, Produkte wie Bilder und Bauwerke – Äußerungen und Dialoge – vielfältige, unterschiedliche oder für dieses Kind ungewöhnliche Situationen (weint, ist ungewohnt anhänglich, will nicht spielen, hat keinen Appetit, träumt vor sich hin oder legt sich zum Schlafen hin)

Beobachtungsziele	Beobachtungsinhalte
Die Gruppe und die Untergruppen entdecken – Aufsichtspflicht erfüllen – den Entwicklungsstand der Gruppe erfassen – die Lernprozesse in den Untergruppen, den Peer-Groups erkennen	**Das Kind in der Gruppe** – Anwesenheit – die Gruppenstruktur – die Rollenverteilung und Gruppennormen – Kontakte, Kommunikation und Dialoge – Konflikte, Ursachen und deren Verlauf – das Spiel und der Austausch der kindlichen Wirklichkeiten
Wiederkehrende Situationen entdecken Rituale, Regeln und die alltäglichen Abläufe überprüfen	**Das Verhalten des Kindes** – während der Bringzeit, der Abholzeit – bei Pflegemaßnahmen, beim Essen, beim Schlafen – beim Umziehen in der Garderobe – bei der An- und Abmeldung der Kinder in die Spielräume der Einrichtung – bei pädagogischen Angeboten – im Freispiel
Das Verhalten der Pädagogin die Auswirkungen des eigenen Verhaltens, der Ausstrahlung auf das Wohlbefinden des einzelnen Kindes und auf das Gruppenklima erkennen und reflektieren	**Das Verhalten der pädagogischen Fachkraft** – Feinfühligkeit – Beziehungsfähigkeit – Kommunikationsmuster – Handlungsmuster und -strategien
Die äußeren Bedingungen entdecken – den Einfluss der äußeren Bedingungen auf das kindliche Wohlbefinden und die Gruppensituation erfassen – die Übereinstimmung der Konzeption mit den äußeren Bedingungen überprüfen	**Das Verhalten der Kinder** – in unterschiedlichen Räumen, drinnen und draußen (Raumausstattung und Raumaufteilung) – zu unterschiedlicher Tages- oder Jahreszeit – Umgang mit den verschiedenen pädagogischen Fachkräften – bei Pflegemaßnahmen im Wickelraum, Essraum, Schlafraum – beim Umgang mit dem Spielmaterial – bei der Einhaltung von Gruppenregeln in unterschiedlichen Räumen, zu unterschiedlichen Zeiten

Situation

Den Kolleginnen in der Kita St. Maria fällt auf, dass in der Igelgruppe i.d.R. ein ruhiges Gruppenklima herrscht. Die Kinder der Gruppe sind meist konzentriert ins Spiel vertieft und gehen behutsam miteinander und mit dem Material um. In der Schmetterlingsgruppe dagegen herrscht vorwiegend hektisches Treiben. Viele Kinder brausen leicht auf, Spielsachen werden oft achtlos behandelt. Der Geräuschpegel ist auffallend hoch.

Hier fallen Unterschiede im Verhalten der gesamten Gruppe auf. Die Mitarbeiterinnen werden, um die Ursachen dafür herauszufinden, zukünftig weitere Beobachtungen vornehmen. Sie werden schauen, wie die Gruppen zusammengesetzt sind, d. h. die Alters- und Geschlechtsstruktur der Gruppen vergleichen, und im fachlichen Austausch nach Lösungen suchen.

Aufgaben

1. Welche Alltagssituationen in der Gruppe haben Sie neugierig gemacht?
2. Was möchten Sie dabei genauer beobachten?
3. Welche wiederkehrenden Situationen gibt es in Ihrer Kindergruppe?
4. Was hat Sie neugierig gemacht? Was möchten Sie dabei genauer beobachten?
5. In welcher Situation hätten Sie Lust, sich selbst zu beobachten?

Die pädagogische Fachkraft wird z. B. dann besonders aufmerksam beobachten, wenn ein Kind unerwartet oft weint, wenn es nicht spielen will, sich nicht entscheiden kann, keinen Appetit hat, still dasitzt, Kontakt vermeidet, häufig gähnt oder sich oft an eine Erzieherin anlehnt oder anklammert.

Gleichaltrige Kinder treffen sich auf Augenhöhe in ihrer eigenen Welt, sie kommunizieren miteinander und haben Spaß. Sie bestärken sich in ihren Kompetenzen und lernen ungezwungen voneinander. Hier finden die meisten Lernprozesse statt und hier bilden sich die Kinder in ko-konstruktiven Prozessen. Kleingruppen Gleichaltriger werden in der Kindergruppe durch Kommunikation aller Beteiligten gebildet. Es gilt ein Augenmerk darauf zu richten, wie einzelne Kinder Konstrukteure von Kleingruppen sind (vgl. Brandes, 2008).

Der Geräuschpegel ist auffallend hoch.

2.3 Beobachtungsfehler

Jeder hat seine persönliche Wahrnehmung. Die Beobachtungstätigkeit, das genaue Wahrnehmen und gleichzeitige Aufschreiben erfordern viel Konzentration. Beobachtungsdauer und -häufigkeit und die Form der schriftlichen Dokumentation werden in der Einrichtung im Team vorher festgelegt. Das Festsetzen von Zeiten im Tagesverlauf hilft, Konsequenz und Disziplin bei der fachlichen Beobachtung zu wahren.

Das Beobachtungsergebnis spiegelt nur einen Teil des tatsächlichen Geschehens wider. Auch der Beobachter konstruiert seine Wirklichkeit bei der pädagogischen Fremdwahrnehmung aufgrund seiner eigenen Biografie. Zwei Personen, die dasselbe sehen, nehmen nicht unbedingt dasselbe wahr. Menschen tasten mit ihren Augen dasselbe Beobachtungsobjekt unterschiedlich ab. Jeder

Mensch nimmt nur bestimmte Ausschnitte aus seiner Welt mit seinen Sinnen wahr (selektive Wahrnehmung). Die Wahrnehmung wird beeinflusst von der Auffälligkeit des Wahrgenommenen, der Häufigkeit des Wahrgenommenen, der Empfindlichkeit gegenüber bestimmten Wahrnehmungen, den persönlichen Interessen, der Stimmungslage des Beobachters und dessen Einstellungen und Erwartungen, z. B. Müdigkeit, Stress, die eigene momentane Gefühlslage und unterschiedliche Berufs- und Lebenserfahrungen.

Beim Beobachten ist der pädagogischen Fachkraft bewusst,

* dass es Wahrnehmungstäuschungen gibt,
* dass sie nicht mit allen Sinnen gleich gut wahrnimmt und
* dass sie eine bestimmte Art der Wahrnehmung bevorzugt, z. B. die optische oder die akustische Wahrnehmung.

„Wer war das, der eben auf das Klo wollte?"

Subjektive und wertende Begriffe wie „der liebe Junge", „die nervigen Eltern" entsprechen nicht dem Gütekriterium der Objektivität. Unpräzise Behauptungen wie „Markus ist immer aggressiv" oder „Paul hat Angst" geben keine Auskunft über das tatsächliche Verhalten der Kinder. Gefühle lassen sich nur schwer beobachten. Bei solchen Behauptungen handelt es sich um eine starke Vereinfachung eines Sachverhaltes. Angst äußert sich immer mehrfach: Die Sprache stockt, das Kind gerät ins Stottern, die Stimme wird dünn und leise, die Gesichtsfarbe wird bleich, die Augen werden groß, das Kind gerät ins Schwitzen, es zittert, weint oder sagt: „Ich habe Angst".

Erste wenn mehrere dieser Merkmale gleichzeitig zutreffen, kann die ungenaue Behauptung in eine für alle nachvollziehbare Beschreibung des Gefühls „Angst" umgewandelt werden.

Beobachtungsfehler entstehen außerdem durch ungünstige äußere Bedingungen, wie Nebengeräusche, hoher Geräuschpegel, ungünstige Lichtverhältnisse, Ablenkung und eine ungünstige Beobachtungsposition.

Und Vorsicht: Was man einem Kind nicht ermöglicht, kann nicht beobachtet werden.

Aufgaben
1. Erstellen Sie ein Lernplakat über mögliche Beobachtungsfehler.
2. Präsentieren Sie Ihre Ergebnisse der Gruppe.

2.4 Beobachtungsverfahren

Wer ist wo und wer tut was?

Situation

Frau Miller bittet ihre Praktikantin Christina, die Gruppe zu beobachten. Sie muss dringend einen Konflikt mit den Eltern eines Kindes klären. Auf dem Weg in die Puppenecke bittet Christina Markus, drei Puzzleteile aufzuheben, sie wirft einen kurzen Blick auf die Maus von Silvia und hilft Monika, die verstopfte Klebstoffflasche in Gang zu setzen. Andrea isst ihr Pausenbrot nicht, will keinen Tee trinken, sie legt ihren Kopf auf den Tisch und spielt nicht. Sandra zeigt Sebastian, dass er seine Schuhe wieder verkehrt angezogen hat. Miriam erinnert Christina daran, dass sie ihren Brotzeitteller spülen wollte, mit Klaus und Thomas überlegt sie, wie Gespenster aussehen und ob die nachts auch schlafen. Sie kostet die Spaghetti aus Perlen und Muggelsteinen, die Christian und Raffaela kochen, sie sieht kurz auf der Kindertoilette nach, weil Thomas und Claudia noch nicht zurück sind. Im Gruppenzimmer hilft sie Melanie, die Nägel des Hammerspiels vom Boden aufzusammeln, mit Suzan überlegt sie, wie eine Katze aussieht, damit Suzan sie malen kann, und Eric, der schon längere Zeit unschlüssig herumsteht, fragt sie, ob er im Kinderlexikon ein Katzenbild suchen mag. Sie zeigt Björn, der mit dem Flieger zwischen die Spieltische saust, wo er im Flur spielen kann, und Markus flüstert sie ins Ohr, nicht vom Maltisch in die Puppenecke zu schreien. Mit Gerold überlegt sie, wie eine Zugbrücke geht, und hilft ihm, eine „Kette" vom Wollknäuel abzuschneiden. Inzwischen sind zwei Stunden vergangen. Die Praxisanleiterin Frau Miller kommt zurück und fragt Christina: „Alles in Ordnung?"

Aufgaben

1. Überlegen Sie, welche Beobachtungen die Praktikantin Christina bei jedem einzelnen Kind in der Gruppe macht.
2. Gibt es dabei Beobachtungen, die sie an Frau Miller weitergeben muss?
3. Gelingt es Ihnen, mehrere Kinder gleichzeitig gezielt zu beobachten?
4. Welche Erfahrungen haben Sie dabei gesammelt?
5. Was fiel Ihnen eher leicht? Was ist Ihnen besonders schwergefallen?
6. Sprechen Sie mit Ihrer Praxisanleiterin öfter über Ihre Beobachtungen?

Um Beobachtungsfehler zu vermeiden, muss die fachliche Beobachtung gut geplant, organisiert und reflektiert werden.

Es gibt viele Beobachtungsverfahren mit unterschiedlichen Zielsetzungen. Dabei lassen sich unterscheiden:

* unstrukturierte, freie Beobachtungsverfahren als Beschreibung in Form eines Verlaufsprotokolls,
* strukturierte Beobachtungsinstrumente mit genauen Beobachtungsaspekten zur Einschätzung des kindlichen Verhaltens und der kindlichen Entwicklung.
  Aber Vorsicht: Das Instrumentarium eines strukturierten Beobachtungsverfahrens misst das Kind an einem „Modellkind".

Bei der Auswahl und Durchführung von Beobachtungen entscheiden pädagogische Fachkräfte im **Team**:

* Welches Beobachtungsverfahren passt zur Konzeption?
* Was soll „gemessen" werden?
* Stimmt das gewählte Beobachtungsverfahren mit der Zielsetzung des Bildungsplans überein?
* Wie oft soll und kann jedes Kind in welchem Zeitraum beobachtet werden?
* Wie lange soll eine Beobachtungsphase im Durchschnitt dauern?
* Was ist das Ziel der Beobachtung?
* Wie werden die Eltern beteiligt?
* Wie wird der Daten- und der Persönlichkeitsschutz gewährleistet?
* Welchen Zugang hat das Kind zu den erhaltenen Informationen?
* Welche organisatorischen Voraussetzungen und Rahmenbedingungen müssen, auch in Absprache mit dem Träger, geschaffen werden, um die Qualität der Beobachtungsverfahren zu garantieren?
* Welches fachliche Wissen ist notwendig?
* Wie können persönliche Deutungen, Wertungen, Einschätzungen und Interpretationen von den Beobachtungsprotokollen getrennt sichtbar werden?

Beobachtungsinstrumente mit unterschiedlichen Zielsetzungen

Ziele der entdeckenden Beobachtung				
2.4.1 Die Gesamtgruppe überblicken	2.4.2 Das Kind beobachten	2.4.3 Lernfortschritte beobachten	2.4.4 Entwicklungsrisiko beobachten	2.4.5 Selbstbeobachtung

2 Die entdeckende Beobachtung

2.4.1 Die Gesamtgruppe überblicken

Die pädagogische Fachkraft erfüllt die Aufsichtspflicht.

- Sie führt eine Anwesenheitsliste.
- Sie hat den Überblick über die Gruppe und das Gruppengeschehen.
- Sie zählt die Kinder und dokumentiert die Anwesenheit.
- Sie wählt im Raum einen zentralen Platz und wechselt die Blickrichtung oder ihren Platz je nach Bedarf:
  - Wer ist heute anwesend?
  - Wer kommt?
  - Wer geht wohin?
  - Kommt das Kind wieder?
  - Wer ist wo?
  - Wer tut was?
- Sie kennt und erkennt Gefahrenquellen und Gefährdungen bezüglich der Kinder, bezüglich der Situationen, der Räume, der Spiel- und Arbeitsmaterialien rechtzeitig.
- Sie vermeidet Gefahren und Gefährdungen durch vorbeugendes Handeln.
- Bei innerer Öffnung oder Teilöffnung stellt sie mit den Kindern und im Team klare Regeln der An- und Abmeldung der Kinder in den entsprechenden Räumen auf.
- Sie dokumentiert die Anwesenheit der Kinder in den Räumen.
- Sie klärt mit den Kindern bei Regelverletzungen das weitere Vorgehen.

2.4.2 Das Kind beobachten

Beispiele:

* Die Bildungs- und Lerngeschichten von Margret Carr, bearbeitet von Dr. Leu, erfassen unstrukturiert das kindliche Geschehen und seine Bedeutung in Form eines Verlaufsprotokolls.
* Die Engagiertheitsskala von Laevers für Kinder von 2,5 bis 6 Jahren erfasst individuelle kindliche Interessen und Lernprozesse.
* Die sieben Intelligenzen nach Howard Gardner für Kinder ab 3 Jahren erfassen kindliche Fähigkeiten und Vorlieben.
* MAMBAKIT als Fragebogen analysiert kindliche Motivationsebenen.

Die Lern- und Bildungsgeschichte als stärkenorientierte Dokumentation

Christina beobachtet Lisa am Maltisch.

Sie schreibt:

Name des Kindes: *Lisa*
Alter: *5 Jahre*
Datum/Uhrzeit (von – bis):
9. März 2016, 11.20 – 11.30 Uhr

Beobachterin:
Praktikantin Christina

„Jetzt brauche ich noch eine Wiese."

Beobachtungssituation

Beschreibung der Ausgangslage:
Lisa sitzt mit Anna am Maltisch.
Handlungsverlauf:
Lisa nimmt einen braunen Holzbuntstift und malt Haare auf den Kopf der Figur auf ihrem Blatt. Anna fragt: „Wer ist das?" Lisa sagt: „Ich mal den Seppi und mich." Anna sagt: „Der Seppi ist in mich verliebt." Lisa sagt: „Aber da heiratet der Seppi mich." Sie malt mit dem braunen Stift noch einen Bart dazu und sagt: „So, jetzt kriegt der Seppi noch einen Bart." Anna schaut auf das Bild von Lisa, lacht und sagt: „Der Seppi hat doch keinen Bart." Lisa sagt: „Doch, da hat er einen Bart." Sie nimmt einen orangefarbenen Stift und malt einen Kopf. Dann nimmt sie einen schwarzen Stift und malt zwei Augen. Anna fragt: „Bist das du?" Lisa sagt: „Ja!" Sie nimmt den roten Holzbuntstift und malt einen Mund und ein rotes Kleid. Sie sagt: „Schau, des is mei Hochzeitskleid." Lisa malt das Kleid mit dem roten Stift aus und malt mit dem orangefarbenen Stift zwei Hände und zwei Beine. Anna sagt: „Du hast ja noch gar keine Haare." Lisa sagt: „Die mach ich schon noch." Sie nimmt einen schwarzen Stift und malt jeweils einen Schuh an die Beine. Jetzt nimmt Lisa einen gelben Stift und malt Haare auf den Kopf. Sie sagt: „Jetzt brauch ich noch eine Wiese. Anna, hast du den grünen Stift gesehen?" Anna sagt: „Nein." Lisa sagt: „Ah, da ist er ja." Sie malt eine Wiese, nimmt den blauen Stift und malt noch einen Himmel. Lisa sagt, „Schau, der Seppi heiratet mich da." Anna sagt. „Aber der Seppi ist in mich verliebt." Lisa sagt: „Ja, aber der Seppi heiratet mich doch nur auf dem Bild. Und dann küsst er mich noch." Anna sagt: „Aber nicht in echt." Lisa sagt: „Nein, aber ich will auch mal vom Seppi geküsst werden. Du kannst dann meinen Papa haben und heiratest den." Anna sagt: „Aber nur auf dem Bild." Lisa sagt: „Ja."

Christina fasst zusammen:
Lisa und Anna malen und sprechen über Seppi, Liebe und Heirat. Sie handeln aus, wer wen heiratet, und lösen das über Malen und Gespräch. Lisa lässt sich von Anna nicht beirren in ihren Absichten.

Schatzsuche statt Fehlerfahndung

Lerngeschichten, sogenannte learning stories, sind Erzählungen über den Bildungsprozess des Kindes, die von Margret Carr 2001 in Neuseeland und Dr. R. Leu in Deutschland entwickelt wurden. Erzählende Aufzeichnungen beruhen auf einer präzisen Beschreibung des Verhaltens. Sie sind frei von eigener Meinung und Deutung. Wahrnehmendes, entdeckendes Beobachten nimmt keine isolierten Dinge oder Ereignisse wahr, sondern vielmehr Zusammenhänge und Beziehungen.

Aus einem wahrnehmenden Beobachten kann ein entdeckendes Beobachten werden. Pädagoginnen sind bereit, wahrzunehmen, was Kinder indirekt oder direkt über sich, ihre Erlebnisse und Gedanken mitteilen. Sie suchen nach der Besonderheit eines Kindes.

Das Kind hat seinen eigenen Entwicklungsplan und seine individuelle Entwicklungsgeschwindigkeit. Die Qualität regelmäßiger Beobachtungen erfordert, dass jede Woche ein Kind beobachtet wird, sodass jedes Kind mindestens zweimal jährlich erfasst wird. Die festgehaltenen Beobachtungsgeschichten werden gesammelt und erzählen über einen längeren Zeitraum die Lerngeschichte eines Kindes. Dabei gilt es vor allem zu entdecken, was das Kind tut, was es kann und welche Fragen ihm wichtig sind. Das Interesse des Beobachters liegt dabei nicht auf dem, was die Kinder getan haben, sondern darauf, wie sie es getan haben. Die pädagogische Fachkraft kann in Lern- und Bildungsgeschichten Entwicklungsverläufe beim Kind entdecken und verstehen, Nähe zum Kind gewinnen und Einfühlung und Achtung vor kindlichen Nöten und Problemen erlangen. Sie entscheidet darüber, was das Kind als Nächstes braucht und wie die Lernumgebung gestaltet werden kann, um das Kind in seinem Bildungsprozess zu unterstützen. Dann kann Lernbegleitung stattfinden.

Schriftliche Aufzeichnungen von Beobachtungen erlauben einen Vergleich und machen Veränderungen deutlich. Sie ermuntern zu präziser Formulierung und werden als Gesprächsgrundlage für alle am kindlichen Bildungsprozess Beteiligten verwendet.

Checkliste für die schriftliche Aufzeichnung/für das Verlaufsprotokoll

- Der Name des Kindes ist verschlüsselt.
- Beobachtet wird jedes Kind mehrmals, über einen kürzeren Zeitraum (zehn Minuten), in unterschiedlichen Situationen, zu bestimmten Zeiten oder Anlässen.
- Einleitung: Name der pädagogischen Fachkraft, Datum, Uhrzeit, Ort der Beobachtung, Ausgangslage und Situation, anwesende Kinder mit Altersangaben, Ziel der Beobachtung
- Den Kindern wird mitgeteilt, dass man sie näher kennenlernen möchte und man sie deshalb beobachtet.
- Bei der Beschreibung konzentriert sich die Fachkraft auf das Verhalten und die Situation.
- Das Verhalten wird in zeitlicher Reihenfolge (nachdem, danach) und mit einer Aktion pro Satz beschrieben.
- Die Zeitform ist das Präsens. Die Angabe von Zeitspannen (von bis) wird vermieden.
- Eine Zeitleiste wird am Rand geführt. Zeitangaben werden in Minuten angegeben.
- Kinder werden nicht mit Eigenschaften belegt, sondern ihr Verhalten wird mit treffenden Ausdrücken wie gehen, hüpfen, laufen, schleichen beschrieben, wertschätzend und ohne Interpretationen und Erklärungen.
- Dialoge werden wörtlich wiedergegeben.
- Kommentare, Deutungen und Zusatzinformationen werden deutlich vom Beobachtungsprotokoll abgesetzt (z. B. als Randbemerkung).
- Auffälliges wird hervorgehoben, z. B. welches Kind tut etwas als Erstes, als Letztes.
- Es wird am Rand vermerkt, was nicht passiert, was hätte passieren können und was bemerkenswert ist.
- Die Ergebnisse werden den Kindern vorgelesen.

Aufzeichnungsblätter, Übersichtstabellen, Kopien von Raumskizzen

1. Auf vorgefertigten **Aufzeichnungsblättern** werden Beobachtungen für jedes Kind zum festgelegten Zeitpunkt stichwortartig eingetragen.
2. In **Übersichtstabellen**, z. B. für die offene Arbeit in der Tagesstätte, kann aufgezeichnet werden, wann welches Kind in welchem Raum war. Aus der Tabelle wird ersichtlich, wer das nächste Mal eingeteilt wird und welche Kinder zusammen spielen sollten.
3. In das **Soziogramm** werden freundschaftliche Beziehungen der Kinder eingetragen.
4. In **Raumskizzen** trägt die pädagogische Fachkraft regelmäßig ein, wo das Kind sich zu welcher Zeit mit wem im Spiel befindet. Anhand dieser Beobachtungen können nicht nur die Vorlieben und Spielpartner des Kindes erfasst, sondern auch Zusammenhänge zwischen den Rahmenbedingungen der Einrichtungen und den kindlichen Verhaltensweisen erfasst werden.

Aufgaben
1. *Erstellen Sie eine Raumskizze Ihrer Praxiseinrichtung und einige Kopien davon, anhand derer Sie im Laufe des Jahres erfassen, wo sich welche Kinder aufhalten.*
2. *Dabei können Sie jedem Kind einen Klebepunkt (Jungen blau, Mädchen rot) mit Namen zuordnen.*
3. *Kleben Sie die Punkte mit dem Namen der Kinder dahin, wo sie sich zu einem festgelegten Zeitpunkt im Laufe des Jahres aufhalten.*
4. *Werten Sie aus, wie und ob sich die Aufenthalte der Kinder und die Untergruppen im Laufe des Jahres ändern.*

Kindliche Äußerungen und Dialoge zu ihren Aktivitäten, Projekten und Produkten protokolliert die pädagogische Fachkraft z. B. in Notizbüchern, auf digitalen Karteikarten oder in Schatzkisten.

Um die kindlichen Lernwege, Lerninhalte, Lernstrategien, Interessen, Bedürfnisse, Wünsche und Stärken aller Kinder zu erfassen, ist es erforderlich, kindliche Äußerungen zu seinem Erleben innerhalb und außerhalb der Einrichtung, in der Familie, zu seinen Zeichnungen, Bauwerken und Spielsituationen zu protokollieren.

Pädagogische Fachkräfte erhalten durch Spielbeobachtungen besonders bei kleinen Kindern Zugang zu Lernprozessen, wie sie die Umwelt erforschen, Lösungen finden und sich mit anderen Kindern austauschen.

Außerdem werden Zeichnungen mit den Aussagen der Kinder, Fotos von Bauwerken und Spielsituationen und Gruppenaktivitäten gesammelt. Damit werden die Kinder als aktiv Mitwirkende in den Prozess der Dokumentation miteinbezogen.

Lea entdeckt die Linie.

Aufgaben

1. Sammeln Sie Zeichnungen von den Kindern Ihrer Gruppe und ordnen Sie diese dem Alter der Kinder zu.
2. Führen Sie mit der Praxisanleitung ein Gespräch über die Kinder und ihre Zeichnungen.
3. Was ist für Sie dabei besonders interessant?
4. Halten Sie die Ergebnisse in Ihrem Praxisordner fest.

Videoaufzeichnung/Kamera-Ethnografie

In der Kindheitsforschung wird zurzeit die Kamera-Ethnografie erprobt. Durch forschendes Sehen, kreatives Beobachten, Beschreiben und Interpretieren, durch Hinschauen und Deuten ist es möglich, Körpersprache, Mimik, Gestik, Interaktion und Raum in teilnehmender Beobachtung mit der Kamera zu erfassen. Was gleichzeitig stattfindet, wird nacheinander verarbeitet.

Das Videomaterial kann mit allen Beteiligten analysiert werden. Kinder erleben ihre Entwicklung mit und reflektieren ihr Lernen. Spielsituationen, auf Video festgehalten, dienen als Grundlage für Elterngespräche oder Elternabende. Sie geben Einblick in die Arbeit der Kindertagestätte. Auch in der **Ausbildung** können Videoaufzeichnungen hilfreich sein für die Reflexion pädagogischen Handelns und der Entwicklung der beruflichen Identität. Für diese Aufzeichnungen ist immer die Einwilligungserklärung der Eltern erforderlich.

2.4.3 Lernfortschritte beobachten

Anhand von Beobachtungsbögen, Einschätzskalen oder Entwicklungstabellen wird **nicht** das Geschehen und seine Bedeutung für das Kind dokumentiert. Vielmehr richtet sich die Wahrnehmung der pädagogischen Fachkraft auf die **Qualität** kindlicher Verhaltensweisen, um das Verhalten des Kindes einzuschätzen und zu beurteilen und um Entwicklungsprobleme frühzeitig zu erkennen.

Mit diesen **strukturierten Beobachtungsverfahren** werden bestimmte Entwicklungsbereiche des Kindes mit festgelegten Altersnormen aus der empirischen Forschung verglichen.

Bei wiederholter Anwendung können die Lernfortschritte beim Kind in dem jeweiligen Entwicklungsbereich festgestellt werden.

Beispiele:
- Die Entwicklungstabelle für Kinder von 0–72 Monate nach K. Beller umfasst acht Entwicklungsbereiche, die jeweils in 14 Entwicklungsphasen untergliedert sind.
- GESIK wird zwei Jahre vor der möglichen Einschulung in den Kitas in Bayern angewendet, um etwaigen Entwicklungsrisiken vorzubeugen und die Schulfähigkeit zu diagnostizieren.
- SELDAK ermittelt die Sprachentwicklung und Literacy für Kinder mit Deutsch als Erstsprache.
- SISMIK erfasst das Sprachverhalten bei Kindern mit Deutsch als Zweitsprache.
- KOMPIK schätzt die Kompetenzen und Interessen von Kindern zwischen 3,5 und 6 Jahren einmal jährlich ein.
- PERIK erfasst als Fragebogen emotional-soziale Kompetenzen und gründet auf den Forschungsergebnissen zur Resilienz und auf Studien zum Schulerfolg.
- Beobachtungslisten mit Merkmalsystem, in dem der Beobachter in einem vorgegebenen Zeitraum ankreuzt, ob eines dieser Merkmale auftritt oder nicht.

2.4.4 Entwicklungsrisiken beobachten

Diese Beobachtungsinstrumente dienen als Alarmsystem für pädagogische Fachkräfte und Eltern. Sie zeigen an, ob ein Kind in einem oder mehreren Entwicklungsbereichen gravierend hinter anderen Kindern zurücksteht. Dabei sind die vergleichenden Altersnormen im untersten Bereich angesiedelt.

Beispiele:
- BEK ist ein Beobachtungsbogen zur Erfassung von Entwicklungsrückständen und Verhaltensauffälligkeiten bei Kindergartenkindern mehrmals im Jahr anhand eines Screening-Verfahrens.
- sensomotorische Entwicklungsgitter nach E. Kiphard für Kinder von 0–4 Jahren als Entwicklungstabelle mit fünf Entwicklungsbereichen zur frühzeitigen Erkennung von Entwicklungsverzögerungen und -störungen
- Grenzsteine der Entwicklung für Kinder zwischen drei und 72 Monaten nach R. Michaelis, bearbeitet für die Praxis durch Infans, dienen als Grundlage für Elterngespräche, um eine spezielle Entwicklungsdiagnostik beim Kind zu veranlassen.

2.4.5 Selbstbeobachtung

Warum will ich beobachten? Bin ich auf der Suche nach Defiziten beim Kind oder will ich das Kind in seinen Kompetenzen entdecken? Wer Kinder beobachtet, muss seine eigene Kindheitsgeschichte kennen. Was bedeutet die Beobachtung für das eigene Empfinden und Erleben, für eigene Gefühlsbewegungen in der Situation, in der die Beobachtungen gemacht wurden? Das zu schnelle „Schon-verstanden-Haben" blockiert das wirkliche Verstehen, das Entdecken des Kindes in seinem Spiel und seiner Lebensgeschichte sowie das Staunen über das Kind in seiner Kompetenz.

> **Checkliste zur Selbstbeobachtung**
>
> – Mit welcher Stimmung bin ich in die Gruppe gegangen? Wie habe ich mich gefühlt?
> – Habe ich Kontakt aufgenommen oder wurde ich angesprochen?
> – Habe ich Einzelkontakte gehabt?
> – Habe ich vorwiegend in der Gruppe gespielt? Fällt es mir leichter, mit der Gruppe oder mit einzelnen Kindern zu spielen?
> – Habe ich Angebote, Vorschläge gemacht? Habe ich die Vorschläge der Kinder aufgegriffen?
> – Konnte ich mich durchsetzen? Wie gehe ich mit Konflikten um?
> – An wem orientiere ich mich? Was gefällt mir an der Person?
> – Welche Kinder machen es mir leicht, mit welchen Kindern habe ich es eher schwer?
> – Erinnern mich die Kinder an jemanden?

Beim Beobachten, Dokumentieren und Auswerten fängt die pädagogische Fachkraft nicht damit an, wo sie das Kind stehen sieht, sondern dort, wo das Kind sie stehen sieht: bei den Erwartungen, Wünschen, Befürchtungen, die das Kind ihr entgegenbringt. Das ergibt die notwendige kritische Distanz zur eigenen Sichtweise.

> *Aufgaben*
> 1. Sammeln Sie Beobachtungsverfahren, die in Ihrer Einrichtung angewendet werden.
> 2. Informieren Sie sich in Fachbüchern und Fachzeitschriften über weitere Möglichkeiten der Beobachtung.
> 3. Welche Beobachtungssituationen sind in Ihrer Kindergruppe Ihrer Meinung nach wichtig?
> 4. Welche Alltagssituationen in der Gruppe haben Sie neugierig gemacht?
> 5. Welche Standardsituationen gibt es in Ihrer Kindergruppe, die Sie beobachten können?
> 6. Bei welcher Gelegenheit hätten Sie Lust, sich selbst zu beobachten?
> 7. Erstellen Sie in der Gruppe eine PowerPoint-Präsentation über die möglichen Beobachtungsverfahren, deren Einsatz und die entsprechenden Grundsätze bei der Anwendung.

2.5 Beobachtungen auswerten und verstehen

„Beobachtest du noch oder interpretierst du schon?"
Das Kita-Team macht alles richtig, wenn es Folgendes gemeinsam entscheidet:

* Was ist das Ziel der Beobachtung?

* Was ist der Inhalt, das Thema der Beobachtung?

* Was ist das geeignete Beobachtungsverfahren?

* Welche Rahmenbedingungen sind notwendig? (z. B. eine zweite Fachkraft, ein gesonderter Raum, notwendige Materialien, um Prozesse zu inszenieren, Beobachtungszeit, der Reflexionszeitpunkt, die Art der Dokumentation und ihr Aufbewahrungsort)

Die Auswertung der Beobachtungen geschieht **getrennt** von den Beobachtungsaufzeichnungen.

Mit der fachlichen, datengestützten Auswertung möchte die pädagogische Fachkraft eine klare und nachvollziehbare Reflexion des kindlichen Verhaltens und des eigenen pädagogischen Handelns erhalten.

Wichtig ist also die Entscheidung, mit **wem** die Beobachtungen ausgewertet werden sollen: Mit dem Team? Mit dem Kind? Mit den Eltern? Für die Schule? Für den Träger? Für die Fachdienste?

2.5.1 Auswertung im Team

Das kindliche Verhalten wird zuerst eingehend, gründlich und möglichst zutreffend beobachtet. Erst dann sind auf dieser Grundlage und in Verbindung mit fundiertem Wissen über kindliches Verhalten eine Auswertung und Beurteilung von Verhaltensweisen möglich. Daher sind bei der Ursachenklärung, beim Verstehen der Beobachtungsergebnisse immer wissenschaftliche Erklärungsansätze heranzuziehen. Die pädagogische Fachkraft weiß, dass die Auswertung immer auch mit einer Selbstreflexion verbunden sein muss.

Die pädagogische Fachkraft und das Team	– tauschen sich aus über ihre verschiedenen Sichtweisen und Informationsquellen – erkennen kindliche Stärken und Entwicklungsfortschritte – erkennen Entwicklungsrisiken – reflektieren kindliche Entwicklungsbedürfnisse – reflektieren die eigenen Gefühle bei der Beobachtungsbeschreibung – erhalten Hinweise für die Suche nach Lösungen bei pädagogischen Fragestellungen – überlegen, was die Einrichtung an Aktionsmöglichkeiten bereits anbietet – erkennen, wo noch Nachholbedarf besteht – planen gezielte Angebote, die sich an den Lebenssituationen der Kinder orientieren – können dadurch ihre berufliche Qualifikation weiterentwickeln

Was bedeuten die gewonnenen Daten für die Fragestellung zu Beginn der Beobachtung? Welche Zusammenhänge sind für das Team erkennbar?

Ziel der fachlichen Beobachtung ist es, Unbekanntes beim Kind zu entdecken, Handlungsziele und pädagogisches Handeln zu reflektieren sowie neue zu entwickeln. Die pädagogische Fachkraft stellt sich je nach Beobachtungsziel Auswertungsfragen zu kindlichen Themen, zu Interessen, zur Einbindung der Kinder in die Gruppe oder zu Freundschaftsbeziehungen. Diese Fragen helfen, die kindlichen Handlungsmotive zu verstehen, die eigene Beobachtungsfähigkeit zu verbessern und die Beobachtungsergebnisse im **Team zu** reflektieren.

Checkliste zur Auswertung der Beobachtungergebnisse zum Kind

– **Was** geschieht? Worum geht es in der Beschreibung?
– Was löst diese Beschreibung bei den Teammitgliedern aus?
– Gibt es Unterschiede in der Einschätzung der beschriebenen Situation?
– **Wann** und wo geschieht was? Was spielt sich da ab?
– **Wer** ist beteiligt?
– Wer handelt wie?
– Welche Reaktionen werden ausgelöst?
– Welche Ergebnisse stellen sich ein?
– Gibt es besondere Umstände?
– Welche Gegenstände sind vorhanden?
– **Wie** fühlt sich das Kind? Was bringt es zum Ausdruck in Körperhaltung, Gestik, Mimik?
– Wie engagiert sich das Kind?
– Was tut es gerne?

- **Welche** Bilder, Geschichten, Erkenntnisse und Theorien entwickelt das Kind?
- Was macht das, was das Kind tut, zu einer sinnvollen Handlung?
- **Mit wem** kommuniziert das Kind?
- Was tun die Kinder miteinander?
- Wie drücken sie ihre Gefühle aus?
- Wie tragen sie Konflikte aus?
- Stellen sich weitere Fragen für neue Beobachtungen?
- Welche Themen möchten wir weiter verfolgen?
- Was bleibt uns unbekannt, was wollen wir weiter über das Kind wissen?
- Beim Vergleich mit bisherigen Beobachtungen: Können wir einen roten Faden erkennen?
- **Worauf** wollen wir in Zukunft achten?

Die pädagogische Fachkraft wertet im Team die Beobachtungsergebnisse in den Innen- und Außenräumen der Einrichtung aus.

Checkliste zur Auswertung der Räume

- Welcher Ort wird von den Kindern bevorzugt?
- Wie bewegen sich die Kinder in den jeweiligen Räumen?
- Welche Auswirkungen hat die Raumaufteilung und Raumgestaltung auf die Kindergruppe? Was ist auffällig?
- Verwenden die Kinder das angebotene Spielmaterial? Welches besonders? Welches weniger?
- Welches Spielmaterial löst Konflikte aus?
- Kann in den Räumen die Aufsichtspflicht erfüllt werden? Wo gibt es Gefahrenquellen?
- Haben Witterungsbedingungen Einfluss auf das Verhalten der Kinder in den Räumen?
- Wie fühlen wir uns im Team in den jeweiligen Räumen?

2.5.2 Auswertung mit dem Kind

Die Auswertung von Beobachtungsaufzeichnungen offenbart kindliche Ressourcen.

Beispiel
Sternstunden
Erzieherinnen eines Kindergartens haben im Team entschieden, jedem Kind alle 14 Tage eine halbe Stunde zu widmen, um das Kind intensiver kennenzulernen, seine Individualität und Entwicklung gezielt zu beobachten und herauszufinden, welche Vorlieben und Interessen es momentan hat.

Auswertungsfragen:

* Was hat sich das Kind gewünscht?
* Was hat das Kind selbst zu dieser Sternstunde gesagt?
* Was haben wir zusammen unternommen?
* Welche Aktivitäten hat das Kind entfaltet?
* Worüber haben wir gesprochen?
* Was hat das Kind erzählt?
* Welche Themen beschäftigt das Kind im Moment?

2 Die entdeckende Beobachtung

* Was ist ihm wichtig?
* Was habe ich vom Kind erfahren, das ich bisher nicht wusste?
* Welche Unterstützung braucht das Kind gegenwärtig von uns?
* Welche Impulse müssen wir geben, damit es weiterhin neugierig bleibt?
* Welche Anreize und Anregungen könnten dem Kind guttun?
* Welche Herausforderungen oder Veränderungen wären wichtig?

(Baumann/Jung, 2006, S. 34)

Bei der Auswertung stärkt die pädagogische Fachkraft die kindliche Lernkompetenz.

Im Gespräch mit dem Kind über seine Lernwege stärkt die pädagogische Fachkraft die kindliche Lernkompetenz:

„Weißt du noch, wie du das gelernt hast?"
„Wie ist dir das gelungen?"
„Weißt du noch: Als Erstes hattest du die Idee, dann hast du ausprobiert, ob das so gehen kann."
(Schäfer, 2007, S. 35)

Der Entwicklungsbericht informiert das Kind über seine Lernfortschritte.

Die pädagogische Fachkraft erkennt anhand der Beobachtungsaufzeichnungen individuelle kindliche Entwicklungsbedürfnisse. Sie verfügt über verschiedene Blickwinkel auf das Kind und kann sein Verhalten im Spiel, in der Gruppe und im Umgang mit Erwachsenen besser verstehen. In den unterschiedlichen Situationen, z. B. im Spiel, zeigt das Kind seine **inneren Beweggründe**, seine Gefühle, die das kindliche Handeln **unbewusst** lenken.

Auf dem Hintergrund von Fachwissen und den Aussagen des Bildungsplans kann die pädagogische Fachkraft zusammen mit dem Kind Entwicklungsfortschritte, Lernprozesse, Lernerfolge, Bildungsthemen, Ressourcen, und soziale Beziehungen entdecken. Die pädagogische Fachkraft wird zum Experten für das Kind.

Situation
Frau Miller wertet alle Beobachtungsergebnisse von Lisa im Gespräch mit ihrer Praktikantin aus und findet mit ihr anhand der folgenden Fragen die Grundlage für den Entwicklungsbericht für das Kind.

Checkliste für den Entwicklungsbericht

- **Welche** Eigenaktivitäten, kindlichen Interessen und lustvollen Tätigkeiten zeigt mir das Kind?
- Welche Sinneserfahrungen werden sichtbar?
- Welche neuen Ideen entwickelt das Kind?
- Welche Stärken werden deutlich?
- Welche inneren Themen und individuellen Bildungsthemen sind beim Kind erkennbar?
- Welche Gedanken entwickelt das Kind?
- Welche kindlichen Motive werden im Handeln deutlich?
- **Warum** handelt das Kind so? Welchen Sinn gibt das Kind seinem Tun?
- Welche Fantasien kommen zum Ausdruck?
- **Wie** verarbeitet das Kind das, was in seiner inneren und in der äußeren Welt geschieht?
- **Wovon** träumt das Kind?
- **Wovor** verschließt es seine Augen?
- Welche Bedürfnisse werden sichtbar?
- Probiert es aus, was es noch nicht kennen/können kann?
- Wie geht das Kind mit Schwierigkeiten um? Welche Gedanken entwickelt das Kind?
- Was kann ich in den kindlichen Dialogen entdecken?
- **Mit wem** verständigt sich das Kind am liebsten, wo zeigt es Zurückhaltung?
- Welche Ideen tauschen die Kinder untereinander aus?
- Welche Stellung hat das Kind in der Gruppe?
- Welche Freundschaftsbeziehungen kann ich erkennen?
- Welche Konflikte werden sichtbar? Was ist die Usache der Konflikte?
- Wie verhält sich das Kind in Konfliktsituationen?
- Werden neue Blickweisen auf das Kind sichtbar?
- **Wo** überrascht mich das Kind?
- Stimmen die Beobachtungen mit früheren Erfahrungen überein?
- Was möchte ich in Zukunft noch mehr bei diesem Kind beobachten?
- Welche Ideen fallen mir ein, wie ich das Kind auf seinem Lernweg begleiten kann?
- Was finde ich für den Entwicklungsbericht wichtig?
- **Wann** bespreche ich den Bericht im Team?
- **Worüber** möchte ich mit dem Kind sprechen? Wann lese ich dem Kind seinen Entwicklungsbericht vor?

2 Die entdeckende Beobachtung

Entwicklungsberichte informieren über Lernfortschritte.

Die Praktikantin Christina schreibt ihrem Beobachtungskind zum Schulanfang folgenden Brief:

Liebe Lisa!

In den letzten Monaten hast du viel Zeit damit verbracht zu weben. Du saßt oft den ganzen Vormittag vor dem Webrahmen und hast dich nicht entmutigen lassen, als die Kettfäden immer wieder heraussprangen und du manchmal sogar wieder ganz von vorne anfangen musstest, weil das gewebte Muster nicht ganz gestimmt hat. Aber du hast es immer wieder versucht und nicht aufgegeben. Und schließlich hattest du den Dreh heraus und hast einen wunderschönen Teppich selbst gewebt. Auch traust du dich mittlerweile, vor der Gruppe zu erzählen, und steuerst, wenn du dich traust, die richtigen Antworten bei - sodass du dich ruhig noch mehr trauen darfst, dich öfters zu beteiligen.

Des Weiteren kann man sich auf dich verlassen, da du die Gruppenregeln sehr gut einhältst. Du räumst das, womit du gespielt hast, wieder ordentlich auf, ohne dass man dich daran erinnert. Selbst wenn du das Spiel nicht zu Ende spielen möchtest, was manchmal sehr schade ist, läufst du nicht einfach davon, sondern räumst erst zusammen mit den anderen Kindern auf. Auch deckst du deinen Platz am Brotzeittisch selbst und vollständig. Du verlässt ihn auch so wieder.

Von deiner Familie erzählst du sehr gern, unter anderem auch, dass du deiner Mutter beim Kochen und beim Tischdecken hilfst. Auch im Kindergarten bist du hilfsbereit und hilfst anderen Kindern dabei, Perlen aufzuheben, wenn sie diese verschüttet haben. Du gibst anderen Kindern gute Tipps, wie z. B. dass man bei einem Puzzle erst mit dem Rand anfangen sollte. Meist malst du mit Anna am Maltisch oder ihr steckt gemeinsam ein Muster aus Steckperlen. Ab und zu spielst du auch mit den anderen Mädchen, z. B. mit Suzan in der Puppenecke oder mit Lena draußen im Garten, was ruhig öfters vorkommen könnte, denn mit je mehr Kindern du zusammen spielst, umso mehr Spielpartner hast du dann, wenn mal ein Spielpartner nicht in den Kindergarten kommen kann.

Auch vergleichst du gerne Dinge miteinander, z. B. wer die gleiche Farbe von der Geburtstagsblume des Geburtstagskalenders an der Wand hat. Du kannst dir merken, in welcher Reihenfolge die Geburtstage von dir, deinem Papa und deinem Opa kommen. Mit der Zahlenfolge von 1–8 kommst du gut zurecht und verbindest sie auch mit anderen Sachen, z. B. dass dein Bruder acht Jahre alt ist und du sechs.

Auch traust du dich schon, ohne Stützen Fahrrad zu fahren. Lisa, du bist etwas ganz Besonderes, du musst dich nur noch richtig trauen, deine Stärken zu nutzen und auszubauen. Ich wünsche dir weiterhin eine schöne Kindergartenzeit und wenn es so weit ist, im nächsten Jahr viel Erfolg in der Schule.

Aufgabe

Sie haben viele Beobachtungsaufzeichnungen gemacht. Werten Sie diese aus. Schreiben Sie einem Kind in Ihrer Gruppe mithilfe Ihrer Auswertungen einen Entwicklungsbrief, zeigen Sie ihn Ihrer Praxisanleitung und lesen Sie diesen Brief dem Kind vor.
Welche Reaktionen zeigt das Kind? Wie erklären Sie diese?

2.5.3 Auswertung mit den Eltern

Situation
Frau Miller lädt Christina mit Einwilligung von Frau Huber zu einem Bildungsgespräch ein. Sie erklärt ihr vorher die Grundsätze bei Bildungsgesprächen mit Eltern.

„Eltern tragen die Hauptverantwortung für die Bildung und Erziehung ihres Kindes. Sie sind die ‚natürlichen' Erzieher. Pflege und Erziehung des Kindes sind das natürliche Recht der Eltern und die zuvörderst ihnen obliegende Pflicht (Art. 6 Abs. 2 GG). Kindertageseinrichtung und Eltern begegnen sich als gleichberechtigte Partner in gemeinsamer Verantwortung für das Kind.
Zu den Zielen der Bildungs- und Erziehungspartnerschaft zählen häufige Elterngespräche über Entwicklung, Verhalten und (besondere) Bedürfnisse des Kindes in Familie und Tageseinrichtung."
(Bayerisches Staatsministerium für Arbeit und Sozialordnung, Familie und Frauen/Staatsinstitut für Frühförderung München, 2006, S. 439)

Entwicklungsberichte für die Eltern können nach den in den Bildungsplänen der Länder beschriebenen Kompetenzen strukturiert werden und sollen sachlich und wertschätzend geschrieben sein (vgl. Kap. 6 „Bildungsprozesse begleiten").

Methodische Grundsätze für ein Bildungsgespräch mit den Eltern

Die Eltern sind Experten für ihr Kind. Empfehlenswert sind regelmäßige Entwicklungsgespräche, etwa zum Geburtstag des Kindes. Schwierigkeiten sind dann zu erwarten, wenn Erzieherinnen die elterliche Kompetenz anzweifeln oder die elterlichen Erwartungen an das Kind zu groß sind. Zum Gespräch erhalten die Eltern und das Kind eine persönliche Einladung. Bei Familienkonflikten, weiterführenden Untersuchungen und Abklärungen ist es allerdings nicht sinnvoll, das Kind dabei zu haben.

Die pädagogischen Fachkräfte klären **vor** dem Gespräch das eigene Ziel und suchen Beispiele, die die kindliche Entwicklung genau schildern.

Eltern und Erzieherin beim Bildungsgespräch

Die Pädagoginnen formulieren dabei ressourcenorientiert, d. h., sie beschreiben die **Stärken** des Kindes anhand ihrer Dokumentationen.

Beispiel
Lisa sagt oft: „Das kann ich nicht". Sie braucht lange, bis sie an eine Aufgabe herangeht. Sie beobachtet die Kinder beim Spielen, sitzt oft am Maltisch und am Morgen braucht sie erst eine lange Anlaufzeit am Frühstückstisch. Sie freut sich, wenn man mit ihr zusammen anhand eines Plans die Aufgabe in kleine Schritte einteilt. Wenn sie die Aufgabe verstanden hat, wird sie mutig und beginnt. Am liebsten mag sie Bücher mit Pferden. Sie liebt Rollenspiele und zeichnet gerne.

Den Eltern soll dabei Zuversicht vermittelt werden, dass das Kind lernt und dass es in seiner Persönlichkeitsentwicklung, Lebensbewältigung und Beziehungsgestaltung reift. Eine Auswahl von Bildern, Fotos, Gegenständen und kindlicher Produkte kann zu einem lebendigen Dialog beitragen, der die kindliche Entwicklung und die dazugehörigen Erklärungsmuster zu entdecken helfen kann.

Auch Unangenehmes sollte angesprochen werden. Wer die Sprache der Eltern spricht, ist im Vorteil. Am Ende des Gesprächs werden Handlungsansätze und bei Problemen Lösungsstrategien aufgezeigt, z. B. wie die Eltern die Beobachtungen und Anregungen aufnehmen und in den Alltag integrieren können. Klare zeitliche Absprachen („in drei Monaten sprechen wir uns wieder") und ein Ergebnisprotokoll, das auch die Eltern bekommen, sichern die weitere Zusammenarbeit. Nach dem Gespräch ist es für das Team wichtig, folgende Fragen zu reflektieren: Was haben wir erreicht? Wo waren Stolpersteine? Wo müssen wir nachhaken? Wie war die Atmosphäre?
(vgl. Schäfer, 2007, S. 35)

> ### Aufgabe
> *Bitten Sie Ihre Praxisanleitung, ob Sie auch einmal bei einem Elterngespräch dabei sein dürfen, wenn die Einwilligung der Eltern vorliegt (vgl. Kap. 11.2.3).*

2.5.4 Kritische Distanz beim Beobachten

Die Lerngeschichte der pädagogischen Fachkraft

Die pädagogische Fachkraft ist sich beim Auswerten der Beobachtungsergebnisse der möglichen **Beurteilungsfehler** bewusst. Sie konstruiert beim Beobachten **ihre** Wirklichkeit aufgrund ihrer eigenen Erfahrungen und Biografie. Deshalb ist eine kritische Distanz zu den Beobachtungsergebnissen beim Auswerten und Beurteilen notwendig.

Beurteilungsfehler

Die pädagogische Fachkraft ordnet das Beobachtete in das ihr bereits Bekannte ein. Dies ist bei jeder Person unterschiedlich (Biografiebezug der Beobachtung).

Beispiele
für logische Beurteilungsfehler:
* Ein hübsches Kind ist auch intelligent.
* Ein freundlicher Mensch ist auch ehrlich.
* Ein großes Kind ist auch stark.

Logische Beurteilungsfehler entstehen dadurch, dass der Beobachter ein beobachtetes Verhalten in einen scheinbar logischen Zusammenhang in Form von Eigenschaften bringt. Zugrunde liegen **Vorurteile** des Beobachters, die häufig beim ersten Eindruck, den man von einem Menschen hat, entstehen.

Halo-Effekt

Beispiele
* Kevin weiß viel über Fische. Kevin hat ein großes Wissen.
* Julius hat Angst fremden Personen gegenüber. Julius ist ängstlich.

Beim Halo-Effekt wird von einem Merkmal auf das Gesamtbild gefolgert. Damit kommt es zu einer Fehleinschätzung der Gesamtbeurteilung. Ein weiterer Beurteilungsfehler kommt zustande, wenn von einem Gesamtbild auf einzelne Verhaltensmerkmale geschlossen wird. Eigene Beobachtungswahrheiten werden zu „objektiven Wahrheiten".

Bildung von Alltagstheorien

Beispiele
* Laura ist egoistisch, weil sie ein Einzelkind ist.
* Weil David wieder einnässt, gibt es bestimmt Schwierigkeiten im Elternhaus.

Bei der Bildung von Alltagstheorien werden zu schnelle Schlussfolgerungen aus dem beobachteten Verhalten gezogen. Das ist eine unzulässige Vereinfachung, weil Verhalten nicht nur auf einen Auslöser oder auf eine Ursache zurückgeführt werden kann.

Milde-Effekt und Strenge-Effekt

Beispiele
* Ein Dreijähriger kann ... noch nicht!
* Ein Vorschulkind muss ... können!

Beim Milde-Effekt besteht bei der Auswertung die Tendenz, ein Kind ganz allgemein zu gut zu sehen, beim Strenge-Effekt es insgesamt zu verurteilen. In beiden Fällen wird nicht differenziert genug beobachtet. Das wird der Persönlichkeit des Kindes nicht gerecht.

Aufgabe
Bearbeiten Sie nach Ihrem Praxistag immer wieder die folgenden Fragen, um kritische Distanz beim Auswerten zu gewinnen.

2 Die entdeckende Beobachtung

Die Biografie des Beobachters beeinflusst die entdeckende Beobachtung.

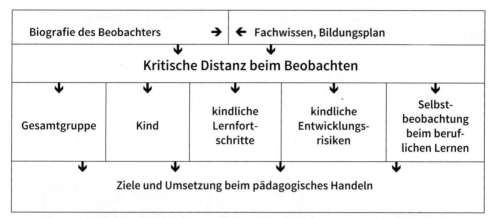

Die pädagogische Fachkraft stellt sich kritische Fragen.

Die pädagogische Fachkraft reflektiert Beobachtungssituation, Beobachtungsergebnisse und ihr pädagogisches Handeln. Sie beobachtet sich selbst und stellt sich kritische Fragen:

- Wie geht es mir beim Beobachten, welche Gefühle und Gedanken kann ich bei mir feststellen?
- Gibt es in der Beobachtung etwas, was mich erstaunt hat?
- Werden eigene Vorurteile oder Meinungen durch die Beobachtung infrage gestellt?
- Lassen sich anstehende Fragestellungen jetzt besser beantworten?
- Welche Gefühle habe ich zu den Personen, die ich beobachtet habe?
- Wann tritt das beobachtete Verhalten des Kindes auf? Gibt es Wiederholungen? Haben Kolleginnen ähnliche Beobachtungen gemacht?
- Was geht dem beobachteten Verhalten des Kindes voraus? Was folgt darauf? Welche Kollegin weiß mehr darüber?
- Weicht die Beobachtung von vorherigen Beobachtungsergebnissen ab?
- Beobachten Kolleginnen andere, entgegengesetzte Verhaltensweisen des Kindes?
- Verhält sich dieses Kind bei Kolleginnen anders? Wie verhält es sich dann?
- Wie habe ich bisher auf dieses Verhalten des Kindes reagiert?
- Wie können die Teammitglieder mich unterstützen, sodass ich vielleicht andere Verhaltensweisen dem Kind gegenüber entwickeln kann?
- Mit welcher Stimmung gehe ich in die Gruppe? Wie fühle ich mich?
- Nehme ich Kontakt auf oder werde ich angesprochen?
- Habe ich Einzelkontakte gehabt?
- Habe ich vorwiegend in der Gruppe gespielt? Fällt es mir leichter, mit der Gruppe oder mit einzelnen Kindern zu spielen?
- Habe ich Angebote, Vorschläge gemacht? Habe ich die Vorschläge der Kinder aufgegriffen?
- Konnte ich mich durchsetzen? Wie gehe ich mit Konflikten um?
- An wem orientiere ich mich? Was gefällt mir an der Person?
- Erinnern mich die Kinder an jemanden?
- Welche Kinder machen es mir leicht und mit welchen Kindern habe ich es eher schwer?

2 Die entdeckende Beobachtung

> **Aufgaben**
>
> Reflektieren Sie anhand Ihrer Praxisberichte Ihre Beziehung zu den einzelnen Kindern in Ihrer Praxisgruppe.
>
> 1. Bei welchen Kindern fällt es ihnen schwer, Kontakt aufzunehmen?
> 2. Welche Kinder machen es Ihnen leicht?
> 3. Zeichnen Sie ein Bild, in dem der Abstand zu den einzelnen Kindern deutlich wird.
> 4. Zu welchen Kindern sollten Sie mehr Kontakt aufnehmen?
> 5. Welche Ideen haben Sie dazu?

„Zu welchen Kindern sollte ich mehr Kontakt aufnehmen?"

Die pädagogische Fachkraft reflektiert im Team

Im Team reflektieren die pädagogischen Fachkräfte regelmäßig Beobachtungssituation, Beobachtungsergebnisse und ihr pädagogisches Handeln. Ein Teammitglied bringt eine ausgewählte Beobachtung in die Teamsitzung ein. Die Gruppe spielt im Rollenspiel die Situation nach und wertet sie im fachlichen Diskurs aus. Durch diese kritische Distanz erhalten alle Teammitglieder neue Impulse für ihr pädagogisches Handeln.

2 Die entdeckende Beobachtung 49

„Du hast uns gar nichts zu sagen!"

Situation

Die Praktikantin Rosi beobachtet das Freispiel der Kinder. Leah (4 Jahre), Simon (6 Jahre) und Florian (4 Jahre) spielen in der Puppenecke. Das Geschirr und die Puppenkleider liegen am Boden und bei den drei Kindern geht es richtig lautstark zu. Florian schreit: „Es brennt, es brennt." Leah sagt: „Wir müssen alles ausräumen." Simon nimmt den Telefonhörer und ruft: „Die Feuerwehr muss kommen, es brennt, es brennt." Florian und Leah räumen Tische, Stühle und Geschirr aus der Puppenecke. Rosi legt ihre Beobachtungsaufzeichnungen zur Seite, geht in die Puppenecke und sagt: „Ihr räumt jetzt die Puppenecke sofort auf, da sieht es richtig schlimm aus." Leah schaut sie kurz an und schreit: „Du hast uns gar nichts zu sagen." Rosi ist enttäuscht. Sie liest ihren Mitschülerinnen in der Ausbildungsgruppe ihren Beobachtungsbericht vor. Sie schreibt in ihrer Auswertung: „Leah hört nicht auf mich und ist besonders aggressiv. Wahrscheinlich hatte sie heute morgen wieder Stress mit ihrer Mutter."

Rosis Ausbildungsgruppe spielt die Szene im Situationsspiel.
1. Rosi schildert die Situation in der Puppenecke.
2. Sie spielt sich im Spiel dabei selbst.
3. Sie sucht sich aus der Gruppe ihre Mitspieler aus: Leah, Simon, Florian.
4. Die Mitspieler fragen nach, wenn ihnen ihre Rolle unklar ist.
5. Rosi gestaltet die Szenerie: Puppenecke, Tische, Stühle.
6. Die Spieler erhalten ihre Namen.
7. Die Szene wird gespielt.
8. Für Rosi ist Rollentausch möglich, wenn sie meint, es sei anders gewesen. Sie schlüpft dabei in die Rolle des Mitspielers und spielt. Hat der Mitspieler die Situation verstanden, werden die Rollen wieder getauscht.
9. Die Beobachter versuchen, sich beim Spiel in jeden Spieler einzufühlen.
10. Der Spielleiter beendet das Spiel mit einem kräftigen Applaus.

Das kindliche Spiel im fachlichen Diskurs verstehen

* In wen habe ich mich gut einfühlen können? Bei wem fiel es mir schwer, mich einzufühlen?
* Wie lautet Rosis Auswertung der Beobachtungssituation über Leah?
* Welche Probleme werden durch das Rollenspiel sichtbar?
* Welche kindlichen Bildungsthemen werden sichtbar?
* Welche Ideen hat das Team zur pädagogischen Unterstützung der Kollegin und des Kindes?
* Welche Ideen gibt es, das pädagogische Handeln effektiver zu gestalten?
* Welche Lernumgebung braucht das Kind?
* Wer möchte sich durch Fortbildung zum Experten für die beobachteten kindlichen Themen entwickeln?
* Welche finanzielle Unterstützung braucht das Team evtl. vom Träger?

Durch das Rollenfeedback der Mitspieler und der Beobachter kann Rosi Leah verstehen. Auf die Frage des Spielleiters, was sich Leah aus dem Rollenspiel von Rosi gewünscht hätte, kam die Antwort: „Dass sie mitspielt, dass sie sieht, wie wir die Puppenecke vor dem Feuer retten, dass sie uns gut findet, dass sie uns versteht. Dann hätten wir schon aufgeräumt."

2.6 Dokumentation der Beobachtungen

Dokumentieren heißt „zeigen" und „beweisen"

Die Eltern werden über die Arbeitsweise mit dem Portfolio informiert

Situation

An einem Elternabend für „neue" Eltern im Hort hängt ein Plakat an der Wand mit fünf Rechenaufgaben zu den Grundrechnungsarten. Vier Aufgaben sind dabei richtig gelöst, eine Aufgabe ist falsch. Da meldet sich ein sichtlich aufgeregter Vater: „Sie haben sich da verrechnet." Die pädagogische Fachkraft bedankt sich für diesen Hinweis, korrigiert die Aufgabe und sagt: „So kann ich Ihnen gleich unsere Arbeitsweise, unser Konzept, unser Bild vom Kind aufzeigen. Wir sehen, was das Kind kann, die richtigen Aufgaben, die das Kind gelöst hat. Das Ziel unserer fachlichen Beobachtung ist es, die Stärken Ihres Kindes zu erfassen. Aufheben, zusammenstellen, ordnen und speichern, was die Entwicklung Ihres Kindes veranschaulicht, den kindlichen Lernprozess sichtbar zu machen, ist unsere wichtigste Aufgabe. Sie erhalten durch eine Dokumentation des kindlichen Lernprozesses jederzeit Einblick in die Entwicklung Ihres Kindes und in die Qualität unserer Arbeit. Wir nennen diese Zusammenstellung Portfolio."

„Wir erfassen die Stärken!"

2.6.1 Das Portfolio

Den Spuren des kindlichen Lernens mit Achtung und Wertschätzung nachgehen
Die pädagogische Fachkraft kontrolliert systematisch die Beobachtungsergebnisse und dokumentiert fortlaufend und regelmäßig den kindlichen Lernprozess.

Das Portfolio erfasst das Geschehen, die Lernwege und Lernstrategien von jedem Kind.	– Informationen über die Familie, den kindlichen kulturellen, sozialen und sozio-ökonomischen Hintergrund – Verlaufsprotokolle der Beobachtungen – Beobachtungsbogen und Auswertung – Informationen beim Aufnahmegespräch mit Eltern – Beobachtungen in der Eingewöhnungszeit – Stärken des Kindes: Was tut es gern? Was kann es besonders gut? – Entwicklungsbriefe – Fotos, die die motorische Entwicklung zeigen – Fotos von Lern- und Erfahrungsprozessen – Aussagen des Kindes, seine Dialoge – Teilnahme an Projekten und Aktionen – individuelle Ziele für Herausforderungen und Bildungsangebote – Projektplanungen und -rückblicke, Kommentierungen des Kindes – Notizen zu Elterngesprächen über die Entwicklung – Vereinbarungen – Zeichnungen, Bilder u. Ä., die Entwicklungsschritte zeigen – Förderpläne

(vgl. Ministerium für Bildung und Frauen des Landes Schleswig-Holstein, 2006, S. 25)

Selbsttätigkeit ist nicht Von-selbst-Tätigkeit
Das Portfolio ist eine gute Gesprächsgrundlage, um den Kindern ihre Lernkompetenz bewusst zu machen.
Wenn dem Kind die Spuren seines Lernens bekannt sind, bekommt es Lust, sein Lernen selbst zu gestalten, seine Kompetenzen weiterzuentwickeln und selbst Lernergebnisse zu dokumentieren. Die pädagogische Fachkraft findet über diesen Weg eine Brücke zu dem, was das Kind nicht so gerne tut.

2.6.2 Formen der Dokumentation

* Notizbücher für alltägliche Beobachtungen
* digitalisierte Kompetenzkarten
* Sprachlerntagebücher, z. B. mit Informationen von Familien mit Zweitsprache Deutsch über die Familiensprache und die kindliche Sprachentwicklung
* Bildungsbücher, die mit den Eltern zusammen den kindlichen Lernweg sichtbar machen
* Ton-, Foto- und Videoaufnahmen
* Fotowand mit Überschrift, Kommentaren und Kinderaussagen

© Renate Alf

* Projektdokumentationen
* mehrsprachige Dokumentationswände mit Fotos und Texten
* Dokupinnwand mit mehrsprachigen Elterninformationen
* Elternbriefe
* Elternzeitschriften
* Lieblingslieder, Geschichten und Buchvorstellungen
* Grafiken, Tabellen und Schaubilder
* PowerPoint-Präsentationen für Elternabende

Die Dokumentation ist Andenken
Die Aufzeichnungen über die kindliche Entwicklung und die Produkte gehören der Familie. Sie werden in einer Sammelmappe, einer Schatzkiste oder digital erfasst. Das digitale Erfassen ermöglicht Audio- und Video-Files. Kinder und Eltern erhalten so authentische und persönliche Einblicke in das Kita-Geschehen. Das Beobachtungsmaterial erhalten die Eltern auf CD oder USB-Stick.

2.6.3 Organisation der Dokumentation

- **Wie** oft wird dokumentiert?
- **Womit** wird dokumentiert?
- **Was** brauchen wir dazu?
- **Wer** ist für welche Dokumentation verantwortlich?
- **Wann**, zu welchem Zeitpunkt wird dokumentiert?
- **Wo** befinden sich die Dokumentationen?
- **Wo** werden sie aufbewahrt? Wer hat wozu Zugang?
- **Wie** wird der Datenschutz eingehalten?
- **Wer** ist verantwortlich dafür?

Pädagogische Fachkräfte werten regelmäßig die Dokumentationen aus.
„Mir wird klar ...", „Jetzt verstehe ich, warum ...", mit diesem Satzanfang sortiert die pädagogische Fachkraft die Einzelteile der Dokumentation, ihre Eindrücke, Gefühle und Gedanken. Die Beobachtungsergebnisse in der Gesamtzusammenschau ermöglichen es,

* eigene Gefühle einzugestehen,
* sie offen auszudrücken,
* den Beobachtungen und Geschehnissen Sinn zu verleihen,
* Einsichten zu gewinnen,

„Meine Schatzkiste ist ganz schön schwer."

* die Blickrichtung zu wechseln,
* die Sichtweisen der Teammitglieder kennenzulernen,
* Schlüsse für das pädagogische Handeln zu finden und immer wieder zu überprüfen.

Wenn **alle** Teammitglieder sich beim Auswerten Mühe geben, dann werden die pädagogischen Fachkräfte zu Experten für die ihnen anvertrauten Kinder und steigern damit die Qualität der Einrichtung.

Aufgaben
1. Fragen Sie Ihre Praxisanleitung, wie, was und wann in Ihrer Praxiseinrichtung dokumentiert wird.
2. Sammeln Sie die Ergebnisse in der Klasse.
3. Welche Dokumentationsform überrascht Sie? Begründen Sie.

2.7 Die Beobachtung in der beruflichen Ausbildung

Entdeckende Beobachtung ist der Dreh- und Angelpunkt in der Ausbildung und im Praktikum.
Die Praktikantin steuert aktiv ihr berufliches Lernen. Sie beobachtet sich, ihr Lern- und Arbeitsverhalten, die Praxisanleitung, die Teammitglieder und die Eltern. Mithilfe der Praxisanleitung und -lehrkraft erstellt sie Beobachtungsaufgaben und wählt dazu entsprechende Beobachtungsverfahren und Dokumentationsformen. Dadurch erhält sie Einblick in die Möglichkeiten beruflichen Handelns.

Sie nimmt aufgrund der Beobachtungsdaten ihre Handlungs- und Verhaltensmuster wahr, denkt über sich und die eigene Haltung nach, versteht die Wechselwirkung zwischen eigenen Einstellungen und Verhaltensweisen und denen der Kinder. Sie erkennt Fähigkeiten und Grenzen ihrer beruflichen Eignung und ihres pädagogischen Handelns. Ihre Wahrnehmung und die pädagogischen Handlungsmöglichkeiten werden erweitert.

Beobachtungsziele und Beobachtungsinhalte für das berufliche Lernen

Beobachtungsziele	Beobachtungsinhalte	Auswertung der Lernprozesse anhand der Praktikumsberichte
Die Praktikantin beobachtet ihr Lern- und Arbeitsverhalten – ihre personale Kompetenz, – ihre soziale Kompetenz, – ihre Sprachkompetenz, – ihre Methodenkompetenz, – ihre Fachkompetenz anhand von ausgewählten Beobachtungsverfahren und Aufgaben.	Ihr Verhalten: – im Umgang mit der Praxisanleitung, – bei der Ausführung von Arbeitsaufträgen, – im Umgang mit einzelnen Kindern und der Gruppe in unterschiedlichen Situationen,	– In welchen Situationen fühle ich mich wohl/unwohl? – Welche Kinder machen es mir leicht, welche schwer? – Welche Probleme belasten mich? – Meine Ängste? – Meine Befürchtungen? – Meine Erfahrungen mit Kindern und Eltern mit Migrationshintergrund?

Beobachtungsziele	Beobachtungsinhalte	Auswertung der Lernprozesse anhand der Praktikumsberichte
	Ihr Verhalten beim Spiel mit einem oder mehreren Kindern oder der Gesamtgruppe, – in Konfliktsituationen, – im Umgang mit Kindern und Eltern mit Migrationshintergrund, – im Umgang mit den Eltern, – im Umgang mit Teammitgliedern, – bei Angeboten, – bei Projekten. Ihre Sprache: – Sprechtempo – angemessene Lautstärke – grammatikalisch richtig – strukturiert, kurz und kindgerecht – Blickkontakt mit dem Gegenüber – Mimik und Gestik zur Unterstützung – in Alltagssituationen	– Wo sind meine Grenzen? – Wie gehe ich mit Kritik um? – Was hat sich bewährt? – Was möchte ich noch verbessern? – Was möchte ich unbedingt noch lernen? – Welches Fachwissen brauche ich noch? – Was kann ich schon? – Was gelingt mir gut? – Was fällt mir auf bei meiner Entwicklung im Praktikum? – Was möchte ich dokumentieren?
Die Praktikantin beobachtet die Anleitung und die Teammitglieder – ihre personale Kompetenz, – ihre soziale Kompetenz, – ihre Sprachkompetenz, – ihre Methodenkompetenz, – ihre Fachkompetenz anhand ausgewählter Beobachtungsverfahren und Aufgaben.	Feinfühligkeit, Beziehungsfähigkeit, Kommunikationsmuster, pädagogische Handlungsmuster und -strategien – im Umgang mit einzelnen Kindern und der Gruppe in unterschiedlichen Situationen, z. B. bei Pflegemaßnahmen, – im Umgang im Team, – im Umgang mit den Eltern, – bei Angeboten, – bei Projekten, – im Freispiel – beim Elternabend, – beim Elterngespräch.	Wieso ist das so? Was gefällt mir gut? Warum? Was überrascht mich? Was kann ich nicht verstehen? Was macht mich unsicher? Welche Fragen habe ich? Welche Ideen fallen mir ein? Welche Vorschläge habe ich erhalten? Was möchte ich ausprobieren? Was habe ich gelernt? Was möchte ich dokumentieren?
Die Praktikantin beobachtet die Eltern anhand ausgewählter Beobachtungsverfahren und Aufgaben.	– in der Bring-/Abholzeit – beim Tür- und Angelgespräch – bei Festen und Festgestaltung – beim Elternabend – beim Elterngespräch	

2 Die entdeckende Beobachtung

Aufgaben
1. Erstellen Sie zusammen mit Ihrer Anleitung und der Praxislehrkraft einen Beobachtungsplan für das Praktikum.
2. Wählen Sie Beobachtungsziele und -inhalte.
3. Wie werden Sie Ihre Beobachtungs- und Auswertungsergebnisse dokumentieren?

Entdeckende Beobachtung im Praktikum – ein Beispiel

Die Beobachtung ist der Anlass für pädagogisches Handeln.
Das Team ist auf eine Situation aufmerksam geworden: In der Bauecke ist in der letzten Zeit viel Unruhe entstanden. Das Ziel ist es zu erforschen, was sich dort abspielt und woher diese Unruhe kommt.

Das Team sucht das Beobachtungsverfahren aus. Bei Spielbeobachtungen eignet sich die freie Beobachtung. Danach wird der Termin für die Reflexion im Team vereinbart. Die Praktikantin Christina übernimmt die Beobachtung und informiert sich nochmals über die Regeln der freien Beobachtung und über mögliche Beobachtungsfehler. Sie setzt sich mit ihrem Notizbuch neben die Bauecke. Sie schreibt genau auf, was sie beobachtet, und macht sich eine kurze Skizze. Wer ist anwesend? Was sieht sie? Was hört sie?

Beobachtung: Was spielt sich in der Bauecke ab? Sie schreibt auf, was sie sieht, was sie hört. Optisch davon abgesetzt macht sie sich Stichpunkte am Rand, was sie denkt und fühlt, was für sie auffallend ist. Sie greift beim Konflikt nicht ein, sie beschreibt den Verlauf. Es wird wieder laut. Nach einer Weile betritt Frau Miller die Bauecke und fragt:

„Was ist hier los?" Frau Miller hört jedem Kind zu und achtet darauf, dass jedes Kind seine Meinung sagt. Christina schreibt auf, wer wann wie oft spricht und was jedes Kind sagt. Dann macht Frau Miller ein Foto von den Kindern und ihrem Bauwerk für die Dokumentation. Die Kinder finden einen Namen für das Bauwerk. Sie lässt sich von den Kindern nochmals beschreiben, wie das Bauwerk geplant wurde, wie lange das Bauwerk stehen bleiben darf, wer was gemacht hat, was jedes Kind am schönsten gefunden hat, was jedem Kind dabei nicht so gut gefallen hat, welche Regeln neu ausgehandelt werden und was geschieht, wenn es wieder laut wird. Auf einem Notizzettel lässt sich Christina von jedem Kind diktieren, was es neu gelernt hat und was auf dem Zettel für seine Schatzkiste stehen soll. Diese Zettel bringen die Kinder in die persönliche Schatzkiste.

Die Auswertung
Die pädagogische Fachkraft nimmt die Beobachtungsergebnisse, vergleicht sie wie unter einer Lupe mit dem Beobachtungsziel. Dadurch werden die Beobachtungsergebnisse vergrößert, Details sichtbar. Beim Drehen und Wenden der Ergebnisse kommen neue Erkenntnisse zum Vorschein. Was bedeuten die Beobachtungsergebnisse für die anfängliche Fragestellung, in diesem Fall „Wie und wodurch entsteht die Unruhe in der Bauecke?"

Jede Person nimmt die Beobachtungsergebnisse anders wahr.
Das Team reflektiert einmal wöchentlich ausgewählte Beobachtungen. Dabei werden die Wirksamkeit des beruflichen Handelns überprüft, psychische Belastungen und Konfliktsituationen verarbeitet, Fach-, Methoden-, Sozial- und Personalkompetenz gestärkt und kreative Ressourcen zur Entwicklung von Lösungsstrategien entdeckt. Die Pädagoginnen drehen und wenden die Beobachtungsergebnisse.

Dabei stellen sie sich folgende Auswertungsfragen bezüglich der Kinder in der Bauecke: Wer spielt in der Bauecke? Was sprechen die Kinder miteinander? Wer spricht mit wem? Wer bestimmt? Wer wird ausgeschlossen? Wie ist der Spielverlauf? Wie entsteht das Bauwerk und wer hat daran seinen Anteil? Wie, wann, wie oft wird es laut? Wie entsteht der Konflikt? Wer ist daran beteiligt? Was geschieht dann? Wie erklärt jedes Kind Frau Miller, was passiert ist? Welche Auswirkungen hat das Spielgeschehen auf die anderen Gruppenmitglieder?

„Was spielt sich denn hier ab?"

Frau Miller berichtet, wie die anderen Kinder während der Spielbeobachtung die Bauecke beobachten, wie sie auf die Unruhe reagieren und was auffällig ist.

Bei der **Reflexion** besprechen sie, wie es jedem Teammitglied persönlich in Konfliktsituationen geht, und sprechen über ihre Erfahrungen mit Konflikten.

Die Praktikantin Christina erzählt, dass sie Konflikten lieber aus dem Weg geht und dass sie am liebsten gleich für Ruhe in der Bauecke gesorgt hätte. Kinder sollten schön miteinander spielen. Sie ist erstaunt darüber, wie lange Frau Miller beim Konflikt zugesehen hat, und über die Aussagen der Kinder, wie sie im Gespräch mit Frau Miller neue Ideen entwickelt und ausgehandelt haben.

Die Teammitglieder vergleichen die Beobachtungsergebnisse mit ihren Erfahrungen mit diesen Kindern: Wie passen die Beobachtungsergebnisse von jedem Kind und dieser Untergruppe zu den bisherigen Beobachtungen? Haben sich unterschiedliche, neue Erkenntnisse ergeben? Das Team findet die Ursache der Auseinandersetzung in den engen Räumlichkeiten. Die Mitarbeiterinnen überlegen daraufhin mit den Kindern gemeinsam, was an diesen ungünstigen äußeren Bedingungen geändert werden könnte, um ein ungestörteres Bauen zu sichern. Möglicherweise wird die Gruppengröße in der Bauecke eingeschränkt. Vielleicht ist es auch möglich, die Bauecke an einer anderen Stelle mit mehr Platz unterzubringen oder im Raum zu vergrößern. Es sind aber auch ganz andere Lösungsmöglichkeiten denkbar, die im Gespräch mit den Kindern deutlich werden können.

Das Team stellt sich nach der Analyse, der Auswertung und Einschätzung der Situation folgende Fragen:

* Welche Konsequenzen ziehen wir für unser pädagogisches Handeln (z. B. eine Kinderkonferenz)?

* Welche Ziele können wir setzen? Besteht Handlungsbedarf? Was planen wir?

* Wer ist für Planung und Umsetzung zuständig?

* Wie sieht die Dokumentation aus? Wer ist dafür zuständig?
* Was hat uns neugierig gemacht? Was wollen wir weiterhin im Auge behalten?

Aufgaben

Sie werden auf eine Spielsituation in der Praxisstelle aufmerksam.

1. Beobachten Sie diesen Spielverlauf: Wer ist anwesend? Welche Situation finden Sie vor? Machen Sie sich eine kleine Skizze.
2. Drehen und wenden Sie Ihre Beobachtungsaufzeichnung. Was haben Sie entdeckt?
3. Wie geht es Ihnen dabei? Was überrascht Sie? Was haben Sie entdeckt? Was hat Sie neugierig gemacht?
4. Besprechen Sie die Ergebnisse und ihre Ideen dazu mit Ihrer Praxisanleitung.
5. Ist eine Dokumentation Ihrer Beobachtungsergebnisse Ihrer Meinung nach notwendig und wenn ja, warum?

3 Grundlegende Bedürfnisse von Kindern

In diesem Kapitel lernen Sie,

* dass Kinder ihre Bedürfnisse häufig nicht mit Worten ausdrücken,
* dass Raumgestaltung die pädagogische Arbeit beeinflusst,
* dass die Planung des Tagesablaufs bedürfnisgerecht gestaltet werden muss,
* dass neben vergleichbaren Bedürfnissen aller Kinder einer Gruppe auch noch die spezifischen Bedürfnisse
    - von Kindern unter drei Jahren,
    - von Kindern mit Entwicklungsgefährdung,
    - von Kindern in besonderen Lebenssituationen,
    - von Kindern mit Hochbegabung und
    - von Kindern aus anderen Kulturen

  zu berücksichtigen sind,
* dass die Pädagogik der Inklusion und Vielfalt eine Bereicherung darstellt.

3 Grundlegende Bedürfnisse von Kindern

Hier gibt es unterschiedliche Bedürfnisse.

Situation

Die Praktikantin Jenny bringt in der Reflexionsrunde im Unterricht folgende Situation zur Sprache: Die kleine Toni verfolgt sie auf Schritt und Tritt. Wenn sie am Tisch sitzt, möchte Toni auf ihrem Schoß sitzen, wenn sie ein Buch vorliest, möchte Toni nicht, dass auch andere Kinder dabei sind. Sie kann sich kaum frei bewegen oder mit anderen Kindern spielen. Immer ist Toni an ihrer Seite. Was sie am Anfang ihres Praktikums noch als Vertrauensbeweis betrachtete, hat sich mittlerweile zu einem Problem entwickelt. Jenny weiß nicht, wie sie den Bedürfnissen von Toni gerecht werden kann, ohne die anderen Kinder zu vernachlässigen.

Aufgaben

1. Finden Sie heraus, was unter den Begriffen „Bedürfnis", „Bedürfnisorientierung" und „Wunsch" zu verstehen ist.
2. Überlegen Sie, welche Grundbedürfnisse hinter Tonis Verhalten stehen könnten und welche Wünsche sie zum Ausdruck bringt.
3. Sammeln Sie Vorschläge (z. B. in Form einer Mindmap), an welchen Bedürfnissen von Toni sich die Fachkräfte im Kindergarten orientieren müssen.
4. Machen Sie Vorschläge, wie diese Bedürfnisse durch die Schaffung von geeigneten Rahmenbedingungen und im Tagesablauf berücksichtigt werden können.
5. Spielen Sie die Situation mit verteilten Rollen nach und verfolgen Sie dabei als Praktikantin Jenny das Ziel, auf Tonis Wünsche und die der Gruppe in angemessener Form einzugehen.

3.1 Grundbedürfnisse

„Erst kommt das Fressen, dann kommt die Moral."
(Bertolt Brecht in: Die Dreigroschenoper)

Grundbedürfnisse umfassen all das, was ein Mensch von Natur aus braucht. Wird ein solches Bedürfnis nicht erfüllt, erleidet er einen Mangel oder nimmt sogar Schaden. Es ist eine Lebensnotwendigkeit, Bedürfnisse des Menschen zu befriedigen.

Das gilt nicht für Gelüste oder Wünsche. Sie gehören zwar eng zu den Bedürfnissen, sind aber nicht dasselbe. So ist etwa die Lust, eine Banane zu essen, nicht identisch mit dem Bedürfnis nach Nahrung, denn das kann auch anders befriedigt werden. Trotzdem steht hinter dem Wunsch nach einer Banane das Grundbedürfnis nach Nahrung.

Die pädagogische Arbeit orientiert sich an den Bedürfnissen von Kindern. Kinder äußern ihre Bedürfnisse jedoch häufig nicht direkt, sondern lassen sie hinter einem gezeigten Verhalten erkennen oder vermuten.

In der Wissenschaft wird davon ausgegangen, dass es grundlegende stärkere Bedürfnisse gibt, die zuerst befriedigt werden müssen, bevor ein „höheres" Bedürfnis berücksichtigt werden kann. Daraus ergibt sich eine Rangordnung von Bedürfnissen, die Menschen im Verlauf ihrer Entwicklung haben können.

Transzendenz
spirituelles Bedürfnis, sich mit dem Kosmos im Einklang zu fühlen

Selbstverwirklichung
Bedürfnis, die eigenen Fähigkeiten auszuschöpfen, bedeutende Ziele zu haben

ästhetische Bedürfnisse
nach Ordnung und Schönheit

kognitive Bedürfnisse
Bedürfnis nach Wissen, Verstehen, nach Neuem

Selbstwert
Bedürfnis nach Vertrauen und dem Gefühl, etwas wert zu sein, etwas zu können, nach Anerkennung von anderen

Bindung
Bedürfnis nach Zugehörigkeit, Verbindung mit anderen, Bedürfnis zu lieben und geliebt zu werden

Sicherheit
Bedürfnis nach Sicherheit, Ruhe, Freiheit von Angst

biologische Bedürfnisse
nach Sauerstoff, Nahrung, Wasser, Ruhe, Sexualität, Entspannung

Bedürfnispyramide nach Abraham Maslow

Im folgenden Beispiel zeigt sich, wie die pädagogische Fachkraft auf die Bedürfnisse von Kindern eingehen und eine Spielsituation kindgerecht gestalten kann:

Beispiel

Markus hat sein liebstes Geburtstagsgeschenk, einen Kran, mit in den Kindergarten gebracht. Stolz und voll Freude zeigt Markus der Kinderpflegerin seinen Besitz. Beobachtend stehen Stefan und Michael, die Freunde von Markus, daneben. Kinderpflegerin Silvia gibt den drei Jungen einen Impuls zum gemeinsamen Spiel. Die drei Freunde spielen „Baustelle Feuerwehrhaus", das ist Stefan eingefallen. Silvia geht mit ihnen hinüber in die Bauecke. Michael baut die Zufahrtsstraße für die Baufahrzeuge. Stefan fährt den Kies (Muggelsteine) heran. Markus besorgt den Erdaushub (Bausteine) mit seinem Kran. Mit ihren Baufahrzeugen holen sie immer mehr Material heran, aus der Malecke brauchen sie Papier, um den Bauplan zu zeichnen, Arbeitshandschuhe finden sie in der Kleiderschachtel. Silvia muss helfen, die Baustelle mit Schnüren abzusichern. Die beladenen Baufahrzeuge müssen manchmal einen weiten Weg fahren, um das Bücherregal herum, am Kaufladen vorbei und wieder zurück zur Baustelle.

Die Tagessituation Freispiel gestaltet Praktikantin Silvia mit, indem sie die Grundbedürfnisse der Kinder auf kindgerechte Art und Weise berücksichtigt:

Spielbedürfnis	Silvia gibt Impulse, Anregungen, unterstützt die Kinder durch ihr Interesse und durch ihr gelegentliches Mitspielen.
Kontaktbedürfnis	Silvia bezieht die Freunde von Markus mit in das Spiel ein und gibt ihnen Anregungen zum gemeinsamen Spiel.
Anerkennungsbedürfnis	Silvia nimmt Anteil an Markus' Freude über das Geschenk und beobachtet den Spielablauf anteilnehmend.
Rückzugsbedürfnis	Silvia bietet die aufgeräumte Bauecke an, in die sich die Kleingruppe der drei Freunde zurückziehen kann, um sich in ihr ungestörtes Spiel zu vertiefen.
Selbstentscheidungsbedürfnis	Silvia überlässt es den spielenden Kindern, eigenständig ihre Bauvorhaben, Ideen und Erfahrungen mit Baustellen und Fahrzeugen nach ihren Vorstellungen aktiv zu gestalten. Die Kinder entscheiden selbst, mit wem, was, wann, wie lange und auf welche Art und Weise sie bauen und gestalten werden.
Bindungsbedürfnis	Silvia begleitet die Kinder in ihrem Spiel durch aktive Beobachtung, sie ist verfügbar, gibt Anregungen, hilft Konflikte zu klären.
Vertrautheitsbedürfnis	Silvia integriert das Lieblingsspielzeug des Kindes in die tägliche Freispielsituation; so finden die Kinder Gelegenheit, in der ihnen vertrauten Bauecke Erfahrungen aus ihrem Lebensumfeld zu erproben.
Schutzbedürfnis	Silvia regt die Kinder zu Vereinbarungen an, das geliebte Spielzeug in ihr Spiel aufzunehmen und kindgerecht mit dem Eigentum von Markus umzugehen, sodass Markus und sein Kran geschützt sind.

3.2 Bedürfnisgerechte Raum- und Lernortgestaltung

Eine Klasse von angehenden Kinderpflegerinnen besichtigt eine Kindertagesstätte. Die jungen Frauen schauen sich alle Räume an und unterhalten sich über ihre Eindrücke. Dabei fällt auf, dass sich die meisten Teilnehmerinnen so oder ähnlich äußern: „Die Räume waren alle so hell und freundlich ... Die Zimmer waren so liebevoll geschmückt mit Bildern und Basteleien der Kinder ... Die Spielecken waren so gemütlich ... In der Kuschelecke hätte ich mich als Kind auch wohlgefühlt ... Es war alles so übersichtlich eingeräumt ... Dass jedes Kind ein eigenes Bildsymbol hat, finde ich toll ..." usw. Es wurden ausschließlich positive Meinungen über die Räume der Tagesstätte geäußert.

Aufgabe
Wodurch entstehen so angenehme Eindrücke? Versuchen Sie dies mithilfe der folgenden Bilder zu erklären.

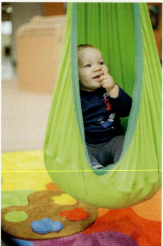

Würde ich mich als Kind hier wohlfühlen?

3 Grundlegende Bedürfnisse von Kindern

Wer ein Gebäude zum ersten Mal betritt, nimmt zunächst die Atmosphäre der Räumlichkeiten wahr. Dieser erste Eindruck kann von unterschiedlichen Gefühlen begleitet werden. Ein Gebäude kann offen, freundlich und einladend wirken oder auch abweisend, düster und bedrückend.

Räume in sozialpädagogischen Einrichtungen erfüllen Funktionen, die in unmittelbarem Zusammenhang mit der pädagogischen Arbeit stehen. Sie sollen den Bedürfnissen der Kinder gerecht werden und den äußeren Rahmen bilden für die Konzeption einer Einrichtung mit ihren entsprechenden Erziehungsvorstellungen.

Gruppenräume in sozialpädagogischen Einrichtungen sind bedürfnisgerecht, wenn sie folgende Ansprüche erfüllen.

Räume und Spielbereiche sollen

* soziale Kontakte begünstigen,
* Sicherheit und Geborgenheit vermitteln,
* Möglichkeiten zur Befriedigung individueller Interessen bieten,
* zur Selbstständigkeit anregen,
* Bewegungsmöglichkeiten bieten,
* attraktiv gestaltet sein.

Räume sollen soziale Kontakte begünstigen.

Die Gliederung des Gruppenraums in einzelne Bereiche bietet den Kindern die Voraussetzung, um Kontakte zu einzelnen Kindern, kleinen Untergruppen und zur Gesamtgruppe aufzunehmen.

Hier ist es besonders lustig!

Kleine, überschaubare Gruppen	Gesamtgruppe
– in der Puppenecke beim Rollenspiel – beim gemeinsamen Bauen auf dem **Bauteppich** – am **Esstisch** beim Essen in der Runde – am **Spieltisch** bei Tischspielen – am **Mal- und Werktisch** beim Gestalten und Malen – vor dem **Aquarium** beim gemeinsamen Beobachten der Fische	– in einer **vorgegebenen** Sitzmulde – schnell auf die Seite gestellte Tische bieten der gesamten Gruppe die Möglichkeit, sich im **Morgenkreis, im Sitzkreis, in der Kinderkonferenz …** als ganze Gruppe zu erleben, um gemeinsame Themen zu erörtern, Spiele zu spielen, Lieder zu singen und andere Aktivitäten zu erleben

Räume sollen Sicherheit und Geborgenheit vermitteln.

Die Aufgliederung des Gruppenraums in kleine Spielbereiche bietet den Kindern, besonders in der Anfangsphase, eine überschaubare Atmosphäre, in der sie sich wohlfühlen können. Abgrenzbare Spielbereiche, niedrige Höhlen und Nischen, Spielpodeste oder Emporen, jeweils der kindlichen Größe angepasst, vermitteln ein Gefühl von Geborgenheit.

Für die persönlichen Dinge der Kinder ist ein abgegrenzter Platz wichtig, der allen anderen Kindern den Eigentümer dieser Utensilien deutlich signalisiert. Ein selbst gemaltes Bild,

Komm, wir verstecken uns!

das der Mutter mitgebracht werden soll, muss den Kindergartentag sicher überstehen. Dazu dienen feste Plätze, versehen mit persönlichen Symbolen. Auch der Garderobenhaken, der Materialkasten, der Turnbeutel usw., mit diesem Symbol versehen, können helfen, die Jacke, die Farbstifte, die Turnschuhe usw. wiederzufinden.

Die Verwendung von geräuschdämmenden Materialien wie z. B. Holz- oder Schallschutzdecken, Kork-, Holz- oder Teppichböden, Vorhänge, Korkwände u. Ä. dient einer angenehmen Akustik. Häufig leiden Kinder unter einer lauten Geräuschkulisse und auch für die Pädagoginnen bedeutet eine gute Geräuschdämmung eine bessere Arbeitsatmosphäre.

Räume sollen die Möglichkeit zur Befriedigung individueller Bedürfnisse bieten.

Die Untergliederung des Raumes in einzelne Spielbereiche und seine Ausstattung mit unterschiedlichen Spiel- und Beschäftigungsmaterialien ermöglicht es dem einzelnen Kind, seine individuellen Bedürfnisse und Interessen zu befriedigen wie z. B.:

* Betrachten von Büchern in der Leseecke
* Pflegen von Pflanzen
* Versorgen von Tieren
* Gestalten von Bildern und Werkarbeiten
* Rückzug in die Kuschelecke oder in eine Nische bzw. in ein „Schlafkörbchen" für die Jüngsten, die noch mehrere Schlafphasen am Tag brauchen
* alleine Spielen am Einzeltisch
* Beobachten anderer Kinder und Erwachsener von einer sicheren Warte aus

„Was fehlt jetzt noch?"

Räume sollen beziehungsvolle Pflege ermöglichen.

„Für die jüngeren Kinder muss ein Wickelbereich eingerichtet werden, der vom Spiel- und Essensbereich abgegrenzt ist. Ein Waschbecken mit Warmwasseranschluss soll sich in unmittelbarer Nähe befinden. Die persönlichen Pflegeutensilien wie Windeln oder Wäsche zum Wechseln werden für

jedes Kind gesondert in gekennzeichneten Fächern aufbewahrt. Am besten ist der Wickelplatz über eine kleine Treppe von den etwas größeren Kindern zu erreichen."
(Bayerisches Staatsministerium für Arbeit und Sozialordnung, Familien und Frauen, 2010, S. 54)

Räume sollen zur Selbstständigkeit anregen.

Voraussetzungen dazu bieten

* Möbel, die der Größe der Kinder angepasst sind,
* Spielmaterial, das in offenen, übersichtlichen Schränken einsortiert wird,
* veränderbare Raumstrukturen mit beweglichen Möbeln, rollbaren Regalen und Abgrenzungsvorrichtungen, Tüchern, Decken, Polstern,
* Experimentiermaterial, das zum Ausprobieren auffordert.

Räume sollen Bewegungsmöglichkeiten bieten.

Bei immer spärlicher werdenden Bewegungsspielräumen in der Umgebung und kleinen Kinderzimmern wird die Möglichkeit zu freier Bewegung in sozialpädagogischen Einrichtungen für Kinder immer bedeutungsvoller.

Außenspielflächen mit Kletterbäumen, Rutschen, Schaukeln, Sandkästen, Wasserspielplätzen, Laubhütten, Hecken, Mulden, Hügeln und Schlupfwinkeln regen Kinder zu vielfältigen Bewegungen im Freien an. Rollende Fahrzeuge auf Wegen, Bälle, Seile usw. unterstützen Kinder in ihrer natürlichen Bewegungsfreude.

Bei schlechtem Wetter sollte das Gebäude Möglichkeiten für bewegungshungrige Kinder bieten. Der Gruppenraum ist dafür nicht geeignet, weil die anderen Kinder sich gestört fühlen könnten. Schon abgelegene Nischen, mit Matratzen ausgelegt, bieten eine Abhilfe. Noch besser können große Flure und Garderoben als zusätzliche Bewegungsräume genutzt werden, wenn nicht eigens Bewegungsräume oder gar „Bewegungsbaustellen" zur Verfügung stehen.

Räume sollen schön sein.

Was als schön empfunden wird, hängt sehr vom subjektiven Erleben ab. Das ist auch gut so, denn auf diese Weise erhält jeder Raum seine persönliche Note und die individuelle Handschrift des Teams.

Einige Gesichtspunkte können zur allgemeinen Orientierung helfen:

* Der Raum sollte möglichst **hell** sein. Dies wird gewährleistet durch große Fensterflächen und kann durch helle Raumfarben und eine helle Ausstattung unterstützt werden.
* Gepflegte **Pflanzen** in passenden Übertöpfen unterstützen die wohnliche Atmosphäre des Raums.
* **Farbharmonie** schafft Raumharmonie. Die Farbgebung von Wänden, Möbeln usw. sollte aufeinander abgestimmt sein. Ein Zuwenig an Farbe ist im Zweifel besser als ein Zuviel. Auf grelle Farben sollte verzichtet werden. Warme, natürliche Farben haben Vorrang vor kalten Farben, dies gilt besonders in Zimmern mit Nord- und Ostfenstern oder bei wenig Fensterfläche.
* Eine überschaubare gegliederte **Ordnung**, die jedem Ding seinen festen Platz gibt, sorgt für optische Ruhe.
* Raumschmuck gibt ein zeitgemäßes, individuelles Gepräge und kann von den Kindern selbst angefertigt werden. Auch hier gilt: weniger ist mehr. Pinnwände oder Bilderleisten an gut sichtbaren Stellen sollten den Kindern zur Präsentation ihrer Werke zur Verfügung stehen.

Aufgaben

1. Beobachten Sie, wohin sich in Ihrer Gruppe Kinder zum Alleinsein zurückziehen können.
2. In welchen Bereichen fühlen sich Kinder in Ihrer Ausbildungseinrichtung offensichtlich besonders wohl?
3. Welche Bewegungsmöglichkeiten bietet Ihre Einrichtung den Kindern im Laufe eines Tages?
4. Können Sie Verbesserungsvorschläge zur Raumsituation in Ihrer Gruppe machen, die dazu führen könnten, dass kindliche Bedürfnisse mehr respektiert werden, und zwar im Hinblick auf: Selbstständigkeit – Sicherheit – Bewegungsfreiheit – Kontaktaufnahme?

⊃ *Hierzu auch Arbeitsaufgaben im Arbeitsheft, Kapitel 3*

3.3 Bedürfnisgerechter Tagesablauf

Situation 1

Ein Tag bei uns im Kindergarten

Wenn kurz nach 7.45 Uhr die ersten Kinder in den Kindergarten kommen, so hat das Team schon einige Zeit gearbeitet, um den Tag vorzubereiten und die Kinder nun willkommen zu heißen. In der Regel beginnt der Morgen mit einem Freispiel, d. h., die Kinder können aus dem vorhandenen Angebot an Spielsachen und Spielmöglichkeiten auswählen, sie können selbst entscheiden, mit wem sie wie lange spielen möchten. Spielmöglichkeiten gibt es viele … So wird z. B. in der Bauecke an dem gestern angefangenen Bauernhof weitergebaut, in der Puppenecke spielen einige Kinder zusammen „Gastwirtschaft", am Basteltisch wird mit Pinsel, Farben und Kleister hantiert. Daneben gibt es eine gemütliche Bücherecke, in der sich die Kinder ein Bilderbuch anschauen oder einander Geschichten erzählen.

An den Tischen findet sich immer eine Gruppe zu den verschiedensten Gesellschaftsspielen zusammen – beliebt sind z. B. Memospiele oder „Mensch ärgere dich nicht".
Andere Kinder bauen mit Legosteinen, spielen in der Puppenecke oder machen ein Puzzle. Interessant ist es, von der Galerie aus dem Treiben zuzuschauen.
Während des Freispiels frühstücken mehrere Kinder gleichzeitig am Esstisch, wobei sie selbstständig abräumen, abspülen und die Tische decken. Ein gemeinsames Essen wird bei Geburtstagsfeiern und den verschiedenen Festen wie Erntedank, Fasching usw. bevorzugt.
Die Kinder haben die Möglichkeit, den Freund oder die Freundin in einer anderen Gruppe zu besuchen, um beispielsweise gemeinsam an der Werkbank zu schaffen, sie können sich im Flur aufhalten oder in der Turnhalle ihre Geschicklichkeit üben.
Bei schönem Wetter können die Kinder im Freien klettern, rutschen, schaukeln, hüpfen, Ball spielen – hier werden sie zu den vielfältigsten Bewegungsformen angeregt. Im Sandkasten arbeiten die Burgen- und Tunnelbaumeister, in einer Ecke bieten die kleinen Bäcker ihre leckeren Sandkuchen an.
Den Abschluss des Morgens bildet meist ein Kreis, an dem alle Kinder der Gruppe teilnehmen. Dort finden Kreis- und Fingerspiele statt, Geschichten werden erzählt, Aktuelles wird besprochen. Außerdem finden dort Kinderkonferenzen statt. Nach dem Aufenthalt im Garten werden die Kinder von den Eltern bzw. vom Bus abgeholt.
Der Nachmittag selbst läuft meistens in ähnlicher Form ab wie der Vormittag. Die Kinder führen angefangene Spiele weiter und vertiefen Lernerfahrungen des Morgens. Nachmittags halten sich die Kinder mehr draußen auf.
Einmal in der Woche gehen wir zum Turnen in die Turnhalle.
Für die Kinder, die länger bleiben, gilt der gleiche Tagesablauf; es wird darauf geachtet, dass die Kinder genügend Gelegenheiten haben, sich von der lebhaften Gruppe auch einmal zurückzuziehen; es wird ein Wechsel zwischen Aktivitäts- und Ruhephasen ermöglicht.

Situation 2

Ein Tag in der Kinderkrippe Mäuschennest

- Bringzeit bis 9.00 Uhr
- Freispielzeit und abwechslungsreiche Angebote bzw. Spielbegleitungen für einzelne Kinder oder kleine Grüppchen bis 9.45 Uhr
- gemeinsames Frühstück, z. B. Obstbuffet, von 9.45 bis 10.15 Uhr
- Sauberkeitserziehung, Wickeln und Töpfchengang ab 10.15 Uhr
- Spiel im Freien oder Spaziergang in die Umgebung ab 10.45 Uhr
- gemeinsames Mittagessen ab 11.45 Uhr
- Sauberkeitserziehung, Wickeln und Töpfchengang ab 12.15 Uhr
- anschließend Mittagsschlaf im Schlafraum
- nach individuellem Ende der Schlafenszeit bei Bedarf Wickeln der Kinder, im Anschluss Freispielzeit
- Nachmittagsimbiss von 14.30 bis 15.00 Uhr
- ab 15.00 Uhr Freispielzeit, individuelle Abholzeit für die Kinder

So oder ähnlich verlaufen viele Tage in sozialpädagogischen Einrichtungen. Um die kindlichen Grundbedürfnisse zu erfüllen, sollte der Tagesablauf beständige, gleichbleibende Strukturelemente enthalten.

Jeder Tag sollte folgende Strukturelemente enthalten:

Ein sich wiederholender Tages- und Wochenrhythmus, verbunden mit wiederkehrenden Ritualen, gibt den Kindern in der Gruppe Orientierungshilfen und das wichtige Gefühl von Sicherheit.

Jede Tagesphase wird von den pädagogischen Fachkräften bewusst gestaltet.

Gleichbleibende Tageselemente

Die Bring- und Abholzeit
Beide Phasen sind Übergangszeiten. In der **Bringzeit** findet sich jedes neu angekommene Kind in die Gruppe ein und die Gruppe entsteht immer wieder aufs Neue. Die Bringzeit sollte zeitlich begrenzt sein, sodass die Kinder genug Gelegenheit haben, miteinander Kontakt aufzunehmen und Tätigkeiten ihres Interesses in ausreichendem Umfang zu finden.

In der **Abholzeit** löst sich die Gruppe wieder auf, jedes einzelne Kind stellt sich auf die Begrüßung der Eltern und das Heimgehen ein. Die Abholzeit kann sich je nach Einrichtung auf eine Kernzeit beschränken – in der Regel z. B. zwischen 12.00 und 12.15 Uhr – oder sich stark ausdehnen, in der Tagesstätte etwa, wo einige Kinder schon mittags, andere erst am Nachmittag abgeholt werden. Günstig ist, wenn Gruppen so zusammengesetzt sind, dass durch das Abholen einzelner Kinder nicht ständige Störungen der Spielzeit stattfinden.

Die Freispielzeit
Damit wird die Tagesphase bezeichnet, in der die Kinder über Spielpartner, Spielmaterial, Spielort und Spielzeit selbst bestimmen können. Das Freispiel nimmt den größten Teil im Tagesablauf ein, weil es von großer Bedeutung für die ganzheitliche Entwicklung des Kindes ist. Die Begleitung des Freispiels ist eine der wichtigsten Aufgaben pädagogischer Fachkräfte.

Die Brotzeit
Die Kinder haben Gelegenheit, ihre Frühstücks- bzw. Nachmittagsmahlzeit zu verzehren. Weit verbreitet ist die **freie Brotzeit**. Das Kind kann sich innerhalb einer bestimmten Frist, z. B. zwischen 8.00 und 11.00 Uhr, seine Zwischenmahlzeit auf einem Teller anrichten und gemeinsam mit den Kindern essen, die gerade am Frühstückstisch sitzen. Wenn es fertig ist, räumt es seinen Essplatz wieder auf, spült evtl. das Geschirr und putzt sich die Zähne. Diese Form der Brotzeit hat den Vorteil, dass Kinder selbstbestimmt je nach Appetit essen können und selbst verantwortlich für die Organisation des Essens sind.

3 Grundlegende Bedürfnisse von Kindern

Manche Einrichtungen bevorzugen die **gemeinsame Brotzeit**. Zu einem bestimmten Zeitpunkt, z. B. um 10.00 Uhr, räumen alle Kinder auf, gehen zur Toilette bzw. waschen sich die Hände und essen danach gemeinsam an einer langen Tafel, in Sitzgruppen oder im Kreis. Danach werden gemeinsam die Zähne geputzt. Diese Form der Brotzeit hat den Vorteil, dass eine gemeinsame Esskultur in der Gruppe gepflegt und Hygiene verlässlich eingeübt wird.

Zusammen schmeckt es besonders gut!

Mancherorts hat es sich eingebürgert, beide Formen miteinander zu verbinden. An einem bestimmten Tag in der Woche wird gemeinsam gekocht und gegessen, ansonsten findet freie Essenszeit statt.

Gezielte Aktivitäten
Hierbei handelt es sich um von der pädagogischen Fachkraft geplante pädagogische Aktivitäten für die Kinder, bei denen das Thema, der Inhalt und die Methode zuvor überlegt und vorbereitet werden, um bestimmte Ziele zu erreichen.

Gezielte Aktivitäten in freier Form werden in das Freispiel integriert. Die Erzieherin richtet z. B. am Werktisch Material für eine Werkarbeit her. Sie hat zuvor ein Muster hergestellt, ihr Vorgehen erprobt und entsprechendes Material beschafft. Das Kind, das sich für dieses Angebot interessiert, kann an einem der Stühle Platz nehmen und unter Anleitung der Erzieherin sein Werk herstellen. Wer fertig ist, räumt seinen Platz für weitere Kinder auf. Wer noch nicht so viel Ausdauer hat, bringt das angefangene Werk in seinem Fach unter und arbeitet am nächsten Tag oder später daran weiter.

Bei einem **Angebot in gebundener Form** überlegt sich die Erzieherin zusätzlich, für welche Kinder ein bestimmtes Angebot sinnvoll ist. Sie stellt die Gruppe nach diesen Überlegungen zuvor zusammen. Wenn sie beispielsweise beobachtet hat, dass manche Kinder sich in letzter Zeit häufig um Spielsachen streiten, wird sie sich auf eine Bilderbuchbetrachtung vorbereiten, bei der es um diese Problematik geht. Sie wird sich zu einem geeigneten Zeitpunkt im Tagesablauf mit den Kindern ihrer Wahl in einen ungestörten Nebenraum zurückziehen. Sie wird Kinder auswählen, bei denen sie problematisches Verhalten beobachtet hat, und Kinder, deren Sozialverhalten schon gut entwickelt ist. Vielleicht denkt sie auch daran, ein fremdsprachiges Kind zur Sprachförderung mitzunehmen oder ein schüchternes Kind, um ihm die Sicherheit einer Kleingruppe zu vermitteln.

Kleingruppe bei Bilderbuchbetrachtung

Sitzkreis, auch Stuhlkreis, Morgenkreis, Spielkreis oder Kinderkonferenz

Dies ist ein Tageselement, bei dem sich die ganze Gruppe in einem zumeist selbst aufgestellten Stuhlkreis zusammenfindet. Die Inhalte dieser Aktivität sind abhängig von der pädagogischen Zielsetzung. Ein Ziel wird jedoch immer angestrebt, nämlich dass sich die gesamte Gruppe trifft, jedes Kind sich selbst als Teil der Gesamtgruppe wahrnimmt und ebenso die anderen Kinder, mit denen es sonst weniger zusammentrifft.

Inhalte für Gesamtgruppen-„Versammlungen" können sein:

* Austausch von Erlebnissen und aktuellen Ereignissen
* Meinungsbildung für mögliche Vorhaben eines geplanten Projekts
* gemeinsames Planen eines Projekts
* gemeinsames Spielen und Singen
* Informationsaustausch
* Übungsfeld für Kommunikation
* Einüben von demokratischen Verhaltensweisen in der Großgruppe

Sitzkreise sind mancherorts feste Bestandteile des alltäglichen Programms, z. B. als Begrüßungs- oder Abschiedsrunde. Andere Erzieherinnen bevorzugen einen Wochenturnus, z. B. in Form einer Kinderkonferenz, zur gemeinsamen Wochen- oder Projektplanung. In anderen Einrichtungen werden Stuhlkreise dann und wann als gemeinsame Spielrunden oder Gesprächskreise durchgeführt.

Zeiten für Pflege und Hygiene

In der Kinderkrippe werden die jüngeren Kinder zum Teil regelmäßig gewickelt bzw. zum Gang auf das Töpfchen aufgefordert. Das Vorbild der anderen Kinder erleichtert die Sauberkeitserziehung der jungen Kinder. Auch das Händewaschen vor dem Essen bzw. nach der Toilettenbenutzung und evtl. das Zähneputzen gehören dazu.

Schlaf- und Ruhezeit

In einer Kinderkrippe oder Tageseinrichtung mit Kleinstkindern sind feste Schlaf- bzw. Ruhezeiten notwendig, da die Kinder noch ein höheres Ruhebedürfnis bzw. eine raschere Ermüdbarkeit haben. Jedes Kind hat sein eigenes Bettchen mit seiner individuellen Ausstattung. Hier findet das Kind eine heimelige Rückzugsmöglichkeit. Die vertraute Bettwäsche oder der Schmuseteddy können dabei helfen.

Rituale

Hierbei handelt es sich um Verhaltensweisen, die sich regelmäßig nach bestimmten Regeln zu denselben Anlässen immer wieder wiederholen. Rituale werden in unterschiedlichen Tagesphasen praktiziert und helfen Kindern, den Tagesablauf als Zeitspanne zu begreifen und den Tag zu gliedern.

Beliebte und bewährte Rituale sind:

* Das Abschiedsritual, wenn die Eltern das Kind der Gruppe übergeben, z. B. an einer bestimmten Stelle am Fenster stehen und der Mutter zuwinken und Kusshändchen geben.
* Das Begrüßungsritual in der Gruppe, das stattfindet, wenn alle Kinder angekommen sind, wenn z. B. ein Begrüßungslied gesungen wird, die Kinder gezählt und fehlende Kinder bedacht werden und der Tagesablauf besprochen und im Tagesplankalender eingetragen wird.
* Das Essensritual, wenn z. B. in konfessionellen Einrichtungen vor dem Essen ein Tischspruch oder Gebet gesprochen wird und gemeinsam mit dem Essen begonnen wird.
* Das Schlaf- oder Ruheritual, so wird z. B. eine Geschichte vorgelesen, wenn alle Schlafenskinder in ihren Bettchen liegen, oder es wird eine ruhige Musik eingeschaltet.
* Das Aufräumritual: Eine Sanduhr wird aufgestellt, nachdem eine Melodie auf dem Glockenspiel gespielt wurde. Die Kinder wissen jetzt, dass mit dem Ablauf der Sanduhr die Freispielzeit endet und aufgeräumt wird.
* Wickelritual: Nach der Ankündigung, dass ein bestimmtes Kind jetzt gewickelt werden soll, singt die Pädagogin z. B. jedes Mal ein Wickellied oder einen Wickelreim.

Aufgaben

1. Welche Bedürfnisse sollten Kinder in den einzelnen Tagesphasen befriedigen können?
2. Welche Voraussetzungen sind dazu nötig?
3. Die freie Brotzeit ermöglicht eine andere Art der Bedürfnisbefriedigung als die gemeinsame Brotzeit. Wägen Sie ab, welcher Form Sie den Vorrang geben würden.
4. Tägliche Stuhlkreise für die gesamte Gruppe werden von manchen Pädagoginnen abgelehnt. Sammeln Sie im Hinblick auf kindliche Bedürfnisse die Gründe dafür bzw. dagegen.

➲ *Hierzu auch Aufgaben im Arbeitsheft, Kapitel 3*

3.4 Ausgewählte Situationen und Bedürfnisse von Kindern in Tageseinrichtungen

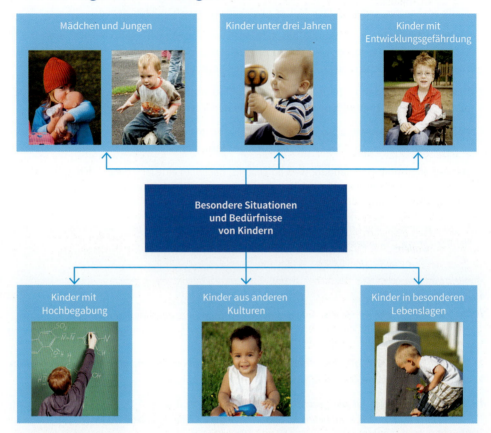

„Gemeinsame Bildung von Anfang an" – dieser Gedanke bedeutet für pädagogische Mitarbeiterinnen in Krippen, Tagespflege, Kindergärten und Kindertagesstätten, allen Kindern so früh wie möglich die beste Entwicklungsumgebung bereitzustellen. Die Anregungen, die das Kind in den ersten Lebensjahren erhält, bestimmen den weiteren Entwicklungs- und Bildungsweg. „Pädagogische Unterstützung ist immer dann notwendig, wenn Kinder nicht in der Lage sind, aufgrund ihrer Kompetenzen befriedigende Interaktionsprozesse zu etablieren oder aufrechtzuerhalten" (Albers, 2011, S. 11). In diesem Kapitel soll die Vielfalt an kindlichen Entwicklungswegen aufgezeigt und erläutert werden, wie eventuelle herkunftsbedingte Benachteiligungen am wirksamsten durch frühzeitige Tagesbetreuung ausgeglichen werden können: Genderpädagogik als geschlechtssensible Erziehung, die gemeinsame Erziehung von Kindern mit und ohne Behinderung, von Kindern mit Entwicklungsgefährdung, von Kindern mit Hochbegabung, von Kindern mit besonderem Förderbedarf und von Kindern in besonderen Lebenssituationen.

Diese Vielfalt an verschiedenen kindlichen Entwicklungswegen ist eine Bereicherung.
Im Dezember 2006 wurde durch die Generalversammlung der Vereinten Nationen (UN) die Konvention zum Schutz und zur Förderung der Rechte von Menschen mit Behinderung verabschiedet. Darin wird betont, dass die Unterschiedlichkeit der Menschen normal ist und Menschen trotz dieser Unterschiedlichkeit alle die gleichen Rechte haben. Deutschland hat sich im März 2009 dazu verpflichtet, die in der Konvention geregelten Rechte zu verwirklichen. Darin enthalten ist die Forderung nach **Inklusion** sowie die Aufforderung an pädagogische Fachkräfte, die Stärken

und Interessen **aller** Kinder zum Ausgangspunkt ihrer Arbeit zu machen, jedes Kind individuell zu fördern und somit ein gemeinsames Aufwachsen aller Kinder in derselben Tageseinrichtung zu ermöglichen. Inklusion ist keine Idee, sondern ein Menschenrecht – das Recht, ein gleichberechtigter Teil der Gesellschaft zu sein. Inklusion bedeutet Teilhabe an der Gesellschaft, unabhängig von Behinderung, Alter, Geschlecht, geografischer Herkunft oder finanzieller Ausstattung.

3.4.1 Mädchen und Jungen

Situation

„Dienstagmorgen: Eine Gruppe Mädchen stürmt in den Kindergarten. Einige Jungen werden an der Hand der Väter in den Kindergarten gebracht. Sie äußern, dass sie sich vor den wilden Mädchen fürchten, weil die immer so laut sind. Die Mädchen stürmen in die Bauecke und vertreiben einige Jungen, die auch gerne mitspielen wollen: „Bauen ist Mädchensache", äußern sie und die Jungen verziehen sich an den Basteltisch und malen. Die beiden Erzieher des Kindergartens, Klaus und Marc, ermahnen immer wieder die Mädchen, weil sie aus der Bauecke rennen und den Jungen die Stifte und das Papier wegnehmen. „Wehrt euch doch", sagen sie zu den Jungen, die aber sagen, dass sie das nicht können, weil die Mädchen stärker sind." (Franz, 1996, S. 10 f.)

„Komm, wir Männer lassen die Mama jetzt ganz in Ruhe arbeiten."

Vielleicht kommt einigen Lesern die Situation bekannt vor, allerdings mit anderer „Rollenbesetzung". Und das, obwohl die meisten Erzieherinnen sich bemühen, geschlechtssensibel zu erziehen. Trotzdem zeigt sich vielerorts dieses klassische Rollenverhalten, bei den fünf- bis sechsjährigen Mädchen und Jungen sogar deutlicher als bei den jüngeren Kindern. Besonders deutlich ist dies im Fasching zu sehen: Jungen verkleiden sich als Cowboy, Ritter oder Batman, Mädchen meist als Prinzessin, Ballerina oder Fee.

Da stellt sich die Frage, ob nicht doch biologische Ursachen bzw. die Gene dafür verantwortlich sind, dass sich Mädchen und Jungen so unterschiedlich, so „typisch" verhalten? Oder gibt es auch andere Erklärungsmöglichkeiten?

Die Entwicklung der Geschlechtsidentität

Es ist eine zentrale Entwicklungsaufgabe von jungen Kindern, eine eigene Identität zu entwickeln. Das bedeutet, dass Kinder im Laufe der Zeit eigene Vorstellungen von sich selbst entwickeln. Dieser Prozess ist eng mit dem eigenen Geschlecht verknüpft und darum ist in diesem Zusammenhang von **Geschlechtsidentität** die Rede.

Das Kind orientiert sich auf seiner Suche nach einer eigenen Position am Verhalten von anderen Mädchen/Frauen und Jungen/Männern. Diese Prozesse laufen jedoch nicht bewusst ab, sondern geschehen vielmehr unbewusst. In der Auseinandersetzung mit der Umwelt, also in einem ständigen Wechselspiel zwischen sich und der Umwelt, fragen sich Kinder in diesem Selbstwerdungsprozess:

* Wer bin ich als Junge oder als Mädchen?
* Wie soll ich mich nach der Meinung der anderen verhalten?
* Wie nehmen mich die anderen Jungen und Mädchen wahr?
* Wie werde ich von anderen in meiner Mädchen- oder Jungenposition wahrgenommen?
* Welche Eigenschaften schreiben mir die anderen zu?

Das Kind entwickelt dabei im Laufe der Zeit eigene Vorstellungen von sich selbst, wie es sein darf und wie es sein möchte. Dabei hat die **Modell- und Vorbildfunktion** von Eltern und Erziehern einen wesentlich größeren Einfluss auf das kindliche Verhalten als das, was Erwachsene nach außen hin vertreten. Eltern haben heutzutage kaum andere Erwartungen an ihre Söhne als an ihre Töchter. Ihr eigenes Erwachsenenverhalten orientiert sich jedoch vorwiegend noch an traditionellen Rollenmustern. Es sind überwiegend Frauen, die von Kindern im Alltag erlebt werden, und zwar als Mutter und Hausfrau, als Pädagogin und später in der Grundschule als Lehrerin. Väter und Männer sind im Allgemeinen überwiegend abwesend. Väter sind zu Hause nur abends und am Wochenende verfügbar.

Im Kindergarten sind Männer häufig nur als Ausnahme erlebbar: als Praktikant, als Hausmeister, der für Reparaturen geholt wird, oder als Polizist und Feuerwehrmann, der z. B. im Rahmen von Projekten eingeladen oder besucht wird.

Auch die **Berufstätigkeit** von Vätern und Müttern ist für Kinder dieses Alters schwer nachvollziehbar, da sie ihre Eltern nur nach der Arbeit erleben können. Berufstätigkeit von Frauen in ihrer unmittelbaren Umgebung, also auch die von pädagogischen Fachkräften in sozialpädagogischen Einrichtungen, verstehen Kinder nicht unbedingt als Beruf. Es handelt sich doch überwiegend um fürsorgliche oder hauswirtschaftliche Tätigkeiten, die sie von der Mutter kennen. Mädchen und Jungen erleben also Frauen und Männer im Alltag oder über Medien immer noch überwiegend in klassischen Rollen.

Das beobachtete und erlebte Verhalten erproben Kinder im Spiel. Mädchen haben es leichter bei der Identifikation, da sie tagtäglich Frauen in ihrem Tun erleben und damit wissen, wie „Frau" zu sein hat.

Jungen müssen sich von Frauen abgrenzen durch „männliches Verhalten". Jedoch, wie ein Mann zu sein hat, können sie nur erraten bzw. sich darüber mit gleichaltrigen Jungen austauschen. Dieses Wissen orientiert sich jedoch oftmals an überhöhten Männlichkeitsidealen. Dadurch kommt es dann zu diesen „klassischen Mustern", wie sie täglich in sozialpädagogischen Einrichtungen erlebt werden können: Mädchen, die sich überwiegend unauffällig in den Tagesablauf integrieren, und Jungengruppen, die durch Lautstärke, raumgreifende Tätigkeiten und teilweise aggressive Verhaltensweisen auffallen.

Die Erprobung von „Frau-Sein" und „Mann-Sein" wird dabei streng verfolgt. Wenn z. B. ein Junge in der Verkleidungsecke einen Rock anzieht, wird er ausgelacht oder erbost darauf hingewiesen, dass man das nicht macht. Umgekehrt wollen Mädchen lange Haare haben, um sich von den Jungen abzugrenzen. Erst wenn Mädchen und Jungen sich ihrer Geschlechtsrolle sicher sind – d. h., wenn sie endgültig wissen: ich bin und bleibe ein Mädchen bzw. ein Junge und daran wird sich nichts ändern, können sie flexibler mit ihrer Geschlechtsrolle umgehen. Das dazu notwendige kognitive Verständnis entwickelt sich aber erst im Grundschulalter.

Ziele und Möglichkeiten der geschlechtssensiblen Erziehung

Der Bildungsplan gibt vor, welche Bildungs- und Erziehungsziele in sozialpädagogischen Einrichtungen bezüglich einer geschlechtssensiblen Erziehung angestrebt werden.

Dazu gehören folgende Ziele:

* das andere Geschlecht als gleichwertig und gleichberechtigt anerkennen
* Unterschiede zum anderen Geschlecht wahrnehmen und wertschätzen
* erkennen, dass „weiblich" und „männlich" keine uniformen Kategorien sind, sondern dass „Weiblich-Sein" und „Männlich-Sein" in vielfältigen Variationen möglich ist
* ein Grundverständnis darüber erwerben, dass im Vergleich der Geschlechter die Gemeinsamkeiten hinsichtlich Begabungen, Fähigkeiten, Interessen und anderen Persönlichkeitsmerkmalen größer sind als die Unterschiede
* erkennen, dass eigene Interessen und Vorlieben nicht an die Geschlechtszugehörigkeit gebunden sind
* seine eigenen Interessen und Bedürfnisse über die geschlechterbezogenen Erwartungen und Vorgaben anderer stellen

(vgl. Bayerisches Staatsministerium für Arbeit und Sozialordnung, Familie und Frauen/Staatsinstitut für Frühförderung München, 2006, S. 134)

Da geschlechtssensible Erziehung auf dem Prinzip beruht, dass Mädchen und Jungen gleichwertig und gleichberechtigt sind und Unterschiede mit Wertschätzung behandelt werden, ist eine kritische Auseinandersetzung mit der eigenen diesbezüglichen Haltung notwendig.

Pädagogische Fachkräfte sollten sich selbstkritisch folgende Fragen stellen:

* „In welchen Situationen verhalte ich mich typisch weiblich bzw. männlich?
* Welches Verhalten von Mädchen und von Jungen fördere ich und welches erlebe ich als unerwünscht?
* Was erwarte ich von Mädchen, was von Jungen in Konfliktsituationen unter den Kindern?
* Wie verhalte ich mich selbst in Konfliktsituationen mit Mädchen, wie mit Jungen?
* Welche Kinder ziehe ich zu welchen Hilfen heran? Eher Mädchen/eher Jungen?
* Von welchen Kindern erwarte ich mehr Rücksichtnahme anderen Kindern gegenüber?
* Welche Möglichkeiten habe ich als Frau/als Mann, den Kindern alternative Erfahrungsmöglichkeiten zu bieten?
* Inwieweit bin ich als Pädagogin bereit, ‚männertypische' Handlungen durchzuführen wie Reparaturen, Holzarbeiten, Arbeiten mit der Bohrmaschine, Wartung und Reparatur von Fahrzeugen, Umgang mit IT-Medien?
* Inwieweit bin ich als Pädagoge bereit, ‚frauentypische' Handlungen durchzuführen wie Essen zuzubereiten, Tische abzuwischen, zu kochen, zu backen und zu spülen?
* Wie kann das Team Mütter und Väter aktivieren?"

(Kasüschke, 2001, S. 10 f.)

Für die praktische Umsetzung geschlechtssensibler Erziehung sollte überprüft werden, wie „geschlechtstypisch" Räume und Angebote gestaltet und geplant sind:

* „Welche Ecken und Nischen bieten nur geschlechtstypische Spielmöglichkeiten (Puppenecke, Bauteppich)?
* Welche ‚Räume' werden überwiegend von den Jungen besetzt, welche von den Mädchen?
* Wo spielen Mädchen und Jungen gemeinsam?
* Wie viel Platz beanspruchen die Jungen, wie viel die Mädchen?
* Werden Mädchen von Jungen aus Bereichen verdrängt, oder werden Jungen von Mädchen aus Bereichen verdrängt?
* Wie viele und welche Angebote der Erzieher sprechen nur Mädchen bzw. nur Jungen an?
* Wie viele und welche Angebote sprechen alle Kinder an?
* Welchen Stellenwert haben ‚männerspezifische' Angebote wie Holzwerkstatt, Technikspielzeug, mathematisch-naturwissenschaftliche Angebote, Experimentierkästen?"

(Kasüschke, 2001, S. 10f.)

Beispiele geschlechtsspezifischer Angebote

Um die Entwicklungschancen von Kindern möglichst gerecht zu fördern, sollte die geschlechtssensible Arbeit in Kindertagesstätten ein wichtiges Vorhaben sein. Die Möglichkeiten, geschlechtsspezifische Arbeit umzusetzen, sind vielfältig.

Dies sollen einige Beispiele illustrieren:
* „Der Kindergarten lädt zu einem ‚Vater-Kind-Nachmittag' ein. Dabei sollte nicht die geplante Beschäftigung im Vordergrund stehen, sondern vielmehr die Begegnung von Vater und Kind.
* Ebenso ist ein ‚Mutter-Kind-Nachmittag' möglich, an dem die Mütter z. B. mit den Kindern den Gruppenraum neu gestalten, wobei auch Renovierungsarbeiten durchgeführt werden wie Anstreichen, Hämmern und (vielleicht?) Regalbretter sägen.
* Es werden Frauen mit ‚Männerberufen' (z. B. Polizistin, Lkw-Fahrerin, Kranführerin) und Männer mit ‚Frauenberufen' (z. B. Altenpfleger, Erzieher, Hausmann) eingeladen.
* Mit den Kindern wird ‚verkehrte Welt' gespielt: An einem Tag spielen die Kinder die Erwachsenen und die Erwachsenen die Kinder, an einem anderen Tag spielen die Mädchen die Jungen und die Jungen die Mädchen."

(Kasüschke, 2001, S. 10f.)

Es sollte beachtet werden, dass Jungen und Mädchen beides brauchen – geschlechtstypische Angebote, bei denen sie ihre geschlechtstypischen Verhaltensweisen erproben können, und Herausforderungen zum Überschreiten der Geschlechtergrenzen. Immer sollten die eigenen Grenzen der Kinder respektiert werden und sie sollten nicht zu etwas aufgefordert werden, womit sie sich nicht wohlfühlen.

3.4.2 Kinder unter drei Jahren

Situation

Emely, zwölf Monate alt, wird heute von ihrem Papa in die Krippe gebracht. Sie lässt sich gerne von Frau Anders, der Krippenpädagogin, auf den Arm nehmen. Gemeinsam winken sie Emelys Vater vom Fenster aus zu. Dann bedeutet Emely Frau Anders, dass sie ein Bilderbuch anschauen möchte.

Das war nicht immer so. Vor drei Monaten, als Emely zum ersten Mal in die Krippe kam, war sie sehr ängstlich. Sie verweigerte jeden Kontakt zu den Betreuerinnen. Es dauerte sieben Wochen, bis sie ihre Eltern gehen ließ und Frau Anders als Bezugsperson akzeptierte.

„Ja, du kannst jetzt gehen."

Aufgabe

Wie hätte es sich Ihrer Meinung nach auf Emely ausgewirkt, wenn ihre Eltern sie bereits nach zwei Wochen alleine in der Einrichtung gelassen hätten?

Das Bedürfnis nach Bindung

In den ersten Lebensjahren ist die Eltern-Kind-Bindung von entscheidender Bedeutung. Sie bildet auch die Basis für weitere enge Beziehungen zu anderen Erwachsenen und auch Gleichaltrigen. Die primäre Bindungsperson, meist die Mutter oder der Vater, ist und bleibt die wichtigste Bindungsperson jedes Kindes; dieses emotionale Band ist einzigartig und kann auch durch andere Bindungen nicht ausgetauscht werden.

Auch in der Tageseinrichtung braucht das Kind eine verlässliche Bezugsperson, um verunsichernde oder emotional herausfordernde Situationen zu meistern. Die aktuelle Bindungsforschung geht davon aus, dass regelmäßig und zuverlässig betreuende und vertraute Erzieherinnen den Kindern, ähnlich wie die Eltern, eine emotionale Basis in schwierigen Situationen geben und damit eine weitere wichtige Bezugsperson werden können (vgl. Ahnert, 2004).

Die Voraussetzung dazu ist allerdings eine gelungene Eingewöhnungsphase (siehe Kapitel 8.1) und eine verlässliche Krippenpädagogin.

Diese sollte dazu in der Lage sein,

* **Zuwendung** zu geben,
* **Sicherheit** in verunsichernden Situationen zu vermitteln,
* **Trost** zu spenden bei Belastung,
* das Kind in seinem Forscherdrang zu **unterstützen** und
* zu **helfen**, wenn Hilfe notwendig ist.

Kinder brauchen einfühlsame Erzieher und beziehungsvolle Pflege.

Einen breiten Raum in der Krippenpädagogik nehmen pflegerische Aufgaben ein. Da Kleinstkinder enge und zuverlässige Bindungen brauchen, ist der Begegnung mit dem Kind während dieser Pflegezeiten eine große Bedeutung beizumessen, denn Pflegezeiten sind Beziehungs- und Erziehungszeiten, die sehr achtsam gestaltet werden müssen.

Beziehungsvolle Pflege bedeutet (nach Emmi Pikler)

* liebevoller Respekt vor dem Kind,
* ungeteilte Aufmerksamkeit,
* behutsame Berührungen,
* sprachliche Ankündigung und ruhige Begleitung der Handlungen, welche das Kind zur Kooperation und zum Dialog anregen.

(vgl. Niesel/Wertfein, 2009, S. 46)

Einfühlsame Betreuung erfordert innere Ruhe und die Bereitschaft,

* die Signale des Kindes wahrzunehmen,
* die körperlichen Bedürfnisse des Kindes zu beachten und zu erfüllen, auch wenn der Zeitplan nicht eingehalten werden kann,
* das Kind an der Pflege zu beteiligen und sprachlich zu begleiten,
* die Zeit der Pflege zu nutzen, um die physischen und emotionalen Bedürfnisse des Kindes kennenzulernen und zu erfüllen,
* dem Kind Zeit zu lassen, eigene Erfahrungen zu machen und eigene Lösungen von Problemen zu finden.

Situation 1

Kim holt den sechs Monate alten Leo aus seinem Bettchen und bemerkt, dass er gewickelt werden muss. Während sie sich mit Leo befasst, kommt ihre Kollegin zum Wickeltisch und fragt Kim: „Kim, hast du noch eine Idee für die Gestaltung des Elternabends?"

Kim lässt sich nicht ablenken. Sie sagt: „Ich bin gerade mit Leo beschäftigt. Wenn ich mit ihm fertig bin, können wir uns darüber unterhalten."

3 Grundlegende Bedürfnisse von Kindern

Situation 2

Janine füttert den acht Monate alten Max in seinem Hochstuhl. Als Max aufhört zu saugen, sagt sie flehend: „Na komm schon, trink weiter, das ist doch gut." Aber Max wendet den Kopf zur Seite. Jetzt versucht Janine Max den Sauger mit Druck in den Mund zu schieben und sagt: „Ich muss doch auch die Lisa noch füttern!" Dann fängt Max an zu schreien und Janine gibt auf.

Aufgabe

Beurteilen Sie das Verhalten von Kim und von Janine nach den Kriterien für einfühlsame Erzieher und beziehungsvolle Pflege.

Checkliste zum Wickeln:

– Ich kündige an, dass ich das Kind gleich wickeln möchte.	✓
– Ich lade es ein, mit mir zu kommen.	✓
– Ich lasse es beim Bereitstellen der nötigen Materialien helfen.	✓
– Ich lasse das Kind wenn möglich selbst auf den Wickeltisch klettern.	✓
– Ich warte, bis das Kind bereit ist für die Berührungen und aktiv mithilft, indem es z. B. den Po anhebt.	✓
– Ich halte Blick- und Sprachkontakt, besonders bei sensiblen Berührungen, und spiegle den Gesichtsausdruck des Kindes bei überraschenden und eventuell unangenehmen Berührungen.	✓
– Ich beende den Wickelvorgang mit liebevoller Zuwendung.	✓
– Hilfreich ist ein immer wiederkehrendes Ritual, wie z. B. ein Wickelreim oder -lied.	✓

Besondere Grundsätze für die aktive Beteiligung am Spiel des Kleinstkindes durch die Fachkraft

Das Spiel bzw. Spielangebote von jungen Kindern werden durch das aktive Mitspielen der Pädagogin und mit einem echten Dialog begleitet. Bei diesem Gespräch soll sich das Kind ernst genommen fühlen, indem der Erwachsene die Spielregeln des Kindes annimmt und sein Verhalten spiegelt.

Das Spiel wird in der folgenden Reihenfolge begleitet:

1. Beobachten der kindlichen Aktivitäten

Die Fachkraft sollte zuerst sehen,

* was das Kind von sich aus macht, und
* erkennen, welche Regel dahinter steht.

Junge Kinder spielen sehr vielfältig, z. B. Ein- und Ausräumspiele, Bewegungsspiele, Experimentierspiele, Nachahmungsspiele usw.

2. Mitspielen

Wenn die Fachkraft die Spielidee erkannt hat, kann sie aktiv mitspielen, indem sie das Spiel der Kinder nachahmt. Wenn das Kind die Fachkraft als Spielpartner akzeptiert hat, kann diese auch neue Ideen ins Spiel einbringen.

3. Sprachlich begleiten
Alle Aktionen der Betätigung werden sprachlich begleitet und kommentiert. Dadurch werden Zusammenhänge deutlich und der aktive Spracherwerb wird gefördert.

4. Wechsel vom Bekannten zum Unbekannten in kleinen Schritten
Die Fachkraft kann nun kleine Variationen und eigene Vorschläge ins Spiel einbringen. Wenn das Kind z. B. immer wieder Kugeln fallen lässt, kann der Erwachsene nach einer Weile Kugeln in eine Richtung rollen lassen.

5. Wiederholung und zurück zum Bekannten
Wenn das Kind die Spielidee angenommen hat, können die beiden Spielformen miteinander kombiniert werden.

6. Weitere Spielvarianten ausprobieren
Jetzt kann weiter überlegt werden, was noch alles mit dem Gegenstand gemacht werden kann – z. B. können die Kugeln schräge Ebenen hinunterrollen oder in einen Becher gefüllt werden. Das Spiel kann mit anderen Gegenständen erweitert werden.

7. Zeit für Kinder
Das Wichtigste ist, dass sich der Erwachsene immer wieder vor Augen führt, dass er Zeit für Kinder braucht und zwar für jede Tätigkeit im Tagesablauf, unter anderem für:

* Essen
* Körperpflege
* Ruhen
* Bewegen
* Anziehen
* Händewaschen
* Ausprobieren
* Hüpfen
* Blödsinn

(vgl. Günther, 2008, S. 110 f.)

Verhaltensmerkmale für		
Situation	einfühlsames, beziehungsvolles Erzieherverhalten	unsensibles, beziehungsloses Erzieherverhalten
das Kind geht auf die Fachkraft (FK) zu	– FK wendet sich dem Kind zu – neigt sich hin – streckt die Arme aus – hält liebevollen Blickkontakt – gibt bestätigende Zeichen wie Kopfnicken, Lächeln, bestätigende Worte/Laute	– FK nimmt die Annäherung nicht wahr – wendet sich ab – nimmt andere Beschäftigung auf

3 Grundlegende Bedürfnisse von Kindern

Verhaltensmerkmale für		
Situation	einfühlsames, beziehungsvolles Erzieherverhalten	unsensibles, beziehungsloses Erzieherverhalten
gemeinsames Spiel	– das Kind spielt, FK nimmt etwas an, was das Kind zureicht – FK bietet an, Kind nimmt es an – FK wartet geduldig ab und setzt Impulse, motiviert zum Weiterspiel – FK erkennt Ermüdung – FK lenkt das Spiel, lässt sich auch durch Aktivitäten des Kindes lenken	– FK bestimmt überwiegend das gemeinsame Spiel – FK verhält sich kindertümelnd bis kindisch – FK übersieht oder missversteht wiederholt Äußerungen, Wünsche, Bedürfnisse des Kindes
das Kind weint	– FK wartet ab, beobachtet aufmerksam, bleibt in der Nähe, zunächst ohne Berührung – FK macht beruhigende Bewegungen und Äußerungen – FK nimmt Signale des Kindes wahr, beantwortet diese zielgerichtet, z. B. größere Nähe herstellen, sich zuwenden, Hand ausstrecken, weiter annähern, bei Bedarf streicheln, aufheben, wiegen, liebevoll lächeln – FK erkennt, ob weitere Zurückhaltung oder weiterer Körperkontakt gewünscht ist	– FK wendet sich ab – FK lenkt ab – FK macht lächerlich – FK hebt das Kind vorschnell auf und zieht es an sich – FK will Kind auch gegen seinen Widerstand festhalten
das Kind isst	– FK nimmt Ess- und Trinkbedürfnisse des Kindes wahr – FK reicht Speisen und Getränke nach Art, Umfang und Darbietungsform so, wie es das Kind annehmen kann – FK beobachtet Ess- und Trinkvorgang geduldig, in abwartender Bereitschaft	– FK versucht das Kind mit Ess- oder Trinkangeboten von dem abzulenken, was das Kind will – FK beantwortet Unlustäußerungen des Kindes mit Ess- und Trinkangeboten – FK verhält sich drängend, ungeduldig, fordernd
die Fachkraft begrüßt und verabschiedet das Kind	– FK wendet sich freudig, bestätigend zu – FK bezieht sich auf Stimmungen, Äußerungen, Befindlichkeiten des Kindes und spricht Besonderheiten an	– FK zeigt hastige, vorschnelle Gesten und Bewegungen – FK zeigt übertriebene Gefühlsäußerungen – FK schafft abrupte Übergänge – FK drückt, küsst, wirbelt das Kind unangemessen – FK wendet sich lässig, nachlässig zu oder ab, ohne auf das Kind und die Situation des Kindes einzugehen

> **Aufgabe**
> Beobachten Sie sich selbst oder lassen Sie sich in den zuvor beschriebenen Alltagssituationen beobachten und beurteilen Sie mithilfe von Plus- und Minuszeichen, ob Ihr Erzieherverhalten eher positiv oder eher negativ geprägt ist.

3.4.3 Kinder mit Entwicklungsgefährdung
Die Gewährleistung bester Bildungs- und Entwicklungschancen für alle Kinder

Um beste Bildungs- und Entwicklungschancen für **alle** Kinder und Jugendlichen zu garantieren, ist die pädagogische Fachkraft verpflichtet, Entwicklungsrisiken entgegenzuwirken (vgl. BaKiBiG, Art. 10 Abs. 1).

Entwicklungsrisiken beobachten, frühzeitig erkennen, verstehen und frühzeitig handeln
Bei regelmäßigen Beobachtungen werden die pädagogischen Fachkräfte auf mögliche Entwicklungsrisiken aufmerksam. Mit ausgewählten Beobachtungsverfahren, z. B. Grenzsteine der Entwicklung nach R. Michaelis für Kinder von 3–72 Monate oder BEK zur Erfassung von Entwicklungsrückständen und Verhaltensauffälligkeiten bei Kindergartenkindern, können Entwicklungsprobleme durch Beobachtungsdaten und deren Dokumentation sichtbar werden.
Fachliches Wissen ist die Grundlage bei der Beobachtung und Auswertung von Entwicklungsgefährdung. Nur dadurch kann ein vorschnelles „Schon-verstanden-Haben" der kindlichen Verhaltensweisen bei der Fachkraft vermieden werden.

Verhaltensauffällige Kinder sind entwicklungsgefährdet.
„Schwierig" und auffällig sind alle Kinder, die nicht so sind, wie sie sein sollen. Dabei erreichen stark auffällige Kinder leichter die Beachtung der Umgebung als stille Kinder. Auffälliges Verhalten eines Kindes ist ein Signal, dass es sich dagegen wehrt, wie man mit ihm umgeht oder wie mit ihm umgegangen worden ist. Es ist ein Hilferuf, ein missglückter Versuch, sich an belastende, schwierige Lebenssituationen anzupassen. Das Kind wirkt still, **gehemmt** oder stark auffällig **enthemmt**. Seine Entwicklung ist gefährdet.
Die pädagogische Fachkraft sieht die **Schwierigkeiten, die das Kind hat**, nicht die Schwierigkeiten, die das Kind macht.

Beobachtung von auffälligem kindlichen Verhalten und die Auswertung im Team
* **Gehemmt emotional-soziales Verhalten**

äußert sich in Körpersprache, in Gestik und Mimik, in der Körperhaltung, im Blickkontakt oder Distanzverhalten. Diese Kinder sprechen mit Augen, Händen und Füßen. Sie suchen vor allem Kontakt zu Erwachsenen, scheuen den Kontakt zu anderen Kindern, finden keine Freunde, sind Einzelgänger oder Außenseiter.

Beispiel
Beobachtung
Beobachterin: Praktikantin Christina
Beobachtung von Susanne, 6 Jahre
26. Januar, 11.20–11.30 Uhr
Ausgangssituation: Die Kinder der „Blauen Gruppe" ziehen sich in der Garderobe für den Garten um.

3 Grundlegende Bedürfnisse von Kindern

Situation
Alle Kinder stürmen in die Garderobe. Susanne bleibt mitten im Raum stehen. Sie senkt den Kopf zu Boden und hält sich die Ohren zu. Elli, die Erzieherin, geht zu ihr hin und fragt sie: „Was ist denn los?"

Susanne schüttelt den Kopf und setzt sich auf ihren Platz. Sie schaut mit großen Augen im Raum herum. Sie zieht sich ihre Schuhe an. Sie steht auf und lehnt sich mit dem Rücken an die Wand. Sie hält beide Hände vor das Gesicht.

* **Enthemmt emotional-soziales Verhalten**

äußert sich durch Auffälligkeiten vor allem im motorischen Bereich. Diese Kinder beißen und zwicken, schlagen wild um sich, beschimpfen Kinder mit Ausdrücken, machen Spielzeug kaputt oder werfen damit im Raum. Sie verletzen sogar sich selbst. Wieder andere können nicht stillhalten, sind laufend in Bewegung, rempeln andere an, bleiben nicht bei der Sache oder sorgen für Unruhe in der Gruppe.

Beispiel
Beobachtung
Beobachterin: Praktikantin Christina
Beobachtung von Michael, 5 Jahre
18. Februar, 9.00–9.20 Uhr
Ausgangssituation: Die meisten Kinder haben ihren Platz im Freispiel gefunden.

Situation
Michael steht im Gruppenraum von seinem Stuhl auf, geht auf den Gang zur Bauecke, in der Andreas und Hansi Autos bauen. Er schreit: „Andreas, komm schnell!" Andreas reagiert nicht. Michael verzieht das Gesicht und setzt sich im Gruppenraum wieder auf seinen Stuhl. Dann steht er auf und läuft zum Waschbecken. Er füllt Wasser ein. Claudia, die am Waschbecken spielt, schreit: „Nein, Michael, nicht!" Aber Michael hört nicht auf. Er sagt: „Ich muss meine Hände waschen" und grinst. Er wäscht sich die Hände. Er trocknet sie ab. Er macht den Wasserhahn wieder zu. Er nimmt die Seife und dreht das Wasser auf. Claudia schreit: „Au, au, das ist ja heiß!" Michael lacht. Er schreit: „Wasser frei." Claudia sagt: „Nein, kein Wasser mehr"! Er dreht das Wasser ab und lacht dabei. Claudia schaut zur Erzieherin: „Birgit, der Michael tut mich immer ärgern. Jetzt reicht's mir aber!" Michael trocknet sich die Hände und läuft nach draußen. Dort schleicht er sich in die Bauecke (am Gang) und gibt Andreas einen Klaps auf den Rücken. Andreas sagt: „Nicht schon wieder du!" Er läuft Michael hinterher und gibt ihm den Klaps zurück. Andreas spielt in der Bauecke weiter und Michael geht zum Legotisch.

Auswertung der Beobachtung im Team im Rollenspiel, im fachlichen Diskurs und mit Verhaltensmodifikation

Auffälliges kindliches Verhalten verstehen: Einfühlen ist feinfühlen
Bei der Auswertung der Beobachtung im **Rollenspiel** schlüpfen die Spieler und die Beobachter in die „Haut" der betroffenen Personen und können durch das Einfühlen in die jeweilige Person Aussagen machen über deren mögliche Gefühle in dieser Situation.

Aufgaben

1. **Das Situationsspiel**

   Spielen Sie die beiden Situationen mit verteilten Rollen in der Klasse. Die Beobachter versuchen dabei, sich in jeden Spieler einzufühlen.

2. **Auswertung im fachlichen Diskurs**

   Auswertungsfrage für die Spieler: Wie haben Sie sich in Ihrer Rolle gefühlt? Was haben Sie erlebt? Auswertungsfragen für die Beobachter: In wen haben Sie sich gut einfühlen können? In wen haben Sie sich nicht einfühlen können? Warum?

3. **Auswertungsfeedback**

   Stellen Sie sich vor, Sie sitzen in einer Arena und schauen von oben hinunter auf das Geschehen. Was ist da los? Was spielt sich da ab? Ich sehe, wie ... Jetzt verstehe ich, warum ... Mir ist klar geworden, dass ...

„Wer hilft mir?"

4. **Verhaltensmodifikation**

   a) *Spielen Sie mehrere Verhaltensalternativen für Elli in der Situation. Wann und wie hätte Elli handeln können?*
   Zum Beispiel: „Setz dich einfach her zu mir!" Susanne liebevoll, einfühlsam Geborgenheit und Entspannung bieten, Halt geben und sicherheitsfördernde Grenzen der Gruppe beim Ankleiden setzen.

   b) *Spielen Sie mehrere Verhaltensalternativen für Birgit in der Situation. Wann und wie hätte Birgit handeln können?*
   *Zum Beispiel: „Ich habe gesehen, du möchtest gerne mit Andreas und Hansi in der Bauecke spielen." Es ist wichtig, **den** Moment zu finden, wo es sinnvoll ist, Michael ein sozial verträgliches Verhaltensmuster anzubieten, um sein Ziel zu erreichen: mit Andreas in der Bauecke spielen. Ein Eingreifen Birgits ist aber spätestens dann erforderlich, als Claudia um ihre Hilfe bittet.*

5. **Feedback**

Welches Verhalten der Erzieherin könnte eine Problemlösung für Susanne bzw. für Michael, Andreas und Claudia darstellen? Was hat jedes Teammitglied gelernt?

3.4.4 Kinder mit besonderem Förderbedarf

1. Beeinträchtigung der Sprache und des Sprechens

„Der Bayerische Bildungs- und Erziehungsplan stellt das kompetente Kind mit seinen Stärken und Ressourcen in den Mittelpunkt. Pädagogisches Handeln setzt **nicht** an den Defiziten und Schwächen an, sondern vielmehr daran, was das Kind schon alles kann, weiß und versteht. Dabei wird berücksichtigt, dass jedes Kind sein individuelles Lern- und Entwicklungstempo hat. Dies darf aber nicht dazu verleiten, erhebliche Auffälligkeiten in der Sprachentwicklung zu ignorieren."
(Bayerisches Staatsministerium für Arbeit und Sozialordnung, Familie und Frauen/Staatsinstitut für Frühpädagogik München, 2010, S. 60)

Wichtige Dialogpartner in Alltagssituationen sind neben den Familienmitgliedern die Fachkräfte in den Tageseinrichtungen und Tagespflegepersonen. Sie sind feste Bezugspersonen und Sprachvorbild im ko-konstruktiven Prozess der kindlichen Sprachentwicklung.
Im folgenden Zeitungsbericht wird dieser Prozess bei Säuglingen beschrieben.

Von den Lippen abgelesen
„‚Sieh mir in die Augen, Kleines', ist genau die richtige Aufforderung an kleine Babys, damit sie sprechen lernen. Allerdings gilt das zunächst nur sechs Monate lang. Danach schauen Babys ihrem Gegenüber nicht mehr in die Augen, sondern auf den Mund. Das haben Entwicklungspsychologen um David Lewkowicz von der Florida Atlantic University mittels Blickerfassung herausgefunden [...]. ‚Die Babys müssen erkunden, wie sie ihre Lippen formen sollen, um jene Laute zu bilden, die sie hören', erklärt Lewkowicz. Wenn die Kleinen etwa ein Jahr alt geworden sind, blicken sie dagegen wieder in die Augen der Menschen, die mit ihnen sprechen. ‚Um das erste Lebensjahr herum verstehen Kinder schon eine Reihe von Wörtern', erläutert Sabina Pauen [...]. ‚Dann wird es für sie wieder interessant, die Augen zu beobachten, weil diese noch weitere Informationen liefern, nämlich die Stimmung des Gegenübers.' Es sei denn, die Menschen sprechen plötzlich in einer Fremdsprache: Dann beobachten die Kleinen wieder den Mund, um zu den ungewohnten Lauten die passenden Lippenbewegungen zu lernen. [...] ‚Der Dialog ist von Bedeutung', sagt Pauen. ‚Eltern greifen in der Kommunikation mit ihrem Kind automatisch dessen Laute auf und machen sie nach. Das ist für das Kind eine wichtige Bestätigung. So lernt es, dass das, was es von sich gibt, beim Gegenüber auch ankommt.'"
(Berndt, 2012, S. 16)

Aufgaben

1. Lesen Sie den Zeitungsbericht.
2. Beobachten Sie in der Krippe die Interaktion, also den **gegenseitigen** Austausch von einem Elternteil mit seinem Baby.
3. Beobachten Sie beim Baby dessen kindliche Äußerungen, z. B. seine Gebärden und seine Sprachäußerungen.
4. Wie reagiert der Elternteil darauf? Achten Sie auf Tonlage, Pausen, Mimik.
5. Klären Sie den Begriff „Baby Talk".

Sprache und Sprechen fördern

* **Die Fachkraft führt regelmäßige Beobachtungen der kindlichen Sprachentwicklung durch.**
    - Sie dokumentiert die Ergebnisse im Portfolio.
    - Sie tauscht sich im Team darüber aus.
    - Sie führt regelmäßige Bildungsgespräche mit den Eltern.
* **Die pädagogische Fachkraft zeigt dem Kind gegenüber Wertschätzung.**

Wortwahl	Stimmlage	Körperhaltung und Zuwendung

Wertschätzung sprachlich ausdrücken heißt für die pädagogische Fachkraft:
- Interesse zeigen, d. h. sich Zeit nehmen, zum Kind hingehen, sich dem Kind zuwenden, auf Augenhöhe gehen, es anblicken, es anlächeln, ihm zunicken
- einfühlen und verstehen, d. h. ihm zuhören, es aussprechen lassen

- Was sehe ich? Was höre ich? Was ist jetzt meine Aufgabe? Was ist jetzt wirklich **wichtig**?
- mitteilen, was ich verstanden habe, z. B. „Du bist jetzt ..." „Du meinst, dass ...", „Du möchtest, dass ..." „Erzähl!"

* **Die Fachkraft animiert das Kind zum Sprechen.**
    - Sie fördert die kindliche Wahrnehmung, vor allem das Hören und Begreifen.
    - Etwas begreifen können, anfassen können ermöglicht Begriffsbildung.
    - Sie unterstützt das lustvolle Schauen und Entdecken, z. B. „Schau mal, da ist ..."
    - Sie bietet Wort und Satz in richtiger und vollständiger Form an.
    - Sie erweitert den Dialog durch eigene Äußerungen und Fragen.
    - Sie fördert die Motivation des Kindes, sich neue Wörter zu merken.

Lippenlesen

    - Sie passt ihr Sprachniveau dem Entwicklungsstand des Kindes an und führt es darüber hinaus in die Zone des nächsten sprachlichen Entwicklungsniveaus (Scaffolding).
    - Sie nimmt alle Gelegenheiten wahr, um in den Dialog mit dem Kind zu treten.
    - Sie begleitet jedes Handeln mit Sprache.
    - Sie bietet Kommunikationsmuster an, z. B. Formen der Begrüßung, Verabschiedung, Wunschäußerung, Entschuldigung.
    - Sie zeigt Spaß am gemeinsamen Reimen, Erzählen, Spielen und Singen.
    - Sie bietet Möglichkeiten der nonverbalen Kommunikation wie Musik, Tanz und bildnerisches Gestalten.
    - Sie weiß: Kinder dürfen Fehler machen.

* **Die Fachkraft reflektiert ihr eigenes Sprachverhalten.**
    - Erhält das Kind meine volle Aufmerksamkeit?
    - Höre ich wirklich zu?
    - Was drückt meine Körperhaltung dem Kind gegenüber aus?
    - Versteht mich das Kind?

Kooperation mit Eltern, Fachdiensten und Vertretern des Gesundheitswesens

Die Beeinträchtigungen der Sprache und des Sprechens stellen für die kindliche Entwicklung ein Risiko für psychische Belastungen dar. Das Kind zeigt möglicherweise Verhaltensauffälligkeiten, das Lern- und Leistungsverhalten ist geringer und leicht störbar, die Hoffnung auf dauernden, gleichmäßigen Erfolg ist geringer. Das Kind hat größere Furcht vor Misserfolg, was in der Schule zu Schulversagen und in der Folge zu Problemen in der Schullaufbahn führen kann.

Früherkennung und Früherfassung der Beeinträchtigung von Sprache und Sprechen helfen dem betroffenem Kind und ermöglichen rechtzeitige Betreuung und Förderung. Beim Bildungsgespräch kann die pädagogische Fachkraft zusammen mit den Eltern mögliche Schritte besprechen, z. B. ob ein Kinderarzt oder Hals-Nasen-Ohren-Arzt aufgesucht wird. Dadurch können Hörstörungen, Sehstörungen, Hirnschädigungen, geistige oder körperliche Behinderungen frühzeitig erkannt bzw.

ausgeschlossen werden. Sollten aufgrund dieser Untersuchungen therapeutische Maßnahmen notwendig werden, können Frühförderstellen oder Logopäden für die Eltern wichtige Ansprechpartner werden (vgl. Kapitel 10.3 Mit Fachdiensten zusammenarbeiten).

2. Kognitiver Förderbedarf

Ein Kind mit kognitivem Förderbedarf benötigt Wiederholung und führt die Anweisungen in der Regel lustbetont aus, findet im Material Bezug, Ordnung und Regelhaftigkeit und lernt anschauend, lebt von der Beziehung des Gegenübers mit allen möglichen Kontaktformen, gibt sich, wie auch gesunde Kinder, von Natur aus dem Spiel hin, wird damit aufmerksam, konzentriert und entscheidungswillig, benötigt Sprechen und sprachliche Kommunikation als besonders wichtige Anregung für die geistige Regsamkeit.

Regeln zur Kontaktaufnahme und Förderung

Das, was die Kinder tun und erleben, soll überschaubar und wiederholbar sein. Die pädagogische Fachkraft erregt die volle Aufmerksamkeit des Kindes. Sie lenkt sie auf sich oder die Sache, um die es geht, z. B. durch buntes Spielzeug oder hellklingende Instrumente. Sie gibt dem Kind einfache, eindeutige und klare Anweisungen und begleitet diese durch deutliche Gesten und Zeichen. Sie gibt dem Kind Hilfen, aber so wenig wie möglich und nur so viel wie notwendig. Sie blendet die Hilfen in dem Maße aus, in dem das Kind den Auftrag mehr und mehr selbstständig ausführen kann und das Ziel erreicht wird. Sie gibt dem Kind sofortige Rückmeldung über die richtige oder falsche Ausführung einer Handlung. Sie belohnt richtiges oder annähernd richtiges Verhalten.

Bereitstellung einer angemessenen Lernumgebung

Räume zur Durchführung heilpädagogischer Fördermaßnahmen, Gruppenräume, Ruheräume, Bewegungsräume, Garten und Bewegungsspielraum im Freien, Sanitär- und Pflegeräume, räumliche Aufteilung durch Teppichkreise, Spielmöglichkeiten am Boden, Traumland mit Kissen und Tüchern, Musik, Wassersäulen und Lichteffekten zur Entspannung, Spielmaterialien zur Aktivierung der Sinne wie Fließsandbilder, Spiegel, Materialien zum Riechen, Hand-, Fuß- und Taststraßen, Flüsterrohre, Klangstäbe, Farben, Bilder und Musikinstrumente.

2. Kinder mit (drohender) Behinderung

Aufgaben

1. Welche Barrieren muss dieses Mädchen überwinden?
2. Spielen Sie Detektiv. Welche Barrieren gibt es für Rollstuhlfahrer in Ihrer Gemeinde? Erstellen Sie eine Skizze und leiten Sie diese mit Anmerkungen an Ihren Bürgermeister weiter.
3. Welche Einrichtungen für Menschen mit Behinderungen gibt es in Ihrem Landkreis, in Ihrer Heimatstadt? Welche Angebote gibt es für Menschen mit Behinderungen?
4. Klären Sie den Begriff „Inklusion".

Eine Kita für alle schaffen

Das Konzept der Inklusion fordert auch in Krippen und Kindergärten ein Umdenken. Nicht mehr die Frage danach, ob ein Kind aufgenommen werden kann, sondern wie sich eine Einrichtung verändern muss, um ein Kind mit seinen individuellen Bedürfnissen aufnehmen zu können, bestimmt das pädagogische Handeln und die Weiterentwicklung von Konzeptionen. Dazu braucht es die Vorstellungskraft, Inklusion bei allen Entscheidungen mitzudenken und zu finanzieren.

„Wir gehören zusammen."

Sozialpädagogische Einrichtungen für Kinder und Jugendliche sind gute Einrichtungen, wenn sie den Anspruch einer inklusiven Pädagogik erfüllen. Die Formen von Beobachtung und deren Dokumentation sind Ausgangspunkt dafür, alle Kinder und Jugendlichen individuell zu fördern. Dabei geben Selbstbestimmung und Partizipation aller am Bildungsprozess beteiligten Personen Sicherheit im Umgang mit dem Kind. Der enge Austausch mit der Familie sowie die Abstimmung mit Therapeuten und Frühförderung sind für die Pädagoginnen in den Kindertagesstätten Grundlage eines vertrauensvollen Betreuungsverhältnisses.

Kostenträger, Städte und Kommunen sind gefordert, die Rahmenbedingungen für eine inklusive Pädagogik zu schaffen. Die Einrichtungen müssen an die Bedürfnisse aller Kinder, aller Familien angepasst werden, unabhängig von nationaler und sozialer Herkunft oder Behinderung. Kindertagesstätten müssen so ausgestattet sein, dass sie kein Kind aussondern. Gute Rahmenbedingungen hinsichtlich Personalstärke und Gruppengröße, räumlichen Voraussetzungen und der Ausstattung mit Hilfsmitteln und Material sichern die Qualität einer Einrichtung und müssen gesetzlich verankert werden, damit jedem Kind das Recht auf eine inklusive Bildung gewährt werden kann.

Die pädagogische Fachkraft überprüft ihre eigene Einstellung bezüglich folgender Aussagen:

* Menschsein ist kein perfekter Zustand.
* Anderssein ist Bereicherung.
* Hilfe wird nur dort gegeben, wo sie wirklich nötig ist.
* Alle Kinder sind in erster Linie Kinder.
* Man sollte dankbar sein für die eigenen, gar nicht so selbstverständlichen Fähigkeiten.

"Wir sind Freunde."

Kooperation und Partizipation

Bei der Aufnahme eines Kindes mit Behinderung in eine Einrichtung geht es zunächst darum, in partnerschaftlicher Zusammenarbeit mit dem Kind und den Eltern wichtige Informationen zu sammeln und im Portfolio die Interessen und Stärken zu dokumentieren. Schwangerschaft, Geburt, Säuglingszeit und Entwicklungsverlauf werden festgehalten. Pädagogische Mitarbeiterinnen, Kind, Eltern und Fachdienst formulieren zusammen individuelle Förderpläne und Ziele und treffen gemeinsam Entscheidungen (Partizipation). Das ist die Grundlage für regelmäßige Bildungsgespräche mit Eltern und Therapeuten. Hilfreich dabei ist z. B. das stärkenorientierte Dokumentationsverfahren anhand von Lerngeschichten und präventive Förderprogramme.

Gemeinsame Spielsituationen in der Gruppe beobachten

„Ob der Anspruch einer inklusiven Frühpädagogik wirklich erfüllt ist, zeigt sich in der Beobachtung und Betreuung von Spielprozessen" (Albers, 2011, S. 76). Betreuen heißt, die Lebens- und Spielräume so zu gestalten, dass sich die Kinder sicher, geborgen und angenommen fühlen.

Die Toleranz wächst bei Groß und Klein

Die Kinder wachsen in der Gruppe unbefangener auf und gewinnen Sicherheit und soziale Erfahrungen und lernen, mit eigenen Schwächen besser umzugehen. Die Kinder mit (drohender) Behinderung finden eine anregende Lernumgebung vor und können sich in ihrem Verhalten an den übrigen Kindern orientieren. Im Spiel und durch Spielmaterial tritt das Kind in Kontakt mit seiner Umwelt und löst sich aus seiner Passivität. Besonders geeignet sind Funktionsspiele zur Sinneserfahrung, Rollenspiele, Spielmaterialien

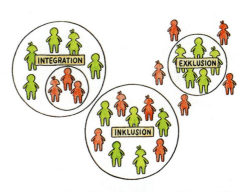

im Wasser, Schwammspiele, Malen und Matschen, Massagespiele, Sprachspiele wie Blasespiele, Hauchspiele und Fingerspiele. Die Pädagogin achtet vor allem darauf, ob alle Kinder die Möglichkeit zum gemeinsamen Spiel haben oder ob einzelne Kinder immer wieder von der Interaktion ausgeschlossen werden.

Öffnung für Familien mit einem Kind mit Behinderung

Eltern von einem Kind mit Behinderung sind Experten für ihr Kind, sein Übersetzer. Jede Familie hat ihre individuellen Probleme. Belastend für eine Familie mit einem Kind mit Behinderung ist vor allem:

* „Die Entwicklung des Kindes ist nicht vorhersagbar.

* Aus der Ursprungsfamilie übernommene Erziehungs- und Verhaltenskompetenzen sind [in der Einrichtung] nicht abrufbar.

* Angesichts der in der Regel erforderlichen lebenslangen Betreuung des behinderten Kindes ist die Elternschaft als permanent anzusehen.

* Die betroffenen Eltern sind gezwungen, sich ständig dem Entwicklungsverlauf des Kindes anzupassen; sie erleben die Möglichkeiten ihrer Einflussnahme als gering oder als gar nicht möglich.

* Der Entwicklungsprozess des Kindes stellt die Eltern vor immer neue Entwicklungsaufgaben."

(Albers, 2011, S. 105 f.)

Die Familie eines Kindes mit Behinderung braucht Unterstützung. Wie oft hört sie: „Tut uns leid, wir haben keinen Krippen- oder Kindergartenplatz." Dabei träumen diese Eltern von Freundschaften ihres Kindes zu Kindern ohne Behinderung, vom Austausch mit deren Eltern, davon, dass ihr Kind die ganz normale Realität erlebt und nicht isoliert in einer Sondereinrichtung, in einem Schutzraum aufwächst.

Im Alltag einer Familie mit einem Kind mit Behinderung ist Pünktlichkeit sehr wichtig: Arzttermine und Therapiepläne müssen eingehalten werden, Ausflüge und Unternehmungen sind sehr aufwendig. Das Geschwisterkind trägt das Schicksal der Familie mit. Es braucht Beachtung, Zuwendung und die Erfahrung, auch einmal im Mittelpunkt zu stehen. Wenn es vernachlässigt wird, kann es zu Verhaltensproblemen und zu weitreichenden emotionalen und sozialen Beeinträchtigungen kommen.

Kooperation mit Fachdiensten

Die Umsetzung einer inklusiven Pädagogik macht es notwendig, „dass Kindertageseinrichtungen eng mit anderen Hilfesystemen kooperieren, in deren Zuständigkeit schon bisher Hilfe für diese Kinder angeboten werden (Behindertenhilfe, Jugendhilfe, Förderschulbereich). Dabei bringen beide Kooperationspartner, Kindertageseinrichtungen einerseits und spezifische Hilfssysteme andererseits, ihre jeweils besonderen Leistungen und Möglichkeiten in die Zusammenarbeit ein" (Bayerisches Staatsministerium für Arbeit und Sozialordnung, Familie und Frauen/Staatsinstitut für Frühpädagogik München, 2010, S. 154 f.).

3.4.5 Kinder mit Hochbegabung

Situation

„Hey, ich hab's!", ruft Milan. Milan baut mit seinem besten Freund Simon seit drei Tagen in der Kita-Werkstatt eine Zwitschermaschine. Lisa findet das „blöd". Otmar, Susi, Elfi und Babette helfen ganz begeistert. Sie schleppen seit Tagen ganze Schätze von daheim heran: Holzabschnitte, kleine und große Metallteile, Drähte und Bindfäden, Schrauben, Nägel, kleine Stangen, Muttern, Pinsel und Farben. Isabell hat den Kopf der Maschine geschnitzt, beklebt und bemalt. Dann funktioniert die Maschine wirklich – nur, sie zwitschert nicht, sondern sie klopft. Das ist eben ein Specht und keine Nachtigall. Begonnen hatte alles nach der Bildbetrachtung mit Frau Schlichting, der Malerin mit dem weißen Kittel. Lange haben die Kinder die „Zwitschermaschine" – ein Gemälde von Paul Klee – betrachtet.

Aufgaben

1. Sehen Sie sich um in der Kita-Werkstatt Ihrer Praxisstelle: Welche Arbeitsmittel, Werkzeuge und Materialien finden Sie?
2. Arbeiten Sie in der Kita-Werkstatt Ihrer Praxisstelle mit, nachdem Sie sich mit Ihrer Praxisanleiterin abgesprochen haben: Welche Arbeitsthemen haben die Kinder? Wie arbeiten sie zusammen? Was sind die Ergebnisse?
3. Entwickeln Sie einige Themen für die Arbeit in der Kita-Werkstatt, die mit den Einfällen der Kinder verwirklicht werden. Tauschen Sie Ihre Werkstatt-Ideen in der Klasse aus.

Pädagogische Fachkräfte fördern einfallsreiches Spielen und Gestalten der Kinder, sie bieten an: reichhaltige Materialien, die vielfältig verwendet werden, wie z. B. Papier in vielen Formaten, Farben und Qualitäten; Pappen in unterschiedlicher Festigkeit, Stoffe unterschiedlicher Farben und Qualitäten, Folien und Styropor, Holzabschnitte von Brettern, Stangen, Latten in unterschiedlicher Größe und Qualität, Materialbeschaffenheit und Form, Sand, Säge- und Hobelspäne usw.

Aufgegriffen werden alle Spiel- und Gestaltungsideen, die die Kinder äußern, die in Geschichten und Bilderbüchern vorgegeben sind, die bei Bildbetrachtungen wie bei der Zwitschermaschine entstehen, die in den zahllosen Bastelbüchern und -heften geboten werden usw.

Einzelne Kinder oder kleine Gruppen werden zum freien Umgang, zum Experimentieren, zum Ausprobieren der vielfältigen Materialien angeregt. Die pädagogischen Fachkräfte begleiten behutsam die Gestaltungsideen und vor allem die eigenen Einfälle, Wünsche und Ziele der Kinder.

Jedes Kind findet Freude am Erfinden und Gestalten. Jedes Kind ist einfallsreich und kreativ. Die Freude wächst mit jedem Ergebnis, mit dem Erfolg, mit der bestätigenden Anerkennung, mit der ermutigenden Unterstützung durch andere.

Einige wenige Kinder – laut Statistik genau zwei von hundert – sind hochbegabt: Diese **Hochbegabten** sind in einem oder mehreren Leistungsbereichen weitaus leistungsfähiger als der Durchschnitt einer vergleichbaren Gruppe gleichaltriger Kinder. Allein „an der Nasenspitze" ist ihnen allerdings zumeist nicht anzusehen, ob sie zu dieser Gruppe gehören.

Die Hochbegabung eines Kindes kann sich in jedem einzelnen, manchmal auch zugleich in mehreren der folgenden Leistungsbereiche zeigen:

Auch die beste Begabung eines Kindes kann sich nur dann voll entfalten, wenn es über weitere persönliche Fähigkeiten in den folgenden Bereichen verfügt:

Begabung und Persönlichkeit des Kindes werden durch familiäre und außerfamiliäre Einflüsse geprägt.

Der Kindertagesstätte als erstem außerfamiliären Lebensraum eines Kindes kommt also wie bei allen Kindern auch bei Hochbegabten eine ganz besondere Bedeutung zu.

Aufgaben

1. Reflektieren Sie im Klassengespräch die Bedeutung der Kita als „erstem außerfamiliären Entwicklungs- und Förderungsraum" für alle Kinder.
2. Finden Sie heraus, welche Arbeitsaufgaben, Arbeits- und Spielmaterialien, Arbeits- und Spielformen in Ihrer Praxisstelle dieser Bedeutung in besonderem Maße gerecht werden.
3. Welche persönlichen Konsequenzen für Ihr Arbeitsverhalten als pädagogische Fachkraft einer Kita ziehen Sie aus dieser Bedeutung?

Situation

Sina und Bernd sind unzertrennliche Freunde. Heute sind sie beide fünf Jahre alt. Sie haben am selben Tag Geburtstag. Seitdem sie das wissen, können beide nicht ohne einander sein. Und Bernd ist sehr stolz auf seine Freundin: Sina kann perfekt lesen. Und Sina spielt nur mit Bernd. Alle anderen Kinder findet sie „langweilig", ihre Spiele sind „Babykram". Wenn Bernd mal nicht da ist, steht Sina meist still am Fenster, ganz allein. Auch dann, wenn andere Kinder sie necken, „ganz zufällig" einen Ball gegen sie werfen. Sie nimmt nicht gern teil an Kreisspielen, scheint vor sich hin zu träumen.

Beste Freunde

Wenn Bernd wieder da ist, sitzen beide eng beieinander, am liebsten in der Leseecke. Sina liest Bernd dann lange aus dem dicken Technikbuch vor. Sina spielt auch Geige. Die Psychologin hat Sina untersucht – sie ist hochbegabt.

Thomas ist der Clown der Gruppe. Es gibt keinen Unfug, den er nicht macht. Vor allem stört er gern, jeden und dauernd. Er wirft alles um, tobt viel und rempelt alle Kinder an, die ihm im Wege sind. Alle laufen deshalb vor ihm davon. Und nirgends hält er es lange aus.

Thomas hat keine Freunde. Er war in der Erziehungsberatung, weil niemand mit ihm fertig wird: die Eltern nicht und auch nicht die pädagogischen Fachkräfte in der Kita. Thomas ist hochbegabt und ein Störer, weil ihn keiner mag.

Viele Hochbegabte leben zunächst unerkannt unter altersgleichen Kindern, viele von ihnen sind auffällig. Wird ihre Hochbegabung weder von Eltern noch in der Kita und auch in der Schule nicht erkannt, geraten sie oft in eine höchst konflikt- und krisenreiche Lern-, Berufs- und Lebenskarriere.

Hochbegabte Kinder benötigen eine ihrer Begabung entsprechende besondere Förderung auch in der Kita. Es ist deshalb eine verantwortungsvolle Aufgabe für pädagogische Fachkräfte, hochbegabte Kinder zu erkennen und in ausreichendem Maße zu fördern.

3 Grundlegende Bedürfnisse von Kindern

Diese Eigenschaften und Fähigkeiten Hochbegabter geben in ihrer Vielzahl einen Einblick in die Vielfalt der Hochbegabungen, die Kinder aufweisen können. Nicht jedes hochbegabte Kind hat alle diese Anlagen, viele Hochbegabte verfügen jedoch über eine große Anzahl solcher Fähigkeiten.

Begabungen eines Kindes entfalten sich in dem Maße, wie sie gefordert und gefördert werden. Unterforderte Hochbegabte im Vorschul- und frühen Schulalter begegnen pädagogischen Fachkräften eher als sogenannte auffällige Kinder.

Pädagogische Fachkräfte versuchen, leistungsstarke hochbegabte Kinder ebenso sorgfältig zu beachten wie leistungsgestörte Kinder, die unerkannt hochbegabt sein können. Um die (statistisch errechneten) zwei hochbegabten unter hundert Kindern herauszufinden, verwenden sie

* die **Aussagen der Eltern** dieser Kinder, die jedoch nicht immer sicher auf eine Hochbegabung hinweisen, weil manche Eltern ihr hochbegabtes Kind selbst nicht als solches erkannt haben oder aber seine besondere Begabung nicht für wahr haben möchten, während andere Eltern eher dazu neigen, Begabungen und Fähigkeiten ihres Kindes zu überschätzen und ihr Kind damit zu überfordern. Wieder andere Eltern haben keinen rechten Maßstab für die Einschätzung der Begabungen ihres Kindes und ersuchen daher ihrerseits die pädagogischen Fachkräfte nach einem Urteil über die Anlagen ihres Kindes;

* die **eigenen Beobachtungen und Einschätzungen** des Verhaltens und insbesondere der Leistungen eines Kindes im Verhältnis zum Durchschnitt gleichaltriger und ähnlich entwickelter Kinder;

* die **Ergebnisse qualifizierter fachpsychologischer Beurteilungen**, die sie, nach Einwilligung der Eltern, durch die psychologischen Fachdienste des Trägerverbandes, der kommunalen Beratungsstellen und ähnlicher Einrichtungen für die ihnen anvertrauten Kinder einholen können.

Situation

Nani ist ein hochbegabtes Kind. Schon früh hatte sie ihre Eltern mit ihrer Begabung überrascht: Nani mochte keine Puppen – sie spielte mit Fabian, ihrem zweieinhalb Jahre älteren Bruder, und übertraf ihn bald schon bei Weitem: beim Farben-, Formen-, Anzahlen-, Ziffern- und Buchstabenlotto ebenso wie beim Spielen mit dem Steckbaukasten und bei jedem Such- und Ratespiel. Nani konnte alle Lieder richtig singen, sie konnte schwimmen und tauchen, zählen und rechnen und las mit vier Jahren ihrem Bruder aus seinen liebsten Bilderbüchern vor. Als sie in den Kindergarten kam, spielte sie Kinderlieder und einige Kunstlieder auf dem Klavier. Im Kindergarten hatte Nani Glück; Frau Hunklinger, die Gruppenleiterin, ließ sie schon nach wenigen Wochen von der Diplom-Psychologin der Frühförderung untersuchen: Nani hatte mit dreieinhalb Jahren den Entwicklungsquotienten eines siebenjährigen Kindes.

Bald besuchte Nani den Förderkindergarten für Hochbegabte, sie lernte rasch Französisch und sprach zur Einschulung mit fünf Jahren fließend Englisch, spielte im Kindertheater die Hauptrolle als „Die Kluge Fee" und arbeitete im Enrichment-Programm (= Programm zur Anreicherung der Lernumwelt) in einem Irina-Korschunow-Kinderbuch-Projekt mit. Für ein Pullout-Programm (= Förder-Lern-Programm außerhalb des Klassenverbandes) im Fach Mathematik/Geometrie im nächsten Schuljahr ist Nani angemeldet.

Die lebhafte, sehr sportliche und immer fröhliche Nani ist weiterhin die beste Freundin ihres Bruders Fabian, liebt ihre Eltern über alles und alle, die ihr geholfen haben. Sie will „Begabungsforscherin" werden, das hat sie kürzlich in einem vierseitigen „Brief an alle" geschrieben.

Aufgaben

1. Welche Spielmaterialien, Bücher und Arbeitsblätter in Ihrer Praxisstelle sind Mittel zur Begabungsförderung für Kinder? Stellen Sie eine Liste zusammen und tauschen Sie Ihre Ergebnisse in der Klasse aus.

2. Bearbeiten Sie Aufgaben zur Begabungsförderung und führen Sie diese mit Kindern durch.

3. Erkundigen Sie sich, welche Einrichtungen in Ihrem Wohn-/Arbeitsort die Diagnose einer Hochbegabung und spezielle Programme zur Förderung hochbegabter Kinder anbieten.

3 Grundlegende Bedürfnisse von Kindern

4. Beispiele für die kognitive Förderung hochbegabter Kinder bis sechs Jahre: Entwickeln Sie ähnliche Aufgabenreihen mit den Kindern Ihrer Gruppe:
   Hier geht es um a) räumliches Vorstellen und b) gedankliches Kombinieren.
   Welches Zeichen setzt jede Reihe fort?

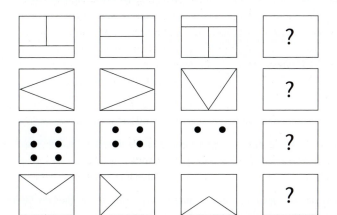

5. Hier geht es um a) differenziertes Wahrnehmen, b) logisches Denken.
   Wie viele Dreiecke, Quadrate und Rechtecke kommen in den unten stehenden Abbildungen vor?

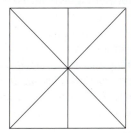
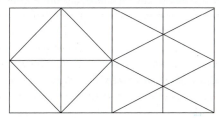

6. Hier geht es um a) räumliches Vorstellen, b) abstraktes Denken.
   Welche Figur ergibt einen Würfel, welche nicht?

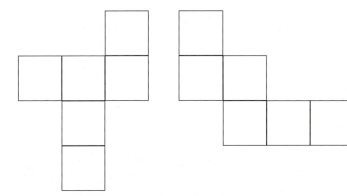

3.4.6 Besondere Lebenssituationen von Kindern

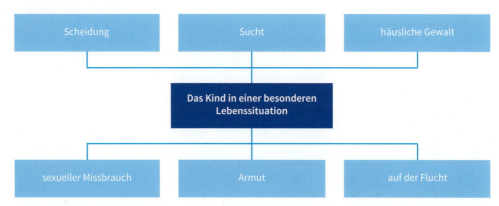

1. Die Scheidungsfamilie

Die Bedürftigkeit des Kindes in der Scheidungsfamilie nach Schutz ist sehr groß. Die Fähigkeit der Eltern, in der Zeit der Auseinandersetzung dem Kind Schutz zu gewähren, ist oftmals stark eingeschränkt.

Die Beobachtung als Grundlage pädagogischen Handelns
Kinder reagieren auf Scheidung und Trennung ganz unterschiedlich. Sie wirken gehemmt, trauern leise, sie weinen, ohne Tränen zu vergießen. Diese Kinder gelten als besonders gefährdet. Sie verdrängen und resignieren. Andere Kinder reagieren auf Scheidung enthemmt. Trauer, Wut, Zerrissenheit, Schuldgefühle und Angst sind Verhaltensweisen, um mit dem Verlust und mit der Welt, die aus den Fugen geraten ist, zurechtzukommen. Die Gefühle der Ohnmacht, Wut und Enttäuschung über das Verhalten der Eltern brauchen ein Ventil.

Aufgaben

1. *Informieren Sie sich über die Anzahl der Scheidungskinder in Deutschland.*
2. *Diskutieren Sie, welche Auswirkungen eine Scheidung auf das Leben des Kindes haben kann.*

2. Das Kind in der Suchtfamilie

In der Bundesrepublik lebt in jeder achten Familie ein Suchtkranker. Jede Suchtfamilie entwickelt einen eigenen Lebensrhythmus, der oftmals einzig um den süchtigen Menschen kreist. Kinder übernehmen dabei Rollen, die als Überlebensmuster und Verhaltensweisen für ihre Zukunft bestimmend sein können, wie etwa die Rolle des Helden, die Rolle des Sündenbocks, die Rolle des verlorenen Kindes, das pflegeleicht ist und überhaupt nicht auffällt, und die Rolle des Kindes, das seine Angst nicht zeigen darf.

Situation

Die Praktikantin Nicole spielt mit drei Kindern im Kindergarten ein Tischspiel: „Bauer Klaus und die Maus". Die drei Kinder Kevin (6), Florian (6) und Lara (5) sortieren dabei Getreidesorten durch Würfeln und haben dann gegen die Mäuse gewonnen, wenn sie alle Getreidesäcke voll haben, ehe alle Mäuse in der Mitte sind. Kevin würfelt eine Maus, die in die Mitte kommt. Er ist sich bewusst, dass das nicht gut ist, und sagt: „Ich hab schon einmal Bier getrunken." Florian sagt: „Ich trink auch immer Bier." Lara schweigt. Zum Spielende lässt die Praktikantin für die Mäuse noch eine Höhle bauen und die Mäuse füttern und versorgen. Lara nimmt ihre zwei Mäuse, deckt sie sehr warm mit Stroh zu und gibt ihnen viel Futter. Sie lässt sich am meisten Zeit. Sie versichert sich auch, dass die Mäuse da noch länger wohnen dürfen.

3 Grundlegende Bedürfnisse von Kindern

In der anschließenden Besprechung kann die Praktikantin Laras Verhalten verstehen, als sie erfährt, dass Laras Vater zu Hause viel Alkohol trinkt und Lara in der Nacht immer wieder erschrocken aufwacht, wenn der betrunkene Vater heimkommt und mit der Mutter streitet. Sie erkennt Laras Bedürfnis nach Wärme, die sie den kleinen Mäusen zuteilwerden lässt.

Aufgaben

1. Versuchen Sie, sich in Lara hineinzuversetzen. Was empfinden Sie dabei?
2. Erkundigen Sie sich bei Ihrer Praxisanleiterin, ob in Ihrer Gruppe Kinder aus Suchtfamilien leben.
3. Welche Probleme haben diese Kinder? Beobachten und beschreiben Sie. Achten Sie dabei auf den Datenschutz.
4. Informieren Sie sich über die Anzahl der Kinder aus Suchtfamilien in Deutschland.
5. Welches Spielmaterial, welche Spiele und welche Angebote können ein Kind aus einer Suchtfamilie stärken? Begründen Sie Ihre Ideen.

Beobachtung als Grundlage pädagogischen Handelns

Amerikanische Studien weisen darauf hin, dass mehr als 50 % der alkoholkranken Kinder Kinder von alkoholkranken Eltern sind.

Warnsignale, die auf ein erhöhtes Suchtrisiko beim Kind selbst hinweisen, sind:

* Kinder ziehen sich von anderen auffällig zurück, sondern sich ab und haben übermäßig Angst.
* Kinder sind übermäßig zappelig, fahrig und wirken überdreht. Sie können sich nicht konzentrieren.
* Kinder möchten aus ihren Fantasie- und Traumwelten nicht mehr zurück in die Wirklichkeit kommen.
* Kinder werden ohne Grund gegen andere Kinder gewalttätig, beschädigen Sachen mit Absicht, stören und lärmen, wollen sich nirgends einfügen.
* Kinder langweilen sich dauernd, interessieren sich für nichts, hängen passiv herum und können nicht für eigene Interessen gewonnen werden.
* Kinder sind übertrieben unsicher, unselbstständig, stressanfällig, entscheidungsschwach und haben keine Freunde.

Die sieben Regeln gegen Sucht

* Kinder brauchen seelische Sicherheit.
* Kinder brauchen Anerkennung und Bestätigung.
* Kinder brauchen Freiraum und Beständigkeit.
* Kinder brauchen realistische Vorbilder.
* Kinder brauchen Bewegung und richtige Ernährung.
* Kinder brauchen Freunde und eine verständnisvolle Umwelt.
* Kinder brauchen Träume und Lebensziele.

Kinder wollen in der Regel das Familiengeheimnis „Sucht" wahren. Daher ist es wichtig, das Kind nie in die Enge zu treiben oder es über die häusliche Situation auszufragen.

Rat und Hilfe können in den zuständigen Beratungsstellen oder beim Kinderarzt eingeholt werden. Es gilt, die Kraftquellen des Kindes zu stärken.

Möglichkeiten und Grenzen der angemessenen Förderung
Generell sollten pädagogische Fachkräfte bedenken, dass es Eltern peinlich ist, über ihr Suchtproblem zu reden. Sie können aber ermutigt werden, das Problem anzugehen. Konkrete Hilfsmöglichkeiten, Adressen von Beratungsstellen und Information über deren Arbeitsweisen können aufgezeigt werden (vgl. Kap. 10.3 „Mit Fachdiensten zusammenarbeiten").

3. Häusliche Gewalt

Vernachlässigung, Missbrauch und Gewalt ereignen sich überall, eben auch in der sogenannten Normalfamilie. Dass viele Kinder Zeugen häuslicher Gewalt werden, ist Tatsache. Die Auswirkungen sind noch wenig erforscht. Die Mitarbeiterinnen der Frauenhäuser, in denen Mütter mit Kindern Zuflucht finden, kümmern sich auch um die Kinder. Sie wissen aus Erfahrung, dass diese Kinder im Erwachsenenalter leicht zu Tätern oder Opfern werden.

Warnsignale
* Körperlich erkennbare Spuren entsprechen den Misshandlungsformen: Weichteilverletzungen, ausgedehnte Blutungen, Striemen, Platzwunden, Bissspuren, Frakturen des Schädels, der Rippen und der Gliedmaßen, Würgemale, Brandblasen, Verbrühungsfolgen.

* Psychische Folgen von Gewalt sind schwerer zu erfassen. Tiefgreifende seelische Veränderungen wie Nichtschlafenwollen, Stottern, Aufschreien in der Nacht, Wiedereinnässen und Einkoten sind die Folgen.

Kindesmisshandlung ist Ausdruck elterlicher Hilflosigkeit und Überforderung, mit den Bedürfnissen eines Kindes angemessen umzugehen.

Hilfe ist humanitäres Gebot. Vorsicht vor blindem Aktionismus – dadurch kann dem Kind mehr geschadet als geholfen werden.

Das Kind erhält in der Gruppe von der Erzieherin die Geborgenheit und Wärme, den Schutz und die Sicherheit, die es braucht, um in dieser belastenden Lebenssituation überleben zu können.

Grenzen des pädagogischen Handelns
Verdachtsfälle müssen unbedingt im Team durch Beobachtungen und die Dokumentation der Beobachtungen abgesichert sein. Hilfe kann vom Jugendamt und den Beratungsstellen eingeholt werden. Die misshandelnde Familie reagiert in der Regel mit Abwehr und Angst vor Kritik, Bloßstellung und Bestrafung.

4. Das sexuell missbrauchte Kind

Aufgrund von Beobachtungen und Untersuchungen wurde festgestellt, dass es Faktoren gibt, die eine Wahrscheinlichkeit des Missbrauchs bei Kindern erhöhen:

1. Kinder haben nicht gelernt, ihren Willen gegenüber Erwachsenen durchzusetzen, Nein zu sagen.
2. Kinder haben nicht gelernt, dass sie ein Recht auf Selbstbestimmung über den eigenen Körper haben.

3. Kinder erhalten keine Sexualaufklärung.
4. Kinder bekommen von zu Hause wenig Zärtlichkeit und Zuneigung.
5. Kinder haben wenig Beziehungen außerhalb der Familie und können mit niemandem über den Missbrauch sprechen.
6. Auch Mädchen, die vor allem auf Anpassungsfähigkeit und Folgsamkeit und weniger auf Selbstbewusstsein und Stärke hin erzogen wurden, sind eher gefährdet.

Kinder werden vom Täter gezwungen, das Geheimnis des Missbrauchs zu wahren.
Kein Kind will missbraucht werden.
Kinder sagen die Wahrheit, wenn sie von einem Missbrauch reden.

Warnsignale
* Schlafstörungen
* Schulleistungsstörungen
* Essstörungen (Magersucht, Fettsucht), Flucht in eine Fantasiewelt, Isolation, versteinerte Körperhaltung, Sprachstörungen, plötzliche Verhaltensänderungen, Störungen im Hygieneverhalten
* Anklammern an die Mutter
* Man sollte bedenken, dass Kindern die Sprache fehlt, um sexuelle Handlungen mitzuteilen.

Grenzen des pädagogischen Handelns
Beratungsstellen und Fachkräfte empfehlen aufgrund ihrer Erfahrungen mit sexuellem Missbrauch bestimmte Verhaltensregeln bei Kindern. Die pädagogische Fachkraft sollte bei Anzeichen eines Verdachtes auf sexuellen Missbrauch eines Kindes

* Ruhe bewahren,
* sich über die beobachteten Signale Aufzeichnungen machen,
* mit dem Mitarbeiterteam sprechen,
* als Vertrauensperson das Kind in seiner Not erst einmal stark machen, mit dem Kind evtl. klären, was es sich wünscht,
* auf keinen Fall dem Kind gegenüber hektische Betriebsamkeit entwickeln oder gar den Eltern gegenüber den Verdacht äußern.

Letzteres würde zur Folge haben, dass Eltern, die diesen Missbrauch, aus welchen Gründen auch immer, vertuschen wollen, dies noch stärker zu tun versuchen. Die pädagogische Fachkraft überlegt vielmehr, an welche Beratungsstelle sie sich wenden will, um für sich und das missbrauchte Kind rasche, fachliche Hilfe zu holen.

Es ist wichtig, vorab das Vorgehen mit dem Träger abzuklären und die Zusammenarbeit mit den örtlichen sozialpädagogischen und psychologischen Fachdiensten abzustimmen.

Misshandelte Kinder und ihre Familien brauchen zur Lösung und zur Bewältigung ihrer Probleme langfristige Beratungshilfen und therapeutischen Beistand.

5. Von Armut betroffene Kinder

Aufgaben

1. Erkundigen Sie sich bei Ihrer Praxisanleitung über den sozio-ökonomischen Hintergrund der Kinder. Beachten Sie dabei die Bestimmungen des Datenschutzes.
2. Erkundigen Sie sich über kostenloses Essen für Kinder in Kitas und Schulen in Ihrer Region.

Das Risiko, arm zu werden, ist für Arbeitslose, Flüchtlinge und Eltern mit vielen Kindern besonders hoch. Fehlen Kinderbetreuungsplätze und verlangen Firmen grenzenlose zeitliche und räumliche Mobilität, haben es gerade Alleinerziehende schwer, auf dem Arbeitsmarkt Fuß zu fassen. Armut wird in vielen Familien „weitervererbt" und hat gravierende Folgen für die kindliche Entwicklung. Bei Kindern aus sozial schwachen Familien ist oftmals eine Häufung von Risikofaktoren und Phänomenen wie Unfällen, Krankheit, Übergewicht, Umweltbelastung, eine schlechtere gesundheitliche Versorgung und psychische Auffälligkeiten festzustellen.

Warnsignale: Wenn die pädagogische Fachkraft beobachtet, dass Essensgeld oder Ausflugsgeld nur unregelmäßig bezahlt wird, dass das Kind ohne Brotzeit in die Einrichtung kommt und nicht die notwendige, der Jahreszeit entsprechende Kleidung besitzt, dann muss dieser Familie Unterstützung und Hilfe angeboten werden.

6. Die besondere Situation von Kindern aus Flüchtlings- und asylsuchenden Familien

Eine Kita verändert sich

„[...] Während nebenan, im Nirgendwo der Gemeinschaftsunterkunft die Eltern ein Dasein als Wartende fristen, sollen die Kinder im Kindergarten das sein können, was sie allzu lange nicht waren: Kinder. [...] Viele Kinder kommen von weit her, die Narben auf der Seele sind kaum zu übersehen. Wenn ein Rettungshubschrauber auf dem Weg zur nahen Uniklinik über den Garten fliegt, bekommen die Kinder aus Syrien und dem Irak Angst. Heißklebepistolen benutzen die Erzieherinnen nur noch außer Sichtweite der Kleinen im Büro, weil Kinder bei ihrem Anblick anfingen zu weinen. [...] Früher gab es ein Konzept geschlossener Gruppen. Nun ist es ein offenes Haus, die Kinder können hin- und herrennen wie sie wollen, vom Tobezimmer in die Puppenecke und zurück.

Das Bundesfamilienministerium rechnet durch die Flüchtlingskinder mit einem Bedarf von rund 68 000 zusätzlichen Kita-Plätzen. Von Weiterbildung für Erzieherinnen in Sachen interkulturelle Kompetenz und Trauma-Bewältigung redet da noch niemand. [...] Heute macht Kinderpflegerin Martina ein Ratespiel, die Kinder sollen die Neuen kennenlernen: ‚Er hat einen blauen Pullover an, er spricht unsere Sprache noch nicht und er verliert immer seine Hausschuhe', fragt die junge Frau in die Runde. ‚Wer ist das?' Sandras Finger schießt nach oben: ‚Der Azar!' Die Vierjährige darf den afghanischen Buben zum Mittagessen mitnehmen. Entschlossen marschiert Sandra auf Azar zu und nimmt seine Hand. ‚Unser Kindergarten macht die Kinder stark, und zwar alle Kinder', sagt Katja Romberg. ‚Sie verlieren hier die Angst vor dem Fremden. Hautfarbe, Herkunft – das wird hier unwichtig. Ich sage den Eltern immer: Schaut euch das an, wie eure Kinder das machen, denn das wird unsere Realität.'"

(Zoch, 2015, S. 5)

3 Grundlegende Bedürfnisse von Kindern

Aufgaben
1. Fragen Sie Ihre Praxisanleitung, ob es in Ihrer Praxisstelle Kinder aus Flüchtlings- oder asylsuchenden Familien gibt.
2. Worauf müssen pädagogische Fachkräfte in der Kita besonders achten?
3. Tauschen Sie Ihre Ergebnisse in der Gruppe aus.

Die Migrationsbewegungen durch Krieg, Katastrophen oder ökonomische Not haben in einer globalisierten Welt zugenommen. Kinder von Flüchtlings- und asylsuchenden Familien brauchen besondere Hilfe. Sie waren Opfer von Folter und Verfolgung in ihrem Heimatland und haben während der kriegerischen Auseinandersetzung Zerstörung und Gewalt erlebt. Sie mussten erfahren, dass ihre Heimat, ein Ort, der für Wärme und Geborgenheit stehen soll, durch Menschenhand zerstört wurde. Und selbst ihre sonst so „mächtigen" Eltern konnten das nicht verhindern. Die Flucht selbst bedeutet eine weitere erlebte Verletzung. Flüchtlingskinder wohnen in Notunterkünften. Sie sind besonders belastet und traumatisiert. Sie brauchen Schutz. Pädagogische Fachkräfte können eine Brücke bauen und den Kindern erste positive Begegnungen mit ihrer neuen Welt vermitteln.

Diese Kinder kommen in eine fremde Kultur, sprechen die fremde Sprache nicht und spüren oft die Angst der Eltern, wieder ausgewiesen zu werden. Was sie brauchen, ist eine Willkommenskultur, das Gefühl, in Sicherheit zu sein, Stabilität, Regeln zur Orientierung, eine feste Tagesstruktur und Zeit. Das Flüchtlingskind ist in erster Linie Kind. Mitleid lähmt.

Warnsignale
Kinder reagieren gehemmt oder enthemmt auf ihre belastende Lebenssituation, je nachdem, wie resilient, wie stark sie sind.
Schutzmechanismen und kindliche Reaktionen, die auf Trauer, Trauma und Heimatverlust hinweisen, sind:

* verbale oder nonverbale Starre
* sich verstecken unter dem Tisch
* Kriegsspiele, Kämpfe, Zeichnungen von Tod und Gewalt
* Kopf- oder Bauchschmerzen
* Tränen

„Der Elementarbereich kann wesentlich dazu beitragen, dass jedem Kind, ungeachtet seiner sozialen Herkunft, gute Startchancen für seine schulische Bildungsbiografie zuteil werden."
(Bayerisches Staatsministerium für Arbeit und Sozialordnung, Familie und Frauen/Staatsinstitut für Frühförderung München, 2006, S. 38)

Die pädagogische Fachkraft handelt kompetent, wenn sie
* die Namen der Kinder und der Familien richtig ausspricht,
* das Kind beobachtet, die Beobachtungen auswertet und im Portfolio dokumentiert; das Kind hat damit einen persönlichen Ort für sich und seine persönlichen Werke,
* sensibel ist für die kindlichen Ängste und wodurch auch immer sie augenblicklich ausgelöst werden,
* die kindliche Selbstwirksamkeit wieder aktiviert,

- die Kinder aus der Gruppe ermutigt, auf das Kind zuzugehen und mit ihm zu spielen,
- erkennt, dass Gefühle veränderbar sind durch körperliche und emotionale Bewegung,
- Ballspiele, Karten- und Brettspiele, bei denen die Sprache eine weniger wichtige Rolle spielt, sprachlich begleitet,
- die Kinder nicht durch zu viel Entscheidungsfreiheit überfordert,
- erkennt, dass Malen von Bildern oder Mandalas mit klaren Strukturen kindliche Ausdrucksform der inneren Welt sind und Ruhe und Zugehörigkeitsgefühle bieten,
- mit Geschichten und Bilderbüchern, z. B. „Am Tag, als Saida zu uns kam", Brücken baut,
- Informationen zu Gewohnheiten bei Essen und Trinken einholt,
- die Kinder am Esstisch aufmerksam beobachtet, wie sie mit Essen und Trinken klarkommen,
- ihre Grenzen im Hinblick auf Zuständigkeit, Kompetenz und Belastbarkeit kennt,
- sich im Team konzeptionell auf die kurze Verweildauer von Kindern aus Flüchtlings- und asylsuchenden Familien und auf ständiges „Abschiednehmen" in der Gruppe einstellt.

Grenzen des pädagogischen Handelns
Es gibt Kinder und Jugendliche, die infolge von Traumata und jahrelangen Gewalterfahrungen unterschiedlichster Art enthemmt und aggressiv reagieren, abgestumpft oder verroht sind. Sie zeigen keinerlei Empathie und reagieren unkontrolliert aggressiv bei allem, was sie als Kritik oder Angriff wahrnehmen. Sie wurden nicht so geboren, sondern haben sich durch besondere Belastungen so entwickelt. Psychologische Fachdienste und Erziehungsberatungsstellen helfen weiter.

3.4.7 Kinder aus anderen Kulturkreisen

„Der Tee ist fertig!"

3 Grundlegende Bedürfnisse von Kindern

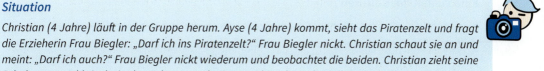

Situation

Christian (4 Jahre) läuft in der Gruppe herum. Ayse (4 Jahre) kommt, sieht das Piratenzelt und fragt die Erzieherin Frau Biegler: „Darf ich ins Piratenzelt?" Frau Biegler nickt. Christian schaut sie an und meint: „Darf ich auch?" Frau Biegler nickt wiederum und beobachtet die beiden. Christian zieht seine Schuhe aus und kriecht in das Zelt. Ayse schreit: „Wer bist denn du?" Christian lacht laut, schaut sie an und ruft: „Ich bin der Kapitän hier an Bord und wer bist du?" Ayse meint: „Ich bin hier der Kapitän! Geburtstagskapitän Ayse". Christian hält sich die Hand vor den Mund, legt sich auf allen Vieren hin und kugelt sich hin und her. Er lacht und meint: „So was habe ich ja noch nie gehört! Aber ich bin Kapitän, ein Mädchen kann das nicht sein!" Ayse antwortet: „Ich habe eine Idee, ich bin die Kapitänsfrau und du bist der Kapitänsmann?" Ayse schaut ihn lachend an. Christian runzelt die Stirn und antwortet: „Das ist eine gute Idee, aber dann sind wir ja verheiratet, oder?" Ayse lacht: „Ja, du bist mein Mann!" Die Kinder geben sich die Hände und nicken. Christian setzt sich auf die rechte Seite des Zeltes. Ayse auf die linke. Beide heben ihre Hände, als hätten sie einen Steuerknüppel in der Hand. „Jetzt kann es losgehen", meint Christian. Ayse: „Ab in die Türkei zu meiner Familie, o. k.?" Christian antwortet mit einem breiten Grinsen: „Oh ja, ab nach Türkei, da ist es warm. Ich nehm meine Badehose mit." Er lacht und macht: „Br, br, br, los geht's!" Ayse und Christian geben sich in der Mitte des Zeltes die Hand. Ayse meint: „Festhalten, sonst fallen wir noch aus dem Boot und dann kommen die Haifische und fressen uns auf." Christian sagt: „Kennst du die Piranhas?" Ayse: „Ja, die beißen auch!" Christian sagt: „Ja, und bei Ice Age 2 wollten die Piranhas den einen fressen! Die sind gefährlich, gell?" Ayse nickt und sagt: „Dann gut festhalten, ich seh schon das Meer, da müssen wir drüber, wenn wir zu Türkei wollen!" Christian lacht und sagt: „Nach der Türkei fahren wir zu mir nach Hause, ich bin schon müde!" Ayse sagt: „Aber in Türkei gibt es viel zu essen, dann essen wir da und dann werden wir ganz dick!" Christian lacht und zieht sein T-Shirt hoch mit dem Satz: „Schau, ich bin schon dick", fängt an zu lachen und sagt: „Jetzt aber los, Luft anhalten!" Ayse und Christian atmen tief ein und bücken sich nach vorne.

Aufgaben

1. a) Werten Sie Frau Bieglers Beobachtung aus. Wie kann Frau Biegler das Spiel der Kinder weiter unterstützen?
   b) Beobachten Sie das Spiel von Kindern mit Migrationshintergrund in Ihrer Gruppe und unterstützen und begleiten Sie diesen Bildungsprozess.
2. Waren Sie schon einmal im Ausland? Wie haben Sie sich verständlich gemacht?
3. Spielen Sie im Rollenspiel:
   a) Sie wollen in einer Kindergruppe mitspielen und können sich nicht in Ihrer Sprache verständigen.
   b) Sie ärgern sich über jemanden, sprechen aber seine Sprache nicht. Was erleben Sie im Rollenspiel dabei in den verschiedenen Rollen?
4. Haben Sie schon einmal Heimweh gehabt?
   Beschreiben Sie, wie Sie sich damals gefühlt haben.
   Hat Ihnen jemand geholfen, Ihr Heimweh zu überwinden? Wie war das?
5. Sammeln Sie Nachrichten und Informationen über das Leben von Familien aus anderen Kulturen. Vergleichen Sie Ihre Ergebnisse und diskutieren Sie in der Klasse.
6. Diskutieren Sie folgende Aussagen:
   „Ausländer nehmen den Deutschen Arbeit und Wohnung weg."
   „Asylanten leben gut auf unsere Kosten."
   „Ausländer machen deutsche Mädchen und Frauen an."

Eine Vielfalt der Kulturen

Die Kita ist die erste außerfamiliäre Bildungseinrichtung mit einer Vielfalt von Kulturen, mit einer Vielfalt an Sprachen, Kleidung, Festen, Kunst, Musik, Architektur, Theater, Literatur und Erziehungspraxis. Dahinter stehen unterschiedliche Wertvorstellungen, Normen, Werte, Traditionen, Religionen, Gesetze und Rollenbilder von Mann, Frau und Kind.

Kinder mit Migrationshintergrund unterscheiden sich hinsichtlich des sozioökonomischen Status ihrer Familie, der Bildungsabschlüsse der Eltern, ihrer Religion, Sprache und vielem mehr. Für pädagogische Fachkräfte bedeutet das eine echte Herausforderung, für jedes Kind die gleichen Bildungschancen zu sichern.

Beobachtung und Verstehen als Grundlage pädagogischen Handelns

Die besondere Situation von muslimischen Kindern

Viele dieser Kinder pendeln tagtäglich zwischen zwei Welten hin und her. Für die Entwicklung der kindlichen Identität gibt es drei Varianten:

* Das Kind ist in der muslimischen Kultur zu Hause, möchte aber gerne zur deutschen Kultur gehören.

* Das Kind ist in der deutschen Kultur heimisch, wird aber von der Familie bedrängt, sich in der muslimischen Kultur heimisch zu fühlen.

* Das Kind entwickelt eine eigene zwischenkulturelle Identität und kann mit beiden Kulturen gleichermaßen umgehen (vgl. Öszinmaz, 2000, S. 290).

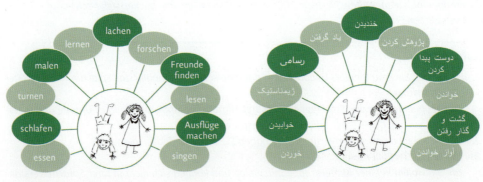

„Was wir in der Kita alles machen!"

Quelle: Publikationen Kinder in Kindertageseinrichtungen – Informationen für Eltern im Rahmen des Asylverfahrens des Bayrischen Staatsministeriums für Arbeit und Soziales. ©Grafik CMS – Cross Media Solutions GmbH, Würzburg

Der Teufelskreis eines Kindes mit Migrationshintergrund in der Kindergruppe
* Mangelnde Deutschkenntnisse und ungewöhnliche Sprachakzente erschweren die Verständigung der Kinder untereinander.
* Wird das Kind nicht verstanden, gerät es leicht in eine Außenseiterposition.
* Das Kind reagiert entweder mit Aggression oder Rückzug. Dadurch
    - hat es wenig Kontakte in der Gruppe,
    - lernt es die deutsche Sprache nicht,
    - wird seine Außenseiterposition verstärkt.

Grundsätze der inklusiven Erziehung: Verständnis, Verstehen, Verständigung

„Verstehst du mich?"

Das moderne Konzept der Inklusion sieht vor, „dass alle Kinder, das heißt Mädchen und Jungen verschiedenen Alters, deutsche Kinder, Kinder aus Flüchtlingsfamilien, Kinder mit Migrationshintergrund, Kinder mit Behinderung, Kinder mit erhöhten Entwicklungsrisiken und Kinder mit besonderen Begabungen [...], gemeinsames Leben und Lernen erfahren" (Bayerisches Staatsministerium für Arbeit und Sozialordnung/Staatsinstitut für Frühpädagogik München, 2010, S. 31).

Jedes menschliche Verhalten ist kulturabhängig
Die pädagogische Fachkraft kann:
* fremde Kulturen wahrnehmen
* die eigene Kultur wahrnehmen und in ihrer Wirkung bei der Begegnung mit Fremdkulturen einschätzen
* fremde Kulturen kennenlernen und Sinnzusammenhänge herstellen
* Verständnis und Respekt für fremde Kulturen entwickeln
* mit kulturellen Regeln flexibel umgehen
* Kontakte zu Angehörigen einer fremden Kultur aufnehmen und mit interkulturellen Konflikten umgehen (vgl. Grosch/Leenen, 2000, S. 40)

Die pädagogische Fachkraft kennt die Prinzipien der Inklusion:
* das Prinzip der Wertschätzung
* das Prinzip der Repräsentanz
* das Prinzip des Biografiebezugs

Die pädagogische Fachkraft zeigt **Wertschätzung** den Kindern gegenüber unabhängig von ihrer Nationalität, Herkunft, Sprache und Religion. Die pädagogische Fachkraft ist Vorbild für Vorurteilslosigkeit, Toleranz und Konfliktfähigkeit. Sie überprüft Kinderbücher und andere Materialien auf problematische Fremdbilder. In der Gruppe fördert sie das soziale Lernen, die Achtung des anderen, das Einfühlungsvermögen, das Zusammenleben, die Konfliktfähigkeit und die Offenheit allen Kindern gegenüber.

Die pädagogische Fachkraft bemüht sich um die **Repräsentanz** der verschiedenen Kulturen, ihrer Sprache, ihrer Feste und ihrer Gepflogenheiten, um Spielmaterial und Verkleidungen aus den

Herkunftsländern der Kinder. Das Kind mit seinen unterschiedlichen Erfahrungen kann sich in der Tageseinrichtung wiederfinden.

Die pädagogische Fachkraft orientiert sich an der **Biografie** des Kindes, an der individuellen Lebensgeschichte, an der Beobachtung des kindlichen Entwicklungsstandes.

„Woher?"

Das Prinzip der Wertschätzung „Verständigung"	– Erst wenn das Kind eine sichere, verlässliche Beziehung zur Erzieherin aufgebaut hat, findet es den Weg zur Gruppe. – Die Erzieherin ermuntert die Gruppe zur Kontaktaufnahme. – Sie wählt geeignete Spielgefährten aus. – Eine herzliche und freundliche Atmosphäre trägt dazu bei, dass das Kind Vertrauen in seine Umgebung gewinnt. – Die Erzieherin gibt Orientierung durch räumlich und zeitlich feste Gewohnheiten im Tagesablauf. – Sie wählt Spielangebote aus, die zum Mitspielen durch Nachahmen auffordern (Memo-, Clown- und Zauberspiele, Karten- und Brettspiele). – Sie verstärkt die Kontaktaufnahme des Kindes mit Migrationshintergrund. – Sie zeigt, dass das Kind mit Migrationshintergrund durch sein Verhalten das Verhalten der Gruppe beeinflussen kann.
Spiele zur Kontaktaufnahme und zum Kennenlernen (vgl. Kap. 4, Spiel)	– Telefonieren (zwei Telefone in der Puppenecke) – Wahrnehmungsspiele zum Hören, Tasten, Schauen – Bewegungsspiele
Das Prinzip des Biografiebezugs „Verstehen" Gestalten Singen Darstellendes Spiel	– Sprachliche Hilfen zum Einleben: „Ich und du"; Hallo! Bitte? Bitte! Das bin ich. Wer bist du? Was magst du? Wie heißt du? Ich heiße ... – Alle Kinder bringen von zu Hause Gegenstände mit, erzählen z. B. über ihre Erlebnisse im Urlaub. „Was es bei uns gibt, gibt es anderswo auch, ähnlich, genauso oder auch ganz anders." – Bilder von der Familie oder dem „Lieblingsort" malen. – die „Lieblingskleidung" aus dem Katalog ausschneiden und Begriffe nennen: Hose, Jacke, Hemd – Alle Kinder malen oder erzählen von ihrer Lieblingsspeise. – Lieblingslieder auf CD vorspielen und miteinander singen – Körpersprache: Pantomime, Sing- und Kreisspiele – Kasperletheater
Das Prinzip der Repräsentanz „Verständnis" Festgestaltung	– sich über den Alltag, die Gewohnheiten in den Familien austauschen – Was ist mein Lieblingsfest? – einen gemeinsamen Festtagskalender der verschiedenen Kulturen erstellen – mehrsprachige Ankündigungen oder Plakate gestalten

Erforschen	– naturwissenschaftliche Experimente durchführen, z. B. mit Wasser Luft (Elemente sind allen Kindern bekannt)
Spiel	– Was kann man mit Tüchern alles machen? Die Bedeutung des Kopftuchs in verschiedenen Regionen (Schmuck, Schutz, Brauchtum, politische Gründe, Verschleierung). Das Tuch kann man färben, wickeln, raffen, knoten. Mit Tüchern kann getanzt werden, z. B. türkischer Tanz, Tanz aus Indien, Bauchtanz, Walzer. – Verkleidungskiste mit Kleidern, Hüten, Tüchern, Gürteln aus unterschiedlichen Ländern
Tanz	– Tanzen nach der Musik verschiedener Länder
Speisen aus anderen Ländern	– kochen, backen, Getränke mixen und gemeinsam ein Kochbuch erstellen (z. B. im Hort mit dem Internet arbeiten)
Computer, Fotografie und Internet	– mit Fotos, Filmen und anderen Dokumenten gemeinsam eine Stadt, ein Land erkunden: „Eine Reise um die Welt"

Fachliches Wissen über den Zweitspracherwerb

Kinder sind wissbegierig, neugierig und furchtlos beim Spracherwerb.
Sie freuen sich auf jedes neue Wort. Sie entwickeln Strategien, um in der Kindergruppe zu bestehen, z. B.:

„Kognitive Strategien
– Nimm an, dass Äußerungen unmittelbar situationsrelevant sind.
– Nimm einige Äußerungen und beginn zu sprechen.
– Suche nach wiederkehrenden Teilen in bekannten Ausdrücken.
– Mach das Beste aus dem, was du hast.
– Arbeite zuerst an großen Dingen; kümmere dich später um die Details.

Soziale Strategien
– Geh in die Gruppe und tu so, als ob du verstehen würdest, auch wenn es nicht so ist.
– Gib mit einigen wenigen Wörtern den Eindruck, dass du die Sprache sprechen kannst.
– Zähle darauf, dass du dich auf die Hilfe deiner Freunde verlassen kannst."
(Albers, 2011, S. 62)

„Wir spielen und lernen."

Grundlagen zum Zweitspracherwerb Deutsch

* die kindliche Sprachentwicklung beobachten anhand von gewählten Beobachtungsverfahren

* die organischen Voraussetzungen zum Spracherwerb abklären; Hilfsangebote bei nicht erkannten Hörschäden laufen ins Leere

* die Kenntnis der Muttersprache als Voraussetzung zum Zweitspracherwerb überprüfen; über die Muttersprache hat das Kind Kenntnisse über Sprache und Sprachanwendung und somit das Basiswissen zum Erwerb der Zweitsprache

* Eltern sprechen grundsätzlich die Sprache, mit der sie sich am wohlsten fühlen

- Mehrsprachigkeit ist eine Chance, kein Risiko
- eine ablehnende Haltung der Muttersprache gegenüber durch die Fachkraft bedeutet für das Kind eine Beeinträchtigung des Selbstwertgefühls und der familiären Bindungen
- die Nutzung der Muttersprache darf nicht unterbunden werden (Art. 30 der UN-Konventionen)

Die kindliche Sprachentwicklung beim Zweispracherwerb
- Über das Begreifen erlernt das Kind zunächst Begriffe, dann Zweiwort-Sätze und dann die Satzbildung.
- Sprache wird über Vorbilder gelernt.
- Sprache wird erlernt durch Bestärkung und Erfolgserlebnisse.
- Sprache wird erlernt im sozialen Kontakt und im „Sprachbad" der Alltagssituationen.

Sprachförderung so früh wie möglich
- Die pädagogische Fachkraft kennt Redewendungen der Begrüßung, Zustimmung und Bestätigung in der jeweiligen Landessprache.
- Sie begleitet alle Tätigkeiten sprachlich, z. B. das Anziehen, Essenausteilen usw.
- Sie bietet dem Kind als Herausforderung die nächste Phase der Sprachentwicklung an (Scaffolding).
- Memokärtchen und Mini-LÜK-Spiele erweitern den Wortschatz.
- Die Auswahl der Kärtchen entspricht den Interessen des Kindes.
- Das Kind nennt die Begriffe auf den Bildern auch in seiner Landessprache, ein Anreiz für die mitspielenden Kinder, Wörter in einer fremden Sprache kennenzulernen.
- Handpuppen erleichtern den Dialog, z. B. Tierfiguren, die dem Kind vertraut sind.

Aufgaben
1. Gibt es in Ihrer Praxiseinrichtung Spielmaterial aus anderen Kulturkreisen?
2. Fragen Sie die Praxisanleiterin nach der Zusammenarbeit mit Eltern aus anderen Kulturkreisen.
3. Wie werden Verständigungsprobleme gelöst?
4. Suchen Sie in einer Bibliothek in Ihrer Umgebung, in Fachzeitschriften und in Buchhandlungen nach
   - Bilderbüchern, Märchen, Erzählungen in verschiedenen Sprachen,
   - Hörspielen in verschiedenen Sprachen,
   - Vorschlägen für Puppentheater mit sprachfreien, ein- und zweisprachigen Elementen.

➲ *Sie finden weitere Aufgaben zu diesem Thema im Kapitel 4 des Arbeitshefts.*

3.4.8 Resilienz – das Immunsystem der kindlichen Entwicklung

„Betrachten wir die kindliche Entwicklung einmal aus der Vogelschau. Sie ist im Grunde ein Balanceakt. Da sind auf der einen Seite die Belastungen, denen Kinder ausgesetzt sind – auch wenn wir sie ihnen gerne ersparen würden: Krankheiten, zerbrochene Freundschaften, Kränkungen, Trennungen, Niederlagen, Gewissensnöte, Ängste. Vielleicht auch ungünstige Ereignisse im Elternhaus wie Scheidung, Arbeitslosigkeit oder ein unpassender Erziehungsstil. Jedes Kind bekommt es mit solchen Belastungen zu tun, das eine mehr, das andere weniger.

Auf der anderen Seite aber stehen die Schutzfaktoren. Sie helfen den Kindern, trotzdem klarzukommen, Kränkungen wegzustecken, Ängste und Nöte zu überwinden. Auch bei Gegenwind ihren Weg zu gehen. Sie sorgen dafür, dass auch Menschen, die in ihrer Kindheit großen Gefahren und Widrigkeiten ausgesetzt sind, lebenstüchtig und zufrieden werden können. [...] Psychologen fassen die Schutzmechanismen, die uns ‚trotz alledem' leben lassen, auch als Resilienz zusammen – als Krisenfestigkeit oder innere Stärke."
(Renz-Polster, 2011, S. 72)

Die Resilienzforschung nennt besonders **hohe Risikofaktoren für die Entwicklungsgefährdung bei Kinder und Jugendlichen:**

* Kriminalität der Eltern
* psychische Erkrankung der Eltern
* niedriger soziökonomischer Status
* beengte Wohnverhältnisse
* Unvollständigkeit der Familie
* Gewalterfahrungen
* ungünstige, wechselhafte und inkonsequente Erziehungspraktiken, z. B. raue Disziplin, Drangsalieren, Schikanen, Drohungen
* sehr frühe oder sehr späte Elternschaft
* Frühgeburtlichkeit, Rauchen, Alkohol während der Schwangerschaft und prä- und perinatale Komplikationen

Der entwicklungspsychologische Ansatz der Resilienzforschung beschreibt, welche Einflüsse es betroffenen Kindern und Jugendlichen bei Belastungen und Risikofaktoren ermöglichen, sich dennoch gesund zu entwickeln.

Kinder stark machen, so früh wie möglich – „Ich schaff das schon"

Kinder und Jugendliche sind Mitgestalter ihres Lebens und mobilisieren dabei Kräfte. Sie entfalten individuell aktive Bewältigungsstrategien und trotzen widrigen Lebensumständen. Sie besitzen Schutzfaktoren und haben ein soziales Umfeld, das sie unterstützt und seelisch entlastet.

personale Schutzfaktoren	familiäre Schutzfaktoren	Schutzfaktoren des sozialen Umfelds

Kinder und Jugendliche besitzen **personale Schutzfaktoren** durch eine feste Zuversicht, dass sich die Dinge **positiv** entwickeln, unabhängig von Erfahrungen oder Anstrengungen. Sie sind überzeugt, dass sie die notwendigen Kompetenzen besitzen, Anforderungen und Belastungen zu bewältigen. Je höher ihr Selbstwertgefühl ist, desto weniger Angst entwickeln sie.

Kinder und Jugendliche besitzen **familiäre Schutzfaktoren**, wenn sie eine feste emotionale Bindung, ein warmes Erziehungsklima und familiären Zusammenhalt erleben.

Kinder und Jugendliche **besitzen Schutzfaktoren des sozialen Umfelds,** wenn sie durch Gleichaltrige oder Erwachsene die Förderung ihrer individuellen Kompetenz erfahren.

Kindertagesstätten sind ein sozialer Schutzraum für Kinder.

Checkliste zur Auswertung von Entwicklungsrisiken
- Welche Risikofaktoren sind vorhanden?
- Gibt es belastende Lebenssituationen für das Kind?
- Über welche Schutzfaktoren verfügt das Kind oder der Jugendliche?
- In welchen kindlichen Entwicklungsbereichen wird das Entwicklungsrisiko festgestellt? Treten die Risiken eher im kognitiven, emotionalen, physiologischen oder sozialen Bereich auf?
- **Wann, seit wann** und wodurch tritt das auffällige Verhalten auf?
- **Welche** Gefühle kommen zum Vorschein?
- Welche Informationen sind notwendig, um das kindliche Verhalten zu verstehen?
- Welche Ursachen könnte das auffällige Verhalten haben?
- Sind äußere Anlässe oder innere Spannungen Auslöser des auffälligen Verhaltens?
- **Wer** leidet besonders unter dem auffälligen Verhalten? Das Kind? Die Gruppe?
- Ist das auffällige Verhalten eine Reaktion auf Verhaltensweisen anderer Kinder in der Gruppe oder auf das Verhalten von Erwachsenen?
- **Wo** gibt es Ansätze zur Lösung? (Gespräche im Team, mit den Eltern, mit dem betroffenen Kind über seine Stärken und Kompetenzen)
- Welche Möglichkeiten gibt es, mit den Mitteln der Einrichtung das Problem zu klären und zu lösen?
- Schaffen weitere Beobachtungsverfahren mehr Klarheit?

Kindertagesstätten bieten wertvolle Schutzfaktoren für die kindliche Entwicklung.
Kinder brauchen eine gute Krippe, einen guten Kindergarten und eine gute Schule. Inklusion „nimmt keine Unterteilung in Gruppe (Menschen mit Behinderung, Frauen, Menschen mit Migrationshintergrund etc.) vor, sie will das System (z. B. Krippe, Kindergarten Schule, Arbeit, Wohnen) an die Bedürfnisse der Menschen anpassen. [...] Die Unterschiedlichkeit der Menschen ist kein zu lösendes Problem, sondern eine Normalität. An diese Normalität wird das System angepasst und nicht umgekehrt" (Albers, 2011, S. 15). Um den besonderen Bedürfnissen von Kindern mit erhöhtem Entwicklungsrisiko besser gerecht zu werden, ist es innerhalb einer inklusiven Pädagogik notwendig, Entwicklungsgefährdung früh zu erkennen. Die pädagogischen Fachkräfte erkennen durch Beobachtung die unzureichende Ausstattung der Kinder und Jugendlichen mit Schutzfaktoren. Sie gewähren sichere Bindung, Nähe, Verlässlichkeit, körperliche Nähe, Feinfühligkeit und Vertrauen. Dadurch wird das Kind stark und widerstandsfähig. Im ko-konstruktiven Prozess entwickelt das Kind Zuversicht, dass sich die Dinge positiv entwickeln – unabhängig von vorausgegangenen Erfahrungen oder eigenen Anstrengungen, und Selbstwirksamkeitserwartung als Überzeugung, selbst über die notwendigen Kompetenzen zu verfügen, mit Anforderungen umgehen zu können.

* Die pädagogische Fachkraft stärkt die Widerstandskraft bei Kindern und Jugendlichen besonders bei kaum veränderbarer Risikolage. Sie wird den Kindern in besonderen Lebenssituationen gerecht und verhindert soziale Ausgrenzung (Exklusion).

* Soziales Verhalten, z. B. die Bereitschaft, mit anderen zu teilen, hilfsbereit und nett zu anderen zu sein und deren Gefühle zu beachten, kann im sozialen Kompetenztraining und durch Entspannungstechniken gefördert werden. Das hat einen positiven Einfluss auf den Aufbau eines funktionierenden sozialen Netzwerks. Dabei ist die Kooperation mit den Eltern besonders wirksam.

„Wir sind miteinander verbunden."

* Die pädagogische Fachkraft zeigt Kindern und Jugendlichen, wie sie sich vor gefährdenden Einflüssen selbst schützen können (vgl. Kap. 7). Sie bietet Sprachförderung für Migrantenkinder und sozial benachteiligte Kinder an. Sie begleitet die Kinder in ihrem Lernprozess, Konflikte zu lösen, Probleme zu bewältigen und Verantwortung zu übernehmen.
* Die pädagogische Fachkraft verhilft dem betroffenen Kind zu einem sicheren Platz in der Kindergruppe. Sie gibt liebevoll Halt und setzt sicherheitsfördernde Grenzen. Das hat für die Gruppe Vorbildwirkung. Anstelle der Anerkennung durch die pädagogische Fachkraft tritt bald die Anerkennung durch die Gruppe. Mögliche unterstützende pädagogische Angebote und gestaltete Lernumgebungen sind Entspannung und autogenes Training zur Selbst- und Fremdwahrnehmung, Malen mit Wasserfarben, Knetmaterial, eine Verkleidungskiste, Kasperlefiguren, Bilderbücher und Geschichten zum Angstabbau und zur Konfliktbewältigung, ansteckende, fröhliche Gruppenaktivitäten wie Musik, Bewegung, Rollenspiel und Tanz.
* Die pädagogische Fachkraft fördert nach dem Prinzip der Inklusion im Spiel die Fähigkeiten wie Empathie, Fairness sowie die Fähigkeit, in der Gruppe mit Gleichaltrigen und mit Kindern mit einem unterschiedlichen Entwicklungsstand klarzukommen.
* Die pädagogische Fachkraft ermöglicht dem Kind die Freiheit, nach eigenem Plan zu lernen. „Kinder sind mit dem ausgestattet, was sie brauchen. Sozial benachteiligte Kinder machen einen Sprung, wenn sie aus ihrem beraubten Umfeld in ein normales Entwicklungsumfeld aufsteigen. Ihr eingebauter Entwicklungsmotor kann starten, sie haben eine normale, artgerechte Umwelt." (Renz-Polster, 2011, S. 92)
* Starke Eltern haben starke Kinder. Die pädagogische Fachkraft stärkt die Erziehungskompetenz der Eltern und fördert die Kooperation mit den Eltern. Kindertageseinrichtungen werden zum Familienzentrum und somit zur Schnittstelle und zum Stützpunkt für die Einbettung von Fachdiensten, Angeboten der Familienbildung und Sozialberatung (vgl. Kap 11).
* Die pädagogische Fachkraft informiert bei Anzeichen von Entwicklungsrisiken **die Eltern**. Sie motiviert und unterstützt sie, die Hilfsangebote der Jugendhilfe zu nutzen.

Beispiele von Leistungsangeboten der Jugendhilfe:

„**Frühe Hilfen**" schauen auf die Belastungen der Eltern mit Kindern von 0 bis drei Jahre und erreichen diese über Hebammen, Geburtskliniken und Kinderärzte in einer sehr frühen Entwicklungsphase des Kindes. Die Bereitschaft der Eltern, Unterstützung anzunehmen, ist in dieser Zeit besonders hoch.
„**Frühförderung**" konzentriert sich stärker auf die Entwicklung der Kinder, vor allem, wenn eine körperliche, geistige oder seelische Behinderung droht. Häufig sind die Kinder jedoch bereits drei Jahre oder älter, bis sie aufgrund einer dann gestellten ärztlichen Diagnose eine Behandlung bekommen. Gelegentlich werden auch die pädagogischen Fachkräfte in die Hilfeplanung und in die Maßnahmen eingebunden.

Die pädagogischen Fachkräfte nutzen die Kooperation mit den Fachdiensten und bitten um Jugendhilfeangebote und Elternberatung. Sie kooperieren mit Ansprechpartnern des Jugendamts bezüglich der Gefährdung des Kindeswohls (vgl. BKiSchG und Kap. 10.3).

Aufgaben

1. Wie kann die Basiskompetenz Resilienz bei den Kindern gestärkt werden?
2. Nennen Sie Beispiele, wie Sie dem Kind Anerkennung und Beachtung schenken, wie Sie das Kind loben, wie Sie auf eigene Gefühle achten.
3. Nennen Sie Geschichten, Märchen, Bilderbücher, in denen die oben genannten Schutzfaktoren eine Rolle spielen.

➲ Hierzu finden Sie auch ein Arbeitsblatt im Kapitel 3 des Arbeitsheftes.

4 Spiel

In diesem Kapitel lernen Sie,

* dass die pädagogische Fachkraft das Spiel des Kindes beobachtet,
* dass das Kind im Spiel seinen Entwicklungsstand zeigt,
* dass das Kind im Spiel seine Wirklichkeit ko-konstruiert,
* dass die pädagogische Fachkraft das Spiel des Kindes einfühlsam begleitet,
* dass das kindliche Spiel viele Formen kennt,
* dass die pädagogische Fachkraft das Kind und die Gruppe im Freispiel begleitet.

Situation

„Den ganzen Tag nur gespielt?"

Josef (6 Jahre) freut sich auf den Kindergarten. Gestern hat er mit seinen Freunden zusammen in der Bauecke eine Ritterburg gebaut. Sie durften sie bis heute stehen lassen. Er läuft morgens in die Bauecke und stellt fest, dass jemand einen Turm umgeworfen hat. Er schreit: „Wer hat unsere Ritterburg kaputtgemacht?" Teile liegen herum. Johannes (4 Jahre) war heute morgen als Erster da und wollte auch einmal in der Bauecke spielen, wo die Großen immer so tolle Sachen machen. Er ist noch unsicher und hat dabei einen Turm umgestoßen. Die anderen Kinder und die Erzieherin werden aufmerksam und es entsteht eine heftige Diskussion um die Gruppenregeln, wer was darf. Sie einigen sich, dass Johannes mitbauen darf und die Großen ihm zeigen, wie das geht. Nach dem Bauen gehen sie an den Maltisch und falten mit der Erzieherin eine Kerze aus einer Hexentreppe, schneiden die Flamme aus gelbem Papier aus und kleben sie an die Kerze. Sie hängen sie an einen Adventszweig. Nach der Brotzeit spielen alle zusammen im Stuhlkreis das Spiel „Mein rechter Platz ist leer". Sie denken sich giftige Schlangen und gefährliche Tiere aus, als die sie ihre Plätze wechseln. Jeder kommt dran und oft muss ein Kind lange warten, bis es von den anderen wahrgenommen wird. Nach dem Stuhlkreis gehen sie in den Turnraum, um sich auszutoben und zu bewegen. Johannes spielt mit den Schaumstoffkissen, Josef hilft ihm, daraus einen Turm zu bauen. Andere Kindern rennen und fangen sich, Christine und Marie spielen mit der Pferdeleine und Klaus und die kleine Alicia liegen in der Hängematte und lachen über ihre lustigen erfundenen Reime über wilde Tiere. Die Kinder werden von den Eltern abgeholt. Josefs Mutter fragt: „Was habt ihr denn heute im Kindergarten gemacht?" Josef antwortet: „Gespielt." Die Mutter antwortet: „Nur gespielt?" Christina, die Kinderpflegerin, meint zu ihrer Kollegin Bettina: „Die Mutter hat keine Ahnung von unserer Arbeit im Kindergarten." Bettina entgegnet: „Du könntest doch einmal zum Thema ‚Spiel' eine kleine Informationsbroschüre zusammenstellen, die wir den Eltern zur Verfügung stellen."

Aufgaben

1. Überdenken Sie, was die Kinder an diesem Vormittag erlebt und gelernt haben.
2. Welche Vorstellung von Spiel hat Josefs Mutter?
3. Beobachten Sie das Spiel der Kinder in Ihrer Praxisstelle, zeichnen Sie auf, wo die Kinder sich aufhalten und was sie spielen.
4. Erstellen Sie für Ihre Praxiseinrichtung eine Informationsbroschüre für Eltern zum Thema „In unserer Einrichtung wird gespielt".

➲ Aufgaben zur eigenen Spielbiografie finden Sie im Kapitel 4 des Arbeitshefts.

4.1 Die Bedeutung des Spiels für die kindliche Entwicklung

Reflexion der eigenen Spielbiografie

Wenn im folgenden Kapitel die kindliche Spielwelt und entsprechende methodische Überlegungen dargestellt und erarbeitet werden, dann ist der Ausgangspunkt dazu immer die Spielwelt der pädagogischen Fachkraft, die Erinnerung an die eigene Spielzeit, die Erinnerung an Spielpartner, Spielräume, Spielmaterial, Spielzeit und Kindheit.

4 Spiel 115

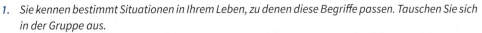

Aufgaben

1. Sie kennen bestimmt Situationen in Ihrem Leben, zu denen diese Begriffe passen. Tauschen Sie sich in der Gruppe aus.
2. Bringen Sie von zu Hause Fotos mit, auf denen Sie als Kind mit Spielmaterial abgebildet sind.
3. Mit welchem Spielmaterial haben Sie am liebsten gespielt?
4. Fragen Sie Ihre Eltern und Großeltern nach ihrem Lieblingsspielzeug.
5. Vergleichen Sie Ihre Spielerfahrungen mit denen Ihrer Eltern und Großeltern.
6. Gestalten Sie eine Ausstellung mit dem Spielmaterial.

➲ Weitere Aufgaben zum Thema finden Sie im Kapitel 4 des Arbeitshefts.

4.1.1 Spielen ist die Lebensform des Kindes

Im Spiel begreift jedes Kind die Welt mit allen Sinnen.

Die Beobachtung des kindlichen Spiels zeigt, welche Entwicklungsaufgaben Kinder gerade bewältigen, wie sie Probleme lösen, Kreativität entfalten, Sprache lernen, Selbstständigkeit üben und soziale Rollen übernehmen.

Das Spiel ist die Lebensform des Kindes.

Spielen ist Grundbedürfnis und Lebensausdruck zugleich, nämlich Problemlösung, Spaß, Kommunikation, Forschungsarbeit, Bewegungslust. Die Triebfedern sind Neugier, Spannung und Anregung. Das Kind lernt spielend die Umwelt kennen. Johannes aus der Einstiegssituation lernt, mit Bausteinen umzugehen, er lernt die Grundsätze der Statik kennen, erfährt die Eigenschaften von Baumaterial, Papier und Kleber und lernt den Umgang mit anderen Kindern der Gruppe. Im Spiel entwickelt das Kind Spaß am gemeinsamen Tun. Die Kinder bauen, gestalten, toben und nehmen Kontakt auf. Die Jungen sind stolz auf ihr Bauwerk, das sie selbst errichtet haben, sie zeigen ihre gestalteten Kerzen, entwickeln im Turnraum eigene Spielideen und finden die Balance von Ruhe und Bewegung. Das Spiel wird in aller Regel freiwillig begonnen. Die Motivation zum Spielen erfolgt durch Gegenstände, Spielmaterialien und die Lernumgebung.

Die Spielfreude des Kindes kann durch Krankheit, eine Einschränkung der Wahrnehmung, der Motorik, Sprache und seelischer Prozesse sowie durch Umwelteinflüsse gehemmt werden.

Spiel ist körperliche und geistige Bewegungslust. Die Kinder beobachten, denken nach, planen, besprechen, bauen, konstruieren, schneiden, falten und bewegen sich nach Herzenslust. Spiel ist immer verbunden mit Bewegung. Das Spiel beginnt, wenn der geistige Plan für die Tätigkeit steht. Das Kind entwickelt Selbstständigkeit, es vertraut dabei auf die eigenen Kräfte und stärkt damit sein Selbstbewusstsein. Spielen ist Experimentieren und Forschen. Kinder zerstören ein soeben erst fertiggestelltes Bauwerk, um es sogleich noch einmal aufzubauen. Johannes übt das Turmbauen mit Bauklötzen und dann mit Schaumstoffkissen, Josef hilft ihm dabei. Das Experimentieren ist wichtig, nicht das Fertiggestellte. Die Wiederholungen beim Tun und Experimentieren stärken Ausdauer und Konzentration. Im Spiel baut das Kind an seinem Lebensglück und entwickelt Werthaltungen. Erinnerungen an eigene Kinderspiele sind oft mit Glücksgefühlen verbunden. Mit Wehmut denken die Erwachsenen zurück.

Aber was ist Glück? Ein glücklicher Mensch kann sein Leben **gestalten**. Er kann Entscheidungen treffen, kann die Balance von positiven und negativen Erfahrungen halten. Im **Spiel** sind die Kinder die Hauptakteure, die Schöpfer ihrer Welt, die sich ihnen unterordnet. Das Spiel ist der Beweis der kindlichen Größe und Unabhängigkeit von Erwachsenen. Im Spiel lernt das Kind Lebenskompetenz.

4.1.2 Das Spiel ist Bildungsmittelpunkt

emotionale Kompetenz:
– „Selbstwertgefühl"
– Stabilität
– tiefes Erleben von Gefühlen
– Aushalten von Widersprüchen
– Verarbeiten von Enttäuschungen

motorische Kompetenz:
– Geschicklichkeit
– körperliche Ausdauer
– Gesundheit
– differenzierte Grob- und Feinmotorik
– Koordination

Nur gespielt?

soziale Kompetenz:
– Verantwortung
– Freundschaft
– Hilfsbereitschaft
– Fähigkeit, Regeln einzuhalten

kognitive Kompetenz:
– Wahrnehmung
– Sprache
– Kreativität
– Zeit- und Zahlenbegriff
– Kenntnis naturwissenschaftlicher
– Zusammenhänge
– Logik

Das Spiel gibt Auskunft über den kindlichen Entwicklungsstand

Im Spiel enthüllt das Kind vor den Augen der pädagogischen Fachkraft sein Innerstes. Sie muss nur hinschauen.

Das Kind konstruiert im Spiel seine Wirklichkeit entsprechend den momentanen, aktuellen Bedürfnissen, Gefühlen, entsprechend seiner Entwicklung. Beim Hantieren mit Gegenständen erfindet es immer wieder neue, wechselnde Bedeutungen, entsprechend der aktuellen Befindlichkeit. Die Beobachtung des kindlichen Spiels zeigt also den Entwicklungsstand, welche Entwicklungsaufgaben Kinder gerade bewältigen, welche Kompetenzen sie entwickeln, wie sie Probleme lösen, Kreativität entfalten, Sprache lernen, Selbstständigkeit üben und soziale Rollen übernehmen, wie sie ihre Wirklichkeiten ko-konstruieren, welchen Sinn sie ihrem Tun geben und welche Bedeutung sie den Dingen in der Welt zuschreiben.

Situation

Die vierjährige Lena schneidet aus einseitig buntem Papier Schnipsel zurecht: grün, weiß, rot und lila. Sie sagt zur Erzieherin Sandra: „Sandra komm, Karten spielen!" Sandra erwidert: „Wie denn?" Lena dreht alle Karten so um, dass die Farbe nicht erkennbar ist. Sie sagt zur Erzieherin: „Jetzt ziehe ich vier, und wenn ich vier rote habe, bin ich Sieger. Welche Farbe nimmst du?" Sandra: „Ich wähle Lila."

Nun nimmt Lena Schnipsel vom Haufen. Sie hat mit Nachschauen vier Rote gezogen. Lena: „Und jetzt ziehst du vier." In ihrem Eifer sucht sie gleich selbst für die Erzieherin vier lila Schnipsel aus dem Haufen hervor, nicht passende werden wieder zurückgelegt.

„So, nun hast du auch gewonnen", meint sie. „Jetzt musst du dir ein Spiel ausdenken."

Sandra schlägt vor, dass jeder abwechselnd zieht, und wer seine Farbe gezogen hat, hat jeweils gewonnen. Lena ist nicht einverstanden: „Nein, viermal ziehen!" „Warum müssen wir viermal ziehen?", fragt Sandra. Lena: „Na ja, ich bin doch vier Jahre alt. Wann werde ich endlich fünf?"

Aufgabe

Beschreiben Sie Lenas Kompetenzen.

Im Spiel entwickelt das Kind emotionale Kompetenz.

Im Spiel sind alle Gefühle erlaubt. Der amerikanische Psychologe Carl Rogers geht davon aus, dass Menschen in sich große Hilfsquellen haben, um ihre Probleme und Nöte selbst zu lösen. Diese inneren Entwicklungsmöglichkeiten und Heilkräfte können sich umso besser entfalten, wenn sich der Hilfesuchende in einer bestimmten Atmosphäre, in einem hilfreichen zwischenmenschlichen Klima befindet. Dann kann sich die geheimnisvolle Tür zur inneren Welt des Menschen öffnen. Er kann über sich selbst nachdenken und Ideen schöpfen, um sich in der für ihn richtigen Form mit seinen ganz persönlichen Möglichkeiten und Grenzen selbst zu helfen und zu verwirklichen (vgl. Rogers, 1991, S. 185).

Im Spiel hat das Kind die Gelegenheit, eine Tür zu seinem Inneren zu entdecken. Das Kind probiert aus, es will dahinterkommen, wie sich die Wirklichkeit abspielt. Bei kleinen Kindern ist zu beobachten, wie Erfahrungen immer und immer wieder wiederholt werden, mit dem einzigen Ziel, sie zu verstehen und zu bewältigen. Im Spiel erlebt das Kind aus eigenem Antrieb heraus das Gefühl von Kraft und Freude: „ich kann das", „ich will das können", „ich bin der und das", „ich werde das bald oder später sein". Das Kind erlebt sich als schöpferisch und empfindet Freude an der Spielhandlung. Die ermutigende Erfahrung, so, wie man ist, in Ordnung zu sein, lässt es weitere Schritte wagen. Im Spiel kann das Kind angstbesetzte Situationen vorwegnehmen. Es kann erproben, worauf es ankommt. In Spielen wie „im Krankenhaus", „beim Arzt", „beim Zahnarzt", oder „der Nikolaus kommt" kann das Kind die aktive Rolle übernehmen. Es ist innerlich vorbereitet, es hat sich darauf eingestellt, die passive Rolle in Wirklichkeit leichter zu ertragen. Im Spiel findet das Kind Lösungen. Der Wunsch, stark und mächtig zu sein, Mut und Tapferkeit zu beweisen, vor allem in der Identifikation mit mächtigen Personen, ist der Inhalt vieler Kinderspiele, vor allem der Jungen. Wird es in der Spielsituation brenzlig und treten Probleme auf, dann werden „Erlöser-Figuren" in das Spiel eingeführt wie die Feuerwehr, ein Zauberer oder Feen. Situationen im Spiel können Angst auslösen, aber auch Ängste und Aggressionen abwehren. Das Spiel hat eine reinigende, heilende Wirkung. Es bietet dem Kind die Möglichkeit, die Wirklichkeit so umzudeuten, dass sie seinen Wünschen und Vorstellungen entspricht. Jedes Kind erfährt absichtlich oder unabsichtlich Verletzungen. Diese Erfahrungen können das Kind aus der Fassung bringen. Im Spiel bekommt das Kind die Möglichkeit, Bedrohungen abzuschwächen und Verletzungen zu verarbeiten. Bei wiederholten Spielszenen mit grausamen Fantasien kann das Kind in einer Spieltherapie unter fachkundiger Anleitung eine Heilung seiner seelischen Wunden erfahren.

Aus den Tätigkeitsformen, den beobachteten Spielbewegungen und dem Gesichtsausdruck des Kindes kann die pädagogische Fachkraft Emotionen erkennen, ob das Kind Spannung oder Entspannung erlebt. Sie kann diese Beobachtungen verantwortungsvoll auswerten und auf diese Weise verstehen, was sich im Inneren des Kindes abspielt. Zeigt das Kind im Spiel Wünsche, erprobt es die Zukunft, ist es schöpferisch tätig oder hat es Probleme?

Im Spiel entwickelt das Kind soziale Kompetenz.

„Kriacht a Käferl..."

„Ich bin der Räuber, ich bin der Chef von den Räubern und ich suche mir jetzt eine Bande."
Eine Bande ist schwer aufzutreiben: Heute ist Dienstag, da hat Monika Kinderchor, Martin muss zum Zwergerl-Schwimmkurs, Claudia fährt mit ihrer Mutter zum Ballett und Sabine geht zur Atemgymnastik. Zielgerichtete Förderangebote sind sinnvoll, Kinder brauchen jedoch vor allem auch Spielräume und Spielerfahrungen.
Schon beim Säugling finden sich erste Ansätze zum sozialen Spielen wie Spiele, bei denen gegeben und genommen wird, und „Kuckuck-Dada-Spiele" mit einem Tuch. Im Spiel werden neue Verhaltensmuster ausprobiert. Beim Martinsspiel hat Martin ein Schwert, mit dem er den Mantel teilt. Der Bettler kniet am Wegesrand und friert. Rollenübernahme und Rollentausch regen an, über Geben und Nehmen, über das Leben nachzudenken. Zahlreiche Szenen beim Puppenspiel beweisen, wie einfühlsam die Kinder in ihrer Rolle als Mutter oder Vater dem Kind gegenüber sind. Auch das Kind, das Lust hat, das kleine Baby zu sein, hat die Chance zu spüren, wie das ist. Vielleicht kann dieses Kind zu Hause dann leichter mit seiner Eifersucht dem kleinen Geschwisterchen gegenüber fertig werden. Das Kind kann sich in die Gefühle anderer Personen hineinversetzen, wenn es verschiedene Rollen gespielt und so kennengelernt hat.
Spielen verbindet und schafft Kontakte. Spiel und Zusammenspiel sind gelernt. Schon beim Säugling finden sich erste Ansätze zu sozialem Spiel: Agieren und Reagieren, Geben und Nehmen. Kinder, die fantasievoll spielen können, gewinnen leichter Freunde und erhalten von diesen wieder Anregungen für die eigene Entwicklung. Im Spiel werden Beziehungen zu anderen Kindern aufgenommen. Konflikte entstehen und müssen gelöst werden. Andere Kinder werden als Spielpartner anerkannt. Im Spiel wird geholfen und Hilfe angefordert. Im Spiel werden Kinder in die Gruppe integriert, z. B. neue Kinder, Außenseiter, Kinder mit besonderen Problemen oder Kinder mit Migrationshinter-

grund. Wenn die pädagogische Fachkraft beobachtet, dass ein neues Kind keinen Anschluss an die Gruppe bekommt, ist sie gefordert. Sie spielt mit diesem Kind und lädt allmählich andere Kinder dazu ein, von denen sie meint, dass Gemeinsamkeiten bestehen. Sicherheit kann einem neuen Kind Spielmaterial geben, mit dessen Hilfe es seine Individualität zeigen kann und damit eine Chance hat, beachtet zu werden (eine Kugelbahn, ein Legespiel, Perlen zum Kettenfädeln).

Im Spiel entwickelt das Kind motorische Kompetenz.

Jedes Alter hat seine motorische Aufgabe. Wer sich nicht bewegt, kann nicht bewegt werden. Im Spiel greift das Kind zum ersten Mal nach einer Rassel, später steckt es Bauklötze zusammen, zieht der Puppe Kleider an, bedient Reißverschluss und Knöpfe, klettert auf Stühle und Tische, fährt mit dem Dreirad, macht dabei Erfahrungen von Gleichgewicht und Schwerkraft, baut aus Decken und Möbeln ein Zelt oder Haus, fängt den Ball, benutzt den Hammer und lernt Seilspringen. Erst konzentriert sich das Kind auf seinen Körper und macht sensorische und motorische Erfahrungen. Dann handhabt es kleine Spieldinge in seiner näheren Umwelt. Es gewinnt Freude daran, seine nähere Umgebung zu beherrschen und zu begreifen. Später stößt es in ein weites Umfeld vor, in eine Welt, die es mit anderen teilen muss.

„Schau mal, was ich schon kann!"

Spiel- und Bewegungsgelegenheiten finden Kinder immer: Gräben zum Drüberspringen, Mauern zum Balancieren, Pfützen zum Reinspringen, Straßengeländer als Reckstangen, Denkmäler als Klettergerüste. Es ist schwer für das Kind, wenn es wegen mangelnder Geschicklichkeit unbeholfen ist, Dinge kaputt macht oder zerbricht. Im Spiel kann es Dinge wiedergutmachen, z. B. gebaute Türme umwerfen und wieder aufbauen. Das Kind wird erfinderisch, kreativ und erfährt die Befriedigung seiner kindlichen Bewegungsbedürfnisse. Bewegung macht gesund und fit für das Leben. Motorische Fähigkeiten wie Kraft, Ausdauer, Schnelligkeit, Koordinationsfähigkeit, Geschicklichkeit und motorische Fertigkeiten wie Laufen, Springen, Klettern, Rollen, Schaukeln, Fangen,

Balancieren und Schwimmen entwickeln sich. Muskeln, Herz und Kreislauf werden belastet. Bewegung hilft, Trennungsängsten zu begegnen. Manche Kinder wiederholen Bewegungsabläufe, sie werfen einen Ball weg und holen ihn immer wieder. Die Kinder sind auf der Suche nach Rückendeckung. Sie suchen Schlupfwinkel, Höhlen, die ihnen genügend Schutz und Sicherheit bieten. Kinder mit Problemen schaffen sich ihre eigene Scheinwelt.

Die pädagogische Mitarbeiterin beobachtet Bewegungs- und Spielsituationen. Sind Bewegungs- und Aggressionsbedürfnisse vorhanden? Sie regt an und ermutigt und erstellt mit den Kindern zusammen Grundregeln für das Spiel:

* Du darfst niemandem wehtun und niemanden verletzen.
* Du darfst niemandem das Spiel zerstören.
* Du darfst niemanden zu etwas zwingen, was er nicht mag.

Das Kind entwickelt im Spiel kognitive Kompetenz.

Im Spiel lernen Kinder den Umgang mit Sprache, Zahlen, Farben und Formen. Sie sind schöpferisch und konstruieren ihre Sichtweise, ihre „naiven" Theorien zum Weltgeschehen, ihre Deutung von Zusammenhängen. Im Spiel begreift das Kind durch Greifen, Ausprobieren, Erfinden, Zählen, Muster legen, Hinzufügen und Wegnehmen, Unterscheiden, Vergleichen, Benennen. Im Spiel verknüpft das Kind seine Ideen, Wahrnehmungen und sein Handeln nach einem eigenen Plan. Es konstruiert seine Welt. Kinder sind auf konkrete Anschauung und praktisches Tun angewiesen. Sie können dann logische Zusammenhänge erfahren, erfassen und lernen, wie sich die Dinge im Leben abspielen.

„Passt das?"

Situation

Christian sitzt mit Florian im Kinderbüro vor zwei Telefonen. Christian nimmt den Hörer des Telefons in die rechte Hand und führt es zum Ohr. Er sagt zu Florian: „Du musst auch den Hörer abnehmen!" Florian nimmt ihn auch ab. Jetzt sagt Christian: „Grüß Gott, wie heißen Sie denn?" Florian: „Ich heiße Florian und bin fünf Jahre alt. Ich bin vor vier Monaten hergezogen" (in Wirklichkeit vor zwei Monaten). Christian: „Ich wohne in Pfaffenhausen und bin fünf Jahre alt, aber werde bald sechs." Florian: „Hast du Geschwister? Ich schon, eine kleine Schwester. Sie heißt Laura." Christian: „Ja, ich habe zwei größere Brüder und eine kleinere Schwester. Was spielst du am liebsten?" Florian: „Lego, Fußball und Basteln mache ich gerne." Christian: „Ich auch, aber am liebsten Fußball!"
Christian sagt schnell: „Tschüß", legt den Hörer auf und Florian auch. Sie schauen sich an und beginnen, laut zu lachen, etwa zwei Minuten lang. Christian fragt dann Florian: „Darfst du heute zu mir kommen und Fußball spielen?" Florian: „Ich weiß noch nicht, ich muss erst meine Mama fragen." Jetzt gehen sie aus dem Büro zur Legoecke.

4 Spiel | 121

Aufgaben

1. Spielen Sie die Situation im Rollenspiel nach. Besprechen Sie nach dem Spiel: Wie ist es mir in meiner Rolle ergangen? Was habe ich als Beobachterin erlebt? Was spielt sich da ab?
2. a) Beobachten Sie eine Spielsituation in der Bauecke, in der Puppenecke oder im Sandkasten.
   b) Beschreiben Sie die Kompetenzen, die die Kinder im Spiel gerade entwickeln.

4.2 Spielmaterial

Was spielt sich hier ab?

Aufgaben

1. Betrachten Sie die Abbildung und überlegen Sie, was sich bei diesen Kindern abspielt.
2. Beobachten Sie Kinder verschiedener Altersstufen. Womit spielen diese Kinder? Stellen Sie Ähnlichkeiten und Unterschiede fest!
3. Erstellen Sie in Ihrer Praxiseinrichtung eine Liste von unterschiedlichen Spielmaterialien und unterschiedlichen Aufbewahrungsorten.
4. Schreiben Sie die organisatorischen Regelungen zum Umgang mit Spielmaterialien in Ihrer Praxiseinrichtung auf.

➲ Weitere Aufgaben zu diesem Thema finden Sie im Kapitel 4 des Arbeitshefts.

Die Funktion von Spielmaterial

Kinder brauchen für ihre Entwicklung Spielmaterial, z. B. Spielzeug zum Experimentieren, zum Liebhaben, zum Bewegen, zum Gestalten, zum Konstruieren, für das Rollenspiel, zum Aufstellen, für Gemeinschaftsspiele und zum Musizieren.

Aufgabe
Gestalten Sie ein Plakat mit neun Schubladen. Beschriften Sie diese mit den oben genannten Funktionen. Schneiden Sie aus einem Spielkatalog Spielmaterial aus und kleben Sie das Spielmaterial in die entsprechenden Schubladen.

Spielmaterial auswählen und beurteilen

„und das sind die Streusel"

Situation

Laura, vier Jahre alt, sitzt im Sandkasten und schaufelt Sand auf einen Stein.
Sie läuft zehnmal, zwanzigmal zwischen Sandkasten und Stein hin und her, klopft den Sand fest und holt wieder neuen Sand.
„Was machst du denn da?", fragt die Erzieherin.
Lauras Antwort: „Meine Arbeit! Schokoladenkuchen. Ganz viele."
Dann werden kleine Steine in den Sand gedrückt: Streusel!
Laura hält der Erzieherin die Schaufel mit Sand vors Gesicht, sie soll essen.
Die Erzieherin macht entzückte Kaubewegungen: „Mmh, schmeckt gut!"
Und auch Laura kaut hingerissen, wischt den restlichen Sand vom Stein und es geht weiter mit der „Arbeit", bis sie abgeholt wird.

4 Spiel

Aufgabe

Das Spielmaterial Sand und Steine erfüllt alle Anforderungen an geeignetes Spielmaterial. Überprüfen Sie dies anhand der nachfolgenden Checkliste zur Auswahl und Beurteilung von Spielmaterial. Vergleichen Sie Ihre Ergebnisse in der Gruppe.

Checkliste zur Auswahl und Beurteilung von Spielmaterial					
Kriterien	**Bewertung**				
	sehr gut	gut	mittel	mäßig	schlecht
1. Alter und Entwicklungsstand des Kindes					
Für eine breite Altersgruppe geeignet					
Erfordert individuelle Leistung					
Fördert die Gruppenzusammengehörigkeit					
Die Spielregeln sind verständlich und veränderbar					
2. Unterhaltungswert					
Wettbewerb					
Glück und Zufall					
Es vermittelt Spaß					
Das Spiel ist fantasievoll und abwechslungsreich					
Das Spiel fordert Planung und strategisches Denken					
Das Spiel bietet Möglichkeit zum Handeln, Sprechen und Fantasieren					
Das Spieltempo ist den Auffassungsmöglichkeiten des Kindes angepasst					
Das Spiel ermuntert das Kind zum Forschen und Experimentieren					
3. Umsetzung des Inhalts					
Bezug zur Erlebniswelt des Kindes					
Das Spiel vermittelt Werte					
Das Spiel fördert logisches Denken					
Das Spiel löst Emotionen aus (Freude, Ärger)					
Das Spiel fördert Sozialverhalten (Rücksicht, Hilfsbereitschaft)					
4. Gestaltung, Form, Farbe, Preis					
Das Spiel trägt zur sinnlich-ästhetischen Geschmacksbildung bei					

Checkliste zur Auswahl und Beurteilung von Spielmaterial					
Kriterien	Bewertung				
	sehr gut	gut	mittel	mäßig	schlecht
Das Spiel entspricht der Geschicklichkeit des Kindes					
Anzahl und Menge des Spielmaterials sichern den Spielerfolg					
Der Preis entspricht dem Spielwert und der Lebensdauer des Spiels					
5. Konstruktion, Mechanik, Haltbarkeit und Sicherheit					
Konstruktion und Mechanik sind für das Kind sichtbar und verständlich					
Die Sicherheit ist geprüft (TÜV-Zeichen)					

Gesamturteil:

* Für welches Alter und für welche Kinder ist das Spiel geeignet?
* Wie viel Anleitung durch die pädagogische Fachkraft ist nötig?
* Welche Vorteile bringt das Spiel?
* Gibt es Nachteile?

Giftiges und gefährliches Spielzeug erkennen

Verlässlicher als das CE-Zeichen, das Produkte kennzeichnet, die nach dem EU-Recht hergestellt sind, ist das GS-Zeichen oder das Gütesiegel „spiel-gut". Informationen gibt es bei Rapex, einem EU-weiten, behördlichen Schnellwarnsystem für riskante Produkte. Die Liste wird wöchentlich aktualisiert.

4.3 Spielformen

Was Kinder spielen

Experimentieren, forschen	Darstellendes Spiel	Regelspiel	Bewegungsspiel	Computerspiel
– Funktionsspiele – Konstruktionsspiele – Malen – Gestalten	– Handpuppenspiele – Rollenspiele – Fingerspiele	– Brett-, Tisch-, Kartenspiele – Kreis- und Singspiele	– Hüpf-, Wurf-, Fang-, Wasser-, Mannschaftsspiele – Gelände-, Murmel-, Sandspiele	– Unterhaltungsspiele (Strategie, Abenteuer …) – Edutainment – Lernspiele

4.3.1 Probieren, Gestalten, Experimentieren und Forschen

„Alles, was wir einem Kind beibringen, kann das Kind nicht mehr lernen."
(Jean Piaget, zitiert nach Largo, 2015, S. 24)

Das Funktionsspiel

Im Funktionsspiel begreift das Kind die Welt mit allen Sinnen: Was kann ich alles damit spielen?

Der **Mund** ist das erste Sinnesorgan und die eigenen Hände sind das erste Spielzeug. Die erste Form des kindlichen Spiels ist demnach das Funktionsspiel. Säuglinge und Kleinkinder zeigen viel Ausdauer und Konzentration, wenn sie z. B. einen Ball wegwerfen und sich freuen, dass man ihn zurückbringt. Sie krähen vor Vergnügen und wollen gar nicht aufhören. Vielfältige Sinneserfahrungen sind bei diesem Spiel möglich: Der Ball ist rund, rollt, ist glatt. Das Kind probiert, experimentiert und gestaltet von Anfang an, wenn es der Erwachsene nicht daran hindert. Im Sandkasten erfährt das Kind die Beschaffenheit von Sand, es lernt, wie er sich formen lässt, wie man geschickt gestaltet, mit Steinen legt und wie man Kuchen bäckt. Das Funktionsspiel ermöglicht Sinneserfahrungen und regt zur Selbsttätigkeit an.

> *Aufgabe*
>
> *Suchen Sie in einem Spielzeugkatalog Spielmaterialien für Kinder unterschiedlichen Alters, die für Funktionsspiele geeignet sind.*

Das Konstruktionsspiel

„Ich kann das selber." Aus dem Funktionsspiel entwickelt das Kind das Konstruktionsspiel. Im Alter von zwei Jahren kann sich das Kind bereits Tätigkeiten vorstellen, seine Fantasie beginnt zu erwachen. Das Kind greift in die Umwelt ein. Es baut und gestaltet. Logische Gesetzmäßigkeiten wie Statik, Maßverhältnisse und Schwere werden erfasst. Das Kind lernt, sich durchzusetzen, zurückzustecken, mit anderen zurechtzukommen, wenn seinem Bedürfnis nach Wiederholung über Wochen nachgegeben wird. Die „Schaffenslust" (Karl Bühler), das Experimentieren mit Materialien, steht im Mittelpunkt des Spiels. Das Kind gibt seinen Zufallsprodukten auch schon Namen, z. B. Flugplatz, Auto, Hubschrauber, Laserkampfmaschine.

Kreatives Konstruieren und Gestalten

Wenn ein Kind aus eigenem Antrieb den Versuch unternimmt, Fantasien oder Vorstellungen, Erfahrungen und Erlebnisse beispielsweise in einem Bild, einer Plastik oder einem Buch zum Ausdruck zu bringen, ist dies kreatives Handeln. Kann ein Kind nach eigenen Vorstellungen arbeiten, können kreative Prozesse stattfinden, die neue Lernerfahrungen und Ausdrucksweisen ermöglichen.

Dadurch wird die Wahrnehmung mit allen Sinnen gefördert. Die Werke sollen nicht den künstlerischen Vorstellungen der Erwachsenen entsprechen. Wichtig ist vielmehr der Entstehungsprozess, das Wahrnehmen, das Überlegen, das Erfassen des Materials und die Ideen der Gruppe sowie das Gespräch.

Aufgaben

1. Sammeln Sie Bau- und Konstruktionsmaterial, Material zum Verzieren, Stoffe und Naturmaterialien.
2. Begeben Sie sich in kleine Gruppen und bauen Sie etwas zusammen.
3. Werten Sie Ihre Erfahrungen aus.

Konstruktionsspiele fördern

* Geschicklichkeit und Konzentration
* Vorstellungskraft
* ästhetisches Empfinden
* Wertschätzung der Arbeit mit Händen
* Organisationstalent

„Das passt hierher."

Malen und Gestalten fördern

* die Ausdrucksfähigkeit
* das Farbempfinden
* die Freude am Ausprobieren und Experimentieren
* das Erkennen von Sicherheitsmaßnahmen
* das Verständnis für die Bildersprache und ihre Wirkung

„So wird es schön!"

4.3.2 Das darstellende Spiel

Darstellung ist Spiel, wenn der Darsteller so tut, „als ob". Im darstellenden Spiel wird etwas verwirklicht: eine Handlung, eine Situation, ein Lied. Alle Mitspieler sind an diese Absicht des Spiels gebunden. Das darstellende Spiel erfordert stets den Einsatz des ganzen Menschen, der durch sein Denken, Fühlen und Handeln aus einer Situation heraus Leben gestaltet, und zwar mit Sprache, Mienenspiel und Gebärde.

Das Rollenspiel

Im Rollenspiel wird eine bestimmte Situation szenisch dargestellt. Dabei übernehmen die Kinder bestimmte Positionen und spielen entsprechende Rollen.

Was spielt sich ab?
Das Kind probiert im Rollenspiel aus, es will dahinterkommen, wie sich ein Vorgang in Wirklichkeit abspielt. Das Rollenspiel ist Imitations- und Symbolspiel. Das Kind ko-konstruiert Sinn und Zweck der Alltagshandlungen und stellt sich nicht vorhandene Objekte vor.

Spielfiguren, Puppen, Stofftiere und Zubehör motivieren das Kind, die Erwachsenen-Welt nachzuspielen und nachzuahmen. Das Kind verwendet Spielmaterialien symbolisch. Aus einem Stock wird eine Pistole, aus einem Stuhl ein Auto.

Das freie Rollenspiel

Im freien Rollenspiel entwickeln die Kinder von sich aus die Spielideen. Die pädagogische Fachkraft beobachtet und versucht zu verstehen, was sich im Spiel abspielt.

„Tief einatmen!"

Aufgaben

1. Betrachten Sie das vorliegende Bild und erörtern Sie in der Gruppe, welche Wirklichkeiten hier stattfinden.
2. Erstellen Sie eine Liste und eine Skizze der Spielbereiche in Ihrer Praxiseinrichtung.
3. Zeichnen Sie ein, wo welche Kinder was miteinander spielen.

Die pädagogische Fachkraft schafft eine anregende Lernumgebung. Räume, Ausstattung, Material und Zeit beeinflussen die Fantasie des Kindes beim Rollenspiel. Die Kinder brauchen Spielräume für „Kleine-Welt-Spiele": ein Kaufmannsladen, ein Kasperletheater, eine Puppenecke, ein Puppenhaus, eine Bauecke, ein Spielgang usw. Höhlen, Häuser, Zelte ergeben abgegrenzte Bereiche.

Abgrenzungen sind auch möglich durch kleine Teppiche oder gemalte Spielflächen. Eine sorgfältig überlegte Ausstattung, z. B. für das Wohn- und Familienspiel, ist ein wichtiger Auslöser für kindliche soziale Lernprozesse: Handpuppen, Kasperlefiguren, eine Verkleidungskiste mit Verkleidungen aus allen Kulturkreisen, Spiegel, Decken, Kissen, Vorhänge und Tischspiele für Tischtheater, Belebungsmaterial in der Bauecke mit Autos, Verkehrszeichen, Bäume, Häuser, Tiere, Menschen, Männchen.

Die pädagogische Fachkraft beobachtet, beantwortet die Fragen der Kinder und geht auf ihre Wünsche ein. Bei Konflikten gibt sie Hilfestellung und akzeptiert die Lösung des Kindes. Das Kind möchte seine Ziele selbst setzen, seine eigenen Ideen verwirklichen. Bei Auseinandersetzungen in der Kindergruppe verweist die pädagogische Fachkraft auf Werte wie Gerechtigkeit und Fairness. Die Kinder handeln mit ihrer Hilfe Konfliktlösungen und Kompromisse aus. Sie beaufsichtigt und schätzt Gefahren und Risiken ein.

Situation

In der Puppenecke geht es hektisch zu. Es wird Krankenhaus gespielt. Nach einer Weile kommt der vierjährige Florian zur Erzieherin, er weint und sagt: „Die haben mir mein Herz herausoperiert. Ich kann jetzt nicht mehr leben."

Die pädagogische Fachkraft greift in das Rollenspiel ein, wenn ein Kind durch das Spiel geängstigt, vom Spiel ständig ausgeschlossen oder zum Sündenbock gemacht wird. Bei akuten Gefahren nimmt sie ihre Aufsichtspflicht wahr.

Situation

Der Praktikantin Rebecca ist aufgefallen, dass die Puppenecke schon länger nicht mehr benutzt worden ist. Da in der Tagesstätte gerade viel über Arzt und Krankenhaus gesprochen wurde, hat sie sich auf eine Spielförderung vorbereitet, bei der sie die Situation aufgreifen möchte. Sie hat einen Utensilienkarton zusammengestellt, in dem sich ein Arztkoffer, elastische Binden, leere Tablettendöschen, Tropfenfläschchen, weiße Schürzen und Tücher, Decken, Rezeptblöcke, Stifte und ähnliches Material befinden.
Diesen Karton stellt sie gut sichtbar in die Puppenecke und macht ihn demonstrativ auf, in der Hoffnung, dass die Kinder neugierig werden. Das geschieht auch prompt. Martin und Angela, die gerade

auf der Suche nach einer neuen Spielidee sind, sehen Rebecca in der Puppenecke und fragen sie, was sie dort mache. Sie antwortet, dass sie die Sachen ausräumen möchte, und dass sie überlege, was man damit spielen könne. Die Kinder, neugierig geworden, beteiligen sich sofort am Ausräumen und äußern spontan, dass man mit den Materialien Doktor spielen könne.

Rebecca geht gerne auf die Idee ein und fragt die Kinder, wen sie dazu bräuchten und was alles in der Arztpraxis anzufinden sein solle. Die Kinder, inzwischen zu dritt, beginnen sofort in das Spiel einzusteigen, indem sie einen Arzt bestimmen und die Praxis einrichten. Rebecca schlüpft in die Rolle einer Patientin, die starke Schmerzen am Bein hat. Sie fragt, wo sie sich anmelden solle, wo das Wartezimmer sei, ob es denn in dieser Praxis keine Zeitschriften zum Lesen gäbe usw. So finden die Kinder nach und nach in ihre Rollen und entwickeln das Spiel mit neuen Ideen weiter. Als behandelte Patientin kann Rebecca das Spielfeld verlassen, denn die Kinder sind mittlerweile völlig in ihr Rollenspiel vertieft. Aus der Entfernung beobachtet Rebecca das Spiel weiter, das sich über die nächste Stunde und über die nächsten Tage in immer neuen Varianten und mit anderen Kindern weiterentwickelt.

Aufgaben

Spielförderung ist ein wesentlicher Bestandteil von verantwortungsvoller und qualitätsbewusster Freispielführung.

1. Beschreiben Sie Rebeccas Spielidee.
2. Wie ist die Idee entstanden?
3. Was möchte Rebecca mit der Spielförderung erreichen?
4. Wie plant sie Raum, Zeit und Material?
5. Beobachten Sie ein Rollenspiel in Ihrer Praxiseinrichtung. Was hat sich da abgespielt?
6. Begleiten Sie ein Rollenspiel in Ihrer Praxiseinrichtung. Welche Spielförderung war notwendig? Wie ist es Ihnen gelungen, das Spiel der Kinder zu verstehen?

Das gelenkte Rollenspiel

Im gelenkten Rollenspiel bringt die pädagogische Fachkraft die Spielidee ein und lenkt das Spiel nach methodischen Gesichtspunkten. Geeignet sind aktuelle Erlebnisse der Kinder, z. B. Zahnarzt- oder Friseurbesuch, Familienszenen, bevorstehende Ereignisse wie Schulbeginn, Verkehrserziehung, Märchen und Geschichten, Lieder, Verse und Bilderbuchgeschichten.

Die pädagogische Fachkraft plant mit den Kindern und leitet das Rollenspiel (vgl. Kap. 14.1.3 Rollenspiel).

Das Fingerspiel

Text: Marina Palmen   Musik: Ludger Edelkötter

Meine beiden Händen mit zehn Fingern dran,
können Bilder malen, schaut es euch mal an:
können malen, schaut es euch mal an.

2. Meine beiden Hände
mit zehn Fingern dran,
können Schleifen binden,
schaut es euch mal an:
|: können binden,
schaut es euch mal an. :|

3. Meine beiden Hände
mit zehn Fingern dran,
können Türen öffnen,
schaut es euch mal an:
|: können öffnen,
schaut es euch mal an. :|

4. Meine beiden Hände
mit zehn Fingern dran,
können euch begrüßen,
schaut es euch mal an:
|: können grüßen,
schaut es euch mal an. :|

aus. Hallo, Du im Nachbarhaus
(Spiellieder)
© 1983 Bergmoser + Höller
Verlag, Aachen

Aufgaben

1. Erfinden Sie neue Strophen für das obige Lied.
2. Erstellen Sie eine Sammlung von Fingerspielen und ordnen Sie diese nach Themen.
3. Spielen Sie mit den jüngeren Kindern Ihrer Gruppe ein Fingerspiel.

Die Bedeutung des Fingerspiels für die kindliche Sprachentwicklung

Sprache wird beim Menschen mit Körpergesten unterstrichen. Die Körpersprache, das Fingerspiel, unterstreicht das Gesprochene oder ersetzt es. Der Mensch verfügt weltweit über 3 000 Gesten, die er mit den Händen und Fingern ausüben kann. Er kann auf diese Weise z. B. Abwehr, Macht, eine Bitte, Aufmerksamkeit oder Beharrlichkeit ausdrücken. Auf eine große Entfernung hin kann er sich mit der Zeichensprache verständigen, wenn Sprache nicht mehr hörbar ist. Beobachtungen in Wettstudios und an der Börse lassen diese Tatsache deutlich werden.

Das erste Spielzeug des Kindes sind die Finger. Das Fingerspiel wird in Situationen des Wartens, des Tröstens, zu besonderen Anlässen, für Übergangssituationen in der Gruppe (Morgenkreis) und zur Sprachförderung angeboten. Es ist eine Möglichkeit der Verständigung, des Erzählens und der

Kontaktaufnahme und bedeutet meist die Nähe eines lieben Erwachsenen. Das wirkt beruhigend auf das Kind. Viele Situationen (z. B. Arztbesuch) können lustbetont gestaltet werden. Der Singsang der vertrauten Stimme, die gleichförmige Bewegung und die körperliche Geborgenheit trösten das Kind und lassen es seinen Schmerz vergessen.

Fingerreime können selbst erfunden werden: Dabei kann die Erzieherin die persönlichen Erlebnisse des Kindes aufgreifen. Mit Fingerspielen hat sich schon manches neue Kindergartenkind trösten lassen.

Voraussetzung für aktives Entdecken und Beobachten ist die eigene **Körperwahrnehmung**. Das Kind beobachtet und konzentriert sich auf das, was die Hand, die Finger spielen. Dadurch werden Vorstellungskraft und Geschicklichkeit gefördert. Das Kind lernt, Bewegungen zu steuern und Berührungen einzuordnen. Mit den Fingern kann Erlebtes erzählt und in Bewegung umgesetzt werden. Schon das Kleinkind versucht, durch Fingerspiele die Umwelt darzustellen. Es macht die Erfahrung, dass von der Sprache Bewegungsimpulse ausgehen. Es lernt, Sprache und Körper zu koordinieren. Das Hervorbringen von menschlichen Sprachlauten, Lautverbindungen, Silben, Wörtern und Sätzen ist eine motorische Leistung zahlreicher Muskeln der Lippen, der Zunge, des Kehlkopfes und der Stimmbänder. Im menschlichen Gehirn sind die Zentralen für Handmotorik und Sprache in so enger Nachbarschaft, dass eine gegenseitige Beeinflussung möglich ist. Auch Spiele zur Mundmotorik begleiten die sprachliche Entwicklung.

„Ein Forscherteam fand heraus, dass das isolierte Bewegen einzelner Finger nur von sprechenden Kindern geleistet werden kann. Die Finger der noch nicht sprechenden Krippenkinder waren im Gegensatz dazu unbeweglich, steif, manchmal aber auch schlaff. Freie Einzelbewegungen der Finger waren ihnen nicht möglich. Fomina bewies in ihren Untersuchungsreihen, dass ein tägliches, 20 Minuten dauerndes Finger- und Handgeschicklichkeitstraining die Sprachentwicklung bedeutend anzuregen und zu fördern vermag."

(Kiphard, 1990, S. 228 f.)

Beliebt sind bei Kindern Fingerspiele, die Ähnlichkeiten zur Familie aufweisen. Fingerspiele als Abzählreime sind oft ein Ausgangspunkt für Regelspiele. Von Auszählreimen geht eine magische Kraft aus. Oft werden sie nur dort gehört, wo Kinder Platz und Gelegenheit haben, in Gruppen zu spielen. Die Anzahl verschiedenster Abzählreime beweist die Vielfalt der kindlichen Fantasie.

Das Theater- und Figurenspiel

Das Kind entwickelt im darstellenden Spiel Ausdrucksfähigkeit und Freude am Sprechen und Bewegen. Es erlebt Handlungsfähigkeit mithilfe von Gesten, Gebärden, Körpersprache, mit Musik und Tanz und durch Teamfähigkeit. Am Spielende steht immer der Sieg des Helden. Held und Widersacher, Hindernisse und Probleme bestimmen den Handlungsverlauf.

Zum Spielmaterial gehören Handpuppen, Kasperlepuppen, Marionetten und Stabpuppen, Musik, Bühne, Requisiten, Schminke, Spiegel, Textvorlagen, Instrumente, Beleuchtung, eine Verkleidungskiste mit Kleidung aus verschiedenen Ländern, Hüte, Tücher, Schuhe sowie ein Mikrofon.

„Was soll ich spielen?"
Alltagssituationen, z. B.:

* einkaufen gehen: Der Kasperl geht mit seinem Hund Bello einkaufen, z. B. zum Metzger …
* Geburtstag: Die Prinzessin bekommt zu ihrem Geburtstag eine Zauberkugel geschenkt, die ihr gestohlen wird. Der Kasperl bringt sie zurück …
* Kuchen backen: Der Geburtstagskuchen der Großmutter wird vom Räuber gestohlen …
* Zirkus: Das Krokodil ist dem Zirkusdirektor entlaufen. Es frisst die Blumen der Großmutter, es schnappt die neue Puppe der Gretel. Kasperl und der Polizist Dimpflmoser fangen es und bringen es dem Zirkusdirektor wieder …
* Schule: Der Kasperl will nicht in die Schule. Er kann nicht lesen und deswegen den Steckbrief nicht entziffern. Der Räuber wird gesucht, der die Prinzessin entführt hat. Kasperl lernt lesen und befreit die Prinzessin … (vgl. Kapitel 14.3.3)

Aufgaben

1. Wann haben Sie das letzte Mal ein Kasperltheater oder Schattenspiel gesehen? Welches war Ihre Lieblingsfigur?
2. Wann haben Sie sich das letzte Mal verkleidet? Als was haben Sie sich verkleidet? Warum?
3. Beobachten Sie Kinder, wie sie mit Kasperlefiguren oder Handpuppen spielen.
4. Was sprechen sie miteinander? Werten Sie Ihre Beobachtungen aus.

4.3.3 Regelspiele

„Kindheit ist die Suche nach einer geglückten Balance zwischen Konkurrenz und Kooperation."
(Renz-Polster, 2011, S. 146)

Es gibt Spiele, die nach festgelegten Regeln ablaufen. Diese Regeln setzen die Kinder untereinander fest, gemeinsam mit der Erzieherin, oder sie spielen sie nach schriftlichen oder überlieferten Vorgaben. Dabei erleben die Kinder Erfolg und Misserfolg, sie spüren, wie es ist zu gewinnen oder zu verlieren. Sie entwickeln Kombinationsfähigkeit und strategisches Denken, Spielfreude und Zusammenhalt. Es gibt Regelspiele, bei denen alle Mitspieler einander helfen. Die Spielfigur verkörpert den Gegenspieler, den es gemeinsam zu besiegen gilt. Die pädagogische Fachkraft unterstützt die Spielfreude. Sie hilft den Kindern, Regeln zu entwickeln, zu akzeptieren und situationsangemessen zu verändern. Sie weiß, wie schwer es den Kindern fällt, zu verlieren.

Aufgaben

1. a) Bringen Sie Ihr Lieblingsbrettspiel mit und spielen Sie es mit Ihren Mitschülerinnen.
   b) Tauschen Sie sich in der Gruppe aus:
      Welche Erfahrungen macht dabei die Gewinnerin, die Verliererin?
2. Welche Regelspiele gibt es in Ihrer Praxiseinrichtung für welches Alter?
3. Nennen Sie mögliche Ziele bei Brettspielen.
4. In welchen Situationen würden Sie welche Brettspiele in Ihrer Praxiseinrichtung einsetzen?
5. Welche Regelspiele gibt es für verschiedene Jahreszeiten?
6. Überprüfen Sie, welche Regelspiele in Ihrer Praxiseinrichtung sich zur Sprachförderung eignen.
7. Führen Sie mit zwei Kindern ein neues Brettspiel in Ihrer Praxiseinrichtung ein.
8. Sammeln Sie im Herbst Naturmaterial und überlegen Sie, welche der Ihnen bekannten Regelspiele auch mit diesen Materialien gespielt werden können. Erfinden Sie gemeinsam Wald- und Herbstspiele.

➲ *Weitere Aufgaben zu diesem Thema finden Sie im Kapitel 4 des Arbeitshefts.*

Brettspiele

Methodische Grundsätze bei der Auswahl und Durchführung von Brettspielen

Die pädagogische Fachkraft beachtet bei der Auswahl von Brettspielen den Entwicklungsstand der Gruppe und die Bedürfnisse der Kinder. Die Kinder sind dabei konzentrierte Mitspieler oder Zuschauer.

1. **Inhalt:** Wichtig ist vor allem der Inhalt des Spiels, das Spielthema. Tiere, Häuser und Spielfiguren lassen sich zunächst ohne Spielregeln in ein fantasievolles Hantieren einbeziehen. Die Erfahrungen der Kinder zum Spielthema können dadurch vertieft werden.

Tempo, kleine Schnecke!

2. **Spielwert:** Brettspiele werden oft auf ihre Regelhaftigkeit verkürzt. Sie enthalten oftmals mehr Spielwert, als in der Gebrauchsanleitung steht. Dieser Spielwert kann im gemeinsamen Spiel mit dem Kind (zunächst ohne Spielregeln) gefunden werden. Spielregeln können methodisch erweitert werden, z. B. dadurch, dass man ein Kärtchen verschenken darf, wenn man es selbst nicht braucht.

3. **Einsatz:** Am Anfang eines Kindergartenjahres sollte der Einsatz des Brettspiels wohlüberlegt sein. Die pädagogische Fachkraft sollte in erster Linie darauf achten, dass die neuen Kinder in der Gruppe damit klarkommen. Bei den „Kleinen" ist es ratsam, mit ihnen gemeinsam zu überlegen, welches Spiel für den Anfang geeignet ist. Ansonsten sind Misserfolgserlebnisse vorprogrammiert.

4. **Regeln:** Das Spiel kann in seiner Regelhaftigkeit verändert werden; es könnte bei geeigneten Figuren oder Bildern (Memospiele) durchaus zuerst mit den Figuren ein Tischtheater oder Rollenspiel gespielt werden oder mit den Memokärtchen ein Erzähl- und Sprachspiel gestaltet werden.

5. **Spielmaterial:** Die pädagogische Fachkraft achtet auf die Vollständigkeit des Spielmaterials. Für Kinder ist es ärgerlich, wenn ein Spiel nur deshalb misslingt, weil z. B. ein wichtiges Kärtchen fehlt.

   Die pädagogische Fachkraft kann aus methodischen Gründen einen Teil des Spielmaterials zunächst entfernen. So kann sie z. B. aus den Memokärtchen nur die Kärtchen auswählen, die zum gemeinsamen Thema der Gruppe oder zur Jahreszeit passen. Oder sie kann auf einen Teil des Spielmaterials verzichten, um beim ersten Mal die Spieldauer zu begrenzen oder jüngeren Kindern den Einstieg ins Spiel zu erleichtern.

6. **Spiel:** Bei der Durchführung von Brettspielen ist es wichtig, offen zu sein für alle Impulse und Spielideen, die vom Kind ausgehen. Eigene Spielideen steckt die pädagogische Fachkraft zurück.

7. **Thema:** Jedes Brettspiel hat ein Thema. Bei Erklärungen und im Spiel kann das Thema immer wieder angesprochen werden, die Spielfiguren können lebendig gemacht werden.

8. **Überblick:** Die pädagogische Fachkraft hat zu jeder Zeit den Überblick, wer welche Spielfigur hat, wer dran ist.

Es geht ihr auf keinen Fall darum, selbst das Spiel zu gewinnen, sondern Kindern ein Erfolgserlebnis und Spielfreude zu vermitteln. So kann sie dem Kind, das ein Spiel verloren hat, ein anderes anbieten, bei dem das Kind echte Gewinnchancen hat.

Situation

Regelspiele: Gewinnen und Verlieren
Brettspiel: „Mausefalle"
Ausgangssituation und Ziel: Mäuse sind auf dem Weg zum Käse, können aber unterwegs in schwierige Situationen geraten und müssen dann einmal aussetzen. Gewinner ist der, der als Erster beim Käse angelangt ist. Es spielen die Erzieherin, Dominik (5 Jahre), Sabine (5 Jahre) und Bernhard (5 Jahre). Als Dominik behauptet, er sei dran, stellt die Erzieherin klar, dass dem nicht so sei.
Dominik sagt, wenn er nicht drankomme, dann werfe er das ganze Spielfeld um.
Dabei zittert er und wirkt sehr nervös. Die Erzieherin kann ihn beruhigen, das Spiel geht weiter. Dominik gewinnt und soll den anderen helfen, auch zum Käse zu kommen. Als alle beim Käse sind, nimmt Dominik seine Maus und will die Siegerreihenfolge aufstellen.
Die Erzieherin nimmt ihre Maus und sagt, dass ihre Maus jetzt in die Speisekammer gehen will. Die anderen Kinder verteilen auch ihre Mäuse. Sie kochen, essen und laufen mit ihren Mäusen auf dem Spielfeld spazieren. Es entsteht ein Rollenspiel, bei dem die Kinder viel Spaß haben.

Aufgaben

Werten Sie die vorhergehende Situation aus: Was hat sich hier abgespielt?
1. Nennen Sie den Grund, warum die Erzieherin nicht auf die Reihenfolge der Sieger eingeht.
2. Nennen Sie für Dominik Ziele aufgrund dieser Beobachtung.
3. Gibt es weitere Regelspiele, die Dominik fördern könnten?
4. Welche Regelspiele sind für Dominik zunächst wenig geeignet? Warum?

Kreis- und Singspiele

Der Fuchs geht um.

Aufgaben

1. Betrachten Sie das Bild und überlegen Sie, warum die Kinder so viel Spaß bei ihrem Spiel haben.
2. Welche Kreis- und Singspiele kennen Sie aus Ihrer Kindheit?
3. Spielen Sie in der Klasse zusammen Ihnen bekannte Kreis- oder Singspiele.
4. Erzählen Sie von Ihren Erfahrungen bei den Spielen:
    a) Wie ist das, wenn Sie drankommen, wenn Sie gewählt werden?
    b) Wie ist das, wenn Sie ziemlich spät oder gar als Letzte gewählt werden?
    c) Wie ist das, wenn Sie alleine im Mittelpunkt sind, wenn Sie einen in der Gruppe wählen dürfen?
5. Welche Kreis- oder Singspiele sind momentan in Ihrer Praxiseinrichtung beliebt?
6. Gibt es eine Erklärung dafür? Begründen Sie Ihre Aussage.
7. Welche Kreis- und Singspiele sind Ihrer Kindergruppe bekannt?
8. Spielen Sie mit der Kindergruppe in Ihrer Praxiseinrichtung das Lieblingskreisspiel der Kinder.

Kreis- und Singspiele fördern die Entwicklung der Kindergruppe.
Kreis- und Singspiele sind Rollen- und Regelspiele. In den unterschiedlichen Phasen der Gruppenbildung können Kreis- und Singspiele sinnvoll eingesetzt werden.

1. **Die Gruppe lernt sich kennen.**

Beispiele

a) **Ich habe einen Namen**
Ballspiel:
Ein Kind wirft oder rollt einem anderen Kind einen Ball zu und sagt: „Ich heiße … und wie heißt du?"
„Hatschi Patschi":
Ein Kind geht in den Nebenraum. In dieser Zeit bestimmt die Gruppe, wer der Hatschi Patschi sein darf. Das Kind, das vom Nebenraum kommt, fragt die Gruppenmitglieder nacheinander: „Bist du der Hatschi Patschi?" Das Kind antwortet: „Nein, ich bin nicht der Hatschi Patschi. Ich bin (es nennt seinen Namen) und wohne in (es nennt seinen Wohnort und die Straße mit Hausnummer). Kommt das fragende Kind an den ausgewählten Hatschi Patschi, so wechseln die Kinder blitzschnell den Platz. Ein Stuhl ist zu wenig. Ein Kind bleibt übrig. Das geht wieder in den Nebenraum und das Spiel beginnt von vorne.

„Wie heißt du?"

b) **Ich kenne deinen Namen schon**
„Mein rechter, rechter Platz ist leer"

c) **Ich schaue dich genau an**
„Polizist, finde mein Kind":
Ein Kind ist die Mutter und beschreibt einem anderen Kind (Polizist) unauffällig ein Kind aus dem Stuhlkreis. Der Polizist soll das Kind finden.

„Zauberer":
Alle bekommen einen Zettel. Ein Kind erhält dabei einen gekennzeichneten Zettel. Dieses Kind ist der Zauberer. Er kann unauffällig durch intensiven Blickkontakt ein Kind nach dem anderen verzaubern. Dieses Kind ist versteinert. Die anderen Kinder erraten durch Beobachten, wer der Zauberer ist.
Erschwerte Spielregel: Wer rät und nicht recht hat, ist auch versteinert.

2. **Jeder findet in der Gruppe seinen Platz**
Ich bin stark und schnell. Ich kann Macht auf die Gruppe ausüben.

Beispiele

a) **Ich bin stark und schnell**
„Katz und Maus"
„Bello, dein Knochen ist weg" (für Kinder, die gerne petzen)
„Schau nicht um, der Fuchs geht um!"

b) **Ich kann Macht auf die Gruppe ausüben**
„Kennt ihr meine Tante Jo?":
„Stellt euch vor, jeder von euch hat zu Hause eine Tante, die lauter verrückte Sachen macht!" Ein Kind beginnt zu fragen: „Kennt ihr meine Tante Jo?" Alle: „Nein." Kind: „Meine Tante Jo, die macht immer sooo." Kind macht eine verrückte Bewegung vor. Alle machen sie so lange nach, bis das Kind „stopp" sagt.

„Nein, ICH!"

„Großer Tinizong" (Zauberer im Schloss mit vielen Zimmern):
Ein Kind steht in der Mitte mit dem Zaubergong. Die Kinder außen im Kreis sind die Bediensteten. Sie fragen: „Großer Tinizong, mit dem großen Zaubergong, bitte sag uns nun, was soll'n wir heute für dich tun?" Das Kind in der Mitte schlägt auf den Zaubergong und sagt z. B.: „Schuhe putzen" oder Tätigkeiten und Bewegungen, die ihm einfallen.
Die Kinder tun das so lange, bis der Tinizong wieder auf seinen Gong schlägt.

„Leon ist jetzt mein Freund!"

3. Wir gehören zusammen.
   Ich gehöre zur Gruppe. Wir sind eine Gruppe. Ich habe einen Freund.

2. Wir sind zwei kleine Bären.
   die gern zu dreien wären ... usw.

4. „Schau, was ich schon alles kann!"

Beispiele

Wahrnehmung: sehen, raten, erkennen
„Du hast es, du hast es nicht":
Ein Kind denkt sich einen Gegenstand oder ein Kleidungsstück aus. Es geht im Kreis und sagt zu dem Kind, das diesen Gegenstand oder das Kleidungsstück hat: „Du hast es" und zu dem Kind, das den Gegenstand nicht hat: „Du hast es nicht". Wer im Kreis errät, was sich das Kind in der Mitte ausgedacht hat, darf als Nächster in die Mitte.

„Schuhsalat":
Die Kinder sitzen im Kreis, eines der Kinder geht vor die Tür. Die Kinder ziehen ihre Hausschuhe aus und vermischen sie.

„Ich weiß, was ich kann!"

Version 1:
Ein Schuh bleibt am Fuß. Der zweite soll von dem Kind in der Mitte gefunden werden.

Version 2:
Beide Schuhe kommen in die Mitte. Das Kind soll jedem Kind die Schuhe zuordnen. Wem die Schuhe gehören, der geht in die Mitte und macht weiter, bis alle Schuhe verteilt sind.

5. „Ich kann das schon"

Beispiele
Spiele zum Abschied: Das Jahr geht zu Ende
„Ich kann das schon":
Alle Geschicklichkeitsspiele wie z. B. Kartoffellauf, Sackhüpfen, Wassertragen, Wasserschöpfen, Dreibeinlauf, Wurfbude, Ball ins Kasperletheater oder in ein vorbereitetes Krokodilmaul treffen …

„Jetzt muss ich weiter."

Eine Vielzahl von Kreis- und Singspielen finden sich im Internet unter www.kindergarten-workshop.de oder www.labbe.de.

4.3.4 Bewegungsspiele

Aufgaben
1. Erinnert Sie dieses Bild möglicherweise an eigene Bewegungserfahrungen in Ihrer Kindheit?
2. Denken Sie über die Bildunterschrift nach und diskutieren Sie in der Gruppe.
3. Überlegen Sie, was wohl in dem Kind vorgeht.
4. Welche Sinne nimmt das Kind in Anspruch, um die Aufgabe meistern zu können?

Die Bedeutung von Bewegungsspielen

Kinder sind Selbstlerner und Forscher, sind Akteure ihrer eigenen Entwicklung. Das Kind probiert aus: Wie verhält sich mein Körper, wenn ich krabble, laufe, hüpfe, springe und klettere? Bewegungsspiele bilden die Grundlage für die Wahrnehmungsentwicklung:

Das Kind nimmt Reize auf, verarbeitet sie und setzt sie in Beziehung zueinander.
Was kann ich? Was ist schnell, langsam, oben, unten, rechts, links, hinten, vorne?
Wie bewegt man sich auf verschiedenen Untergründen?

Spielen setzt Kinder in Bewegung. Je jünger die Kinder sind, desto mehr ist ihr Denken und Handeln von ihrer Wahrnehmung, von der Bewegung, den Sinneseindrücken und den körperlichen Fähigkeiten abhängig. Die pädagogischen Fachkräfte gestalten eine kindliche Umgebung, die zum Klettern, Laufen, Kriechen, Robben anregt.

„Es kommt das ganze Kind, nicht nur der Kopf."

„Kinder denken mit den Händen", sagte einst Loris Malaguzzi, der Erfinder der Reggio-Pädagogik. Sie bauen Staudämme, gestalten Seen und Inseln, fluten Plastikplanen, unterhöhlen Hügel, fühlen begraste und bemooste Steine, beobachten Wellen- und Fließbewegungen, sandeln, matschen und träumen. Sie beschauen die von ihnen erfundene Welt, belauschen, beriechen, befühlen, begehen und bestaunen sie, verändern sie immer wieder. Sie entdecken und entwerfen Neues. Sind Schulnoten wirklich wichtiger als die Vermeidung von einem schwachen Herz-Kreislauf-System, unterentwickelten Muskeln und Haltungsschäden?

Im Garten experimentieren und konstruieren die Kinder mit Schläuchen, Plastikfolien, Röhren, Brettern, Windrädern, Brunnen, Holz, Steinen, Draht, Brücken und gewinnen dadurch physikalische Erkenntnisse. Sie erleben, dass Wasser fließen kann. Man muss es nicht immer im Eimer tragen, wenn man aufsteigendes und fließendes Wasser in Rohrsysteme leitet. Plastikplanen verhindern das Absickern von Wasser und bilden Pfützen, Bäche, Seen und Leitungen.

Bewegungsspiele fördern

* einen umsichtigen Umgang mit dem Spielmaterial, z. B. Verantwortung für die Pflege und Instandhaltung von Spielmaterial
* Körpergefühl, Körperbewusstsein, Körperhaltung, Körpererfahrungen und ihre Grenzen
* Ausdauer, Kraft, Geschicklichkeit, Schnelligkeit, Belastung von Herz, Kreislauf und Muskeln, Koordinationsfähigkeit
* die Partner- und Gruppenerfahrung
* den Umgang mit Konflikten und Regeln
* die Wahrnehmung von Gefahren

Jedes Spielzeug ist Bewegungsspielzeug

Bewegungsspiele	Spielthema	Spielgeräte
zum Krabbeln, Rutschen, Schieben, Strampeln, Hüpfen, Werfen, Fangen, Laufen, Kriechen, Stützen, Hängen, Rollen, Wälzen, … im Kreis, im Gelände, nachts, im Sommer, im Winter, im Herbst, im Frühling, mit Wasser, mit Murmeln, mit Sand, zur Entspannung, …	Bodenschaukel, Autowaschstraße, Autobahn, Eisenbahn, Feuerwehr, Omnibus, Paketdienst, Expedition ins Tierreich, Riesenschlange, Affenkäfig, Zirkus, Bootsfahrt, Seenotrettung, Sumpfüberquerung, Weltraum, Roboterwelt, Vampirjagd, Zauberer, Räuber, Polizei, Schatzsuche, Indianer, ….	Luftballon, Mobile, Rassel, Badewannenspielzeug, Klangspielzeug, Massagebürste, Pinsel, Arbeitshandschuhe, Igelbälle, Seidentücher, Rollbrett, Bobbycar, Traktor, Schläuche, Reifen, Bälle, Seile, Bretter, Röhren, Dreirad, Tretroller, Hüpfball, Sand, Sandwagen, Sandeimer, Steine, Äste, Zapfen, Naturmaterialien, Schlitten, Handwagen, Stelzen, Kreisel, Federball, Fußball, Taschenlampe, …

Aufgaben

Entwickeln Sie Bewegungsspiele für drinnen und draußen für Kinder unterschiedlicher Altersstufen anhand der Tabelle und Ihrer Ideen.

Methodische Grundsätze bei Bewegungsspielen

* Die pädagogische Fachkraft beobachtet die motorische Entwicklung des Kindes genauer,
    - wenn sich ein Kind im Vergleich zu anderen ungeschickt anstellt,
    - wenn es den Malstift im Kindergarten noch mit der Faust packt,
    - wenn es Schwierigkeiten beim Gestalten hat,
    - wenn es öfters hinfällt und überall aneckt,
    - wenn es nicht die Kraft hat, sein Stühlchen hochzuheben,
    - wenn es Sprachschwierigkeiten hat.

* Die pädagogische Fachkraft
    - schafft eine Atmosphäre des Vertrauens und der Freiwilligkeit. Kinder haben manchmal Angst vor Bewegungssituationen: wenn diese neu und unbekannt sind und sie nicht wissen, was sie erwartet, wenn sie in ähnlichen Situationen schmerzhafte Erlebnisse hatten oder Verletzungen erlitten haben, wenn die Schwierigkeit der Bewältigung der Situation ihnen zu groß erscheint und sie sich davor fürchten zu versagen. Kinder äußern diese Ängste nicht, sondern sie verweigern die Teilnahme: Sie weinen, sie sind verkrampft, sie stören und ärgern die anderen, sie flüchten in Bauchschmerzen usw.

„Ich habe eine gute Idee!"

    - regt an und ermutigt. Sie hält sich offen, ist auf „Empfang" geschaltet den Kindern zugewandt, sie nimmt ihre Ideen, Äußerungen und Reaktionen wahr. Sie ermutigt unmissverständlich die Leistungsstärkeren, den Schwachen beizustehen und zu helfen, statt diese zu verspotten. Dabei kann ein Appell an den Beschützerinstinkt der leistungsstärkeren Kinder Wunder wirken. Verspannungen und Atemstörungen können durch Tierlaute und Tierbewegungen, durch Rhythmik und Entspannungsübungen abgebaut werden.

Bewegungsspiele im Freien

Aufgaben

1. An welche Bewegungsspiele im Freien erinnern Sie sich besonders gern? Tauschen Sie diese Erinnerungen in der Klasse aus.
2. Fragen Sie Ihre Eltern und Großeltern, was Sie als Kinder gerne im Freien gespielt haben.
3. Fragen Sie den Bürgermeister Ihrer Gemeinde, welche Spielflächen es für Kinder gibt.
4. Erstellen Sie in Ihrer Klasse eine Rangliste der kinderfreundlichsten Gemeinde.
5. Besuchen Sie einen Waldkindergarten in Ihrer Nähe.

➲ *Weitere Aufgaben zu diesem Thema finden Sie im Kapitel 4 des Arbeitshefts.*

Bewegungsspiele im Freien

Die Schule der Natur

"Eine moderne Lebenswelt bietet nicht genügend Freiräume für eine gesunde Entwicklung von Körper und Geist, sagt der Gehirnforscher Gerald Hüther. Und plädiert dafür, Mädchen und Jungen möglichst viel Zeit draußen verbringen zu lassen und so das spielerische Erkunden der Natur zu fördern." (Botzenhardt/Kirady, 2016, S. 54)

"Der Garten bietet Kindern aus allen Kulturen die Möglichkeit, Wurzeln zu schlagen." (Rusch, 2009, S. 11)

Außenspielbereiche sind gestalteter Lebensraum, Orte der Ruhe und Kommunikation, der Natur, der Kreativität sowie des Spiels und der Bewegung. „Sie leisten einen wichtigen Beitrag zur Umweltpädagogik, zur Erlebnispädagogik und zur Naturpädagogik: Ich schütze, was ich kenne und liebe." (Rusch, 2009, S. 5)

"Kannst du das auch?"

Ein **Bereich mit Spielgeräten** mit unterschiedlichen Funktionen ermutigen zum Klettern, Hangeln, Balancieren, Kriechen, Schaukeln und Rutschen.

Ein **Häuschen, Unterstand,** Stiegen, Hügel, Täler, Nischen, Gebüsch, Höhlen laden ein zum Laufen, Rollen, Kugeln, Verstecken, zum Zurückziehen, ermöglichen Einblicke, Überblicke und Ausblicke.

Bäume, große Steine oder liegende Baumstämme regen an zum Klettern, Überwinden, Balancieren. Unterschiedliche **Bodenmaterialien** (Gras, Kies, Sand, Holz, Erde), eine Wasserpumpe, ein Wasserlauf ermöglichen Erlebnisse für alle Sinne. Ein ebenes Spielgelände biete großräumige Bewegungserfahrungen mit Kinderfahrzeugen, ermöglicht Ballspiele und Kreisspiele.

Obstbäume, Beerensträucher, ein Hochbeet können gehegt, gepflegt werden, lassen die Jahreszeiten erleben und es kann gemeinsam geerntet werden.

Ein **Schuppen** beherbergt Geräte und Kinderfahrzeuge.

„Es ist mittlerweile unbestritten, dass der Umgang mit Erde, Matsch und Pflanzen, ganz allgemein gesprochen mit Natur, eine wichtige Bedeutung für die Entwicklung von Kindern darstellt. Deshalb ist die Gestaltung der Aufenthaltsorte der Kinder sehr wichtig. Egal ob im Kindergarten- oder Schulgelände, eine natürliche Umgebung bedeutet eine gesündere Entwicklung. [...] Die Erfahrung hat gezeigt, dass die Gewalt und Aggression nach der naturnahen Umgestaltung von Schulhofgeländen drastisch zurückgegangen ist." *(Rusch, 2009, S. 8)*

Checkliste für Spielbeobachtungen im Freien

- Welche Gefahrenmomente bergen die Spielbereiche?
- Welche Spiele verwirklicht das Kind, die Gruppe?
- Welche Kleingruppen bilden sich an welchen Orten?
- Welche Kontaktmöglichkeiten ergeben sich bei der Umsetzung von Spielideen?
- Wo zeigen die Kinder besondere Fähigkeiten und Stärken?
- Welches Kind braucht meine Unterstützung bei seiner Spielidee?

10 Regeln beim Spielen im Wald

‚1. Wir sondern uns nicht von der Gruppe ab oder verlassen den Aufenthaltsbereich.
2. Wir reißen keine Pflanzen aus.
3. Wir stören die Tiere nicht.
4. Wir essen ohne Absprache und vorheriges Waschen keine Waldfrüchte.
5. Wir fassen keine toten Tiere an.
6. Wir klettern nicht auf Holzstapel.
7. Wir klettern nicht auf Hochsitze.
8. Wir klettern nicht auf Bäume, die die Erzieherin nicht freigegeben hat.
9. Wir klettern niemals mit dem Rucksack auf dem Rücken.
10. Wir hinterlassen keinen Müll.'

(von Langen, 2008, S. 36 f.)

4.4 Das Freispiel

Die Bedeutung des Freispiels

Die Kindertagesstätte ist ein sozialer Schutzraum. Die Spielfähigkeit gehört zu den resilienzfördernden Faktoren. Das Kind hat, wenn es in die sozialpädagogische Einrichtung kommt, schon eine Lebensgeschichte. Es bringt Bindungserfahrungen, Gefühle und Verhaltensweisen aus seiner Familie mit. Es braucht die Anerkennung der anderen und die Zugehörigkeit zu anderen. Im Freispiel zeigt das Kind, wie stark sein Bedürfnis nach sozialer Eingebundenheit, nach Autonomie- und Kompetenz-Erleben ausgeprägt ist. Im Spielraum findet das Kind seinen Platz in der Gruppe und **schließt Freundschaften. Diese wiederum erweitern seine Lebenserfahrung, festigen sein Selbstbewusstsein und machen** es **stark.** Das Kind wählt, mit wem und was es spielen möchte. Es ko-konstruiert in der Gruppe seine Wirklichkeit und sein Weltverständnis über Personen, Dinge, Räume und verhandelt deren Bedeutung und Sinngebung. Die Triebfedern dabei sind Neugier, Spannung und die Anregung durch die pädagogische Fachkraft.

„Das Spiel ist die Arbeit des Kindes"

4.4.1 Die Beobachtung und Auswertung des kindlichen Spiels

Die Beobachtung des einzelnen Kindes im Freispiel

Das Spielverhalten gibt Auskunft über den kindlichen Entwicklungsstand. Im Spiel zeigt das Kind seine Bedürfnisse, Vorlieben, Wünsche und Sorgen. Im Spiel zeigt das Kind, wovon es träumt und wovor es die Augen verschließt. Im Spiel versucht das Kind, seine Probleme zu lösen und seine verwundete Seele zu schützen. Die pädagogische Fachkraft beobachtet regelmäßig jedes Kind beim Spiel nach einem gewählten Beobachtungsverfahren. Nach der Auswertung der Spielbeobachtungen kann die pädagogische Fachkraft Ziele für das Kind und die Gesamtgruppe setzen, das Freispiel planen und pädagogisch kompetent handeln.

Die pädagogische Fachkraft erkennt die kindlichen Lernwege und wertet die Beobachtungsergebnisse mit dem Kind aus.

Entwicklungsbrief

> „Liebe Lina,
>
> in der letzten Zeit habe ich dich mehrfach beobachtet und aufgeschrieben, was du gemacht hast. Ich glaube, es interessiert dich sehr, zu beobachten, wie die anderen Kinder im Sand spielen. Du findest es aufregend, sie zu beobachten, und strengst dich sehr an, alles genau zu sehen. Einmal hast du ganz lange beobachtet, wie die Kinder Sandkuchen gebacken haben, und dich dann sehr gefreut, als sie fertig waren. Ein anderes Mal hast du zugeschaut, wie die anderen Kinder ein Planschbecken mit Wasser gefüllt haben. Nach einer Weile hast du dich getraut, deine Hand in das Wasser zu halten und mit den anderen Kindern zusammen Wasser zu spritzen. Da hast du nicht nur zugeschaut, sondern teilgenommen und mitgemacht, und ich habe mich sehr darüber gefreut. Neulich habe ich dann gesehen, wie du in den Sandkasten gestiegen bist und mit Fred zusammen Matsch in ein Sandförmchen gefüllt hast. Das hast du zum ersten Mal gemacht. Du hast den Sand richtig angefasst. Vorher hast du immer am Rand des Sandkastens gestanden und den Sand nicht so gern gemocht. Du hast gelernt, wie sich der Sand anfühlt und was man alles damit tun kann. Ich glaube, gerade lernst du im Kindergarten, wie du es schaffst, die Dinge in die Hand zu nehmen und mitzumachen, wenn dich etwas interessiert. Deine Jule"

(Albers, 2011, S. 97)

Die pädagogische Fachkraft wird beim Beobachten auf Spielstörungen aufmerksam.

* Ein Kind sitzt oder geht lange und auffallend oft untätig im Raum herum.
* Ein Kind ist unbeteiligt und wiederholt immer die gleichen Handgriffe mechanisch.
* Ein Kind fragt auffallend oft, was es denn spielen soll.
* Ein Kind fängt oft Spiele an und gibt bei der geringsten Schwierigkeit auf.
* Ein Kind wirft hektisch und chaotisch mit Dingen, zerstört Dinge oder ist ein aggressiver Spielpartner.

Die pädagogische Fachkraft organisiert das Freispiel auf der Basis von Beobachtungsdaten und fachlichem Wissen als offene Lernsituation. Dabei können sehr unterschiedliche Situationen auftreten, die wiederum Anlass zu Beobachtungen geben. Das verlangt große Feinfühligkeit und Aufmerksamkeit von der pädagogischen Fachkraft. Sie sorgt für die Sicherheit der Kinder in der Gruppe und für die Befriedigung der Grundbedürfnisse.

Die Beobachtung der Gesamtgruppe im Freispiel

Im Arbeitsvertrag übernimmt die pädagogische Fachkraft die gesetzliche Aufsichtspflicht gegenüber den ihr anvertrauten Kindern und Jugendlichen. Die Fachkraft verhindert die Eigen- und Fremdgefährdung der Kinder sowie Sachbeschädigung durch die Kinder.

Die Aufsichtspflicht beginnt mit der persönlichen Übergabe des Kindes im Gebäude durch die Erziehungsberechtigten oder die von ihnen beauftragte Person. Sie endet mit der Übergabe des Kindes an die Erziehungsberechtigten oder eine abholberechtigte Person. Die Übergabe erfolgt eindeutig durch Gestik oder verbal. Die Anwesenheitsliste wird zuverlässig geführt.

Die Ausübung der Aufsichtsflicht ist für die pädagogischen Fachkräfte wichtig und schwierig zugleich. Nach der Zielsetzung der Bildungspläne aller Bundesländer soll den Kindern und Jugendlichen ein möglichst großer Erfahrungsspielraum geboten

„Schön, dass du da bist."

werden. Dabei können sie aufgrund ihres Alters und ihrer Fähigkeiten nicht immer alle Folgen des Handelns realistisch einschätzen oder Gefahren erkennen, sei es im Umgang mit Werkzeug, an Turn- und Sportgeräten oder beim Experimentieren mit unterschiedlichen Materialien. Der unsachgemäße Gebrauch ist aber Bestandteil des Lern- und Erfahrungsprozesses.

Checkliste zur Beobachtung der Gesamtgruppe

- Wie viele Kinder sind heute anwesend? (Dokumentation)
- Wo spielt jedes Kind?
- Wer spielt allein?
- Wie geht es jedem Kind?
- Was ist unüblich? Wer verhält sich nicht wie sonst?
- Welche Emotionen sind erkennbar (Angst, Freude, Neugier, Wut, Traurigkeit)?
- Sucht sich das Kind einen Spielpartner?
- Kann das Kind Spielhandlungen aufbauen?
- Welche Bildungsthemen sind im Spiel der Kleingruppen, der Gesamtgruppe erkennbar?
- Wie regeln die Kinder den Spielverlauf?
- Wo finden Übergänge statt?
- Welche Konflikte treten in welchen Spielbereichen auf?
- Welche Kleingruppen haben sich wo gebildet?
- Was spielt sich in den Kleingruppen, in den verschiedenen Spielbereichen ab?
- Was drückt das kindliche Spielverhalten aus?
- Wie geht das Kind mit dem Spielmaterial um?

Situation

In der Bienchengruppe spielen die Kinder im Gruppenraum. Christian (5 Jahre) und Felix (6 Jahre) bauen Raketen aus Legosteinen und düsen mit lauten Fahrgeräuschen im Gruppenraum umher, Florian (4 Jahre) und Hansi (4 Jahre) spielen mit den Stühlen Schiffuntergang. Sie rufen laut: „Wir brauchen Rettungsanker!" Am Maltisch zeichnen Selina (5 Jahre) und ihre Schwester Iris (3 Jahre) eine Schatzkarte. In der Puppenecke rufen Amelie (4 Jahre) und Paul (4 Jahre) „es brennt" und räumen alles aus der Puppenecke heraus. Martin (4 Jahre) meint: „Die Feuerwehr kommt gleich!" Am Esstisch frühstücken Lisa (6 Jahre) und Veronika (6 Jahre) und drücken mit Begeisterung den Saft aus den mitgebrachten Orangenspalten aus. Es ist sehr laut. Eva, die Praktikantin, greift sich an den Kopf. Frau Meier, ihre Praxisanleiterin, führt ein Konfliktgespräch mit einer Mutter im Büro. Eine Kollegin aus der Nachbargruppe betritt den Gruppenraum, schaut Eva vorwurfsvoll an und fragt: „Was ist denn hier los?"

Aufgaben

1. Spielen Sie diese Szene im Rollenspiel nach.
2. Reflektieren Sie im Rollenfeedback, was sich im Gruppenraum abspielt.
3. Welche Bedürfnisse der Kinder werden sichtbar? Welches Bedürfnis hat Eva?
4. Erproben Sie im Rollenspiel, wie sich Eva verhalten könnte.

➲ Weitere Aufgaben zu diesem Thema finden Sie im Kapitel 4 des Arbeitshefts.

Auswertung

Die Kinder in der oben beschriebenen Situation wissen schon, dass es Eva schwerfällt, sich durchzusetzen. Eva fühlt sich den Kindern gegenüber hilflos. Die Kinder nehmen wahr, wie Eva auf ihrem Stuhl mit dem Rücken zu den Kindern sitzt, sich an den Kopf greift und in ihrer Haltung wenig Zuwendung erwarten lässt. In der beschriebenen Situation sind die Kinder verunsichert. Einerseits kennen sie die Regeln in der Gruppe. Andererseits macht es das unbeteiligte, hilflose Verhalten von Eva möglich, diese Regeln zu überschreiten. Eva klärt nicht, wer das Sagen in der Gruppe hat. Die Kinder sind überfordert. Sie erhalten keine klaren Anweisungen.

4.4.2 Kindliche Grundbedürfnisse erkennen und verstehen

Die Kinder fühlen sich dann wohl, können sich in der Gruppe entfalten und das gegebene Förderangebot nutzen, wenn ihre Grundbedürfnisse gesichert sind. Die pädagogische Fachkraft kennt das kindliche Entwicklungsniveau und erkennt die kindlichen Signale. Durch das Verstandenwerden wächst im Kind das Gefühl innerer Nähe, Geborgenheit und Sicherheit. Um kindliche Grundbedürfnisse zu sichern, zeigt die pädagogische Fachkraft fachliche, kommunikative und methodische Kompetenz.

* **Das kindliche Bedürfnis nach Bindung erkennen und verstehen**
  Das Kind kann nicht allein sein, es braucht die Nähe und Zuwendung vertrauter Personen. Die pädagogische Fachkraft vermittelt bedingungslose Wertschätzung und Geborgenheit, lobt und ermutigt. Vor allem bei Pflegemaßnahmen nimmt sie die kindlichen Bedürfnisse feinfühlig und respektvoll wahr. Sie ist lückenlos verfügbar und reagiert rasch und angemessen.

* **Das kindliche Bedürfnis nach Schutz erkennen und verstehen**
  Die Pädagogin erkennt, wann das Kind Nähe und Trost braucht. Sie wird den kindlichen Erwartungen altersgemäß gerecht. Das Kind fühlt sich bei ihr wohl und sucht Hilfe und Schutz, wenn es diese benötigt (vgl. Largo, 2015, S. 68 f.).

* **Das kindliche Bedürfnis nach Rückzug erkennen und verstehen**
  Die pädagogische Fachkraft setzt den Spielrahmen und bietet Spielräume an, in die sich die Kleingruppen zum ungestörten Spiel zurückziehen können. Es gibt laute und leise Spielbereiche.

* **Das kindliche Bedürfnis nach Vertrautheit erkennen und verstehen**
  Die Pädagogin entwickelt von Anfang an Rituale, vor allem für Übergänge, und versteht, dass die Kinder vertraute Erfahrungen im Freispiel immer wieder erleben wollen. Das Kind fühlt sich sicher, sein Alltag ist beständig. Die pädagogische Fachkraft setzt mit den Kindern je nach Alter gemeinsam Rituale und Regeln fest. Demokratische Teilhabe bedeutet, Kinder zum Nachzudenken und Nachzufragen zu ermutigen, z. B. welche Regeln das Zusammenleben erleichtern und ob Dinge besser werden, wenn man sie anders macht.

Regeln und Rituale geben Struktur, Orientierung und Sicherheit in der lernenden Gemeinschaft.
Wenn für ein Kind eine Grenze erreicht ist, sagt es: „Ich mag das nicht."

Wenn ein Kind von einem anderen Kind etwas möchte, dann bittet es darum: „Darf ich das von dir haben?".

Die Anzahl der Kinder in den Spielbereichen wird je nach Größe begrenzt (z. B.: in der Bauecke spielen nur vier Kinder).

Das benutzte Spiel wird wieder an den Platz zurückgebracht.

Die Kinder helfen sich beim Aufräumen.

Rituale für Übergänge geben Sicherheit, z. B. ein Spruch vor dem Essen, ein Lied zum Ende des Freispiels.

Regeln im Hort: Wann wird gegessen? Wer räumt auf? Wann und wo werden Hausaufgaben gemacht? Welche Freizeitangebote, Projekte sind möglich? Wie wird das Zusammenleben organisiert?

Die pädagogische Fachkraft sichert die Einhaltung der Regeln.

Checkliste für die pädagogische Fachkraft bei Regelverletzungen
– In Augenhöhe mit dem Kind gehen.
– Dem Kind erklären, warum diese Regel wichtig ist.
– Die Gefühlslage des Kindes verstehen und die Argumente des Kindes anhören.
– Die Regel und Grenze nochmals verdeutlichen.
– Das Kind beobachten, ob es die aufgestellte Regel beachten kann.
– Das Kind an die Regel erinnern.
– Bei Nichteinhaltung Ursachen der Regelverletzung überprüfen.
– Wenn die Regel bereits mehrfach erläutert wurde, Konsequenzen folgen lassen.
– Das Kind darauf hinweisen, z. B. „Das ist die letzte Chance".
– Bei ständigen Problemen mit bestimmten Regeln kritisch überprüfen, ob diese in der Form kindgerecht und der Situation angemessen sind.

※ **Das kindliche Bedürfnis nach Selbstbestimmung und Autonomie erkennen und verstehen**

„Hilf mir, es selbst zu tun!" Die Kinder entwickeln Ideen und machen ihre Erfahrungen im Spiel. Sie entscheiden, mit wem, was, wie lange und wie sie spielen. Die Pädagogin bestätigt das Kind in seinen Einfällen, in seiner Fantasie und hat Geduld. Sie gibt Anregungen und erkennt, wann ihre Hilfe gebraucht wird. Ihre Sprache passt sie dem Entwicklungsniveau des Kindes an. Sie überlässt die Führung dem Kind. Die pädagogische Fachkraft beobachtet den Spielprozess anteilnehmend. Sie zeigt Anerkennung und Freude am gelungenen Vorhaben im kindlichen Spiel.  Die pädagogische Fachkraft unterstützt das Kind durch ihr Interesse und gelegentliches Mitspielen, sie gibt Impulse und Anregungen und entwickelt mit den Kindern Handlungs- und Problemlösungsstrategien.

Die pädagogische Fachkraft erkennt Konfliktsituationen.
Dabei beeinflussen die eigene positive Einstellung der Pädagogin zu Konflikten und das Modellverhalten der Pädagogin in Konfliktsituationen bereits bei Einjährigen das kindliche Verhalten. Die Kinder spüren weniger Angst. Das führt dazu, dass alle Beteiligten entlastet, offener für vielfältige Lösungen sind und es keine Ausgrenzungen gibt.

Situation

Jan und Annika spielen in der Puppenecke. Nach einer Weile wird die Erzieherin durch lautes Schreien und Weinen auf die beiden aufmerksam. Beide stehen kampfbereit in der Puppenwohnung und zerren an einem Teddybär, Annika an einem Arm, Jan an dem anderen. Annika weint verzweifelt. Jan beteuert wütend, dass er den Teddy zuerst in der Hand hatte.

Aufgaben

Suchen Sie aus den folgenden Erzieheraussagen diejenige heraus, mit der Sie am ehesten übereinstimmen, und begründen Sie Ihre Meinung:

a) „Das Problem betrifft mich nicht, die Kinder können ihren Streit alleine lösen."
b) „Ich kann es schlecht ertragen, wenn zwei Kinder sich streiten. Trotzdem warte ich immer ab und greife erst ein, wenn es zu Gewalt kommt."
c) „Da kann ich nichts machen, schließlich habe ich ja nicht gesehen, wer den Teddy zuerst hatte."
d) „Streit von Kindern ist mir so unangenehm, dass ich mich am liebsten in ein Mauseloch verkriechen würde."
e) „Wenn sich zwei Kinder um eine Sache streiten, greife ich sofort ein und nehme ihnen das Spielzeug ab. Dadurch lernen sie, ihre Konflikte ohne Erwachsene zu lösen."
f) „Ich meine, Kinder können das Lösen von Konflikten nur lernen, wenn wir ihnen Lösungsmuster anbieten und Lösungsmöglichkeiten einüben."
g) „Wenn sich zwei Kinder streiten oder gar schlagen, bin ich so aufgeregt und ärgerlich, dass ich keinen kühlen Kopf behalten kann. Meist schreie ich die Kinder dann an und ärgere mich danach über mein eigenes Verhalten."
h) „Bei Streit ergreife ich Partei für das schwächere Kind und bitte das andere Kind um Rücksichtnahme."

> **Checkliste zur persönlichen Einstellung der Fachkraft zu Konflikten**
>
> – Welche Konfliktsituationen kenne ich in der Kindergruppe?
> – Wie verhalte ich mich in Konfliktsituationen?
> – Bin ich verärgert? Bin ich ängstlich? Bin ich zornig?
> – Versuche ich wegzusehen?
> – Was unternehme ich?
> – Welche Voraussetzungen sind zur Konfliktlösung notwendig?
> – Wie verhalte ich mich den Kindern gegenüber in Konfliktsituationen?
> – Welche Vorsätze habe ich für kommende Konfliktsituationen in der Kindergruppe?

Die pädagogische Fachkraft stärkt das kindliche Problemlösungsverhalten.
In Konfliktsituationen ist es für die pädagogische Fachkraft hilfreich,

* sich der Vorbildwirkung des eigenen Verhaltens bewusst zu sein,
* ruhig und besonnen zu bleiben,
* sich selbst Zeit zum Nachdenken zu verschaffen,
* den Kindern Rückmeldung zu geben, wie sie die augenblickliche Situation oder die Zusammenhänge sieht,
* Kindern Gelegenheit zu geben, ihre Enttäuschungen, ihren Ärger mitzuteilen,
* die Kinder dabei zu unterstützen, ihre Sicht darzustellen und der Darstellung des anderen zuzuhören,
* Kinder nach Lösungen zu fragen,
* Kinder zu Vereinbarungen zu motivieren,
* wenn die Kinder emotional sehr belastet sind, die Lösung des Konflikts auf später zu verschieben.

Bei diesem Konflikttraining erkennen die Kinder, dass bei einer Problemlösung

* Zugeständnisse notwendig sind,
* andere Kinder genauso wichtig sind wie man selbst,
* es nicht immer gleich eine Lösung gibt und
* alle die Situation aushalten müssen.

Die pädagogische Fachkraft zeigt kommunikative Kompetenz.
Kommunikation erfolgt in Verhaltensketten. Wenn wir in Beziehung, in Kommunikation mit anderen Menschen treten oder gerade nicht treten, dann geschieht das immer mit einer gewissen Absicht oder Einstellung. Auch der andere hat eine Absicht, eine Einstellung uns gegenüber.
Diese gegenseitigen Einstellungen spielen bei allen pädagogischen Aktionen eine Rolle. In der Kommunikation mit Kindern wird Wissen vermittelt, werden Konflikte gelöst, wird Anerkennung ausgesprochen, das Selbstwertgefühl gestützt oder geschwächt, das Kind ermutigt oder entmutigt. Wahrnehmende Beobachtung, pädagogisches Sehen und Verstehen der kindlichen Ausdrucksformen im Gespräch, im Spiel, beim Malen, in der Körpersprache erfordern Feinfühligkeit und professionelles Handeln.
Aktives **Zuhören** spiegelt die pädagogische Fachkraft dem Kind mit eigenen Worten zurück, dass sie verstanden hat, was das Kind möchte. Eva geht z. B. zu Amelie und Paul und zeigt ihr Verständnis für die Aufgeregtheit: „Bei euch brennt es. Das ist ganz schön gefährlich."
Die pädagogische Fachkraft sendet **eindeutige Botschaften**, d. h. Worte, Gestik und Mimik stimmen in ihrer Aussage überein. Eva geht z. B. zu Lisa und Veronika hin und macht sie auf die Regeln am Esstisch aufmerksam.
Probleme, die die pädagogische Fachkraft mit einem Kind hat, werden in Form von Ich-**Botschaften** gesendet und enthalten klare Mitteilungen über die eigenen Gefühle, Wünsche und Bedürfnisse. Eva sagt z. B. zu Felix: „Ich sehe, dass die anderen Kinder beim Spielen gestört sind, geht bitte mit euren Weltraumraketen nach draußen auf den Gang."
Verfügt die pädagogische Fachkraft über kommunikative Kompetenz, kann sie das Verhalten der Kinder positiv beeinflussen, eine störungsfreie Beziehung aufbauen und das kindliche Bedürfnis nach Autonomie sichern.

Die pädagogische Fachkraft handelt kompetent, wenn sie

* ihre Aufmerksamkeit auf das Wohl und die Bedürfnisse der Kinder lenkt,
* Wohlwollen, Freude, Zeit, Geduld und Feinfühligkeit zeigt,
* den Zeitpunkt erkennt, in dem sie zum Kind Kontakt aufnehmen kann oder muss,
* klar und eindeutig spricht,
* durch Impulse lenkt,
* entscheidet, was Vorrang hat,
* sich nicht ablenken lässt.

Situation

Begrüßung am Morgen im Kindergarten
Die Praktikantin Sabine hat in der Schule gerade gelernt, wie Beziehungssituationen mit Kindern erfolgreich gestaltet werden. Sie möchte heute im Praktikum in der Kindergruppe im Kindergarten üben. Sie sitzt im Gruppenraum und wartet auf die Kinder.
Florian kommt freudig strahlend an. Sabine beobachtet, **wie** *er in die Gruppe geht. Sabine spiegelt: „Guten Morgen, Florian." Sie gibt ihm die Hand und sagt: „Du freust dich aber, ich sehe, du hast eine neue Hose mit einem Rennauto darauf." Florian fühlt sich verstanden und erzählt: „Wir waren gestern einkaufen." Sabine ist mit ihrer Lösung zufrieden und freut sich.*
Christine kommt. Sabine beobachtet, **wie** *sie in die Gruppe kommt. Christine steht verloren an der Tür. Sabine spiegelt: „Guten Morgen, Christine." Sie geht auf Christine zu, führt sie in den Raum und sagt: „Schau,*

*Iris ist auch schon da, die wartet schon die ganze Zeit auf dich." Christine fühlt sich verstanden. Sabine ist ein wenig enttäuscht, dass Christine nicht mit ihr geredet hat. Sie möchte nach dem Praxistag mit der Anleiterin über Christine reden. Sie hat das Gefühl, dass mit dem Mädchen etwas nicht stimmt. Für weitere Gefühle hat sie keine Zeit, weil sie schon Gregor und Maxi kommen sieht. Sabine beobachtet, **wie** sie in die Gruppe kommen. Gregor und Maxi kommen und rufen lauthals: „Da draußen liegt ein toter Vogel." Sabine ruft: „Guten Morgen, ihr beiden!" Sie gibt ihnen die Hand und spiegelt: „Ihr seid aber heute aufgeregt!" Gregor und Maxi fühlen sich verstanden und erzählen: „Wir sind mit dem Fahrrad gekommen und …" Kaum hat Sabine sich mit Gregor und Maxi über tote Vögel und was sie im Kindergarten tun können unterhalten, sieht sie Lisa kommen. Sie schickt die beiden in die Bauecke und beobachtet, **wie** Lisa in die Gruppe kommt. Lisa wirft ihre Mütze und ihren Schal in die hinterste Ecke in den Schrank. Sabine spiegelt: „Guten Morgen, Lisa!" Sie gibt ihr die Hand. „Du bist aber heute wütend." Lisa fühlt sich verstanden: „Ja, weil meine Mutter …!" Sabine lässt sie erzählen und sendet ihre Ich-Botschaft: „Und jetzt wünsche ich mir noch von dir, dass du deine Sachen ordentlich in die Garderobe räumst." Lisa beruhigt sich und räumt Schal und Mütze auf.*

Konflikt im Freispiel im Garten
Die Praktikantin Sabine geht mit den Kindern in den Garten. Die Kinder spielen zurzeit Spiele wie „Jungen-Fang-Tag" oder „Mädchen-Küss-Tag". Sechs Jungen fangen immer wieder zwei Mädchen, Tine und Erika. Die beiden bekommen dann Küsse auf die Wangen. Sabine beobachtet, dass den beiden Mädchen das unangenehm ist, die Jungen aber nicht aufhören und nur sagen „Ah, komm". Sabine ist unsicher und weiß nicht, wie sie sich verhalten soll. Vor den großen Jungen hat sie auch ziemlich viel Respekt. Aber Sabine übt ja heute das, was sie in der Schule über Kommunikation und Konflikte gelernt hat: Spiegeln, spiegeln, spiegeln … Sie geht zu den beiden Mädchen hin und sagt: „Ihr möchtet nicht, dass die Jungen euch küssen." Die Mädchen fühlen sich verstanden, ärgern sich und schimpfen über die Jungen. Sabine spiegelt: „Ihr ärgert euch ganz schön über die Jungen." Die Mädchen: „Ja, und das sagen wir ihnen jetzt auch. Sie gehen zu zweit zu den Jungen hin, die schon hinter dem Baum zugucken, und reden selbstsicher und aufgeregt mit ihnen (vielleicht wissend, dass Sabine sie beobachtet). Sabine überlegt, was gewesen wäre, wenn sie die Jungen angesprochen hätte. Ob das auch so gut gelaufen wäre. Die Mädchen haben ihr eine Lektion erteilt. Sie haben mit den Jungen verhandelt. Sabine nimmt sich vor, die Jungen besser zu beobachten, um sie kennenzulernen.

Das Essen ist fertig
Nach dem Freispiel im Garten gehen die Kinder zum Essen. Beim Händewaschen sind die Kinder sehr aufgeregt und spritzen mit dem Wasser herum. Sabine beobachtet die Kinder und merkt, dass sie eigentlich völlig erschöpft sind vom Spielen in der Sonne. Sie selber freut sich über die gelungenen Aktionen mit den Kindern, lacht und spiegelt: „Wenn ihr so weitermacht, müssen wir wahrscheinlich die Männer vom Technischen Hilfswerk holen, die uns da heraushholen." Die ängstlichen Mädchen stimmen zu. Sabine sendet ihre Ich-Botschaft: „Ich möchte, dass ihr euch die Hände abtrocknet und zum Essen kommt. Es gibt heute eure Lieblingsspeise, Pizza und Eis." Die Kinder johlen, freuen sich und rennen zum Essen. Sabine ist sich unsicher, ob sie jetzt noch was sagen soll. Sie lässt es bleiben. Für heute hat sie etwas darüber gelernt, wie und was sie zu den Kindern in welchen Situationen sagen soll, wie sie sich verhalten soll und wie die Kinder auf sie reagieren. Sie merkt, dass es auch von ihr und ihrer Befindlichkeit abhängt, wie sie auf die Kinder reagiert und wie die Kinder auf sie reagieren. In der Schule erzählt sie in der Reflexionsstunde, dass das aktive Zuhören und Senden von Ich-Botschaften wirklich klappt. Die Klassenkameradinnen wollen jedoch noch mehr wissen. Sie möchten erfahren, wie man bei den Kindern erkennt, was sie gerade brauchen, was sie möchten.

* Das kindliche Bedürfnis nach Kompetenzerleben erkennen und verstehen

„Schau, was ich schon kann!"

Freispielprozesse sind immer auch Bildungsprozesse. Kindliche Bildungsprozesse zeigen das Bedürfnis nach **Kompetenzerleben** und brauchen Beobachtung, fachliche Begleitung und Unterstützung. Die pädagogische Fachkraft entschlüsselt durch Einfühlung und Feinfühligkeit die kindlichen Signale. Das Wohlbefinden und die Lernbereitschaft der Kinder hängen entscheidend vom Allgemeinwissen, vom Fachwissen, von den Einstellungen und Kompetenzen der pädagogischen Fachkraft ab. Sie beobachtet, erkennt kindliche Lernwege und unterstützt z. B. in Form von Projekten für das einzelne Kind, für die Kleingruppe oder die Gesamtgruppe. Projektthemen befassen sich mit dem realen Leben und mit ernsthaftem Tun. Das bedeutet für die Fachkraft systematische Begleitung und didaktische Aufbereitung der aktuellen kindlichen Bildungsthemen. Sie hält das kindliche Lerninteresse wach, fördert die Lernkompetenz und verbessert dadurch die Qualität der Freispielprozesse.

Die pädagogische Fachkraft handelt kompetent, wenn sie

* die kindlichen Bildungsprozesse moderiert, d. h. mit den Kindern zusammen eine lernende Gemeinschaft bildet,
* das Spiel des einzelnen Kindes, der Kleingruppe und der Gesamtgruppe regelmäßig beobachtet,
* den kindlichen Lernweg versteht, das kindliche Vorwissen, sein Interesse, seine Spielabsicht und wie es die Dinge erlebt,
* für dieses Kind mit anderen Kindern zusammen neue Bildungsbereiche erschließt,
* zu vielfältigen stimulierenden und herausfordernden Spielen und Aktivitäten ermuntert,
* Bewegungs- und Entscheidungsfreiheit ermöglicht,
* im Team dem Bildungsplan und dem pädagogischen Konzept entsprechende Räume gestaltet, z. B. Forscherlabor, Atelier, Bibliothek, Werkstatt oder Bewegungsbaustelle,
* mit den Kindern den individuellen und gemeinsamen Lernweg durch Fotos sichtbar macht und darüber nachdenkt,

Wie viele Kinder sind zu sehen?

* aus den Spielbeobachtungen geplante und gemeinsame Lernaktivitäten in der Gruppe entwickelt (vgl. Bayerisches Staatsministerium für Arbeit und Sozialordnung, Familie und Frauen/ Staatsinstitut für Frühpädagogik München, 2006, S. 31).

Die Praktikantin Melanie plant ihre Freispielbegleitung.
„Ich versuche, dass beim Freispiel keine Kinder alleine sind, also alleine im Zimmer stehen. Als Erstes sehe ich ihnen eine Weile zu, vielleicht spielen sie ja von sich aus etwas, aber dann frage ich sie, was sie gerne machen möchten. Da fällt ihnen oft etwas ein. Ich möchte alle Kinder in die Gruppe integrieren.
Ich werde mit den Kindern reden, ihnen auch viel zuhören. Ich habe dabei das Ziel, dass die Kinder lernen zu sprechen und dass sie auch Sprechmanieren lernen.

Ich kann die Konflikte heraushören und darauf reagieren.
Ich versuche, bei Tischspielen mitzuspielen. Wenn ich die gesamte Aufsichtspflicht habe, werde ich keine Tischspiele wie Memospiele oder große Puzzles mitspielen, da ich mich dann weder auf das Kind noch auf die Gesamtgruppe konzentrieren kann.
Ich muss die ganze Gruppe im Blick haben, wenn ich mit den Kindern alleine bin.
Ich setze mich immer so hin, dass ich alle Kinder sehe, also mit dem Rücken zur Wand.
Ich gehe auch mal herum und schaue nach allen Kindern, sehe mal überallhin, sodass die Kinder das Gefühl haben, dass ich für sie da bin und dass ich sie sehe.
Wenn ich mit den Kindern rede, gehe ich auf ihre Augenhöhe, sodass die Kinder nicht zu mir hochschauen müssen. Das erleichtert den Kontakt.
Wenn ein Kind lange alleine herumsteht, frage ich es: „Was willst du gerne machen?"
Wenn zwei Kinder allein sind, frage ich sie, ob sie nicht zusammen etwas machen wollen.
Wenn einer bloß Quatsch macht und die anderen Kinder stört, rede ich erst mal mit ihm.
Wenn das nichts nützt, setze ich ihn eine Weile neben mich auf den Stuhl.
Ich versuche, möglichst viel Kontakt zu den Kindern aufzunehmen. Selbst werde ich versuchen, meine Hektik in Schach zu halten."

* **Das kindliche Bedürfnis nach sozialer Eingebundenheit erkennen und verstehen**

Die pädagogische Fachkraft unterstützt das Kontaktbedürfnis des Kindes und unterstützt es, seinen Platz in der Gruppe zu finden und Freundschaften zu schließen.
Gruppen bewegen und entwickeln sich in Gruppenphasen. Die jeweilige Entwicklungsphase der Gruppe beeinflusst das Denken und Handeln der Gruppenmitglieder. Der entscheidende Gruppenprozess spielt sich in den ersten beiden Phasen ab (vgl. Klein, 1996, S. 37).

Die pädagogische Fachkraft handelt kompetent, wenn sie die Grundsätze der Gruppenpädagogik kennt und umsetzt.
Die pädagogischen Grundsätze in der Arbeit mit Gruppen:

* individualisieren
* die Stärken der Kinder kennen
* dort anfangen, wo die Gruppe steht und sich mit ihr in Bewegung setzen
* Raum für demokratische Entscheidungen und Mitbestimmung geben
* notwendige Grenzen positiv setzen
* Zusammenarbeit statt Wettbewerb fördern
* sich überflüssig machen (vgl. Kelber, 1972, S. 134 ff.)

Das Wissen um die Gesetzmäßigkeiten der Gruppenprozesse ist entlastend und befähigt zu professionellem Handeln. Pädagogisches Handeln erfolgt immer in der Wechselwirkung Pädagogin-Kind-Gruppe, d. h., auch die nicht betroffenen Kinder beobachten das Geschehen. Besonders die zielgerichtete Arbeit in der Kindergruppe ermöglicht es, demokratische Verhaltensweisen anzubahnen und die Kinder zur Verantwortung für Aufgaben in der Gemeinschaft anzuregen. Dabei achtet die pädagogische Fachkraft auf ein gutes Gruppenklima, erarbeitet gemeinsam Gruppennormen, überprüft ihre Gültigkeit und sorgt für Voraussetzungen, dass Konflikte gelöst werden können. Wahrnehmende Beobachtung und die Auswertung der Gruppenprozesse erfolgen anhand von Soziogrammen oder Raumskizzen, in denen die Aufenthalte der Kinder notiert sind, und anhand von Fotos und Videoaufzeichnungen.

4 Spiel 153

Checkliste zur pädagogischen Begleitung der Kindergruppe

- In welcher Gruppenphase befindet sich die Gruppe?
- Wie sind die Rollen verteilt?
- Braucht das Kind bei seinem Spielvorhaben, beim Finden von Freunden Unterstützung?
- Hat jedes Kind seinen Platz in der Gruppe?
- Wer spielt welche Rolle?
- Wer hat die Führungsrolle?
- Wer ist das beliebteste Kind?
- Wer spielt den Clown?
- Wer ist isoliert?
- Wer ist der Sündenbock?

Der Anführer (Klaus): „Matthias, du darfst nicht mitspielen!" *Der Isolierte (Matthias):* Ohne Worte
Der Clown (Frank): „Schau mal Anton, die Heidi hat ein Popo-Gesicht, haha!" *Das beliebteste Kind (Anton):* „Ja, die Heidi ist wirklich komisch!" *Der Sündenbock (Heidi):* „Ihr seid so gemein zu mir!"

Das kindliche Bedürfnis nach Eingebundenheit und nach Zugehörigkeit unterstützen

Spielphasen im Freispiel	Beobachtbares Verhalten der Kinder	Spielbegleitung der pädagogischen Fachkraft im Freispiel
Fremdheitsphase Jedes Kind braucht Anerkennung und Sicherheit  *„Wie heißt du?"*	Kinder signalisieren ihre Bedürfnisse, Unsicherheit, zeigen Angst und Trennungsschmerz; die Kinder spielen „nebeneinander", lernen Regeln und Grenzen kennen und überprüfen sie immer wieder; sie lernen Konsequenzen bei Regelverletzungen kennen	Eingewöhnungszeit, Beobachtung, feinfühlige, offene und freundliche Haltung, Anerkennung und Sicherheit geben, Regeln und Grenzen mit Konsequenzen setzen, angenehmes Gruppenklima schaffen, Kinder entscheiden lassen, ob sie mitspielen möchten, Kinder miteinander in Kontakt bringen, Annäherungsversuche der Kinder untereinander unterstützen, ältere Kinder als Paten für jüngere Kinder einsetzen, Kinder bewusst beim Namen nennen, bei Angeboten Kleingruppen bilden, sich nicht zu lange mit einem Kind beschäftigen, das verhindert dessen Eingliederung in die Gruppe
Orientierungsphase Wo ist mein Platz in der Kindergruppe?  *„Nein, ICH!"*	Kinder testen ihren Status; Freundschaften entstehen; Spannungen und Rivalität werden sichtbar; Regeln und Grenzen werden getestet; Untergruppen bilden sich; die pädagogische Fachkraft wird zum Blitzableiter für Misserfolgserlebnisse; Rollenfindung bahnt sich an	**Jedem Kind** Gehör schenken; neutral bleiben; Gruppenerlebnisse ermöglichen; achten auf Außenseiter; die Stellung starker Anführer begrenzen; überprüfen, ob Regeln eingehalten werden; konsequent Grenzen setzen, vor allem, wenn jemand diskriminiert oder unterdrückt wird; Sicherheit und Orientierung geben; **allen** Kindern gegenüber eine positive Grundhaltung zeigen; Gefühle von Sieg und Niederlage bei Brettspielen in Bahnen lenken; Stärken der Kinder hervorheben; kindliche Bildungsthemen unterstützen; gehemmten Kindern Möglichkeiten zur Kontaktaufnahme aufzeigen

Spielphasen im Freispiel	Beobachtbares Verhalten der Kinder	Spielbegleitung der pädagogischen Fachkraft im Freispiel
Vertrautheitsphase Wir gehören zusammen „Leon ist jetzt mein Freund!"	Nach den Machtkämpfen entsteht das Bedürfnis nach Harmonie. Die Kinder schließen Freundschaften, bewegen sich sicher zwischen den Spielbereichen, sie können Konflikte leichter ertragen, der Lärmpegel sinkt, die Kinder zeigen sich in ihren Schwächen und Stärken. Das Kind, das neu in die Gruppe kommt, hat es schwer.	Projekte und kindliche Bildungsthemen unterstützen; sich überflüssig machen; so aktiv wie nötig, so passiv wie möglich sein; starre Untergruppenbildung vermeiden; Raum und Rahmenbedingungen überprüfen, z. B. wenn Spielbereiche durch bestimmende Kinder besetzt werden; Regeln überprüfen und ggf. lockern; Gruppenerlebnisse ermöglichen; als Kontaktperson den Wechsel von Spielpartnern ermöglichen; festgefahrene Rollen und Aufgabenverteilungen abbauen
Differenzierungsphase „Schau her, was ich kann" „Ich weiß, was ich kann!"	Die Kinder spielen miteinander, sie können Konflikte selbstständig lösen. Das Kind wird in der Gruppe als Persönlichkeit erlebt. Gehemmte Kinder werden aktiv; einige Kinder sind mit ihrem Platz in der Gruppe noch nicht zufrieden; neue Mitglieder werden ohne Weiteres aufgenommen; die Kommunikation der Kinder untereinander ist hoch.	Beziehungen in der Gruppe beobachten; Spielräume erweitern; Bildungsprozesse unterstützen; Spielvorlieben der Kinder beobachten; Kinder mit ähnlichen Interessen zusammenführen; die Selbständigkeit der Kinder ausweiten, evtl. Gruppenregeln anpassen; eingreifen, wenn die Kinder um Hilfe bitten
Ablösephase Ich gehöre zu den Großen  „Jetzt muss ich weiter."	Die großen Kinder freuen sich auf die nächste Einrichtung; die jüngeren Kinder erobern die Spielbereiche der älteren Kinder; die Gruppenerfahrungen werden in die neue Gruppe mitgenommen	Anforderungen im Spiel erhöhen; Kinder gezielt z. B. auf die Schule vorbereiten; jüngere Kinder auf die Rolle als „große Kinder" vorbereiten; Abschied feiern; Übergang in die neue Gruppe vorbereiten

4.5 Spielräume schaffen

Die pädagogischen Fachkräfte verschaffen den Kindern im Freispiel „Spielraum" durch Material- und Raumangebot. Das Spielmaterial ist reichhaltig, unterschiedlich, interessant und für verschiedene Alters- und Entwicklungsstufen geeignet. Es wird ausgetauscht je nach Schwierigkeitsgrad, Erlebnisinhalt, aktueller Situation und Beliebtheit.

Räume bieten Geborgenheit und Ruhemöglichkeit. Alles Laute, Aufdringliche (Farben, Formen) wird vermieden oder ausgeglichen. Um ein ungestörtes Spiel aller Kinder zu ermöglichen, werden „laute" und „leise" Zonen geplant. Um dem Bewegungsdrang der Kinder gerecht zu werden, sind Gänge und Bewegungsräume vorhanden.

„Mein Schaukelbild"

Das pädagogische Konzept bestimmt Spielräume und Lernumgebung.

* Der **situationsorientierte Ansatz** stellt die Individualität des Kindes ausdrücklich in den Mittelpunkt. Die Gestaltung der Spielräume geht von den Lebensbereichen der Kinder und ihrem Umfeld aus.

* Das Konzept der **offenen Arbeit** (offen oder halboffen) beinhaltet den Grundgedanken, dass die Kinder aktiv am Tagesgeschehen mitwirken. Die Öffnung der Türen bedeutet die ganze oder teilweise Auflösung der Kindergruppen. Die Kinder bewegen sich nach ihren Interessen und Bedürfnissen frei nach Absprache oder in Begleitung der pädagogischen Fachkraft innerhalb des Hauses. Dies ermöglicht gruppen- und altersübergreifendes Arbeiten. Eine flexible Raumnutzung und Ausstattung der Räume ist, je nach kindlichen Bildungsthemen und Projekten, erforderlich. Die Öffnung der Räume kann zeitlich begrenzt werden. In Kinderkonferenzen wird das tägliche Geschehen und der Schwerpunkt für Projekte geplant. Eine herausfordernde Gestaltung der Räumlichkeiten und Spielmöglichkeiten motivieren das Kind, sich zu entscheiden, wo, mit wem, was und wie lange es spielt.

* Der **Waldorfkindergarten** legt den Schwerpunkt auf künstlerisch-musische Erziehung und die Rhythmisierung des pädagogischen Alltags, dadurch ist die Gestaltung der Räume durch Licht, sanfte Farben und Naturmaterialien vorgegeben. Feste Bestandteile sind dabei z. B. das Freispiel, der Aufenthalt im Garten sowie ein Märchen am Ende des Vormittags.

* Die **Reggio-Pädagogik** („Hundert Sprachen hat das Kind"): Das Kind ist der Konstrukteur seiner Entwicklung und weiß am besten, was es braucht. Die Entfaltung der Wahrnehmungsfähigkeit ist besonders wichtig. Die zentrale Aktionsform ist das Projekt. Der dritte Erzieher ist der gestaltete Raum.

* In der **Montessori-Pädagogik** vollzieht sich das kindliche Lernen nach einem inneren Bauplan, in sensiblen Phasen. „Das Kind ist sein eigener Baumeister." Das Montessorimaterial ermöglicht schöpferisches Lernen durch Tun in Form von lebenspraktischen Übungen sowie die Sinnesschulung der kosmischen und mathematischen Erziehung. Dazu bekommt das Kind den Spielraum, eigene Erfahrungen zu sammeln, und die Zeit, die es dazu braucht.

„Hm, das ist lecker."

* Die **Wald- und Naturpädagogik** wird in verschiedenen Formen verwirklicht. Der Spielraum ist der Wald, die Natur oder der Garten. Dabei ist der Gedanke der Umweltpädagogik: „Ich verstehe die Problematik und ändere mein Verhalten", die Idee der Erlebnispädagogik ist das Erleben der eigenen Grenzen und der Gedanke der Naturpädagogik beinhaltet spielerisches Entdecken und Erleben der Natur: „Ich schütze nur das, was ich kenne und liebe."

* Die **Gartenpädagogik,** vor allem in den Ganztagsschulen, fördert bei ihrem methodisch-didaktischen Vorgehen bei Kindern das Gärtnern mit Herz, Hand und Kopf (vgl. Rusch, 2009, S. 5).

Die Kinderkrippe stellt bei allen pädagogischen Konzepten die sichere Bindung und Geborgenheit zwischen Kind und Erwachsenen in den Mittelpunkt. „Bedürfnisgerecht gestaltete Räume sind so übersichtlich und klar gegliedert, dass die Kleinen sich darin zurechtfinden und ungestörte Kontakte zwischen einem, zwei oder mehreren Kindern möglich sind. Nicht nur der Fußboden und die Wände werden für Möbel und Spielgeräte genutzt, sondern auch die Decken: Als Befestigungsträger werden stabile Balken mit mehreren dicken Haken für schwingende und schaukelnde Ausstattungsgegenstände eingezogen." (Bodenburg/Kollmann, 2014, S. 307)

Räume und Raumelemente in der Kindertageseinrichtung

Mögliche Raumaufteilung nach Themenbereichen in einer **Kinderkrippe**, um durch zu große Räume eine „Kontaktüberflutung zu vermeiden:

* Raum für Wahrnehmungsspiele, mit Tüchern und Bällen

* Raum zum Bewegen mit Fahrzeugen

* Raum für Montessori-Material wie Zylinder, Würfel, Grundfarben, Einsetzpuzzles, Tastsäckchen, Material zum Schütten und Löffel, Geräuschdosen, Tastbrettchen, Rahmen mit Druckknöpfen oder Reißverschlüssen und für kreative Angebote z. B. Leinwand, Pinsel, Schaum, Spiegel, Knete, Sand und Farben

* Raum für Sprachförderung, für Literacy-Erziehung mit einer Schreibwerkstatt und für Deutschkurse zum bilingualen Spracherwerb

* Raum für naturwissenschaftliche Experimente mit der Forscherkiste (Science Lab) zu Themen wie Wasser, Farben, Luft, Elektrizität und Schall

* Raum für den spielerischen Umgang mit digitalen und elektronischen Medien (vgl. Kap. 7)

* Platz zum Bauen und Konstruieren mit Bausteinen und Montessori-Materialien für Ein- bis Dreijährige

* Raum für Musik und Bewegung

Situation

Funktionsräume in der Kindertageseinrichtung

Die Praktikantin Christine beschreibt die räumliche Situation in ihrer Praxisstelle.

Esstisch
*Die Kinder entscheiden selbst, wann sie essen.
Am Esstisch werden Gespräche geführt, die beim Spielen in der Form nicht möglich sind. Es sprechen dann auch Kinder, die sich sonst wenig äußern.*

Deshalb ist die Beobachtung am Esstisch (oft Stammtische in geregelter Besetzung) wichtig.

Maltisch
Die Kinder entscheiden, was und ob sie malen.
Hier können sie ihre Kreativität beweisen, indem sie malen, basteln oder kneten. Durch diese Tätigkeiten können Probleme verarbeitet werden.

Bauecke
Die Bauecke ist bei uns ein extra Zimmer. Die Türe ist offen, damit die Aufsicht möglich ist.
Es dürfen unbegrenzt viele Kinder rein.
Es finden sich Eisenbahnschienen, Holzbauklötze, Legosteine und große Duplosteine in der Bauecke; sie ist mit Holztieren und anderem Belebungsmaterial ausgestattet.
Hier können die Kinder ihre Kreativität und Fingergeschicklichkeit zeigen.
Machtkämpfe werden ausgeführt: Wer am besten bauen kann, wer mit wem zusammen bauen darf ...

Kuschelecke
Sie befindet sich über der Puppenecke. Da sind Kissen und Matratzen und ein Bücherregal.
Vier Kinder dürfen sie immer benutzen. Die Kinder können sich hier ausruhen, CDs hören und kuscheln. Der Vorhang kann zugezogen werden, damit man nicht so abgelenkt ist. Auch Probleme können hier gut besprochen werden.
Sie ist für Ruhepausen, gegenseitiges Erzählen, wenn etwas bedrückt oder belastet. Bilderbücher werden angeschaut und mit Stofftieren gespielt.
Sie bietet die Möglichkeit des Rückzugs und Nichtstuns, aber auch die Möglichkeit der Auseinandersetzung.

Leseecke
Hier finden die Kinder Bilderbücher ohne Text, die leicht zu verstehen sind, oder Sachbilderbücher.
Die Bücher werden von Zeit zu Zeit ausgetauscht, je nach Interesse und Vorlieben der Kinder.

Puppenecke
Sie ist von allen Seiten mit Regalen umgeben, man kann sie kaum einsehen.
Dort können die Kinder ihre Erlebnisse im Rollenspiel verarbeiten. Vier Kinder können sie benutzen. Wenn sie fragen und das Spiel ruhig verläuft, können es auch mehr Kinder sein. Hier können die Kinder in verschiedene Rollen schlüpfen und durch das Rollenspiel unterschiedliche Probleme teilweise verarbeiten.

Im Gang ist ein **Teppich**, dort dürfen einige Kinder raus, Musik hören und spielen.

Aufgaben

1. Beobachten Sie Ihre Praxisanleitung bei der Freispielbegleitung an unterschiedlichen Tagen und werten Sie die Beobachtungen gemeinsam aus. Was haben Sie dabei gelernt?
2. Notieren Sie alle Gruppenregeln Ihrer Praxisgruppe zum Tagesablauf.
3. Beobachten Sie Ihre Praxisanleitung, wann sie bei einem Konflikt in einer Freispielsituation eingreift und wann nicht. Auf welche Weise tut sie das?
4. Welche Idee haben Sie, wie Sie bei Kindern erkennen, was sie brauchen und was sie möchten?
5. Welche Ideen haben Sie, wie Sie die kindlichen Bildungsprozesse in folgenden Situationen unterstützen?
   * Sie beobachten, dass vier Jungen, die sonst wenig malen, am Maltisch Klorollen mit Klebestreifen zu Flugzeugen zusammenkleben. Sie lassen ihre „Flugzeuge" im Raum herumfliegen.
   * Sie beobachten in der Kuschelecke im Nebenraum, dass drei Vorschulkinder (zwei Mädchen und ein Junge) Familie spielen. Das Mädchen stopft gerade eine Puppe und viele Tücher in ihre Latzhose.
   * Ein Mädchen bringt im Mai eine Raupe in einem Glas mit in die Kinderkrippe.
   * Nach dem Nikolaustag geht Bernhard, ein von der Gruppe isoliertes Kind, als Nikolaus verkleidet im Gruppenraum spazieren. Im Arm trägt er das Bilderbuch „Wie Nikolaus einen Gehilfen fand".
   * Sonja spielt sehr oft mit Monika. Sie sitzt oft am Maltisch, spielt in der Puppenecke und liebt Puzzles. Wenn Monika nicht da ist, hat sie Kontaktschwierigkeiten und steht viel im Raum herum. Sie scheint eifersüchtig zu sein, wenn Monika mit einem anderen Kind, z. B. mit Thomas, spielt.
   * Florian spielt mit Eva-Maria, Katrin, Christian und Thomas. Ihm kommen schnell die Tränen. Es scheint, als möchte er mit Thomas alleine spielen.
   * Christian spielt mit Florian und Thomas. Er möchte anscheinend gerne in der Jungengruppe mit Stefan, Andi und Daniel spielen, schafft es aber nicht.

⮕ Weitere Aufgaben zu diesem Thema finden Sie im Kapitel 4 des Arbeitshefts.

5 Bildungsprozesse begleiten

Bildung von Anfang an

In diesem Kapitel lernen Sie,

* dass Bildung ein individueller, sozialer und lebenslanger Prozess ist,
* dass die pädagogische Fachkraft ihre Bildungsbiografie reflektiert,
* dass das Kind sich von Anfang an selbst bildet,
* dass die pädagogische Fachkraft die kindlichen Bildungspotenziale kennt,
* dass die pädagogische Fachkraft die kindlichen Bildungsprozesse beobachtet, moderiert und dokumentiert,
* dass die pädagogische Fachkraft für die Chancengleichheit aller Kinder sorgt,
* dass die Bildungs- und Orientierungspläne der Bundesländer den Bildungsauftrag für die pädagogische Fachkraft festschreiben,
* dass dadurch die Transparenz und Qualität der Kindertageseinrichtungen gesichert sind.

5.1 Die Bildungsbiografie der pädagogischen Fachkraft

Aufgaben

1. Betrachten Sie mit Ihren Großeltern und Eltern Fotos aus deren Kindheit und lauschen Sie den Erzählungen. Was war den Großeltern, Eltern damals wichtig zu lernen? Was denken Sie über die Kindheit heute?
2. Machen Sie sich ein Bild davon, wie die Kindheit sich im Laufe der Zeit verändert hat.
3. Betrachten Sie Fotos aus Ihrer Kindheit. Was hat sich inzwischen verändert? Was haben Sie wann in Ihrer Kindheit Wichtiges gelernt?
4. Erstellen Sie Ihren Bildungslebenslauf.
Welche Unterrichtsfächer haben Sie besonders interessiert? Was war Ihr Lieblingsfach?
In welchem Unterrichtsfach hätten Sie sich mehr Unterstützung von der Lehrkraft gewünscht? Was machen Sie gerne? Welche Hobbys haben Sie? Was machen Sie nicht so gerne? Was macht Ihnen in der Ausbildung besonders Spaß? Wo haben Sie es schwer?
Diskutieren Sie in der Gruppe.

„Es war einmal ..."

Hinter jedem Bildungsprozess steckt eine Lebensgeschichte.

Aus den Geschichten der Großeltern und Eltern, aus Ihrer eigenen Kindheit und aus den Beobachtungen der Kinder Ihrer Praxisgruppe können Sie erkennen: Bildung ist abhängig von der jeweiligen Zeit, von Kultur, Religion, den dazugehörigen Werten und Normen und vom gesellschaftlichen Rahmen, in dem der Bildungsprozess stattfindet. Bildung hört nie auf, keiner kann aus dem Bildungsprozess aussteigen. Bildung beginnt von Geburt an.

Luciano Floridi, Professor für Philosophie, äußert sich in einem Interview zum Thema: „Welche Welt wollen wir?"

„Ich würde niemandem dringend empfehlen, Programmiersprachen zu lernen. Ich würde empfehlen, echte Sprachen zu lernen. Sprache erschafft die Welt. Es kann die Sprache der Musik sein, der Kunst, der Architektur. Sprache ist die Grundlage, die wir nutzen, um Dinge zu kreieren. Wenn Sie

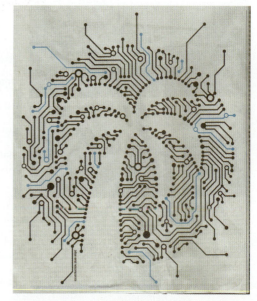

„Welche Welt wollen wir?" (© Illustration: Sead Mujic/ Süddeutsche Zeitung, Nr. 99, 29.04.2016, S. 13)

Sprachen beherrschen, gehört die Zukunft Ihnen. [...] Jedes Kind sollte seine Muttersprache perfekt lernen. So entwickelt man seine Gedanken. Dann sollte es Englisch lernen, denn das

ist das ultimative Instrument, um mit allen anderen zu kommunizieren. Als Drittes kommt die Mathematik, denn dadurch spricht die Natur. Alles andere? Ist eine Zugabe."
(Borchardt, 2016, S.13)

> ### Aufgaben
>
> 1. Schreiben Sie in einem Leserbrief Ihre Meinung zu dem oben angeführten Zeitungsausschnitt und erläutern Sie, in welcher Welt Sie leben wollen.
> 2. Was sollten Kinder Ihrer Meinung nach lernen? Was möchten Sie Kindern ersparen? Tauschen Sie sich in der Ausbildungsgruppe über Ihre Erfahrungen aus.

Bildung ist ein lebenslanger, sozialer, kulturschaffender und individueller Prozess.

Das pädagogische Handeln der Fachkraft hängt davon ab, welche Vorstellung von Bildung und welches Bild vom idealen Kind sie sich im Laufe ihres Lebens aufgrund ihrer Erfahrungen gemacht hat. Um den anvertrauten Kindern in ihren Bedürfnissen und in ihrer Entwicklung gerecht zu werden, ist es die Verantwortung der pädagogischen Fachkraft, die eigene Bildungsbiografie und die eigene Vorstellung von Bildung kritisch zu reflektieren. Nur dadurch kann sie das Kind mit einem gewissen Abstand in seiner Entwicklung und in seinen Bedürfnissen unterstützen und begleiten.

Die wahrnehmende Beobachtung der Kinder löst im Beobachter immer persönliche Erinnerungen, Vorstellungen von Bildung und „naive" Theorien über das „ideale Kind", die „ideale Erziehung", aus. Der Beobachter sieht das, was er erwartet, was er sehen will, was in **sein** „Weltbild" passt.

Bei mangelndem Fachwissen und ungenügender Selbstreflexion schließt die Pädagogin Lücken im Fachwissen zu schnell mit eigenen Vorstellungen. Das Kind, seine Entwicklung seine Herkunft, seine Kultur, sein Geschlecht, seine besondere Lebenssituation und seine Probleme werden verharmlost oder sogar ganz übersehen.

5.2 Das Bild vom Kind

„Das ideale Kind ist
* stark,
* kommunikationsfreudig,
* medienkompetent,
* kreativ forschend,
* verantwortungsvoll,
* wertorientiert."

(Hessisches Ministerium für Soziales und Integration/ Hessisches Kultusministerium, online abrufbar unter https://verwaltung.hessen.de/irj/servlet/prt/portal/ prtroot/slimp.CMReader/HSM_15/BEP_Internet/med/ 1, Seite 13, [15.09.2016])

Bildungsforscher wissen längst: Wer Kindern in den ersten Jahren hilft, hilft ihnen am effektivsten. Die Grundlagen elementarer Bildungsprozesse sind dabei die sinnliche Wahrnehmung, Bewegung, Spiel und kommunikativer Austausch.

„Schaut alle her!"

Die Pädagogik hat sich lange Zeit an einem Bild vom Kind orientiert, das den Säugling als passiv, schwach und hilflos sowie vollkommen abhängig von seiner Bezugsperson wahrnahm.

Frühkindliche Bildungsprozesse, d.h. frühkindliche Erfahrungen und die dabei gelernten Emotionen wurden außer Acht gelassen.

Bildung von Anfang an aufgrund eigener Erfahrungen
Bereits der Säugling ist kompetent und lernt von Anfang an. Er koordiniert seine Bewegungen, differenziert seine Sinne, macht sich Vorstellungen von der Wirklichkeit, lernt mit Menschen und Dingen umzugehen usw. Dieses Lernen kann die pädagogische Fachkraft unterstützen oder verhindern.

In Kapitel 3 wurde beschrieben, wie das Kind aufgrund seiner Alltagserfahrungen, auf dem Hintergrund seiner kulturellen und sozialen Herkunft, seines Geschlechts, seiner jeweiligen Entwicklungsstufe und seiner besonderen Situation in der Gruppe seine Wirklichkeit konstruiert.

Es „zimmert" so sein Weltverstehen von Anfang an und gibt dabei dem erlebten Geschehen Sinn und Bedeutung.

Das Kind erfindet seine Welt mit allen Sinnen.

In den ersten Lebensjahren spielt die **Bindung** und **emotionale Sicherheit** eine entscheidende Rolle für den kindlichen Bildungsprozess. Diese Bildungsprozesse verlaufen beim Kind spontan, unsystematisch, spielerisch und ganzheitlich. Der Säugling deutet seine Erfahrungen mithilfe von Emotionen selbst und gewinnt dadurch Orientierung. Er bildet und prägt so von Anfang an seine Art zu denken und zu handeln. In der kindlichen Fantasie und im Spiel verändert das Kind seine Vorstellungswelt, gestaltet sie und setzt sie neu zusammen. Aus dieser Erfahrungs- und Vorstellungswelt und im Alltag entwickelt das Kind seine erste Sprache.

Die kindliche Selbstbildung ist ein sozialer Prozess.

„Im Grunde genommen können wir uns das Kind als Geigerzähler vorstellen, der seine Umwelt ständig nach einem passenden Lernangebot durchsucht und aus dem Vorgefundenen seine Schlüsse zieht, seine Schlüsse, wohlgemerkt."
(Renz-Polster, 2011, S. 168)

Die Hirnforschung zeigt, wie Kinder lernen. Sie brauchen das sichere Fundament der familiären und sozialen Bindung, das Gefühl der Autonomie, des Kompetenzerlebens und des sozialen Eingebundenseins.

Seinen Bildungsprozess gestaltet das Kind aktiv, mit allen Sinnen, Emotionen, geistigen Fähigkeiten und kindlichen Ausdrucksformen.

Kindheit ist nicht das Alter der Perfektion – es ist das Alter des Ausprobierens und Spielens, des Fehlermachens. Wo immer die pädagogische Fachkraft dem Kind hilft, Fehler zu vermeiden, oder ihm Hindernisse, Sackgassen oder Irrwege erspart, nimmt sie dem Kind Lernchancen und behindert es in seiner persönlichen Entwicklung.

Beim **entdeckenden Lernen** sind die Kinder Lenker und Richtungsgeber ihrer Lernprozesse.

„Wir lernen zusammen"

Sie entwickeln gemeinsam eigene Arbeits- und Erkenntniswege. Dabei werden alle Fähigkeiten und Vorkenntnisse mobilisiert, die das Kind schon hat und auf die es zurückgreift, um zu sehen, wie weit sie ihm helfen können, die neue Aufgabe zu lösen. Das Kind lernt dabei genau das, was es in dem Moment braucht, und zwar auf seinem ganz persönlichen Lernweg.

Bildung ist mehr als Lernen.

„Was ist das Wissen des Weltwissens? Es ist mehr als Fakten und mehr als Informationen. Wissen, das sind ebenso Erinnerungsspuren des Kindes, Routinen, Zweifel, offene Fragen, intelligentes Raten. Auch entscheiden zu können: das interessiert mich jetzt nicht. Wissen heißt nicht, über etwas viel reden, sondern etwas tun können. [...] ‚Erkläre mir, und ich vergesse. Zeig mir, und ich erinnere. Lass es mich tun und ich verstehe.' Diese konfuzianische Maxime wird bestätigt durch neuere Ergebnisse der Hirnforschung. Synapsen bilden sich im Gehirn des

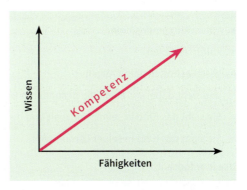

Kleinkinds vor allem dann, wenn es ‚selbstwirksam' ist, ‚selbstbildend', aktiv beteiligt. Das Kind muss die Welt nicht als etwas Vorgefundenes erfahren, es muss sie neu erfinden."
(Elschenbroich, 2001, S. 51 f.)

Die Familie, die kindliche Umgebung und die Erfahrungen, mit denen ein Kind aufwächst, bestimmen den Bildungsprozess von Anfang an.

„Wenn Kinder, diese hochtourigen Lerner, in den Kindergarten kommen, wissen sie bereits, dass Bäume nicht im Wohnzimmer wachsen, dass Kinder nie älter sein können als ihre Eltern, dass die Kasse am Ausgang vom Supermarkt steht, dass die Mutter, wenn sie am Telefon laut schreit, mit der Urgroßmutter telefoniert, dass es Schuhe für den linken und rechten Fuß gibt. Im Kindergartenalter wissen sie, dass das kleinere Kind auf der Wippe weiter nach hinten rutschen muss, dass manche Kinder zu ihrer Mutter ‚Ane' sagen, was ein anderes Wort für ‚Mutter' ist. Spaghetti, wenn man sie zu lang kocht, schmecken matschig [...]."
(Elschenbroich, 2001, S. 52 f.)

5.3 Das Bild von der pädagogischen Fachkraft

Bildungsprozesse mit Kindern kooperativ gestalten (Ko-Konstruktion)	mit Kindern philosophieren	kindliche Bildungsprozesse moderieren
	**Bildungsprozesse begleiten und unterstützen**	Bildung in der lernenden Gemeinschaft ermöglichen
		Kinder in ihrem Verhalten unterstützen und sie stärken
problemlösendes Verhalten von Kindern stärken	Kindern Hilfestellung geben (Scaffolding)	Projekte und Aufgaben im Hinblick auf die Anforderungen und die Fähigkeiten des Kindes analysieren

5 Bildungsprozesse begleiten

Die Förderung der Chancengleichheit aller Kinder ist eine gesamtgesellschaftliche Aufgabe. Pädagoginnen aller Bildungseinrichtungen haben die Aufgabe, eine Brücke zu bauen zwischen den gesellschaftlichen Anforderungen und dem kindlichen Weltverstehen. Die Fachkraft unterstützt und begleitet die Bildungsprozesse aller Kinder.

Der Blick der pädagogischen Fachkraft richtet sich auf das Kind
Sie sieht das Kind mit

* entwicklungssensiblen,
* kultursensiblen,
* geschlechtssensiblen Augen
* und sieht dabei vor allem die besonderen Bedürfnisse des Kindes.
* Sie sieht das Kind in seiner Ganzheit und holt es da ab, wo es steht.
* Sie sieht das Kind in seiner Lernumwelt.

Use it or loose it
Das Kind entwickelt seine Bildungsprozesse im kindlichen Alltag. Wenn diese Erfahrungs- und Vorstellungswelt und die sich daraus entwickelte kindliche Sprache sozial nicht anerkannt und unterstützt werden, gehen diese Bildungspotenziale wieder verloren.

Deshalb knüpft die pädagogische Fachkraft ihr Handeln an das Vorwissen und die Vorerfahrung des Kindes an. Sie schafft vor allem für Krippenkinder eine emotionale Lernumgebung, in der reichhaltige, anspruchsvolle und vielfältige Sinneserfahrungen mit Wiederholung, Bewegung und Abwechslung das Kind herausfordern.

Kindliche Bildungsprozesse begleiten und unterstützen
Der Bildungsauftrag der Kindertagesstätten, festgehalten in den jeweiligen Bildungsplänen der Länder, ist der Leitfaden. Die Schlüsselprozesse guter Bildung in der Kita sind Partnerschaft, das Gestalten von Übergängen, Beobachtung mit Dokumentation und alltagsintegrierte Sprachbildung.

Die pädagogische Fachkraft bildet sich „lebenslänglich".

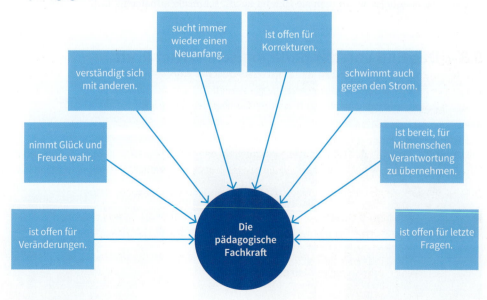

(vgl. Hentig in Klein, 2015, S. 35)

5.3.1 Bildungsprozesse mit Kindern kooperativ gestalten

Das Kind entwickelt Ideen, Theorien, Erklärungen und gibt den Erfahrungen und Erlebnissen seine eigene Bedeutung. Die wiederum sind für die pädagogischen Fachkräfte Ausgangspunkt zur Unterstützung des kindlichen Lernens.

Situation

Die Erzieherin Monika Schaarschmidt berichtet von ihrer Lernwerkstatt:
„Mitten in unserer Lernwerkstatt standen morgens mehrere große Kisten, bis zum Randgefüllt mit leeren Blechdosen. Die Kinder begannen mit dem Auspacken und stellten die Dosen auf, stapelten sie aufeinander. Türme entstanden, fielen wieder um. Die Kinder bauten, zählten, verglichen, entwickelten neue Ideen. Sie wurden zu Bauarbeitern, Turmbauern und Pyramidenforschern. Höhen, Längen und Mengen wurden erforscht und entdeckt. 150 Blechdosen ermöglichten so ein spielerisches Erlernen mathematischer Grundfertigkeiten und physikalischer Gesetzmäßigkeiten – eingebettet in eine Vielfalt sinnlicher Wahrnehmungen und Erfahrungen. Mathematik ist überall versteckt."

„Die Pyramidenforscher"

(Schaarschmidt, 2007, S. 34)

In einer Lernwerkstatt fragen und forschen die Kinder, entdecken das Lernen selbst. Sie tauschen Ideen aus und ko-konstruieren Sinn und Bedeutung. Die pädagogische Fachkraft dokumentiert die Lernergebnisse und reflektiert das kindliche Lernen.

5.3.2 Bildung in der lernenden Gemeinschaft ermöglichen

„Ich will dazugehören"

„Bildung fördern heißt, Zeit bereitstellen, dass Kinder untereinander und gemeinsam mit Erwachsenen wichtige, bedeutsame Erfahrungen machen können, dass sie erleben, wie sie Dinge bewirken können, Zusammenhänge verstehen, in Auseinandersetzung mit anderen ihre Position finden und die Gestaltung des Alltags aushandeln können."
(Leu, 2001, S. 255)

Die Bildung einer lernenden Gemeinschaft geschieht in den Kindertagestätten, wenn das **Lernen** im Vordergrund steht, z. B. bei Projekten, Bildungsangeboten oder gezielten Aktivitäten mit Kindern.

Dabei sind – je nach Zielsetzung – unterschiedliche Gruppierungen möglich.

In der Kita lernen Kinder bereits von Anfang an soziales Verhalten, Regeln und Grenzen kennen, entwickeln ein Zugehörigkeitsgefühl und erleben eine demokratische Gemeinschaft.

Kulturelle Unterschiede, z. B. Sprache, Religion oder Kleidung, werden als Chance und Bereicherung erlebt. Die Lernergebnisse werden dokumentiert.

5.3.3 Mit Kindern philosophieren

„Ich will die Welt verstehen."

Mit Kinder philosophieren heißt, sie zu ermutigen, ihre Fragen zu stellen und ihre Antworten zu suchen.

„Kinder suchen – wie die Menschen seit jeher – Erklärungen für das, was nicht greifbar und nicht sichtbar ist. Sie stellen Fragen nach dem menschlichen Leben, nach Tod und Sterben, nach Glück und Sehnsucht und versuchen dabei auch, für diese Gedanken und Erkenntnisse Worte zu finden. Genau in diesem Moment ist der Begriff ‚philosophieren' im Kindergartenalltag berechtigt."

(Schaarschmidt, 2008, S. 20)

Die Welt gemeinsam erklären

Als besonders förderlich wird das gemeinsame Nachdenken gesehen. Dabei ist zu beachten, dass die pädagogische Fachkraft die Antworten auf die kindlichen Fragen nicht zu schnell bereit hat. Kinder sind Forscher und Fragende. Unterschiedliche Fragestellungen haben unterschiedliche Antworten und Begründungen zur Folge. Es entstehen unterschiedliche Perspektiven und damit die Bereitschaft, andere Standpunkte einzunehmen und andere zu verstehen.

Eine „ gestaltete Lernumgebung" zum Philosophieren sind Räume wie Lernwerkstätten, Forscherräume, Dichterecken, Traumländer" und Materialien wie Bilder, Kunstwerke, Malutensilien und Bücher mit Bildern und Geschichten.

„Und das dreht sich auch!"

5.3.4 Kindliche Bildungsprozesse moderieren

Kindern zuhören, Impulse geben und sie ermuntern, Fragen zu stellen

* **Mit Kindern in Dialog treten**

    Kinder, unabhängig von der sprachlichen Entwicklung, brauchen Ansprechpartner, die ihnen aufmerksam zuhören, ohne Wenn und Aber. Schon Babys werden durch Zuhören ermutigt, durch Laute zu kommunizieren und entwickeln dabei die Fähigkeit, dem Blick des anderen konzentriert zu folgen.

    Im Dialog sagen Kinder, was sie wissen, glauben, fühlen und vermuten. Sie nehmen die Perspektiven der anderen wahr und bringen sie mit ihren Vorstellungen in Einklang (Assimilation).

* **Aktives Zuhören: Welchen Wunsch hat das Kind?**

  Beim aktiven Zuhören kann die pädagogische Fachkraft besonders gut auf die kindlichen Bedürfnisse, Interessen und Probleme eingehen. Sie beobachtet dabei Stimme, Körperhaltung und Gesten des Kindes und versetzt sich in die Lage des Kindes. Sie spiegelt das kindliche Verhalten und formuliert das, was sie verstanden hat, mit eigenen Worten, z. B. „Du möchtest ...", „Ich sehe, du bist ...".

  Aktives Zuhören hilft dem Kind herauszufinden, was es möchte und was es empfindet. Es erhält bei Problemen dadurch die Möglichkeit, sich zu äußern. Dabei ist es vor allem wichtig, die kindlichen Äußerungen zu akzeptieren und auszuhalten und dem Kind zuzutrauen, dass es seine Gefühle selbst tragen und ertragen kann. Danach kann gemeinsam eine Lösung angestrebt werden.

> **Situation**
>
> *Die Erzieherin sitzt mit zwölf Kindern im Halbkreis und betrachtet das Bilderbuch „Der Apfelbaum". Gegen Ende des Angebotes beginnen manche Kinder auf den Stühlen herumzurutschen, Markus sieht öfters zum Fenster hinaus.*
> *Die Pädagogin spiegelt:*
> *„Das Bilderbuch ist ganz schön lang."*
> *„Das Sitzen ist ganz schön anstrengend."*
> *„Du möchtest in den Garten."*
> *Dann wird Markus seinen Wunsch äußern und es kann eine gemeinsame Lösung gefunden werden.*

* **Anregende Impulse ermuntern das Kind, nachzudenken, Stellung zu beziehen und eigene Lösungen zu formulieren.**

  Sie sind wirkungsvoll, wenn sie herausfordern, überraschen und Spannung erzeugen durch
  - Worte: „Schau genau hin ...", „Prüfe nach ...", „Vergleiche die ..."
  - Laute: „So, so!", „Mh-hm!", „Ja ... und?", einen Klang, ein Geräusch erzeugen
  - Mimik, Gestik Gebärden oder Gegenstände: Eine Handbewegung, ein Zunicken, eine auffordernde Miene, einen Gegenstand herzeigen, ihn bewegen, unter einem Tuch verstecken ...

* **Fragen regen die Kinder zum Nachdenken und Erzählen an.**

  Sie eröffnen viele Antwortmöglichkeiten und fordern auf zum
  - Begründen: „Wie kam es dazu?"
  - Beschreiben: „Was passiert auf dem Bild?"
  - Entscheiden: „Wie denkst du darüber?", „Was findest du richtig?"
  - Finden von Gegensätzlichem: „Was ist gleich?"
  - Finden eines Lösungsweges: „Wie können wir herausfinden, wie ...?"
  - Lösungen ausprobieren: „Wenn du das ausprobierst, was geschieht dann?"
  - Lösungen suchen: „Wie könnten wir dem ... helfen, dass...?"
  - Vergleichen: „Wodurch unterscheiden sich ...?"
  - Vermuten: „Was wird jetzt passieren?"
  - Vorausdenken: „Wie wird es wohl weitergehen?"
  - Zurückdenken: „Was hat sich verändert?"

> **Checkliste: Bildungsprozesse moderieren**
> - Was können, wissen und verstehen die Kinder bereits? Was sind ihre Vorerfahrungen?
> - die Fragen an das Alter der Kinder anpassen, z. B. bei kleinen Kinder Fragen einfach und konkret stellen
> - Fragen, die nur mit Ja oder Nein beantwortet werden können, hemmen das Mitteilungsbedürfnis.
> - Entscheidungsfragen nur stellen, wenn sich die Kinder wirklich entscheiden können
> - Die Frage beginnt mit einem Fragewort (z. B. „Wie") und einem Verb (z. B. „können wir herausfinden").
> - eine Frage stellen und die Antwort darauf suchen, dann erst die nächste Frage stellen.

5.3.5 Kinder in ihrem Verhalten unterstützen und sie stärken

„Wer bin ich? Was kann ich? Was will ich?"

Entwicklungsstärkende Bildungsprozesse können nur gelingen, wenn die Kinder sich sicher, geborgen und gut eingebunden fühlen. Die Entwicklung eines positiven Selbstbildes „Wer bin ich?" geschieht nicht im „Alleingang", sondern nur im Austausch und in Interaktion mit anderen Personen, die dem Kind fortlaufend Rückmeldung über sein Können oder Nichtkönnen, über sein Verhalten, seine Eigenschaften und Kompetenzen geben.

Pädagogische Fachkräfte wissen, was die Kinder können und verstehen, und begleiten die Bildungsprozesse der Kinder mit eindeutiger Wertschätzung, ermutigen die Kinder bei ihren Anstrengungen und setzen dadurch die kindlichen Ressourcen frei. Das Kind macht die Erfahrung, durch eigene Anstrengung sein Leben zu steuern.

„Schön warm!"

Die pädagogische Fachkraft handelt kompetent, wenn sie

* das Interesse am Thema mit den Kindern teilt,
* herausfindet, wie Kinder Dinge erleben und verstehen,
* mit ihnen gemeinsame Aktivitäten durchführt,
* sich mit ihnen im steten Dialog befindet,
* das Lerngeschehen der Kinder durch Fotos und Aufzeichnungen visualisiert.

5 Bildungsprozesse begleiten

Aufgaben

„Ich will in meiner Einzigartigkeit gesehen werden."

1. Entwickeln Sie Ideen, wie Sie die unten beschriebenen Kinder in ihrem Verhalten unterstützen und stärken können.
   - Joschi liebt Pferde, Hunde und Katzen, weil zu seiner Familie die große Bernhardinerhündin Lola gehört.
   - Elfi hat Angst vor Wasser, weil sie im letzten Sommer aus dem Tretboot gefallen ist.
   - Beim Kreisspiel bleibt Robert immer sitzen, weil er nicht in die Mitte gehen mag.
   - Andreas wartet immer, bis sein Freund Peter kommt. Dann spielen sie zusammen.
   - Ines mag nicht mehr mitspielen, obwohl alle Kinder sie dazu drängen.
2. Erstellen Sie eine Liste, wie Sie drei Kinder in Ihrer Praxisgruppe persönlich loben und ermutigen können.
3. Probieren Sie aus, ob Sie mit Ihren Ideen Erfolg bei den Kindern haben.
4. Reflektieren Sie, bei welchen Kindern Sie Erfolg hatten, bei welchen nicht. Begründen Sie.

5.3.6 Kindern Hilfestellung geben

Was kann das Kind, was mag das Kind und was mag es nicht so gerne tun?

„Wenn wir also untersuchen, wozu das Kind selbstständig fähig ist, untersuchen wir den gestrigen Tag. Erkunden wir jedoch, was das Kind in Zusammenarbeit zu leisten vermag, dann ermitteln wir dadurch die morgige Entwicklung."
(Wygotski, 1987, S. 83)

Scaffolding, wörtlich übersetzt „Gerüst", ist die Unterstützung, die die pädagogische Fachkraft dem Kind zukommen lässt. Dabei fühlt sie sich in die momentane kindliche Situation ein, erkennt das kindliche Entwicklungsniveau und verhilft dem Kind zum nächsten Lernschritt.

„Scaffolding bezeichnet eine vorübergehende Hilfestellung zur Weiterentwicklung von einem Kompetenzniveau zum nächsten, sodass die Kompetenz schließlich unabhängig und ohne Hilfestellung ausgeführt werden kann."
(Bayerisches Staatsministerium für Arbeit und Sozialordnung, Familie und Frauen/Staatsinstitut für Frühpädagogik München, 2006, S. 434)

Scaffolding und die Reflexion der Lernschritte mit dem Kind erweitern die kindliche Lernkompetenz. Die pädagogische Fachkraft entwickelt mit dem Kind Handlungs- und Lösungsstrategien. Das Kind lernt dabei, sich selbst zu steuern und zu regulieren. Die Erfolge werden reflektiert, sodass das Kind erkennen kann, welchen Lernweg es beschritten hat, und über sein Denken und Tun nachdenken kann.

5.3.7 Problemlösendes Verhalten von Kindern stärken

Das Kind baut sich sein Wissen durch eigenes Handeln und Forschen aktiv auf. Durch spielerisches Handeln stolpern Kinder über etwas, wundern sich, staunen, ergründen und entdecken z. B. Gesetzmäßigkeiten der Logik oder physikalische Gesetze. Begreifen heißt erfinden bzw.

wiedererfinden und rekonstruieren. Die pädagogische Fachkraft beobachtet die Schwierigkeiten und Probleme der Kinder und schafft Raum für Ideen und Experimente. Sie passt dabei ihr pädagogisches Handeln den kindlichen Vorerfahrungen und aktuellen Fähigkeiten an.

5.3.8 Projekte und Aufgaben im Hinblick auf die Anforderungen und Fähigkeiten des Kindes analysieren

In den ersten Lebensjahren spielt die Bindung und emotionale Sicherheit eine entscheidende Rolle für den kindlichen Bildungsprozess, für Erwartungen und Befürchtungen und für Beziehungen anderen Menschen gegenüber. M. Ainsworth beschreibt die Feinfühligkeit und die Verhaltensweisen, die Voraussetzung für eine stabile Bindung sind (vgl. Stegmaier, 2016). Die pädagogische Fachkraft analysiert und reflektiert ihr Bindungsverhalten beim frühkindlichen Bilden, Erziehen und Betreuen:

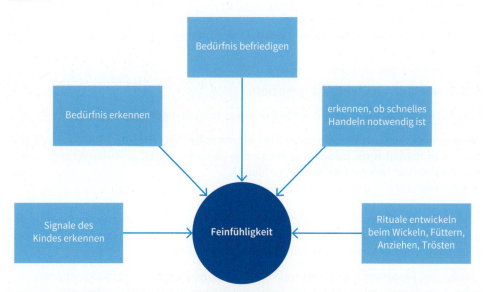

Das Kind gibt Warnsignale, sobald ihm jemand in seiner Umgebung zu hohe Anforderungen stellt. Wenn das Kind sich bei der pädagogischen Fachkraft sicher fühlt, erforscht es mit Neugierde seinen Alltag und seine Lernumgebung. Bei Unsicherheit klammert es, schreit, krümmt sich und sucht Trost. Die Fachkraft erkennt die Signale des Kindes: Das Bedürfnis nach Nähe und Körperkontakt oder das Bedürfnis nach Spiel und Erkunden.
Die pädagogische Fachkraft handelt mit Fantasie, z. B. beim Wickeln, Anziehen oder Trösten.

> „Kriacht a Käferl, kriacht a Käferl
> s´Bergerl rauf, s´Bergerl rauf,
> oben wieda runta, oben wieda runta auf deim Bauch."

Das Spiel geht weiter, wer kriecht noch den Arm hinauf … bis das Kind wieder ruhig wird und vielleicht sogar lacht.

„Noch einmal, noch einmal …"

Den eigenen Umgang mit Kleinkindern analysieren

Die Fragen der pädagogischen Fachkraft an das Kind könnten lauten:

„Erzähl mir …!", „Wie hast du das gemacht?", „Wie hast du das geschafft?", „Was hast du dabei gelernt?", „Welchen Trick hast du dabei gefunden?", „Welche Ideen hast du noch?", „Was brauchst du als Nächstes?", „Was hat dir dabei geholfen?", „Was war besonders anstrengend für dich?", „Was hat dich gefreut?", „Was hat dich geärgert?"

Kinder können Lernprozesse besser steuern, wenn pädagogische Fachkräfte an ihren Vorerfahrungen anknüpfen und ihnen das Tun und die einzelnen Bestandteile von Projekten im Zusammenhang bewusst machen.

Erfahrungen werden von Kindern als Lernen verbucht, wenn sie ihre Vorerfahrungen mit der Bedeutung und dem Sinn ihrer Anstrengung vereinbaren und nachvollziehen können, z. B. dass die Kenntnis von Farben und Formen beim Überqueren der Straße bei der Ampel ihre eigene Sicherheit erhöht (Akkomodation).

Nachdenken über das eigene Lernen ermöglicht es den Kindern, ein Verständnis für ihre Umwelt zu entwickeln und zugleich bewusst zu lernen. Dabei wird auch der Umgang mit Belastungen und Stresssituationen gefördert. Die Ergebnisse und die Aussagen der Kinder zu ihren Produkten werden dokumentiert.

„Wie hast du das geschafft?"

Zur Analyse von Bildungsangeboten und Projekten blättern Sie weiter zu Kapitel 6.

Aufgaben

Auch für pädagogische Fachkräfte gilt: Bildung ist ein individueller und sozialer Prozess. Sie lernen ein Leben lang.

1. Begründen Sie, warum Sie einen sozialpädagogischen Beruf ergreifen wollen.
2. Haben sich Ihre Einstellung und Ihre Berufsmotivation geändert? Wenn ja, warum? Reflektieren Sie Ihre Praxisberichte.
3. Was möchten Sie persönlich noch lernen?
4. Tauschen Sie sich in der Gruppe über Ihre Ergebnisse aus.
5. Dokumentieren Sie Ihre Lernergebnisse.

5.4 Bildungspläne und Bildungsschwerpunkte

Seit 2006 gibt es in allen Bundesländern Orientierungs- oder Bildungspläne mit der Vorgabe für die pädagogischen Fachkräfte, die kindliche Entwicklung zu beobachten und in folgenden Bereichen zu fördern:

(vgl. JMK/KMK, 2004, S. 5 ff.)

Die Kindertageseinrichtungen haben einen Betreuungs-, Erziehungs- und Bildungsauftrag.

Die Bildungspläne der Bundesländer gründen auf Vereinbarungen der Ständigen Konferenz der Kultusminister (KMK) und werden regelmäßig überprüft. Gemeinsame Bildungsvereinbarungen zum Bildungsverständnis, zu Zielen für Bildung, Betreuung und Erziehung von Kindern sichern die Transparenz und Vergleichbarkeit der Bildungsstätten und die Qualität der kindlichen Bildungsprozesse. Dabei wird das statische Bildungsvorratsmodell abgelöst von einem dynamischen Bildungserneuerungsmodell. Übergänge werden für die Kinder erleichtert und die Anschlussfähigkeit an die einzelnen Bildungsinstitutionen hergestellt.

Herkunft ist nicht gleich Zukunft

Die neuen Bildungskonzepte gehen auf soziale Phänomene wie Armut, Ausgrenzung, Migration, Flucht, Asyl, Mobilität und Sprachförderung ein. Das Ziel dabei ist es, den Kindern unabhängig von ihrer sozialen Herkunft bestmögliche Bildungschancen zu sichern, mehr Plätze in den Kindertageseinrichtungen und in der Tagespflege für die Kleinsten zu schaffen und die Betreuungszeiten flexibel und den elterlichen Wünschen entsprechend zu gestalten. Bei der Weiterentwicklung der Kindertageseinrichtungen zu Familienzentren wird ein breites Netz von umfassenden Hilfen für Familien in unterschiedlichen Lebenslagen angeboten. In Absprache mit Wohlfahrtsverbänden, Kirchen und kommunalen Spitzenverbänden werden Fachkraftstunden, Personaleinsatz und Finanzausstattung vereinbart (vgl. Ministerium für Generationen, Familie, Frauen und Integration des Landes Nordrhein-Westfalen, 2008, S. 1).

In allen Bildungsplänen werden die Beobachtung des einzelnen Kindes, die Partizipation des Kindes und seiner Eltern und das entdeckende Lernen mit allen Sinnen ausdrücklich gefordert.

Den Einrichtungen wird dabei ein pädagogischer Freiraum ermöglicht. Viele Einrichtungen nutzen diesen pädagogischen Freiraum und legen in Konzeptionen ihre pädagogischen Schwerpunkte fest. Dabei orientieren sie sich z. B. an pädagogischen Konzepten wie Montessori-, Reggio- oder Waldorf-Pädagogik. Es entstehen verschiedene Formen der Haus- und Raumgestaltung, wie etwa Kinderhäuser, Bewegungskindergärten, bilinguale Kindertagesstätten, Familienzentren usw.

Durch diese Entwicklung sind die Anforderungen an die Pädagoginnen gestiegen und erstrecken sich neben dem eigentlichen Erziehungs- und Bildungsauftrag auch auf Familienberatung, Prävention, Inklusion, Öffnung, Vernetzung und Kooperation.

Um diesen Anforderungen gerecht zu werden, hat die pädagogische Fachkraft unabhängig von Träger und Einrichtung das Recht auf fünf Tage Fortbildung im Jahr. Sie kann dabei im Austausch mit Kolleginnen ihr Fach- und Sachwissen erweitern (z. B. zur Aufnahme von Kindern aus asylsuchenden und Flüchtlingsfamilien), neue Arbeitsansätze und Methoden erfahren (z. B. zum Spracherwerb für Deutsch als Zweitsprache) und die Chance für lebenslanges Lernen nutzen.

Aufgaben

1. In welchen Bildungsschwerpunkten liegen Ihre Stärken, wo können Sie Kinder besonders unterstützen?
   - Sprache, Schrift, Kommunikation
   - personale und soziale Entwicklung, Werteerziehung, religiöse Bildung
   - Mathematik und Naturwissenschaft, (Informations-)Technik
   - musische Bildung/Umgang mit Medien
   - Körper, Bewegung, Gesundheit
   - Natur und kulturelle Umwelten
2. Welche Bildungsschwerpunkte gehören zu Ihren Schwachstellen? Wo brauchen Sie noch Unterstützung?
3. Informieren Sie sich anhand der fünf Begleitfilme zum Bayerischen Bildungsplan (www.ifp.bayern.de/projekte/curricula/begleitfilme.php) über die Arbeit der pädagogischen Fachkräfte zum Bayerischen Erziehungs- und Bildungsplan.
4. Informieren Sie sich über Fortbildungsangebote für sozialpädagogische Berufe von verschiedenen Fortbildungseinrichtungen.
5. Welche Fortbildungsmaßnahmen interessieren Sie und könnten Sie bei Ihrer Bildungsarbeit unterstützen?

➲ *Weitere Aufgaben zu diesem Thema finden Sie im Kapitel 5 des Arbeitshefts.*

6 Erzieherisches Handeln

In diesem Kapitel lernen Sie,

* dass gezielte, nach einer Struktur geplante Aktivitäten mit Teilgruppen wesentliche Bestandteile des erzieherischen Handelns sind,

* dass die Kinder bewusst zu einer Gruppe zusammengesetzt werden, um Lernziele zu verfolgen, die sich aus den Bildungs- und Erziehungsplänen der Länder ableiten lassen,

* dass pädagogische Fachkräfte sich mit dem Lerngegenstand intensiv auseinandersetzen müssen und ihr Handeln nach methodischen Prinzipien gestalten,

* dass in regelmäßigen gemeinsamen Runden der Gesamtgruppe erzieherisches Handeln ebenso stattfindet wie in gemeinsam geplanten Projekten über längere Zeitspannen,

* dass jede Form erzieherischen Handelns reflektiert werden muss, um die eigene berufliche Kompetenz ständig zu verbessern.

Was ist denn hier los?

Situation

In der gemeinsamen Runde der Igelgruppe der Städtischen Kindertagesstätte findet ein Gespräch statt mit den anwesenden Kindern, der Gruppenerzieherin Frau Miller und dem Praktikanten Erik. Die Kinder möchten einmal wieder das Spiel „Ich bin in den Brunnen gefallen" spielen. Erik fällt dabei der dreijährige Tim auf, der sich verlegen umdreht, wenn er aufstehen soll, und dabei dem Weinen nahe ist. Frau Miller nimmt Tim auf den Schoß und lässt ihn den Spielverlauf beobachten. So fängt er sich wieder. Allerdings ist in der Zwischenzeit ein Streit zwischen Maren und Alex entbrannt, weil Alex Maren zu grob aus dem Brunnen herausgezogen hat. Frau Miller hilft den Kindern auf eine humorvolle Weise, das Problem zu lösen.

Da Erik den Auftrag hat, bald ein neues Kreisspiel zum gegenseitigen Kennenlernen mit einem Teil der Gruppe einzuführen, stellt sich ihm die Frage, was er dabei alles beachten muss und welche unerwarteten Situationen sich ergeben könnten. Er ist sich nicht sicher, ob er ähnlich schwierige Situationen so gut gelöst hätte wie Frau Miller.

Erik soll in den nächsten Wochen mit Kleingruppen verschiedene gezielte Aktivitäten passend zur momentanen Situation und Thematik „Wir lernen uns besser kennen" planen und durchführen. Er muss in der nächsten Zeit zahlreiche Überlegungen anstellen.

Aufgaben

1. Gezielte Aktivitäten sind ein wesentlicher Bestandteil der pädagogischen Arbeit. Suchen Sie Argumente, mit denen Sie deren Notwendigkeit, z. B. Eltern gegenüber, beim ersten Elternabend begründen können.
2. Bei der Planung und Durchführung von gezielten Aktivitäten sind grundlegende Überlegungen anzustellen. Sammeln Sie alle Einfälle mithilfe eines Brainstormings.

6.1 Gezielte Aktivitäten planen und durchführen

Neben den pädagogischen Aktionen, die im Tagesablauf, etwa beim Essen, im Freispiel, in Pflegesituationen usw. bewusst und unbewusst erfolgen, spielt die gezielte Aktivität eine wichtige Rolle. Eine gezielte Aktivität, auch **gezieltes Angebot** oder **Bildungsangebot** genannt,

* ist ein inhaltlich vorstrukturiertes und methodisch durchdachtes Vorgehen,
* das sich an eine ausgewählte Teilgruppe richtet.
* Mit der Aktivität werden bestimmte Ziele verfolgt, die individuell auf einzelne Kinder und auch auf die Gruppe ausgerichtet sind.
* Die Aktivität erstreckt sich über einen begrenzten Zeitraum von ca. 20 bis 50 Minuten und wird in einem eigens dafür vorbereiteten Raum oder Bereich angeboten.

Gezielte Aktivitäten sind wichtige Bestandteile des pädagogischen Alltags, weil es Kinder gibt, die Anregungen durch Erwachsene brauchen und in der ruhigen und geschützten Atmosphäre der Kleingruppe mehr Unterstützung erleben als im freien Spiel der Großgruppe. Viele Kinder fühlen sich in der strukturierten Lernsituation eines gezielten Angebotes sehr wohl, weil sie dort Zusammenhänge aufgezeigt bekommen, die ihren Horizont erweitern und ihnen Erfolgserlebnisse ermöglichen. Kinder sollen in der sozial-pädagogischen Einrichtung in ihrer Entwicklung gefördert werden. Hierzu bieten gezielte Aktivitäten einen günstigen organisatorischen Rahmen.

Etwa ab dem dritten Lebensjahr sind Kinder bereit, sich mit Themen auseinanderzusetzen, die sie nicht unmittelbar erleben. Kleinere Kinder verfolgen lieber ihre eigenen Themen und konzentrieren sich mehr auf ihre unmittelbaren Wahrnehmungen. Sie mögen es, Tätigkeiten zu wiederholen.
Es ist daher notwendig, dass die pädagogische Fachkraft richtig einschätzt, was die Interessen und Voraussetzungen der Kinder sind. Bildungsangebote sollen zwar geplant sein, aber nicht schematisch verlaufen und den Kindern jeden Schritt vorschreiben.

Wer ein Bildungsangebot plant, stellt sich folgende Fragen:

* **Wer** nimmt an dem Angebot teil?
* **Warum** wähle ich diese Kinder aus, welche Ziele sollen sie erreichen können?
* **Was** wähle ich aus?
* **Wie** gehe ich dabei vor?
* **Womit** arbeite ich, welche Hilfsmittel verwende ich?

* *Auswahl der Kinder – Zielgruppe*
* *Lernziele*
* *Thema und Lerngegenstand*
* *Verlaufsplanung und Organisation*
* *Material und Medien*

6.1.1 Die Auswahl der Kinder und die Zusammensetzung der Zielgruppe

Gezielte Aktivitäten richten sich an Kinder, bei denen aufgrund von Beobachtungen festgestellt worden ist, dass ein Bedarf vorhanden ist. Dabei spielen die Vorerfahrungen der Kinder, ihre Interessen, Stärken und Schwächen sowie ihre Stellung innerhalb der Gruppe eine Rolle.

So wird z. B. ein Kind, das sich in der Gesamtgruppe kaum wagt etwas zu sagen, zu einer gezielten Kleingruppen-Aktivität ausgewählt, da es hier eher ein Erfolgserlebnis haben wird. Dies kann für die Entwicklung sehr förderlich sein.

Ein Kind, das nicht gerne malt, sich aber sehr für Dinosaurier interessiert, wird für die Malaktivität ausgewählt, bei der Dinosaurier gemalt werden, und dadurch in seiner kreativen Entwicklung angeregt. Für dieses Kind ist es anregend, wenn gleichzeitig ein Kind in der Malstunde beteiligt ist, das viele kreative Einfälle hat. Dieses Kind wird ausgewählt, weil es eine gewisse Vorbildfunktion erfüllt.

Ein anderes Kind nimmt an einem gezielten Gespräch deshalb teil, weil bei ihm beobachtet wurde, dass es sich gut mitteilen, aber anderen nur schwer zuhören kann. Die Kleingruppe bietet einen günstigen Rahmen, Gesprächsregeln und hier speziell das Zuhören einzuüben. Zwei Kinder, die in der Gesamtgruppe isoliert sind, weil sie nur miteinander spielen, werden bewusst getrennt, um ihnen die Möglichkeit zu eröffnen, sich als eigenständige Personen ohne ihren „Schatten" zu erleben und neue Erfahrungen und Erfolgserlebnisse zu machen.

Die pädagogische Fachkraft stellt die Gruppe also im Hinblick auf die Förderung und Berücksichtigung jedes einzelnen Kindes, gleichzeitig aber auch im Hinblick auf erwünschte Gruppenprozesse zusammen.

Die Kinder sollen mithilfe gezielter Aktivitäten die Chance erhalten, Erfahrungen zu machen, die es ihnen ermöglichen, das in arrangierten Situationen Erlernte auf andere Situationen zu übertragen.

6.1.2 Lernziele bestimmen

Lernziele sind für die Planung gezielter Aktivitäten sehr wichtig, denn ohne Ziele kann es schließlich keine „gezielte" Aktivität geben. Lernziele geben die Richtung an und helfen, die Aktivität auf das Wesentliche zu konzentrieren.

Gezielte Aktivitäten möchten Folgendes fördern:
* Fertigkeiten
* Fähigkeiten
* Wissen und Erkenntnis
* Einstellungen und Haltungen

Es soll benannt werden, was die Kinder lernen können. Darum sind Ziele ganz konkret auf das jeweilige Angebot abgestimmt. Am Ende eines Angebotes soll überprüfbar sein, ob die angestrebten Ziele auch wirklich erreicht wurden. Allerdings ist es nicht immer möglich, dass jedes Kind auch jedes Ziel erreicht. Denn was ein Kind annimmt, hängt davon ab, ob ein Angebot für das Kind bedeutsam ist, und das entscheidet das Kind alleine.

Lernziele	Beispiele
Fertigkeiten: Handlungsabläufe werden geübt und beherrscht	Schleife binden, Apfel schneiden, Geschirr spülen, Puppenwäsche waschen, das Gleichgewicht halten
Fähigkeiten: in den Bereichen Sprache, Wahrnehmung, Konzentration, Gedächtnis	einen Satz bilden, einen Vorgang beschreiben, Farben unterscheiden, sich auf ein Thema konzentrieren, sich ein Gedicht einprägen
Erkenntnis und Wissen: „Aha-Erlebnisse", „Wenn-Dann"-Beziehungen herstellen, Wissenserwerb, Aufbau von Denkstrukturen	wenn Gelb und Blau gemischt werden, entsteht die Farbe Grün; wenn ich anderen etwas zerstöre, lassen sie mich nicht mehr mitspielen; wenn ich die Pflanze nicht gieße, vertrocknet sie; Eulen fressen Mäuse und Schnecken

| Einstellungen und Haltungen: aufgrund von Wissen sinnvolle Handlungen ableiten und sich diese angewöhnen, Werte erwerben | unterschiedliche Standpunkte werden besprochen; Papierreste können noch zu weiterer Gestaltung gesammelt und genutzt werden |

Lernziele und Basiskompetenzen unterscheiden

Mitarbeiterinnen sozialpädagogischer Einrichtungen sind dazu verpflichtet, sich in ihrem erzieherischen Handeln am Bildungsplan des jeweiligen Bundeslandes zu orientieren und diesen möglichst umzusetzen. Im Bayerischen Bildungs- und Erziehungsplan (BEP) werden die Basiskompetenzen beschrieben, zu denen ein Kind befähigt werden soll.

Die **Leitziele**, die im Bildungsplan als **Basiskompetenzen** bezeichnet werden, sind den Zielen einzelner gezielter Aktivitäten übergeordnet. Die Basiskompetenzen des BEP werden wieder unterteilt in **Grobziele**, welche die Grundlage für die Feinziele einzelner Lernangebote bilden.

Im Bayerischen Bildungsplan finden sich zu jeder Basiskompetenz die entsprechenden Grobziele (vgl. Bayerisches Staatsministerium für Arbeit und Sozialordnung, Familie und Frauen/Staatsinstitut für Frühförderung München, 2006):

1. Selbstwahrnehmung

* **Selbstwertgefühl** ist die Art, wie ein Mensch seine Eigenschaften und Fähigkeiten bewertet. Ein hohes Selbstwertgefühl ist Voraussetzung für die Entwicklung von Selbstvertrauen. Es entsteht durch Wertschätzung und respektvollen Umgang.
* **Positives Selbstkonzept** ist das Wissen über sich selbst im Hinblick auf seine körperliche, seine soziale, emotionale und kognitive Leistungsfähigkeit. Es entsteht durch Verständnis und positive Rückmeldungen durch die pädagogische Fachkraft.

2. Motivationale Kompetenzen

* **Dem Autonomieerleben** liegt das Bedürfnis zugrunde, selbst zu bestimmen, was und wie gehandelt wird. Es wird von der pädagogischen Fachkraft durch häufige Wahlmöglichkeiten unterstützt.
* **Kompetenzerleben** entsteht, wenn die Erfahrung gemacht wird, dass man etwas kann. Es entsteht durch dem Leistungsniveau angemessene Aufgabenstellungen.
* **Selbstwirksamkeit** ist die Überzeugung, schwierige Aufgaben oder Probleme selbst lösen zu können. Diese Zuversicht entsteht ebenfalls durch individuell angepasste Aufgabenstellungen und den konsequenten Umgang mit Regeln.
* **Selbstregulation bedeutet,** dass das Kind sein Verhalten selbst beobachtet und selbst bewertet. Es wird unterstützt, indem die pädagogische Fachkraft Handlungsabläufe des Kindes kommentiert und so dem Kind zeigt, wie es sein Verhalten steuern kann.
* **Neugier und Interesse** sind vorhanden, wenn das Kind Neuem gegenüber aufgeschlossen ist.

3. Kognitive Kompetenzen

* **Differenzierte Wahrnehmung** durch Sehen, Hören, Tasten, Schmecken und Riechen ist grundlegend für Erkenntnis-, Gedächtnis- und Denkprozesse. Diese Fähigkeit wird durch Wahrnehmungsübungen und die Aufforderung zum Beschreiben des Beobachteten unterstützt.
* **Denkfähigkeit** ist einem Entwicklungsprozess unterworfen. Das junge Kind denkt noch egozentrisch und unlogisch. Die pädagogischen Fachkräfte passen Denkaufgaben dem Entwicklungsstand der Kinder an und regen die Kinder dazu an, Vermutungen zu äußern und Dinge auszuprobieren.
* **Das Gedächtnis** wird durch vielseitige Gelegenheiten zum Wiederholen von Gelerntem angeregt.
* **Problemlösefähigkeit** ist die Fähigkeit, Probleme unterschiedlicher Art zu analysieren und Lösungsmöglichkeiten abzuwägen, zu entwickeln, zu entscheiden und umzusetzen. Fachkräfte unterstützen Kinder dabei, indem sie ihnen Probleme nicht abnehmen, sondern sie ermutigen, Lösungen zu suchen und dabei entstehende Fehler als wichtigen Schritt zur Problemlösung zu beachten.
* **Fantasie und Kreativität** zeigen sich durch originellen Ausdruck bei motorischen, sprachlichen, musikalischen und gestalterischen Tätigkeiten. Die Fachkraft ermuntert die Kinder dabei.

4. Physische Kompetenzen

- **Verantwortung für Gesundheit und körperliches Wohlbefinden übernehmen**, d. h., wesentliche Hygienemaßnahmen selbstständig ausführen und gesunde Ernährung schätzen.
- **Grob- und feinmotorische Kompetenzen,** d. h., Bewegungsdrang ausleben, körperlich fit werden, Körperbeherrschung und Geschicklichkeit.
- **Fähigkeit zur Entspannung** bedeutet, nach Anstrengungen die körperliche Anstrengung wieder zu regulieren.

5. Soziale Kompetenzen

- **Gute Beziehungen zu Erwachsenen und Kindern**, d. h. respektvolle und sympathiegetragene Beziehungen aufbauen. Dies wird durch einen offenen wertschätzenden Umgang erlernt.
- **Empathie und Perspektivenübernahme** bedeutet, sich in andere Personen hineinzuversetzen, Gefühle und Handlungen von anderen zu verstehen.
- **Kommunikationsfähigkeit** ist die Fähigkeit, sich angemessen auszudrücken, richtige Begriffe zu verwenden und Gesagtes mit angemessener Gestik und Mimik zu begleiten. Diese äußerst wichtige Fähigkeit soll bei vielen Gesprächsanlässen immer wieder geübt werden.
- **Kooperationsfähigkeit** umfasst die Zusammenarbeit mit anderen bei gemeinsamen Aktivitäten. Sich absprechen, gemeinsam planen, über Erfahrungen sprechen, das alles wird in der sozialpädagogischen Einrichtung täglich praktiziert.
- **Konfliktmanagement** ist möglich, wenn Konfliktlösetechniken bei den alltäglichen Auseinandersetzungen immer wieder geübt werden. Kinder lernen, wie sich die Verschärfung von Konflikten verhindern lässt und wie Kompromisse gefunden werden können.

6. Entwicklung von Werten und Orientierungskompetenz

- **Werthaltungen:** Kinder erfahren, dass durch die Übernahme von christlichen und anderen verfassungskonformen Werten Zugehörigkeit zur Gruppe erlebt wird.
- **Moralische Urteilsbildung:** Kinder lernen, sich mit anderen über ethische Streitfragen auseinanderzusetzen. Mit passenden Geschichten und Erzählungen wird diese Fähigkeit bei Kindern unterstützt.
- **Unvoreingenommenheit und Achtung für Andersartigkeit** ist in einer welt- und wertoffenen Gesellschaft unbedingt notwendig. Die eigene Kultur kennen, sich für Menschen aus anderen Kulturen interessieren, um die Andersartigkeit z. B. von Mädchen und Jungen wissen, dazu trägt die Kindertageseinrichtung bei.
- **Solidarität** heißt, sich für andere einzusetzen und zusammenzuhalten.

7. Fähigkeit und Bereitschaft zur Verantwortungsübernahme

- **Verantwortung für das eigene Handeln und gegenüber anderen Menschen.** Kinder lernen, dass sie selbst für ihr Verhalten verantwortlich sind und dass man sich für Schwächere und Benachteiligte einsetzen sollte.
- **Verantwortung für Umwelt und Natur.** Kinder werden sensibel für alle Lebewesen und für deren natürliche Lebensgrundlagen. Sie lernen den schonenden Umgang mit der Natur.

8. **Fähigkeit und Bereitschaft zur demokratischen Teilhabe**

* **Akzeptieren und Einhalten von Gesprächs- und Abstimmungsregeln**, d. h., Entscheidungsfindung und Konfliktlösung sollen auf demokratischem Weg erlernt werden durch Gespräch, Konsensfindung und Abstimmung, nicht durch Gewalt und Machtausübung. Durch regelmäßige Mitsprache und Mitgestaltung wird den Kindern das Erlernen dieser Fähigkeit vermittelt.

* **Einbringen und Überdenken des eigenen Standpunktes:** Dies können Kinder, wenn sie in der Lage sind, eine eigene Position zu beziehen und zu vertreten und auch andere Meinungen zu akzeptieren, und zu Kompromissen bereit sind. Durch Beteiligung erlernen Kinder diese Fähigkeiten.

9. **Lernmethodische Kompetenz**

Die Fähigkeit, **neues Wissen**

* zu erwerben,

* anzuwenden und

* eigene Lernprozesse wahrzunehmen und zu steuern,

ist die Grundlage für lebenslanges Lernen.

10. **Widerstandsfähigkeit (Resilienz)**

Das resiliente Kind ist fähig, sich an schwierige Lebensumstände anzupassen und diese erfolgreich zu meistern und sich zu einer leistungsfähigen, stabilen Persönlichkeit zu entwickeln.

* Es entwickelt sich gesund und positiv trotz problematischer Lebensumstände in der Familie,

* es ist auch unter akuten Stressbedingungen und kritischen Lebensereignissen beständig kompetent,

* es erholt sich schnell von traumatischen Erlebnissen (vgl. S. 89).

➲ *Aufgaben zu diesem Thema finden Sie im Kapitel 6 des Arbeitshefts.*

6.1.3 Themen finden und den Lerngegenstand analysieren

Wenn klar ist, welche Ziele angestrebt werden, wählt die pädagogische Fachkraft ein passendes Thema aus. Sie setzt sich damit auseinander, welche Inhalte (= Lerninhalt) mit den Kindern mit welcher Methode bearbeitet werden, um die gewünschten Fertigkeiten, Fähigkeiten, Erkenntnisse und Wertvorstellungen zu erreichen. Sollen die Kinder in ihrer Fähigkeit unterstützt werden, Gesprächs- und Abstimmungsregeln zu akzeptieren und einzuhalten, wird die pädagogische Fachkraft Gesprächskreise planen, bei denen Regeln erarbeitet werden, sie kann Rollenspiele oder kreative Gemeinschaftsarbeiten in der Kleingruppe anregen, bei denen diese Fähigkeiten erlernt und geübt werden.

Welches Thema die pädagogische Fachkraft auswählt, hängt von den Interessen und der Lebenssituation der Kinder ab und von den Themen, die in der Einrichtung aktuell bearbeitet werden. Hierbei spielen jahreszeitliche und konzeptionelle Gegebenheiten ebenfalls eine Rolle.

Kinder können Äpfel vielfältig erfahren.

Folgende Fragen sind hilfreich bei der Themensuche:

* Entspricht das Thema den Interessen der Kinder?
* Ist es von Bedeutung für die Lebensbewältigung der Kinder?
* Ist das Thema in seinem Zusammenhang erfassbar für die Kinder?
* Ist das Thema auf die Gruppensituation abgestimmt?
* Ist das Thema zeit- und jahreszeitgemäß?
* Kann das Thema organisiert und durchgeführt werden?
* Ist das Thema auf die Konzeption abgestimmt?
* Ist das Thema für weiterführende Projekte geeignet?

Ist die Themenwahl erfolgt, setzt sich die pädagogische Fachkraft mit der Sache selbst, d. h. mit dem Lerngegenstand auseinander. Handelt es sich dabei z. B. um eine Erzählung, macht sie sich mit deren Inhalt vertraut, erfasst die Aussage der Erzählung, schätzt ein, für welches Alter der Inhalt geeignet ist und ob damit die angestrebte Zielsetzung erreicht werden kann.

Wird ein naturwissenschaftliches Experiment geplant, macht sie sich sachkundig über den naturwissenschaftlichen Hintergrund, den sachgerechten Materialeinsatz, die kindgerechte Erklärung und die praktische Anwendbarkeit.

Soll eine ästhetisch-künstlerische Aktivität durchgeführt werden, setzt sich die pädagogische Fachkraft mit der Technik, dem Materialeinsatz und der notwendigen Veranschaulichung auseinander.

Bei der Analyse des Lerngegenstandes geht es immer darum, sich selbst genügend Hintergrundwissen anzueignen, um sicher mit dem Thema und mit möglichen Fragen oder Problemen umgehen zu können.

Aufgabe

Beurteilen Sie die Themenwahl bei den nachfolgenden Beispielen mithilfe der Fragen zur Themensuche:

1. Wir üben im Stadtviertel Fahrrad fahren mit den Vorschulkindern.
2. Wir bauen eine Schneeburg im Garten.
3. Wir befassen uns mit dem religiösen Brauchtum im Hinduismus.
4. Wir betrachten das Bilderbuch „Wo kommen die kleinen Babys her?".
5. Wir bereiten einen Schweinebraten zu.

➲ Weitere Aufgaben finden Sie im Kapitel 6 des Arbeitshefts.

6.1.4 Methodische Grundsätze

Aufgabe

Bilden Sie fünf Gruppen und lösen Sie folgende Aufgabe: Es soll ein Gegenstand gefaltet werden, jedoch in jeder Gruppe auf eine andere Weise.

1. Gruppe: Gegenstand falten nach verbaler Beschreibung, ohne Bild, mit Faltpapier.
2. Gruppe: Falten mit Beschreibung, ohne Faltpapier.
3. Gruppe: Falten nur mit Bild, ohne Beschreibung, mit Faltpapier.
4. Gruppe: Falten mit einfacher Beschreibung, Bild und Faltpapier.
5. Gruppe: Falten, nachdem dies ohne Erklärung durch die Lehrkraft vorgemacht wurde, mit Faltpapier.

Auswertung:
* Jede Gruppe überlegt sich zunächst alleine, welche Unterstützung sie sich gewünscht hätte, was sie gebraucht hätte, um erfolgreich zu falten.
* Jede Gruppe faltet ihren Gegenstand den anderen vor.
* Erfahrungsaustausch: Wie wurde die Aufgabe von den einzelnen Gruppen gelöst?
* Welche Gruppe hatte es am einfachsten?
* Welche Umstände machen es leicht/schwer, den Faltvorgang zu erlernen?
* Halten Sie die wichtigsten Ergebnisse auf der Tafel fest.

Die Frage nach dem **methodischen Vorgehen** lautet: **Wie** kann die gezielte Aktivität am besten vermittelt werden?

Sie konnten bei dem Experiment erleben, dass der Faltvorgang auf verschiedene Weise erlernt oder aber auch nicht erlernt wurde. In jedem Fall waren die Lernbedingungen unterschiedlich und mehr oder weniger schwierig. Wie erfolgreich gelernt wurde, hing davon ab, **wie** der Faltvorgang vermittelt wurde.

Bei der Vermittlung eines Bildungsangebotes gilt es, methodische Prinzipien zu kennen und zu beachten, um die gesetzten Ziele möglichst effektiv zu erreichen. Vermutlich haben Sie festgestellt, dass die Gruppe am zufriedensten war, die den Vorgang mit einfachen Worten erklärt, ihn gleichzeitig gezeigt bekommen hatte und ihn gleich ausprobieren durfte.

Methodische Prinzipien

1. Entdeckendes Lernen	2. Selbsttätigkeit	3. Anschaulichkeit
4. Ganzheitliches Lernen	5. Kindgemäßheit	6. Lebensnähe
7. Teilschritte	8. Individualisierung	9. Handlungsorientierung

1. Entdeckendes Lernen

Kinder, und besonders Kleinstkinder, sind Entdecker. Sie haben ein ausgeprägtes Neugierverhalten und entdecken lustvoll die Welt.

Dazu benötigen sie genügend Zeit und Raum sowie Erwachsene, die sich zurückhalten können, die die Eigenaktivität der Kinder schätzen und unterstützen und die nicht sofort fertige Lösungen parat haben.

2. Selbsttätigkeit

Kinder sammeln durch eigenes Handeln wichtige Erfahrungen. Diese sind besonders wertvoll, denn sie werden immer dann selbsttätig, wenn sie sich für eine Sache aus innerem Antrieb interessieren.

Durch Selbsttätigkeit erleben die Kinder, dass sie selbst Einfluss nehmen können auf die Umwelt, dass sie selbst etwas bewirken.

3. Anschaulichkeit

Die Praktikantin hat den großen Wiesenblumenstrauß, den die Kinder gestern beim Ausflug in dem Wald gepflückt haben, in die Mitte gestellt. Im Nu fallen den Kindern wieder viele Situationen ein, die sie gestern erlebt haben. Hätte die Praktikantin gefragt: „Was haben wir denn gestern gemacht?", wäre sicher nur ein schleppendes Gespräch in Gang gekommen. Gegenstände und Bilder helfen Kindern, sich an erlebte Situationen zu erinnern, denn diese sind mit Gefühlen verbunden, die dann wieder wachgerufen werden. Über das Anschauen kommt das Kind zum Denken. In dieser Reihenfolge sollte bei Bildungsangeboten vorgegangen werden.

Anschaulichkeit kann hergestellt werden durch reale Gegenstände, durch konkrete Beispiele oder durch die Beobachtung echter Situationen.

4. Ganzheitliches Lernen

Der sechs Monate alte Kai sieht einen Spiegelwürfel im Korb liegen. Er holt ihn heraus, wirft ihn auf den Boden, entdeckt sein Spiegelbild, ist gefangen von den sich immer wieder ändernden Bildern auf dem Würfel, nimmt ihn in den Mund, lässt ihn wieder in den Korb fallen usw.

Daran ist zu sehen, dass ein Kind immer versucht, Dinge und Ereignisse mit allen Sinnen zu erfassen, sich ein Bild davon zu machen, zu begreifen – und zwar immer dann, wenn es in einer bestimmten Situation darauf aufmerksam wird.

5. Kindgemäßheit

Kindgemäß vorzugehen bedeutet, den Entwicklungsstand der Kinder genau zu kennen und an das anzuknüpfen, was das Kind kann bzw. noch lernen möchte. Es bedeutet, die Wünsche, Interessen und Neigungen der Kinder zu berücksichtigen und die Inhalte so zu vermitteln, dass dies für das Kind gut verständlich ist. Dazu bedient man sich einer kindgemäßen Sprache. Das bedeutet nicht, dass „kindisch" gesprochen wird, sondern vielmehr bildhaft, klar und lebendig.

6. Lebensnähe

Die Auswahl der Themen sollte Erfahrungen der Kinder und die aktuellen Situationen berücksichtigen, die Kinder gerade erleben. Dabei sollten diese Themen so bearbeitet werden, dass es den Kindern möglich ist, ihre Eindrücke mitzuteilen, zu verarbeiten und praktisch anzuwenden.
Die pädagogische Fachkraft geht immer vom Einfachen zum Komplizierten, vom Bekannten zum Unbekannten und vom Nahen zum Fernen.

7. Teilschritte

Bei einer komplizierten Faltarbeit wird deutlich, warum es sinnvoll ist, einen Lernvorgang in Teilschritte zu untergliedern, denn erst wenn ein Faltgang beendet ist, kann sich der nächste anschließen. Nach jedem Schritt erlebt das Kind einen kleinen Erfolg, der zum nächsten Schritt motiviert. Der Vorgang wird überschaubar, der Erfolg ist sicher. Auch aus organisatorischen Gründen ist die Aufgliederung in Lernschritte wichtig, da sonst, z. B. beim Turnen, beim Werken oder beim Kochen, zu viel Energie aufgewendet werden müsste, um eine gewisse Ordnung zu gewährleisten.

8. Individualisierung

Jedes Kind nimmt anders wahr, jedes Kind hat einen anderen Erfahrungshintergrund und unterschiedliche Fähigkeiten oder Interessen. Bei der Zubereitung eines Kuchens ist es dem einen Kind besonders wichtig, das Rührgerät zu bedienen, ein anderes wiegt gerne Zutaten ab und ein drittes verziert besonders gerne den Kuchen. Die pädagogische Fachkraft muss in der Lage sein, diesen Unterschieden gerecht zu werden. Es ist eine große Kunst, die verschiedenen Beiträge so miteinander zu verbinden, dass jedes Kind zum Zuge kommt, kein Kind abschweift oder nicht folgen kann und das Thema gemeinsam in der Gruppe verfolgt wird.

9. Handlungsorientierung

Durch praktisches Tun, Spielen, Experimentieren, Ausprobieren, Beobachten und Vergleichen wird das Kind in seiner Unabhängigkeit, Selbstbetätigung und Entscheidungsfähigkeit gefördert. Das Aktivitätsprinzip versteht sich als „Lernen durch Handeln" (learning by doing). Praktisches Handeln ist, wo immer möglich, zu bevorzugen.

6.1.5 Die Materialauswahl treffen

Wir wissen, dass das Denk- und Vorstellungsvermögen von Kindern im vorschulischen Alter sehr eng an selbst Erlebtes gebunden ist und dass Kinder dann laut über etwas nachdenken, wenn sie es unmittelbar sehen. Darum ist der Einsatz von realen Gegenständen, Bildern und Modellen bei der Arbeit unbedingt notwendig. Kinder bekommen erst durch vielfältige Sinneswahrnehmungen wie Anschauen, Riechen, Schmecken, Tasten oder Lauschen lebendige Vorstellungen von einem Lerngegenstand. Pädagogische Fachkräfte sollten sich die Fähigkeit aneignen, alles zu veranschaulichen, was möglich ist.

Der Gegenstand selbst hat dabei den **höchsten Aufforderungscharakter**. Ein Apfel wird z. B. gesehen, gespürt, gerochen und geschmeckt. Das ist anschaulicher und lebensnäher als die Abbildung eines Apfels.

Wo Gegenstände nicht mitgebracht oder wahrgenommen werden können, ersetzt ein naturgetreues **Modell**, z. B. ein Spielzeugauto oder ein Plüschtier, das reale Fahrzeug bzw. ein Tier. Dazu sind **klare Fotografien, große Bilder, Dias oder Filme** eine Alternative. Je wirklichkeitsgetreuer, je klarer und realistischer in der Darstellung, umso besser geeignet sind Bilder und Modelle.

Auch akustisches Material wie Aufnahmen von Geräuschen, Lauten oder Tönen kann zur Veranschaulichung dienen, um den Kindern eine Vorstellung, z. B. von Tieren, zu ermöglichen.

Riech-, schmeck- und greifbare Substanzen und Gegenstände werden intensiver unter Ausschluss des Sehens wahrgenommen. Darum ist bei ihnen vor allem darauf zu achten, dass sie nicht gefährlich sind und bei den Kindern keine Angst auslösen. Flüssigkeiten mit ätzender Wirkung für die Arbeit mit Kindern sind ebenso ungeeignet wie Gegenstände mit Verletzungsgefahr.

Material, das zu Spielen eingesetzt wird, sollte nicht nur aus industrieller Fertigung stammen. Auch Materialien aus Natur und Lebensumfeld sind unverzichtbar für eine lebendige und kreative Auseinandersetzung mit der Welt. Diese Materialien, z. B. Kastanien, Rinde, Steine, Hölzchen oder Stöckchen, bieten vielfältige Spiel- und Gestaltungsmöglichkeiten mit immer wieder neuen, sich wandelnden Spielinhalten.

➲ *Aufgaben zur Veranschaulichung von Themen finden Sie im Kapitel 6 des Arbeitshefts.*

6.1.6 Den Verlauf planen

Die gezielte Aktivität ist ein Angebot, das nach einer ganz bestimmten Struktur geplant und vorbereitet wird. Kinder wissen, dass nach Zeiten des Freispiels auch gezielte Aktivitäten stattfinden. Im Verlauf eines Tages kann ein Kind diesen Wechsel etwa wie folgt erleben:

„... sooo hoch!"

Beispiel

Momentanes Erleben im Freispiel:	Paul baut mit seinen Freunden einen Flugplatz, Flugzeuge und Hubschrauber.
Übergang: Der Spielschluss wird angekündigt, die Erzieherin weist auf den Morgenkreis hin.	Paul kann das Spiel innerhalb einer kurzen Zeit von fünf Minuten zu Ende spielen.
Im **Morgenkreis** wird angekündigt, dass die Praktikantin Maria nach der Frühstückspause mit zwölf Kindern in den Bewegungsraum gehen wird, um mit ihnen ein Spiel zu spielen.	Paul erfährt, dass er mitgehen kann. Er freut sich schon darauf, denn er geht gerne mit zu Aktivitäten, besonders wenn sie im Bewegungsraum stattfinden.

Frühstückspause	Paul sitzt neben seinem Freund Jonas, der auch mit in den Bewegungsraum gehen wird.
Einstieg ins Thema	Die Praktikantin Maria erzählt eine kurze spannende Geschichte, die bei Paul Lust auf das Spiel weckt.
Zielangabe	Paul erfährt von Maria, dass das Spiel „Komm mit – lauf weg" heißt.
Hauptteil	* Maria erklärt das Spiel. * Es wird eine Proberunde gespielt, Paul darf es vormachen. * Das Spiel wird mehrmals gespielt, bis fast alle einmal Fänger waren. * Das Spiel wird ein letztes Mal mit Ausscheiden gespielt, Paul wird Zweitbester.
Abschluss	Maria macht eine kurze Entspannungsübung mit den Kindern, das ist schön für Paul, denn er kann sich ausruhen. Danach gehen alle zurück ins Freispiel.
Weiteres Erleben im **Freispiel**	Die Freunde von vorhin sind nicht mehr alle im Raum, Paul möchte jetzt lieber ein Bild malen.

Jede gezielte Aktivität besteht aus den Elementen: Einstieg – Zielangabe – Hauptteil – Abschluss.

Einstieg	– In dieser ersten Phase der Aktivität stimmt die pädagogische Fachkraft die Kinder ein auf das Kommende, indem sie einen gefühlsmäßigen Bezug zwischen den Kindern, dem Vorhaben und sich selbst herstellt. – Sie veranschaulicht Wesentliches, indem sie unmittelbare Sinneserfahrungen über Sehen, Hören, Spüren, Schmecken oder Riechen ermöglicht. Dies geschieht mit entsprechendem Anschauungsmaterial.
Zielangabe	– Sie teilt den Sinn des Vorhabens mit. – Sie macht die Kinder mit dem Thema bekannt, indem sie den Lerngegenstand zeigt oder vorstellt (z. B. Bilderbuch, Material, Technik).
Hauptteil	Das Vorhaben wird schrittweise realisiert, meist nach folgender Systematik: – Material wird besprochen, Ideen zum Vorgehen werden gesammelt, ein Überblick über das gesamte Vorgehen wird geschaffen, die Spielregel wird erklärt … – Das eigentliche Vorhaben wird in die Tat umgesetzt, indem die Kinder das Obst für den Obstsalat schneiden, das Bilderbuch erarbeiten, ihr Kunstwerk herstellen, experimentieren, das Spiel spielen, Bewegungsübungen mit dem Ball durchführen … – Das Ergebnis wird gesichert, indem das Wesentliche vom Inhalt des Bilderbuches wiederholt wird, der Tisch gedeckt wird, an dem die zubereitete Speise eingenommen wird, die Experimente gedeutet werden, die Bälle in einer letzten Bewegungsübung aufgeräumt werden …

Abschluss	Es folgt eine kurze Reflexionsphase, in der – die Gruppe überlegt, ob sie das Ziel erreicht hat, – die Werke noch einmal betrachtet und geschätzt werden, – der fertige Gegenstand ausprobiert oder angewendet wird, – gemeinsam aufgeräumt wird, – zur Alltagssituation zurückgeführt wird.

Eine solche feste Struktur schafft Sicherheit, und zwar sowohl für Kinder als auch für die pädagogische Fachkraft. Sie verleiht dem pädagogischen Angebot einen unverwechselbaren Charakter und gibt Halt im Tagesverlauf.

6.1.7 Gezielte Aktivitäten schriftlich vorbereiten

Auch wenn die schriftliche Vorbereitung gezielter Aktivitäten für angehende pädagogische Fachkräfte eine mühselige Tätigkeit ist, so bedeutet die Fähigkeit zum zielorientierten, planmäßigen und methodisch durchdachten Arbeiten eine wichtige berufsspezifische Qualifikation, die systematisch erlernt und geübt werden muss. Dazu ist es hilfreich, nach einer geordneten Gliederung systematisch vorzugehen, wie es die Praktikantin in der folgenden Situation getan hat.

Situation

Die Praktikantin Sonja aus der Marienkäfergruppe der Katholischen Kindertagesstätte St. Michael möchte mit einigen Kindern ihrer Gruppe einen Stern für die Weihnachtskrippe basteln. Anbei ihre Überlegungen zur Planung des Bastelangebotes.

Thema: Falten eines Sternes in Gemeinschaftsarbeit

1 Didaktische Planung

1.1 Auseinandersetzung mit Lerngegenstand und Rahmenbedingungen
Der Stern wird aus Transparentpapier gefaltet. Aus 16 gleich großen rechteckigen Blättern werden die einzelnen Zacken des Sternes gefaltet und am Schluss zu einem Stern zusammengefügt. Durch die unterschiedlichen Lagen des durchscheinenden Papiers entsteht eine interessante Musterung. Um einen harmonischen Stern zu erhalten, muss allerdings ziemlich genau gefaltet werden.
Das Thema wurde gewählt, weil zur Krippe, die auf der Fensterbank aufgebaut ist, noch ein schöner Stern fehlt. Dieser soll am Fenster über der Krippe aufgehängt werden und die Vorfreude auf das anstehende Weihnachtsfest verstärken.

1.2 Zusammensetzung der Gruppe
Da genaues Arbeiten und Ausdauer erforderlich sind, ist das Thema mehr für die älteren Kinder der Gruppe geeignet.
Insgesamt können fünf Kinder teilnehmen, die passen gut um einen Tisch und ermöglichen genügend Übersicht.
Verena (5,9) und **Melanie** (5,10) übernehmen gerne schwierige Aufgaben. Sie sind schon das dritte Jahr im Kindergarten und wollen gefordert werden.
Andreas (5,8) soll einmal eine Anforderung ohne seinen Freund Michi bestehen. Beide sind sehr aufeinander fixiert und unselbstständig.
Rosi (6) ist für ihr Alter noch wenig geschickt und braucht gezielte Entwicklungsanreize.
Mike (4,11) ist zwar sehr geschickt, ist aber noch gar nicht in die Gesamtgruppe integriert und hat noch keinen Freund gefunden. Er soll von den anderen Kindern mit seinen Stärken wahrgenommen werden und dadurch mehr Sicherheit im Umgang mit anderen erfahren.

1.3 Lernziele

Lernmethodische Kompetenz ist gefordert, wenn sich die Kinder überlegen, wie der Stern entstehen könnte.

Kognitive Kompetenzen der Kinder werden gefördert, denn sie nehmen differenziert wahr, wenn sie die einzelnen Faltschritte nacharbeiten, müssen nachdenken, wie einzelne Faltschritte gehen, und sich bei der Wiederholung des Faltganges an den vorhergehenden erinnern.

Feinmotorische Kompetenzen und Kraft in den Fingern sind notwendig, um die Faltungen richtig durchzuführen.

Soziale Kompetenz, wie z. B. Kooperationsfähigkeit, ist beim Zusammenkleben und Aufhängen des Sternes gefordert.

2 Methodische Planung

2.1 Raumgestaltung – Sitzordnung – Zeit

Ich stelle im Nebenraum zwei Tische mit der langen Seite aneinander, sodass ein Quadrat entsteht, und setze mich selbst an eine Seite. Andreas und Rosi setze ich neben mich, damit ich ihnen helfen kann, falls nötig. Verena und Melanie können mir gegenübersitzen. Mike kann neben Melanie oder Verena oder zwischen den beiden Platz nehmen.

Das benötigte Material liegt griffbereit auf einem Stuhl neben mir.

Für den Einstieg stelle ich einen kleinen Stuhlhalbkreis vor der Krippe bereit.

Beginnen werde ich voraussichtlich nach dem Frühstück, etwa um 10.00 Uhr. Ich rechne mit ca. 40 Min. Dauer.

2.2 Material und Medien

Als Anschauungsmaterial verwende ich eine Abbildung im Faltbuch, die den fertigen Stern zeigt, und eine fertig gefaltete Zacke.

Als Arbeitsmaterial benötige ich 20 Blatt (vier Ersatzblätter) farbiges Transparentpapier in der Größe 5 x 10 cm, einen Klebestift und einen Tesafilm mit Abroller. Die benötigten Rechtecke müssen exakt im rechten Winkel am Schneidegerät vorgeschnitten werden. Das Falten der Zacken habe ich zuvor geübt, sodass ich den Faltgang sicher beherrsche.

Weitere Hilfsmittel sind fünf Materialschalen für die fertigen Zacken und eine Schale für die Faltblätter, außerdem für jedes Kind ein Memokärtchen als „Eintrittskarte" und ein passendes Kärtchen auf dem jeweiligen Stuhl, um die Sitzordnung festzulegen.

2.3 Verlaufsplanung

> **Einstieg**
> Wir setzen uns in den Halbkreis und schauen uns zuerst die Krippe an. Die Kinder erzählen, was sich dort ereignet. Wenn das Gespräch auf den Stall und die Hirten kommt, versuche ich die Aufmerksamkeit darauf zu lenken, wie denn die Hirten den Stall gefunden haben können. Nennen die Kinder den Stern, werde ich sie fragen, was denn an unserer Krippe noch fehlt. Jedes Kind kann seine Ideen äußern. Ich werde ihnen das Buch mit den Sternen und die Abbildung des Faltsterns zeigen.
>
> **Zielangabe**
> „So einen schönen Stern werden wir jetzt auch machen."
> Dazu setzen wir uns an den Tisch, jeder an seinen Platz.

Hauptteil

Arbeitsschritte	Methodische und pädagogische Überlegungen
Die Herstellung des Sternes wird erfasst.	Das Bild wird von jedem Kind genau betrachtet und die Kinder werden darin bestärkt, sich zu überlegen, wie dieser Stern entstanden sein könnte.
Die Faltung einer Zacke wird erarbeitet.	Mithilfe einer fertig gefalteten Zacke erarbeite ich mit den Kindern, dass diese Zacke gefaltet wurde, indem ich sie langsam und vorsichtig auseinanderfalte.
Ein Faltblatt wird beschrieben.	Die Kinder werden erfassen, dass sie Faltpapier benötigen, welches ein Kind nun verteilt. Jedes Kind betrachtet sein Blatt. Die Begriffe „Viereck", „Quadrat", „Kante", „Ecke", „Seite" werden bestimmt.
Die einzelnen Faltschritte werden gemeinsam gefaltet: Kante auf Kante (= Buch).	Ich weise die Kinder auf die Regel hin, dass ich ihnen jeden Schritt zuerst zeige und vorfalte. Dabei sollen sie genau zuschauen und dann erst nachmachen, was sie gesehen haben. Die untere Kante auf die obere falten (= Buch), mit dem einen Zeigefinger festhalten, mit dem anderen abstreifen. Mit dem Daumennagel wird ein scharfer Bruch gefaltet. Ich schaue, ob alle richtig arbeiten, korrigiere bei Bedarf.
Schnittkanten zur Faltlinie falten (= Haus).	Zwei Schnittkanten des geöffneten Blattes werden von unten zur Mittellinie gefaltet (= Haus). Ich lege Wert auf Genauigkeit und zeige das Vorgehen eventuell am Blatt des Kindes individuell vor.
Faltgang auf der gegenüberliegenden Seite wiederholen (= Briefumschlag).	Wenn alle Kinder fertig sind, wird der Faltgang auf der gegenüberliegenden Seite wiederholt (= Briefumschlag). Dazu muss zuerst das Blatt gedreht werden, sodass von unten nach oben gefaltet werden kann.
Faltkanten zur Mittellinie falten (= Drachen).	Zwei geschlossene Kanten werden zur Mittellinie gefaltet, sodass ein Drachen entsteht. Hier muss besonders kräftig mit dem Daumennagel abgestreift werden, damit ein scharfer Bug entsteht. Kinder, die bereits einen Drachen falten können, werden aufgefordert, diesen Faltgang den anderen Kindern vorzumachen.
Den Faltgang auf der gleichen Seite wiederholen – fertig.	Diese Faltung erfordert besonders viel Kraft, weil mittlerweile sechs Papierlagen aufeinanderliegen. Ich zeige den Vorgang besonders deutlich und mache auf die Schwierigkeit aufmerksam. Die erste Zacke ist fertig und wird in die Materialschale gelegt.
Nächste Zacke nach Anweisung der Kinder falten.	Das Falten geschieht genauso schrittweise gemeinsam. Ein Kind nach dem anderen bzw. die Kinder, die möchten, erklären den jeweiligen Faltschritt und die anderen Kinder arbeiten nach. Ich springe immer dann ein, wenn ein Kind nicht weiterkommt, bzw. ergänze die Erklärungen der Kinder.

Die dritte Zacke kann evtl. von jedem Kind selbstständig gefaltet werden.	Wenn die Wiederholung gut geklappt hat, entscheide ich, ob die Kinder jetzt alleine arbeiten. Ich möchte allerdings verhindern, dass sich ein Kind überfordert fühlt, und lasse im Zweifel die dritte Zacke in der gleichen Weise falten wie die zweite, wobei selbstständige Kinder die Regie übernehmen.
Die einzelnen Zacken werden zum Stern gelegt und geklebt.	Ich motiviere die Kinder dazu, ihre Zacken in die richtige Reihenfolge zu legen. Als Hilfestellung lege ich die Abbildung bereit. Durch unmerkliche hilfreiche Handgriffe unterstütze ich die Kinder dabei. Wenn die Form erfasst ist, kann ein Kind nach dem anderen jeweils eine Zacke auf die andere kleben. Korrekturgriffe von mir unterstützen die Kinder und gewährleisten ein gemeinsames Erfolgserlebnis.
Der Stern wird an das Fenster gehalten.	Wenn der Stern fertig ist, halte ich ihn gegen das Licht am Fenster, um ihn zum Leuchten zu bringen. Das ist für die Kinder sicher ein großes Erfolgserlebnis.

Abschluss
Die Kinder sollen sich zunächst einfach am Leuchten des Sternes erfreuen und Staunen können. Spontane Äußerungen werden sicherlich fallen, denn das Ergebnis ist eindrucksvoll.
Dann überlegen wir gemeinsam, wo der Stern hängen soll. Ein Kind hält ihn fest, während ein anderes den vorbereiteten Klebestreifen anbringt.
Vielleicht möchten die Kinder noch ein Adventslied singen, bevor wir wieder in die Gruppe zurückgehen.

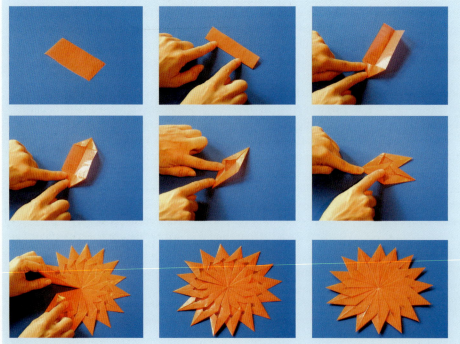

(Bildquelle: www.basteln-gestalten.de)

6 Erzieherisches Handeln

Es ist hilfreich, nach einer geordneten Gliederung systematisch vorzugehen. Nach der folgenden Gliederung lassen sich gezielte Aktivitäten schriftlich vorbereiten:

Gliederung für die Vorbereitung einer gezielten Aktivität

Thema:
1. Didaktische Planung (= Informationen)
1.1 Auseinandersetzung mit Lerngegenstand und Rahmenbedingungen
1.2 Zusammensetzung der Gruppe
1.3 Lernziele

2. Methodische Planung (= Durchführung)
2.1 Raumgestaltung – Sitzordnung – Zeit
2.2 Material und Medien
2.3 Verlaufsplanung
   * Einstieg
   * Zielangabe
   * Hauptteil
   * Abschluss

Erklärungen zur Gliederung

Thema:
Aus der Formulierung des Themas soll hervorgehen, um welchen Inhalt es geht (Stern) und welche Methode verwendet wird (Falten).

1 Didaktische Planung (= informieren)

1.1 Auseinandersetzung mit Lerngegenstand und Rahmenbedingungen
Die Auseinandersetzung mit dem Lerngegenstand beinhaltet eine Analyse der Sache selbst. Informationen zum Thema und notwendiges Hintergrundwissen zum Lerngegenstand werden schriftlich festgehalten.
Rahmenbedingungen beinhalten die Gegebenheiten in der Gruppe, eventuelle Beobachtungen zum Thema, der Gruppe oder zu einzelnen Kindern. Rückmeldungen der Praxisanleitung können in die Überlegungen einbezogen werden.

1.2 Zusammensetzung der Gruppe
Die Anzahl der Kinder, das Alter der Kinder, Kriterien zur Zusammensetzung der Gruppe, besondere Eigenschaften der Kinder und die Begründung dafür, warum die Gruppe auf eine bestimmte Weise zusammengesetzt wird, dies alles wird hier erklärt.

1.3 Lernziele
Es wird dargelegt, welche Kompetenzen die Kinder durch diese Aktivität erlangen sollen. Hierbei geht es um Fähigkeiten, Fertigkeiten, Wertvorstellungen und Wissen, Kompetenzen, welche mithilfe dieser Aktivität bei den Kindern gestärkt werden sollen, und zwar im Hinblick auf das Thema (z. B. Stern – Weihnachtsgedanken) und im Hinblick auf die verwendete Methode (z. B. Falten – Geschicklichkeit).

2 Methodische Planung (= Durchführung)

2.1 Raumgestaltung – Sitzordnung – Zeit
Zu erklären ist, welcher Raum oder Raumteil gewählt wird, warum die Wahl auf diesen Raum fällt, wie der Raum gestaltet wird, wie die Sitzordnung geplant ist, welche Dekorationsmaßnahmen vorbereitet werden, welche Raumatmosphäre angestrebt wird.

Der zeitliche Rahmen, also der voraussichtliche Beginn und das geschätzte Ende, wird festgelegt.

2.2 Material und Medien

* **Anschauungsmaterial:** Hierbei handelt es sich um alle Materialien und Medien, die verwendet werden, um Inhalte über verschiedene Sinneskanäle zu veranschaulichen (sehen – hören – riechen – tasten – schmecken).

* **Arbeitsmaterial:** Darunter werden alle Materialien verstanden, welche die Kinder zum Arbeiten in die Hand bekommen. Anzahl, Beschaffenheit, Größe, Farbe usw. werden genau beschrieben.

* **Hilfsmittel** sind weitere Materialien, welche der Arbeit dienlich sind, wie z. B. Schürzen, Materialschalen, Lappen, Ersatzmaterial usw.

* **Anlagen** sind alle beigelegten Unterlagen zum Verständlichmachen des Vorgehens, z. B.: Erzähltext einer Geschichte, Noten und Text eines Liedes, Inhaltsangabe eines Bilderbuches, Rezept einer Speise, Beschreibung einer Mal- oder Basteltechnik, Experimentieranleitung für den Versuch, Beschreibungen von Bewegungsübungen, Spielerklärung des Spieles.

2.3 Verlaufsplanung

* **Einstieg**

Es wird beschrieben, wie die Kinder zum Thema hingeführt werden, auf welche Art bei den Kindern der Wunsch zur Auseinandersetzung mit dem Thema geweckt wird.

* **Zielangabe**

Mit einem kurzen Hinweis wird den Kindern erklärt, was das genaue Thema der Aktivität ist, der eigentliche Lerngegenstand wird vorgestellt und begründet.

* **Hauptteil**

Arbeitsschritte	Methodische und pädagogische Hinweise
Die einzelnen Schritte des Vorgehens werden knapp beschrieben.	Dem jeweiligen Arbeitsschritt werden die pädagogischen Überlegungen zugeordnet, aus denen hervorgeht, was der pädagogischen Fachkraft wichtig ist, worauf gezielt geachtet wird, wo eventuelle Schwierigkeiten liegen könnten, auf die sie sich vorbereitet hat.
Wer also nur diese Spalte liest, gewinnt einen Überblick über die Abfolge des Vorgehens.	Alle für das Angebot relevanten methodischen Grundsätze finden sich in dieser Spalte wieder.

* **Abschluss**

Es wird beschrieben, wie der gemeinsame Ausklang gestaltet wird, wie mit den Kindern das Vorgehen reflektiert wird und wodurch deutlich wird, dass das Ziel des Vorhabens erreicht worden ist.

Die Planungsphase gestalten:
Wer eine pädagogische Aktivität plant, kann mit folgender Checkliste überprüfen, ob er die wichtigsten Vorüberlegungen bedacht hat.

„Habe ich an alles gedacht?"

Fragestellung	ja	nein
* Ist das Thema an den Erfahrungen und Interessen der Kinder orientiert?		
* Habe ich eigenes Wissen über das Thema bzw. Erfahrungen damit?		
* Habe ich klare Ziele gesteckt?		
* Sind alle nötigen Vorbereitungen und Absprachen getroffen?		
* Wurden alle Planungsbestandteile berücksichtigt?		
* Habe ich mir den Ablauf geistig vor Augen geführt?		
* Habe ich mögliche Schwierigkeiten einkalkuliert?		
* Habe ich eventuell ein Plakat zum Ablauf vorbereitet?		
* Haben die Kinder genügend Handlungsmöglichkeiten?		
* Sind unterschiedliche Sinneseindrücke möglich?		
* Wird dem anschaulichen Denken genug Rechnung getragen?		
* Können die Kinder genügend aktiv sein?		
* Sind die Worte für den Einstieg formuliert?		
* Kann ich den Kindern den Ablauf der Aktion angemessen transparent machen?		
* Habe ich die Worte für den Abschluss formuliert?		

6.2 Die gemeinsame Runde planen

Unter einer gemeinsamen Runde ist das Treffen der gesamten Gruppe (Gruppenkreis), vielleicht sogar aller Gruppen der Einrichtung oder eines Teiles der Kinder aus allen Gruppen der Einrichtung zu verstehen (Kinderkonferenz). Die gemeinsame Runde ist in der Regel ein fester Planungsbestandteil der Tages- oder Wochenplanung. Ihre Zielsetzung ist stark vom jeweiligen pädagogischen Ansatz bestimmt.

„Was meinst du dazu?"

Die Führung des Gruppenkreises und der Kinderkonferenz

Situation

Im Kindergarten St. Christopherus wird jeden Morgen um 8.45 Uhr, nachdem die Bringzeit offiziell beendet ist, ein Morgenkreis in den Gruppen gebildet. In der Mäuschengruppe läuft er jedes Mal etwa nach folgendem Muster ab: Ein zuvor ausgewähltes Kind übernimmt den „Morgenkreisdienst", indem es auf einer Triangel spielend alle Freispielbereiche besucht und dazu „Alle Kinder kommen in den Morgenkreis" singt. Die Kinder sammeln sich in der Sitzmulde auf einer dafür vorgesehenen Rundtreppe. Nun wird das Lied gesungen „Ich bin da und du bist da", bei dem reihum alle Kinder ihren Namen singen und die Gruppe dazu in die Hände klatscht. Am Ende wird gemeinsam durchgezählt, wenn nötig mit Unterstützung, und es wird überlegt, welche Kinder heute fehlen. Diese werden dann in die Abwesenheitsliste eingetragen und die Erzieherin teilt den Kindern mit, warum das jeweilige Kind fehlt. Dann wird auf der Magnetwand geschaut, welche Vorhaben für heute geplant sind und welche aktuellen Änderungen vorliegen. Entsprechende Symbole zeigen das an. Die Kinder entscheiden sich eventuell für einzelne Programmpunkte. Dann folgt eine Runde, bei der die Kinder Vorschläge, Anliegen oder Sorgen vortragen und besprechen können. Anschließend wird das Wochenlied gesungen, das kürzlich erst gelernt wurde und in dieser Woche täglich wiederholt wird. Das ist das Signal für das Ende des Morgenkreises und die Fortsetzung des Freispiels.

Der **Gruppenkreis** hat viele Namen. Je nach pädagogischer Auffassung und Zielsetzung wird er als „Stuhlkreis", „Morgenkreis", „Begrüßungsrunde", „Spielkreis", „Abschlusskreis" oder anders bezeichnet. Er findet immer in der gesamten Gruppe statt und verfolgt das Ziel, dass sich die Kinder der gesamten Gruppe in irgendeiner Form wahrnehmen und begegnen.

Dadurch wird das Gefühl von Gruppenzugehörigkeit gefördert. Durch die Erörterung gemeinsamer Themen werden Gesprächsfähigkeit und demokratisches Bewusstsein eingeübt.

Bei der **Kinderkonferenz** stehen eher thematische oder organisatorische Inhalte im Vordergrund, die **Partizipation**, d. h. demokratische und kommunikative Grunderfahrungen ermöglichen.
Es geht darum, Kinder aktiv zu beteiligen, sie mitgestalten und mitentscheiden zu lassen

* an der Gestaltung des Tagesablaufes,
* an der Festlegung von Erholungs- und Ruhephasen,
* an der Gestaltung der Mahlzeiten,
* am Aushandeln und an der Kontrolle von Regeln,
* an der Übernahme von Routinen und Pflichten,
* an der Raumgestaltung,
* an der Planung und Gestaltung von Festen und Feiern,
* an der Projektplanung.

(vgl. Sturzberger/Dietrich, 2010, S. 5)

Gruppenkreis und Kinderkonferenz sollten jedes Mal nach einem bekannten Muster ablaufen. Denn für Kinder vermitteln stets wiederkehrende **Rituale** und **klare Regeln** ein wichtiges Gefühl von Sicherheit. Das ist besonders für die jüngeren und unsicheren Kinder wichtig, da in der gemeinsamen Runde keine Rückzugsmöglichkeiten wie im Freispiel existieren. Die Einhaltung von Gesprächsregeln und eine sichere Gesprächsführung durch die pädagogische Fachkraft sind notwendige Voraussetzungen für die Führung der Runde. Ein guter Überblick über die gesamte Gruppe, eine zeitliche Begrenzung, die gewährleistet, dass vor allem die jüngeren Kinder nicht überfordert werden, sowie eine abwechslungsreiche Gestaltung sind wichtige Bedingungen für gelungene Gruppenkreise.

Aufgaben

1. Formulieren Sie einen Merksatz, der die wichtigsten methodischen Grundsätze für die Leitung einer gemeinsamen Runde enthält.
2. Tauschen Sie sich in der Gruppe aus, welche Rituale Sie in Ihrer Praxisstelle im Gruppenkreis schon erlebt haben, und halten Sie diejenigen schriftlich fest, die Sie für besonders geeignet halten.
3. Bereiten Sie mit der Gliederung „Vorbereitung einer gemeinsamen Runde" aus dem Kapitel 6 des Arbeitshefts einen Gruppenkreis vor, den Sie in Ihrer Praxisstelle durchführen können.

6.3 Projekte gestalten

Situation

Herbst im Kindergarten „Zwergenland". Die Kinder beobachten schon seit einigen Tagen das geschäftige Treiben von Eichhörnchen, die mit Nüssen und Eicheln immer wieder im Garten zu sehen sind. Dabei ist die Frage aufgetaucht, was die Tiere wohl im nahenden Winter machen. Kürzlich wurde auch noch ein Igel im Garten gesichtet. Die Pädagoginnen der Einrichtung unterstützen das Interesse der Kinder, indem sie ihnen einige Ferngläser zur Verfügung stellen. So können die Kinder auch vom Gruppenraum aus die Tiere im Garten beobachten, ohne sie zu stören.

Im Verlauf der nächsten Wochen wurde gemeinsam mit den Kindern, einem Förster, einem Vater, der von Beruf Biologe ist, und einer Mutter, die Mitglied im BUND ist, ein Projekt entwickelt. In dessen Verlauf besuchten die Kinder der Gruppe eine Igelüberwinterungsstätte, die vom BUND organisiert wird. Es wurde mit dem Förster eine Exkursion in den Wald unternommen, bei der die Kinder einen Eichhörnchenkogel betrachten konnten. Im Kindergarten wurde mit vereinten Kräften eine „Igelecke" eingerichtet mit Blättern, Reisig, Erde, Nüssen, Birnen usw. Außerdem wurden in dieser Zeit einige Bilderbücher zum Thema betrachtet und die Kinder stellten Futtertöpfchen mit Vogelfutter her. Aus Naturmaterial entstanden kleine Kunstwerke und Kastanienigel.

„Wir haben viel gefunden!"

Aufgabe

1. Bestimmen Sie anhand des Praxisbeispiels die Merkmale eines Projektes.
2. Mit einem Projekt ist eine andere Form des Lernens möglich. Beschreiben Sie diese.

6.3.1 Merkmale und Wert von Projekten

In einem Projekt wird ein thematischer Schwerpunkt aus dem Leben der Kinder über mehrere Tage oder Wochen hinweg mit unterschiedlichen Methoden und Aktivitäten bearbeitet. Die Kinder sind aktiv in Planung und Entwicklung des Projektes einbezogen und bestimmen weitgehend mit, was sie erfahren und ausprobieren möchten. Das bedeutet, dass offen geplant wird und der Verlauf des Projektes vom jeweiligen Erkenntnisstand abhängt. Dabei soll immer tiefer in die Thematik eingedrungen werden. An der Durchführung des Projektes sind auch

Menschen aus dem Umfeld der Einrichtung oder Experten von außen beteiligt. So kann ein Thema von vielen Seiten betrachtet und handelnd erlebt werden und es findet lebendige Partizipation statt.

Projekte sind für das Lernen besonders wertvoll, weil neben der Erschließung eines Themas wertvolle Fähigkeiten gefördert werden. Kinder lernen in gemeinsamen Projekten, ihre eigenen Interessen zu vertreten, Kompromisse zu schließen und Initiative zu ergreifen. Sie erkennen über das situationsbezogene Handeln Zusammenhänge und können diese im Alltag verstehen und auf sie reagieren.

6.3.2 Planung und Projektverlauf

Auch wenn die Planung und Durchführung von Projekten weitgehend gemeinsam mit allen Beteiligten stattfinden, übernimmt die pädagogische Fachkraft doch die Leitung des Projektes. Dabei hält sie sich an die folgende Gliederung. Jedes Projekt erstreckt sich über drei Phasen:

* **Planungsphase**

    Das Projekt wird gemeinsam mit allen Beteiligten, mit den Kindern, Eltern, Kolleginnen usw., geplant. Das Projektthema hängt davon ab, wovon sich die Kinder angesprochen fühlen. Die Kinder sind an der Themenwahl ernsthaft beteiligt und haben Mitsprache- und Mitbestimmungsrecht.

    Pädagogische Fachkräfte haben die Aufgabe, Wünsche, Ideen und Situationen zu sammeln und zu ordnen. Ist ein Themenbereich festgelegt, werden notwendige vorbereitende Überlegungen mit den Kindern erarbeitet, wie z. B. Raum, Zeit, Materialien, Aufgaben für Einzelne und die Einbeziehung von Außenstehenden.

    Danach werden die enthaltenen Lernbereiche allen Eltern und Kolleginnen der Einrichtung in anschaulicher Weise mitgeteilt (Elternabend, Elterninfo, Wandzeitung).

* **Durchführungsphase**

    Die Durchführung eines Projektes ist mittel- bis längerfristig vorgesehen. Jedes Projekt enthält Projektteile mit unterschiedlichen Aktivitäten, sodass Kinder mit ähnlichen Interessen Gruppen bilden können. Auch andere Tätigkeiten oder der Rückzug einzelner Kinder werden als natürliches kindliches Verhalten akzeptiert. Einzelne Kinder werden nicht zu gemeinsamen Lernerfahrungen in der Gruppe „animiert".

* **Auswertungsphase**

    Gemeinsame Erfahrungen werden ausgewertet, um festzustellen, welche Projektteile gut gelungen sind und wodurch deren Gelingen bedingt war. Auch weniger gelungene Teile werden reflektiert, um für künftige Projekte zu lernen. Die Nachbesprechung erfolgt am besten mit Kindern, Eltern und anderen Beteiligten.

    Zur **Qualitätssicherung** eines geplanten Projektes ist die nachstehende Checkliste ein hilfreiches Mittel, um zu überprüfen, ob wesentliche Gesichtspunkte des Projektes bedacht wurden:

Die Planung eines Projektes

* Das Projektthema ist am aktuellen kindlichen Interesse orientiert.
* Die Kinder werden gefragt, was sie lernen und wissen möchten.
* Mit dem Projekt wird auf kindliche Interessen eingegangen und das Wissen der Kinder wird fortlaufend vertieft.
* Informationen zum Projekt werden mit den Kindern gemeinsam erschlossen.
* Die Kinder werden ermutigt, Ideen zu entwickeln, wie das Wissen gewonnen werden kann.
* Das praktische Tun, das Ausprobieren und das Anwenden der Kinder stehen im Vordergrund.
* Nach Abschluss des Projektes kann überprüft werden, ob die Kinder das erworbene Wissen im Alltag anwenden können.
* Es wird beobachtet, ob die Kinder in der Lage sind, ihr Wissen auf neue Situationen zu übertragen.

6.3.3 Beispiel für ein Projekt zum Bildungsschwerpunkt „Religiosität"

Religiöse Erfahrungen und das Gemeinschaftserleben in Form von Festen oder Kindergottesdiensten ermöglichen dem Kind vertrauensbildende Erfahrungen. Besonders geeignet sind religiöse Geschichten mit Vorbildern. Bei der Projektgestaltung orientieren sich die pädagogischen Fachkräfte vor allem an den religiösen Vorerfahrungen der Kinder und beziehen zentrale Elemente der christlich-abendländischen Kultur und anderer Kulturkreise mit ein. Dabei lernen die Kinder Personen aus unterschiedlichen Religionen sowie Figuren aus Erzählungen mit christlichen Grundhaltungen kennen. Folgendes Projekt wurde von der Berufsfachschule für Kinderpflege Freising in den Fächern Religion und Musik im Zeitraum von Februar und März für die Kinder des Kindergartens St. Georg gestaltet.

Arche Noah

Thema: Kindergottesdienst zur Geschichte der Arche Noah

Vorbereitende Planungsschritte

* **Aus der Beobachtung das Thema formulieren**
  Die Schülerinnen erzählen aus dem Praktikum, dass im Frühjahr die Kinder ein besonderes Interesse für Tiere haben. Daraus entstand die Idee, einen Gottesdienst mit 20 Kindergartenkindern durchzuführen zum Thema: „Gott schützt die Welt".

* **Zielsetzung festlegen**
  Das Ziel ist es, das Staunen der Kinder und die Achtung vor der Natur weiterzuführen, das Interesse an der heimischen Tierwelt weiter zu unterstützen und die religiöse Dimension des Themas zu vertiefen, indem die Ehrfurcht vor Gott und seiner Schöpfung in Zusammenhang damit gebracht wird.

* **Methodisches Vorgehen planen und Aktivitäten koordinieren**
  Im Musikunterricht wird die Geschichte von Noah verklanglicht und mit Holzfiguren gespielt. Dazu suchen die Schülerinnen passende Lieder aus: aus dem Internet, aus den Praxisstellen, aus Liederbüchern und aus den Pfarrgemeinden.

  Im katholischen und evangelischen Religionsunterricht wird die Geschichte erarbeitet, wichtig ist der christliche Grundgedanke. Mögliche Formen von Kindergottesdiensten werden ausgearbeitet.

  In der Zusammenführung der Ideen aus den verschiedenen Unterrichtsfächern beginnen die Schülerinnen, ihre Ideen zu kombinieren und in die jeweiligen Unterrichtsstunden einzubringen. Daraus ergeben sich von Woche zu Woche neue Ideen und eine gleichzeitige Festigung der Klanggeschichte, der szenischen Darstellung der Geschichte mit kleinen Holzfiguren. Außerdem werden Ideen gesammelt, wie die 20 Vorschulkinder aktiv mit einbezogen werden können.

* **Medienauswahl**
  Es tauchen viele Fragen zum Verlauf, zur Materialbeschaffung und zur Gestaltung auf. Ein Religionslehrer hat von der Kirchengemeinde eine Arche aus Holz mitgebracht. Hierdurch entsteht bald bei allen Beteiligten, bei Lehrerinnen und Schülerinnen, ein hohes Maß an Motivation.

* **Äußere Bedingungen**
  Es ist noch zu klären, wie Kinder auf das Projekt reagieren werden. Die Praxisanleiterin einer Praktikantin sagt zu, dass sie mit den Vorschulkindern in die Schule kommen werden. Sie planen, den Stadtbus zu nehmen, um in die Berufsfachschule zu kommen. Das wird für die Kinder eine neue Erfahrung werden.

* **Praktische Organisation**
  Im abgesteckten Zeitrahmen von vier Wochen wird der Verlauf des Kindergottesdienstes in einem Hefter mit Liedern und Texten festgeschrieben, das Programm erstellt und kopiert. Es wird festgelegt, wer wofür zuständig ist. Der Ablauf wird jeweils in Musik und Religion geübt und immer wieder verbessert. Die Einladungen an die Kinder werden von der Praktikantin der Einrichtung übergeben.

Programm für den Kindergottesdienst:

1. Kanon: „Tumbai"
2. Eingangslied: „Du hast uns deine Welt geschenkt"
3. Hinführung, Begrüßung und Erklären des Vorhabens
4. Spiel: Arche Noah mit darstellendem Spiel durch die Kinder und Legen eines Regenbogens mit Seidentüchern
5. Lied: „Danken will ich meinem Gott" (Noahs Dankeslied)
6. Fürbitten: der Regenbogen symbolisiert eine neue Verbindung zwischen Gott und den Menschen

7. Lied: Regenbogenlied
8. Schlusssegen und Segenslied/Austeilen der Bilder
9. gemeinsames Essen

Projektdurchführung

Die Kinder kommen in die Schule. Der Weg zum Raum wird mit goldenen Fußstapfen markiert. Die Kinder legen ihre Rucksäcke mit der Brotzeit und die Jacken im Nebenzimmer ab. Dann werden sie im Raum empfangen mit dem Kanon „Tumbai", einem spanischen Kanon, der an Glockenklang erinnert. Es wird ein Händekreis eingeübt. Die Kinder werden von einer Schülerin begrüßt und in den Verlauf eingeführt. Alle singen gemeinsam das bekannte Lied „Du hast uns deine Welt geschenkt" und machen mit den Händen die passenden Gesten dazu. Die Kinder nehmen am Boden (ausgelegt mit kleinen Teppichen) Platz.

Eine türkische Schülerin erzählt die Geschichte von der Arche Noah. Sie kennt diese Geschichte auch aus ihrer Religion. Zwei Schülerinnen weisen die Kinder an, das, was in der Geschichte erzählt wird, anhand von Figuren auf einem Spielepodest zu legen. Sie begleiten das Spiel mit Instrumenten. Am Ende der Geschichte singen die Schülerinnen das Lied vom Regenbogen und die Kinder legen mit bunten Seidentüchern einen Regenbogen um das kleine Theaterbild von der Arche Noah. Die Fürbitten um den Frieden und der Regenbogen als Zeichen der neuen Verbindung zwischen Gott und den Menschen fassen das Geschehen zusammen. Nach dem Regenbogenlied legen die Schülerinnen jeweils einem Kind die Hand auf und sprechen den Segen. Danach wird ein Segenslied gesungen.

Die Kinder erhalten ein selbst gestaltetes Bild von Gott und seinem Regenbogen zum Ausmalen.

Danach setzen sich alle gemeinsam auf die Teppiche und essen. Während des Essens gibt es meditative Musik. Ehe die Kinder das Haus verlassen, dürfen sie noch ihre Unterschriften auf ein Plakat für die Schülerinnen malen und an der Tafel mit Kreide ihre ersten Erfahrungen als „Schüler" darstellen.

Projektreflexion

Nachdem die Schülerinnen wieder aufgeräumt haben, zeigen sie Erleichterung und Freude über das gelungene Projekt. Es werden nochmals die Aufgaben reflektiert, die ihnen besonders schwer gefallen sind, sie tauschen sich darüber aus, wo sie es leicht hatten und was ihnen besonders Spaß gemacht hat.

Die Kinder haben den Schülerinnen im Kindergarten Bilder von dem Tag in der Schule und dem Kindergottesdienst gemalt. Eine anwesende Mutter hat Fotos gemacht. Die Schule erhält zur Erinnerung eine Foto-CD.

Das Projekt dokumentieren: Das Plakat mit den Unterschriften, der Hefter mit den Unterlagen vom Kindergottesdienst, Bilder aus der CD und die gemalten Bilder der Kinder werden in der Pausenhalle ausgestellt.

➲ *Im Kapitel 6 des Arbeitshefts finden Sie Arbeitsunterlagen, mit denen Sie selbst ein Projekt in Ihrer Praxiseinrichtung planen können.*

6.4 Erzieherisches Handeln reflektieren

Eine Praktikantin, die ihre gezielte Aktivität mit einer Kleingruppe durchgeführt hat und dabei von ihrer Praxisanleiterin beobachtet wurde, möchte gerne erfahren, wie ihr Vorgehen zu beurteilen ist. Sie wird am Ende des Angebotes zuerst schildern, wie die Aktivität aus ihrer Sicht verlaufen und wie es ihr in schwierigen Situationen ergangen ist. Dann möchte sie von der Praxisanleiterin Feedback zu folgenden Fragen erhalten:

„So habe ich das gemeint."

Fragen zur Reflexion

* Habe ich mich genug mit dem Thema auseinandergesetzt und hatte ich genügend Fachwissen?
* Konnte ich mich sprachlich gut, d. h. kindgerecht und korrekt ausdrücken?
* War mein Vorgehen gut organisiert im Hinblick auf Raum, Zeit und, Material, waren alle nötigen Absprachen getroffen worden?
* Ist es mir gelungen, eine gute Arbeitsatmosphäre zu schaffen, sodass alle Beteiligten gut miteinander umgegangen sind?
* Wie war mein Verhältnis zu den Kindern? Habe ich sie ausreichend wahrgenommen und angemessen auf jedes Kind reagiert?
* Waren meine Ziele richtig ausgewählt und habe ich sie erreicht?
* War mein methodisches Vorgehen angemessen an den methodischen Prinzipien orientiert (z. B. Handlungsorientierung, Anschaulichkeit, Kindgemäßheit, Lebensnähe, Teilschritte, Individualisierung)?

Im Gespräch mit der Praxisanleiterin werden Stärken und Schwächen des pädagogischen und methodischen Umgangs der Praktikantin deutlich. Gut ist es, wenn jetzt ein oder zwei ganz konkrete Ziele bestimmt werden, welche die Praktikantin im Lauf der nächsten Zeit anstreben soll. Spricht sie z. B. sehr schnell und lässt den Kindern wenig Zeit zum Nachdenken, sollte sie das Ziel verfolgen, ihr Sprechtempo zu kontrollieren und sich mehr Zeit zum Zuhören zunehmen. Dies kann sie bewusst üben, um bei der nächsten Reflexion zu erfahren, ob sich an ihrem Verhalten etwas verbessert hat.

Ziel der Reflexion ist es, das eigene Verhalten ständig zu verbessern und neue Fähigkeiten zu erwerben.

➲ *Aufgaben zu diesem Thema finden Sie im Kapitel 6 des Arbeitshefts.*

7 Medien in der pädagogischen Arbeit

In diesem Kapitel lernen Sie,

* welche Medien in sozialpädagogischen Einrichtungen eingesetzt werden können,
* dass Medien auch die Gefahr bergen, Kinder in ihrer Entwicklung zu beeinträchtigen,
* dass der Umgang mit Kinderliteratur Fachkenntnisse über Qualität und Methodenkompetenz der Fachkraft voraussetzt,
* dass der Umgang mit sämtlichen Medien ein klares Beurteilungsvermögen, Kenntnisse von Medieninhalten und Mediennutzung sowie pädagogische Zielvorstellungen und Konsequenz vom pädagogischen Personal erfordern.

Situation

Montagmorgen in der Kita „Arche":
Michi und Stefan rasen durch das Gruppenzimmer. Michi verfolgt Stefan mit einem Gewehr aus Steckbausteinen, das er kurz zuvor gebaut hat. Er ruft: „Stehen bleiben oder ich schieße!" „Mich erwischst du nicht, ich habe eine Killermaschine, peng peng."
Beide finden sehr geschickt immer wieder neue Wege durch den Raum, sie kriechen unter Tischen hindurch, steigen unsanft über die am Boden spielenden Kinder, rempeln alle und alles an, was ihnen im Weg ist. Es entsteht eine ziemlich hektische Stimmung im Gruppenraum. Ein jüngeres Kind verkriecht sich ängstlich hinter dem Vorhang. Als die Erzieherin Frau Ehrlich den Gruppenraum betritt – sie war gerade in einem Tür-und-Angel-Gespräch im Gang, findet sie eine chaotische Gruppensituation vor.
Solche Situationen kommen häufig vor, besonders montags, nachdem einige Kinder der Gruppe ein Wochenende mit intensivem Fernseh-, Video- und PC-Konsum hinter sich haben. Es dauert manchmal zwei bis drei Tage, bis wieder eine ruhige Atmosphäre in der Gruppe eingekehrt ist. Frau Ehrlich ärgert sich darüber, dass manche Eltern ihre Kinder so unkritisch den Medien aussetzen und nicht danach fragen, ob das für ihre Kinder gut ist. Sie fragt sich, wie die Kita diesem Missstand begegnen kann.

Aufgaben

1. Wie erklären Sie sich die Situation in der Kita Arche?
2. Vergleichen Sie im gemeinsamen Gespräch, welche Medienerfahrungen Sie in den Praktikumsstellen bereits beobachten konnten.
3. Überlegen Sie, welche Kenntnisse über Medien und über die kindliche Psyche Sie benötigen, um Kinder in ihrer Entwicklung zu fördern. Formulieren Sie dazu passende Fragen.

➲ Weitere Aufgaben zu diesem Thema finden Sie im Kapitel 7 des Arbeitshefts.

7.1 Die verschiedenen Medienarten

Unter einem Medium (lat. = Mittel) werden Instrumente verstanden, mit denen Informationen zwischen Sender und Empfänger ausgetauscht werden.
Die Medien können eingeteilt werden in:

Der Einsatz von Medien in sozialpädagogischen Einrichtungen steht in erster Linie in Abhängigkeit vom Entwicklungsstand des Kindes und von der Qualität des jeweiligen Mediums.

Darum muss die pädagogische Fachkraft sowohl fundierte Kenntnisse über die entwicklungspsychologischen Voraussetzungen des Kindes haben als auch über die Wirkung von unterschiedlichen Medien auf Kinder, denn Kinder nehmen Medien anders wahr als Erwachsene.

Druckmedien
Träger für gedrucktes Wort und Bild
– Bilderbuch
– Erzählung und Märchen
– Zeitschriften
– Kamishibai (= Erzähltheater)
– Bildkarten

Medien

Audiovisuelle Medien
zum Übertragen von Schallwellen und Bildern
– Hörmedien wie Radio, Schallplatte und CD
– Fernsehen, Video und DVD
– Bilderbuchkino

Elektronische Informationsmedien
zum Übertragen von Informationen auf elektronischem Weg
– PC, Tablet, Handy, Smartphone
– Internet
– soziale Netzwerke (z. B. Facebook und WhatsApp)

Medien sind **nützlich,** wenn sie das Kind in seiner Ich- und Sprachentwicklung unterstützen, wenn sie informieren und dem Kind helfen, die Welt zu verstehen, und wenn sie unterhalten.

Medien sind **schädlich,** wenn durch ihren Gebrauch zu wenig Raum für unmittelbare Sinneserfahrungen, Bewegung und natürlichen Sprachkontakt bleiben, wenn übermäßiger Konsum, Gewalt und Brutalität verherrlicht werden und wenn Abhängigkeit und Suchtverhalten entstehen.

Die medienpädagogische Aufgabe von pädagogischen Mitarbeiterinnen besteht darin, Kinder zum kritischen Gebrauch von Medien zu befähigen. Kinder sollen Medienkompetenz erwerben, worunter die Fähigkeit verstanden wird, Medien verantwortungsbewusst einzusetzen und sinnvoll damit umzugehen.

Aufgaben

1. Welche Wirkungen von Medien kennen Sie aus eigener Erfahrung?
2. Welche Wirkungen haben Sie schon bei Kindern beobachtet?
3. Welche von den beschriebenen Auswirkungen von Medien können Sie sowohl bei sich selbst als auch bei Kindern beobachten?
4. Auf welche der oben genannten Medien könnten Sie am leichtesten/am schwersten verzichten?

7.2 Druckmedien

Diese Mutter und ihr Sohn sind gemeinsam in ein Buch vertieft. Die Beziehung zwischen Mutter und Kind ist durch das Vorlesen und das begleitende aktive Gespräch (= dialogisches Vorlesen) ruhig und vertraut. Es entsteht das tiefe Gefühl von Geborgenheit, Zuneigung und Kommunikation.

Wir wissen, dass sich nur am menschlichen Gegenüber mit seinen aktiven Reaktionen emotionale Beteiligung und die Fähigkeit zur Empathie entwickeln können. Weiterhin werden durch das Vorlesen und Erzählen von Bilderbüchern und Geschichten in ganzheitlicher Form Sprachentwicklung, Symbolverständnis und Weltwissen gefördert. Das Kind wird so befähigt, verschiedene Situationen und Verhaltensweisen zu verstehen und in seinen Alltag einzuordnen.

Darum ist den Druckmedien in der frühen Kindheit der absolute Vorrang vor allen anderen Medien einzuräumen.

Wer als Kind das Glück hatte, mit seinen Bezugspersonen häufig Erfahrungen machen zu dürfen wie im oben beschriebenen Beispiel, der wird wahrscheinlich später über das Lesen so oder ähnlich denken:

„Es funktioniert noch immer: Lesen tröstet, rettet, vertreibt die Zeit, macht klüger, macht glücklicher [...]. Wir reisen auf den Bücherflügeln in die Vergangenheit und die Zukunft, ins Reich der Fantasie und der Zauberei und all das hilft uns, uns in der Gegenwart zurechtzufinden. Was für ein Geschenk!"
(Heidenreich, 2000, S. 1)

Aufgaben

1. Ist Ihre Beziehung zu Büchern ähnlich wie die oben geschilderte?
2. Welches war Ihr erstes Buch, an das Sie sich erinnern?

7.2.1 Das Bilderbuch

Die Wertschätzung von Büchern kann Kindern schon sehr früh vermittelt werden. Bilderbücher sind die ersten Kinderbücher und darum haben sie einen besonderen Stellenwert im Hinblick auf das Wecken von Lesefreude.

Arten und Inhalte

Das Erstbilderbuch
Es ist durch Thema, Gestaltung und Ausführung auf Kinder ab dem ersten Lebensjahr zugeschnitten.

* **Thematik:** Bereiche des täglichen Lebens, die es dem Kind ermöglichen, etwas Bekanntes wiederzuentdecken.

* **Gestaltung:** Klar umrissene Bilder, meist Einzelbilder mit einem Gegenstand pro Seite.

* **Ausführung:** Stabile und handliche Ausführung, die es der noch kleinen und unbeholfenen Hand ermöglicht, darin zu blättern.

Entdecken und be-greifen ist spannend.

Die Aufgabe des Erstbilderbuchs besteht darin, dem Kind Dinge seiner Umwelt wiederholend zu zeigen und diese beim Namen zu nennen. Hierdurch wird die Begriffsbildung unterstützt und der Wortschatz erweitert.

Das Szenenbilderbuch
Später werden Einzelbilder durch die Darstellung von Szenen abgelöst. In einer Szene sind Personen oder Gegenstände abgebildet, die in einer äußeren Beziehung zueinander stehen. Häufig haben die Bilder einen kleinen Begleittext mit klaren Begriffen oder Unterschriften. Meist befindet sich eine abgeschlossene Szene auf einer Doppelseite. Themen sind Ereignisse aus dem Alltag, die Gestaltung ist ebenfalls klar und übersichtlich. Das Szenenbilderbuch ist sehr stabil ausgeführt, aber für das ca. zwei- bis dreijährige, schon etwas geschicktere Kind größer als das Erstbilderbuch.

Die Aufgabe des Szenenbilderbuchs besteht darin, dem Kind Zusammenhänge seiner Umwelt wiederholend sichtbar zu machen und es zum staunenden Entdecken und begleitenden Sprechen anzuregen. Dadurch wird die Begriffsbildung ebenso gefördert wie die Wortschatzerweiterung und das Buch wird als Informationsquelle erkannt.

Die Bilderbuchgeschichte
Etwa ab dem dritten Lebensjahr, wenn das Kind sein Ich entdeckt hat, entsteht die Fähigkeit zum bildhaften Denken. Das Kind ist jetzt in der Lage, Denken und Tun voneinander zu trennen. Bilderbuchgeschichten mit einer fortlaufenden Handlung können das Kind in der Entwicklung seiner Denkfähigkeit unterstützen. Die Bilderbuchgeschichte ist eine Erzählung, die entweder ausschließlich oder in hohem Maße durch Bilder ausgedrückt wird. Beigefügte Texte bilden mit der Illustration eine Einheit.

Themen von Bilderbuchgeschichten kommen aus dem gesamten Spektrum der Literatur.
Es gibt

* wirklichkeitsnahe Bilderbücher mit Geschichten aus dem alltäglichen Kinderleben mit Menschen oder Tieren illustriert,

* fantastische Bilderbücher, in denen die Grenzen der alltäglichen Realität bewusst überschritten werden,

* Märchenbilderbücher mit fantasievollen Illustrationen auf der Grundlage eines Märchens,
* Tierbilderbücher, die einen Einblick in das Leben von Tieren gewähren,
* Naturbilderbücher aus der Welt der Pflanzen, des Wetters, über Naturvorgänge usw.,
* religiöse Bilderbücher mit biblischen Geschichten, über religiöse Bräuche oder andere religiöse Themen.

Beurteilungskriterien für Bilderbücher

Es gibt Bilderbücher der unterschiedlichsten Qualitäten. In sozialpädagogischen Einrichtungen sollten ausschließlich qualitativ anspruchsvolle Bilderbücher vorhanden sein. Ein gutes Bilderbuch hat sowohl eine gute Sprache als auch aussagekräftige, die Gefühle ansprechende Bilder, der Inhalt ist kindgerecht, sachlich richtig oder als Fantasieerzählung erkennbar, die Aufmachung ist solide.

Ein gutes Bilderbuch ist ein echtes Kunstwerk, das auch den Erwachsenen noch begeistern kann.

Checkliste zur Auswahl und Beurteilung von Bilderbüchern

Inhalt:
* spannend
* unterhaltsam
* humorvoll
* erzeugt Freude und Optimismus
* verfolgt einen Spannungsbogen mit deutlichem Höhepunkt
* spricht Gefühle an
* regt die Fantasie an

Illustration:
* künstlerisch hochwertige, schöne Bilder
* verständliche Darstellung
* ohne Überschneidungen und perspektivische Verschiebungen
* Farbgestaltung harmonisch bzw. die Stimmung des Inhaltes wiedergebend
* Illustration und Text stimmen überein

Text:
gute Sprache mit dem Einsatz sprachkünstlerischer Mittel wie:
* wörtlicher Rede
* Wiederholungen
* Verwendung von Eigenschaftswörtern
* zusammengesetzter Wörter

Aufmachung:
* gebunden
* feste Buchdeckel
* gutes, festes Papier
* hochwertige Druckqualität

Alter und Erfahrung:
* Welche Altersstufe ist angesprochen?
* Welche Erfahrungen brauchen Kinder, um den Inhalt zu verstehen?

Ein erster Anhaltspunkt zur Auswahl guter Bilderbücher für ungeübte Buchbeurteiler ist, einen Blick auf den Verlag zu werfen. Mit der richtigen Wahl des Bilderbuchverlags ist die Wahrscheinlichkeit, ein qualitativ hochwertiges Buches zu erhalten, größer.

Dazu gehören z. B. Verlage wie Herder, Nord-Süd, Middelhauve, Oetinger, Ravensburger, Sauerländer, Diogenes und Ellermann, aber auch viele andere.

Der Umgang mit Bilderbüchern in der Praxis

Zunächst wird eine Auswahl getroffen. Dabei wird überlegt, welche Themen und Probleme in der Gruppe gerade vorherrschen, ob diese Themen mit einem Bilderbuch bewältigt werden können, welche Kinder dieses Bilderbuch brauchen und was damit erreicht werden soll (Lernziele).

Bevor ein Bilderbuch mit Kindern betrachtet wird, setzt sich die pädagogische Fachkraft mit dem Bilderbuch auseinander und lernt es zunächst selbst kennen. Sie wird sich darüber klar, was die wesentliche Aussage des Buches ist. Die erste Frage lautet also: Welche Aussage wird in diesem Buch gemacht, was können die Kinder mit diesem Buch erfahren?

Der nächste Schritt ist, dass die pädagogische Fachkraft das Lesen des Textes übt und dabei Stimme und Sprache bewusst einsetzt. Sie passt das Sprechtempo, die Betonung, den Sprechrhythmus und die Lautstärke der jeweiligen Aussage an. Sie kennt den Höhepunkt der Geschichte und überlegt, wie sie diesen den Kindern deutlich macht.

Führt sie die Bilderbuchbetrachtung als pädagogisches Angebot in einer Gruppe vor, beachtet sie die in Kapitel 14.3.1 aufgeführten methodischen Grundsätze.

Aufgaben

1. Stellen Sie eine Bilderbuch-Bibliothek zusammen, mit der Sie die wichtigsten Themenbereiche abdecken. Untergliedern Sie Themenbereiche wie z. B. zwischenmenschliche Themen und Probleme von Kindern, Jahreszeiten und Naturvorgänge, religiöse Themen u. Ä.
2. Welches aktuelle Problem oder Thema in Ihrer Praxisstelle kann mit welchem Bilderbuch bearbeitet werden?

7.2.2 Die Erzählung/das Märchen

„Es war einmal …"

Kindergeschichten und Märchen sind besonders gut geeignet, Kindern Inhalte aus Fantasie und Wirklichkeit in einer kindgerechten Form nahezubringen. Jeder, der als Kind die Erfahrung machen durfte, dass ein Erwachsener ihm schöne Geschichten erzählt, weiß, was es bedeutet, „auf Bücherflügeln zu reisen". Freude an Sprache, Sprachverständnis, Sprachgefühl, Lesefreude, Fantasiebegabung, Entspannung, Interesse an Literatur und Themen der Gegenwart und Vergangenheit finden ihre Wurzeln in frühkindlichen Vorleseerfahrungen.

7 Medien in der pädagogischen Arbeit

Aufgaben

1. Hat Ihnen in Ihrer Kindheit jemand Geschichten erzählt oder vorgelesen? Welche Erinnerungen verbinden Sie damit?
2. Wie fühlt sich das Kind auf dem vorhergehenden Bild, während ihm seine Oma eine Geschichte vorliest?
3. Lesen Sie das Zitat von Elke Heidenreich im Kapitel 7.2. Was glauben Sie, meint sie damit?
4. Erarbeiten Sie in Gruppenarbeit die Bedeutung des Vorlesens anhand der Informationen unter www.stiftunglesen.de.

Arten von Kinderliteratur

Realistische Kindergeschichten

Der Inhalt könnte wahr sein, er spielt im näheren oder weiteren Erfahrungsfeld des Kindes, z. B.:

* in der Familie (Astrid Lindgren: „Immer dieser Michel")
* in der Gemeinschaft mit anderen Kindern (Ursula Wölfel: „Der rote Räuber und die glücklichen Kinder")
* in schwierigen Lebenssituationen (Irmela Brender, Günther Stiller: „Streitbuch für Kinder")
* im Zusammenhang mit schwierigen Verhaltensweisen (Gun Jakobsen: „Danke, halt die Klappe")
* in anderen Ländern (Ana Maria Matute: „Juju und die fernen Inseln")
* als Tiererzählung, wenn Tiere menschliche Eigenschaften besitzen (Hans Peterson: „Matthias und das Eichhörnchen")

Fantastische Kindergeschichten

Realität und Fantasie vermischen sich hier, es geschehen innerhalb normaler Verhältnisse außergewöhnliche Dinge. Von der Wirklichkeit wird bewusst abgewichen. Themenbereiche können sein:
* märchenhafte Zaubergeschichten (Lewis Carroll: „Alice im Wunderland")
* Spukgeschichten (Otfried Preußler: „Das kleine Gespenst")
* Verwandlungsgeschichten (Astrid Lindgren: „Karlsson vom Dach")
* fantastische Abenteuer (Michael Ende: „Jim Knopf und Lukas der Lokomotivführer")
* überdimensionale Gestalten (Astrid Lindgren: „Pippi Langstrumpf")
* lebendige Spielsachen (Carlo Collodi: „Pinocchio")
* Tierfantastik (Janosch: „Der Mäusesheriff")

Volksmärchen

Die klassischen Volksmärchen der Brüder Grimm waren ursprünglich Erzählgut für Erwachsene. Sie wurden über Jahrhunderte hinweg mündlich überliefert, bis sie von Hans und Jakob Grimm gesammelt und aufgeschrieben wurden.

Märchen speichern Lebensweisheiten aller Völker, sie sprechen mit einfachen Sinnbildern für menschliche Grundprobleme das Gemüt und die Fantasie an. Sie sind optimistisch, denn in ihnen lebt der Glaube an die Kraft des Guten.

Beim Märchenerzählen entsteht eine besondere Atmosphäre der Geborgenheit zwischen Erzähler und Zuhörer. Geeignete Märchen für Drei- bis Vierjährige sind Märchen mit einer einfachen Handlung wie „Der süße Brei" oder „Sterntaler". Für das Vorschulalter geeignet sind Märchen mit verschiedenen Szenen, aber einem durchgängigen Motiv wie: „Rotkäppchen", „Hänsel und Gretel", „Dornröschen", „Schneewittchen", „Der Wolf und die sieben Geißlein".

Beim Erzählen von Geschichten oder Märchen wird zuvor eine bewusste Auswahl getroffen und vorbereitende Überlegungen werden angestellt. Folgende Fragen sollten gestellt werden:

* Welche Themen sind für die Gruppe oder einzelne Kinder gerade wichtig?
* Welcher Erzählstoff kann darauf eingehen?
* Welche Ziele werden mit einer Erzählung angesteuert?
* Entspricht die ausgewählte Erzählung dem notwendigen Qualitätsstandard (siehe oben)?

Vorbereitende Erarbeitung von Kinderliteratur

Jedem pädagogischen Angebot, das Kinderliteratur zum Thema hat, geht die vorbereitende Erarbeitung des Textes voraus. Dabei wird die Geschichte in Abschnitte oder Szenen aufgeteilt.

Der **Inhalt** wird nach dem sogenannten „POZEK"-Schlüssel erfasst:

P = Personen – wer ist beteiligt?
O = Ort – an welchem Ort spielt die Handlung?
Z = Zeit – zu welcher Zeit?
E = Ereignis – was geschieht in der Geschichte?
K = Kern – was ist der Kern der Geschichte?

Es folgt die **persönliche Auseinandersetzung** mit den folgenden Fragen:

* Wie gefällt mir die Geschichte?
* Wo spricht sie mich besonders an?
* Was fällt mir an der Geschichte besonders auf?
* Gibt es Abschnitte, die ich nicht verstehe oder die mir nicht gefallen?

Die **sachliche Auseinandersetzung** umfasst die Gesichtspunkte:

* Welches Bild von der Welt kommt zum Ausdruck?
* Worauf will ich hinaus mit dieser Erzählung? Was ist mir wichtig?
* Welche Aussagen möchte ich für die Kinder besonders herausstellen?
* Mit welchen kreativen Möglichkeiten lässt sich die Geschichte mit den Kindern vertiefen?

Wer einer Gruppe eine Erzählung als pädagogisches Angebot anbietet, sollte die in Kapitel 14.1.4 vorgestellten entsprechenden Grundsätze beachten. Erzählungen mithilfe von Erzähltheater, Kamishibai oder Bildkarten werden nach den gleichen Prinzipien dargeboten, wobei die bildliche Darstellung der Veranschaulichung dient.

Aufgaben

Erstellen Sie für Ihre Praxissammlung eine Übersicht über Geschichten zu den Themen:

1. Jahreszeiten: Frühling, Sommer, Herbst und Winter
2. jahreszeitliche Feste und Feiern wie Fasching, Ostern, Muttertag, Erntedank, St. Martin, Nikolaus, Weihnachten
3. typische kindliche Sorgen wie klein sein, keine Freunde finden, etwas nicht können, anders sein, Elternstreit oder Scheidung, ein neues Geschwisterchen bekommen, Rivalität unter Geschwistern, etwas falsch gemacht haben
4. Geschichten zum Lachen, die lustig und humorvoll sind

7.3 Audiovisuelle Medien

Fernsehen, DVD, Video, PC, Notebook bzw. Tablet-PC und Smartphone sind in den meisten Familien eine Selbstverständlichkeit. Kinder sind täglich mit diesen Medien konfrontiert. Doch Kinder erleben Medien anders als Erwachsene. Was Kinder von den Medien wahrnehmen und was sie verstehen, hängt von ihrem Entwicklungsalter ab. Die Bundeszentrale für gesundheitliche Aufklärung macht in diesem Zusammenhang auf die **3-6-9-12-Regel** aufmerksam.

Sie besagt für die Mediennutzung von Kindern:

* Bildschirmmedien nicht unter **3** Jahren
* keine Spielkonsole unter **6** Jahren
* kein Handy/Smartphone unter **9** Jahren
* keine unbeaufsichtigte PC-/Internetnutzung unter **12** Jahren

7.3.1 Fernsehen, DVD, Video

Kinder nehmen anders wahr

Auch wenn die digitalen Informationsmedien immer mehr an Bedeutung gewinnen, bleibt doch das Fernsehen ein sehr bedeutendes von Kindern benutztes Medium.

Die Tendenz geht sogar in die Richtung, dass das Einstiegsalter für regelmäßigen Fernsehkonsum immer weiter sinkt. Lag es in den USA in den 1970er-Jahren noch bei vier Jahren, so liegt es jetzt nur noch bei vier Monaten. Beinahe alle US-amerikanischen Kinder im Alter von zwei Jahren sehen regelmäßig fern (vgl. Spitzer, 2012, S.136 ff.).

Auch bei uns geht die Entwicklung in diese Richtung. Aus wissenschaftlichen Studien ist bekannt, dass für die psychische, soziale und geistige Entwicklung des Kindes in den ersten Lebensjahren der direkte Kontakt zu Personen und Dingen notwendig ist. Ein zu früher Fernsehkonsum ist für die Entwicklung von Babys und Kleinkindern schädlich. Darum gilt:

Bildschirmmedien nicht unter drei Jahren.

Da die Realität in den Familien häufig eine andere ist, wird es immer mehr zur Aufgabe von Kitas, Elternarbeit zu betreiben, welche die Fernsehnutzung in der Familie, die positiven und negativen Auswirkungen des Fernsehkonsums auf Kinder zum Thema hat.

Aufgaben

1. Welche Fernsehsendungen sehen Sie am liebsten?
2. Was waren Ihre liebsten Sendungen, die Sie als Kind angeschaut haben?
3. Führen Sie in Ihrer Praxisstelle mit den Kindern eine Befragung zu folgenden Inhalten durch:
   * Welche Sendungen und Filme siehst du am liebsten?
   * Was gefällt dir daran am besten?
   * Wann siehst du am meisten fern?
   * Wer schaut noch mit dir diese Sendungen an?

Tipps zum richtigen Fernsehgebrauch in der Familie

* Beobachten Sie Ihr Kind beim Fernsehen und erstellen Sie dann gemeinsame Regeln für den Fernsehgebrauch.
* Wählen Sie Sendungen gemeinsam mit dem Kind aus.
* Verwenden Sie dazu ein Programmheft, z. B. „Flimmo" (www.flimmo.de), das eigens auf kindliche Sehgewohnheiten abgestimmt ist.
* Lassen Sie Ihr Kind nicht mehr als eine Sendung auf einmal ansehen und danach zumindest eine längere Pause einhalten.
* Halten Sie sich in der Nähe auf, um für Erläuterungen zur Verfügung zu stehen.
* Lassen Sie sich von dem Kind erzählen, was es gesehen hat.
* Das Fernsehprogramm darf nicht den Tagesablauf bestimmen.
* Auf richtigen Abstand, richtigen Blickwinkel, aufrechte Sitzhaltung, niedrige Lautstärke achten.
* Bewegungsmangel durch Sitzen vor dem Gerät durch genügend Bewegung in frischer Luft ausgleichen.

Nicht jeder Kinderfilm, auch wenn er im Kinderkanal gesendet wird, ist ein guter Film für Kinder. Auch was Kinder sonst noch im Fernsehen sehen, z. B. Werbung, Nachrichten, Erwachsenensendungen, hat nicht unbedingt wünschenswerte Auswirkungen auf die Entwicklung des Kindes. Doch was zeichnet einen guten Kinderfilm aus?

Beurteilungskriterien für gute Kinderfilme

Situation

Stefans Spaß an Tom und Jerry

Stefan sagt: „Tom und Jerry finde ich echt stark. Da kriegt der Große immer was auf die Fresse. Leider ist das nur im Film so ... Das ist doch nur lustig. Da ist doch was los. Ist doch richtig, wenn die Maus gewinnt. Wenn die eben klüger ist. Aber ich denk mir, die vertragen sich doch auch. Das ist doch mehr wie Spiel und nicht Ernst ... Meine Eltern schimpfen, weil ich das so gern seh. Aber die verstehen das nicht ... Angst hab ich nur vor Gespenstern oder so Tiermenschen, weil's die wirklich gibt, sagt mein Vater, die holen mich, wenn ich was ausgefressen hab."

Aufgaben

1. Weshalb macht die Sendung Stefan Spaß?
2. Wie beurteilen Stefans Eltern die Sendung?
3. Was ist davon zu halten, was Stefans Vater über die genannten Figuren sagt?

Merkmale eines guten Kinderfilms

Ein guter Film für Kinder ist auch ein guter Film für Erwachsene. Jeder für Kinder verständliche, ihrem Alter entsprechende, für ihre Entwicklung förderliche und sie interessierende Film ist auch ein guter Kinderfilm.

Als gute Kinderfilme gelten im Allgemeinen Filme, die den Kindern ihre Träume und Sehnsüchte lassen und zugleich Erkenntnisse über ihre eigene Welt vermitteln, die ihre Fantasie ernst nehmen und dem Gedankenspiel freien Lauf lassen, Filme, die das kindliche Bedürfnis nach Spaß, Abenteuer und Märchen erfüllen, die eine glaubhafte Geschichte erzählen, künstlerisch anspruchsvoll und professionell gestaltet sind, also Filme, die nicht kindisch daherkommen. Eine Geschichte ist glaubhaft – ob sie wirklich passiert ist oder nicht, wenn sie genau so wirklich hätte passieren können.

Dabei sollen die Geschichten für die Freuden und Leiden anderer Menschen sensibilisieren, zeigen, wie Konflikte entstehen und wie man sie lösen kann, oder Mut machen, Utopien zu entwerfen, und das alles ohne pädagogischen Zeigefinger erzählen. Ein guter Kinderfilm nimmt das Kind als Person mit seinen Gefühlen und Gedanken ernst, ohne es in das künftige Erwachsensein „hineinzudrängen". Kinderfilme sollen das Selbstbewusstsein von Kindern stärken, sie stark machen bei der Bewältigung des Alltags.

Gute Kinderfilme zeichnen sich aus durch sorgfältige Inszenierung, durchgehende Handlung und einen Erzählrhythmus, in dem sich Spannung und Ruhe abwechseln, sowie durch gute Darsteller und Glaubwürdigkeit der Figuren.

Merkmale für	
kindgerechte Filme und Sendungen	bedenkliche Filme und Sendungen
Ein Filmbeitrag ist für Kinder verständlich, – je kürzer die Sendung ist: 30 Minuten für Kinder zwischen vier und sechs Jahren ist eher zu viel als zu wenig; – je enger das Thema begrenzt ist; – je mehr eine Sendung an die Lebenserfahrungen einer Altersgruppe anknüpft; – je unterscheidbarer die handelnden Personen dargestellt sind; – je besser Bild und Ton übereinstimmen; – je weniger Unterschiedliches in der Sendung gebracht wird und das Kind verwirrt (außer bei Magazin- oder Nachrichtensendungen); – je mehr eine Sendung Spaß macht; – je weniger die Sendung ängstigt, weil Angst „kopflos" macht, also Mitdenken verhindert; – je mehr die Art der Darstellung dem Vorstellungsvermögen eines Kindes entspricht (ohne Zeit- und Raumschnitte, ohne Rückblendungen und ähnliche filmische Gestaltungsmittel).	Sendungen sind für Kinder ungeeignet, wenn ihre Inhalte problematisch und schwer verständlich sind und wenn sie unerwünschte Absichten, Einstellungen und Verhaltensweisen fördern. Dies ist der Fall, wenn – sie ein verzerrtes, der Wirklichkeit nicht entsprechendes Weltbild vermitteln und beispielsweise Vorurteile verfestigen, z. B. wenn kleinere Kinder generell den größeren unterlegen sind; – sie Scheinrealitäten vermitteln, z. B. gefährliche Tiere als harmlos oder gar hilfsbereit erscheinen lassen; – sie Glück und Harmonie ausschließlich aus dem Besitz von Konsumgütern ableiten; – sie die Arbeitswelt in ihren Anforderungen verfälschen und Arbeitslosigkeit als persönliches Versagen oder Schande hinstellen, die zu Kriminalität oder zu anderem sozialschädlichen Verhalten führt; – sie Kindern Angst machen und damit psychisch überfordern; – positiv gezeichnete Personen Gewalt als erfolgreiches Mittel zur Durchsetzung eigener Interessen einsetzen; – Gewalt als lustig und schön dargestellt und Schadenfreude ausgelöst wird; – Mitleid als Schwäche und Gewaltlosigkeit als Feigheit erscheinen.

Grundsätze zur Fernsehnutzung

Es ist eine Realität, dass immer mehr Kinder mit belastenden Fernseherfahrungen in einer Kindergruppe sein werden. Denn es gibt Eltern, die entgegen besserem Wissen ihre Kinder zu viel und falsch fernsehen lassen. Darum ist es wichtig, diesen Kindern Gelegenheit zu geben, Eindrücke und belastende Erfahrungen zu verarbeiten.

„Ich schau gar nicht hin!"

Möglichkeiten zur Verarbeitung von belastenden Fernseherfahrungen:

* ein Fernsehgerät aus Karton oder Filmleinwand aufbauen und als Spielfläche zum Nachspielen der Sendung oder des Filmes zur Verfügung stellen
* Szenen malen und als Bilderbuch gestalten lassen
* erzählen lassen, was in dem Film vorgekommen ist, und dabei aufmerksam zuhören

* selbst einen Film oder Filmszenen drehen und im Fernsehen anschauen
* Utensilien herstellen, die in der Sendung gebraucht werden
* genügend Bewegungsmöglichkeiten an der frischen Luft ermöglichen

Medienkompetenz fördern
Wie oben beschrieben, geht es hier darum, Kinder zu befähigen, Medien sinnvoll zu nutzen. Das kann folgendermaßen geschehen:

* gute Filme, die Spiel- und Sprechmöglichkeiten bieten, gemeinsam anschauen und anregende Themen besprechen
* den Kindern beim gemeinsamen Gebrauch den richtigen Umgang mit dem Medium vermitteln (z. B. abschalten)
* durch eine gute Auswahl den Geschmack und das Werturteil der Kinder schärfen
* mit größeren Kindern, z. B. Hortkindern, ist es möglich, Filme kritisch anhand von positiven und negativen Beispielen zu analysieren
* auch die kritische Auswahl von Filmen kann gemeinsam erarbeitet und praktiziert werden

➲ *Aufgaben zu diesem Thema finden Sie im Kapitel 7 des Arbeitshefts.*

7.3.2 Hörmedien

Zu den Hörmedien zählen Radio, Hörkassetten und CDs, aber auch digitale Informationsmedien wie PC und Internet, Handys und Smartphones werden als Hörmedien genutzt.

Situation

Im Kindergarten St. Martin ist zurzeit die Kuschelecke besonders beliebt, denn dort finden sich neue Kinderhörspiele und Musik-CDs, die bei vielen Kindern sehr beliebt sind. So ist die Kuschelecke Treffpunkt für die Hörspiel- und Musikfreunde der Gruppe.

Aufgaben

1. Vergleichen Sie Ihre Praxiserfahrungen im Umgang mit Hörspiel- und Musik-CDs.
2. Welche Inhalte sind besonders beliebt?
3. Tauschen Sie sich in der Gruppe aus, welches früher Ihre Lieblingshörspiele und -musikstücke waren.

Überlegungen zum Einsatz von Hörmedien

Wie bei allen Medien gilt auch für den Einsatz von Hörmedien, dass das Entwicklungsalter der Kinder und die Qualität des Hörstückes maßgeblich sind. Kinder hören anders als Erwachsene. Sie nehmen nur die Inhalte wahr, die sie auch verstanden haben. Daher gilt für die Auswahl eines Hörmediums: **Je jünger das Kind, umso kürzer, einfacher, klarer strukturiert und langsamer in der Sprache.**

Ebenso haben das persönliche Erzählen und Vorlesen Vorrang vor einem technischen Hörmedium, denn ein Hörspiel ist kein Ersatz für das Erzählen. Das Hören von Hörspielen bietet nicht die so wichtige Geborgenheit und den persönlichen Kontakt zum Sicherheit gewährenden, erzählenden Erwachsenen. Dies gilt besonders dann, wenn der Inhalt spannend und manchmal angsterregend ist und wenn die Kinder noch sehr jung sind (siehe Kapitel 7.1).

In der sozialpädagogischen Einrichtung werden Hörspiele daher nicht aktiv eingesetzt, sondern vorwiegend den Kindern zum Vertiefen von besprochenen Inhalten zeitweilig im freien Spiel zur Verfügung gestellt. Musik-CDs können Kindern im Bewegungsraum Anreiz zur freien Bewegung und zum tänzerischen Ausdruck bieten.

Der Vorteil von Kinderhörspielen ist, dass Kinder den Inhalt so oft wiederholen können, bis auch das letzte Detail verstanden wurde. Gute Hörspiele regen die Fantasie der Kinder an und bieten eine perfekte Inszenierung und eine hochwertige sprachliche Darstellung des Inhalts. Eine aktive und kreative Form des Umgangs mit solchen Medien kann sein, mit Kindern gemeinsam eigene Hörspiele oder Musikstücke aufzunehmen.

Beurteilungskriterien für Kinder-Hörmedien

Um eine geeignete Auswahl an hochwertigen Hörmedien in der sozialpädagogischen Einrichtung anzubieten, ist es für die pädagogische Fachkraft wichtig, die Qualität von Tonträgermedien beurteilen zu können.

Fragen zur Qualitätsbeurteilung von Kinder-Hörspielen/-Hörbüchern

Inhalt:
* Wird ein kindgerechtes Thema angesprochen?
* Kann sich das Kind mit der Hauptfigur identifizieren?
* Werden Verhaltensmuster und Klischees vermieden?
* Wird Spannung erzeugt? Wird die Fantasie angeregt?
* Werden Denkanstöße für mögliches Verhalten geliefert?
* Ist der Handlungsverlauf der Geschichte nachvollziehbar?

Inszenierung
* Findet eine literarische Vorlage Verwendung und wie wird sie umgesetzt?
* Sind die Stilmittel so, dass Kinder sie verstehen können (z. B. keine Vor- und Rückblenden für jüngere Kinder)?
* Werden Spannungsmomente gelöst?
* Welche Spannungselemente werden eingesetzt?

Sprache
* Passen die Stimmen zu den Charakteren der Figuren?
* Werden gut unterscheidbare Stimmen eingesetzt?
* Entstehen durch sprachliche Elemente Bilder des Handlungsortes?
* Werden Kinder durch kindliche Ausdrucksweise charakterisiert oder wirken sie eher wie kleine Erwachsene?

Geräusche
* Sind Geräusche natürlich oder effektheischend eingesetzt?
* Werden sie klar eingesetzt oder brauchen sie die sprachliche Ankündigung?
* Entsteht durch die Verwendung von Geräuschen eine anschauliche Kulisse für die Handlung?
* Fördert die Verwendung von Geräuschen die Entstehung von assoziativen Bildern im Kopf?

Musik
* Welche Gefühle werden durch die Musik ausgelöst oder intensiviert?
* Wird die Musik als Ergänzung zum Charakter der Produktion eingesetzt oder wirkt sie eher beliebig einsetzbar?
* Wird Musik eingesetzt, um die Zeit zu füllen, oder hat sie eine Aufgabe: Spannung, Entspannung, Fantasie?

Cover
* Erhält man hier schon ausreichende Informationen über
    - *Namen von Autoren, Produzenten,*
    - *Sprecher,*
    - *Komponisten,*
    - *Spieldauer,*
    - *Produktionsort und -jahr,*
    - *Zusammenfassung des Inhaltes,*
    - *Altersangabe?*
* Was sagt die Art der Illustration aus?

Empfehlenswerte Labels und Informationsquellen

* Polygram-Konzern:
  - *Deutsche Grammophon Junior*
  - *Deutsche Grammophon für Kinder*
  - *Deutsche Grammophon Hörfest*

* Patmos Verlag:
  - *Pläne (besonders für den Bereich „Kinderlieder")*
  - *Spielpläne (für Musiktheater)*
  - *Schwanni (Hörspiele und Lesungen)*
  - *Nashorn (albern-freche bis nachdenklich machende Lieder und Hörspiele)*
  - *Patmos*

* eigenständige kleinere Verlage:
  - *Igel-Records (Kinderlieder)*
  - *Jumbo (fantastische Geschichten)*
  - *Koch-Phantom – Koch-international (für Kinder von drei bis sieben)*
  - *Edition Wunderwolke (pädagogisch ausgerichtete „Spielen und lernen"-CDs)*
  - *Modus Vivendi (Lesungen für die allerkleinsten Hörer, z. B. mit Paul Maar)*
  - *Fidula (Kinderlieder- und Tanzkassetten)*
  - *Menschenskinder (religiös ausgerichtete Lieder)*

Für eine sozialpädagogische Einrichtung sollte es selbstverständlich sein, nur qualitativ hochwertige Hörspiele und Musik zur Verfügung zu stellen. Da Kinder nicht nur hochwertige Tonträger kennen, kommt diesem ausgewählten Angebot eine geschmacksbildende Funktion zu.

Aktuelle Titel lassen sich gut mithilfe der folgenden Links ermitteln:

www.ifak-kindermedien.de (Medientipps u. a. zu Hörspielen, Musik, Literatur, ...)

www.zuhoeren.de

www.ohrenspitzer.de

www.auditorix (viele Anregungen z. B. zum Gehörtraining)

www.kakadu.de

Aufgaben

1. Vergleichen Sie unterschiedliche Kinderhörbücher mithilfe der Beurteilungsfragen und kommen Sie zu einer Qualitätsbeurteilung.
2. Erstellen Sie selbst eine CD mit unterschiedlichen Geräuschen, die erraten werden müssen.
3. Finden Sie altersgerechte Möglichkeiten, mit Aufnahmegeräten (z. B. Handy) kreative Vorhaben mit Kindern durchzuführen.
4. Erstellen Sie unter Zuhilfenahme der genannten Internetadressen eine Liste mit geeigneten Hörspielen für die einzelnen Altersstufen.

7.4 Elektronische Informationsmedien

Bedeutung

Fast allen Kindern und Jugendlichen steht heute ein großes Medienangebot zur Verfügung. Sowohl als Online- als auch als Offline-Medium dienen der Computer, das Tablet und das Smartphone Kindern und Jugendlichen zum Spielen, Lernen, Musikhören und zur Kommunikation.

Die Computererfahrung verlagert sich zusehends auf immer jüngere Kinder. und auch für Kindergartenkinder gehört der Umgang mit dem PC mittlerweile zum Alltag. Daher ist eine Auseinandersetzung mit diesem Thema notwendig.

„Gleich kommt's!"

Es gibt viele Gründe für die Nutzung von Computer, Tablet oder Smartphone, denn es scheint alles möglich zu sein: Zeitreisen, Fliegen in einen Spiegel und dahinter, das Anschauen von Märchenwelten und das freie Handeln darin. Das Öffnen eines Computerspiels und erst recht das Öffnen eines Internetportals ist wie ein Eintritt in ungewisse Abenteuer. Computerspiele fördern die Neugier und die Bereitschaft zum Risiko. Hinter jeder Biegung tut sich ein neues, abenteuerliches Spielgelände auf. Gute Spiele bieten in jeder Sequenz vier oder fünf Varianten an, die wiederum ein Feld von weiteren Überraschungen ermöglichen. Schon beim Einstieg in ein Spiel muss das Kind oft Entscheidungen treffen, ohne die Folgen ermessen zu können. Nach links? Nach rechts? Diese Entscheidungen werden gerne in der Gruppe getroffen. Die Kinder beraten sich, grübeln, diskutieren, welcher Weg zu wählen, welches Level anzusteuern sei. Computerspiele können die Teamarbeit fördern. Digitale Spiele bieten eine Fülle von Rollen an, mit jeder Spielfigur verändert sich der gesamte Spielverlauf. Voraussetzung ist die Angepasstheit an den Entwicklungsstand der Kinder und der verantwortungsvolle Gebrauch dieses Mediums, der vom Erwachsenen beobachtet werden muss.

Computerspiele und Apps erfreuen sich großer Beliebtheit, weil

* der Umgang mit moderner Elektronik Spaß macht,

* kein Spielpartner notwendig ist,

* Leistung sofort belohnt wird,

* sie Spannung und Unterhaltung durch immer wechselnde Spielverläufe, wechselnde Spielebenen (andere Welten und Levels), unterschiedliche Schwierigkeitsgrade, Bilder und Musik vermitteln,

* sie überall mit hingenommen werden können.

Aufgaben

1. Welche Erfahrungen haben Sie mit Computerspielen und Apps gemacht?
2. Was gefällt Ihnen dabei am besten?
3. Welche Erfahrungen möchten Sie an Kinder weitergeben? Warum?
4. Welche Erfahrungen möchten Sie Kindern ersparen? Warum?
5. Vergleichen Sie die unterschiedlichen Funktionen Ihrer Smartphones und finden Sie für jede Funktion eine Überschrift. Halten Sie Ihre Ergebnisse auf einem Lernplakat fest.

Überblick über das Softwareangebot und PC-Spiele für Kinder

Es gibt eine unüberschaubare Menge unterschiedlichster Medienangebote für Kinder. Bei Spielen geht es um die Vermittlung von verschiedenen Spielqualitäten wie ausprobieren, experimentieren, Strategien entwickeln, gewinnen, verlieren, zusammenhalten.

Im Folgenden wird eine Untergliederung in verschiedene Formen von Kindersoftware vorgestellt. Damit wird ein Gesamtüberblick geschaffen, der eine Orientierung über das Marktangebot ermöglichen soll.

* **Programme, bei denen das Spielen im Vordergrund steht** (ab vier Jahren):
    – Reaktions- und Geschicklichkeitsspiele
    – Abenteuerspiele (Adventures)
    – Simulationsspiele
    – Sportspiele
    – Denkspiele
    – Brettspiele
    – Gesellschaftsspiele
    – Kartenspiele

* **Programme, bei denen Erziehung und Unterhaltung gleichermaßen berücksichtigt werden (Edutainment):**
    – Lernspiele, Naturspiele
    – interaktive Bilderbücher (Living Books)
    – Spielgeschichten
    – Detektivgeschichten
    – musikalische Suchspiele
    – Kreativangebote (malen und spielen)

* **Programme, bei denen das Lernen im Vordergrund steht:**
    – Rechenprogramme
    – Sprachprogramme
    – Geschichte, Geografie usw.
    – Lexika

Für den Einsatz in sozialpädagogischen und speziell in vorschulischen Einrichtungen ist besonders das **interaktive Bilderbuch** bzw. die **Bilderbuchapp** von Bedeutung.

Hier bleibt die originäre Bilderbuchgrafik im Wesentlichen erhalten. Mit multimedialen Mitteln wird der Erzählverlauf wiedergegeben. Bei einigen animierten Bilderbüchern ist es möglich, Handlungssequenzen auszutauschen.

Bei **Spielgeschichten** bietet die ursprüngliche Geschichte nur noch den erzählerischen und dekorativen Rahmen für eine lockere Folge von Rätsel-, Geschicklichkeits- und Wissensspielen.

Möglich ist auch eine Spielaktion, die auf der Basis einer Erzählung oder begleitet von Geschichten entwickelt wird.

Da Hersteller von Kindersoftware häufig keine verlässlichen Altersangaben machen, müssen sich sozialpädagogische Mitarbeiterinnen selbst ein Bild über Qualität und Eignung von Kinder-Software/Kinder-Apps machen. Hierbei sind folgende Informationsquellen hilfreich:

flimmo	SCHAU HIN!	FSK	Internet ABC
FLIMMO ist ein Programmratgeber für Eltern, der das Fernsehprogramm bespricht und Tipps zur Fernseherziehung gibt. Es gibt FLIMMO kostenlos und werbefrei als Broschüre, im Internet unter www.flimmo.tv und als App.	(pädagogische App-Portale: www.app-tipps.net, www.datenbank-apps-fuer-kinder.de)	Informationen unter: http://www.fsk.de/app (Quelle: FSK Freiwillige Selbstkontrolle der Filmwirtschaft GmbH)	

Allgemeine Kriterien für gute Apps für Kinder sind:

* keine Gewaltdarstellung
* keine verängstigenden oder beeinträchtigenden Inhalte
* keine ablenkende oder verwirrende Werbung
* keine direkte Verlinkung zu Werbung und sozialen Netzwerken

(Landesstelle Jugendschutz Niedersachsen, 2014)

„Siehst du das auch?"

Aufgaben

1. Nach welchen Kriterien wird in Praxiseinrichtungen das Angebot an Software, das Kindern zur Verfügung steht, ausgewählt?
2. Erstellen Sie einen Fragebogen für Kindergarten- und Schulkinder zum Besitz und zum Umgang mit Kindersoftware, PC und Tablet, Handy und Smartphone.
3. Erstellen Sie in Kleingruppenarbeit Plakate für eine Wandzeitung mit den wesentlichen Inhalten zum sinnvollen Medieneinsatz mithilfe der folgenden Links:
   www.klick-tipps.net/kinderapps
   www.de.gute-apps-fuer-kinder.de
   www.internet-abc.de
   www.dji.de

Beim Kauf und bei der Beurteilung von Computer- und Videospielen sind folgende Fragestellungen hilfreich:

7 Medien in der pädagogischen Arbeit

Kriterien	Bewertung				
	sehr gut	gut	mittel	mäßig	schlecht
1. Problemlose Installation					
in der Anwendung einfach zu handhaben					
Bedienung leicht verständlich					
einwandfreie Grafik					
einwandfreier Ton					
2. Unterhaltungswert					
vermittelt Spaß					
fantasievoll und abwechslungsreich					
erfordert Planung und strategisches Denken					
bietet Möglichkeit zur Kommunikation					
Spieltempo ist den Auffassungsmöglichkeiten des Kindes angepasst					
3. Umsetzung des Inhalts					
Bezug zur Erlebniswelt des Kindes					
vermittelt Werte ohne Aggressivität, Vorurteile, Menschenverachtung, pornografische Darstellungen					
fördert logisches Denken					
löst Emotionen aus (Lachen, Schimpfen mit dem Computer)					
fördert Sozialverhalten wie Rücksicht, Hilfsbereitschaft, Zusammenarbeit					

Aufgaben

Spielen Sie einige der empfohlenen oder vielleicht auch andere Computerspiele und beurteilen Sie diese mithilfe der Checkliste.

Wer in seiner sozialpädagogischen Einrichtung Kindern den Zugang zum Computer gewährt, sollte zudem noch folgende Überlegungen anstellen:

* Für welches Alter und für welche Kinder ist das Spiel geeignet?
* Wie viel Anleitung durch die pädagogische Fachkraft ist notwendig?
* Welche Vorteile bringt das Spiel für einzelne Kinder oder die gesamte Gruppe?
* Gibt es Nachteile für einzelne Kinder oder die Gesamtgruppe?

Regeln im praktischen Umgang mit PC und Tablet

In Einrichtungen mit Computerspielplätzen für Kinder ist eine klare Regelung des Gebrauchs und Umgangs mit diesem Medium notwendig, ebenso wie für alle anderen Spielbereiche auch. Das ist für das Funktionieren des Gruppenlebens wichtig und dafür, dass Kinder den Umgang mit diesem Medium in der Gruppe systematisch erlernen können.

Die zehn Regeln zur Computernutzung:

1. Du darfst den Computer nur benutzen, wenn du dich in die Liste eingetragen und bei einem Erwachsenen gefragt hast.
2. Du darfst den Computer nur mit sauberen Fingern berühren.
3. Du darfst beim Spielen am Computer weder essen noch trinken.
4. Du darfst CDs nicht biegen oder am Boden liegen lassen.
5. Am Computer spielen jeweils zwei Kinder.
6. Du darfst selbst bestimmen, was und mit wem du spielen möchtest.
7. Ihr dürft beim Computerspielen nicht streiten, weil der Computer empfindlich ist und kaputtgehen kann.
8. Du darfst die Zimmertüre schließen, um ungestört zu spielen.
9. Das Computerspiel darf 15 Minuten dauern. Wenn die Sanduhr abgelaufen ist, folgt ein Wechsel.
10. Du sollst den Computer immer im ausgeschalteten Zustand verlassen.

Aufgaben

1. Welche Regeln zum praktischen Umgang finden Sie besonders wichtig?
2. Welche Ziele werden mit diesen Regeln verfolgt?

Umgang mit Handy und Smartphone

Von allen bisher genannten Medien ist das Handy/Smartphone bei Kindern und Jugendlichen am beliebtesten. Es verfügt über zahlreiche Funktionen. Man kann damit

* telefonieren,
* SMS schreiben,
* fotografieren und filmen,
* Radio hören,
* fernsehen,
* spielen,
* Musik hören,

* es zur Tonaufzeichnung nutzen,
* PC-Funktionen bedienen,
* Notizen und Kalenderfunktionen wahrnehmen

und in Zukunft noch vieles mehr.

In sozialpädagogischen Einrichtungen mit älteren Kindern und Jugendlichen ist der Umgang mit diesem Medium ein wichtiges Thema. Dort wird durch das Vorbild der Erzieher und durch klare Regeln ein verantwortungsvoller Umgang eingeübt.

Zu den Regeln sollten gehören:

* Das Handy in verschiedenen Situationen ausschalten, z. B. in der Schule, bei Hausaufgaben und während des Essens.

* Keine Daten und Fotos von Dritten weitergeben ohne deren Einverständnis und mit eigenen Daten vorsichtig umgehen.

* Handyspiele und Internetseiten nur mit entsprechender Altersfreigabe und Eignung nutzen.

Weitere Regeln sollten mit den Kindern/Jugendlichen individuell vereinbart werden. Hilfe dazu bietet z. B. die Broschüre „Handy ohne Risiko? Mit Sicherheit mobil - ein Ratgeber für Eltern", herausgegeben vom Bundesministerium für Familie, Senioren, Frauen und Jugend (2011).

Regeln zur Sicherheit im Netz

Jeder Netzbenutzer sollte sich darüber bewusst sein, dass das Netz nichts vergisst. Alle Einträge hinterlassen schwer zu löschende Spuren im Netz. Daher muss vor unbedachtem Umgang mit Daten, Fotos usw. dringend gewarnt werden. Zur Orientierung dienen die folgenden zehn Gebote zur Netzsicherheit:

Zehn Gebote der Netzsicherheit

1. **Vergiss nicht: Das Netz vergisst nicht**
   Daten im Netz verwesen nicht. Sie können sie niemals völlig löschen, gleichgültig, wie dringend Sie das tun möchten. Denn das Netz vergisst nicht.

2. **Stelle nicht unbedacht deine Kinder ins Netz**
   Vorsicht beim Einstellen von Bildern, besonders denen von Kindern. Niemand weiß, wer sich das ansieht – und wozu.

3. **Traue niemandem**
   Digitale Identitäten in sozialen Netzwerken können frei erfunden sein.

4. **Finde die, die dich finden**
   Installieren Sie „Do Not Track +" (http://www.abine.com/dntdetail.php) – und wundern Sie sich, wie viele Seiten Ihrem Surfverhalten an einem gewöhnli-chen Nachmittag folgen!

5. **Verstehe die Grenzen deiner Freiheit**
   Jeder kann sich frei im Netz bewegen – und sollte wis-sen, dass man nicht frei dabei ist. Denn man ist auch nicht allein.

Zehn Gebote der Netzsicherheit

6. **Nutze keine zweifelhàen SMS-Apps**
   Wenn Sie Apps zum kostenlosen Senden von SMS nutzen, sollten Sie wissen, dass Ihre Nachrichten auch auf unerreichbaren Servern gespeichert werden. Was dort damit geschieht, liegt nicht in Ihrer Hand.
7. **Nutze keine zweifelhàen Mail-Programme**
   Dasselbe gilt auch für kostenlose E-Mail-Programme ...
8. **Übe Vorsicht in den Wolken**
   ... und für die Datenabgabe in „Clouds", die Aufgaben eines lokalen Rechners übernehmen („Wolken").
9. **Denke nach und voraus**
   Niemand weiß, was in 10 oder 20 Jahren mit den Daten von heute passiert. Klar ist nur: Sie werden noch gespei- chert sein.
10. **Füttere nicht die Falschen**
    Data-Mining, Auswerten von Daten zur Nutzerprofilierung, und die Schlüsse, die man aus dem Nutzerverhalten in sozialen Netzwerken ziehen kann, sind das Geschäftsmodell der Zukunft. Sie liefern das Futter. Sie sind das Futter.

(Graff, 2012, S. 4)

7.5 Die Förderung von Medienkompetenz

Die Aufgabe von pädagogischen Mitarbeiterinnen besteht darin, Kinder aller Altersstufen mit wertvollen Medien vertraut zu machen und sie, je nach Entwicklungsstand, zum kritischen Gebrauch von Medien zu befähigen. Kinder sollen Medienkompetenz erwerben, worunter die Fähigkeit verstanden wird, Medien verantwortungsbewusst einzusetzen und sinnvoll damit umzugehen.

Medienkompetenz umfasst folgende Bereiche:

Medienkunde	Mediengestaltung	Medienkritik
– Medien und Mediensysteme kennen	– mit Medien gestalten	– Medienbotschaften verstehen, durchschauen und kritisch reflektieren
– Medientechnik erleben und verstehen	– Medien als Kommunikationsmittel nutzen	– hochwertige Medienangebote kennen und Qualitätsbewusstsein entwickeln
– Umgang mit Technologie beherrschen	– Medien selbst produzieren	

Diese Ziele werden auf unterschiedliche Weisen praktisch verfolgt:

Medien werden **rezeptiv** bearbeitet. In diesem Fall werden Geschichten, Filme und Inhalte aus Funk und Fernsehen nachgespielt oder bearbeitet.

Bei der **aktiven** Medienarbeit werden eigene Medienprodukte hergestellt, wie z. B. Hörspiele, Filme, Musikstücke, Interviews usw., wodurch eigene Sichtweisen zum Ausdruck gebracht werden können.

Auch **Erkundungsgänge** in Verlage, Funk- oder Fernsehanstalten oder Filmstudios können Einblicke in die Welt der Medien verschaffen.

Aufgaben

1. Formulieren Sie altersentsprechende Lernziele zur Medienkompetenz für 2-, 4-, 6- und 8-jährige Kinder.
2. Finden Sie zu jedem Ziel ein entsprechendes pädagogisches Angebot.
3. Entwickeln Sie konkrete Vorschläge sowohl zur rezeptiven als auch zur aktiven Medienarbeit mit einer Altersgruppe.

8 Begleitung von Übergängen

In diesem Kapitel lernen Sie,

* dass Übergänge Zeitabschnitte sind, die jeder Mensch erlebt,
* dass Übergangszeiten oft als schwierig erlebt werden,
* dass in Übergangszeiten besonders viel gelernt wird,
* dass Pädagoginnen Übergangszeiten aktiv gestalten,
* dass Pädagoginnen und Eltern sich gegenseitig informieren.

Ein neuer Lebensabschnitt beginnt.

Situation

Julia, dreieinhalb Jahre, kommt im Herbst in den Kindergarten. Vor den Ferien hat sie mit ihrer Mutter an drei Nachmittagen in den Kindergarten hineingeschnuppert, geschaukelt, mit zwei Mädchen im Sand gebaut. Auch zum Sommerfest war sie mit ihren Eltern eingeladen.
Und beim Anmeldegespräch mit ihrer Mutter durfte sie noch einmal den Kindergarten anschauen.
Endlich ist es so weit. Der erste Kindergartentag hat begonnen. Julia ist heute früh aufgewacht. Sie war im Bad und beim Ankleiden besonders schnell. Hunger hatte sie heute Morgen gar nicht. Noch vor ihrer Mutter ist sie an der Tür. Der Rucksack ist gepackt und Lumili, ihre Lieblingspuppe, ist dabei. Wortarm und mit schnellem Schritt gehen die beiden den kürzesten Weg. In der Kita begrüßt sie Frau Müller, die Gruppenleiterin. Freundlich zeigt sie Julia ihr Foto in der Garderobe: Das ist ihr Platz. Hier kann sie ihren Anorak, ihre Schuhe ausziehen. Hier hängt sie ihr neues Schuhsäckchen an den Haken. Sie zieht ihre Hausschuhe an: alles ein erstes Mal!
„Na, dann komm nur", sagt Frau Müller mit aufmunterndem Lächeln und geht zu den spielenden Kindern. Julia betritt den Gruppenraum an der Hand ihrer Mutter, vor einem Spieletisch machen sie halt. Frau Müller sagt: „Schaut, das ist Julia! Julia ist neu bei uns. Sie kommt jetzt zu uns zum Spielen."
Mit einladender Geste zeigt Frau Müller auf die freien Plätze am Tisch. „Schön, ihr habt ja schon viele Paare gefunden", ruft sie den spielenden Kindern zu. Das Spielebrett „Tempo, kleine Schnecke" schiebt sie in Julias Nähe. Der Farbenwürfel rollt vor sie hin. „Magst du?"

Aufgabe

1. Beschreiben Sie, wie sich die Eltern, das Kind und die pädagogischen Mitarbeiterinnen auf Julias ersten Kindergartentag vorbereitet haben.
2. Finden Sie Anzeichen, die darauf hinweisen, dass Julia sich innerlich auf die neue Situation einstellt.
3. Versuchen Sie, sich in die Lage des Kindes, der Mutter und der pädagogischen Mitarbeiterin hineinzuversetzen. Gehen Sie dabei von Ihren eigenen Erfahrungen aus, als Sie in die „neue" Klasse kamen.
4. Gestalten Sie in Ihrer Klasse einen Aushang mit dem Thema:
„Wenn ich neu/fremd bin, dann hilft mir, …"

Übergänge sind Herausforderungen

Übergänge sind feste Bestandteile des menschlichen Lebens. Sie begleiten Menschen in unterschiedlichen Formen ein ganzes Leben lang. Wie wir im Einzelnen damit umgehen, damit zurechtkommen, das wird durch die frühen Übergänge vorgeformt, die wir als kleines Kind erleben.

Übergänge führen aus einer Lebenswelt in eine andere, meist neue Lebenswelt. Die bisherige Lebenswelt verblasst gegenüber der neuen Lebenswelt. Neue Eindrücke und neue Anforderungen fordern uns heraus, wir leben uns ein in die neue Lebenswelt – die bisherige Lebenswelt stellt weniger Anforderungen an uns, sie gibt eher Sicherheit, hier kennen wir uns aus. Oft leben wir eine gewisse Zeit lang in beiden Lebenswelten nebeneinander. So geht es dem Kind, das aus seiner bisher gewohnten Lebenswelt „daheim in meiner Familie" hinübergeht in seine neue Lebenswelt „Kindergarten". Die gewohnte Familienwelt besteht weiter, die neue Lebenswelt „Kindergarten" ist eine fesselnde Herausforderung. Die Familienwelt erhält von hier aus oft ein ganz neues Aussehen.

Das Neue kennenzulernen, es aufzunehmen und zu verstehen, selbst zu handeln, aktiv zu gestalten und sich der neuen Lebenssituation anzupassen sind die Entwicklungsaufgaben dabei.

Aufgaben

1. Versetzen Sie sich nacheinander in die Beteiligten, die in unten stehender Tabelle genannt werden, hinein.
   Gehen Sie dabei von Ihren eigenen Erfahrungen aus, von Ihren Beobachtungen im Praktikum, von Gesprächen mit Beteiligten, von Aussprachen in Ihrer Klasse. Lassen Sie Ihrer Fantasie freien Lauf: Beschreiben Sie die praktischen Veränderungen für die Beteiligten bei ihren Bezugspersonen, in ihren Gewohnheiten, in ihren täglichen Verrichtungen, in ihrem Tagesablauf, in ihren Bedürfnissen und Vorlieben, in ihrem Selbstverständnis.

Was die folgenden Übergänge ...	... für die Beteiligten bedeuten:
1. aus der Familie in die Kinderkrippe	für das Kind, die Mutter, den Vater, die Geschwister, die pädagogischen Mitarbeiterinnen
2. aus der Familie/aus der Krippe in den Kindergarten	für das Kind, die Mutter, den Vater, die Geschwister, die pädagogischen Mitarbeiterinnen
3. aus der Familie/aus dem Kindergarten in die Schule	für das Kind, die Mutter, den Vater, die Geschwister, die pädagogischen Mitarbeiterinnen, die Lehrerin
4. aus dem Kindergarten/aus der Schule in den Hort	für das Kind, die Mutter, den Vater, die Geschwister, die Lehrerin, die pädagogischen Mitarbeiterinnen

2. Vertiefen Sie Ihr Verständnis für Übergänge und die damit einhergehenden Veränderungen, indem Sie sich in Übergänge hineinversetzen, die für viele Menschen in ihrem Leben eine große Rolle spielen. Einige Beispiele finden Sie in der folgenden Tabelle:

Was die folgenden Übergänge ...	... für die Beteiligten bedeuten:
1. aus der Grundschule in eine weiterführende Schule	für das Kind, die Freunde, die Eltern, die Lehrerin
2. aus der Schule in die Berufsausbildung	für die Jugendlichen, die Eltern, die Lehrerinnen, die Ausbilderinnen, die Freundinnen, die Kolleginnen
3. aus der Berufsausbildung in eine feste Anstellung	für Jugendliche, die Eltern, die Kolleginnen, die Vorgesetzten
4. aus einer Wohnung in eine andere Wohnung (Umzug)	für die Jugendlichen, die Eltern, die Freundinnen, die Nachbarn
5. aus dem Elternhaus in eine eigene Wohnung	für die Jugendlichen, die Eltern, die Freundinnen, die Nachbarn
6. aus dem Heimatwohnort in einen anderen Wohnort	für die Jugendlichen, die Eltern, die Freundinnen, die Nachbarn
7. von einem Arbeitsplatz an einen anderen Arbeitsplatz	für die Jugendlichen, die Kollegen, die Vorgesetzten, die Eltern, die Freunde

➲ Weitere Aufgaben zu diesem Thema finden Sie im Kapitel 8 des Arbeitshefts.

Übergänge müssen begleitet werden:

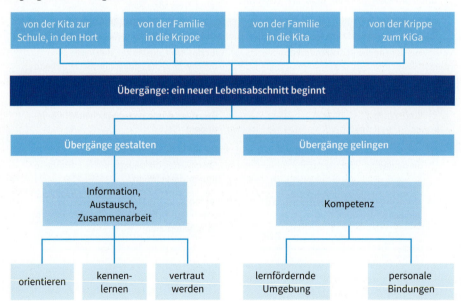

Schritte des „Übergangs" aus der Familienwelt in die Welt der Kindertagesstätte

Abschied von	Zunehmende Gewöhnung an
– Eltern – Geschwistern – Nachbarn – Spielfreunden	– pädagogische Fachkräfte in der Kita – viele Kinder – einzelne Kinder – die neue Freundin/den neuen Freund
– den Räumlichkeiten daheim: z. B. Schlafzimmer, Badezimmer, Wohnzimmer, Kinderzimmer	– Räume in der Kita: Möbel, Spielgeräte, Bau- und Puppenecke, Bastel- und Maltische
– vertrauten Geräuschen: z. B. Hausklingel, Telefon, Staubsauger, Waschmaschine, oft Dauergeräusch von Radio/Fernseher	– neue Geräusche, z. B. Klingel und Telefon, Kinderstimmen, Kindergesang
– Stille daheim	– hohen Geräuschpegel
– Möglichkeit, sich zurückzuziehen	– Gemeinsamkeit: Spielen und Singen
– direkter Ansprache	– Vorlesen und Puppenspiel
– vertrauten Gerüchen, z. B. Gerüche vertrauter Menschen, Küchengerüche	– fremde Gerüche in der Kita, z. B. Gerüche der vielen Kinder, Küchengerüche
– der Möglichkeit, auszuschlafen	– frühes Aufstehen, Weg zur Kita
– dem gemeinsamen Tagesablauf mit Eltern, Geschwistern	– Leben nach dem Plan der Kita

Neu ist für die Kinder auch, dass sie mit dem Eintritt in die Kita nun in zwei Welten nebeneinander leben.

Aufgaben

1. Beobachten Sie den Übergang bei einem Beobachtungskind gründlicher: Informieren Sie sich behutsam über seine Familienwelt in einigen der genannten Aspekte und vergleichen Sie seine Kita-Erfahrungen. Notieren Sie Ihre Beobachtungen.
Wiederholen Sie Ihre Beobachtungen bei einem zweiten Beobachtungskind. Vergleichen Sie Ihre Aufzeichnungen über beide Kinder. Besprechen Sie in der Klasse Ihre Ergebnisse: Was ist gleich, was ist ähnlich, was ist bei den Übergängen einzelner Kinder anders?
2. In welchen Bereichen beobachten Sie Eingewöhnungsschwierigkeiten der „neuen" Kinder in der Kita? Beschreiben Sie diese Schwierigkeiten in Ihrer Klasse und überlegen Sie gemeinsam, welchen Beistand Kinder in der Familienwelt erhalten können, um diese Schwierigkeiten zu bewältigen.

➲ Weitere Aufgaben zu diesem Thema finden Sie im Kapitel 8 des Arbeitshefts.

8.1 Der Übergang von der Familie in die Kinderkrippe

Prof. Dr. E. K. Beller, Professor für Kleinkindpädagogik, Fachbereich Erziehungswissenschaft und Psychologie an der Freien Universität Berlin, hat empfohlen:

Vertrauen ist wichtig.

„Die Mutter sollte sich mit dem Kind am Rand der Gruppe platzieren, sodass sie die Tätigkeiten der Kindergruppe und der Erzieherin gut übersehen kann, den Alltagsablauf und die Aktivitäten der Kindergruppe und der Erzieherin am wenigsten stört. Sie sollte angeregt werden, auf die Signale ihres Kindes zu reagieren. Für die Entwicklung von Vertrauen ist es wichtig, dass das Kind die Freiheit hat, sich von der Mutter zu lösen und jederzeit zu ihr zurückzukehren. Die anwesende Mutter sollte das sich anklammernde Kind nicht unter Druck setzen, mit den anderen Kindern zu spielen. Wenn sie es trotzdem tut, sollte die Erzieherin die Mutter nicht verurteilen, sondern diese Wahrnehmung als wichtige Information über die Bedürfnisse der Mutter bewerten und womöglich mit der Mutter darüber reden."

(Beller, 2008, o. S.)

Nach Prof. Beller (2008) sollte während der allmählichen **Eingewöhnungsphase** des Kindes dreierlei erreicht werden:

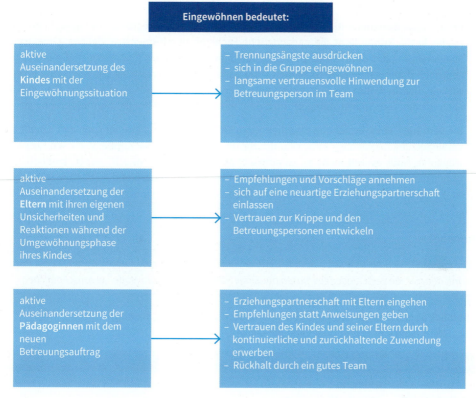

Aufgaben

1. Beobachten Sie Eltern, die ihr Kind während der Eingewöhnungsphase in der Krippe betreuen. Welche Gefühle drücken sie aus? Wie reagiert das Kind?
2. Wie können Sie die Arbeit der Betreuungsmitarbeiterin während der ersten Eingewöhnungswochen eines Krippenkindes behutsam und wirkungsvoll unterstützen?
3. Welche Angebote nehmen die Kinder einer Gruppe mit einem neuen Krippenkind am liebsten an? Probieren Sie geeignete Angebote in Absprache mit Ihrer Praxisanleiterin aus.

➲ Weitere Aufgaben zu diesem Thema, z. B. zu Übergangsritualen, finden Sie im Kapitel 8 des Arbeitshefts.

Erfahrungen und Beobachtungen im Krippenalltag:

* Eltern sind auf Informationen der pädagogischen Fachkraft angewiesen, solange ihr Kind sich sprachlich noch nicht mitteilen kann.
* Die Eingewöhnung ihres erstgeborenen Kindes in die Krippe fällt Eltern besonders schwer, weil sie noch keine Erfahrungen damit gemacht haben, ihr Kind loszulassen.
* Während der Eingewöhnungsphase ihres Kindes sind für Eltern detaillierte schriftliche Informationen und regelmäßige, oft auch spontane persönliche Gespräche mit der Betreuungsmitarbeiterin über den allmählichen Eingewöhnungsprozess ihres Kindes besonders wichtig.

* Die erste, elternbegleitete Zeit eines Kindes unter drei Jahren in der Krippe dauert in aller Regel zwei bis vier Wochen und wird – bezugspersonenorientiert – von einer Betreuungsmitarbeiterin begleitet.

* Im bezugspersonenorientierten Betreuen während des elternbegleiteten Eingewöhnens des Kindes in die Krippe lernt die pädagogische Fachkraft durch intensive tägliche gemeinsame Spielerfahrung das Kind immer besser zu verstehen. Sowohl das Kind als auch die Betreuerin gewinnen dabei persönliche Sicherheit – die Basis dafür, dass auch sie das Kind ohne Protest wickeln, duschen, ihm das Fläschchen anreichen kann. Allmählich lässt sich das Kind von ihr auch trösten, zum Spielen anregen und nimmt ihre Versuche zur Konfliktharmonisierung an.

* Die vertrauensvolle Beziehung zwischen Kind, Eltern und pädagogischer Fachkraft schafft die Voraussetzung für wichtige Entwicklungsschritte des Kindes in der Krippe. Wenn ein Kind sich wohlfühlt, traut es sich mehr zu. Es erforscht seine Umgebung, rutscht, robbt, krabbelt zum begehrten Objekt. Es hört aufmerksam zu, ahmt Laute, Silben nach und versteht, was gemeint ist. Es wendet sich anderen Kindern zu und findet sich im Raum zurecht.

Aufgabe

Informieren Sie sich im Internet über das Berliner Eingewöhnungsmodell und fertigen Sie ein Poster an, mit dem Sie die verschiedenen Phasen der Eingewöhnung in diesem Modell veranschaulichen.

Überblick über die Eingewöhnungszeit von Kindern und Eltern in die Krippe
(Mit „Eltern" sind hier Mutter oder Vater gemeint.)

Die Zeiten	Der Verlauf	Die Inhalte
ca. zwei bis vier Monate vor dem Eintritt	schriftliche Informationen persönliches Elterngespräch Besichtigung der Einrichtung Elterninformationsabend	Konzept der Einrichtung vorstellen Öffnungszeiten Tagesablauf Eingewöhnungsprozess beschreiben
bis ca. vier Wochen vor dem Eintritt	Aufnahmegespräch Anmeldepapiere ca. halbstündige Verweildauer von Eltern und Kind im Gruppenraum	schriftliche Unterlagen, Vertrag Gespräch über Entwicklung, Besonderheiten, Vorlieben des Kindes, erstes Kennenlernen der Räume, der anderen Kinder, der pädagogischen Mitarbeiterinnen
ca. erster bis fünfter Tag	ein- bis zweistündiger Aufenthalt von Eltern und Kind in der Krippe	Eltern beobachten ihr Kind, die anderen Kinder, die pädagogischen Mitarbeiterinnen
ca. dritter bis sechster Tag	Aufenthalt von Eltern und Kind mit erster kurzer Trennung (ca. zehn Minuten)	für das Kind erkennbarer, kurzer Abschied: Eltern verlassen den Raum, bleiben in der Einrichtung
ca. zwei bis vier Wochen	Verweildauer wird allmählich gesteigert kurzzeitige Trennung von den Eltern	je nach Verhalten des Kindes individuelle Gestaltung dieses Zeitabschnitts Elterngespräche

8 Begleitung von Übergängen

Sechs Empfehlungen für die Eingewöhnungszeit:

1. Wichtig ist, dass die Eingewöhnungszeit als ein individueller Lernweg von Eltern, Kind und pädagogischer Mitarbeiterin betrachtet wird.
2. Die genannten Zeiten bedeuten nur Richtwerte. Je nach Bedarf des Kindes können sie länger sein.
3. Es ist unabdingbar, dass Eltern ihr Kind regelmäßig in die Einrichtung bringen, dass eine bestimmte erwachsene Bezugsperson des Kindes den Eingewöhnungsprozess begleitet.
4. Eltern müssen für den Eingewöhnungsprozess die notwendige Zeit einplanen.
5. Eltern gestalten die kurzzeitig vereinbarte Trennung für das Kind klar erlebbar.
6. Selbstverständlich ist, dass Eltern ihr Kind zu der vereinbarten Zeit abholen und jederzeit telefonisch erreichbar sind.

Ein Tagesablauf in einer Kinderkrippe (Beispiel)

Zeiten	Inhalte	Aktionen
06.30–08.00	Ankommen der Kinder, Frühdienst	ruhiges Spiel, manche Kinder kuscheln noch in der Ruheecke
08.00–09.00	alle Kinder sind anwesend, Mitarbeiterinnen bemühen sich aktiv um Kontakt mit jedem Kind, helfen ihm „in den Tag hinein", stellen Befindlichkeiten fest	kurzer Informationsaustausch mit den Eltern freies Spiel in den einzelnen Bereichen pädagogische Mitarbeiterinnen begleiten Kinder in ihrem Spiel, bereiten Obst, Brei, Flaschen für die Brotzeit vor kleiner Morgenkreis mit Begrüßungsritual
09.00–09.30	gemeinsame Brotzeit mit allen Kindern	gemeinsames Essen als Gemeinschaftserlebnis
09.30–11.30		freies Spiel in den einzelnen Bereichen intensive Förderung mit einzelnen Kindern und kleinen Gruppen die jüngsten Kinder, die sehr früh in die Krippe kommen, haben Ruhe-, Schlafenszeit Spiel im Garten
11.30–12.15	gemeinsames Mittagessen	Tische decken, essen, Zähneputzen, für die Ruhezeit vorbereiten Pflegehandlungen
12.15–14.00	Schlaf- oder Ruhezeit	Kinder auskleiden, mit Einschlafritualen zur Ruhe führen nach der Ausruhzeit Kinder ankleiden Pflegehandlungen
14.00–14.30	gemeinsame Brotzeit	gemeinsam zueinander finden, essen
14.30–16.30 offen nach Bedarf bis ca. 18.00		freies Spiel und Beschäftigung in Bewegungsräumen, Gruppenräumen, im Garten, Tag ausklingen lassen, Kinder verabschieden, Eltern über Tagesereignisse informieren

Aufgabe

1. Stellen Sie einen möglichen Tagesablauf für eine Kinderkrippe dar.
2. Welches sind die besonders sensiblen Tageszeiten in einer Kinderkrippe?
3. Informieren Sie sich über die Pflegehandlungen in der Kinderkrippe:
   a) Wie viele Kinder befinden sich gegenwärtig in der Eingewöhnungsphase?
   b) Wie viele Kinder werden überwiegend getragen, gewickelt, erhalten die Flasche?
   c) Beobachten Sie Ihre Praxisanleiterin beim Wickeln eines Kindes: Wie gestaltet sie diese Situation?
   d) Übernehmen Sie in Absprache mit Ihrer Praxisanleiterin die tägliche Pflege eines Kindes, zu dem Sie einen guten Kontakt haben.
   e) Bereiten Sie in Absprache mit Ihrer Praxisanleiterin Flaschen- und Breinahrung zu.

Die Praxis für pädagogische Mitarbeiterinnen in der Kinderkrippe

* Kinder äußern in der Übergangssituation „Krippe" gelegentlich stark gefühlsbetontes Erleben: einen lautstarken Ausdruck von Unlust, Ärger, Enttäuschung.

* Pädagoginnen helfen Kindern, indem sie ihre Äußerungen zulassen, geduldig und dem Kind nahe sind.

* Wenn das Kind ruhiger wird, kann es behutsam in eine weniger belastende Situation begleitet werden.

„Geduldig dem Kind nahe sein"

* Übergänge sind Entwicklungsherausforderungen für das Kind: Es fühlt sich wohl, wenn es aktiv und gestaltend am Geschehen teilnimmt.

* Wenn Kinder in der Krippe genussvoll essen, entspannt schlafen, allein und mit anderen spielen, gelingt es ihnen, sich vorübergehend von den Eltern zu trennen.

* Pädagogische Mitarbeiterinnen pflegen täglichen Kontakt zu den Eltern. Sie informieren sich gegenseitig in einem fortwährenden Dialog über Kümmernisse und Wohlergehen des Kindes.

* Kinder brauchen Gewissheiten, um Neues aufnehmen zu können: die tragfähige Beziehung zu Mutter und Vater wird allmählich erweitert durch das Vertrauen zur Betreuungsperson in der Krippe.

* Ein aufmunterndes Lächeln, ein freundliches Zunicken, ein handlungsbegleitendes Sprechen und Kommentieren ermuntern das Kind, sich Neuem zuzuwenden.

* Der rückversichernde Blick des Kindes zur Vertrauensperson erlaubt ihm, interessiert und ausdauernd eine Schachtel zu untersuchen, einen Baustein zu erfassen, vor einem Spiegel zu lautieren, einem Ball nachzurobben, zu beobachten, wie ein anderes Kind eine Puppe auskleidet und wieder ein anderes Kind einen Wagen schiebt.

* Kinder im Krippenalter brauchen aufmerksame, wertschätzende Zuwendung, um Lernfreude zu entwickeln, um aktiv ihre Umgebung zu erforschen.

* Die pädagogische Mitarbeiterin bemüht sich, die Bedürfnisse des Kindes zu verstehen, in Worte zu fassen und möglichst unmittelbar zu beantworten: den Stuhl festhalten, damit das Kind hinaufklettern kann; den Korb mit Bausteinen in die Nähe des Kindes schieben, damit es hineinfassen kann; den auffordernden Blick verstehen und ihm den Ball zurollen.

* Eltern sind die Experten für die Belange ihres Kindes: Sie ergänzen das Verständnis der pädagogischen Mitarbeiterinnen mit Detailinformationen darüber, was ihr Kind mag und was nicht, für was es sich interessiert, was es zum Einschlafen braucht und wie es sich am besten trösten lässt.

* Während der Eingewöhnungszeit erleben Eltern, wie pädagogische Mitarbeiterinnen auf ihr Kind achtsam eingehen, wie sie Pflegehandlungen durchführen und mit den Kindern spielen.

* Pädagogische Mitarbeiterinnen zeigen den Eltern, wie sie den Tagesablauf mit den Kindern gestalten und dass sie einen harmonischen Wechsel anstreben zwischen aktiven Spielzeiten, Ausruh- und Schlafenszeiten, Bewegungszeiten im Freien, Essenszeiten und kleinen vorbereiteten Aktionen.

Aufgaben

1. Beobachten Sie ein Kind, das die erste „Schnupperzeit" mit seiner Mutter in der Krippe verbringt:
   a) Wo hält sich das Kind auf?
   b) Für was interessiert es sich?
   c) Wie hält es verbal bzw. nonverbal Kontakt mit seiner Mutter?
   d) Wie verhält sich die Mutter gegenüber ihrem Kind bzw. den anderen Kindern?
   e) Wie gestaltet die Praxisanleiterin den Kontakt mit dem Kind, der Mutter?
2. Beobachten Sie eine Trennungssituation von Mutter und Kind:
   a) Wer führt die vereinbarte Trennung herbei?
   b) Wie reagiert das Kind, wie die Mutter?
   c) Wie verhält sich das Kind während der kurzen Abwesenheit seiner Mutter (z. B. schaut es sich im Raum suchend um, weint kurz, lässt sich trösten, spielt weiter, …)?
   d) Wie gestaltet die Praxisanleiterin den Kontakt mit dem Kind während der kurzzeitigen Trennung?
3. Beobachten Sie die Kinder in der Krippengruppe: Wie erkunden sie den Raum, die Spielmaterialien und wie die anderen Kinder?
4. Beobachten Sie Unterschiede im Spielen und Erforschen der einzelnen Kinder.
5. Notieren Sie, wie Sie die Kinder Ihrer Krippengruppe mit Gesten, Worten, kleinen Impulsen am besten unterstützen. Vergleichen Sie Ihre Aufzeichnungen in der Klasse.

8.2 Der Übergang von der Familie/Kinderkrippe in den Kindergarten

„Ich bin schon groß – ich gehe in den Kindergarten!" Freude, neugieriges Erwarten, der neue Kindergartenrucksack auf dem ersten Weg in die Kita kennzeichnen das Spannende, das Prickelnde dieser Situation. Eine leichte Unruhe, ein kleines Zögern, die Hand der Mutter festhaltend und das Lieblingsspielzeug dabei – das Kind spürt die Herausforderung, das Neue, das es zu meistern gilt: Ungewissheiten fordern das Kind heraus, sich Gewissheit zu verschaffen, Unsicherheiten fordern heraus, sich „neue" Situationen zu erarbeiten. So erlebt das Kind seine Übergangssituation zwischen häuslich-familiärem Gleichmaß und heiterem, wechselvollem Kita-Alltag: Es verlässt das vertraute Daheim und wächst hinein in die anfangs durchaus verwirrende Fremde der Kita-Welt.

Ein neuer Lebensabschnitt beginnt. Der Übergang bringt für alle Beteiligten viel Neues. Alle verabschieden sich in diesen Tagen vom Gewohnten und gehen zugleich heran an etwas gänzlich Unbekanntes, vielfältig Fremdes.

Die große Vorfreude

Mutter und Vater sind nun für ihr Kind für eine bestimmte Zeit nicht mehr erreichbar. Und Eltern, auch Geschwister, lernen, für diese Zeit ohne ihr „Kindergartenkind" zu leben. Sie lernen zu akzeptieren, dass es nach der Kita oft noch eine Weile dem Erlebten nachhängt, sich vielleicht nicht mehr uneingeschränkt dem Familienleben zuwendet, dass es mitunter müde ist, einmal unerklärlich lebhaft, ein anderes Mal auch traurig, ärgerlich, abweisend ist. Das neue „Kindergartenkind" erscheint seinen Eltern oftmals ein wenig verändert.

Aufgaben

1. *Informieren Sie sich bei Ihrer Praxisanleiterin: Was berichten Eltern über verändertes Verhalten ihrer Kinder während der ersten Tage oder Wochen des Kita-Besuchs?*
2. *Welche Hilfen finden Eltern in Ihrer Praxisstelle für ihre Fragen, wenn ihre Kinder daheim plötzlich ungewohnt lebhaft, nachdenklich, müde, bedrückt sind?*

Neu im Kindergarten

Für das Kind bringen die ersten Tage wirklich starke Herausforderungen, da ihm alle noch fremd sind: die vielen Kinder ebenso wie die pädagogischen Mitarbeiterinnen. Zu ihnen soll das Kind nun allmählich Vertrauen entwickeln. Jedoch sind diese neuen Bezugspersonen für das Kind gar nicht uneingeschränkt erreichbar, so wie die Mutter etwa. Das Kind lernt vielmehr, sie mit allen anderen, ihm zunächst fremden Kindern in der Gruppe zu „teilen".

Auch die pädagogischen Fachkräfte lernen währenddessen das „neue" Kind erst langsam kennen. Sie sollen ihm helfen, es trösten und unterstützen – und das ist gerade in den ersten Tagen der Eingewöhnung wichtig für das Kind. Sie sollen seine ganz persönlichen Bedürfnisse kennen, seine Mitteilungen beachten und – vor allem – gut verstehen und richtig beantworten. Und während dieser Tage, Wochen soll sich das „neue" Kind nun der ungewohnt großen Anzahl der Kinder in seiner Gruppe anschließen – Kindern, die es zunächst gar nicht kennt. Es soll in die Gruppe hineinwachsen. Dazu werden in vielen Spielen unter den Kindern die „Kräfte", das Können und das Nichtkönnen in vielen alltäglichen Fertigkeiten gemessen. Überlegen sein und unterlegen sein, begehrt und abgelehnt werden, sich trauen und noch nicht trauen, dazugehören und allein sein unter vielen – das alles erfährt das Kind zum ersten Mal in diesen Tagen in der Kita.

Gleichzeitig lernt das Kind, sich in den unbekannten Räumen zu orientieren: große Räume, viele Räume, in denen ein hoher Geräuschpegel herrscht. Es lernt neue Klänge, flüsternde und laut schreiende fremde Stimmen zu unterscheiden, ganz neuartige Gerüche und – vor allem – eine große Anzahl von Regeln. Zum Beispiel: Alle Spielsachen gehören allen Kindern gemeinsam. Und so beginnt für das Kind eine jahrelange spannende Reise durch die Kindergartenwelt mit all ihren Spielsachen, Spiel- und Tobemöglichkeiten, mit Musik- und Theaterabenteuern, mit leisem Lesen und lautem Lachen, eine Welt zum Freuen, Wundern und zu vielem, vielem Lernen.

„Wo ist mein Platz in der Gruppe?"

Aufgaben

1. Sammeln Sie in Ihrer Praxisstelle Informationen, mit denen Kinder und Eltern auf den Kindergartenbesuch vorbereitet werden.
2. Vergleichen Sie Ihre Ergebnisse in der Klasse. Erstellen Sie gemeinsam einen kleinen Ratgeber: „Gut informiert sein hilft, leichter einzusteigen. Praktische Hilfen für den Start in unserem Kindergarten".

Einrichtungen, die Krippe und Kindergarten in einem Haus vereinigt haben oder eine größere Altersmischung in den Gruppen aufweisen, können den Übergang fließend gestalten. Die Räume, einige Kinder und die pädagogischen Fachkräfte sind dem Kind und den Eltern – jedenfalls vom Sehen – oftmals schon bekannt. Für das Kind bedeutet der Eintritt in den Kindergarten auf jeden Fall einen Abschied von der „alten", vertrauten Gruppe, von Spielfreunden, von der vertrauten pädagogischen Fachkraft, die in der Krippe vielleicht seine Betreuerin gewesen ist. Das Kind verlässt einen sicheren Ort, an dem es zu den Großen gehört hat.

In der neuen Kindergartengruppe ist das Kind ein „Neuling", noch „klein". Vielen Kindern fällt es schwer, diesen Wandel zu vollziehen. Manche sind abwartend, manche auch ängstlich – bis dann der Anschluss gefunden ist. Erleichtert wird der Übergang für Krippenkinder, wenn wechselseitig Besuche darauf vorbereiten: Krippenkinder „schnuppern" bei den „Großen", die Großen schauen nochmal bei den Kleinen vorbei. Aktionen und kleine Feste, gemeinsam von Krippe und Kindergarten durchgeführt, stellen Kontakte her, ermöglichen einen leichteren Informationsaustausch, bereiten auf die nahe Zukunft vor: Pädagogische Fachkräfte berichten von ihren Erfahrungen mit dem „Hinübergleiten" aus der vertrauten Krippenwelt in den Kindergarten, mit dem „Hineinwachsen" in die neue Kindergartenwelt – sie bereiten Eltern auf die unterstützende Einstellung vor: „Mein Kind entwickelt sich, es reift, es wird größer!"

Aufgaben

1. Beobachten Sie Kinder, die stundenweise mit älteren Geschwistern den Kindergarten „besuchen":
   a) Wie verhalten sich die Geschwister gegenseitig?
   b) Was spielen sie? Wer ist dabei aktiv?
   c) Wie reagieren andere Kinder auf die Geschwister bzw. auf das „neue" Kind?
2. Informieren Sie sich bei Ihrer Praxisanleiterin, wie sie die Räume und die Spielmaterialien für die „neuen" Kinder vorbereitet. Tauschen Sie Ihre Ergebnisse in der Klasse aus.

Kinder aus der Familienwelt und Kinder aus der Krippenwelt treffen sich im Kindergarten zum Spielen und Lernen. Pädagogische Fachkräfte suchen nach Wegen, jedes Kind in seiner Eigenart kennenzulernen, dieses Kind und seine Familie zu verstehen, eine individuelle Erziehungs-, Bildungs- und Entwicklungspartnerschaft zu gestalten.

Den Beginn der jährlich wiederkehrenden Kindergarten-Eröffnung für Eltern und Kinder bilden die Information der „Neuen" und das gemeinsame Kennenlernen.

Übersicht: Die Eingewöhnungszeit für Kinder und Eltern in den Kindergarten

Eine gute Vorbereitung hilft allen Beteiligten beim Übergang in den Kindergarten	
1. Das Kennenlernen	– Informationsaustausch
	– schriftliche Informationen
	– Vorstellen des Konzepts
	– das Aufnahmegespräch mit Eltern und Kind
	– die Besichtigung: sich umschauen und „anspielen"
2. Sich orientieren	– Schnuppernachmittage mit Eltern
	– stundenweiser Besuch mit Geschwistern
	– „neue" Kinder nehmen an Festen und Aktionen teil
	– Besuch beim Elternbeirat
	– Kindergarteneltern treffen sich im Elterncafé
	– Elternstammtisch mit den „neuen" Eltern

Eine gute Vorbereitung hilft allen Beteiligten beim Übergang in den Kindergarten	
3. Das Vertrautwerden	Die aktive Eingewöhnungszeit – gestaffelte Aufnahme (wenige „neue" Kinder werden gleichzeitig eingewöhnt) – Kinder in Begleitung der Eltern „schnuppern" regelmäßig stundenweise – die Aufenthaltsdauer in der Einrichtung wird allmählich ausgedehnt – Eltern sind kurzzeitig abwesend (klarer, kurzer Abschied, für das Kind eindeutig; Eltern befinden sich erst außerhalb des Raumes, später sind sie telefonisch erreichbar) – langsame Gewöhnung des Kindes an die gewünschte Aufenthaltsdauer – Patenkinder helfen bei der Eingewöhnung (Vorschulkinder helfen bei alltäglichen Handlungen) – Information der Eltern über Tagesereignisse (persönlich, im Aushang, durch ein „Tagebuch") – gegen Ende der Eingewöhnungszeit: Elterngespräch über den Verlauf der Eingewöhnung und Besprechen weiterer Schritte

Aufgaben

1. Beobachten Sie Verabschiedungsriten von Kindern und Eltern:
   a) Was erleichtert Kindern den Abschied?
   b) Wie hilft Ihre Praxisanleiterin dem Kind und den Eltern beim Abschied?
   c) Welche Unterschiede stellen Sie bei verschiedenen Kindern, bei unterschiedlichen Bezugspersonen (Mutter, Vater, Oma) fest?
2. Beobachten Sie das Spielverhalten von „neuen" Kindern:
   a) Mit welchen Spielmaterialien spielen diese Kinder häufig?
   b) Wo halten sich die „neuen" Kinder häufig auf?
   c) Wie spielen diese Kinder?
3. Welche Spiele und Rituale kennen Sie, mit denen Sie den „neuen" Kindern die Eingewöhnung in den Kindergarten erleichtern? Legen Sie hierzu eine kleine Spielesammlung/-kartei an.

Aufgaben für Kinder

Das Neue weckt Neugierde, es motiviert dazu, auszuprobieren und Andersartiges zu erfahren: Das „neue" Kind im Kindergarten beobachtet, probiert, sucht. Nicht immer ganz erfolgreich, aber es sammelt immer mehr Erfahrungen mit Menschen, Dingen, Räumen, Zeiten. Es erforscht und erprobt und bereichert dabei sein eigenes Verhalten. Seine neuen Lernerfahrungen können neue Entwicklungsschritte einleiten.

Das Kind erlebt das Neue in der anfangs noch fremden Umgebung – und erlebt dabei auch sich selbst neu: wie es sich im Raum zurechtfindet, wo es seine persönlichen Dinge aufbewahrt, wo es die Eisenbahn von gestern wiederfindet und die Mädchen, mit denen es im Sand gespielt hat. Es erfährt und erprobt, was es tun kann, damit es in der Puppenecke mitspielen kann.

Das Kind erfährt, wer ihm hilft, wenn der Turm nicht stehen bleibt oder die Steckbausteine nicht in die Form passen, wer ihm hilft, die Brotzeitdose zu öffnen, die eigenen Schuhe am richtigen

Fuß anzuziehen. Es weiß nach einiger Zeit, wer es auf den Arm nimmt und tröstet, wenn es nicht mitspielen darf, hinfällt, ihm der Lärm zu viel wird oder es wieder zur Mama möchte.

Enttäuschungen, Schmerz, Trauer und der damit einsetzende „Stress" können dem Kind nicht abgenommen werden.

Es wird erfahren, dass es mit allen diesen Erlebnissen fertig werden kann, dass es Situationen bewältigt, wie es Hilfe annehmen und später auch darum bitten kann. Das Kind entfaltet Schritt um Schritt mehr Eigenständigkeit, Selbstbewusstsein, Freude und Stolz auf seine Fähigkeiten.

Aufgaben

1. Schauen Sie sich gründlich in Ihrer Praxisstelle um und notieren Sie alle „Neuheiten", die Kinder in der Anfangszeit in der Kita erleben.
2. Listen Sie auf, welche Bilder, Symbole und Rituale den Kindern in Ihrer Praxisstelle helfen, sich einzugewöhnen.
3. Erstellen Sie in der Klasse eine kleine Spielebox als Materialsammlung: Spiele, Materialien, Reime, Verse, Fingerspiele, Singspiele u. a., die den Kindern helfen, Bekanntes wiederzuerkennen, mitzumachen, dabei zu sein.

Aufgaben für pädagogische Fachkräfte

Besonders in Übergangssituationen ist es wichtig, dass pädagogische Fachkräfte feinfühlig Bedürfnisse von Kindern aufspüren, Signale von Kindern verstehen, empathisch (= mitfühlend) darauf eingehen und Lösungswege gemeinsam finden. Kinder erleben dabei, dass sie beachtet, geachtet und ernst genommen werden. Wenn Kinder wiederholt erleben, dass pädagogische Fachkräfte liebevoll auf ihre Bedürfnisse eingehen, sich bemühen, herauszufinden, was das Kind in diesem Augenblick wirklich braucht, fühlen sie sich angenommen – Vertrauen entsteht allmählich.

Diese positiven Erfahrungen tragen dazu bei, dass sich das Kind aktiv mit seiner Umgebung und den ihm begegnenden Menschen auseinandersetzt. Das Kind kann Neues erproben, die Ergebnisse in sein alltägliches Handeln aufnehmen. Damit verändert es sich selbst, es reift. In Übergangssituationen erfährt das Kind viele Lernimpulse, es lernt besonders rasch, intensiv und vielfältig.

Pädagogische Fachkräfte gestalten die Räume und Aktionsmöglichkeiten in der Kita nach den Bedürfnissen der Kinder. Sie ermöglichen dem „neuen" Kind, die Einrichtung besser kennenzulernen, sich leichter zu orientieren und allmählich vertraut zu werden.

Sie beachten dabei, dass

* Räume in einzelne Bereiche gegliedert sind,
* bestimmte Spielmaterialien in bestimmten Bereichen zu finden sind,
* übersichtliche Systeme Ordnung schaffen.

Jedes Kind erlebt und verarbeitet Übergangssituationen auf seine eigene Weise und in seinem persönlichen Tempo. In den ersten Tagen braucht ein Kind vor allem viel Zeit, um zu beobachten, Eindrücke zu sammeln und sich auf das Neue einzulassen. „Neue" Kinder brauchen die Nähe der pädagogischen Fachkräfte, um sich orientieren zu können. Dann, im Laufe einiger Wochen, bemühen sie sich, zu verstehen, was sich ihnen darbietet, sie werden aktiver, wollen dann auch dazugehören, bis sie nach einigen Monaten eingewöhnt sind: vertraut mit Menschen und Dingen, dem Ort, der sie umgibt. Sie erproben neues Verhalten, um sich zurechtzufinden und ein neues inneres Gleichgewicht zu erlangen, sie erleben Neugier und Gewissheit.

Aufgaben

1. Welche Ordnungssysteme erleichtern Kindern das Eingewöhnen im Gruppenraum Ihrer Praxisstelle?
2. Wie geht Ihre Praxisanleiterin auf einzelne Bedürfnisse eines Kindes ein?
3. Beschreiben Sie Ihre Beobachtungen und tauschen Sie sich in Ihrer Klasse aus.

Aufgaben für Eltern

Wenn Eltern miterleben, wie ein Lebenstag ihres Kindes in der Kita abläuft, werden sie selbst sicherer und vermitteln diese Sicherheit auch ihrem Kind. Das eigene Erleben erleichtert es ihnen, anfängliche Zweifel zu überwinden, ob sie die richtige Betreuungsform für ihr Kind gewählt haben. Gerade in der Eingewöhnungszeit lernen sich Eltern und pädagogische Fachkräfte gründlicher kennen, bauen eine vertrauensvolle Beziehung zueinander auf. Dieses freundliche Vertrauen überträgt sich auf das Kind.

„Im Gespräch Verständnis füreinander entwickeln"

Es ist daher ganz unumgänglich, dass Eltern gerade in den ersten Tagen und Wochen des Kita-Besuchs ihres Kindes mit dabei sind, dass sie und ihr Kind sich in die Gruppe, in die ganze Einrichtung einleben. Vater oder Mutter sollten jede Gelegenheit nutzen, sich mit der Kita und ihren pädagogischen Fachkräften vertraut zu machen. Infomaterial und Konzept liegen zum Studium für die Eltern bereit.

Eltern sollten sich auch untereinander kennenlernen. Gelegenheiten bieten sich bei Info-Veranstaltungen der Kita, beim Elternabend, beim Elternstammtisch, bei Veranstaltungen des Elternbeirats, bei Festen und Feiern. Denn Kindern fällt es leichter, miteinander zu spielen, zu lernen und zu arbeiten, wenn sie und ihre Familien miteinander vertraut sind.

Aufgaben

1. Welche vertrauten Dinge, wie Spielsachen, Kleidungsstücke oder Puppen, erleichtern Kindern das Einleben in Krippe, Kindergarten, Schule oder Hort?
2. Sammeln Sie in Ihrer Praxisstelle Informationsmaterialien, die Eltern vor dem Eintritt in Krippe, Kita, Schule oder Hort erhalten.
3. Finden Sie im Konzept Ihrer Einrichtung die Textstellen heraus, in denen die Bedeutung der vertrauensvollen Beziehung zwischen Kindern, Eltern und pädagogischen Fachkräften beschrieben wird.

8.3 Der Übergang vom Kindergarten in die Schule/ in den Hort

„Wir freuen uns – freuen wir uns?"

„Ich bin ein Vorschulkind!" „Ich komme in die Schule!" – Das sind freudige und stolze Ausrufe von Kindern vor dem Schuleintritt. Und manche Eltern sagen: „Jetzt beginnt der Ernst des Lebens!" Drücken sie damit ihre eigene Unsicherheit aus? Was ist das „Ernste" an der Schule? Aus Erzählungen wissen Vorschulkinder, dass es in der Schule anders ist als im Kindergarten. Sie können sich jedoch kaum vorstellen, wie sich der Übergang vom Spielen zum Arbeiten gestaltet. Spielend eignen sie sich ihre Welt durch aktives Ausprobieren, Fragen, Erforschen an. Ihr Spielen erleben sie stets als ernsthaftes „Arbeiten". Und in der Tat erarbeiten sich Kinder spielerisch und spielend ihren Kosmos. Viele Vorschulkinder möchten jetzt auch selbst Bilderbücher lesen, selbst schreiben wie die Großen. Mit Spannung erwarten sie den ersten Schultag und ihre Vorfreude sollte gründlich unterstützt werden. Und doch mischt sich in ihre Vorfreude auch ein kleines Unbehagen.

Aufgaben

1. Beobachten Sie in Ihrer Praxisstelle Kinder im Vorschulalter: Mit welchen Spielen beschäftigen sie sich vorwiegend? Was bedeuten ihnen Schriftzeichen und Ziffern? Wie zählen sie, schreiben sie ihren Namen, lesen sie?
2. Welche Vorschulmaterialien finden Sie in Ihrer Praxisstelle?
3. Begleiten Sie nach Absprache mit Ihrer Praxisanleiterin eine Kindergruppe beim Schnupperbesuch in der Schule.

➲ *Weitere Aufgaben zu diesem Thema finden Sie im Kapitel 8 des Arbeitshefts.*

Auch gut vorbereitete Kindergartenkinder erleben mit dem Schuleintritt einen Übergang in einen neuen Lebensabschnitt:

Alle Kinder erleben Neues beim Schuleintritt:	– Der Schulbesuch ist Pflicht. – Mehr Regeln bestimmen den Tagesablauf. – Ausreden verlieren ihre Bedeutung; z. B.: „… weil ich noch so müde bin …" – Es gibt „Lernzeiten" und „Spielzeiten": Zeiten, in denen Kinder ruhig am Tisch arbeiten, am Nachmittag Hausaufgaben ausführen, und Zeiten ungehindert freier Bewegung. – Kinder sollen einerseits intensiv im Spielen aufgehen, andererseits Leistungen aufweisen und miteinander wetteifern. – Mit dem Schulwegtraining werden Kinder auf Selbstständigkeit vorbereitet. – Schulkinder erleben neue Selbstständigkeiten, sie dürfen ganz allein zur Schule, zu Freunden gehen.

Viele Eltern fragen in dieser Zeit die pädagogischen Fachkräfte, ob ihr Kind „schulfähig" sei. Die Antwort darauf greift weiter zurück. Denn die Vorbereitung auf den Übergang vom Kindergarten in die Schule beginnt sehr lange vor dem Schuleintritt: eine langzeitige, ganzheitliche Bildung und Erziehung des Kindes ist die beste Voraussetzung für einen gelingenden Übergang in die Schule. Ein Teil davon ist die sogenannte Literacy-Erziehung (vgl. auch Kapitel 14).

Antwort auf ihre Fragen und weitere Anregungen erhalten Eltern vor allem auch in persönlichen Gesprächen über die Entwicklung ihres Kindes, bei gemeinsamen Informationsveranstaltungen mit Grundschullehrerinnen und bei der Schulärztin. Einzeltestverfahren zur Ermittlung der Schulfähigkeit eines Kindes, isoliert angewendet, sind bei vielen Pädagoginnen umstritten.

Gründlichere Auskunft erhalten Eltern hingegen durch detaillierte Beobachtungsberichte, Lerngeschichten und Portfolios, die von pädagogischen Fachkräften langfristig geführt wurden.

Allgemein lässt sich sagen, dass ein Kind schulfähig ist, wenn es Basiskompetenzen im emotionalen, sozialen, motorischen und kognitiven Bereich entwickelt hat (vgl. Krenz, 2003, S. 48). Lesen Sie hierzu folgende Übersicht:

Entwicklungsbereich	Basiskompetenzen
emotionale Schulfähigkeit	– gibt bei schwierigen Aufgaben nicht auf, zieht sich nicht zurück bei Misserfolg – sucht zuversichtlich nach anderen Lösungswegen – verkraftet Enttäuschungen, z. B. wenn es nicht an die Reihe kommt, nachdem es sich gemeldet hat – stellt sich angstfrei neuen Situationen, z. B. bei neuen Aufgaben, bei Lehrerwechsel, bei verändertem Stundenablauf
soziale Schulfähigkeit	– fühlt sich durch eine allgemeine Aufforderung der Lehrerin angesprochen – kann anderen zuhören, eigene Beiträge zurückstellen – versteht wichtige Gruppenregeln, hält sie oft ein – kann Konflikte sprachlich lösen, geht Kompromisse ein – entwickelt Initiative, bringt Lösungsvorschläge, kann um Hilfe bitten

Entwicklungsbereich	Basiskompetenzen
motorische Schulfähigkeit	– ausgeprägte Finger- und Handgeschicklichkeit – kann Sehen und Handbewegungen aufeinander abstimmen – erkennt Belastungssituationen, z. B. durch andere Kinder, hohen Lärmpegel, wird dagegen aktiv – Geschick im Laufen, Balancieren, beim Geräteturnen – nimmt eigenen Körper gut wahr – kann alle Sinne gut einsetzen
kognitive Schulfähigkeit	– kann ausdauernd, aufmerksam und konzentriert 15 Minuten eine neue Aufgabe bearbeiten – kann Gehörtes und Gesehenes speichern und sprachlich wiedergeben – geht neugierig, mit eigenem Lerninteresse auf fremde Lerninhalte ein – kann folgerichtig denken, Beziehungen in Situationen und zwischen Gegenständen erfassen, Gesetzmäßigkeiten erkennen, Farben und Formen unterscheiden und benennen – kann sich zeitlich und räumlich gut orientieren

Aufgaben

1. Wie äußern sich Vorschulkinder zum bevorstehenden Schulbesuch? Notieren Sie einzelne Äußerungen, sammeln Sie diese und tauschen Sie sich in der Klasse aus.
2. Informieren Sie sich in Ihrer Praxisstelle über Einträge in Lerngeschichten und Portfolios.
3. Unterscheiden Sie Spiele und Beschäftigungen nach ihren Schwerpunkten im emotionalen, sozialen, motorischen, kognitiven Förderbereich.

Kooperation aller pädagogischen Fachkräfte sämtlicher Einrichtungen

Die Leistungen der Kinder und ihrer Eltern, die Arbeit der pädagogischen Fachkräfte von Kita und Hort sowie der Grundschullehrerinnen werden erleichtert und zugleich wirksamer, wenn alle Beteiligten sich gut kennen, informieren und unterstützen. Arbeiten alle aktiv zusammen, so kann der Übergang auch von jedem aktiv mitgestaltet werden.

Beim Übergang vom Kindergarten in die Schule und in den Hort kooperieren viele Einrichtungen, die Pädagoginnen beider Institutionen werden zu Kooperationspartnerinnen:

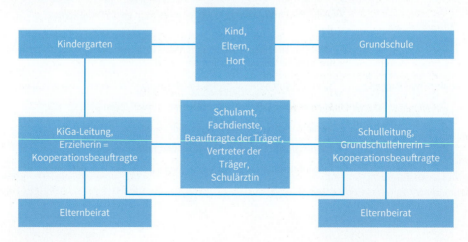

So arbeiten Kita und Grundschule zusammen

Die Zusammenarbeit zwischen Kindergarten und Grundschule beginnt in vielen Einrichtungen bereits im Herbst des neuen Kindergartenjahres.

Am Beginn stehen gegenseitiges Kennenlernen und gemeinsames Planen. Im Kindergarten übernimmt zumeist eine Erzieherin die Aufgabe der Kooperationsbeauftragten. In der Grundschule übernimmt diese Aufgabe eine Grundschullehrerin. Im Schulamt übernimmt eine Kooperationsbeauftragte die übergeordneten Planungsarbeiten: Sie stellt Kontakte her zwischen den verschiedenen Kindertageseinrichtungen, Grundschulen, Trägern und Fachdiensten. Diese Kooperationsbeauftragte organisiert gemeinsame Fortbildungen für Erzieherinnen und Grundschullehrerinnen und erstellt schriftliche Informationsmaterialien für Eltern. Die Kooperationsbeauftragte entwickelt zusammen mit Schul- und Kindergartenleitungen Pläne dafür, wie der Übergang vom Kindergarten in die Grundschule vor Ort konkret gestaltet werden kann. Sie unterstützt Erzieherinnen und Lehrerinnen bei der Umsetzung ihrer Vorhaben und berät sie dabei.

Je gründlicher sich alle Beteiligten kennen und über ihre Ziele und Vorhaben austauschen, desto besser gelingt die Zusammenarbeit. Dabei müssen pädagogische Fachkräfte Datenschutzbestimmungen einhalten. Sie geben Informationen an beteiligte Stellen nur nach vorheriger schriftlicher Einwilligung der Eltern weiter.

Inhalte für die Zusammenarbeit von Kindergarten und Grundschule:
* Planung von gemeinsamen Festen und Aktionen, um sich kennenzulernen
* gemeinsame Durchführung von Eltern-Informationsveranstaltungen
* Besuch gemeinsamer Fortbildungsveranstaltungen
* gegenseitige Hospitation
* Absprache bei der Schuluntersuchung
* Durchführung von Veranstaltungen zur Erkundung des Schulgebäudes
* Durchführung von Unterrichtsbesuchen der Kindergartenkinder
* Planung von Schulvorbereitungsfesten
* Planung von Elternberatungsgesprächen zur Einschulung
* Vorbereitung des ersten Schultags, der ersten Schulphase

Aufgaben

1. Machen Sie einen Rundgang durch Ihre Praxisstelle. Notieren Sie alle Hinweise für die Zusammenarbeit zwischen Kindergarten, Eltern und Grundschule. Vergleichen Sie Ihre Notizen in der Klasse.
2. Informieren Sie sich in Ihrer Praxisstelle: Wer koordiniert die Arbeit von Kindergarten, Eltern und Grundschule?
3. Wie wurde die Zusammenarbeit zwischen Eltern/Kindern, Kindergarten und Grundschule im vergangenen Jahr gestaltet? Listen Sie auf:
   a) Welche Elternveranstaltungen fanden statt?
   b) Welche gemeinsamen Feste und Aktionen wurden durchgeführt?
   c) Welche schriftlichen Informationen erhielten die Eltern?

In kleineren Orten oder einzelnen Stadtteilen hilft die räumliche Nähe zwischen Kindergarten und Grundschule, gut zusammenzuarbeiten. Angrenzende Gärten, Außenanlagen, die Schulturnhalle, in der auch Kindergartenkinder turnen, können als natürlicher Vorteil genutzt werden. Ebenso helfen ältere Geschwister als Schulkinder, die Kindergartenkinder mit der Schule vertraut werden zu lassen.

Übergang von der Schule in den Hort

Viele Kinder finden sich gleichzeitig mit dem Beginn des Schulbesuchs nach Unterrichtsende auch im Hort in neuen Gruppen zusammen. Diese Kinder bewältigen zwei Übergänge zur gleichen Zeit. In Ganztagsschulen wird versucht, den Schul- und Hortanfängern diese schwierige Situation ein wenig zu erleichtern: Es sind wieder neue Kontakte zu knüpfen, neue Freundschaften mit Kindern aus unterschiedlichen Klassen in verschiedenen Schulen aufzubauen, die Kinder müssen mit neuen pädagogischen Fachkräften vertraut werden. Neben dem Schultagesablauf gibt es einen neuen Tagesrhythmus am Nachmittag im Hort. Essen, spielen, lernen, Hausaufgaben erledigen zusammen mit noch wenig vertrauten Kindern und Erwachsenen – das sind zur gleichen Zeit viele neue Anforderungen an jedes Kind. Daher ist es auch hier wichtig, dass Kinder und ihre Eltern vor dem Hortbesuch die Einrichtung und die pädagogischen Fachkräfte kennenlernen, um eine künftige gute Zusammenarbeit gründlich vorzubereiten.

„Gemeinsam schaffen wir das schon!"

Erste Kontakte zwischen Eltern mit ihren Kindern und den Fachkräften im Hort werden häufig bei Anmeldegesprächen geknüpft. Hier erhalten Eltern Informationen über die Einrichtung, Räume und Anlagen, über Spiel- und Lernmöglichkeiten, über die Betreuungsformen, die pädagogischen Fachkräfte. Eltern erfahren, wie die Hausaufgabensituation gestaltet wird. Mit dem Konzept erhalten Eltern Auskunft über pädagogische Ziele, Öffnungszeiten, Ferienprogramme und vieles mehr. Kurzzeitbesuche und Schnupperstunden am Nachmittag geben den Kindergartenkindern einen kleinen Vorgeschmack auf den künftigen Hortbesuch.

Mit dem Einverständnis der Eltern findet auch ein Informationsaustausch zwischen den pädagogischen Fachkräften des Kindergartens und des Horts statt. Während der gesamten Hortzeit eines Kindes gibt es eine rege Zusammenarbeit und einen regelmäßigen Informationsaustausch sowie gemeinsame Elterngespräche von Hort und Grundschule. In manchen Schulen hospitieren pädagogische Fachkräfte des Hortes im Unterricht, um Kinder und ihr Lernverhalten gründlich zu verstehen und kennenzulernen und um sie dadurch gezielter fördern zu können.

9 Verkehrssicherheitserziehung

„Wir geben Zeichen."

In diesem Kapitel lernen Sie,

* dass sich Kinder im Straßenverkehr anders verhalten als Erwachsene,
* dass Basiskompetenzen zur Verkehrssicherheit wichtig sind,
* dass systematische Verkehrssicherheitserziehung mit fünf Jahren beginnt,
* dass Fußgängerverhalten geübt werden muss,
* dass Vorschulkinder richtiges Verhalten im Straßenverkehr spielerisch, in ganz kleinen Schritten üben,
* dass verkehrsgerechtes Verhalten im „Schonraum" geübt wird,
* dass Kinder erst ab dem zehnten Lebensjahr verkehrstüchtig Rad fahren können.

Nie zwischen stehenden Autos hindurchgehen!

Situation

Der Kindergarten „Traumland" bereitet Kinder auf den Übergang vom Kindergarten in die Grundschule vor.
In dem Projekt „Ich kann das" sollen alle Vorschulkinder auf eine Fußgängerprüfung vorbereitet werden. Seit längerer Zeit üben die Kinder richtiges Verhalten am Gehsteig. Sie überqueren Straßen nach dem gelernten Modell: „Stopp – schau links, schau rechts, schau links – wenn frei – geh zügig geradeaus."
Sie haben gelernt, Handzeichen am Zebrastreifen zu geben. Bei der grünen Ampel rennen sie nicht einfach los, sondern schauen genau, ob alle Fahrzeuge auch tatsächlich halten.
Heute ist es so weit: Im Verkehrsgarten der Grundschule dürfen alle Kinder ihre Fähigkeiten zeigen. Und die Polizei ist auch dabei.
Zum Abschluss soll es ein Fußgängerdiplom geben und den Sticker „Ich kann es".

Aufgaben

1. Welche konkreten Verhaltensweisen haben die Kinder Ihrer Gruppe bereits geübt?
2. Erkundigen Sie sich, wo es in der Umgebung Ihrer Praxisstelle einen Verkehrsgarten für Kinder gibt.
3. Gestalten Sie ein anschauliches Info-Plakat zur Verkehrserziehung.

9.1 Kinder sind von Beginn an Verkehrsteilnehmer

Eltern sind die ersten Verkehrserzieher ihrer Kinder. Verkehrssicherheitserziehung beginnt lange, bevor Kinder eine Tageseinrichtung besuchen. Kleinstkinder sind Verkehrsteilnehmer im Auto-Kindersitz. Sie erleben im Kinderwagen, zu Fuß an der Hand von Erwachsenen und im Fahrradanhänger viele Verkehrssituationen. Sie begleiten ihre Eltern in Bahn und Bus.

„Ich bin von Anfang an dabei"

Kinder beobachten ihre Eltern, wie sie besonders vorsichtig fahren, wenn sie Kinder sehen, dass sie abbremsen, wenn sie an Radfahrern vorbeifahren und auf langsame Verkehrsteilnehmer Rücksicht nehmen.

Kinder erleben aber auch, wie andere beschimpft oder lächerlich gemacht werden. Kinder erleben, wie Erwachsene gegen Verkehrsregeln verstoßen: bei Rotlicht die Straße überqueren, anderen die Vorfahrt nehmen.

Erwachsene sind in jeder Situation ein prägendes Vorbild für Kinder.

Eltern können daher in vielen alltäglichen Situationen, beim Einkauf, beim Spazierengehen, auf allen Wegen ihren Kindern richtiges Verhalten im Straßenverkehr vorleben.

Die Lernaufgaben für Kinder unter sechs Jahren:

Fußgänger-Grundwissen

* Kinder gehen auf Gehsteigen und neben verkehrsreichen Straßen an der Hand ihrer Eltern.

* Kinder gehen auf Gehsteigen immer innen (Hausseite).

* Vor jeder Straßenquerung bewusst an der Bordsteinkante haltmachen: links – rechts – links schauen.

* Gerade und zügig die Straße überqueren.

* Übersichtliche Stellen zur Querung der Straße wählen: Hier können wir gut sehen, hier werden wir gut gesehen.

* An der Ampel: „Rot stehen – Grün gehen".

* Nur gehen, wenn alle Autos stehen.

* Helle, reflektierende Kleidung tragen: Wir werden gut gesehen.

Aufgaben

1. Beobachten Sie in Ihrem Alltag Kinder unter fünf Jahren im Straßenverkehr: Begleitet von Eltern oder Verwandten erleben sie vielfältige Verkehrssituationen. Tauschen Sie Ihre Beobachtungen im Klassengespräch aus.
2. Spielen Sie in Absprache mit Ihrer Praxisanleiterin mit einigen Kindern Ihrer Gruppe Szenen zum „Fußgänger-Grundwissen" (s. o.) im Gruppenraum oder im nahen Kinder-Verkehrspark.

Wer Kinder auf sicheres Verhalten im Straßenverkehr vorbereiten will, muss grundsätzliche Unterschiede des Verhaltens und der Fähigkeiten von Kindern gegenüber Erwachsenen beachten.

Kinder und Erwachsene: Unterschiede in der Bewegung

* Kinder haben eine geringere Körpergröße als Erwachsene – sie sehen daher weniger und werden später gesehen.
* Kinder stolpern häufiger (der Körperschwerpunkt verlagert sich erst mit ca. sechs Jahren unter den Nabel).
* Kindern bereiten hohe Bordsteinkanten Probleme.
* Kinder schauen geradeaus, sehen daher weniger, was seitlich geschieht.
* Kinder haben eine geringere Schrittlänge, sie brauchen länger zum Überqueren der Straße.
* Kinder können nur schwer eine Bewegung spontan unterbrechen: Sie können daher nur schwer abstoppen, wenn sie auf die Straße laufen.
* Kinder haben einen großen natürlichen Bewegungsdrang: Sie rennen oft los.

Kinder und Erwachsene: Unterschiede in der Wahrnehmung

* Kinder haben ein eingeschränktes Gesichtsfeld.
* Was Kinder nicht sehen, existiert für sie nicht.
* Kinder sehen pro Sekunde nur drei Objekte (Erwachsene fünf bis sechs).
* Kinder brauchen länger, um Sinneseindrücke zu verarbeiten: Sie sehen „langsamer".
* Kinder können Entfernungen nur schwer einschätzen.
* Kinder können Geschwindigkeiten nur schwer einschätzen, der Bremsweg eines Fahrzeuges ist für sie nicht verstehbar.
* Kinder zwischen drei und vier Jahren können nicht zwischen einem stehenden und einem fahrenden Fahrzeug unterscheiden, für sie sind alle Autos schnell.
* Kinder können schwer feststellen, woher ein Geräusch kommt (Richtungshören).

Kinder und Erwachsene: Unterschiede in der Kognition

* Kinder verbinden Gefahren mit einem konkreten Ort, eine Übertragung auf eine andere Situation ist für Sechsjährige nicht möglich.
* Kinder können nicht einschätzen, ob sie gesehen werden: Sie erleben alles aus ihrem Blickwinkel.
* Kinder können die Absichten anderer Verkehrsteilnehmern nicht einschätzen: Sie können sich nicht in die Lage anderer hineinversetzen.
* Kinder sind sehr leicht ablenkbar, sie können sich nur sehr kurz auf eine bestimmte Sache konzentrieren.

* Kinder sind oft mit ihren Gefühlen beschäftigt, sie lenken ihre Konzentration auf das, was sie gerade interessiert, z. B. den Freund, den Ball, einen Hund.
* Kindern fällt es schwer, komplexe Verkehrssituationen zu beurteilen.
* Kinder entscheiden häufig zu schnell, ohne alle Informationen verarbeitet zu haben.
* Kinder sind neugierig, manchmal ungeduldig und impulsiv, sie können deshalb ihr Verhalten nur schwer steuern.

(vgl. www.verkehrswacht-medien-service.de)

Aufgaben

1. Beobachten Sie Kinder in Ihrer Gruppe im täglichen Spiel und finden Sie Beispiele für die oben aufgeführten Unterschiede gegenüber Erwachsenen in
   a) der Motorik,
   b) der Wahrnehmung,
   c) der Kognition.
2. Vergleichen Sie die Ergebnisse Ihrer Beobachtungen im Klassengespräch.

Kinder können sehr viel. Die meisten unterscheiden mit fünf Jahren sicher Farben und Formen und erkennen einige Verkehrszeichen. Sie sagen sogar wichtige Verkehrsregeln für Fußgänger freudig auf. Das heißt jedoch nicht, dass sich Kinder unter sechs Jahren selbstständig als Fußgänger im Straßenverkehr bewegen können.

Eltern zeigen ihren Kindern deshalb im Umfeld ihrer Wohnung Spielbereiche auf, in denen sie frei spielen können. Kinder dürfen diese Bereiche jedoch nicht eigenständig verlassen. Für Kinder unter fünf Jahren ist eine systematische Verkehrssicherheitserziehung noch nicht möglich. In diesem Alter werden jedoch wichtige Voraussetzungen geschaffen, damit Kinder künftig eigenständig am Straßenverkehr teilnehmen können.

An Kinder als künftige Verkehrsteilnehmer werden komplexe Mehrfachanforderungen gestellt. Deshalb brauchen Kinder Basiskompetenzen in verschiedenen Bereichen, für die in der Familie und ergänzend in Tageseinrichtungen der Grundstein gelegt wird.

Im folgenden Schaubild sind diese Kompetenzen dargestellt:

9.2 Basiskompetenzen der Verkehrssicherheitserziehung: Kinder unter fünf Jahren

Bewegungskompetenz

Bewegungskompetenz ist für die Teilnahme eines Kindes am Straßenverkehr unabdingbar. Kinder, die sich unsicher bewegen, können nicht schnell genug reagieren und laufen Gefahr zu verunglücken.

Eine wichtige Grundlage der Verkehrssicherheitserziehung ist die Förderung der motorischen Fähigkeiten des Kindes. Bewegung steht als zentrale Entwicklungsaufgabe zu Beginn: Strampeln, Robben, Krabbeln, Laufen. Je früher Mobilitätserziehung einsetzt, desto besser. Aus Laufen wird Rennen, Balancieren, Rückwärtsgehen, Springen, Klettern, Schlittern, Hangeln, Wippen, Steigen und Hochziehen.

Kinder lernen, ihre Bewegungen zu koordinieren. Kleine Fahrzeuge wie z. B. Bobbycar, Roller, Laufrad, Traktor und Pedalos fördern zusätzlich Balance, Reaktion und Geschicklichkeit.

Übrigens: Bewegungsgeschicklichkeit und Intelligenzentwicklung eines Kindes hängen besonders in den ersten Lebensjahren eng zusammen!

Auf allen Vieren gewinnen wir Sicherheit.

Ziele der Bewegungskompetenz: Bewegen macht sicher und fröhlich
* schnell reagieren können
* das Gleichgewicht halten
* Bewegungsabläufe unterbrechen
* Hindernisse überwinden, ausweichen
* verschiedene Fortbewegungsarten durchführen
* sich im Raum orientieren
* Bewegungen steuern
* Risiken einschätzen

Den eigenen Körper gut zu kennen, sich geschickt zu bewegen und gezielt und rasch zu reagieren: Das sind wichtige Voraussetzungen für die aktive Teilnahme am Straßenverkehr. So werden Bewegungserziehung und Verkehrssicherheitserziehung miteinander verbunden.
Kinder üben im frei gewählten und im gestalteten Bewegungsspiel elementare Fähigkeiten, die sie im Straßenverkehr benötigen.

Im natürlichen Spiel und mit gezielter Bewegungserziehung fördern Kitas Kinder.

Hier einige Beispiele:
* freie Bewegungsspiele
* die „Bewegungsbaustelle"
* Bewegungslandschaft
* Bewegungsparcours
* angeleitete Bewegungsstunden im Bewegungsraum, im Freien
* spezifische Bewegungsangebote: Tanz, Rhythmik

Bewegungsfreude, spielerisches Entdecken, eigenständiges Erproben und lustvolles Üben sind Grundlagen für die motorische Entwicklung des Kindes und zugleich die Basis für die Verkehrssicherheitserziehung.

Aufgaben

1. Sammeln Sie Bewegungsspiele, die
   a) die Geschicklichkeit,
   b) das Gleichgewicht,
   c) die Reaktionsschnelligkeit,
   d) das Reagieren auf akustische und visuelle Signale fördern.
2. Bitten Sie Ihre Praxisanleiterin, dass Sie den Bewegungsraum betreuen dürfen.
3. Entwickeln Sie in Ihrer Klasse Ideen für eine Bewegungslandschaft, einen Bewegungsparcours.
4. Welche Reaktions- und Geschicklichkeitsspiele werden während der Freispielzeit gespielt?

Wahrnehmungskompetenz

Wer am Straßenverkehr teilnimmt, muss gut sehen und hören. Spiele und Materialien zur Wahrnehmungsförderung nehmen in allen Kitas einen breiten Raum ein. Im Spiel werden Kinder angeleitet, genauer hinzusehen, konzentrierter zu hören, zu beobachten und zu unterscheiden, zu erkennen und herauszuhören. Didaktische Spiele und freies Spielmaterial lenken die Aufmerksamkeit des Kindes auf Farben und Formen der Dinge. Kinder unterscheiden Größen, die Lage im Raum, die räumlichen Beziehungen, Entfernungen und Abstände von Spielmaterial und Alltagsgegenständen. Sie vergleichen und bestimmen, ordnen und ergänzen. Kinder erkennen und unterscheiden Töne und Klänge, Geräusche und Melodien: laut und leise, hoch und tief.

„Ich schaue genau hin."

Auch die Sinnesschulung der Kinder fördert ihre allgemeine Wahrnehmungsfähigkeit und ihre Intelligenzentwicklung.

Ziele der Wahrnehmungskompetenz: Wer viel sieht und hört, der weiß mehr
* verschiedene Gegenstände schnell wahrnehmen
* verschiedene Geräusche sicher unterscheiden: Auto, Fahrradglocke, Bremsgeräusch
* einschätzen, aus welcher Richtung ein Geräusch kommt
* Farben und Formen unterscheiden: Fahrzeuge erkennen und unterscheiden, Verkehrszeichen, Symbole und Zeichen beachten
* einschätzen, wie schnell oder langsam sich etwas bewegt

Beispiel

Alltagsgeräusche, Musikinstrumente, Tierstimmen erkennen; mit geschlossenen Augen Rhythmen nachklatschen, einer Glocke/Rassel folgen; den tickenden Wecker im Raum finden; zehn Gegenstände liegen auf dem Tisch, welcher wurde bewegt?; Bewegungen, Tätigkeiten nach bestimmten Tönen ausführen; Kimspiele mit Alltagsgegenständen durchführen; Farb- und Formenspiele; Reaktions- und Computerspiele; nach bestimmten Farben oder Symbolen Bewegungen ausführen und „einfrieren" („versteinern", „verzaubern"):

All diese Spiele bereiten Kinder u. a. auf gezieltes Verhalten im Straßenverkehr vor.

Aufgaben

1. Führen Sie in Absprache mit Ihrer Praxisanleiterin Übungen zur Sinnesschulung durch.
2. Entwickeln Sie in Ihrer Klasse Spielideen, die den Kindern die Begriffe „langsam – schnell", „nah – fern" erlebbar machen.
3. Entwerfen Sie in Ihrer Klasse Symbole für Kinder.
   Thema: „gehen – stoppen", „langsam – schnell", „nah – fern", „groß – klein"

Soziale Kompetenz

Mitteilen, was ich will, andere Menschen verstehen, dann eine einvernehmliche Lösung herbeiführen: Das sind soziale und kommunikative Fähigkeiten, die Kinder als künftige Verkehrsteilnehmer brauchen. Diese Basiskompetenzen sollten daher bei Vorschulkindern frühzeitig angebahnt werden: eine Vorstufe zur Verkehrssicherheitserziehung.

Das Zusammenleben der Kinder in einer Kita fördert die Entwicklung der sozialen Fähigkeiten jedes Kindes. Im alltäglichen Miteinander sprechen Kinder sich ab, vereinbaren etwas gemeinsam, stimmen zu, lehnen ab – sie verhandeln, zu zweit, zu dritt, in der gesamten Gruppe, untereinander und mit den pädagogischen Fachkräften. Immer geht es um die wichtigen Fragen des Miteinanders.

„Wir verstehen uns einfach gut!"

Wer mitspielen möchte, als Erstes beginnen oder ausschließlich mit der Freundin schaukeln will, muss auf sprachliche und nicht-sprachliche Äußerungen achten, muss beachten, was die anderen wollen. Im Alltag erwerben Kinder in der Kita ihr „Grundwissen" sozialer und kommunikativer Fähigkeiten. Kindliche Spielfreude und Spaß am Erproben stehen im Mittelpunkt. Spielerisch werden Grundkompetenzen gefördert. Dieses frühe Lernen des Kindes wird dadurch begünstigt, dass alle Lernschritte in psychomotorische Gesamtsituationen eingebettet sind: Wahrnehmen, Bewegen, Erleben und Handeln des Kindes verbinden sich ganzheitlich.

Ziele der sozialen Kompetenz: das Miteinander

* Verstehen und Verstandenwerden: mit Worten, Gesten, Blicken
* erst vereinbaren, dann handeln: verhandeln
* Gesten und Zeichen geben und diese verstehen
* Blickkontakt aufnehmen und halten
* bei Ungewissheit einen Sachverhalt nochmals mitteilen, sich vergewissern
* auf andere achten
* Regeln verstehen und einhalten
* abwarten und Langsamere vorlassen: Rücksicht

Spiel- und Gruppenregeln, die Inhalte vieler Bilderbücher und Geschichten, Puppenspiele und Rollenspiele, pantomimische Spiele, viele Computerspiele, Finger-, Kreis-, Tanz- und Brettspiele fördern in erster Linie die sozialen Fähigkeiten der Mitspieler, Zuhörer und Zuschauer.

Aufgaben

1. Sammeln Sie in Ihrer Praxisstelle und im Internet Titel von Bilderbüchern zu dem Thema „Verkehrserziehung".
2. Bereiten Sie in Ihrer Klasse nach einem Bilderbuch oder nach einer Geschichte ein angeleitetes Rollenspiel zum Thema „Verkehrssicherheitserziehung" vor.
3. Führen Sie mit einer Teilgruppe Sing- und Fingerspiele zur Verkehrserziehung durch.

Kognitive Kompetenz

Das gute Verständnis für Mitspieler, für wechselnde Situationen, für Regeln, nach denen alles abläuft, bündelt motorische Fähigkeiten, Wahrnehmungsfähigkeit und soziale Kompetenz eines Kindes zu verkehrssicherem Verhalten. Sehr viele kleinere und größere Lernschritte bilden die Basis der Verkehrssicherheitserziehung.

Die kognitiven Fähigkeiten des Einsehens und des Verständnisses, des Überblicks und des Begreifens von Zusammenhängen und Abläufen erwerben Kinder in zahlreichen gleichartigen und unterschiedlichen Spiel- und Gemeinschaftserfahrungen in der Kita.

„Aha, nun verstehe ich!"

Ziele der kognitiven Kompetenz: das Verstehen

* eine Situation, einen Ablauf in seiner Gesamtheit verstehen
* sich ganz auf eine Sache konzentrieren
* Folgen abschätzen: vorher – nachher
* Symbole verstehen
* Regeln verstehen, anwenden, einhalten
* Eigenschaften, Merkmale einschätzen und zuordnen
* komplexe Begriffe verstehen: Dauer, Geschwindigkeit

Beispiele

Bildergeschichten in richtiger Reihenfolge ordnen, das Geschehen in Bildern, auf Großplakaten beschreiben, Geschichten der Bilderbücher wiederholen, Erzählungen und Rollenspiele inhaltlich und folgerichtig wiederholen, Tisch- und Brettspiele zur Verkehrserziehung, in denen richtiges Verhalten eingeübt und belohnt wird, regeltreu spielen, Magnettafeln mit Verkehrssituationen richtig bestücken und immer wieder das Üben mit Kinderfahrzeugen im Kinder-Verkehrspark – das alles sind einige wichtige Spiel- und Lernsituationen in der Kita, in denen Kinder ihre kognitiven Fähigkeiten trainieren – eine Vorbereitung auf die gezielte Verkehrssicherheitserziehung, die nun bald beginnen wird.

Aufgaben

1. Erarbeiten Sie in Ihrer Praxisstelle mit einer Kleingruppe eine Bildergeschichte mit fünf bis sechs Bildern, in der eine Verkehrssituation dargestellt wird.
    a) Wie gehen Sie dabei vor, sodass möglichst viele Sinne angesprochen werden?
    b) Verändern Sie die Bilderabfolge nach „richtig" und „falsch".
2. Notieren Sie bei der Bildergeschichte die Aussagen der Kinder:
    a) Wie begründen Kinder Zusammenhänge?
    b) Wie ziehen Kinder Schlussfolgerungen?
3. Betreuen Sie im Freispiel Brettspiele, bei denen Verkehrsregeln angewendet und richtiges Verhalten im Straßenverkehr belohnt werden.
4. Sammeln Sie Bilder von unterschiedlichen Fahrzeugen. Ordnen Sie diese Bilder mit einer Kleingruppe von Kindern nach folgenden Kriterien:
    a) schnell und langsam fahrende Fahrzeuge
    b) Wer fährt auf der Straße?
    c) Wer fährt auf dem Gehsteig?

9.3 Gezielte Verkehrssicherheitserziehung: Kinder ab fünf Jahren

Das Fußgängertraining

Regelmäßige und systematische Verkehrserziehung findet in nahezu 50 % der Kitas statt. Kitas planen ihre Angebote für Kindergruppen. Eltern sind aufgefordert, einzelne Übungen immer wieder mit ihrem Kind im Alltag zu wiederholen.

„Ich schau links und rechts und noch mal links!"

Besonders bei der Verkehrserziehung arbeiten Kitas mit vielen Partnern zusammen: Eltern, Polizei, Verkehrswacht und andere Institutionen. Polizeibeamte mit einer Ausbildung zur Verkehrserziehung üben mit Kindern im Schonraum, im Verkehrsgarten, setzen zur Motivation Handpuppen, z. B. den Verkehrskasperle, und Musik ein. Kinder zeigen dem Polizisten gerne, was sie alles gelernt haben, singen ihre Lieder zur Verkehrserziehung. Moderatorinnen mit Zusatzausbildung in Verkehrssicherheitserziehung informieren Eltern an Elternabenden.

Ziele für das Fußgängertraining:
Verkehrserziehung für Kinder von fünf bis sechs Jahren
* Straße, Gehweg, Bordsteinkante sicher unterscheiden
* Verhalten auf dem Gehweg
* Gefahren auf dem Gehweg: parkende Autos, Ein- und Ausfahrten, Hindernisse
* Schilder und Symbole kennenlernen: Gehweg, Radweg
* Sehen und gesehen werden: Kappen, helle Kleidung, Reflektoren an der Kleidung, am Rucksack
* Straße überqueren: Regeln für Fußgänger
* Straße mit Zebrastreifen überqueren: Blickkontakt, Handzeichen
* Straße mit Ampel überqueren: warten, bis alle Fahrzeuge stehen
* Gefahrensituationen erkennen: nicht gut einsehbare Kreuzung, parkende Autos

Beispiele für Übungen mit Teilgruppen im Schonraum und auf dem Gehsteig:
* Kinder üben, auf der richtigen Gehsteigseite (innen) zu gehen.
* Kinder üben, einem langsameren Kind nachzugehen.
* Kinder üben, ihre Gehgeschwindigkeit zu variieren, rasch stehen zu bleiben.
* Kinder üben, Fußgänger richtig zu überholen.
* Kinder üben, Hindernissen auszuweichen.
* Kinder üben, neben Erwachsenen mit dem Roller auf dem Gehsteig zu fahren.

Alle *Übungsspiele* werden von pädagogischen Fachkräften angeleitet und betreut. Diese achten besonders darauf, dass alle Übungen sachlich richtig und spielerisch durchgeführt werden.

Alle Übungen können auch mit Handpuppen begleitet werden. Kindern bereitet es große Freude, die Verkehrshexe bei falschem Verhalten zu ertappen: Dann erhalten die besonders Aufmerksamen Ausweise für „geprüfte Fußgänger".

Ich hab's geschafft!

Richtig spannend wird es im Verkehrssicherheitstraining, wenn Kinder mit ihren Traktoren und anderen Spielfahrzeugen die „richtigen" Autos in „echten" Verkehrssituationen nachspielen können. Verkehrsschilder und selbst gefertigte Ampeln werden eingesetzt. Immer wieder wird geübt, am Zebrastreifen oder bei „Grün!" an der Ampel nicht gleich loszustürmen, sondern erst „links-rechts-links" zu schauen. Bei Drückknopfampeln wissen Kinder, dass es noch eine kleine Weile nach dem Drücken des Knopfes dauert, bis „Grün!" erscheint.

Regel:
Erst sehen, ob alle stehen, dann gehen!

Und: In einem abgedunkelten Raum können Kinder mit der Taschenlampe gut erproben, wer besonders gut gesehen wird, wie Reflektoren wirken, wenn das Licht darauf fällt.

Aufgaben

1. Informieren Sie sich in Ihrer Praxisstelle über Materialien zur Verkehrssicherheitserziehung.
2. Erkundigen Sie sich, welche Kolleginnen in Ihrer Praxisstelle bei der Verkehrssicherheitserziehung mitwirken.
3. Nehmen Sie an einer Elternveranstaltung zum Thema „Verkehrssicherheitserziehung" teil.
4. Fertigen Sie eine Skizze des Verkehrsgartens, des Übungsraums an. Vergleichen Sie Ihre Skizzen in der Klasse.
5. Planen Sie schriftlich Übungen zum Fußgängertraining.

Das Schulwegtraining

Vor dem Schuleintritt beginnt das Schulwegtraining. Kita und Grundschule arbeiten hierbei zusammen. Eltern wird geraten, sich in der Schule nach dem sichersten (nicht: kürzesten) Schulweg für ihr Kind zu erkundigen.

Regeln für Kinder und Eltern

* frühzeitig mit dem Üben beginnen
* den sichersten Weg wählen
* einen Schulwegplan zeichnen
* die Zeit für den Schulweg großzügig planen: Kinder trödeln gerne, sie vergessen richtiges Verhalten, wenn sie unter Zeitdruck stehen
* den Schulweg oftmals gemeinsam gehen, bis das Kind sicher ist: das Kind erzählt, was es sieht, worauf es achtet
* das Kind führt die Eltern auf dem Schulweg
* Fußgängerampel, Zebrastreifen oder Mittelinsel benutzen
* auf Gefahrenquellen hinweisen
* nie zwischen parkenden Autos die Straße überqueren: wenn keine Hilfen vorhanden sind, Kreuzung, Einmündung oder übersichtliche Stelle suchen
* helle Kleidung, gelbe oder rote Kappen tragen, Reflektoren an der Schultasche anbringen

Gemeinsam den Schulweg üben.

9 Verkehrssicherheitserziehung

Die Verkehrssicherheitserziehung geht in der Grundschule weiter. Auch die Grundschule arbeitet mit der Polizei, der Verkehrswacht und anderen Institutionen zusammen. Zum Fußgängertraining kommt langsam das **Fahrradtraining** dazu.

Aufgaben

1. Erkundigen Sie sich bei Schulanfängern und ihren Eltern nach dem Schulweg und danach, wie sie diesen Schulweg eingeübt haben.
2. Informieren Sie sich über Materialien zum Schulwegtraining in Ihrer Praxisstelle und in der Grundschule.
3. Spielen Sie mit einer kleinen Gruppe das Schulwegtraining. Jeder darf einmal der/die „Neue" sein.

Das Fahrradtraining

Regel:
Kinder nie unter zehn Jahren und erst mit bestandener Fahrradprüfung im Straßenverkehr allein Rad fahren lassen!

Im Hort üben Kinder häufig Radfahren auf dem abgegrenzten Hartplatz. Manche Einrichtungen bieten auch ein Rad-Geschicklichkeitstraining mit ausgebildeten Verkehrserziehern an. Ziel dieses Trainings ist, dass Kinder Sicherheit beim Fahren gewinnen und richtige Reaktionen üben.

Sicher auf dem Fahrrad.

Ziele für das Fahrradtraining: „Ich beherrsche mein Fahrrad sicher!"
* Kinder können geradeaus, im Kreis, in Kurven, in Achterschleifen, im Slalom fahren.
* Kinder können das Tempo des Vordermanns genau einhalten.
* Kinder können auf ein akustisches oder visuelles Zeichen losfahren und stehen bleiben.
* Kinder können rechts und links abbiegen und dabei Handzeichen geben.

Im Rahmen des Projekts „Ich und mein Fahrrad" üben pädagogische Fachkräfte mit Kindern für die Fahrradprüfung. Neben dem sicheren Fahrradfahren gehört dazu auch, Verkehrszeichen zu kennen. Kinder sollen Verkehrssituationen richtig beschreiben, Folgen aufzeigen können, Gefahren sowie richtiges und falsches Verhalten erkennen.

Neben dem Besuch einer Fahrradwerkstätte kann auch in der Einrichtung eine kleine „Radwerkstatt" eingerichtet werden. Kinder pflegen und putzen ihr Fahrrad, üben, Luft aufzupumpen, Reifen zu wechseln, vielleicht auch den Schlauch zu flicken.

Aufgaben

1. Bitten Sie Ihre Praxisanleiterin, dass Sie an einer Verkehrssicherheitserziehung im Schonraum teilnehmen dürfen.
2. Entwerfen Sie für Kinder Symbolkarten, mit deren Hilfe das Überqueren der Fahrbahn geübt werden kann:
   – Symbol für „Stopp an der Bordsteinkante"
   – Symbol für „links-rechts-links schauen"
   – Symbol für „die Straße gerade überqueren"
3. Üben Sie in Ihrer Klasse ein Handpuppenspiel mit einem Thema zur Verkehrserziehung ein.

9.4 Sicherheitserziehung in Tageseinrichtungen

Sicherheitserziehung ist in allen Tageseinrichtungen ein wichtiges Thema. Ziel ist dabei, Unfällen und Verletzungen vorzubeugen. Pädagogische Fachkräfte wägen in jedem Einzelfall ab, wie viel Sicherheit nötig und wie viel Freiraum möglich ist. Sicherheitserziehung umfasst die Gestaltung der Räume, Außenanlagen, Spiel- und Beschäftigungsmaterialien und vieles mehr.

Beispiele für Sicherheitserziehung

10 Teamarbeit

Das Team plant ein Fest.

In diesem Kapitel lernen Sie,

* dass Teamarbeit die Arbeitszufriedenheit und Arbeitsergebnisse steigert,
* dass im Team Arbeitsergebnisse reflektiert werden,
* dass ehrenamtliche Mitarbeiter das Team unterstützen,
* dass das Team mit Partnern aus dem sozialen Umfeld zusammenarbeitet,
* dass das Team durch Fachdienste ergänzt wird.

10.1 Grundlagen der Teamarbeit

Situation

Eine alltägliche Situation: Die Leiterin der Tagesstätte, zwei Gruppenerzieherinnen, zwei Kinderpflegerinnen und die Jahrespraktikantin haben sich im Teamzimmer zusammengesetzt. Heute bereiten Sie das Faschingsfest vor. Zwei lustige Ideen für das Motto stehen bereits auf dem Flipchart. Die Leiterin und die Jahrespraktikantin möchten auch die Eltern zum Faschingsfest einladen. „Das wird aber zu viel", meint eine Gruppenerzieherin. „Wir könnten doch zusätzlich einen Elternfasching organisieren", begeistert sich eine Kinderpflegerin. „Nun aber der Reihe nach! Welche Ideen habt ihr denn?", fragt die Leiterin. „Welchen Ablauf für das Fest planen wir?" „Und wer übernimmt welche Aufgabe?", rufen die Kolleginnen dazwischen.

Aufgaben

1. Stellen Sie gemeinsam mit sechs Mitschülerinnen im Rollenspiel diese Teamsitzung im Kindergarten dar: Die Kolleginnen diskutieren das Motto des Festes, bringen ihre Vorstellungen ein, demonstrieren, führen vor, skizzieren, was ihnen einfällt.
2. Auswertung des Rollenspiels: Bearbeiten Sie zunächst mit Ihren Mitspielerinnen folgende Fragen:
   a) Konnten Sie Ihre Ziele verfolgen?
   b) Haben Sie sich von Ihren Kolleginnen unterstützt gefühlt?
   c) Sind Sie mit dem Verlauf und mit den Ergebnissen der Teamsitzung zufrieden?
   d) Würden Sie in diesem Team gern mitarbeiten? Was würden Sie künftig anders machen?
3. Im anschließenden Klassengespräch bearbeiten die Mitspielerinnen zusammen mit den Beobachterinnen des Rollenspiels folgende Fragen:
   a) Fragen zum inhaltlichen Ergebnis des Rollenspiels:
      – Wurde ein Thema für das Fest einstimmig festgelegt?
      – Sind Zeit und Ort zur Durchführung des Festes bestimmt worden?
      – Sind wichtige Aufgaben zur Festvorbereitung verteilt worden?
      – Welche Vereinbarungen zum Ablauf des Festes sind getroffen worden?
      – Welcher Zeitplan für die Vorbereitung des Festes ist erstellt worden?
   b) Fragen zur Arbeitsweise des Teams im Rollenspiel:
      – Wer hat das Teamgespräch geleitet?
      – Ist jedes Teammitglied zu Wort gekommen?
      – Haben sich einzelne Teammitglieder verbündet?
      – Wie freundlich und hilfsbereit verhielten sich die Teammitglieder?
      – Wie kamen Entscheidungen im Team zustande?

„Team" ist ein Begriff aus dem Englischen. Er bezeichnet eine Gruppe von Menschen, die sachbezogen zusammenarbeiten. Im Team arbeiten alle Mitglieder an einem Thema/Projekt. Sie teilen sich ihre Aufgaben- und Verantwortungsbereiche je nach Ausbildung, Erfahrung und Können. Vorteil der Teamarbeit ist, dass Aufgaben und Probleme aus unterschiedlicher Sichtweise betrachtet werden. Kein Teammitglied wird mit der Fülle der Aufgaben überfordert. Im Team sind alle Mitglieder wichtig, das Team lebt von den Beiträgen aller.

10.1.1 Aufgaben der Teammitglieder

Konstruktive Zusammenarbeit im Team

Wesentliche Aufgabe von Teammitgliedern ist es, konstruktiv zusammenzuarbeiten. Konstruktiv zusammenarbeiten bedeutet, jede Mitarbeiterin ist bereit, eigene Ideen in der Arbeitsgruppe vorzutragen und offen mit den Kolleginnen darüber zu reden. Jede Mitarbeiterin bemüht sich, Lösungen für Fragen zu finden, die alle beschäftigen, sodass alle mit dem Ergebnis zufrieden sind. Dazu gehört auch, dass jede Mitarbeiterin manchmal auf ihre eigenen Ziele verzichten muss, damit alle Mitglieder der Arbeitsgruppe dem gemeinsamen Ziel zustimmen können.

Wie die Teile eines Mobiles streben alle Teammitglieder nach Ausgleich.

In der folgenden Übersicht wird deutlich, welche Aufgaben jedem Teammitglied einer sozialpädagogischen Einrichtung gestellt sind:

> **Teammitglieder**
> * tauschen Informationen aus,
> * besprechen alltägliche Arbeitsabläufe,
> * verteilen untereinander Aufgaben,
> * planen die Arbeit mit Kindern,
> * bereiten Elternveranstaltungen vor,
> * tauschen sich über ihren Arbeitsstil, ihre Ziele und die Art der Zusammenarbeit aus,
> * reflektieren ihre Arbeit mit Kindern und Eltern,
> * entwickeln Konzeptionen für ihre Einrichtung.

Die Zusammenarbeit im Team ist ein Bestandteil des **kollegialen Führungsstils**. Eine zielorientierte Zusammenarbeit gehört zu den Qualitätsanforderungen einer sozialpädagogischen Einrichtung. In regelmäßigen Arbeitstreffen organisieren alle Mitglieder ihre Arbeit. Jedes Teammitglied trägt zum positiven Arbeitsergebnis des Teams bei.

Aufgaben

Diskutieren Sie in Ihrer Klasse folgende Aussagen:
* „Zusammenarbeit geht vor Konkurrenz"
* „Gleiche Rechte und Pflichten für alle"
* „Die Ergebnisse sind so gut wie das Team"
➲ Weitere Aufgaben zu diesem Thema finden Sie im Kapitel 9 des Arbeitshefts.

Sabine ist gleich wieder da.

Wenn es in einem Kindergarten so aussieht wie auf diesem Bild, dann hat möglicherweise eine Kollegin ihre Mitverantwortung für das Aufräumen, für die Ordnung im Gruppenraum nicht erfüllt. Mitverantwortung im Team zu übernehmen bedeutet nämlich, die eigenen Aufgaben zuverlässig in der vereinbarten Art und Weise, zu dem vorbestimmten Zeitpunkt und an dem vorgesehenen Ort auszuführen. Mitverantworten heißt auch mitentscheiden, wenn sich neue, unvorhergesehene Umstände einstellen: Wenn z. B. eine Kollegin unvorhergesehen nicht zur Arbeit gekommen ist, muss eine Kollegin den Tee für die andere Gruppe mitkochen. Und eine andere Kollegin wird z. B. mit daran denken, dass die Elternbriefe rechtzeitig verteilt werden.

Zwischen jedem Teammitglied und dem Team als Arbeitsgruppe findet ein ständiger Austausch statt. In morgendlichen Kurzbesprechungen vor Beginn des Gruppendienstes und in wöchentlichen Teamsitzungen außerhalb der Kinderbetreuungszeiten findet dieser Austausch statt. Dadurch wird es möglich, dass pädagogische Fachkräfte im Alltag viele verschiedene Aufgaben erledigen können.

Aufgaben bezogen auf den Arbeitsablauf:
* den Tagesablauf planen und organisieren
* Teilaufgaben im Tagesablauf bestimmen
* Teilgruppen (Unterteams) aufgabenbezogen bestimmen
* den Projektplan gestalten
* die Erziehungs- und Bildungspartnerschaft gestalten
* Arbeitsmaterial anschaffen und Vorrat halten
* einheitlichen Arbeitsstil entwickeln
* Räume aufteilen und gestalten
* Arbeits- und Dienstzeiten festlegen
* Informationen erstellen

Aufgaben bezogen auf die Teammitglieder:
* Mitarbeiterinnen nach Aufgaben, Dienstzeiten und Kompetenzen einsetzen
* neue Teammitglieder einführen
* Praktikantinnen einsetzen
* einzelne Teammitglieder unterstützen und anleiten
* Fortbildungen für jede Kollegin ermöglichen
* alle Kolleginnen informieren über Angelegenheiten des Arbeitsablaufs, des Teams und der Einrichtung

Aufgaben bezogen auf das Team:
* regelmäßige Teamsitzungen durchführen
* Teamregeln aufstellen, einhalten, weiterentwickeln
* Informationen über das Team, die Teamleistungen, die Ergebnisse erstellen und verteilen
* den Arbeitsablauf der Einrichtung reflektieren und aktualisieren
* den Arbeitsstil, die Arbeitsformen und die Ziele darstellen gegenüber den Eltern und der Öffentlichkeit (Gemeinde, Stadtteil)
* Teamsupervision innerhalb des Teams oder außerhalb durchführen

Aufgaben bezogen auf die Einrichtung:
1. Verbindung zwischen Träger der Einrichtung, Leitung der Einrichtung und Mitgliedern des Teams herstellen und halten
2. die Konzeption der Einrichtung umsetzen und fortschreiben
3. Qualitätsstandards entwickeln und überprüfen
4. mit anderen Einrichtungen und Kooperationspartnern zusammenarbeiten

Aufgaben

1. Fügen Sie zu jedem Bereich weitere Aufgaben hinzu, die Sie in Ihrer Praxisstelle beobachten oder selbst übernommen haben.
2. Bearbeiten Sie im Klassengespräch ausführlich einen Aufgabenbereich: Sammeln Sie Beispiele aus Ihrer Praxisstelle, die Sie diskutieren und praktisch erproben.
3. Sammeln Sie alle Aufgaben, die Ihrer Ansicht nach eine pädagogische Zweitkraft übernehmen sollte. Wie kann sie diese Aufgaben organisieren? Welche Schwierigkeiten und Probleme können sich dabei ergeben? Welche Hilfemöglichkeiten sehen Sie?

10.1.2 Vorteile der Teamarbeit

Viele Augen und Ohren nehmen mehr wahr. Viele kreative Köpfe entwickeln zusammen neuartige und vielfältige Lösungen. Austausch und Unterstützung erhöhen die Effektivität der gemeinsamen Arbeit (vgl. Kapitel 13 „Qualitätssicherung").

Aufgaben

1. Erkundigen Sie sich bei Ihrer Praxisanleiterin nach aktuellen Stellenbeschreibungen. Wie werden Aufgabenbereiche beschrieben? Welche Fähigkeiten und Kompetenzen sollen pädagogische Fachkräfte in Tagesstätten haben?
2. Fragen Sie bei Ihrer Praxisanleiterin nach, welche besonderen Kompetenzen einzelner Kolleginnen für bestimmte Aufgaben genutzt werden.
3. Lesen Sie im Qualitätshandbuch Ihrer Einrichtung nach, wie Arbeitsweisen, Betriebsablauf und Arbeitsergebnisse reflektiert werden.
4. Legen Sie sich ein kleines persönliches Tagebuch an. Notieren Sie darin folgende Fragen:
   – Was sind meine besonderen Fähigkeiten?
   – Wie kann ich meine Fähigkeiten gewinnbringend für mich und die Einrichtung einsetzen?
   – Auf welchen Gebieten möchte ich weiterlernen? Meine ersten Schritte hierzu sind:
   ...

Teamarbeit steigert die Arbeitszufriedenheit.

Teammitglieder sind mit ihrer Arbeit zufriedener, wenn sie ihre Arbeit als sinnerfüllt erleben und dabei akzeptiert und anerkannt werden.

Sie können sich dadurch leichter mit den Zielen der Einrichtung, dem Konzept, dem Leitbild und dem Träger identifizieren. In der Öffentlichkeit kann jedes Teammitglied und das Team als Ganzes überzeugend die Bildungsarbeit darstellen. Fachkräfte mit hoher Arbeitszufriedenheit können notwendige Veränderungen in ihren Aufgaben und der Zielsetzung leichter vollziehen und besser kreative Antworten auf neue Herausforderungen finden.

Dazu ist es notwendig, dass sich alle in ihren Fähigkeiten und in ihrer Arbeit anerkannt und ernst genommen erleben. Wer Unterstützung erlebt, ist leichter bereit, andere zu unterstützen. Wer für Fehler nicht abgewertet wird, übt leichter Nachsicht mit anderen. Wer in schwierigen Situationen nicht allein gelassen wird, steht anderen leichter bei.

Eine in diesem Sinne verstandene Teamarbeit führt zu folgender Erkenntnis: Jede Kollegin ist für gegenseitiges Geben und Nehmen verantwortlich. Jede trägt zum Gelingen der Teamarbeit und somit zum Gelingen der gesamten Arbeit bei. Jede trägt auch zur eigenen Arbeitszufriedenheit und zur Zufriedenheit der Kolleginnen bei. Arbeitszufriedenheit hilft dabei, schwierige Situationen leichter zu bewältigen. Langfristig hilft Arbeitszufriedenheit, die Arbeitskraft zu erhalten.

Die Arbeit im Team bedeutet für alle einen ständigen Austausch von Informationen, von Einfällen und Fähigkeiten.

Geben und Nehmen im Team	
Ich gebe dem Team:	Ich erhalte vom Team:
– Ideen – Meinungen – Erfahrungen – Kraft/Energie/Zeit – Zuverlässigkeit – Verantwortung – Vorbereitung – Information – besondere Fähigkeiten – die Bereitschaft zur Zusammenarbeit – Offenheit	– Austausch – Unterstützung – Sicherheit/Halt – Ideen – Reflexionsmöglichkeit – Arbeitsteilung (weniger Aufgaben) – Fachwissen/Fortbildung – Teilen von Verantwortung – Anerkennung – Mitbestimmung/Mitentscheidung – Bestätigung/Wertschätzung

Offenheit und gegenseitige Unterstützung ermöglichen eine vertrauensvolle Zusammenarbeit der Kolleginnen im Team. Teamarbeit entlastet einzelne Teammitglieder. Teamarbeit regt zu Ideenvielfalt an. Teamarbeit erhöht die Arbeitszufriedenheit.

Situation

Teamsitzung in der Kindertagesstätte „Am Lehel" zum Projektthema „Ich bin so. – Wie bist du?". Erzieherin Sofia hat sich mit der Gruppenleiterin Marta gründlich vorbereitet. Sie tragen ihre Ideen im Team vor (= Geben). Alle Kolleginnen hören gespannt zu. Fragen werden gestellt. Eine Diskussion entwickelt sich, wie das Projekt mit Kindern und Eltern gestaltet und einzelne Ideen verwirklicht werden können. Wie werden die Pinnwände aussehen? Wer hat eine Idee, die Entwicklung eines Kindes darzustellen?

Wird Dr. Waldner, die Kinderärztin, zu uns kommen? Diese Fragen bringen immer neue Fragen mit sich und natürlich auch viele Antworten aus dem Kreis der Kolleginnen. In der Schmetterlingsgruppe haben Hilde und Detlef Fotos gesammelt für ein großes Plakat in der Eingangshalle.
Sofia und Marta wissen bald, wie sie ihre Spielbereiche gestalten werden, wie die Eingangshalle aussehen wird. Der Ausflug in das Kinderkrankenhaus wird allerdings nicht zu machen sein. Freude herrscht aber über den Vorschlag, der aus der Marienkäfergruppe kam: Morgen werden Sofia und Marta mit den Kindern eine Spiegelwand, eine Verkleidungs- und Schmink-Ecke gestalten.

Aufgaben

1. Notieren Sie Ereignisse aus Ihrer Praxisstelle, bei denen Sie beobachten konnten, wie die Erzieherin Ihrer Kindergruppe durch das Team der Einrichtung unterstützt wurde. Berücksichtigen Sie dabei die Arbeit mit Kindern ebenso wie die Arbeit mit Eltern, Vorbereitungen usw.
2. Sammeln Sie Beispiele aus Ihrer Praxisstelle für gruppenübergreifende Aufgaben, die die Erzieherin Ihrer Gruppe für die Einrichtung ausführt. Welche Rolle spielt dabei das Team?
3. Diskutieren Sie, was Sie als Praktikantin vom Team Ihrer Praxisstelle erhalten/was Sie
   a) in das Team,
   b) in die Einrichtung Ihrer Praxisstelle einbringen.
4. Fragen Sie Ihre Anleiterin/die Leiterin der Praxisstelle, ob Sie an einer der nächsten Teamsitzungen teilnehmen können. Berichten Sie anschließend in Ihrer Klasse über den Verlauf der Teamsitzung.

Teamförderlich sind alle Verhaltensweisen, die dazu führen, konstruktive Problemlösungen zu suchen und Konflikte zu bewältigen.

Erfahrene Kolleginnen wissen, dass gemeinsames Tun jede Einzelne und die gesamte Gruppe stärkt. Deshalb tauschen sich Kolleginnen offen aus, nehmen Konflikte als Lernchance an. Kolleginnen akzeptieren andere Meinungen und führen zur rechten Zeit Kompromisse herbei. Sie hören einander zu und denken gemeinsam nach. Kolleginnen fühlen sich für die gemeinsame Arbeit verantwortlich. Voraussetzung für ein erfolgreiches und positives Miteinander ist die Einstellung: Nicht ich allein, sondern gemeinsam werden wir unsere Ziele erreichen, gemeinsam können wir uns entwickeln. Damit sich alle Teammitglieder entwickeln können, geben sie sich gegenseitig Rückmeldung. Sie üben gegenseitig konstruktiv Kritik.

Konstruktive Kritik üben bedeutet:

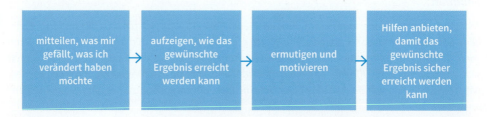

Eigenschaften, Einstellungen und Verhaltensweisen, welche die Teamleistungen steigern und die Arbeitszufriedenheit erhöhen, zeigt das folgende Schaubild.

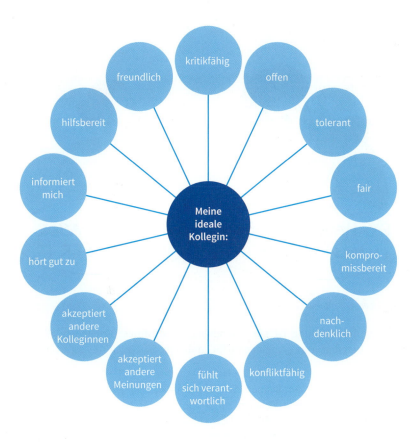

Aufgaben

1. Tauschen Sie sich in Untergruppen zu den Inhalten des Schaubildes aus.
2. Fertigen Sie selbst eine Zeichnung nach oben stehendem Muster an. Fügen Sie Eigenschaften, Einstellungen und Verhaltensweisen ein, die Ihnen wichtig sind.
3. Tauschen Sie sich darüber aus, welche Verhaltensweisen Sie in nächster Zeit entwickeln wollen.
4. Erstellen Sie eine Zeichnung von einer fiktiven Kollegin, deren Verhaltensweisen Ihnen Schwierigkeiten bereiten könnten.
5. Versuchen Sie in Partnerarbeit Ihrer Mitschülerin kritisch-konstruktiv Ihre Meinung zu einem ganz konkreten Punkt mitzuteilen. Wenden Sie dabei die Inhalte des Schaubildes an.

Zusammenarbeiten im Team ist für alle Kolleginnen wichtig, weil in vielen Arbeitssituationen nur die gemeinsame Anstrengung zum Ziel führen kann. In einem Team haben sich z. B. die Kolleginnen für erlebnisorientierte Arbeit mit den Kindern entschieden, jedes Kind soll durch eigenes Handeln Lernerfahrungen sammeln. Zusammenarbeiten heißt für alle Kolleginnen, andere Beschäftigungsformen in den Hintergrund treten lassen. Jede Kollegin vertritt auch Eltern gegenüber, dass ihre Kinder nun nicht viele vorgefertigte Bastelarbeiten mit heimbringen, sondern eigenständig mit Naturmaterialien, Farben, Werkstoffen experimentieren werden. In einem anderen Team ist z.B eine Gruppenleiterin erkrankt. Solidarität heißt für die Kolleginnen, die Erzieherin in dieser Gruppe zu unterstützen, Teamaufgaben für sie zu übernehmen, in der Gruppe mitzuarbeiten und zusätzliche pflegerische Aufgaben für sie zu übernehmen.

10.1.3 Teambildung

Hier hilft ein Kompromiss.

Der Prozess der Teambildung ist ein lebendiges, behutsames Geschehen. Alle Kolleginnen sind dabei aktiv beteiligt. Das gemeinsame Ziel dabei ist es, Bewährtes zu erhalten und Neues aufzunehmen.

Kolleginnen lernen sich langsam kennen. Sie stimmen ihre Ziele gemeinsam ab. Sie sind bereit, einander zuzuhören. Wenn eine Kollegin zur Probe arbeitet, gemeinsam mit anderen kleine Aufgaben erledigt, lernen sich Kolleginnen kennen. Sie erfahren dabei ihre Vorlieben und Abneigungen, Stärken und Besonderheiten. Eine gute Zusammenarbeit entsteht, wenn alle offen sind und aufeinander Rücksicht nehmen.

In der Praxis wird eine neue Kollegin meist Mitglied eines bereits bestehenden Teams. **Der Einstieg** in ein bestehendes Team bedeutet **für ein neues Mitglied** dass es die Kolleginnen, die Einrichtung, ihre Ziele und Arbeitsweisen erst **kennenlernen** muss. Neue Kolleginnen übernehmen zu Beginn viele Teile der Arbeit und werden selbst langsam mit der neuen Situation vertraut. Im Laufe der Zeit entwickeln sie eigene und neue Schwerpunkte. Alle Kolleginnen passen sich aneinander an und versuchen gleichzeitig, notwendige Veränderungen anzubahnen. Es ist ein aufwendiger und manchmal schwieriger Lernprozess, dabei nichts zu übertreiben.

Für die Mitglieder eines bestehenden Teams bedeutet die Aufnahme einer neuen Kollegin ebenfalls viel Veränderung. **Altbewährtes wird hinterfragt, Selbstverständliches muss neu begründet werden.** Zeit und Geduld sind in erhöhtem Maße gefragt. Neue Unsicherheit entsteht und muss ertragen werden. Die Bereitschaft, Neues und Fremdes neugierig und interessiert zu betrachten, hilft dem Team, sich zu entwickeln.

Alle Beteiligten brauchen gleichzeitig Anpassungsbereitschaft und den Willen zur Veränderung. Hilfreiche Fragen dabei sind: Was können wir voneinander lernen? Wie können wir uns gegenseitig unterstützen?

In kleinen Einrichtungen ist der Prozess der Teambildung leichter überschaubar. Der Kontakt zwischen den Kolleginnen kann direkt und persönlich erfolgen. In größeren Einrichtungen wird vielfach der schriftliche Weg gewählt. Der Kontakt der Teammitglieder ist meist auf diejenigen beschränkt, mit denen unmittelbar zusammengearbeitet wird.

In sozialpädagogischen Einrichtungen bilden **Gruppenleitung und pädagogische Zweitkraft** eine **Unterarbeitsgruppe**. Die Betreuerinnen nehmen als „kleines Team", z. B. „wir von der Sonnengruppe" am Gesamtteam teil. Hier verständigen sie sich, hier tauschen sie sich mit anderen Unterarbeitsgruppen aus. Die **Zusammenarbeit aller Unterarbeitsgruppen unterstützt die Entwicklung der Einrichtung**. Verantwortungsbewusstsein für das Ganze, ein „Wir-Gefühl", kann entstehen. Die Einrichtung wird von anderen Einrichtungen als Ganzes wahrgenommen. Es heißt dann z. B. „Der Seebrucker Kindergarten".

Aufgaben

1. Welche Teammitglieder haben Sie in Ihrer Praxisstelle kennengelernt (Beruf, Alter, Geschlecht)?
2. Welche Teammitglieder arbeiten vorwiegend mit Kindern, welche mit Jugendlichen?
3. Beschreiben Sie Teamsitzungen nach Häufigkeit, Dauer, Ort.
4. Erstellen Sie ein Protokoll einer Teamsitzung.
5. Diskutieren Sie in Ihrer Klasse, welchen Einfluss der Träger einer Kita auf die Arbeit des Teams nimmt.

Regeln helfen Menschen, zusammenzuleben. Teamregeln sind in einer sozialpädagogischen Einrichtung deshalb besonders wichtig, weil es hier immer auf das Zusammenleben und Zusammenarbeiten ankommt. Deshalb gibt es Regeln für Teamsitzungen.

Regeln für unsere Teamsitzung

Jedes Teammitglied bereitet sich auf die Themen der nächsten Teamsitzung vor, sammelt Materialien, fertigt Muster an usw.

Jedes Teammitglied ist außerhalb des Teams verschwiegen, was die Anliegen des Teams betrifft, insbesondere dann, wenn dies so im Team beschlossen worden ist.

Jedes Teammitglied bemüht sich um eine bejahende, offene, interessierte Einstellung zum Team, zu allen Mitgliedern und zur Teamarbeit.

Jedes Teammitglied führt die Aufgaben aus, die ihm vom Team übertragen worden sind.

Jedes Teammitglied beteiligt sich aktiv an der Arbeit im Team, es spricht, teilt mit, fragt nach, beantwortet, nimmt Stellung, schlägt vor usw.

Jedes Teammitglied hört zu, wenn jemand spricht. Störungen werden immer zuerst bewältigt.

Jedes Teammitglied bemüht sich darum, die Vereinbarungen des Teams anzuerkennen, einzuhalten und zu unterstützen.

Jedes Teammitglied ist dazu bereit, Meinungsverschiedenheiten und Konflikte mit anderen Teammitgliedern sachlich und auf friedlichem Wege zu lösen.

Aufgabe

Diskutieren Sie im Klassengespräch, welche Vor- und Nachteile diese Regeln
a) für das einzelne Teammitglied,
b) für die Arbeitsgruppe
mit sich bringen.

Teamsitzungen, die regelmäßigen Arbeitssitzungen der pädagogischen Mitarbeiterinnen, finden in den Räumen der sozialpädagogischen Einrichtung statt. An diesen Sitzungen nimmt fallweise auch eine Vertreterin oder ein Vertreter des Trägers der Einrichtung teil. Es gibt in jeder Einrichtung Regeln, die den Zweck haben, Sitzungen und Arbeitsabläufe im Team für alle Beteiligten überschaubar zu machen; sie sollen auch zu aktiver Mitarbeit anregen und die Zusammenarbeit erleichtern.

Regeln für den Ablauf einer Teamsitzung:

1. Der Termin einer Teamsitzung wird allen Teammitgliedern bekannt gegeben: Ort, Anfang und Ende (Schwarzes Brett).
2. Für jede Teamsitzung wird im Team ein Themenplan erarbeitet.
3. An jeder Teamsitzung nehmen alle Teammitglieder teil, solange es nicht ausdrücklich anders im Team vereinbart worden ist.
4. Jede Störung hat Vorrang: Alle Teammitglieder bemühen sich gemeinsam, eine Störung bei ihrem Eintreten anzusprechen und zu bewältigen.
5. Die Sitzungsleiterin sorgt zu Beginn der Teamsitzung dafür, dass ein Teammitglied mit der Protokollführung für diese Sitzung beauftragt wird.
6. Die Sitzungsleiterin leitet die Diskussion der Teamsitzung, fasst die Ergebnisse zusammen, führt Abstimmungen der Teammitglieder herbei, formuliert Beschlüsse des Teams.

Aufgaben

1. Befragen Sie Ihre Anleiterin, welche Teamregeln im Team Ihrer Praxisstelle gelten. Notieren Sie diese und vergleichen Sie Ihre Notizen im Klassengespräch.
2. Führen Sie mit Ihren Mitschülerinnen ein Rollenspiel zum Thema „Wir entwickeln im Team einen Projektplan" durch. Versuchen Sie, drei wichtige Teamregeln einzuhalten. Bei der Auswertung dieses Rollenspiels im Klassengespräch sind folgende Fragen zu beantworten: Konnten alle Mitspielerinnen die gewählten Teamregeln einhalten? Was erleichterte/was erschwerte es mir, diese Teamregeln einzuhalten? Welche Teamregeln haben meine Kolleginnen eingehalten? Welche Teamregeln haben wir nicht berücksichtigt? Hätten wir noch andere Regeln in unserer Teamsitzung benötigt? Wenn ja, welche?
3. Befragen Sie Ihre Praxisleiterin, was den Prozess der Teambildung in Ihrer Einrichtung positiv beeinflusst.

10.1.4 Konflikte im Team

Wenn einer nicht will, können zwei nicht streiten.

Dieses spanische Sprichwort sagt zweierlei. Ein Streit kann nur ausgetragen werden, wenn alle Beteiligten zur Lösung des Konflikts beitragen. Es gibt aber auch die Möglichkeit, einem Konflikt „auszuweichen", sich aus dem Streit „herauszuhalten".

In dem folgenden Beispiel geht es um eine Konfliktsituation in einem Team, die auf fehlende Zusammenarbeit zwischen Kolleginnen zurückzuführen ist:

Beispiel
In einem dreigruppigen Kindergarten (fünf pädagogische Fachkräfte) ist eine Kollegin für den Gruppendienst neu eingestellt worden. Die „alten" Kolleginnen arbeiten seit mehreren Jahren gut zusammen, unternehmen privat häufig etwas gemeinsam. Die „neue Kollegin", Berufsanfängerin, findet im Team schwer Anschluss. Ihre Beiträge in den Teamsitzungen werden von den Kolleginnen „überhört" oder als „unerprobte Neuheiten" abqualifiziert. Sprechen zwei „alte" Kolleginnen miteinander und die „neue" Kollegin tritt hinzu, wird rasch das Gesprächsthema gewechselt.

> *Aufgaben*
>
> 1. Spielen Sie diese Teamsituation in einem Rollenspiel.
> 2. Auswertung des Rollenspiels: Was wünschen Sie sich als Außenseiterin? Welche Kollegin könnte ihr Verhalten ändern? Wie? Suchen Sie gemeinsam nach Lösungsansätzen.
> 3. Wiederholen Sie das Rollenspiel. Verwirklichen Sie dabei einen der erarbeiteten Lösungsansätze: Wie sieht Solidarität praktisch aus?
> 4. Auswertung des Rollenspiels: Diskutieren Sie die Veränderungen gegenüber dem vorhergehenden Rollenspiel. Sammeln Sie hilfreiche Vorschläge für das Verhalten der „neuen" Kollegin.
>
> ➲ *Weitere Aufgaben zu diesem Thema finden Sie im Kapitel 9 des Arbeitshefts.*

In Konfliktsituationen streben Pädagoginnen Lösungen an, mit denen möglichst viele Kolleginnen zufrieden sind. Erfahrene Kolleginnen vermeiden, dass sich eine Kollegin als Verliererin erlebt. Gut gelöst sind Konfliktsituationen, wenn alle Beteiligten Vorteile in der neuen Lösung erleben und diese akzeptieren können. Somit werden das Arbeitsklima und die Qualität der Arbeit nicht beeinträchtigt. In Teamsitzungen reflektieren Pädagoginnen ihr Verhalten.

Pädagoginnen bemühen sich, mit Konflikten konstruktiv umzugehen.

Dazu gehören:

* ehrliche Rückmeldung
* offenes Verhalten
* konkrete Vereinbarungen
* klare Absprachen

Der Besuch von Fortbildungen unterstützt pädagogische Fachkräfte darin, ihre eigene Konfliktfähigkeit weiterzuentwickeln. So können sie auch für Kinder ein gutes Vorbild bei der Regelung von Konflikten sein.

Im unten stehenden Beispiel besuchten Kolleginnen eine Fortbildung mit dem Thema: „Zusammen arbeiten in der Kita". Sie brachten aus der Fortbildung einen Katalog mit häufig auftretenden Teamkonflikten mit. Den hängen sie im Teamzimmer auf und jede Kollegin soll Vorschläge abliefern: „Damit so etwas in unserer Kita gar nicht erst vorkommt!"

- Unterschiede in Ausbildung, Selbstverständnis („Oben/Unten-Verhältnis") zwischen pädagogischer Zweitkraft und Erzieherin werden nicht aufgelöst.
- Zwei Kolleginnen verbünden sich gegen eine dritte Kollegin.
- Halbtagskräfte erhalten weniger Informationen als Ganztagskräfte.
- Kritik wird unsachlich, persönlich verletzend geäußert.
- Eine neue Kollegin kommt nur schwer in das Team hinein.
- Eine Kollegin hält sich für die bessere Leiterin.
- „Wir machen die gesamte Arbeit."
- „Wir pädagogischen Zweitkräfte müssen die gesamte pflegerische Arbeit allein leisten."

Aufgaben

1. Wie können Ihrer Ansicht nach die oben genannten Konflikte vermieden werden?
2. Wie können Konflikte bewältigt werden, die sich schon entwickelt haben?
3. Informieren Sie sich im Kapitel 11 über die Themen „Beschwerdemanagement", „Gesprächsregeln" und „methodische Grundsätze zur Gesprächsführung".
4. Erstellen Sie eine Präsentation zum Thema: „Offenheit und Kompromissbereitschaft fördern die Teamarbeit.
   Ich trage dazu bei, indem ich ..."

10.2 Umfeld und Kooperationspartner

Eine Kita hat viele Partner.

In der Kita gibt es täglich viel Neues zu erleben. Hiermit sind nicht allein die vielen kleinen Neuigkeiten in jeder Spielecke, in jeder Gruppe gemeint – sondern Veränderungen, die die gesamte Kita betreffen.

Aufgaben

1. Finden Sie heraus, welche Arbeitsformen in Ihrer Praxisstelle im letzten Jahr dazugekommen sind.
2. Informieren Sie sich: Welche Veränderungen hat es in Ihrer Praxisstelle in den letzten drei Jahren gegeben?

Die Lebensumstände der Kinder und ihrer Familien verändern sich ständig. Nichts bleibt so, wie es ist. Und nichts war immer so, wie es heute anzutreffen ist.

Viele Eltern haben ganz andere Spiel- und Lebensräume erfahren, als sie selbst Kind waren. Für sie war das Spiel im nahen und weiteren häuslichen Umfeld oft eine Begegnung mit der Natur und mit Nachbarn. Als Kinder konnten sie oft miterleben, wie die tägliche Arbeit in unterschiedlichen Berufen und in Betrieben ablief. Dabei lernten sie als Kind Menschen in ihrer Nachbarschaft kennen, sammelten Erfahrungen mit Haustieren und häufig auch mit Tieren in Wald und Feld. Als Kinder hatten sie viele Spielgefährten, Kinderfreundschaften und gemeinsame Feste.

Aufgaben

1. Vergleichen Sie Umwelt und Umfeld einiger Kinder Ihrer Praxisstelle mit dem Umfeld, in dem Ihre Eltern aufgewachsen sind.
2. Gestalten Sie ein Plakat mit Fotos der Eltern: Wie haben sie als Kinder gespielt?
3. Welche Veränderungen beobachten Sie, wenn Sie die Kinderjahre der Eltern mit dem Lebensumfeld der Kinder in Ihrer Gruppe vergleichen?

Veränderungen in der Kita sind oft eine Antwort auf Veränderungen im Leben der Kinder.
Mit neuen Konzepten und veränderten Arbeitsformen bemühen sich die pädagogischen Fachkräfte, Kinder ihr Umfeld aktiv erleben zu lassen.
Aktionstage mit Besuchen, z. B. in der Bücherei, in Betrieben, Fachgeschäften, im Seniorenheim oder Krankenhaus sollen Kinder mit ihrer Umgebung vertrauter machen.

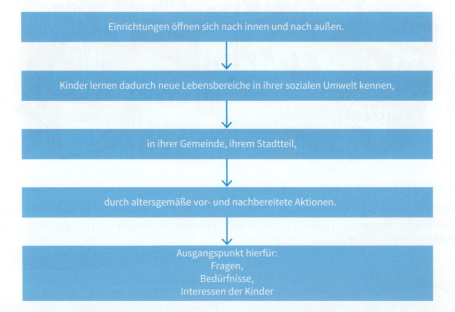

Einrichtungen öffnen sich nach innen und nach außen.

↓

Kinder lernen dadurch neue Lebensbereiche in ihrer sozialen Umwelt kennen,

↓

in ihrer Gemeinde, ihrem Stadtteil,

↓

durch altersgemäße vor- und nachbereitete Aktionen.

↓

Ausgangspunkt hierfür:
Fragen,
Bedürfnisse,
Interessen der Kinder

Einrichtungen öffnen ihre Türen nach außen und nach innen mit dem Ziel, dass Kinder am sozialen Geschehen gegenwärtig und künftig teilhaben können.

Viele Kinder kennen nämlich durchaus nicht den Arbeitsplatz ihrer Mutter oder ihres Vaters. Sie wissen nicht, wo ihre Eltern arbeiten, und sie wissen nicht, welche Arbeiten sie verrichten. Für viele Kinder ist es nicht klar, wie das Brot, die Butter, der Käse auf den Brotzeittisch kommen oder woraus Fischstäbchen eigentlich bestehen. Wo das Getreide, das Gemüse, der Salat wächst, wo die Äpfel, die Kirschen und die Erdbeeren reifen, ist ihnen oftmals unbekannt. Unvorstellbar ist es für Kinder, wie Licht und Wärme ins Haus gelangen und welche Computerwelten, gesteuert von wenigen Menschen, das möglich machen. In eine Welt voll Rätsel hineinzuwachsen ist für Kinder nicht leicht.

Aufgaben

1. Welche Teile im Konzept Ihrer Praxiseinrichtung beziehen sich speziell auf Bedürfnisse der Kinder, die
   a) durch verminderte Sozialkontakte entstehen?
   b) durch verminderte Einblicke der Kinder in die Arbeits- und Berufswelt ihrer Eltern entstehen?
2. An welchen Projekten haben Sie teilgenommen bzw. welche Projekte planen Sie mit, die Kindern Einblicke in das Arbeits- und Berufsumfeld der Praxisstelle ermöglichen?

Wer Kinder entwicklungsgerecht und pädagogisch zielführend betreut, verhindert, dass Kinder in eine Spielwelt abtauchen, die isoliert neben der Alltagswelt ihrer Eltern besteht. Pädagogisches Ziel ist es, Kinder wohlüberlegt an die Wirklichkeit ihres sozialen Umfelds heranzuführen. Wer die Vielfalt dessen, was Kinder interessiert, als ernsthafte Arbeitsanforderung erlebt, wird selbst einen vieljährigen Besuch des Kindes in der Kita nicht als ausreichend finden für die unzähligen Exkursionen, Begegnungen und Entdeckungen, die sich diesem Kind bieten.

Im Wald

Was wächst im Wald? Welche Bäume, Sträucher, Kräuter, Moose, Flechten, Früchte, Pilze? Was blüht? Welche Vögel sehen und hören wir? Welche Käfer, Schmetterlinge? Welche Tiere leben im Boden? Wo wohnt der Fuchs? Wo schläft das Reh?

Welche Menschen arbeiten im Wald? Was sind ihre Aufgaben? Welche Geräte, Werkzeuge, Maschinen wenden sie dabei an? Ein Baum wird gefällt. Was geschieht mit dem Holz? Wie entsteht ein Jungwald?

Wir beobachten und entdecken.

Im Wasser, im Bach und am See

Woher kommt das Wasser? Und wo fließt es hin? Und welche Tiere, welche Pflanzen leben im Bach? Wir vergleichen einen Steg, eine Brücke und ein Viadukt.

Wo der Bach gestaut wird, entsteht ein See. Andere Bäche fließen in einen großen See oder Fluss hinein. Wir vergleichen einen Teich mit einem großen See. Welche Fische können wir sehen und welche sehen wir nicht?

Auf dem Feld

Was wächst auf einem Acker? Und was auf dem anderen? Wie sieht ein Feld im Frühjahr aus? Wie sieht es im Herbst aus? Und was geschieht dazwischen? Wie wird der Acker vorbereitet? Wie wird angebaut? Und wie wird geerntet? Und was geschieht auf der Wiese nebenan? Was wächst hier alles? Welche Tiere leben hier? Und was ist eine Weide? Welche Tiere weiden?

Es war einmal ...

Wetter, Tag und Nacht

Das Wetter bietet viele Gelegenheiten zu beobachten, zu messen und zu vergleichen. Wie viel regnet es, wenn es regnet? Und wann schneit es – und wie viel? Wie stark bläst der Wind? Und wo ist es im Garten am wärmsten? Wie können wir die Jahreszeiten im Wetter wiedererkennen? Was geschieht alles, wenn die Sonne lange und warm scheint? Und was geschieht im Wald, auf den Feldern, im Bach und auf den Straßen in der Stadt, wenn es Frost gibt? Und was beobachten wir alles während eines Gewitters? Welchen Weg zieht die Sonne über den Himmel im Laufe eines Tages? Und wann steht der Mond am Himmel? Und wie sieht er heute aus? Und eine Woche später? Wie viele Sterne kennen wir? Und welche Sternbilder?

Wann hat es zuletzt geschneit?

Wir entdecken unser Dorf, unseren Stadtteil

Welche Bauten, kleine und ganz große, kennen wir, lernen wir kennen? Welche Straßen, welche Plätze? Einen Bahndamm? Einen Bahnübergang? Eine Eisenbahnbrücke – und wo ist der Bahnhof? Welche Parks und Anlagen gibt es? Was geschieht auf dem Friedhof neben der Kirche? Wo wohnen die vielen Menschen? Und wo arbeiten sie? Wohin gehen sie am Wochenende, wenn das Wetter schön ist?

Wir lernen viele Nachbarn kennen. Kinder, Erwachsene und alte Menschen. Wie unterscheiden sie sich? Und wo leben sie, wo halten sie sich auf? Für was interessieren sie sich? Wie hat es früher, vor zehn Jahren, vor 50 Jahren, vor 100 Jahren in unserem Dorf, in unserem Stadtteil und sehr viel früher in unserem Land ausgesehen? Welche Entwicklungen, welche Veränderungen können wir erfahren aus Erzählungen und alten Abbildungen?

Bei uns im Dorf ... *Bei uns in der Stadt ...*

Arbeitswelten

Wie viele Berufe können wir unterscheiden? Wie lernt man einen Beruf? Wir vergleichen einen Auszubildenden und einen Handwerksmeister. Welche Berufe haben andere Menschen? Welche Arbeitsplätze entdecken wir in der Nähe unserer Kita? Wer arbeitet in unserer Kita und welche Aufgaben haben diese Menschen? Wo arbeiten unsere Eltern? Wir besuchen, besichtigen und erforschen wichtige Arbeitsplätze: die Polizeiwache, die Feuerwehr, das Krankenhaus, den Bahnhof, das Rathaus, das Pfarrbüro, die Post, die Bank, einige Geschäfte und Betriebe, ein Theater, eine Zeitung, die Bücherei und ein Museum. Den Bauhof und eine große Baustelle. Den Zahnarzt, eine Gärtnerei. Den Wertstoffhof und die Müllabfuhr. Und was fällt uns sonst noch alles ein?

Wir sammeln Berufsbilder: Maurer, Zahnarzt

Entdeckungen und Besuche werden gemeinsam geplant. Hierzu beobachten pädagogische Fachkräfte die Kinder in ihrer Gruppe und finden heraus, wofür diese sich besonders interessieren. Jede kleine Entdeckungsreise lässt sich gut in einem Projekt durchführen. Kinder und Erwachsene bereiten gemeinsam vor, dokumentieren die Erkenntnisse, sammeln Unterlagen und fertigen kleine Hefte, große Plakate und einige Modelle an. Pädagogische Fachkräfte begleiten die Kinder ihrer Gruppe auf ihrem Weg zu „Forschern und Entdeckern".

Aufgaben

1. Informieren Sie sich in Ihrer Praxisstelle, welche Erfahrungen die Kinder in einigen der oben genannten Bereiche schon gesammelt haben.
2. Informieren Sie sich, wie die Wohnwelt der Kinder aussieht.
3. Überlegen Sie, welche Erfahrungen die Kinder in Ihrer Gruppe im städtischen Bereich, im ländlichen Bereich eigenständig sammeln können, und führen Sie mit Ihnen Gespräche darüber.
4. Welche Erfahrungsbereiche der Kinder werden in Ihrer Praxisstelle oft berücksichtigt, welche noch gar nicht?
5. Wählen Sie in Ihrer Klasse einen Erfahrungsbereich aus. Planen Sie hierzu ein kleines Projekt für Aktionen der Kinder.
6. Welche Möglichkeiten haben Sie, um die „Forschungsergebnisse" der Kinder anschaulich zu dokumentieren: Materialsammlung, Bilder, Zeichnungen, Fotografien, Film- und Tonaufzeichnungen?

Diese Erfahrungsfelder und viele, viele mehr regen Kinder an, zu beobachten, zu verstehen und sich in ihr Umfeld hineinzuentwickeln. Die Kita öffnet jedoch immer mehr auch ihre eigenen Türen. Kitas laden Menschen aus den unterschiedlichsten Bereichen ein, wobei der Vielfalt auch hier keine Grenzen gesetzt sind.

Kooperationspartner der Kitas

Eltern sind als Erziehungs-, Bildungs- und Kooperationspartner bei Projekten, Exkursionen, Festen, Hospitationen, Eingewöhnungs- und Schnuppertagen herzlich willkommen. Eltern finden ihren festen Platz in der Kita, um ihre Fähigkeiten aus Beruf und Freizeit zu zeigen und Kinder zum Mittun anzuregen. Ehrenamtliche Kräfte, Großeltern, Verwandte, Nachbarn unterstützen pädagogische Mitarbeiterinnen bei vielen Aufgaben. Eltern aus anderen Kulturkreisen erzählen, singen und spielen mit den Kindern in deutscher Sprache und in ihrer Heimatsprache. Kinder erleben hierbei kulturelle Vielfalt in ihrer vertrauten Umgebung. Besonders die „Literacy-Erziehung" erhält wertvolle Unterstützung von Eltern, Großeltern und Ehrenamtlichen. Kinder sammeln auf diese Weise Erfahrungen mit Erwachsenen aus anderen Berufen und haben die Möglichkeit, verschiedene Generationen zu erleben.

Besuch im Altersheim

Spezielle Angebote, wie z. B. musikalische Früherziehung, zusätzliche Bewegungsförderung durch Sportvereine, spielerisches Vertrautwerden mit einer Fremdsprache oder eine individuelle Begleitung durch Frühförderstellen, haben längst Einzug in die Kitas gehalten. Großeltern, Handwerker stellen Teile ihrer Arbeit in der Kita vor. Regelmäßige Besuchskontakte und gemeinsame Feste finden mit Seniorenheimen statt. Arbeitstreffen und gegenseitige Besuche verschiedener Kitas fördern den Austausch unter Kolleginnen.

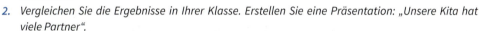
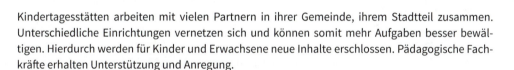

Ziele der Kooperation

- Erfahrungswelt der Kinder erweitern
- Entwicklungsschritte harmonisieren
- Übergänge erleichtern
- Welt überschaubar, begreifbar und erlebbar machen
- spielerische Erfahrungen in Natur und sozialem Umfeld ermöglichen

Wenn Einrichtungen mit vielen unterschiedlichen Partnern kooperieren, sammeln Kinder Erfahrungen, die für viele Kinder früher selbstverständlich waren.

Aufgaben

1. Informieren Sie sich in Ihrer Praxisstelle, welche Angebote von außen die Erfahrungen der Kinder bereichern.
2. Vergleichen Sie die Ergebnisse in Ihrer Klasse. Erstellen Sie eine Präsentation: „Unsere Kita hat viele Partner".

Kindertagesstätten arbeiten mit vielen Partnern in ihrer Gemeinde, ihrem Stadtteil zusammen. Unterschiedliche Einrichtungen vernetzen sich und können somit mehr Aufgaben besser bewältigen. Hierdurch werden für Kinder und Erwachsene neue Inhalte erschlossen. Pädagogische Fachkräfte erhalten Unterstützung und Anregung.

Im folgenden Schaubild finden sich mögliche **Kooperationspartner** im Umfeld einer Kita.

Aufgaben

1. Bereiten Sie ein Projekt vor, z. B. ein gemeinsames Sommerfest mit einer Inklusionseinrichtung aus der Nachbarschaft.
2. Gestalten Sie gemeinsam mit den Kolleginnen der benachbarten Kita einen Rundbrief an alle Eltern. Diese sollen Wünsche und Anregungen zu Ausflugs- und Besuchszielen der Kitas äußern.
3. Planen Sie gemeinsam mit den Kolleginnen der benachbarten Kita einen gemeinsamen Aktionstag mit den Kindern im Park, am Fluss oder am See.
4. Unterbreiten Sie Ihrer Praxisanleiterin Vorschläge zur Erkundung einer von den Kindern gewünschten Einrichtung.
➲ Weitere Aufgaben zu diesem Thema finden Sie im Kapitel 9 des Arbeitshefts.

Der Kooperationspartner „Schule" erregt oftmals die besondere Neugierde der Kinder. Sie interessieren sich für das Gebäude und möchten schon ein paar Mal zur Probe in die Schule gehen. Kinder sind auch gespannt auf die Lehrerin. Die Kooperation der Kita mit der Schule kann darüber hinaus erste Begegnungen mit dem Lese- und dem Rechenbuch bieten. Für Lehrerinnen ist es sicherlich auch interessant, ihre künftigen Schüler in ihrer gewohnten Kita-Umgebung kennenzulernen. Ihr Interesse findet auch die spielerische Form der Lernmöglichkeiten in der Kita, die in der ersten Schulzeit mögliche Anknüpfungspunkte bietet.

Das Gespräch und der Erfahrungsaustausch zwischen Schule und Kita liegen hier mitbegründet. Die Organisation dieser Begegnungen ist Aufgabe der jeweiligen Kita-Beauftragten, in der Schule sind es Schulbeauftragte.

Aufgaben

1. Informieren Sie sich in Ihrer Praxisstelle, wie die erste Begegnung der Kinder mit ihrer künftigen Lehrerin in der gewohnten Umgebung der Kinder und in der Schule gestaltet wird.
2. Informieren Sie sich, welche Kontakte zwischen den Grundschul- und den Kita-Kindern bereits bestehen.
3. Sammeln Sie Vorschläge für gemeinsame Aktionen und Feste von Kita und Schule.

10.3 Mit Fachdiensten zusammenarbeiten

Aus der Verpflichtung zur Gewährleistung bester Bildungs- und Entwicklungschancen sowie aus der Verpflichtung, Entwicklungsrisiken entgegenzuwirken, folgt die Verpflichtung des pädagogischen Personals zur gezielten Beobachtung aller Kinder in der Einrichtung und deren Dokumentation (Bayerisches Kinderbildungs- und -betreuungsgesetz, 2005). Dabei erhalten die pädagogischen Fachkräfte Unterstützung von den psychosozialen Fachdiensten und Leistungsangeboten der Jugendhilfe.

Die Vielfalt der Risikokinder fördern heißt Fachdienste fordern

„Das Leistungsangebot der Jugendhilfe verstärkt in Kitas zu integrieren, wird zunehmend wichtig. So setzt die Begleitung von Kindern mit besonderen Bedürfnissen eine regelmäßige und enge Kooperation mit anderen Bildungseinrichtungen und psychosozialen Fachdiensten voraus. Ein modernes ‚Coaching für Familien' in dem Sinne, dass Kitas auch ein vielfältiges Angebot zur Stärkung von Eltern offensiv vorhalten und anbieten, lässt sie zu lokalen ‚Kompetenzzentren' für Kinder und Familien werden."

(Bayerisches Staatsministerium für Arbeit und Sozialordnung, Familie und Frauen/Staatsinstitut für Frühförderung München, 2006, S. 39)

Die pädagogischen Fachkräfte sind angehalten, die kindlichen Entwicklungsprozesse zu beobachten und die Entwicklungsgefährdung bei Risikokindern festzustellen, Förderziele zu setzen und pädagogisch zu handeln.

Risikokinder zeigen Verhaltensauffälligkeiten, Entwicklungsrückstände, gesundheitliche oder körperliche Beeinträchtigungen, haben familiäre Probleme oder wachsen in besonderen Lebenssituationen auf.

* Verhaltensauffälligkeiten sind Defizite im Sozialverhalten, z. B. Schüchternheit, Ängstlichkeit, emotionale Probleme, motorische Unruhe, Defizite bei Ausdauer und Konzentration, Überforderung, ausgeprägtes Trotzverhalten, geringe Selbstständigkeit.

* Entwicklungsrückstände bei Kindern zeigen sich in Sprache und Sprechen, mangelnden Deutschkenntnissen in der Feinmotorik und Motorik allgemein, in der Wahrnehmung, der Kognition oder gar in der Gesamtentwicklung.

* Gesundheitsprobleme äußern sich in Ess- und Ernährungsproblemen, mangelnder Körperpflege, körperlichen Erkrankungen, Immunproblemen und Allergien, in der körperlichen Entwicklung, beim Einkoten und Einnässen, bei Beeinträchtigungen der Sinnesorgane, in der motorischen Beeinträchtigung, bei orthopädischen Problemen, epileptischen Anfällen oder Bewegungsmangel.

* Familiäre Probleme gibt es in schwierigen Familiensituationen, z. B. bei Beziehungsproblemen der Eltern, Erziehungsschwierigkeiten, finanziellen Problemen und Armut, Überlastung der Eltern, Krankheit oder Sucht in der Familie, Geschwisterproblemen, Problemen in flüchtlings- bzw. asylsuchenden Familien oder in Familien mit Migrationshintergrund, emotionaler Vernachlässigung, Problemen wegen Adoption oder Pflege, Überbehütung usw.

Risikokinder brauchen Förderung.

Wir brauchen Hilfe.

Fachdienste begleiten und unterstützen Kinder, Jugendliche, Eltern, andere Erziehungsberechtigte und pädagogische Fachkräfte in den Kindertagesstätten bei der Klärung und Bewältigung individueller und familienbezogener Probleme und der zugrundeliegenden Faktoren, bei der Lösung von Erziehungsfragen sowie bei Trennung und Scheidung.

Fachdienste informieren, unterstützen, beraten, erstellen Diagnosen und Förderpläne, behandeln und vermitteln weiter. Dabei arbeiten Fachdienste verschiedener Fachrichtungen, die mit unterschiedlichen methodischen Ansätzen vertraut sind, zusammen. Das sind z. B. Soziale Dienste, besondere Fachdienste, Jugendhilfeplanung, Beratungsstellen für Kinder und Jugendliche, Beratungsstellen für Fragen der Eltern, Beratung zu speziellen Entwicklungsfragen wie Dyskalkulie (Rechenschwäche) oder Legasthenie (Lese- und Rechtschreibschwäche), Eingliederungshilfen für seelisch behinderte Kinder, Eltern im Netz, Jugendmedienschutz, Kinderschutz und Kindersicherheit.

Fachdienste für Kindertageseinrichtungen und Familien

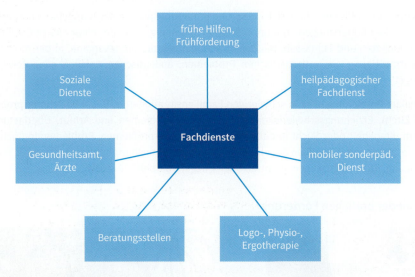

Wenn ich an meine Grenzen komme …
Die Anforderungen an die pädagogische Fachkraft sind vielfältig und komplex.
Fallbezogene Zusammenarbeit bei der Betreuung und Förderung von Risikokindern ist dann notwendig, wenn Probleme in der Kindertagesstätte auftreten.
Den pädagogischen Fachkräften werden folgende Schritte empfohlen:

1. umfassende, systematische Beobachtung des Kindes
2. Reflexion der aktuellen Situation des Kindes in der Einrichtung und in der Familie, Überlegungen zu möglichen Ursachen und Prognosen
3. Einbringen der Beobachtungen und Überlegungen in ein einrichtungsinternes Fallgespräch
4. prüfen, welche Möglichkeiten es gibt, mit Mitteln der Einrichtung das Problem zu klären und zu lösen
5. Gespräch mit den Eltern führen, wenn diese Möglichkeiten nicht ausreichen
6. Kontaktaufnahme zu einem externen Ansprechpartner (Fachdienst) – nur mit dem Einverständnis der Eltern – oder die Unterstützung der Eltern bei einem solchen Schritt

(vgl. Mayr, 2001, S. 45)

Seit dem 1. Januar 2012 stärkt das Bundeskinderschutzgesetz (BKiSchG) die Stellung von Kindertageseinrichtungen beim Kinderschutz.

Ein Facharzt für Kinder- und Jugendpsychotherapie warnt
„Häufig neigen pädagogisch tätige Menschen heute dazu, zu beobachten und zu diagnostizieren, anstatt Kinder in ihren Verhaltensweisen zu spiegeln und zu maßregeln, obwohl gerade Letzteres eigentlich das Entscheidende wäre. [...] Ein aggressives Kind, [...] das mit Stühlen durch die Gegend schmeißt, muss zunächst einmal in seiner Verhaltensweise gespiegelt werden. Zu häufig wird stattdessen im Umfeld des Kindes nach Problemen gesucht [...]. Ist die entsprechende Diagnose dann gestellt, erfolgt die Überstellung an den entsprechenden Therapeuten, das Problem wird in diesen Fällen nicht gesehen und gelöst, sondern delegiert. Es besteht die Gefahr, dass dem Kind durch dieses Verhalten des Erwachsenen sein natürliches Recht auf Orientierung und Halt durch seine Bezugspersonen verweigert wird [...]. Dass die pädagogischen Fachkräfte ebenfalls Fachleute sein sollten (und es von ihrer Ausbildung her könnten), um die Kinder in die richtigen Bahnen zu lenken, spielt in ihrem Denken eine zu geringe Rolle. Letztlich liegt hier ein enormes Potential brach, um der Probleme mit den Kindern Herr zu werden."
(Winterhoff, 2010, S. 115 ff.)

Aufgaben

1. Erörtern Sie die Aussagen des Facharztes mit Ihrer Praxisanleitung.
2. Welche Fachdienste sind in Ihrer Praxisstelle gefragt?
3. Erkunden Sie in Ihrem Landratsamt die Hilfsangebote für Familien und Kindertagesstätten.
4. Suchen Sie im Telefonbuch nach Hilfsangeboten für Familien und Kindertagesstätten.
5. Welche Hilfsangebote für schwierige Lebenssituationen und Lebenskrisen kennen Sie?
6. Welche Hilfsangebote gibt es für Kinder in schwierigen Lebenslagen in Ihrem Landkreis, Ihrer Stadt?
7. Führen Sie Interviews mit den pädagogischen Fachdiensten dieser Beratungsstellen über deren Hilfsangebote durch.
8. Laden Sie Vertreter dieser Fachdienste in die Schule ein.

11 Eltern als Bildungs- und Erziehungspartner

In diesem Kapitel lernen Sie,

* dass Eltern und Pädagoginnen Bildungs- und Erziehungspartner sind,
* dass die Zusammenarbeit mit Eltern für alle wichtig ist,
* dass es viele Formen der Zusammenarbeit mit Eltern gibt,
* dass Gesprächsführung für die Zusammenarbeit mit Eltern bedeutsam ist,
* dass die Zusammenarbeit mit Migrantenfamilien persönliches Lernen erfordert.

11 Eltern als Bildungs- und Erziehungspartner

Sophie hustet!

Situation

Frau Schlosser schiebt ihre vierjährige, hustende und leicht fiebrige Tochter Sophie durch die Gruppenzimmertüre. Frau Schlosser sagt zu Frau Lang, der Erzieherin:
„Sophie geht es heute nicht so gut, sie hat schlecht geschlafen. Wenn sie stark hustet, geben Sie ihr bitte drei Löffel von dem Hustensaft!" Noch ehe Frau Lang reagieren kann, ist die Mutter aus der Türe.

Aufgaben

1. Welche Aufgabe hat die pädagogische Fachkraft in dieser Situation?
2. Was erwartet die Mutter von der Pädagogin? Was wünscht sich die Mutter in diesem Augenblick?
3. Was ist jetzt wichtig für
   a) das ankommende Kind,
   b) die Kinder, die bereits anwesend sind,
   c) die pädagogische Mitarbeiterin?
4. In welchen Situationen finden Kontakte zwischen Eltern und Mitgliedern des Kita-Teams statt?
5. Gehen Sie durch Ihre Praxisstelle und notieren Sie alle Hinweise auf Eltern- und Familienarbeit. Vergleichen Sie Ihre Ergebnisse in Ihrer Klasse.

Der Begriff Bildungs- und Erziehungspartnerschaft fasst alle Kontakte zwischen Eltern und pädagogischen Fachkräften zusammen. Pädagogische Fachkräfte bemühen sich um das Interesse der Eltern für die Arbeit in der Kita.

Eltern und pädagogische Fachkräfte gehen dabei eine Erziehungs- und Bildungspartnerschaft ein. Eltern und pädagogische Fachkräfte sind gleichwertige Partner, jeder Experte auf seinem Gebiet. Die Eltern sind Experten für ihr Kind, für die Bildungs- und Erziehungsaufgabe zu Hause. Pädagogische Fachkräfte überlegen mit Eltern, wie sie sich gegenseitig unterstützen, ergänzen und wertschätzen können. Wenn sich beide Erziehungs- und Bildungspartner gegenseitig akzeptieren und wertschätzen, können alle Lernmöglichkeiten in der Familie und in der Kita wirken.

Wenn Eltern ihre Kinder in die Tagesstätte bringen, bei kurzen Telefonaten und bei der Vorbereitung gemeinsamer Aktionen lernen sich Eltern und pädagogische Fachkräfte kennen. Kinder erfahren Sicherheit und Orientierung, wenn sie erleben wie sich ihre Eltern und Kita-Mitarbeiterinnen austauschen und miteinander abstimmen. Pädagogische Fachkräfte können Kinder besser verstehen und annehmen, wenn sie einen angemessenen Kontakt mit den Eltern pflegen.

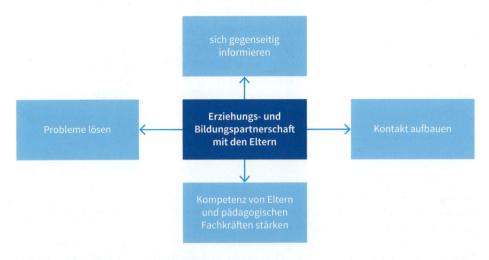

11.1 Die Bedeutung der Erziehungs- und Bildungspartnerschaft

11.1.1 Die Bedeutung der Kooperation aus Sicht der Eltern

Wenn Eltern eine Kita suchen, gehen ihnen viele Gedanken durch den Kopf.

Sachliche Informationen erleichtern Eltern die **Entscheidung für eine Kindertagesstätte**.

Die Homepage im Internet, das Konzeptpapier und Veröffentlichungen in der Tagespresse bieten Eltern oftmals den ersten Eindruck einer Kindertagesstätte. Eltern wollen erfahren, was auf sie und ihr Kind zukommt. In einem Erstgespräch werden Kontakte angebahnt und gegenseitige Erwartungen abgeklärt. Bei diesem Gespräch erfahren die Eltern die Öffnungszeiten der Einrichtung, Förderschwerpunkte und Mitwirkungsmöglichkeiten. Pädagogische Fachkräfte stellen ihr Bild vom Kind, ihre pädagogischen Absichten und ihre Arbeitsweise dar. Sie erläutern auch, wie sie sich eine vertrauensvolle Zusammenarbeit mit den Eltern vorstellen. Bei einem Rundgang durch die Einrichtung erleben die Eltern das Gebäude, gepflegte Außenanlagen, den freundlich gestalteten Eingangsbereich, Gruppen- und Spielzimmer. Eltern fühlen sich sicherer, wenn sie sehen können, wohin sie ihr Kind in Betreuung geben. Ein freundliches, offenes Gespräch mit den Eltern schafft die **Grundlage** für eine künftige **vertrauensvolle Zusammenarbeit**.

Wenn das Kind die Tagesstätte bereits besucht, möchten Eltern wissen, wie es dem Kind dort geht. Eltern erwarten detaillierte Informationen über die Entwicklung und das Verhalten des Kindes. Sie möchten erfahren, wie das Kind das Lernangebot der Kita umsetzen kann. In vertrauensvollem Kontakt fällt es Eltern und Pädagoginnen leichter, gemeinsame Lösungen in ihrem Erziehungsverhalten anzustreben. Eltern möchten erfahren, wie sie zu Hause ihr Kind fördern können. Eltern möchten andere Eltern kennenlernen, um sich mit ihnen auszutauschen. Durch gemeinsame Gespräche fällt es Eltern oft leichter, über ihr Erziehungsverhalten nachzudenken.

Pädagogische Fachkräfte informieren Eltern gezielt und pflegen einen **regelmäßigen Kontakt**. Eltern erleben dabei, dass sie ernst genommen werden. Eine Erziehungs- und Bildungspartnerschaft kann beginnen.

Aufgaben

Spielen Sie ein Rollenspiel: Pädagogische Mitarbeiterin und Mutter unterhalten sich. Um diese Fragen geht es:

* *Fühlt mein Kind sich dort wohl?*
* *Was kostet die ganztägige Betreuung mit warmem Mittagessen?*
* *Ich habe gehört, dass …! Ist das bei Ihnen auch so? Gibt es nicht auch …?*
* *Was sagen die anderen Eltern dazu? Und der Elternbeirat?*
* *Worauf wird in der Einrichtung Wert gelegt?*
* *Stimmt das mit meinen Ansichten über Erziehung überein?*
* *Hat mein Kind Freunde? Mit wem spielt es? Ist es rücksichtsvoll?*
* *Wann kann ich mein Kind bringen? Wann muss ich mir Urlaub nehmen?*
* *Wird mein Kind genug gefördert? Wird mein Kind gut auf die Schule vorbereitet?*
* *Was kann es gut? Wobei braucht es Hilfe?*
* *Können die Pädagoginnen gut mit meinem Kind umgehen? Wer betreut mein Kind?*
* *Wird es in der Gruppe akzeptiert? Kann es sich ausreichend durchsetzen?*
* *Isst und trinkt mein Kind genug? Kann es sich ausruhen? Geht es ihm gut?*
* *Macht mein Kind das bei Ihnen auch so? Ich befürchtete schon, dass …!*
* *Eltern sollen doch …? Was würden Sie an meiner Stelle tun?*
* *Macht mein Kind gut mit? Weiß es etwas? Ist es auch „brav"?*
* *Wie kann ich meinem Kind dabei helfen, dass …? Mein Kind ist doch nicht …?*

* Mein Kind ist doch „normal" entwickelt?
* Ich handle doch richtig, wenn …? Ich kann doch mein Kind nicht …?
* Eltern sollten doch …?
* Wie machen das die anderen Eltern?
  ⇨ Weitere Aufgaben sowie eine Vorlage für einen Fragebogen finden Sie im Kapitel 10 des Arbeitshefts.

11.1.2 Die Bedeutung der Kooperation aus Sicht der Kinder

Kinder erfahren durch die Bildungs- und Erziehungspartnerschaft zwischen Eltern und Pädagoginnen Interesse an ihrer Person. Sie erleben, dass ihr Wohlergehen im Mittelpunkt steht. Wie das Kind die Einrichtung erlebt, was es gerne spielt, was es gut kann, wer seine Freunde sind, womit es sich vorwiegend beschäftigt, das sind Themen von Elterngesprächen. Thema sind auch Lern- und Entwicklungsfortschritte des Kindes. Kinder erfahren dadurch, dass ihre Eltern Anteil an ihren Erlebnissen nehmen.

Kinder verbringen täglich viele Stunden ohne ihre Eltern in Tagestätten, während Eltern ihrer Berufstätigkeit nachgehen. Die Zusammenarbeit von Eltern und Pädagoginnen kann für Kinder eine Verbindung zwischen der Welt des Kindes und der Welt der Erwachsenen sein.

Spiel bedeutet für Kinder ernsthafte Arbeit, es bedeutet die Welt zu begreifen. Kinder freuen sich und sind stolz, wenn ihre Eltern von ihrem Spiel, ihrer Arbeit erfahren. Somit können informative Elterngespräche dazu beitragen, dass Kinder in ihrem Lernen besser verstanden und ernst genommen werden.

Aufgaben

1. Auf welche Weise hilft der Informationsaustausch zwischen Eltern und pädagogischen Fachkräften dem Kind, wenn es um
   - den Tagesablauf,
   - besondere Ereignisse,
   - das Freispiel,
   - Aktionen und Angebote,
   - den Kindergeburtstag usw.
   geht?
2. Erstellen Sie Informationsplakate als Elternaushang zu folgenden Themen: „So sieht bei uns ein Tag aus", „Was wir im Freispiel alles lernen", „So feiern wir Geburtstag", „Im Morgenkreis wollen wir …"
3. Die Mutter fragt: „Was habt ihr im Kindergarten gemacht?"
   Die vierjährige Corinna: „Nichts."
   a) Was drückt das Kind mit dieser Mitteilung aus?
   b) Was kann eine pädagogische Fachkraft aus dieser Mitteilung lernen?
   c) Wie lässt sich dieses Gespräch in einem Rollenspiel darstellen? Was erleben Sie dabei?

11.1.3 Die Bedeutung der Kooperation aus Sicht der pädagogischen Fachkräfte

Pädagogische Fachkräfte erleben Kooperation als wichtigen, aber auch schwierigen Teil ihres pädagogischen Wirkens. Sie sind sich bewusst, dass die konstruktive Zusammenarbeit mit Eltern zielführendes Handeln erst ermöglicht. Pädagogische Fachkräfte versuchen deshalb, ihre Arbeit Eltern verständlich zu machen. Sie versuchen ihre Ziele mit den Zielen der Eltern zu verbinden. Damit ist ein gemeinsames Vorgehen zum Wohle des Kindes möglich. Gemeinsame Ziele sind die Basis für einen gemeinsamen Weg.

Pädagogische Fachkräfte wollen mit verschiedenen Angeboten das Interesse der Eltern für die Einrichtung und deren Konzept wecken. Sie wissen, dass es ohne unterstützende und akzeptierende Zusammenarbeit keine positive Entwicklung gibt. Pädagogische Fachkräfte befragen Eltern nach ihren Wünschen und Bedürfnissen. Sie teilen ihnen ihre Ziele mit und führen damit ein gemeinsames Gespräch herbei. Die Mitglieder des Kita-Teams unterstützen Eltern dabei, dass diese aktiv ihre Fähigkeiten in den Gruppenalltag einbringen können. Wenn ein verständnisvolles Gespräch und ein akzeptierender Austausch gelingt, werden pädagogische Fachkräfte in ihrer Arbeit entlastet.

Beispiel
Sechs Mitarbeiterinnen des Kindergartens „Sonnenblume" haben Teamsitzung, sie sitzen im Kreis. Im Team diskutieren die Kolleginnen, was ihnen an der Zusammenarbeit mit Eltern wichtig ist:

Claudia: „Wenn ich über das Kind und sein Leben in der Familie informiert bin, kann ich das Kind besser verstehen. Mir fällt es dann leichter, das Kind zu begleiten."

Sonja: „Ich kann mit den Eltern gemeinsame Ziele finden. Ich fühle mich mit dem Kind sicherer."

Martina: „Wenn wir uns verstehen und akzeptieren, können wir Aufgaben schneller und zufriedenstellender lösen. Es wird für beide Seiten leichter."

Johanna: „Wenn Eltern meine Arbeit verstehen, können sie meine Arbeit leichter akzeptieren, mir geht es besser. Wenn ich mich bestätigt fühle, fällt mir einfach mehr ein."

Andrea: „Wenn ich die Eltern als Partner erlebe, regen wir uns gegenseitig an, nach den besten Wegen für das Kind zu suchen."

Aufgaben

1. Finden Sie in einer Klassendiskussion heraus, was Ihnen an der Zusammenarbeit mit Eltern wichtig ist.
2. Welche Ziele dazu werden im Konzept Ihrer Praxisstelle genannt?
3. Welche Gedanken zum Thema „Zusammenarbeit mit Eltern" finden Sie im Leitbild Ihrer Praxisstelle?

11.2 Formen der Bildungs- und Erziehungspartnerschaft mit Eltern

Zusammenarbeit mit Eltern findet in jeder sozialpädagogischen Einrichtung statt. So verschieden Kinder, Eltern und Einrichtungen sind, so verschieden sind auch die Arten der Kooperation. Bei all der Vielfalt der Formen steht das gemeinsame Ziel, die bestmögliche Entwicklungsförderung des Kindes, im Mittelpunkt. Welche Formen der Zusammenarbeit in einer Einrichtung praktiziert werden, hängt von den Möglichkeiten und Bedürfnissen der Eltern und den Zielen der Einrichtung ab.

Das folgende Schaubild zeigt häufig praktizierte Formen der Zusammenarbeit.

Häufig praktizierte Formen der Zusammenarbeit mit Eltern	
Eltern und Erzieherinnen planen und gestalten gemeinsam	Elternabend, Projektarbeit, Eltern hospitieren, Spiel- und Schnuppertage, Eltern-Kind-Feste, Begleitung bei Ausflügen, Angebote für Kinder, Elternbeirat
Eltern und Erzieherinnen besprechen persönliche Anliegen des Kindes	Elternberatungsgespräch (Sprechstunde), Familiengespräch, Aufnahmegespräch, Entwicklungsgespräch, Gespräch zum Jahresabschluss, Telefongespräch, Gespräche zwischen Tür und Angel
Erzieherinnen informieren schriftlich	Elternbrief, Einladungsschreiben zu verschiedenen Aktionen, Festen, Elternzeitung, Aushang, Schwarzes Brett, Infoplakat, Fotowand, Projekt- und Rahmenpläne, Wochenrückblick, Tagebuch, Konzeption der Einrichtung, Leitbild, Ergebnisse der Elternbefragung

Aufgaben

1. Sammeln Sie in Ihrer Klasse alle Formen von Spiel- und Schnuppernachmittagen, die in diesem Jahr in Ihrer Praxisstelle durchgeführt werden.
2. Vergleichen Sie in kleinen Gruppen Aushänge am Schwarzen Brett, die Sie in unterschiedlichen Praxisstellen vorfinden.
   a) Welche Anregungen geben Sie sich gegenseitig?
   b) Wie sieht ein großes, gemeinsames Schwarzes Brett aus, das in Ihrer Klasse gestaltet wird?
3. Vergleichen Sie in Klassengesprächen alle Inhalte von Aufnahmegesprächen, die Sie in unterschiedlichen Praxisstellen erlebt haben.
4. An welchen Projekten Ihrer Praxisstellen nehmen Eltern in diesem Jahr teil? Eine gemeinsame Liste aller Projekte mit Elternbeteiligung können Sie Ihrer Praxisanleiterin als „Dankeschön"-Geschenk überreichen.
5. Gestalten Sie mit Fotos und Zeichnungen eine Foto- und Bilderwand mit dem Thema „Unser Klassenprojekt".

Erziehungs- und Bildungspartnerschaft braucht immer wieder neue Ideen, wie z. B. die folgenden:

* Elterncafé
* Elternstammtisch
* Osterbasar
* Elterntauschzentrale für Spielsachen, Kinderkleidung, Kinderfahrräder

* Eltern-Infowand „Eltern für Eltern"
* Elternfasching
* Familienwochenende
* Elterngesprächskreis

* Elternfrühstück
* monatliches Müttertreffen
* Eltern und pädagogische Fachkräfte gestalten einen naturnahen Garten
* Dankeschön-Grillfest
* Wahlparty zur Wahl des Elternbeirats
* Elternbeiratssitzungen
* Eltern und Erzieherinnen spielen für Kinder Theater
* Eltern organisieren eine Kinderbuchausleihe
* Spiele- und Bücherausstellung
* Eltern-Singkreis

Aufgaben

1. Welche weiteren Formen der Zusammenarbeit mit Eltern kennen Sie aus der Praxis? Anregungen zu weiteren Formen finden Sie im Gespräch mit Ihrer Praxisanleiterin.
2. Diskutieren Sie in einem Gruppengespräch alle Ergebnisse in Ihrer Klasse. Die Ergebnisse werden in vier Gruppen geordnet: sehr häufig, häufig, wenig, nicht praktiziert.
Was spricht für die sehr häufig praktizierten und was spricht gegen die nicht sehr häufig praktizierten Vorschläge?
➲ Weitere Aufgaben zu diesem Thema finden Sie im Kapitel 10 des Arbeitshefts.

11.2.1 Gespräche zwischen Tür und Angel

Alles der Reihe nach.

Gespräche zwischen Tür und Angel sind Kurzkontakte mit Eltern beim Bringen und Abholen des Kindes. Sie dienen dem aktuellen Informationsaustausch. Diese Form des Elternkontakts begegnet pädagogischen Fachkräften täglich. Oftmals müssen sie diese Situation alleine meistern, weil sie den Früh- oder Spätdienst übernehmen. Pädagoginnen nehmen Kontakt mit der Mutter und dem Kind auf, sie sind Ansprechpartnerin für Eltern und Kinder. Sie übermitteln Informationen an die Gruppenleiterin und an die Eltern.

Gespräche zwischen Tür und Angel stellen hohe Anforderungen an die soziale Kompetenz und an die pädagogischen Fähigkeiten der Pädagogin. Pädagogische Fachkräfte erfassen rasch das Anliegen der Eltern und der Kinder. Sie schaffen für das ankommende Kind einen Übergang in den

Gruppenalltag. Gleichzeitig beobachten sie bereits anwesende Kinder. Dem Kind, den Eltern und der Gruppe gleichzeitig gerecht zu werden, ist nicht immer leicht.

Situation

7.20 Uhr morgens. Die pädagogische Fachkraft Julia hat Frühdienst. Zwei Kinder schauen im Gruppenraum ein Bilderbuch an, ein Kind sitzt alleine mit einem Puzzle, ein Kind steht beobachtend im Gruppenraum. Frau Miller hilft ihrer vierjährigen Tochter Lena beim Umkleiden. Lena lässt sich die Schuhe wechseln und lutscht dabei am Daumen. Frau Miller drängt ihre Tochter zur Eile, sie muss zur Arbeit.

Aufgaben

1. Welche Aufgaben hat die pädagogische Fachkraft Julia in dieser Situation?
2. Wie kann die Pädagogin Kontakt zu Lena aufnehmen?
3. Wie kann die Pädagogin die Mutter entlasten?

Pädagoginnen erleben viele Gespräche zwischen Tür und Angel, oft auch ganz unerwartet. Immer kommt es darauf an, dass eine Pädagogin die Situation versteht, schnell und richtig reagiert und auch die richtigen Worte findet. Wichtig ist es, dass die Pädagogin die sich bietende Gelegenheit zu einem guten Kontakt mit Eltern bewusst nutzt.

Das folgende Schaubild zeigt, worauf hierbei zu achten ist.

Regeln zum Führen von Tür-und-Angel-Gesprächen	
Worum geht es?	– Informationen austauschen – Kontakt mit Eltern pflegen – Anliegen der Eltern und Kinder aufnehmen – Eltern bei der Ablösung/Lösung ihres Kindes unterstützen – Kinder in den Gruppenalltag aufnehmen – Übergang schaffen
Worauf achte ich?	– ankommendes Kind besonders beobachten (Körperhaltung, Mimik, Gesten, Stimmlage, ...) – Kinder und Eltern in ihrer Beziehung zueinander beobachten – auf eigene offene Gesprächshaltung achten – bei wichtigen Anlässen sofort informieren – von Erfolgserlebnissen der Kinder kurz erzählen – kurze Rückmeldungen geben – nur über anwesende Personen sprechen – Schwerpunkt für eigenes Handeln setzen (Was ist im Moment am wichtigsten?)
Was sind meine Aufgaben?	– auf Eltern und Kinder zugehen – sie freundlich begrüßen – den Kontakt eröffnen mit ... – dem Kind beim Umkleiden helfen – das Kind auf das Kommende hinweisen – die Gruppe überblicken, sich einzelnen Kindern bei Bedarf zuwenden – sich aus dem Gespräch mit Eltern lösen – Eltern verabschieden – Spielimpulse für das Kind setzen

Aufgaben

In Rollenspielen kann folgende Situation geübt werden:
Eine pädagogische Fachkraft hat Frühdienst. Fünf bis sechs Kinder spielen im Gruppenraum.
1. Eine Mutter mit Kind kommt, erzählt von den vielen Hausaufgaben der älteren Tochter, vom Besuch der Oma und vom gestrigen Film im TV. Eine weitere Mutter will kurz etwas mitteilen.
2. Der Mutter des vierjährigen Simon fällt es schwer, ihren Sohn loszulassen. Immer wieder wendet sie sich mit Spielchen, Aufforderungen zum Essen, Hinweisen, was er alles nicht tun sollte, an den Sohn. Simon findet keinen „Absprung".
3. Frau Riedel erzählt von ihren Sorgen mit der widerspenstigen Tochter Sabine. Das Kind wolle nie das essen, was sie gekocht habe, das Zubettgehen dauere eineinhalb Stunden, die Tochter sage zu allem „Nein". Schon morgens gebe es Theater: Habe sie Milch für das Kind erwärmt, wolle es Tee haben. Sabine müsse auch beim Anziehen immer ihren Kopf durchsetzen. Während der Ausführungen der Mutter wird es im Gruppenraum lauter, aus der Bauecke ist zu hören: „Gib sofort die Feuerwehr her, oder ..."

11.2.2 Elternabend

Elternabende sind alle geplanten Treffen mit den Eltern, die Erziehungsthemen zum Inhalt haben. Ein Vortrag mit Aussprache ist eine Form des Elternabends. Eine andere Form ist es, Situationen zu schaffen, in denen Eltern Inhalte eines Themas selbst erarbeiten und erfahren können. Kurzreferate geben Informationen. Im gemeinsamen Gespräch werden Erfahrungen reflektiert und auf erzieherisches Handeln übertragen. In einem strukturierten Arbeitspapier können Eltern zu Hause Ergebnisse nachlesen.
Im folgenden Praxisbeispiel wird ein Elternabend vorgestellt.
Thema des Elternabends: „In Sachen Bildung ist was los!"

Situation

Sechs pädagogische Fachkräfte der Kindertagesstätte „Pfiffikus" planen einen aktiven Elternabend. Eltern sollen erleben, was und wie Kinder in der Einrichtung lernen. Pädagogische Fachkräfte wollen ihre Arbeit darstellen.

Bei der Begrüßung erhalten Eltern Eintrittskarten mit Symbolen für Aktivitäten.

In der Eingangshalle wird ein kleiner Imbiss mit Erfrischungen gereicht.

In sechs Räumen findet je eine Aktion statt:

* Experimente mit Wasser
* Klanggeschichte „Der kleine Wassertropfen"
* Malerwerkstatt „Meer"
* „Sprech- und Sprachspiele, die sich gewaschen haben"
* „Bewegung bewegt uns"
* „Kleine Wassergeschichte, das Ende erfinden wir selbst"

Pädagogische Fachkräfte besichtigen mit den Eltern die Aktionsräume. Jede Kollegin führt mit den Eltern eine Aktion durch.

Im Anschluss daran gestalten sie in Gruppen folgendes Aktionsplakat:

Alle Eltern treffen sich und stellen ihre Plakate vor. Die Leiterin moderiert und fasst die Ergebnisse zusammen.
Dann beurteilen Eltern diesen Elternabend, indem sie fünf Fragen schriftlich beantworten. Pädagogische Fachkräfte teilen ein Arbeitspapier für die Eltern zum Nachlesen daheim aus.
Beim Imbiss klingt die Veranstaltung aus.

Elternabende gelingen, wenn alle Beteiligten im Voraus umfangreiche Überlegungen anstellen. Das Team der Einrichtung sammelt Ideen, der Elternbeirat entwickelt Vorschläge. Wünsche und Anliegen der Eltern werden durch Umfragen ermittelt. Positiv erleben es viele Eltern, wenn sie aktiv bei der Planung, Vorbereitung, Durchführung und Auswertung mitarbeiten können. Ziel eines Elternbildungsabends ist es, gemeinsam zu lernen und zu erforschen, wie Entwicklungsförderung am besten gelingen kann. Hierbei werden Eltern, Pädagogen und Referenten zu Lehrenden und Lernenden. Pädagogischen Fachkräften gelingt es in der Praxis zunehmend, dieses neue Aufgaben- und Rollenverständnis umzusetzen.
Statt für Eltern einen Elternabend zu planen, gestalten Eltern und pädagogische Fachkräfte gemeinsam eine Veranstaltung, bei der jeder von jedem lernen kann.
Auf diese Weise wird die Bildungs- und Erziehungspartnerschaft von beiden Seiten aktiv erlebt und gestaltet. Die Elternbeteiligung ist höher.

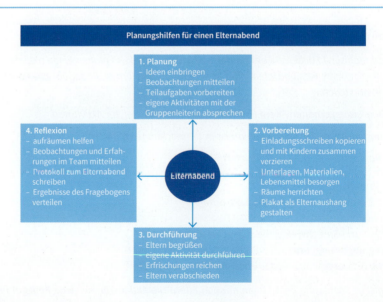

Aufgaben

1. Welche Aufgaben übernehmen pädagogische Fachkräfte an dem Elternabend, der mithilfe des obigen Schemas geplant wurde?

2. Welche Aufgaben kennen Sie, die im Schaubild nicht enthalten sind?
3. Was muss das Team vor dem Elternabend alles erledigen?
4. Notieren Sie die Themen für Elternabende und Bildungsveranstaltungen, die Sie von Ihrer Praxisanleiterin erfahren.
5. Was ist für eine Praktikantin bei Elternabenden besonders wichtig?
   ➲ Weitere Aufgaben zu diesem Thema finden Sie im Kapitel 10 des Arbeitshefts.

11.2.3 Elternsprechstunde

Elternsprechstunden sind fest vereinbarte Gesprächszeiten zwischen Eltern und pädagogischen Fachkräften. Zu Elternsprechstunden legen Eltern und pädagogische Fachkräfte gemeinsam ein Gesprächsthema fest. Dieses Thema steht im Mittelpunkt. Anlass für solch einen Gesprächstermin kann sein, dass eine Mutter in Sorge ist, weil ihr Kind „nie mitspielen darf". Oder Erzieherinnen beobachten, dass ein lebhaftes Kind in letzter Zeit besonders ruhig ist. Oder: Die sprachlichen Fähigkeiten eines Kindes entsprechen nach Beobachtungen der pädagogischen Fachkräfte nicht dem Alter des Kindes. Ein Entwicklungsgespräch steht an. Gemeinsam überlegen Pädagoginnen die Stärken des Kindes, seine Lernwege, seine Interessen und Bedürfnisse, vollzogene Entwicklungsschritte und anzustrebende Lernschritte.

Die Gruppenleiterin plant das Elterngespräch und führt dieses durch. Pädagogische Zweitkräfte bereiten sich vor, indem sie aussagekräftige Beobachtungen sammeln und sich mit der Gruppenleiterin absprechen. Die Gruppenleiterin legt fest, was sie mit dem Gespräch erreichen will. Gemeinsam überlegen die Pädagoginnen die nächsten wichtigen Lernschritte für das Kind. Sie überlegen auch konkrete Hilfsangebote für das Kind, für die Eltern, für die Familie.

Pädagogische Fachkräfte überlegen auch, wie sie ihre Beobachtungen mitteilen, sodass Eltern sich nicht angegriffen fühlen und/oder die Leistungen ihres Kindes nicht abgewertet sehen. Notwendig sind hierfür vertiefte Kenntnisse in der Gesprächsführung (siehe Kap. 11.3).

Situation

Das Team der Kindertagesstätte St. Martin hat zur Vorbereitung von Elterngesprächen folgendes Formblatt entwickelt:

-------------------------- Kindertagesstätte St. Martin --------------------------

Grüne Au 68
41072 Landshut
Tel. 0410 / 3737

Elterngespräch mit
Familie: _____ Kind: _____
Gruppenleitung: _____ Päd. Zweitkraft: _____

Planung:
1. Ich möchte den Eltern mitteilen: _____
   _____

2. Ich möchte von den Eltern wissen: _____
   _____

3. Nächste Entwicklungsschritte des Kindes in der Kita: _____

4. Ziel des Gesprächs: _____

5. Hilfeangebote für Kind, Familie: _____

6. Information der Leitung am: _____
   Vereinbarung: _____

Nach dem Elterngespräch verfassen die pädagogischen Fachkräfte ein Protokoll:

Protokoll Elternsprechstunde

Datum: _____ Von _____ bis _____

Teilnehmer/-innen: _____   _____
                        Eltern   Kita

Verlauf:

1. Was konnte ich ansprechen: _____

2. Was haben die Eltern erzählt: _____

3. Wünsche der Eltern: _____

4. Hilfeangebote besprochen: _____

5. Vereinbarung, was wird die Kita, was werden die Eltern tun: _____

6. Reflexion:
   Konnte ich meine Anliegen für die Eltern annehmbar formulieren: _____

   Was erleichterte den Eltern das Annehmen von Hilfeangeboten: _____

   Skala zur Einschätzung des Gesprächsverlaufs:
   |_____|_____|
   positiv   negativ

7. Information der Leitung am: _____
   Vereinbarung: _____

Aufgaben

1. *Wie werden in Ihrer Praxiseinrichtung Elterngespräche geplant?*
2. *Was erlebt Ihre Praxisanleiterin als schwierig/hilfreich?*

11.2.4 Tag der offenen Tür

Am Tag der offenen Tür können alle Interessierten eine Einrichtung besichtigen.

Pädagogische Fachkräfte geben einen Einblick in ihre Arbeit. Sie wollen allen die Möglichkeit geben, die Einrichtung kennenzulernen. Konzept und Informationsmaterial liegen aus.

Pädagogische Fachkräfte führen Besucher durch alle Räume, erzählen, was Kinder bei den einzelnen Spielen lernen können, was Kindern besondere Freude bereitet. Sie berichten, wie Kinder den Tag in der Tagesstätte verbringen. Sie erzählen, was ihnen bei ihrer Arbeit mit Kindern wichtig ist. Pädagoginnen wollen an diesem Tag für Interessenten werben. In der Öffentlichkeit soll die Einrichtung positiv wahrgenommen werden.

Die Kita öffnet ihre Türen.

Situation

Die Kindertagesstätte St. Blasius in Traunstein feiert ihr 25-jähriges Bestehen. Mit einem Tag der offenen Tür wollen Kolleginnen die Bewohner des Stadtteils für ihre Kita interessieren. Im November sammelten sie mit dem Elternbeirat die ersten Ideen für dieses Ereignis. Termin: 22. Mai. An den Wänden im Teamraum und am Schwarzen Brett hängen seitdem viele Plakate. Alle Eltern können sich beteiligen.

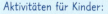

Aktivitäten für Kinder:
- Indianerschmuck aus Naturmaterialien herstellen
- Malerecke: T-Shirt und Sonnenkappen bedrucken
- Kasperletheater von Elternbeirat und Erzieherin gespielt
- Jonglier-Workshop

Eltern-Kind-Aktivitäten:
- Geschicklichkeitsparcours, Preis: Kindereis
- Quizspiele für Eltern, Kinder dürfen helfen, Preis: Limo und Würstchen
- Klanggarten, Eltern und Kinder stellen Geräuschinstrumente her, „Zupfgeigenhansel" spielt auf

Tagesablauf Kita und Hort mit Fotos darstellen
- Ankommen am Morgen, nach der Schule
- Gesprächskreis
- Mittagessen
- Hausaufgaben
- Spielbereiche ... erklärende, lustige Texte schreibt Gabi

Was Kinder bei uns lernen
- Video von gezielten Angeboten zeigen
- Kinder experimentieren, Fotoreihe
- Kinder schreiben und spielen ein Theaterstück, Dokumentation
- Projektmappen des vergangenen Jahres ausstellen

Aufgaben

1. Welche Aktionen könnten außerdem auf den Plakaten stehen?
2. Was muss das Team planen, vorbereiten?
3. Welche Aufgaben können Eltern bei diesem Praxisbeispiel bei der Planung, Vorbereitung und Durchführung übernehmen?

11.2.5 Elternbrief und Hort-/Kitazeitung

Elternbrief

Elternbriefe sind regelmäßige Briefe von pädagogischen Fachkräften an alle Eltern der Kinder in ihrer Tagesstätte.

In Elternbriefen lesen Eltern alles über aktuelle Ereignisse, Projekte, Erziehungsfragen, Termine, Vorhaben und Anliegen der Tagesstätte.

Elternbriefe teilen wichtige Ereignisse mit. Elternbriefe verbinden Eltern mit der Tagesstätte. Elternbriefe sind Teil der Öffentlichkeitsarbeit.

So geht es auch.

Pädagogische Fachkräfte entwickeln Ideen zu Elternbriefen, kopieren fertige Briefe, verzieren Elternbriefe zusammen mit Kindern und verteilen sie an die Kinder zur Weitergabe an die Eltern.

Pädagoginnen achten auf folgende Punkte:

Der Elternbrief enthält:
* Datum
* Anrede
* Thema
* Ziele
* Absichten
* Angaben für bevorstehende Veranstaltungen, z. B.
  - Ort
  - Zeit
  - Dauer
  - Ausweichtermin
  - Programm
  - Gäste
  - Referentinnen

Elternbriefe kommen regelmäßig ins Haus. Sie lesen sich leicht.
Sie schaffen Kontakt. Sie sehen lustig aus und laden zum Lesen ein.

Aufgaben

1. Gestalten Sie Elternbriefe zu den folgenden Themen: „Wir besuchen den Zauberer", „Einladung zum Osterfrühstück", „In den Ferien geht die Post ab: unser aktuelles Ferienprogramm".
2. Welche Elternbriefe wurden im letzten halben Jahr in Ihrer Praxisstelle geschrieben?
3. Zusammen mit den Kindern können Sie Elternbriefe in Ihrer Praxisstelle schmücken: Malen, Drucktechnik, Collage ...

Hort- und Kitazeitung

Eine **Hort- oder Kitazeitung** stellen pädagogische Fachkräfte oftmals mit dem Elternbeirat in größeren zeitlichen Abständen zusammen. „Wichtelpost", „Murmeln berichten", „Neues von der Rasselbande" sind Beispiele für Zeitungsnamen. In diesen Zeitungen wird eine Themenvorschau oder ein Themenrückblick gegeben. Es gibt darin Spiel- und Beschäftigungsanregungen. Pädagogische Zweitkräfte sammeln hierzu Ideen. Sie verzieren die Zeitung zusammen mit den Kindern, kopieren und heften die Seiten zusammen.

Beispiel
So sieht das Inhaltsverzeichnis der Kitazeitung „Sonnenschein" aus:

Unsere neue Kollegin stellt sich vor	Seite 1
Der Elternbeirat informiert	Seite 2
Unsere Töpferwerkstatt ist fertig	Seite 3
Der Englischkurs beginnt	Seite 4
Wir wollen wöchentlich die Stadtbücherei besuchen	Seite 5
Täglich 15 Minuten Wahrnehmungs- und Sprechübungen für alle Fünfjährigen	Seite 6
Neue Quizaufgaben für Kinder und Eltern	Seite 7
Wussten Sie schon, dass ...?	Seite 8

Aufgaben

1. Wie könnte das Inhaltsverzeichnis fortgesetzt werden?
2. Zeitungen aus Tagesstätten, die Sie in der Klasse sammeln und vergleichen, geben immer neue Anregungen. Welche?
3. Gestalten Sie in Ihrer Klasse eine Klassenzeitung. Wie könnte der Name lauten?

11.2.6 Gemeinsame Feste

Eltern-Kind-Feste sind für alle Einrichtungen kleine Höhepunkte. Hier öffnet sich die Einrichtung nach außen. Neben Eltern und Trägern sind oft Verwandte, Nachbarn und ehemalige Besucher eingeladen.

Spiele, Tanz, Gesang und kleine Vorführungen oder ein Kindertheater gehören dazu. Eltern-Kind-Aktionen vertiefen das Eltern-Kind-Erleben. Engagierte Eltern kündigen das Fest in der lokalen Presse an, berichten über den Festverlauf. Bei vielen Vorbereitungen helfen Eltern mit. Während des Festes betreuen Eltern

Gemeinsam sind wir stark.

das Kuchenbüfett, übernehmen das Grillen, einige Eltern führen für die Kinder ein Handpuppenspiel auf. Gemeinsame Aufgaben, das Bangen um gutes Wetter und Gelingen verbinden Eltern mit den pädagogischen Fachkräften. Eltern identifizieren sich mit ihrer Tagesstätte, Zugehörigkeit und Zusammenhalt können erlebt werden.

Eltern-Kind-Feste sind eine gute Möglichkeit, ungezwungen in Kontakt zu kommen. Pädagoginnen können Mütter und Väter kennenlernen. Für Eltern ist es schön, ihr Kind bei kleinen Vorführungen zu erleben und sich mit anderen Eltern auszutauschen (vgl. Kapitel 12).

Bei Eltern-Kind-Festen übernehmen Eltern und pädagogische Fachkräfte folgende Aufgaben:

* **Planen:** Ideen einbringen; Materialien sammeln; Spiele vorschlagen
* **Vorbereiten:** Kostüme mit Kindern anfertigen; Tanz mit Kindern üben; Dekoration herstellen
* **Durchführen:** Geschicklichkeitsspiele anbieten; Tanz mit Kindern aufführen; Lose verkaufen
* **Nachbereiten:** Aufräumen helfen; im Team Eindrücke schildern, überlegen, was hat sich bewährt? Was sollte künftig wie verändert werden?
  Mit Kindern ein Mal-Angebot durchführen: „Mein schönstes Festerlebnis"

Aufgaben

1. Welche Eltern-Kind-Feste kennen Sie?
2. Ergänzen Sie die oben genannten Aufgaben bei Eltern-Kind-Festen.

Gemeinsame Feste stärken den Kontakt zwischen Eltern und pädagogischen Fachkräften. Das Interesse der Familie richtet sich auf das Kind und sein Fest. Kinder freuen sich darüber. Mit Festen wirbt eine Tagesstätte für ihre Arbeit in der Öffentlichkeit.

11.2.7 Zusammenarbeit mit dem Elternbeirat

Der Elternbeirat ist ein beratendes Gremium der Elternvertreter. Er wird jährlich von Eltern gewählt und vertritt die Interessen der Eltern in der Einrichtung. Der Elternbeirat hat die Aufgabe, den Kita-Träger und die Mitarbeiterinnen in pädagogischen und organisatorischen Fragen zu beraten. Er regt Informations- und Bildungsveranstaltungen an und vermittelt zwischen Eltern und pädagogischen Fachkräften. Der Elternbeirat berät z. B. über Öffnungszeiten, die Höhe der Elternbeiträge, den Haushaltsplan und die Gesundheitserziehung.

Der Elternbeirat kann Anregungen für Aktionen und Feste geben. Elternbeiräte beteiligen sich an Ausflügen mit den Kindern und helfen, Projekte umzusetzen. Der Elternbeirat soll die gesamte Arbeit der Kindertagesstätte unterstützen.

Der Elternbeirat wird vor wichtigen Entscheidungen angehört. Zu seinen Sitzungen lädt er den Träger, die Leitung und die Gruppenleiterinnen ein.

Aufgaben

1. Kennen Sie die Elternvertreter in Ihrer Praxisstelle?
2. Wie viele Elternbeiratssitzungen finden jährlich in Ihrer Praxisstelle statt?
3. Welche Aufgaben übernimmt dort der Elternbeirat? Referieren Sie in Ihrer Klasse.

11.2.8 Elternbefragung

Im Team rauchen die Köpfe.

Elternbefragungen werden im Zusammenhang mit der Qualitätsentwicklung sozialpädagogischer Einrichtungen entwickelt. Eltern erhalten einen mehrseitigen Fragebogen, in dem sie ihre Wünsche, Bedürfnisse und Anliegen, auch anonym, mitteilen können. Es werden Fragen zur Zufriedenheit mit den Öffnungszeiten, der Essensversorgung, dem Bildungsangebot, Fragen nach der Qualität der Betreuung und Qualität der Zusammenarbeit mit den pädagogischen Fachkräften formuliert. Elternbefragungen werden in fast allen Tagesstätten durchgeführt.

Eltern sollen durch die Befragung die Möglichkeit erhalten, ihre Meinung zur Tagesstätte zu äußern. Ihre Anliegen und Wünsche sollen dadurch besser berücksichtigt und wenn möglich in das Konzept der Einrichtung aufgenommen werden. Eltern werden als Erziehungs- und Bildungspartner gesehen, deren Meinung ernst genommen wird.

Pädagogische Fachkräfte erhalten durch die Elternbefragung wichtige Rückmeldungen und können dadurch ihre Arbeit leichter reflektieren. Die Ergebnisse werden im Team, mit dem Träger und dem Elternbeirat diskutiert. Es wird überlegt, welchen Wünschen der Eltern auf welche Weise entsprochen werden kann. Die Ergebnisse der Elternbefragung teilen die Mitglieder des Kita-Teams den Eltern schriftlich mit.

Aufgaben

1. Welche Formen der Elternbefragung werden in Ihrer Praxisstelle angewendet? Stellen Sie verschiedene Formen in Ihrer Klasse vor.
2. Welche Erfahrungen mit der Elternbefragung hat Ihre Praxisanleiterin gemacht?
3. Welche Themen eignen sich für Elternbefragungen besonders gut?
4. Diskutieren Sie Vorteile und Nachteile einer Elternbefragung in Ihrer Klasse.
5. Formulieren Sie in Ihrer Klasse Fragen für mögliche Elternbefragungen zu folgenden Themen: „warmes Mittagessen", „zusätzliche Förderangebote am Nachmittag", „Einführung eines wöchentlichen Waldtags", „Schwimmkurs für alle".

11.3 Gesprächsführung in der Zusammenarbeit mit Eltern

Elterngespräche erfolgreich führen.

Gut strukturierte Gespräche mit Eltern helfen, sich zu verständigen und sich gegenseitig zu akzeptieren. Eltern und pädagogische Fachkräfte haben manchmal unterschiedliche Erwartungen an die Arbeit in einer Kindertagesstätte. Eltern und pädagogische Fachkräfte haben jedoch verschiedene Aufgaben. Für Eltern steht ihr eigenes Kind im Mittelpunkt. Sie möchten, dass ihr Kind bestmöglich betreut und gefördert wird. Eltern möchten als gleichwertige Erziehungspartner akzeptiert und anerkannt werden. Sie erwarten auch Unterstützung und Entlastung bei ihren Erziehungsaufgaben. Pädagogische Fachkräfte sehen das einzelne Kind, sind allerdings darüber hinaus für die gesamte Gruppe verantwortlich. Sie möchten auf unterschiedliche Bedürfnisse und Interessen aller Eltern achten.

Interessen der Eltern können sich auch manchmal widersprechen. So kann z. B. ein Teil der Eltern fordern, dass sich die Kinder wesentlich länger in der Natur aufhalten, weil sie zu Hause kaum noch Zeit finden, mit den Kindern im Freien zu spielen. Ein anderer Teil der Eltern wünscht hingegen wesentlich mehr gezielte Vorbereitung auf die Schule. Andere möchten, dass die gesamten Hausaufgaben in der Einrichtung perfekt erledigt werden.

Zusätzlich haben pädagogische Fachkräfte als Teammitglieder bestimmte Verpflichtungen gegenüber der Einrichtung und auch gegenüber dem Träger. Unterschiedliche Erwartungen und Aufgaben von Eltern und pädagogischen Fachkräften können zu Missverständnissen führen. Bleiben Erwartungen unausgesprochen, entstehen daraus schnell belastende Konflikte.

Gut strukturierte Gespräche mit dem Ziel der Verständigung können Missverständnissen vorbeugen. Hierzu ist es notwendig, dass pädagogische Fachkräfte Grundlagen der Gesprächsführung im Kontakt mit den Eltern anwenden können.

Ein Gespräch unterscheidet sich von einer Plauderei. **Sieben Merkmale** kennzeichnen ein gezieltes Gespräch.

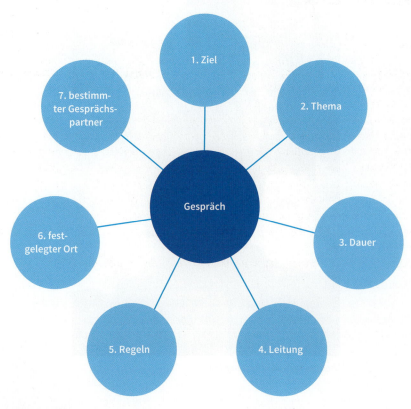

11 Eltern als Bildungs- und Erziehungspartner

Voraussetzung für eine förderliche Gesprächsführung ist es, dem anderen zuzuhören und die folgenden Gesprächsregeln anzuwenden.

Zehn wichtige Gesprächsregeln

1. zuhören
2. mitteilen, was ich verstanden habe
3. nachfragen
4. aussprechen lassen
5. verständlich sein
6. beim Thema bleiben
7. zusammenfassen
8. ein Ergebnis herbeiführen
9. Zeiten einhalten
10. das Gespräch abschließen

Im Gespräch begegnen sich Eltern und pädagogische Fachkräfte und treten in Kontakt miteinander. Bedeutsam sind die **konkreten Worte**, die gesprochen werden (verbale Mitteilungen).

Darüber hinaus sind auch **körperliche Mitteilungen**, Gesten und Gebärden (nonverbale Mitteilungen) wichtig. Pädagogische Fachkräfte blicken Eltern z. B. interessiert an, nicken ihnen aufmunternd zu, lächeln Eltern freundlich an und wenden sich in ihrer Körperhaltung den Eltern zu. Sie achten im Gespräch mit Eltern darauf, dass ihre Wortwahl, Sprechweise, Zuwendung im Blick, in Gesten und Körperhaltung dem Inhalt und der Situation entsprechen. So können Kontakt und Vertrauen hergestellt werden.

Aufgaben

1. Beobachten Sie Ihre Praxisanleiterin. Wie nimmt Ihre Praxisanleiterin in unterschiedlichen Situationen Kontakt mit den Eltern auf?
   Notieren Sie verbale und nonverbale Mitteilungen.
2. Üben Sie in Ihrer Klasse im Rollenspiel verschiedene Gesprächssituationen.
   Mögliche Themen: mitteilen, dass morgen der geplante Ausflug stattfindet; Eltern bitten, dass diese zur Brotzeit keine Süßigkeiten mehr mitgeben; Eltern an den „Spielzeugtag" erinnern und bitten, außerhalb dieses Tages keine weiteren Spielzeuge von zu Hause mitzugeben; eine Mutter informieren, dass ihre Tochter beim Spiel im Garten gestürzt ist und sich am Knie verletzt hat; Eltern freundlich zum Entwicklungsgespräch einladen; Eltern bitten, dass sie ihr Kind pünktlich zum vereinbarten Zeitpunkt abholen; Eltern bitten, dass sie mit ihrem Kind für die Schule üben, weil die Hausaufgabenzeit in der Kindertagesstätte für zusätzliche Einzelübungen nicht ausreicht.
3. Wenden Sie jeweils drei Gesprächsregeln bei den verschiedenen Rollenspielen an.

11.3.1 Im Gespräch eine Klärung herbeiführen

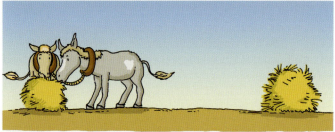

Das klärende Gespräch hilft Konflikte so zu lösen, dass alle Beteiligten einverstanden sind.

In einem gut geführten Gespräch gibt es keine Sieger und Verlierer. Alle Beteiligten versuchen vielmehr, die Situation besser zu verstehen. Sie versuchen auch, sich gegenseitig zu unterstützen, individuelle Ziele zu verfolgen.

Wünsche und Ziele der Gesprächsteilnehmer können sehr verschieden sein, Teile von Lösungen können meist von allen angenommen werden.

Pädagogische Fachkräfte und Eltern führen klärende Gespräche mit dem Ziel, für beide Seiten akzeptable Lösungen zu finden. Hierbei werden Informationen ausgetauscht, alle Beteiligten kommen zu Wort und hören einander zu.

In vier Schritten kann eine Klärung herbeigeführt werden.

11.3.2 Methodische Grundsätze bei der Gesprächsführung

Wer miteinander sprechen will, muss gut zuhören. Gut zuhören ist eine Kunst, die es zu erlernen gilt. Wie jede Kunst setzt auch ein gutes Gespräch voraus, dass Wissen praktisch angewendet wird. Pädagogische Fachkräfte wissen, dass gezielte Gespräche auf methodischen Grundsätzen beruhen, und üben, diese anzuwenden.

Fünf methodische Grundsätze der Gesprächsführung:

1. Situation berücksichtigen
2. positive Grundhaltung einnehmen
3. aktives Zuhören
4. Ich-Botschaften senden
5. Sach- und Beziehungsaussage voneinander unterscheiden

1. Situation berücksichtigen

Ein wichtiger Grundsatz der guten Gesprächsführung ist es, Feingefühl für die Situation zu entwickeln, in der ein Gespräch stattfindet. Wenn sich pädagogische Fachkräfte auf ein Gespräch mit Eltern in einer bestimmten Situation einstellen, suchen sie nach Antworten auf folgende Fragen:

Wer	ist am Gespräch beteiligt?	Anliegen der Gesprächspartner? Meine Anliegen?
Wie	verstehen wir uns?	Wie komme ich in Kontakt? Was versuche ich zu vermeiden?
Wo	findet das Gespräch statt?	Ruhiger Raum? Störungen?
Wann	findet das Gespräch statt?	Bin ich aufnahmebereit? Gesprächsdauer?

Pädagogische Fachkräfte stellen sich auf ein gezieltes Gespräch ein. Sie bereiten sich vor und überdenken das Thema.

2. Eine positive Grundhaltung einnehmen

Jedes Gespräch lebt von der positiven Grundhaltung, welche die Gesprächsteilnehmer einander entgegenbringen. Eine positive Einstellung gegenüber den Eltern äußert sich dadurch, dass pädagogische Fachkräfte sich bemühen, sich in das einzufühlen, was Eltern mitteilen möchten. Ein Gespräch mit Eltern kann gelingen, wenn beide Teile versuchen, offen und ehrlich aufeinander zuzugehen. Pädagogische Fachkräfte lassen Eltern im Gespräch erfahren, dass sie die Eltern annehmen, wertschätzen und unterstützen möchten. Wenn diese Einstellungen für Eltern erlebbar werden, können leichter einvernehmliche Lösungen angestrebt werden.

Im Schaubild verdeutlichen zehn Begriffe wichtige **Grundeinstellungen**, welche der pädagogischen Fachkraft im Gespräch mit Eltern helfen können.

Aufgaben

1. Übung zur Rückbesinnung:
   Alle Schülerinnen der Klasse bilden einen Sitzkreis.
   Nehmen Sie sich Zeit zur Rückbesinnung.
   Erinnern Sie sich an Situationen, in denen Sie erlebt haben, wie es ist, offen zu sein.
   Sammeln Sie Bilder und Einfälle, die Sie mit diesen Erlebnissen verbinden.
   Unter welchen Umständen ist es Ihnen leichter gefallen, offen zu sein?
2. Jede Schülerin notiert im Anschluss an die Rückbesinnung drei Begriffe, Wörter, Ideen oder Gedanken, die ihr eingefallen sind. Verwenden Sie für jeden Einfall ein Blatt Papier, auf das Sie Ihren Einfall groß und gut lesbar hinschreiben. Alle beschriebenen Blätter legen Sie in der Mitte des Sitzkreises radförmig zusammen.
3. Führen Sie ein Klassengespräch über dieses Erlebnisrad zum Thema „Wie ich offen sein kann".
   a) Ordnen Sie die Erlebnisblätter nach den Gesichtspunkten: „Was hat es mir erleichtert, offen zu sein – was hat es mir erschwert, offen zu sein?" Führen Sie ein Klassengespräch über dieses neue Erlebnisrad.
   b) Diskutieren Sie die Frage: „Wie kann ich in meiner Arbeit in der Praxisstelle üben, offen zu sein?"

Das folgende Märchen vom „Schweigenland" zeigt, wie wichtig es ist, eine positive Grundeinstellung zum Gesprächspartner zu entwickeln.

Die Brautfahrt nach Schweigenland
Erzähler: Es war einmal ein junger König, der hatte noch keine Frau. Er reiste durch fremde Länder, aber nirgendwo fand er eine Prinzessin, die ihm so gefiel, dass er sie zu seiner Königin machen wollte. Eines Tages fand er das Bild einer schönen Prinzessin.
Begeistert rief er aus:
Prinz: „Die und keine andere soll meine Frau werden! Wer ist sie? Wo wohnt sie?"
Erzähler: „Das ist die Prinzessin vom Schweigenland!"
Prinz: „O weh! Dann ist sie nichts für mich! Ich rede nun einmal für mein Leben gern. Lieber rede und schwätze ich zehn Stunden am Tag, als auch nur zehn Minuten zu schweigen. Nein, das ist keine Frau für mich! Ich will sie vergessen!"
Erzähler: Er steckte ihr Bild in die Tasche. Manchmal aber zog er es heraus, um es anzusehen.
Prinz: „Sie gefällt mir! Wohnte sie doch nur nicht im Schweigenland!"
Erzähler: Eines Tages machte er sich auf und reiste ins Schweigenland.
Er wollte die Prinzessin sehen. Schweigenland war schön, ein Land mit großen schattigen Wäldern und ruhigen Seen. Hier war es still. Alle Menschen, die ihm begegneten, schwiegen. Sie nickten freundlich mit dem Kopf und lächelten. Der junge König kam zum Schloss. Er sagte zum alten König:
Prinz: „Da bin ich! Du bist jetzt mein Gefangener. Führe mich zu deiner Tochter. Sie soll meine Frau werden!"
König: „Gehe zu ihr und sage es ihr! Sie ist in ihrem Zimmer!"
Erzähler: Da ging der junge König zur Prinzessin und sagte:
Prinz: „Ich bin der weise und mächtige Sonnenkönig. Ich habe euer Land erobert. Der König und sein Heer wurden festgenommen. Dir will ich Gnade erweisen und dich heiraten. Ob du es verdient hast, weiß ich nicht!"
Erzähler: Er hatte noch nicht ausgeredet, da sah er die wunderschöne Prinzessin nicht mehr. Er sah nur noch den leeren Stuhl, auf dem sie gesessen hatte. Der junge König sah sich erschrocken im Zimmer um. Die Prinzessin war nicht zu finden. Nachdem er eine Weile still gewartet hatte, sah er sie wieder auf ihrem Stuhl sitzen.
Prinz: „Es war doch nicht bös gemeint, und deshalb verschwindet man doch nicht gleich. Du bist die schönste und liebste Prinzessin, die es gibt und je gegeben hat. Siehst du, hier habe ich dein Bild. Das trage ich immer bei mir. Und wenn ich allein bin, ziehe ich es hervor, um es mir anzuschauen. Ich kann mich nicht satt daran sehen. Du bist nun einmal die allerschönste Prinzessin, die es gibt. Und wenn du mich nicht heiratest, dann will ich nicht mehr leben."
Erzähler: Seine Rede war noch nicht beendet, da war die Prinzessin wieder weg. Viele Stunden ging das so. Wenn der Prinz schwätzte, war sie nicht mehr zu sehen, denn die wunderschöne Prinzessin vom Schweigenland kann nur sehen, wer still ist und gut schweigen kann.
Prinz: „Ich bin traurig! Was nützt mir das Land, das ich erobert habe, was hilft mir die Macht, die ich gewonnen habe, wenn ich die wunderschöne Prinzessin nicht sehen kann?"
Erzähler: Der junge König wurde stiller und nachdenklicher. Am nächsten Tag ging er zur Prinzessin und fragte:
Prinz: „Was muss ich tun, um dich immer sehen zu können?"
Erzähler: Da lächelte die Prinzessin ganz freundlich und sagte:
Prinzessin: „Du musst still werden und schweigen lernen. Der Staub der toten Worte haftet noch an dir."
Erzähler: Da ging der junge König fort und schwieg die ganze Nacht und den ganzen Tag. Am Anfang fiel's ihm schwer. Langsam entdeckte er den Wert der Stille. Er horchte und lauschte und schaute. Plötzlich verstand er das Sprichwort: „Ein Wald, der wächst, macht weniger Lärm

als eine Mauer, die zusammenstürzt." Nach einigen Tagen ging er wieder zur Prinzessin und sagte:
Prinz: „Ich glaube, ich kann's!"
Erzähler: Da lächelte die Prinzessin noch freundlicher und sagte:
Prinzessin: „Dann lass uns zusammen schweigen."
Erzähler: Sie setzten sich einander gegenüber und schwiegen. Das schweigende Zusammensein war schön und bereichernd. Nach einer langen Zeit des Schweigens vernahm der junge König auf einmal eine ganz leise Musik, die wunderschön klang. Eine Weile horchte er, dann fragte er:
Prinz: „Was ist das für eine Musik?"
Prinzessin: „Das ist die Musik, die die Sterne machen, wenn sie ihre Bahn ziehen. Nur wer ganz still ist und zu schweigen versteht, hört sie. Das ist das Geheimnis von Schweigenland. Wir Schweigenländer hören alle diese wunderschöne Musik. Darum ist es bei uns auch so leise. Keiner möchte den anderen stören. – Nun weiß ich, dass du schweigen kannst. Weil du es aus Liebe zu mir gelernt hast, will ich deine Frau werden."
Erzähler: Der junge König war glücklich, dass er das Geheimnis des Schweigens entdeckt hatte. Er war froh, dass er Abschied genommen hatte vom Lärm und vom leeren Geschwätz.
Prinz: „Ich werde das Schweigen nie mehr verlernen, denn ich habe erfahren, wie wertvoll es ist. Ein gutes Wort von dir kann mich lange glücklich machen. Komm mit in mein Land, denn ich möchte täglich mit dir schweigen und reden dürfen."
Prinzessin: „Ich komme mit, aber zuvor musst du meines Vaters Reich wieder freigeben. Macht und Gewalt darf es im Schweigenland nicht geben. Hier herrschen Freiheit, Liebe und Frieden."
Erzähler: Der Prinz versprach es. Er nahm die Prinzessin mit in sein Reich, und beide lebten glücklich miteinander.
(Strauß, 1998, S. 229–236)

Aufgaben

1. Lesen Sie das Märchen vom Schweigenland mit verteilten Rollen.
   Beantworten Sie folgende Fragen:
   a) Welche wichtige Regel erfahren Sie in der Geschichte über die Gesprächsführung?
   b) Was bedeutet es Ihrer Ansicht nach, dass die Prinzessin zweimal verschwindet?
   c) Was entdeckt der Prinz Ihrer Ansicht nach, als er den Wert der Stille entdeckt?
   d) Wie kann die Geschichte Ihnen künftig dabei helfen, Gespräche zu führen?
   e) Tauschen Sie Ihre Ergebnisse im Klassengespräch aus.
2. Sammeln Sie Gesprächsbeispiele in Ihrer Praxisstelle, in denen es wichtig ist,
   a) zuzuhören,
   b) sich in den Gesprächspartner hineinzuversetzen,
   c) dem Gesprächspartner Fragen zu stellen.
   d) Rücksicht auf den Gesprächspartner zu nehmen.

3. Aktives Zuhören

Pädagogische Fachkräfte hören Eltern aktiv zu. Dieses Gesprächsverhalten hilft, Bedürfnisse, Wünsche und Probleme der Eltern wahrzunehmen. Wesentliche Anliegen des Gesprächspartners werden erspürt und mit eigenen Worten wiedergegeben.

Aktives Zuhören ist für alle Pädagoginnen im Kontakt mit Eltern, aber auch mit Kindern und Kolleginnen hilfreich. Wenn pädagogische Fachkräfte Zeit haben und innerlich bereit sind, sich mit Problemen anderer zu befassen, ist aktives Zuhören angebracht. Pädagogische Fachkräfte vermitteln ihren Gesprächspartnern, dass sie versuchen, sich in ihre Lage hineinzuversetzen.

Pädagogische Fachkräfte bemühen sich, einfühlsam Bedürfnisse der Eltern **herauszuhören**. Mit eigenen Worten geben sie das wieder, was nach ihrem Gespür ein wesentliches Anliegen der Eltern ist.

Dabei **beobachten** sie die Situation, in der Eltern ihre Mitteilung machen. Neben den Aussagen beobachten sie genau Stimme, Körperhaltung und Gesten der Eltern. Dadurch erhalten pädagogische Fachkräfte Aufschluss darüber, was Eltern tatsächlich mit dem, was sie sagen, meinen. Sie versuchen, sich in die Lage der Eltern hineinzuversetzen. Sie teilen dies durch ihre Bemerkung mit, dass sie besonders interessiert sind zu erfahren, was den Eltern am Herzen liegt. Sie lösen sich dabei von den gehörten Worten. Pädagogische Fachkräfte formulieren mit eigenen Worten ihre Vermutung. Dabei interpretieren sie Mitteilungen der Eltern nicht willkürlich. Sie versuchen zu verstehen, was Eltern mit ihrer Mitteilung sagen wollen und was sie dabei empfinden.

Die folgende Situation macht deutlich, wie aktives Zuhören in einem Elterngespräch angewendet werden kann.

Situation

Frau Müller, Mutter der vierjährigen Sabine, wendet sich an die Gruppenleiterin mit folgenden Fragen:
„Hat Sabine denn auch genügend Zeit beim Frühstück?
Hat sie genügend Platz am Brotzeittisch?
Stören die anderen Kinder sie nicht beim Essen?
Wer passt denn da auf?"
Die pädagogische Fachkraft hört der Mutter aufmerksam zu und blickt sie freundlich an.
Sie hält Störungen von dem Gespräch fern.
Sie wiederholt die Fragen der Mutter:

Pädagogin:	*„Also, ich höre, dass Sie besorgt sind, dass Sabine wirklich genug Zeit zum Frühstücken findet – nicht wahr?"*
Mutter:	*„Ach wissen Sie, Sabine ist ja so bescheiden und ich mache mir oft Sorgen, ob sie wirklich zu ihrem Recht kommt. Verstehen Sie mich?"*
Pädagogin:	*„Ja, Frau Müller, ich denke mir oft, wie gut es wäre, wenn unsere Mütter zu Besuch kommen könnten. Sie würden sehen, wie lustig es oft zugeht und wie gut jedem Kind das bekommt. Gerade beim Frühstück kann ich Sabine gut beobachten. Sie sitzt nämlich oft gleich neben mir."*
Mutter:	*„Isst sie denn auch in Ruhe und stören sie dabei andere Kinder nicht?"*
Pädagogin:	*„Ich sehe schon, Frau Müller, dass sie doch noch mehr wissen möchten und das kann ich wirklich gut verstehen. Wie wäre es denn, wenn Sie uns tatsächlich einmal besuchen? Wir können gerne einen Tag ausmachen, an dem Sie zur Brotzeit zu uns kommen – ohne dass wir Sabine vorher etwas verraten! Wie wär denn das?"*

> **Mutter:** *„Au, fein, tolle Idee – und ich bringe für jedes Kind einen Apfel mit. Ach wissen Sie – ehrlich gesagt, ich würde wirklich gerne mal sehen, wie Sabine hier bei Ihnen so zurechtkommt. Da bin ich wirklich neugierig!*
> *Haben Sie mir das etwa angemerkt?"*
>
> **Pädagogin:** *„Frau Müller, meinen Kolleginnen und mir ist es sehr wichtig, dass die Eltern wirklich erleben, wie sich ihre Kinder hier in unserer Gruppe ganz anders als zu Hause entfalten und wohlfühlen!"*
>
> **Mutter:** *„Das ist wirklich schön, so viel Entgegenkommen zu erleben! Ich rufe Sie gleich morgen früh an!"*

Aktives Zuhören bedeutet langsames, behutsames, schrittweises Herangehen an die Aussage des Gesprächspartners: Was meint er wohl mit dem, was er gesagt hat?

Aktives Zuhören vollzieht sich in vier Phasen:

Vier Phasen des aktiven Zuhörens

1. Die Pädagogin **nimmt** die Mitteilung der Mutter **ernst** und geht darauf ein.

2. Die Pädagogin fragt sich:
   Was könnte die Mutter mit ihrer Mitteilung **tatsächlich sagen** wollen?

3. Die Pädagogin versucht, das **Problem** der Mutter zu **erspüren** und **tastet sich** langsam **heran**.
   Sie fragt sich:
   Welcher Wunsch der Mutter steckt tatsächlich hinter ihrer Äußerung?
   Sie ist für **viele Bedeutungsmöglichkeiten offen**.

4. Die Pädagogin formuliert **mit eigenen Worten**, was sie aus der Mitteilung der Mutter **heraushört**. Sie macht eine **Bemerkung mit offenem Ausgang**, um die Mutter zu ermutigen, den Satz zu vollenden, zu bestätigen oder zu berichtigen.

Durch aktives Zuhören zeigen pädagogische Fachkräfte Verständnis für Eltern. Dieses Verständnis hilft, Konflikte zu entschärfen. Die Beziehung zwischen Eltern und pädagogischen Fachkräften wird hierdurch gestärkt. Eltern können leichter Ideen, Anliegen und Probleme äußern. Beide Partner erfahren mehr Zufriedenheit. Aktives Zuhören trägt dazu bei, dass beide Gesprächspartner sich klarer darüber werden, was ihnen tatsächlich wichtig ist.

Um Eltern, Kindern und Kolleginnen aktiv zuhören zu können, ist ein längerer Lern- und Übungsprozess nötig.

Folgende Einstellungen ermöglichen in diesem Zusammenhang persönliches Lernen:

* Bereitschaft, auf das einzugehen, was der Gesprächspartner zu sagen hat
* alle Gefühlsäußerungen des Gesprächspartners akzeptieren und aushalten
* dem Gesprächspartner vertrauen und ihm zutrauen, dass er seine Gefühle selbst tragen und ertragen kann

11 Eltern als Bildungs- und Erziehungspartner

Aufgabe

Üben Sie in Ihrer Klasse aktives Zuhören. Führen Sie hierzu in Partnerarbeit Rollenspiele (pädagogische Fachkraft und Mutter/Vater im Gespräch) durch.

„Florian ist immer so hungrig, wenn ich ihn von der Krippe abhole! Isst er nicht zu Mittag?"
„Auch wenn Leo jetzt schon auf dem Töpfchen sitzt, ich möchte mit der Sauberkeitserziehung erst im Sommer beginnen!"
„Sabrina hat so viele Kratzer im Gesicht! Mit ihren 18 Monaten kann sie sich doch noch nicht wehren! Achten Sie genug auf sie?"
„Wann beginnt endlich der Computerkurs?"
„Michael kann immer nur die Anfänge von Liedern/Fingerspielen, die er in der Kita lernt! Wie kommt das?"
„Stefan hat seine Hausaufgaben nie fertig, wenn er nach Hause kommt!"
„Üben Sie denn mit Niki die Vokabeln nicht ausreichend?"

4. Ich-Botschaften formulieren

Die Ausdrucksweise einer pädagogischen Fachkraft ist in Problemsituationen besonders wichtig. Wenn erfahrene Pädagoginnen mit Kindern, Kolleginnen oder Eltern in Auseinandersetzungen geraten, achten sie ganz besonders darauf, was sie sagen und wie ihre Äußerungen beim Gesprächspartner ankommen.
Leichter wird es, ein Problem zu lösen, wenn Pädagoginnen „Ich-Botschaften" senden.

Gemeint ist damit, dass ich selbst etwas von mir mitteile, anstatt anderen Vorhaltungen zu machen. So kann der Gesprächspartner leichter zuhören und braucht sich nicht selbst zu rechtfertigen. Beispiel: Wenn eine Pädagogin zu einer Mutter sagt: „Sie holen Markus schon wieder zu spät ab", so kann es geschehen, dass die Mutter antwortet: „Wieso denn! Sie sind aber kleinlich! Sie sind ja auch noch da!"

Denn Äußerungen, die mit „Du bist ...", „Sie sind ..." beginnen, provozieren oft Abwehr und Widerstand. Dagegen sind durch „Ich-Botschaften" leichter Veränderungen möglich.

Ich-Botschaften haben drei Merkmale:

In der folgenden Tabelle werden Ich-Botschaften näher beschrieben.

Beispiel

Ein Kind wird verspätet, 30 Minuten nach Kita-Ende, abgeholt.

1. Situation beschreiben	Ich **beschreibe die Situation**, wie ich sie gerade erlebe. Beispiel: Pädagogin: „**Markus und ich** sind schon eine ganze Weile **alleine in der Kita**. Mir fällt es schwer, Markus so lange Zeit zu beruhigen."
2. Gefühl mitteilen	Ich teile mit, wie es mir geht, **beschreibe gegenwärtige Empfindungen**, Gefühle. Beispiel: Pädagogin: „Ich **war in Sorge**, ob etwas passiert ist."
3. Veränderungswunsch äußern	Ich teile mit, **was ich brauche, was verändert werden soll**, damit es mir wieder besser geht. Beispiel: Pädagogin: „Für mich ist es leichter, Frau Miller, wenn Sie mich **bitte vorher anrufen**, damit ich mich darauf einstellen und entspannter sein kann."

Aufgaben

Finden Sie für die folgenden Beispiele (Pädagogin wendet sich an die Mutter/den Vater) „Ich-Botschaften":

* „Frau Huber, Sebastian hat schon wieder keine Brotzeit dabei!"
* „Frau Schlosser, Daniel kommt bereits um 6.30 Uhr immer mit einer vollen Windel in die Krippe!"
* „Frau Müller, Leonie spricht mit ihren 18 Monaten noch kein einziges Wort! Sprechen Sie zu Hause überhaupt mit Ihrer Tochter?!"
* „Frau Denig, wenn Ihre Tochter schon mit 23 Monaten so aggressiv ist und alle Kinder beißt und kratzt, wohin soll das noch führen?"
* „Herr Lachner, Ihr Sohn hört überhaupt nicht auf uns!"
* „Herr Waldner, in unserer Kita fördern die Eltern ihr Kind auch zu Hause!"

➲ *Weitere Aufgaben zu diesem Thema finden Sie im Kapitel 10 des Arbeitshefts.*

Das Formulieren von „Ich-Botschaften" fällt besonders schwer, wenn wir selbst in Konflikte verstrickt sind. Eine Verständigung gelingt selten, wenn sich die eigene emotionale Anspannung ungesteuert entlädt. Der Gesprächspartner reagiert dann oft mit Abwehr oder einem Gegenangriff.

Deshalb klären pädagogische Fachkräfte vor einer Begegnung mit Eltern ihre Gefühle und nehmen von Problemen Abstand.

Hierbei können folgende Maßnahmen hilfreich sein:

Tief Luft holen, sich bewegen, den Raum wechseln, an etwas Schönes denken oder eine kleine Atem-Entspannungsübung durchführen.

Es kostet viel persönliche Kraft, in kurzer Zeit eigene Gefühle zu klären und sich selbst zu steuern. Dennoch ist es leichter, nachzudenken und erst dann zu handeln, als verletzende Beschuldigungen, zahlreiche Vorwürfe oder einen destruktiven Streit im Nachhinein wieder aufzulösen.

5. Sach- und Beziehungsaussagen voneinander unterscheiden

Bei Gesprächen achten pädagogische Fachkräfte darauf, dass sie die Sach- und Beziehungsaussage einer Mitteilung voneinander unterscheiden. Hierdurch können Missverständnisse und destruktive Konflikte vermieden werden.

Die **Sachaussage** informiert eine Gesprächspartnerin über einen sachlichen Inhalt.
Die **Beziehungsaussage** teilt verschlüsselt mit, wie ich mich mit meiner Gesprächspartnerin verstehe.

So sagt die Pädagogin zur Mutter: „Es ist 17.30 Uhr." Die Zeitangabe ist eine sachliche Mitteilung. Je nachdem, in welcher Situation, in welcher Stimmlage die Pädagogin diese Mitteilung macht, kann darin auch ein versteckter Vorwurf enthalten sein. Die Mutter kann denken: „Die mag mich nicht, schon wieder mäkelt sie an mir herum", und vieles mehr. Wenn die Mutter davon ausgeht, dass sie abgelehnt wird, antwortet sie sicherlich ebenfalls mit einer entsprechend ablehnenden Haltung. Um Missverständnisse dieser Art zu vermeiden, versuchen Pädagoginnen, klar mitzuteilen, was sie tatsächlich meinen, was ihnen wichtig ist. Dazu fragen sie konkret nach, geben Rückmeldungen und wenden „Ich-Botschaften" an.

11.4 Probleme in der Zusammenarbeit mit Eltern

Probleme in der Zusammenarbeit mit Eltern treten auf, wenn gemeinsame Lösungen nicht gefunden werden. Praktikerinnen berichten von Schwierigkeiten, mit Eltern kooperativ zusammenzuarbeiten. Der Satz „Die Arbeit mit den Kindern macht ja Spaß, wenn nur die Eltern nicht wären!" ist oftmals zu hören.

Junge und weniger erfahrene Kolleginnen erleben Konfliktgespräche mit Eltern oft als belastend. Wünsche und Anregungen, freundlich vorgetragen, regen dazu an, das eigene Handeln zu überdenken und im Team verschiedene Ansichten zu diskutieren.

Schwieriger wird es jedoch, wenn eine Mutter z. B. lautstark vorbringt: „Sie stehen ja immer mit der Kaffeetasse herum oder gehen in den Garten! Wann fördern Sie eigentlich mein Kind?" Hier werden Anliegen und Forderungen sehr emotional an eine Kollegin herangetragen, Missverständnisse und persönliche Verletzungen sind häufige Folgen.

Die Frage „Was will die Beschwerdeführerin erreichen?" hilft der pädagogischen Fachkraft, ihre persönliche Verletzung zu bewältigen. Eine veränderte Einstellung der pädagogischen Fachkraft zu der Beschwerde kann rasch Entlastung bringen. Folgende Unterscheidung kann dabei helfen:

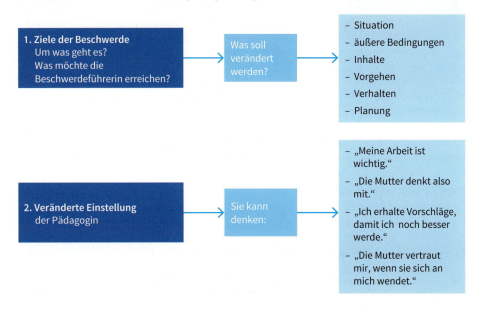

Betrachtet man eine Beschwerde in diesem Licht, so kann das helfen, dass aus Beschwerden ein pädagogisches Miteinander wird. Oftmals stecken hinter Beschwerden von Eltern deren Anliegen, Bedürfnisse, Sorgen und Befürchtungen. Mit Beschwerden zeigen Eltern also ihr Interesse an der Arbeit mit dem Kind. Und interessierte Eltern wünschen sich alle. Eltern liegen Veränderungen am Herzen. Die Art und Weise, wie manche das zeigen, ist allerdings manchmal schwer hinzunehmen. Diese Überlegungen können es der Pädagogin erleichtern, eine sachliche Ebene zu finden und gemeinsam mit den Eltern nach akzeptablen Lösungen zu suchen. Beschwerden wird es immer geben, wir werden diese weiterhin als unangenehm erleben. Leichter können pädagogische Fachkräfte diese Situationen bewältigen, wenn sie nach folgender Methode vorgehen:

Methodische Grundsätze bei Elternbeschwerden

Sechs-Schritte-Methode bei Beschwerden

1. Anhören	2. Rückmeldung geben	3. Umdefinieren
Problem ruhig anhören:	Problem mit eigenen Worten formulieren:	Problem neu beschreiben:
Ausreden lassen!	„Habe ich richtig verstanden, dass …?"	„Ihnen ist wichtig, dass …?"
4. Nach Lösungen fragen	5. Lösungen auswählen	6. Vereinbarungen treffen
Lösungen von Eltern anhören:	Lösungen von Eltern mit eigenen Lösungen bereichern	Lösungen umsetzen
„Was schlagen Sie vor? Was können wir tun?"	„Wäre es Ihnen eine Hilfe, wenn …?"	„Können wir so verbleiben, dass …?"

Der äußere Rahmen für ein Gespräch mit einer Beschwerdeführerin ist sorgfältig zu wählen. Ein ruhiger, ungestörter Raum, zeitliche Vorgaben und ein strukturierter Gesprächsverlauf verhelfen zum Erfolg (vgl. Kap. 11.3).

Häufige Problemsituationen in der Zusammenarbeit mit Eltern zeigt folgende Zusammenstellung:
* Elternabend: Nur ein kleiner Teil der Eltern nimmt teil.
* Eltern lesen die Infos nicht.
* Krippenkinder können nicht sicher eingewöhnt werden, weil Eltern sich nicht an Vereinbarungen halten.
* Das Kind soll pünktlich abgeholt werden.
* Eltern wollen andere pädagogische Schwerpunkte.
* Eltern führen Lernerfolge des Kindes (aufs Töpfchen gehen, eigenständig mit Löffel und Gabel essen) zu Hause nicht fort.
* Es helfen immer dieselben Eltern mit.
* Eltern nehmen sich viel zu wenig Zeit.

* Eltern wollen ihr Kind nur abgeben, interessieren sich nicht für die Arbeit der pädagogischen Fachkraft.
* „Ich habe den Eindruck, dass Sie Andi meinem Sohn vorziehen!"
* „Wie setzen Sie eigentlich den neuen Bildungsplan um?"
* „Wir erhalten viel zu wenig Infos über …!"
* „Die Kita St. Anna macht das aber ganz anders!"
* Auf informellen Kanälen wird über die Kita „gemotzt".

Aufgabe

1. Finden Sie im Rollenspiel für drei der genannten Situationen einvernehmliche Lösungen nach der Sechs-Schritte-Methode.
2. Erkundigen Sie sich bei Ihrer Praxisanleiterin nach Problemsituationen in Ihrer Einrichtung. Wie gehen die Beteiligten vor?
3. Diskutieren Sie, welche Situationen mit Beschwerdeführern Ihnen schwierig erscheinen.
4. Viele Beschwerden und Konflikte mit Eltern betreffen die gesamte Einrichtung, die Leitung der Einrichtung, die Gruppenleitung. Welche Formen und Inhalte von Beschwerden geben Sie an die Gruppenleiterin oder an die Leiterin der Einrichtung weiter?

11.5 Besondere Bedürfnisse von Familien mit Migrationshintergrund

Wir lernen voneinander, wir lernen miteinander!

„In der Kita trifft sich die Welt." Dieser Satz beschreibt die Situation in vielen Kindertagesstätten. Je nach Region, Stadt oder Stadtteil besuchen 40 % oder auch mehr Kinder aus anderen Kulturen die Kita. In manchen Kitas treffen sich Kinder und Eltern aus 15 und mehr verschiedenen Nationen. Einige Kitas werden überwiegend von Kindern aus einer Nation besucht, manche Kitas betreuen nur wenige Kinder mit Migrationshintergrund („Migration" bedeutet „Wanderung"). Die Situation in den einzelnen Kitas kann also ganz unterschiedlich sein. Alle pädagogischen Fachkräfte erleben jedoch Kinder, Eltern und Familien mit andersartigen kulturellen Erfahrungen, Bedürfnissen und Anliegen. Pädagogische Fachkräfte und Eltern können das Empfinden der Fremdheit und der Andersartigkeit hinterfragen, wenn sie bereit sind, einander persönlich zu begegnen.

Friedlich zusammenleben, miteinander und voneinander zu lernen sind die hauptsächlichen Anliegen.

Pädagogische Konzepte, wie z. B. „vorurteilsbewusste Erziehung" und „interkulturelle Erziehung und Begegnung" („inter" bedeutet „zwischen") wurden entwickelt, um gegenseitiges Lernen zu unterstützen. Ziele interkultureller Erziehung schließen immer auch eine Erziehungs- und Bildungspartnerschaft mit den Eltern ein.

Pädagogische Fachkräfte nähern sich diesem Ziel an, indem sie die Vielfalt und Unterschiedlichkeit der Menschen, Sprachen, Kulturen, Religionen, des Brauchtums und der Sitten als Bereicherung verstehen. Dazu ist es auch notwendig, dass pädagogische Fachkräfte ihr Wissen über andere Länder und Kulturen erweitern. Deshalb studieren sie Fachliteratur, besuchen einzeln oder als Team Fortbildungsveranstaltungen, um sich über Länder und Kulturen zu informieren, damit sie lernen, Kinder und ihre Familien besser zu verstehen. Pädagogische Mitarbeiterinnen informieren sich darüber, wer ihre Einrichtung besucht, damit sie ihre Arbeitsweisen darauf einstellen können. Sie analysieren die Situation in ihrer Kita z. B. in folgender Weise:

Wer besucht unsere Einrichtung?

* Wie viele Kinder mit Migrationshintergrund besuchen unsere Einrichtung?
* Aus welchen Ländern, Regionen kommen die Kinder und ihre Eltern?
* Für wie viele Kinder ist Deutsch die Zweitsprache?
* Bei wie vielen Kindern kommen die Eltern aus unterschiedlichen Ländern, sprechen unterschiedliche Erstsprachen?
* Welche Religionsangehörigkeit haben die Kinder und ihre Familien?
* Wie ist der rechtliche Status der Eltern und Kinder (z. B. EU-Bürger, Asylberechtigte, Flüchtling im Anerkennungsverfahren, mit Duldung)?
* Wie sieht die Lebenssituation, das Lebensumfeld der Kinder und ihrer Familien aus (z. B. Wohnverhältnisse (Gemeinschaftsunterkünfte oder eigene Wohnung), Einkommenssituation, Arbeitslosigkeit, Arbeitserlaubnis, Angebote für Eltern und Kinder im Stadtteil, Sprachkurse für Eltern, Kontakte mit Familien gleicher Nationalität, Spielplätze für Kinder, Geschäfte, Treffpunkt …)?
* Gibt es Kontakte zu deutschen Familien?
* Bestehen Kontakte zu Beratungsstellen (z. B. für Migranten: Ausländeramt, Ausländerbeirat)?

Aus diesen Fragen ist zu erkennen, dass es nicht *die* Familie mit Migrationshintergrund gibt. Neben dem Wissen um unterschiedliche Kulturen gilt es, die konkrete Lebens- und Familiensituation jedes Kindes und seiner Eltern zu verstehen. Dieses Verständnis ist die Grundlage für eine gute Beziehung zu den Eltern. Auf dieser Basis kann eine Erziehungspartnerschaft und eine Bildungspartnerschaft mit den Eltern gelingen.

Aufgabe

1. Schreiben Sie aus dem Konzept Ihrer Einrichtung alle Teile heraus, die interkulturelle Erziehung und Begegnung und vorurteilsbewusste Erziehung zum Thema haben.
2. Vergleichen Sie Ihre Ergebnisse in Ihrer Klasse.
3. Erstellen Sie aus den Ergebnissen einen Aushang mit dem Thema „Interkulturelle Erziehung und Begegnung heißt bei uns ...".
4. Informieren Sie sich bei Ihrer Praxisanleiterin, wie viele Kinder mit Migrationshintergrund Ihre Gruppe, Einrichtung besuchen.
5. Aus welchen Ländern kommen diese Kinder/Eltern?
6. Welcher Religion gehören die Kinder bzw. ihre Familien an?

➔ *Weitere Aufgaben zu diesem Thema finden Sie im Kapitel 10 des Arbeitshefts.*

Für Eltern, die wenig Deutsch sprechen und verstehen, ist es besonders wichtig, dass sie auf vielen nichtsprachlichen Ebenen erfahren, dass sie mit ihrer Sprache und Kultur akzeptiert und willkommen sind. Dazu gehört von Beginn an eine offene, kommunikative Atmosphäre. Dazu gehört auch, dass Eltern erleben: Ihre Kindertagesstätte ist offen für viele Kulturen. Für Eltern mit geringen Deutschkenntnissen ist es bedeutsam, dass sie diese Offenheit möglichst anschaulich erleben und verstehen können. Beim Erstgespräch hilft ein Rundgang durch die Einrichtung. Hier können Eltern sich selbst ein Bild verschaffen.

Sprach- und Kulturenvielfalt ist eine Bereicherung. Die eigene Erstsprache ist ein Teil der Persönlichkeit eines jeden Menschen. Die Persönlichkeit eines Menschen gilt es zu entdecken und zu schätzen. Eltern können Wertschätzung für ihre Sprache und Kultur erfahren, wenn sie Bekanntes aus ihrer Sprache und Kultur in den Räumen der Einrichtung wiederfinden.

Hierzu einige Praxisbeispiele:

Wir begegnen anderen Kulturen

* Im Eingangsbereich stehen auf sorgfältig gestalteten Plakaten Begrüßungsformeln in den Erstsprachen der Kinder, Familien.
* In den verschiedenen Räumen sind Familienkarten von Kindern und ihren Familien mit Fotos gestaltet.
* Im Eingangsbereich sind Gegenstände aus anderen Kulturen gut sichtbar präsentiert.
* Selbst gestaltete Fahnen aus den Ursprungsländern der Familien, ggf. mit Fotos der Kinder, hängen aus.
* „Woher wir kommen!" Die Ursprungsländer der Kinder sind auf einer Welt- oder Landkarte gekennzeichnet oder mit Kinderfotos gestaltet.
* Eine Literaturecke mit zweisprachigen Bilderbüchern, CDs, zweisprachigen Liedtexten, Geschichten, Märchen, Hörspielen, Tänzen, Rezepten „aus aller Welt" ist einladend gestaltet.
* Elterncafé: Auf dem Tisch stehen Schilder „Bitte bedienen Sie sich" in den Erstsprachen der Eltern, von den Kindern liebevoll gestaltet.

Aufgaben

1. Machen Sie einen Rundgang durch Ihre Praxisstelle. Notieren Sie alle „Willkommens-Hinweise" für Kinder und Familien mit Migrationshintergrund.
2. Gestalten Sie in Ihrer Klasse Schilder und kleine Aushänge mit verschiedenen Begrüßungsformeln in den Erstsprachen der Kinder und ihrer Eltern.
3. Erkundigen Sie sich in Ihrer Praxisstelle nach zweisprachiger Kinderliteratur, Liedern, internationalen Tänzen. Suchen Sie im Internet nach Spielen für Kinder und Erwachsene zur interkulturellen Erziehung.
4. Gestalten Sie in Ihrer Klasse eine Weltkarte. Malen Sie die Fahnen der Nationen, aus denen Sie selbst bzw. die Kinder in Ihren Einrichtungen kommen.
Fügen Sie einen Willkommensspruch in der jeweiligen Landessprache hinzu.
5. Gestalten Sie kleine Bild- und Merkkarten in den Erstsprachen der Kinder für den Einsatz im Morgenkreis mit folgenden Höflichkeitsformeln: „Guten Tag", „Auf Wiedersehen", „Bitte", „Danke", „Schön, dass Sie da sind".
6. Lernen Sie mithilfe der Merkkarten mindestens in drei Ihnen fremden Sprachen die oben genannten Höflichkeitsformeln auswendig.
7. Schlagen Sie Ihrer Praxisanleiterin vor, dass Eltern in ihrer Erstsprache z. B. Zahlen, die Namen der Grundformen, Farben, Worte für Tee, Wasser, Obst, Brot usw. auf Bild- und Merkkarten schreiben. Kleben Sie mit den Kindern entsprechende Bilder.
Entwickeln Sie in Ihrer Klasse Ideen, wie Sie diese Bild- und Merkkarten spielerisch im Morgenkreis oder während der Freispielzeit einsetzen können.

11.5.1 Formen der Zusammenarbeit mit Migrantenfamilien

Eltern mit Migrationshintergrund wollen wie alle Eltern das Beste für ihr Kind. Sie wollen auch als Eltern ernst genommen und akzeptiert werden. Zusätzlich wollen diese Eltern in ihrem Anderssein, ihrer Sprache, Kultur, Religion, mit ihren Sitten und Gebräuchen wahrgenommen und akzeptiert werden. Eltern mit Migrationshintergrund wollen – wie alle anderen Eltern auch – als gleichwertige Partner angesprochen werden. Bildungs- und Erziehungspartnerschaft mit Eltern aus anderen Kulturkreisen ist für die Entwicklung der Kinder besonders wichtig.

Wenn Pädagoginnen und Eltern als gleichwertige Partner zusammenarbeiten, fällt es den Kindern leichter, sich in beiden Kulturen zurechtzufinden.

Anders ist anders, aber nicht schlechter!

Das Aufnahmegespräch

Beim Aufnahmegespräch ist es für Eltern mit geringen Deutschkenntnissen hilfreich, wenn sie eine Person ihres Vertrauens als Dolmetscher mitbringen können. Zusätzlich haben viele Träger und Trägerverbände Elterninformationsschreiben zur Aufnahme von Kindern in die Tagesstätte in verschiedenen Sprachen herausgegeben.

Elterninformationen in Deutsch und in der Erstsprache der Eltern helfen, Informationen zu vermitteln.

Im Aufnahmegespräch informieren pädagogische Fachkräfte Eltern über Bildungsangebote und Arbeitsweisen in der Kita. Viele Eltern, besonders aus Nicht-EU-Ländern, haben wenig Informationen über das deutsche Bildungssystem. Durch sachgemäße Informationen kann falschen Erwartungen und Missverständnissen vorgebeugt werden.

Pädagogische Fachkräfte sprechen mit Eltern auch darüber, wie wichtig es ist, dass Kinder ihre Erstsprache sicher erlernen. Auf Basis dieser Kenntnisse können Kinder gut eine Zweitsprache erlernen. Pädagogische Fachkräfte ermutigen daher Eltern, mit ihren Kindern zu Hause in ihrer Familiensprache zu sprechen. Sie regen Eltern an, mit ihren Kindern zu Hause auch zweisprachige Bilderbücher zu betrachten und zweisprachige CDs zu hören. Sie zeigen Eltern die Ausleihmöglichkeiten von Büchern und CDs in der Kita und weisen auf die ortsnahe Buchausleihe hin. Pädagogische Fachkräfte empfehlen Eltern, mit ihren Kindern gemeinsam gelegentlich deutschsprachige Kindersendungen anzuschauen. Zur Auswahl von Kindersendungen stellen sie Informationsbroschüren von kommerziell unabhängigen Gutachtern, wie z. B. „Flimo", zur Verfügung.

Mit Bilderbüchern und Spielen zur Sprachförderung zeigen pädagogische Fachkräfte den Eltern, wie in der Kita spielerisch Deutsch gelernt wird.

Im Erstgespräch informieren pädagogische Fachkräfte Eltern auch über die religiöse Erziehung. Sie informieren über Werteerziehung, über christliche Traditionen und Feste im Jahresablauf. Pädagogische Mitarbeiterinnen stellen dar, dass allen Kindern und Familien Respekt und Achtung für ihre Religion, ihren Glauben entgegengebracht werden. In Einrichtungen mit einem hohen Anteil an Migrantenfamilien ist im Laufe der Jahre ein interner internationaler Festkalender entstanden. Im Aufnahmegespräch kann mit diesem Kalender Eltern gut vermittelt werden, dass auch Feste aus anderen Kulturen gefeiert werden.

Wie lernt mein Kind zwei Sprachen, Deutsch und die Familiensprache?

Aufgaben

1. Erkundigen Sie sich bei Ihrer Praxisanleiterin nach Richtlinien für Aufnahmegespräche mit Migrantenfamilien. Lesen Sie hierzu im Qualitätshandbuch Ihrer Einrichtung nach.
2. Sammeln Sie Beispiele für schriftliche Elterninformationen in verschiedenen Sprachen (z. B. Einrichtung, Trägerverband, Gemeinde, Stadt, Stadtteilbüro, Kinderarzt, Migrantenberatungsstelle, Ausländerbeirat, …).
3. Informieren Sie sich im Internet über Sprachförderung für Kinder mit Deutsch als Zweitsprache. Lesen Sie im Internet hierzu unter www.familienhandbuch.de und www.kinderbetreuung.de nach. Wählen Sie selbst Stichworte oder suchen Sie z. B. unter den Stichworten „Migranten", „Elternarbeit", „Kindertagesstätte", „Förderprogramme", „Kinder", „Migrantenkinder", „Spracherwerb".

Persönliche Ansprache, Tür-und-Angel-Gespräche

Die persönliche freundliche Ansprache ist für Eltern mit Migrationshintergrund besonders wichtig – egal, ob es um anstehende Veranstaltungen, Begebenheiten aus dem Tagesablauf oder die fehlenden Hausschuhe des Kindes geht. Im persönlichen Kontakt kann mit Gesten, Gebärden, Gegenständen oder der Stimme manche Information übermittelt werden. Eltern erleben, wie pädagogische Fachkräfte sich um Verständigung bemühen. Und das schafft auch Kontakt. Eine freundliche, persönliche Ansprache ist vielen Eltern angenehmer als ein förmlicher Elternbrief. Zudem können pädagogische Fachkräfte zu Beginn meist nicht einschätzen, wie gut Eltern die Schriftsprache verstehen.

Schnuppertage, Hospitation, Eltern-und-Kind-Nachmittage, Müttertreff

Begegnen in der Kita

Gemeinsam mit dem eigenen Kind den Kita-Alltag zu erleben, ist für viele Eltern eine wichtige Erfahrung. Sie erleben einen strukturierten Tagesablauf und verschiedene Spiel- und Lernangebote. So können auch Eltern mit geringen Deutschkenntnissen Einblick in die Bildungsarbeit der Kita erhalten. Pädagogische Fachkräfte können ihre Arbeitsweise vorstellen. Eltern und pädagogischen Fachkräften fällt es leichter, in konkreten Situationen in einen natürlichen Kontakt zu treten. Schnuppertage sind besonders für Kinder und Eltern mit Migrationshintergrund zu empfehlen, da diese Kinder neben dem Übergang von der Familie in die Kita auch die fremde Sprache zu meistern haben. Oftmals stellt der Kita-Besuch für viele Kinder und deren Eltern den ersten regelmäßigen Kontakt mit einer „deutschen" Einrichtung dar.

Für viele Mütter mit Migrationshintergrund bietet sich statt eines Elterncafés ein Müttertreff an. Zu bestimmten Zeiten, ohne feste Verpflichtung bei einer Tasse Tee mit anderen Frauen zusammen zu sein, das schafft Kontakt zwischen den Müttern und kann die Beziehung zur Kita stärken.

So können erfahrene Kita-Mütter der gleichen Nationalität wichtige Informationen austauschen oder alltägliche Mitteilungen übersetzen.

Wenn Kontakte einmal geknüpft sind, können daraus gestaltete Nachmittage mit speziellen Themen für diese Mütter entstehen. Deutschkurse für Mütter in der Kita, bei denen auch Geschwisterkinder betreut werden, haben sich besonders bewährt.

Bei allen diesen Formen stehen persönliche Begegnungen und das gemeinsame Erleben von Eltern und pädagogischen Fachkräften im Mittelpunkt. Begegnungen in aufgelockerter Atmosphäre schaffen unkompliziert Kontakt, Informationen können direkter vermittelt werden. Für Eltern mit Migrationshintergrund sind diese Formen der Zusammenarbeit erfahrungsgemäß leichter anzunehmen als klassische Bildungsveranstaltungen.

Visuelle Darstellungen als Mitteilungsform für Eltern

Sprachliche Verständigungsprobleme können manchmal Distanz zwischen Eltern und pädagogischen Fachkräften herbeiführen. Aus der Befürchtung heraus, nicht verstanden zu werden oder etwas nicht zu verstehen, werden Kontakte vermieden. Abbildungen oder Gegenstände können helfen, zu verdeutlichen, was gesagt werden soll. Ein Bild von einer Kaffeekanne an der Gruppenzimmertüre weist auf das Elterncafé hin. Ein Bild von einem Paar Turnschuhen oder einem Turnsäckchen sagt: „Wir haben morgen Bewegungsstunde." Wenn Kinder diese Bilder ausschneiden und gestalten, erhöht das die Motivation, dass Eltern darauf achten. Kinder im Vorschulalter erleben, wie ihre eigene schriftliche Mitteilungsform auch von Erwachsenen verwendet wird. In manchen Einrichtungen haben Eltern und pädagogische Fachkräfte zweisprachige Vokabelkarten mit den wichtigsten Mitteilungen gestaltet. Diese helfen ebenfalls, sich zu verständigen.

Aufgabe

1. Gestalten Sie in Absprache mit Ihrer Praxisanleiterin mit einer Teilgruppe Tischschmuck, kleine Gastgeschenke für das Elterncafé und den Müttertreff.
2. Gestalten Sie in Ihrer Klasse folierte Schilder mit Bildern und Symbolen für Eltern mit geringen Deutschkenntnissen.
3. Beispiele: Waldtag, Kochtag, Ausflug, Wanderung, Besichtigung, Besuch der Bibliothek, Kindergeburtstag, Elterncafé, Müttertreff, Sprachkurs.

Elternmitarbeit im Tagesablauf, bei Projekten, Festen

Eine gute Beziehung mit Eltern kann leichter gelingen, wenn pädagogische Mitarbeiterinnen und Eltern gemeinsam kleine Aufgaben planen, organisieren und durchführen. Das gemeinsame Handeln sowie gemeinsame Erfahrungen und Erlebnisse verbinden die Eltern mit der Kita.

* Viele Eltern aus anderen Herkunftsländern hospitieren nicht nur gerne in der Kita. Sie sind auch bereit, mit der Erzieherin gemeinsam in der Gruppe Lieder, Tänze, Singspiele in ihrer Sprache einzustudieren.
* Einige Eltern berichten auch gerne von ihrer Heimat, erzählen Geschichten und Märchen. Sie bringen Fotos, Bilder und Gegenstände aus ihrer Heimat mit.
* In Projekten, z. B. „Kinder dieser Welt" oder „Wir lernen und spielen gemeinsam in verschiedenen Sprachen", können Eltern als Experten ihres Landes viel zur Verständigung beitragen. Sie zeigen Kindern kleine handwerkliche Tätigkeiten, wie z. B. weben, flechten, Stoffe färben und bedrucken, oder Schminktechniken.

* Andere können aus ihrer Heimat klassische Handpuppenspiele zeigen.
* Viele Eltern sind bereit, mit Kindern Gerichte aus ihrer Heimat zu kochen und Spezialitäten zu backen.
* Kinderspiele, Reime, Auszählverse aus anderen Ländern begeistern Kinder.
* Eltern mit Migrationshintergrund erleben, wie ihre eigenen Erfahrungen in den Kindern und in der Gruppe weiterleben. Eltern helfen mit, in der Gruppe Rituale zu etablieren. Im Morgenkreis lernen Kinder mithilfe der Eltern und der pädagogischen Fachkraft kleine Liedrufe, Begrüßungslieder, Begrüßungsformeln.

In Polen gibt es besonders leckere Gerichte! Lasst euch überraschen!

* Die Kinder dürfen sich täglich wechselnd eine andere Familiensprache aussuchen, in der gesungen wird.
* Auch das Zählen auf Türkisch, Portugiesisch, Kroatisch oder einer anderen Sprache bereitet älteren Kindern Spaß.
* Eltern aus anderen Herkunftsländern engagieren sich auch gerne als Begleitperson bei Ausflügen oder Exkursionen.
* Der interkulturelle Festkalender hilft, gemeinsam Feste zu organisieren. Eltern bereiten internationale Speisen zu, sie führen Tänze oder Musikstücke aus ihrer Heimat auf.

Erfahrungsgemäß nehmen Eltern auch gerne Familienaktionen am Samstag an. Kleine Wanderungen in den Park, den Wald, mit kleinen Such- und Geschicklichkeitsaufgaben und einfachen Eltern-Kind-Spielen bereiten allen Freude. Jede Familie bringt ihre Lieblingsspeisen für sich und zum Probieren für die anderen mit. Zum Abschluss singen alle ein bekanntes Lied in verschiedenen Sprachen.

Bei all den angeführten Beispielen können sich Eltern aus anderen Herkunftsländern als anerkanntes Mitglied in der Elterngruppe erleben. Sie nehmen trotz sprachlicher Verständigungsprobleme aktiv teil. Eltern erfahren, dass ihr Wissen, Können, ihre Erfahrungen für alle bereichernd sein können. Eltern mit Migrationshintergrund erleben, dass ihre Sprache, ihre Kultur von anderen wahrgenommen und wertgeschätzt wird. Sie erfahren dabei sicherlich viel Unterschiedliches, aber auch manch Gemeinsames. So können Bindungen und Verbindungen entstehen. Erziehungspartnerschaft kann zur Bildungspartnerschaft heranreifen.

Hausbesuche

Viele Eltern und Kinder freuen sich, wenn sie von der pädagogischen Fachkraft der Kita-Gruppe besucht werden. Manche Kinder dürfen hierzu auch zusätzlich Freunde aus der Kita mitbringen. Der Hausbesuch soll dabei helfen, dass sich die Familie und die Pädagoginnen besser kennenlernen, um das gegenseitige Verstehen zu vertiefen. Die vertraute Umgebung der Familie kann dafür eine entspannte Atmosphäre schaffen. Die Familie und die pädagogischen Fachkräfte erleben hierbei ein besonderes Näheverhältnis. Diese Form sollte nur auf ausdrücklichen Wunsch der Familie gewählt werden. Schwierig kann es werden, wenn einige Familien, z. B. wegen ärmlicher oder beengter Wohnverhältnisse, keinen Hausbesuch wünschen und Kinder sich dadurch benachteiligt fühlen.

Erfahrene pädagogische Fachkräfte bringen zum Hausbesuch eine Kollegin mit. Eine Pädagogin widmet sich den Kindern, während die andere Zeit für einen Austausch mit den Eltern hat.

Hilfe von Fachdiensten

Sich zu verständigen, sich mitzuteilen ist für pädagogische Fachkräfte und für Eltern mit Deutsch als Zweit- oder Drittsprache ein großes Thema.

In alltäglichen Situationen oder zur kurzen Informationsübermittlung helfen ältere Geschwister oder andere Eltern, deren Kinder schon länger die Kita besuchen. Bei Elterngesprächen, Gesprächen über die Entwicklung des Kindes oder bei Bildungsveranstaltungen sind manchmal Dolmetscher dabei. Viele Einrichtungen arbeiten auch aktiv mit Beratungsstellen für Migranten, Ausländerbeauftragten, Ausländerräten zusammen. Durch diese Kontakte können auch ehrenamtliche Dolmetscher gefunden werden. Viele Eltern kennen Beratungsstellen nicht oder haben Hemmungen, dorthin zu gehen. Einrichtungen mit einem hohen Anteil an Migrantenfamilien veranstalten deshalb Info-Börsen an Nachmittagen mit verschiedenen Fachdiensten in der Kita. So können Mitarbeiter des Sozialamtes, der Ausländerberatungsstelle und der Erziehungsberatung ihre Angebote für Familien vorstellen. In manchen Kitas kommt auch einmal wöchentlich zu einer bestimmten Zeit eine Beraterin eines Fachdienstes in die Kita, damit es für die Eltern leichter wird, Hilfen anzunehmen (vgl. Kap. 10.3).

Aufgabe

1. Informieren Sie sich bei Ihrer Praxisanleiterin, wie Eltern mit Migrationshintergrund aktiv im Alltag, bei Projekten oder Aktionen teilnehmen können.
2. Diskutieren Sie Ihre Ergebnisse in Ihrer Klasse. Gestalten Sie eine Übersichtstafel zum Thema: „Wir sind dabei!"
3. Informieren Sie sich bei Ihrer Praxisanleiterin, wie in Ihrer Praxisstelle Hausbesuche bei Migrantenfamilien vorbereitet werden. Gestalten Sie mit Kindern ein „kleines Mitbringsel" für die zu besuchende Familie.
4. Listen Sie für Ihren Wohnort alle Beratungsdienste für Familien mit Migrationshintergrund auf. Notieren Sie dabei Namen, Anschrift, Telefon und besondere Aufgabenbereiche und Angebote.

11.5.2 Persönliche Einstellung zur Zusammenarbeit mit Migrantenfamilien

Eine Erziehungs- und Bildungspartnerschaft mit Migrantenfamilien bedeutet für alle pädagogischen Fachkräfte, dass sie ihre eigenen Einstellungen und Erwartungen gegenüber ausländischen Mitbürgern genauer unter die Lupe nehmen. Jeder Mensch hat Vorurteile, die sich im Kontakt mit anderen Menschen besonders schädlich auswirken können. Pädagogische Fachkräfte beginnen einen Selbstreflexionsprozess, wenn sie mit Migrantenfamilien arbeiten. Das Team als Ganzes braucht für diese Arbeit auch die Unterstützung des Trägers. In Einrichtungen mit einem hohen Anteil an Migrantenfamilien arbeiten zunehmend zwei- oder mehrsprachige pädagogische Mitarbeiterinnen. Auch Praktikantinnen mit einem eigenen Migrationshintergrund sind herzlich willkommen. Interkulturelle Erziehung, ein Konzept, das interkulturelles Lernen für Kinder, Eltern und Pädagoginnen vorsieht, gehört zu den Qualitätsstandards von Einrichtungen.

Damit Erziehungs- und Bildungspartnerschaft mit Eltern gelingen kann, ist es wichtig, dass pädagogische Fachkräfte ihre eigenen Urteile und Vorurteile besser kennenlernen. Viele Vorurteile, Klischees oder Stereotypen beeinflussen die Verhaltensweisen gegenüber Familien aus anderen Herkunftsländern.

Genießen – lernen – verstehen

Bevor eine pädagogische Fachkraft vorurteilsbewusst und sensibel auf Kinder und ihre Familien zugehen kann, ist es ratsam, dass sie auf ihre eigene Lern- und Bildungsgeschichte blickt. Dazu ist es nötig, sensibel zu werden für das eigene Land, die eigene Kultur und die eigene Sprache, sensibel zu werden für die eigenen Werte, die eigene Familiengeschichte. Dieser Lernprozess kann Grundlage dafür sein, dass Fremdes und Andersartiges als Bereicherung erlebt werden kann und sich der eigene Horizont erweitert, ohne dass auf die eigenen Wurzeln verzichtet wird.

Aufgaben

1. Gehen Sie auf Spurensuche in Ihrer eigenen Familie. Sie können dabei viel Neues entdecken. Fragen Sie Ihre Eltern und Verwandten:
   a) Wo und wann sind Ihre Urgroßeltern, Großeltern geboren?
      Wo sind sie aufgewachsen?
      Wo hatten sie ihren Lebensmittelpunkt?
      Wann gab es einen Wechsel?
      Was waren mögliche Gründe hierfür?
   b) Gab es in Ihrer Familie Auswanderungen, Vertreibungen (auch nach dem Zweiten Weltkrieg)? Wohin?
2. Betrachten Sie alte Familienbilder, -fotos, Möbel, Familienwertgegenstände. Was empfinden Sie heute als „anders" oder „fremd"?
3. Gab es in Ihrer Kindheit Feste, Rituale, Gebräuche, Spiele und Geschichten, die einen bestimmten kulturellen Hintergrund haben?
4. Kopieren Sie in Ihrer Klasse Welt- und Landkarten. Kennzeichnen Sie jene Orte, in denen Ihre Urgroßeltern, Großeltern, Eltern lebten.

Nur sehr wenige Familien haben mehr als drei Generationen an dem gleichen Ort gelebt. Vielleicht mussten auch Mitglieder Ihrer Familie sich an ein fremdes Land gewöhnen, Altes zurücklassen und eine neue Sprache erlernen? Sich als Fremde in einer oftmals als ablehnend erlebten Welt zurechtfinden? Ganz ähnlich ergeht es Kindern und ihren Familien mit Migrationshintergrund.

12 Feste und Feiern

Ich bin schon so groß!

In diesem Kapitel lernen Sie,

* dass das Feiern von Festen ein wichtiger Bestandteil der pädagogischen Arbeit in sozialpädagogischen Einrichtungen ist,

* dass Feste sowohl für das einzelne Kind als auch für die gesamte Gruppe von Bedeutung sind,

* dass einzelne Feste unterschiedliche Bedeutungen bzw. historische Hintergründe haben,

* dass organisatorische Grundlagen und eine gründliche Festplanung wichtig für das Gelingen sind,

* dass Planungs- und Organisationslisten bei der praktischen Vorbereitung hilfreich sind.

12 Feste und Feiern

„Wir feiern gerne!"

Situation

Bei der ersten großen Teamsitzung des katholischen Kindergartens St. Ulrich im neuen Kindergartenjahr möchte sich das Team mit den teils neuen Mitarbeiterinnen darüber klar werden, welche gemeinsamen Zielvorstellungen es im Hinblick auf die Brauchtumspflege und das gemeinsame Feiern von Festen gibt. Außerdem soll ein Jahresüberblick über die wichtigsten festlichen Veranstaltungen entstehen.

Der Praktikantin Michaela fällt die Aufgabe zu, die Ergebnisse der Sitzung übersichtlich auf einem Plakat festzuhalten und das Plakat im Teamzimmer aufzuhängen. Michaela ist sehr erstaunt darüber, dass die vorwiegend religiösen Feste einen großen Teil der Jahresplanung ausmachen und die gesamte Arbeit stark mitbestimmen.

Aufgaben

1. Erstellen Sie eine Jahresübersicht mit sämtlichen festlichen Ereignissen, die voraussichtlich in einem Kindergartenjahr stattfinden.
2. Diskutieren Sie in der Gruppe, welche Fragestellungen oder Probleme sich beim Feiern von religiösen Festen in Ihrer Praktikumsstelle ergeben könnten.

⊃ Weitere Aufgaben zu diesem Thema finden Sie im Kapitel 11 des Arbeitshefts.

12.1 Feste im Leben von Menschen

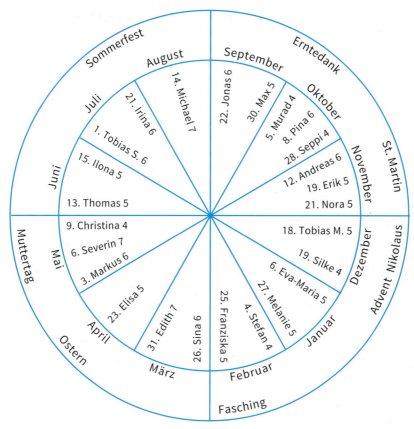

Jahresfestkalender einer Kita-Gruppe

Feste haben im Leben von Menschen eine besondere Bedeutung. Sie sind Höhepunkte, bringen Abwechslung in den Alltag, wecken Vorfreude, Glück und Lebensfreude und sind spannende Ereignisse für den Einzelnen.

Feste und Feiern bieten Gemeinschaftserlebnisse für die Beteiligten, sei es in der Familie oder in anderen Gemeinschaften.

Feste im Jahr

Persönliche Feste	Religiöse Feste	Traditions- und jahreszeitliche Feste
Ereignisse im Leben eines Menschen oder seiner Familie wie: – Geburtstag – Namenstag – Kommunion/Konfirmation – Hochzeit – Muttertag/Vatertag	Ereignisse aus der religiösen Glaubenslehre wie: – St. Martin – Allerheiligen – St. Nikolaus – Advent/Weihnachten – Ostern – Pfingsten – Zuckerfest	Ereignisse aus dem Jahreskreislauf oder gemeinsame Erlebnisse einer Gemeinschaft wie: – Frühlingsfest – Sommerfest – Herbstfest – Erntedank – Halloween – Winterfest – Fasching – Jubiläum

Für Kinder sind immer wiederkehrende Festabläufe eine Hilfe, das Jahr als einen Zeitraum zu begreifen, der sich in überschaubare Abschnitte gliedert. Denn in jedem Jahr gibt es einmal Geburtstag, Weihnachten, Ostern usw. Das gemeinsame Feiern in der Gemeinschaft mit anderen Kindern und Erwachsenen fördert bei Kindern die Freude am geselligen Beisammensein, den Gemeinschaftssinn und die Fähigkeit zur Kontaktaufnahme. Immer wiederkehrende Feste und Feiern geben dem Kind ein Gefühl von Sicherheit und Geborgenheit und prägen sich häufig lebenslang ein, weil sie mit allen Sinnen wahrgenommen werden.

Auch in sozialpädagogischen Einrichtungen bieten Feste die Gelegenheit, immer wieder Höhepunkte anzusteuern, die dem alltäglichen Geschehen neue Impulse geben. Auf Feste bereiten sich alle gemeinsam vor. Jeder Einzelne erlebt das Fest in der Gemeinschaft und alle reden noch lange von ihren Erlebnissen.

Feste sind ein wertvoller Bestandteil einer überlieferten Kultur. Durch das Feiern von Festen wird Tradition lebendig gehalten, denn jedem Fest liegt eine Bedeutung zugrunde, die auf Brauchtum, religiöse und auch heidnische Wurzeln zurückzuführen ist. Dadurch tragen Feste zur Auseinandersetzung mit kulturellen und religiösen Werten oder Fragen bei.

12.2 Planung und Gestaltung von Festen

> ### Situation
>
> In der Kindertagesstätte „Regenbogen" herrscht große Aufregung. Die Erzieherin Frau Herwig hat die gesamte Kindergruppe zur Kinderkonferenz zusammengetrommelt. Heute gibt es ein wichtiges Thema zu besprechen. Wie jedes Jahr, so soll auch in diesem Jahr ein Sommerfest gefeiert werden. Die Kinder haben in der letzten Zeit bereits Bilder und Zeichnungen angefertigt und damit zum Ausdruck gebracht, welche Wünsche und Anregungen sie zur Gestaltung der Feier haben. Michi erklärt anhand seines Bildes, dass er sich Spiele wünscht, die gemeinsam mit den Eltern gespielt werden können, z. B. Sackhüpfen und Dosenwerfen, so wie im letzten Sommer. Lore hat auf ihr Bild eine Bühne mit kostümierten Kindern gemalt, sie stellt sich vor, dass die Kinder den Eltern ein Theaterstück vorspielen, so wie das beim Schulfest ihres großen Bruders war. Lisa ist es ganz wichtig, dass es den leckeren Kuchen zum Essen gibt, den ihre Mama so gut backen kann. Theo möchte lieber Würstchen haben. Der kleine Max möchte zeigen, wie hoch er schon hüpfen kann. Charlotte wünscht sich, dass ihre Oma auch dabei sein kann ...
>
> So entstehen immer neue Ideen, die Frau Herwig auf einem großen Plakat festhält und im Zimmer aufhängt. Bis es so weit ist, gibt es noch einiges zu überlegen, noch etliche unterschiedliche Meinungen unter einen Hut zu bringen und noch viele Vorbereitungen zu treffen.

In diesem Gruppengespräch äußern die Kinder, was ihnen beim Feiern ihres Festes wichtig ist, und sie bringen damit zum Ausdruck, welche Bestandteile zu Festen gehören:

Bestandteile eines Festes

12 Feste und Feiern

Aufgaben

Versuchen Sie, die Äußerungen der Kinder und die Stichwörter aus dem Stichwortkasten den im oben stehenden Schaubild dargestellten drei Bestandteilen zuzuordnen.

Um alle Wünsche in die Festplanung einzubeziehen, müssen viele Überlegungen angestellt und Vorbereitungen getroffen werden. Da müssen Lieder, Tänze und Aufführungen eingeübt werden, es finden Gespräche über den Sinn des Festes statt, es gilt, typischen Raumschmuck oder Kulissen herzustellen, und nicht zuletzt müssen Speisen und Getränke zubereitet oder beschafft werden.

Es gilt, die unterschiedlichen Vorschläge aller Beteiligten zu sammeln und zu ordnen, Absprachen zu treffen, Material zu beschaffen und Helfer zu gewinnen, die sich an der vielen Kleinarbeit und Organisation beteiligen, bevor das Fest beginnen kann.

Was kommt zuerst? Immer mit der Ruhe!

Sehr hilfreich ist es, wenn in der Einrichtung ein Planungsraster vorhanden ist, Planungstabellen vorliegen und wenn die letzten Feste dokumentiert und ausgewertet wurden. Solche Planungshilfen können viel Zeit sparen und die neuen Erfahrungen können jedes Mal wieder festgehalten werden. Ein Planungsraster könnte etwa wie folgt aussehen:

Planungsraster für die Festgestaltung

Dieser Teil kann im Arbeitsheft bzw. am PC gefertigt werden

1. *Planungsschritt: Werte- und Standortbestimmung*
   (im Team)
   Das Team überlegt, welche kulturelle und konzeptionelle Bedeutung dem Fest zukommt und welchen Wert die Mitarbeiter/-innen ihm beimessen (Frage: Warum und wie wollen wir es feiern?), welche Bedeutung das Fest für die Kinder und die Gruppe, für Eltern und/oder die Gemeinde hat. Für manche Feste liegt ein Leitgedanke zugrunde bzw. ist ein Motto sinnvoll, um das Fest zu strukturieren oder einen bestimmten Gedanken hervorzuheben.

2. *Planungsschritt: organisatorischer Rahmen und Zuständigkeiten*
   (im Team)
   Das Team stimmt den Termin und Zeitrahmen mit allen Beteiligten ab, bestimmt die Raumplanung unter Einbeziehung verschiedener Wetterlagen bei Freiluftveranstaltungen, erstellt eine Ideensammlung für mögliche Programmpunkte und sieht eine Grobplanung für die Programmabfolge vor. Möglicherweise müssen finanzielle Mittel beantragt oder Spender ermittelt werden. Erste Zuständigkeiten werden festgelegt.

Planungstabelle:

	Was?	Wer?	Bis wann?
festlicher Rahmen (z. B. Theaterstück)			
offizieller Teil (z. B. Rede)			
geselliger Teil (z. B. Kuchen)			

3. *Planungsschritt: Vorbereitungstätigkeiten*
   (mit den Kindern)
   Es werden weitere Ideen mit den Kindern gesammelt, Darbietungen, Lieder und Spiele werden ausgewählt und eingeübt, Dekoration, Einladungen, Plakate und Requisiten werden gemeinsam mit den Kindern hergestellt. Dabei werden in der Planungstabelle festgelegte Zuständigkeiten und Zeitvorgaben beachtet.

4. *Planungsschritt: Praktische Organisation*
   (im Team bzw. mit den Eltern)
   Einkaufslisten für Essen und Getränke werden erstellt, Geschirr und Gläser organisiert, Tische und Stühle werden beschafft.
   Sonstiges Zubehör wird besorgt, Räume werden geschmückt und Wegweiser aufgestellt, Sicherheitsvorkehrungen werden getroffen, Zuständigkeiten für die Aufräumarbeiten werden geklärt. Auch hier sind Planungslisten wie im zweiten Punkt hilfreich.

5. Planungsschritt: Auswertung
(mit allen)

Nachdem das Fest gefeiert worden ist, treffen sich alle Beteiligten und werten aus, was am Festverlauf gut und was schlecht gelungen ist und woran es lag. Es wird verglichen, welche Ziele angestrebt waren und inwiefern sie erreicht wurden.

> **Auswertungsposter mit Punktabfrage:**
> *Wie mir das Fest gefallen hat:*
>
>
>
>
>
>
>
>

6. Planungsschritt: Dokumentation
(im Team)

Der Festverlauf und die Ergebnisse der Auswertung werden möglichst gut nachvollziehbar und verständlich festgehalten.

Der Festverlauf kann z. B. in Form einer Fotowand oder als Filmzusammenschnitt dargestellt werden.

Auswertungs- und Erfahrungsberichte können in einem Ordner angelegt werden, weitere Planungstabellen werden gesammelt. Auch in Form von Plakaten sind Dokumentationen möglich. Sicher gibt es noch viele andere kreative Möglichkeiten der Dokumentation.

> **Nachüberlegungen, die dokumentiert werden sollten:**
> * Wurde die Bedeutung des Festes deutlich?
> * War es ein freudiges Ereignis für alle?
> * Welche Rückmeldungen kamen von außen?
> * Verlief das Fest nach Plan? Ursachen?
> * Was ist besonders gut gelungen?
> * Wo war die größte Schwierigkeit?
> * Was sollte beim nächsten Mal beachtet werden?
> ➲ *Eine Vorlage für die Erstellung eines eigenen Planungsrasters finden Sie im Kapitel 11 des Arbeitshefts.*

12.3 Einzelne Feste
12.3.1 Kindergeburtstag

Situation

Bei der Auswertung von Beobachtungsaufgaben zum Thema „Beobachtung eines Geburtstagskindes bei seiner Geburtstagsfeier" kommen in der Klasse u. a. folgende Beobachtungen zutage:

1. **Christina (vier)**, die erst seit einigen Wochen in der Gruppe ist, bringt ihren Geburtstagskuchen sichtlich stolz der Gruppenleiterin. Trotzdem entsteht der Eindruck, als fühle sie sich nicht ganz wohl in ihrer Haut. Sie trippelt mit verlegenem Lächeln in der Nähe der Erzieherin herum und lässt diese nicht aus den Augen.
Während der Geburtstagsfeier, bei der das Geburtstagskind im Mittelpunkt stehend die Gratulationswünsche entgegennehmen soll, weigert sie sich beharrlich, diese Rolle zu übernehmen, bleibt stattdessen auf ihrem Stuhl sitzen und hält sich die Augen zu.
2. **Thomas (fünf)**, ein Junge, der in der Gruppe gerne die Beobachterrolle übernimmt und nur zögernd mit anderen Kindern spielt, entwickelt an seinem Geburtstag ein völlig unerwartetes Clownverhalten. Er schneidet Grimassen, hüpft beim Liedersingen im Raum herum usw.
3. Ähnliche Clownerien legt auch **Tobias (fünf)** an den Tag. Er ist in der Gruppe durch sein „auffällig aggressives" Verhalten schon bekannt.
4. **Sina (sechs)** ist sichtlich stolz, dabei gelassen, selbstbewusst und ruhig. Sie hilft bei den Vorbereitungen zur Feier selbstständig mit wie eine Gastgeberin und übernimmt während der Feier souverän die Führungsrolle, so wie sie das auch sonst in der Gruppe tut.
5. **Erik (fünf)**, ein sehr zurückhaltendes und ängstlich wirkendes Kind, das sich viele Dinge nicht zutraut, erscheint erst gar nicht bei seiner Geburtstagsfeier. Wie die Mutter später mitteilt, wehrte er sich mit allen Mitteln, an diesem Tag in den Kindergarten zu gehen.

Aufgaben

1. Vergleichen Sie Ihre eigenen Beobachtungen mit den hier beschriebenen.
2. Welche Gefühle werden bei Christina, Thomas, Tobias, Sina und Erik sichtbar? Vergleichen Sie mit Ihren eigenen Beobachtungen.
3. Stellen Sie einen Zusammenhang her zwischen dem Selbstvertrauen eines Kindes und seinem Verhalten bei seiner Geburtstagsfeier in der Kita.
4. Worauf sollten pädagogische Fachkräfte achten, wenn sie eine Geburtstagsfeier für ein Kind wie Christina planen?
5. Welche Hilfestellungen können Sie einem Kind wie Thomas geben, um ihn vor einer Festlegung auf die Clownrolle zu bewahren?
6. Arbeiten Sie heraus, welche Bedeutung ein immer wieder gleich ablaufendes Geburtstagszeremoniell für die Kinder hat.

Hintergrundwissen zum Geburtstagsbrauchtum

Das Feiern des Geburtstages wurde lange Zeit als heidnischer Brauch abgetan und hat erst nach dem Zweiten Weltkrieg allgemeine Bedeutung erlangt.
Überlieferte Rituale dienten ursprünglich der Abwehr von bösen Geistern und zum Anlocken des Glücks:

* Das Anzünden der Geburtstagskerze vertreibt die bösen, lichtscheuen Geister.
* Geburtstagskuchen mit Geburtstagskerzen: Wenn sie in einem Zug ausgeblasen werden, gehen geheime Wünsche des Geburtstagskindes in Erfüllung.
* Der Geburtstagskranz vertreibt die bösen Dämonen.
* Einbacken von Glücksbringern (z. B. Glückspfennig) in den Geburtstagskuchen: Dem Finder geht ein Wunsch in Erfüllung.
* Heute dienen Geburtstagsgeschenke als materieller Ausdruck der Wertschätzung für das Geburtstagskind.
* Das gemeinsame Singen eines Geburtstagsliedes rückt das Geburtstagskind in den Mittelpunkt und betont dessen Ehrentag.

Überlegungen zur Geburtstagsfeier

Das Geburtstagskind kann an diesem Tag wie an keinem anderen Anerkennung, Geborgenheit und Angenommen-Sein erfahren. Das Kind steht an diesem einmaligen Tag im Jahr im Mittelpunkt, darum erlebt es sich an seinem Geburtstag in seiner Einmaligkeit, das stärkt bei einem positiven Verlauf der Feier das Selbstvertrauen. Die Konzentration auf diesen Tag nimmt Selbstvertrauen und Selbstsicherheit des Kindes auch stark in Anspruch. Je nach Persönlichkeit des Kindes kann dieser spannende Tag zu einem sehr positiven Erlebnis führen, ebenso aber auch zu einer Überforderung.

„Das ist mein Lieblingskuchen!"

In sozialpädagogischen Einrichtungen sollte jedes Kind der Gruppe seine eigene Geburtstagsfeier bekommen, auch wenn zwei Kinder am gleichen Tag Geburtstag haben. Die Geburtstagsfeier läuft in der Gruppe jedes Mal nach dem gleichen Zeremoniell ab. Dabei wird auf individuelle Bedürfnisse des Geburtstagskindes Rücksicht genommen, und es bleibt ein Spielraum für Flexibilität erhalten. Neue und unsichere Kinder werden über den Ablauf informiert bzw. entsprechend vorbereitet. Mit „auffälligen, aggressiven Kindern", die sich nicht gut steuern können, wird der Verlauf ebenfalls vorher durchgesprochen und auf Grenzen deutlich hingewiesen. Eskaliert eine Feier durch aggressives Verhalten, sollte sie abgebrochen werden.

Geburtstagsgeschenke sind persönliche Gesten und werden innerhalb eines bestimmten Rahmens in Absprache mit den Eltern auf individuelle Interessen des jeweiligen Kindes abgestimmt.

Beispiel für eine typische Geburtstagsfeier

* Die Vorbereitungen werden mit den Kindern gemeinsam getroffen. Dazu gehört das Herstellen des Geburtstagskuchens, das Erlernen von Geburtstagsliedern und -versen.
* Die Geburtstagsfeier wird an der Tür zum Gruppenraum angekündigt.
* Kurz vor der Feier verlässt das Geburtstagskind mit zwei Kindern seiner Wahl den Raum.
* In der Zwischenzeit schmücken die anderen Kinder den Ehrenplatz für das Geburtstagskind und seine beiden Ehrengäste mit Tischdecke, Blumen, Tischschmuck, Geburtstagskerze usw.
* Ein Kind holt die drei Kinder herein, alle nehmen Platz und singen und spielen das Geburtstagsständchen und überreichen die Geschenke.
* Das Geburtstagskind darf alle Geburtstagskerzen in einem Zug ausblasen und sich etwas wünschen.
* Der Geburtstagskuchen wird vom Jubilar angeschnitten und verteilt.
* Nach dem Essen wünscht sich das Geburtstagskind noch ein Spiel, ein Lied, einen Tanz o. Ä.

12.3.2 Erntedankfest

Es gibt viel zu ernten.

Eva bäckt Brot

An einem Tag im frühen Herbst kommt Eva heim. Sie trägt ihren Anorak mit ausgestreckten Armen vor sich her.

„Aber Eva", sagt die Mutter, „warum hast du den Anorak ausgezogen? Es ist heute doch so kühl und windig!"

Sie will Eva die Jacke abnehmen.

„Nein", ruft Eva. „Vorsicht, stoß mich nicht. Ich habe die ganze Kapuze voll Körner. Die hab ich alle vom Stoppelfeld aufgesammelt. War das eine Mühe!"

Sie trägt den Anorak in die Küche. Dort legt sie ihn behutsam auf den Tisch. Die Körner liegen in der Kapuze wie in einem Nest. Eva schüttelt die Arme. Sie sind vom Tragen ganz steif geworden, und kalt sind sie auch. „Was hast du jetzt mit den Körnern vor?", fragt die Mutter.

„Das wirst du gleich sehen", sagt Eva, holt sich die alte Kaffeemühle aus dem Küchenschrank und füllt Körner hinein. Dann fängt sie an zu mahlen. Es knackt und rasselt. Sie mahlt bis zum Mittagessen und danach auch noch eine Stunde. Dann hat sie alle Körner aus der Kapuze gemahlen. Die Kapuze ist leer. Dafür hat sie jetzt eine kleine Schüssel voll Mehl mit vielen Schalenstückchen darin.

„Das nennt man Schrot", sagt die Mutter.

„Puh", seufzt Eva und dehnt sich. „Mein Rücken tut so weh."

„Kein Wunder", sagt die Mutter. „Du hast ja auch schwer gearbeitet."

„Und jetzt wird Brot gebacken", sagt Eva.

„Warum machst du dir solche Mühe?", fragt Bruder Thomas und will sich ausschütten vor Lachen. „Wir haben doch Brot genug im Schrank."

„Aber das ist nicht mein Brot", sagt Eva.

Sie schüttet das Gemahlene in eine größere Schüssel. Sie lässt sich von der Mutter ein bisschen Milch und ein Ei und ein Tütchen Backpulver geben.

„Brot macht man doch mit Sauerteig", sagt Thomas.

„Lass sie in Ruhe", mahnt die Mutter. „Sie macht sich eben ihr eigenes Brotrezept. Das wird sicher auch sehr gut schmecken."

„Hab ich was vergessen?", fragt Eva.

„Wenn es ein süßes Brot werden soll", sagt die Mutter, „fehlt noch Zucker. Ein paar Rosinen wären auch nicht schlecht."

„O ja, Rosinen", ruft Eva.

Die Mutter schaltet den Backherd ein. Er soll schon warm werden. Eva knetet und knetet. Sie wird vor Anstrengung ganz rot im Gesicht. Thomas grinst. Er steht mit den Händen in den Taschen da und schaut zu, wie Eva endlich eine lange, platt gedrückte Wurst auf das Backblech legt und dann das Backblech in den Backherd schiebt. Aus dem Backherd quillt Hitze. Eva verbrennt sich den Daumen. Endlich hat sie die Klappe vom Backherd wieder zu. Aufgeregt versucht sie, durch das Fenster in der Klappe auf ihr Brot zu schauen.

„Ruh dich nur aus", sagt die Mutter. „Es dauert eine ganze Weile, bis das Brot gebacken ist."

„*Mein* Brot", seufzt Eva erschöpft.

Sie setzt sich auf die Bank in der Essecke und wartet. Aber sie ist vom Körnersammeln und Heimtragen und Mahlen und Mischen und Kneten und Formen so müde, dass sie einschläft.

Nach einer langen Weile hört Eva Mutters Stimme sagen: „Eva, dein Brot ist fertig."

Die Mutter muss es ein paarmal sagen, bis Eva wach wird. Thomas zupft sie am Zopf. Da springt Eva auf, läuft zum Herd, reißt die Klappe auf. Sie spürt nicht nur die Hitze. Sie riecht auch den Duft, den herrlichen Duft nach Gebackenem.

Die Mutter reicht Eva zwei Topflappen. Eva zieht das Blech heraus. Sie schreit vor Entzücken auf: Da liegt es, ihr Brot, goldbraun und krustig. Ein prächtiges Brot. Auch Thomas beugt sich darüber und schnuppert. Er grinst nicht mehr. Er staunt. Zum Abendessen teilt Eva der ganzen Familie von ihrem Brot aus. Es ist ein bisschen hart. Aber keiner stört sich daran. Der Vater taucht seine Scheibe in den Tee, da wird die Kruste weicher.
„Kaum zu glauben, dass ich eine Tochter habe, die schon Brot backen kann", sagt er. „Ich hab's nicht nur gebacken", sagt Eva stolz. „Ich hab's ganz und gar gemacht, mit Körnersammeln und Mahlen und allem anderen. Es war eine große Arbeit. Nur die Körner hab ich nicht gemacht. Die sind von allein gewachsen."
(Pausewang, 1991, S. 27)

Aufgaben

1. Eva hat in dieser Geschichte etwas erlebt, was sie sehr stolz gemacht hat. Versuchen Sie, diese Erfahrung nachzuempfinden, und teilen Sie dies einander mit.
2. Können Sie Roggen von Weizen unterscheiden? Haben Sie schon einmal Kartoffeln oder Äpfel geerntet? Können Sie Butter herstellen?
3. Denken Sie an die Kinder in Ihrer Gruppe: Gibt es darunter welche, die in ihrem täglichen Leben erfahren, wo Lebensmittel wachsen bzw. unter welchen Bedingungen sie hergestellt werden, welche Mühe das Säen, Pflegen und Ernten von Früchten und deren Zubereitung machen?
4. Mit welchen Schwierigkeiten ist zu rechnen, wenn Pädagoginnen Kindern einen lebendigen Bezug zum Erntedankfest vermitteln wollen?

Hintergrundwissen zum Erntedankfest

Mit dem Erntedankfest danken die Christen Gott für die eingebrachte Ernte. Bei diesem Fest werden die Altäre mit Erntegaben wie Obst, Gemüse, Getreide und Blumen festlich geschmückt. In Gebeten wird für die Ernte gedankt und für diejenigen gebetet, die nicht genug Nahrung zum Leben haben.

Allerdings haben Stadtkinder kaum mehr Gelegenheit, den Reifungsprozess von Nahrungsmitteln zu beobachten. Die Entstehung von Gemüse, Obst, Brot usw. wird nicht mehr unmittelbar erfahren. Damit besteht für diese Kinder verständlicherweise kein Bezug zu einem Fest, dem Dank für die Ernte zugrunde liegt.
Anders sieht das bei Landkindern bzw. Kindern aus, die zu Hause einen Garten haben, wenn sie mithelfen dürfen oder sie gar ein eigenes Beet besitzen.
Die Freude über eine frisch geerntete Karotte oder der Ärger über einen abgefressenen Salatkopf schaffen eine natürliche Verbindung zum Wert dieser Nahrungsmittel, ohne die Dank nicht möglich ist.

Überlegungen zum Erntedankfest

Zusammenhänge erlebbar zu machen, die erkennen lassen, dass Nahrung etwas Kostbares ist, das nicht einfach weggeworfen werden darf, ist eine wesentliche pädagogische Aufgabe. Die Erfahrung, dass es viel Mühe macht und viele Arbeitsgänge erfordert, bis eine fertige Speise auf dem Tisch steht, kann nur durch eigenes Tun erfolgen. Aktivitäten, die diese Erfahrung ermöglichen, gehen jeder Erntedankfeier voraus und sollten alltäglicher Bestandteil des Gruppenlebens sein. Dazu gehören z. B. Spaziergänge in der Natur, Beetpflege im Garten, regelmäßige Zubereitung von Speisen, bewusstes sinnliches Erleben von Früchten usw.

Das Erntedankfest bildet den Abschluss und Höhepunkt eines Projektes, bei dem der Umgang mit Essen im Vordergrund steht. Dank für die Gaben Gottes, für Natur und Schöpfung stehen im Mittelpunkt der Feier.

Dank auch im Hinblick auf Erfahrungen des täglichen Lebens kann mit Kindern thematisiert werden. Dank und seine Ausdrucksformen, z. B. für Hilfe, für Zuwendung, für Anteilnahme, für Erfolg, können daneben in den Blickpunkt gerückt werden. Die Erntedankfeier kann ein selbst gestalteter Gottesdienst oder eine Feier in der Gruppe sein.

Beispiel für den Verlauf einer Erntedankfeier

* Die Kinder haben vorbereitend Raumschmuck hergestellt, einen Ährenkranz gebunden, Brot gebacken und Butter gestampft. Das Schwerpunktthema bezog sich in der Vorbereitungsphase auf Korn und Brot.
* Alle Kinder versammeln sich im Kreis um den Ährenkranz und spielen ein zuvor geübtes Singspiel, bei dem der Werdegang vom Korn zum Brot pantomimisch dargestellt wird.
* Das gemeinsame Essen der mit Butter bestrichenen Brotscheiben schließt sich daran an.
* Eine gesellige Runde mit Gesang und ausgewählten Spielen bildet den Abschluss der kleinen Feier.

12.3.3 Halloween

Vorwiegend über amerikanische und britische Filme hat sich auch bei uns der Brauch des Halloween-Feierns verbreitet. Sowohl im privaten Umfeld der Familien als auch in sozialpädagogischen Einrichtungen haben sich die Halloween-Feiern eingebürgert. Dazu werden Kürbisse zu gruseligen Geistermasken umfunktioniert und am Abend vor die Türen gestellt.

Hintergrundwissen zu Halloween

Schon vor über 2 000 Jahren feierten die Kelten im heutigen England das Ende des Sommers mit einem großen Fest. Am 31. Oktober wurde der Sommer mit großen Feuern verabschiedet und gleichzeitig der Winter begrüßt. Der Sommergott wurde vom keltischen Gott der Toten abgelöst. Die Kelten glaubten, dass die Seelen der Verstorbenen an diesem Tag auf die Erde zurückkommen würden, und zündeten Feuer an, sodass diese sich in der dunklen Nacht nicht verirren konnten.

Fast tausend Jahre später, ungefähr im Jahr 800, ernannte der Papst den 1. November zum Feiertag „Allerheiligen", an dem an die christlichen Märtyrer gedacht werden sollte. Das Fest am Vorabend zu Allerheiligen heißt im Englischen „All Hallows' Evening", diese Bezeichnung wurde im Lauf der Zeit zu „Halloween" verkürzt.

Aus dem ursprünglich ernsten Toten- und Heiligenfest ist mittlerweile ein witziges Kinderfest geworden. In englischsprachigen Ländern ziehen gruselig verkleidete Kinder von Haus zu Haus und rufen vor jeder Tür „Trick or Treat". Wer eine Süßigkeit spendet, für den gilt „Treat", das bedeutet „alles in Ordnung", wer nichts spendet, bekommt einen kleinen Streich („Trick") gespielt.

Halloween heute

Der ursprüngliche Gehalt dieses Brauchtums ist heute nicht mehr nachvollziehbar. Der einzige Sinn besteht darin, ein fröhliches Treiben zu ermöglichen, bei dem die Kinder im Mittelpunkt stehen, sich verkleiden, Süßigkeiten einsammeln und Erwachsenen kleine Streiche spielen können.

Die gruseligen Kürbismasken leuchten schön im Dunkeln, erzeugen eine heimelige Atmosphäre und lassen die dunkle Jahreszeit in einem anderen Licht erscheinen. Dazu kommt, dass sich die meisten Kinder sehr gerne verkleiden.

Das Mitarbeiterteam sollte sich damit auseinandersetzen, ob es diesen Brauch, der in einem anderen Kulturkreis entstanden ist und der vor allem durch die Medien verbreitet wird, in sein Festprogramm aufnehmen möchte. Dabei wird die Überlegung eine Rolle spielen, ob es im Umfeld der Einrichtung üblich ist, Halloween zu feiern. Ist dies nicht der Fall, sollte die Entscheidung gut abgewogen werden. Das Team sollte sich darüber im Klaren sein, in welchem Umfang die Medien das Leben unserer Kultur und der Kinder beeinflussen und ob es sinnvoll ist, sich gängigen Trends kritiklos anzuschließen. Ein eigener Standpunkt zu solchen Fragen prägt das Erscheinungsbild der jeweiligen sozialpädagogischen Einrichtung.

„Süßes raus, sonst spukt's im Haus!"

Möglicher Verlauf eines Halloween-Umzuges

* Vorbereitend wurden mit den Eltern Kürbismasken und mit den Kindern Kostüme aus Papiersäcken hergestellt.
* Am Abend, wenn es schon dämmrig ist, versammeln sich die verkleideten Kinder im Garten der Einrichtung.
* Mit einem Leiterwagen machen sich die Kinder auf den Weg durch das Viertel.
* Vor den Elternhäusern, vor denen ein Kürbis leuchtet, machen die Kinder Halt mit den Worten „Süßes raus, sonst spukt's im Haus!" und bitten damit um eine süße Spende.
* Die gesammelten Spenden werden im Leiterwagen gesammelt.
* Am Ende des Zuges treffen sich alle wieder im Garten, der nur mit Kürbisgeistern beleuchtet ist, trinken gemeinsam mit den Eltern einen warmen Tee, essen etwas von den Naschereien und singen gemeinsam ein Geisterlied.

12.3.4 St. Martin

„Laterne, Laterne, Sonne, Mond und Sterne."

Hintergrundwissen zum St.-Martins-Fest

St. Martin wurde Anfang des 4. Jahrhunderts in eine heidnische römische Offiziersfamilie hineingeboren. Er wurde Soldat unter Kaiser Konstantin. Mit 18 Jahren wurde er zum Christentum bekehrt. Er gründete in Frankreich mehrere Klöster und wurde 371 zum Bischof von Tours gewählt. Am 11.11.401 starb er.

Es entstanden viele Legenden von den Wundertaten des hl. Martins wie z. B. die Legende von der Mantelteilung und die Legende von seinem Versteck im Gänsestall.

Martin und der Bettler

„Als Martin noch ein junger Mann war und beim Militär diente, ritt er einmal mit einer Gruppe Soldaten auf einer Landstraße in Frankreich. Es wurde schon dunkel und kalt, in der Ferne waren die Häuser einer Stadt zu sehen. Der Anführer sagte: „Seht ihr die Stadt dort hinten, das wird Amiens sein. Dort können wir die Nacht verbringen und uns ein wenig ausruhen!" Sie kamen näher zur Stadt, bald hatten sie die Stadtmauer erreicht und wollten durch das Stadttor hineinreiten. Da mussten sie plötzlich anhalten. Ein Mann lief ihnen in den Weg, er war ganz in Lumpen gehüllt, sein Gesicht war hager und blass, er sah hungrig aus. Der Anführer der Soldaten wollte ihn barsch zur Seite drängen: „He da, lass uns weiterreiten! Versperre uns nicht den Weg!" Der Bettler aber rief: „Hilfe! Hilfe! Helft mir doch in meiner Not!" Martin sah den armen Mann; er sah, dass er hungrig war und fror. Er hatte Mitleid mit ihm. Wie konnte er ihm helfen? Er hatte nichts anderes als seinen warmen Mantel. Die Soldaten damals schliefen nachts im Freien und brauchten ihren Mantel zum Zudecken. Ohne langes Zögern nahm Martin sein Schwert und teilte seinen Mantel. Er gab dem Bettler einen Teil, der ihn voller Freude entgegennahm und laut rief: „Danke! Danke!"
Martin nahm seinen Mantelteil und ritt mit seinen Soldaten weiter durch das Stadttor in die Stadt hinein. Nachts im Schlaf hatte Martin ein besonderes Erlebnis; er träumte, dass ihm in dem Bettler Jesus Christus erschienen sei."
(Reuys/Viehoff, 1992)

Martin und die Gänse

„Als Martin schon einige Jahre in Frankreich lebte und er schon weit über die Grenzen seines Ortes hinaus bekannt war als ein Mensch, der viel Gutes tat und half, wo er konnte, wurde für die Stadt Tours ein neuer Bischof gesucht. Martin wurde für dieses Amt vorgeschlagen. Er war aber ein sehr bescheidener Mensch, der sich nicht nach Ämtern und Posten drängte. Deshalb glaubte er, dass er für die Bischofswürde nicht geeignet sei. Er verließ die Stadt und versteckte sich in einem Gänsestall. Die Menschen hörten auf das Geschnatter der Gänse, öffneten die Stalltüre und entdeckten endlich den, den sie suchten. Dies nahm Martin als Zeichen dafür, dass es Gottes Wille war, ihm als Bischof in einem hohen Amt zu dienen. In vielen Kirchen wird der heilige Martin mit einer Gans dargestellt. Gänsebraten gehörte seit dem Mittelalter zum wichtigsten Bestandteil des Festessens am 11. November."
(Reuys/Viehoff, 1992)

Heute sind Laternenumzüge, Martinsfeuer, in manchen Gegenden auch Bettelumzüge der Kinder üblich. Kinder erleben den Martinsumzug bis ins Grundschulalter hinein als ein spannendes Ereignis. Ein besonderer Reiz in der kalten und dunklen Jahreszeit geht vom warmen, hellen Licht der Laterne aus. Die Martinsgeschichte bestätigt Kinder in ihrem Gerechtigkeits- und Gemeinschaftssinn.

Der heilige Martin ist eine Symbolfigur für Menschen, die durch ihre guten Werke anderen Menschen zum Vorbild dienen. Durch seine Person werden Eigenschaften wie Nächstenliebe, Teilen-Können und Hilfsbereitschaft sichtbar.

Gespräche und Aktionen mit dieser Thematik gehen einer Martinsfeier voraus. Mit größeren Kindern kann die Problematik von arm und reich und die Situation in der Dritten Welt angesprochen werden. Auch das Erleben von hell und dunkel, kalt und warm bietet sich zum tieferen Verständnis an.

Möglicher Verlauf einer Martinsfeier

* Die Kinder versammeln sich mit ihren Eltern und Gästen in der Dämmerung zum Martinsumzug.
* Die örtliche Musikkapelle begleitet den Umzug mit entsprechender Musik zu den Martinsliedern.
* Am Ziel, dem Kirchplatz, angelangt, wird ein Schattenspiel der Martinslegende vorgeführt.
* Den musikalischen Rahmen bieten Gesang und Instrumentalbegleitung mit Orff'schen Instrumenten durch die Kinder.
* Im Anschluss erfolgt noch eine von den Eltern organisierte Bewirtung im Freien mit Fruchtpunsch, Glühwein und Gebäck.

(Der Weg ist feuerpolizeilich gemeldet und entsprechend abgesichert.)

12.3.5 Nikolaus

Situation

Bei einem Klassengespräch über eigene Nikolauserlebnisse äußert sich die Schülerin Meike als einzige nicht. Die Nikolausfeier in der Kindertagesstätte, in der Meike ihr Praktikum absolviert, findet entgegen der Vereinbarung ohne sie statt. Ein daraufhin geführtes Anleitergespräch ergibt folgendes Bild:

Meike kann nur mit großer Mühe von ihren Erfahrungen mit dem Nikolaus erzählen, die sie im Alter von ca. vier Jahren hatte.

Sie nahm damals mit einer größeren Kindergruppe an einer Nikolausfeier im Wald teil. Alle Kinder wurden beschenkt, mit Ausnahme von Meike. Sie wurde vom Nikolaus laut getadelt und obendrein in den leeren Sack gesteckt. Dieses Erlebnis hatte Meike als so einschneidend erlebt, dass sie seitdem schon Gänsehaut und Herzklopfen bekommt, wenn sie nur das Wort „Nikolaus" hört.

Nikolaus oder Weihnachtsmann?

Aufgaben

Überlegen Sie:
1. *Welche Bedeutung hatte die Figur des Nikolaus früher für Sie?*
2. *Welche Bedeutung sollte er Ihrer Meinung nach heute für Kinder haben?*

Hintergrundwissen zum Nikolausbrauchtum

Nikolaus, Bischof von Myra (Hafenstadt in der heutigen Türkei), wurde um 270 in Patras geboren. Am 6. Dezember um 327 soll er gestorben sein. Außerdem gab es im 6. Jahrhundert einen Bischof Nikolaus von Pinara. Beide Figuren wurden wegen ihrer Mildtätigkeit bekannt. Vermutlich entstand der Volksglaube an den Nikolaus aus der Vermischung der Legenden, die von beiden Nikolausgestalten überliefert wurden. Seit dem 6. Jahrhundert wurde der heilige Nikolaus in der Ostkirche verehrt. Kaufleute brachten den Brauch nach Europa. Heute gilt der Nikolaus als Heiliger und Patron der Seefahrer und Schiffer, der Kaufleute und Händler, der Getreidehändler und Bäcker, der Brautleute und Kinder. Heute ist es Brauch, dass der Nikolaus Kindergruppen in Tagesstätten und Heimen besucht. Auch Familien lassen sich vom Nikolaus besuchen. Der Nikolausdarsteller tritt als Bischof mit den entsprechenden Symbolen auf. Das sind: Bischofsgewand, Mitra, Bischofsstab, Siegelring und das goldene Buch als Symbol für die Bibel.

Bedeutung der Nikolausfeier für das Kind

Die Bedeutung der Nikolausfeier für das Kind hängt davon ab, was Kinder über den Nikolaus wissen und welche Erfahrungen sie mit dem Nikolausfest haben. Je mehr Kinder vom Leben und Werk des Nikolaus kennen, umso mehr kann er als Vorbild angesehen werden.

Der Nikolaustag in Verbindung mit Geschenken erweckt Spannung und Freude. In der Vergangenheit und manchmal noch in der Gegenwart wurde die Gestalt des Nikolaus als abschreckendes Erziehungsmittel missbraucht. Verfälscht mit Rute, Kette und Sack versehen, diente und dient er als Schreckgespenst und Angstmacher für unartige Kinder.

Heute wird er von Kaufhäusern gerne als Werbeträger und als Gabenbringer eingesetzt, ausgestattet mit roter Kutte, weißem Bart und Stiefeln.

Überlegungen zum Verlauf der Nikolausfeier

Die Erinnerung an den heiligen Nikolaus gerne wird jährlich am 6. Dezember wachgehalten, um von den guten Taten des Bischofs zu berichten. Der heilige Nikolaus hat Vorbildfunktion durch seine Menschenfreundlichkeit, Güte und Hilfsbereitschaft. Die Nikolausfeier vermittelt diesen Inhalt.

Jüngere Kinder erleben den Besuch des Nikolaus gerne. Mit älteren Kindern kann die Nikolausfeier auch ohne Nikolausdarsteller stattfinden. Eine Nikolauserzählung, ein Gespräch über sein Leben, veranschaulicht mit Bildern oder einer szenischen Darstellung des Geschehens o. Ä., können stattdessen eingeplant werden. Der Nikolausfeier geht, wie jedem Fest, die vielfältige Auseinandersetzung mit dem eigentlichen Festgegenstand voraus. Dazu gehören das Kennenlernen von Leben und Wirken des Nikolaus sowie das Einstudieren von Liedern, Gedichten, Spielen.

Das Fest kann gemeinsam mit den Kindern geplant werden, wobei Wünsche und Vorschläge, z. B. ob mit oder ohne Nikolaus gefeiert wird, aufgegriffen werden.

Ein Paar Schuhe sind genug!

Es ist am Abend vor dem Nikolaustag. „Mami, gibst du mir die schwarze Schuhcreme, ich will Vatis Schuhe putzen!", sagt Peter und rubbelt Vaters Gartenstiefel und die schweren Bergstiefel sauber. Auch seine Gummistiefel, die Fußballschuhe und die Ledersandalen glänzen.
„Ich hab aber nicht so viel Schuhe wie Peter", sagt die kleine Claudia, „nur die Hausschuhe und die Schnürschuhe! Der Nikolaus bringt mir bestimmt nicht so viel!"
„Der Nikolaus wird seine Gaben schon gerecht verteilen!", lacht Mutter.
„Heute Nacht halte ich ganz lange die Augen auf!", sagt Claudia, „ich möchte so gern mal den Nikolaus mit seinem Schlitten und dem Esel sehen. Und lass auch die Nachttischlampe brennen, damit Nikolaus ja nicht an unserem Haus vorbeifährt!"

Morgens ist Claudia als Erste aus dem Bett geschlüpft. Sie läuft schnell zu ihren Schuhen. „O Mutti!", ruft sie, „guck mal! Hier sind drei kleine Tassen für mein Puppengeschirr! Und eine rosa Mütze für die Schlafpuppe! Und die Marzipankätzchen und Goldsterne!" Da springt Peter aus dem Bett. Als Erstes guckt er in die großen Bergstiefel. Da ist gar nichts drin. Auch die Gartenstiefel von Vati sind leer. In den Gummistiefeln steckt ein Zettel:

> Lieber Peter, sei bescheiden,
> denn das mag der Nikolaus leiden.
> Er hat viele zu beschenken
> Und kann nicht an dich nur denken.
> Sieh das kleine Auto an,
> freu dich dran, du kleiner Mann.

Schnell fasst Peter in die Turnschuhe. Endlich – ganz hinten steckt ein kleines rotes Auto und noch ein Marzipanherz. „Gott sei Dank!", sagt Peter, „ich dachte schon, der Nikolaus würde mir gar nichts bringen, im nächsten Jahr stelle ich wirklich nur ein Paar Schuhe hin. Papis Stiefel kann ich ja trotzdem putzen!"

(Cratzius 1992, S. 73)

Aufgaben

1. Sammeln Sie Gesprächsthemen, Erzählungen, Märchen, Bilderbücher und Gedichte, die sich dazu eignen, den Inhalt des Nikolausbrauchtums sinnvoll und kindgerecht zu bearbeiten. Gehen Sie dabei auf unterschiedliche Altersstufen ein.
2. Planen Sie den Verlauf einer Nikolausfeier.

Möglicher Verlauf einer Nikolausfeier

* Der Nikolaus wird durch die Leiterin begrüßt.
* Ein Begrüßungslied wird gemeinsam gesungen.
* Einige Kinder tragen ein Nikolausgedicht vor.
* Einige Kinder führen ein Schattenspiel mit einer Nikolauslegende vor.
* Der Nikolaus liest aus seinem goldenen Buch vor und verteilt kleine Geschenke.
* Die ganze Gruppe singt ein Nikolauslied zum Dank.
* Der Nikolaus verabschiedet sich wieder.
* Die Gruppe nimmt bei adventlicher Musik einen kleinen Imbiss ein.

12.3.6 Advent und Weihnachten

Situation

Die Praktikantin Melanie macht in der Vorweihnachtszeit einen Einkaufsbummel durch die weihnachtlich geschmückte Innenstadt. Aus den Lautsprechern der Kaufhäuser tönen unterschiedliche Weihnachtslieder, versetzt mit immer neuen Geschenkideen für die lieben Angehörigen. Weihnachtsmänner verteilen Werbeprospekte und Warenproben. Schaufenster sind weihnachtlich dekoriert. Das hektische Treiben um sie herum wird Melanie unangenehm, und ihr wird klar, dass die Weihnachtsstimmung, die sie aus ihrer Kindheit kennt, jetzt, eine Woche vor Weihnachten, völlig fehlt. Ihr fällt auf, dass sie diese Beobachtung bereits in den letzten Jahren bei sich gemacht hat. Der ganze Rummel um sie herum, die Gedanken an die letzten Geschenkideen, Termin- und Zeitnot der vergangenen Tage lassen in Melanie einen großen Widerwillen gegen den „Weihnachtsrummel" entstehen. Am liebsten würde sie in diesem Moment Weihnachten ganz abschaffen.

Aufgaben

Weihnachten abschaffen? Diskutieren Sie diese Frage in zwei Gruppen und listen Sie Pro- und Kontra-Argumente auf.

Hintergrundwissen zum Advents- und Weihnachtsbrauchtum und seinen Symbolen

Advent ist die Zeit vor Weihnachten. In der christlichen Kirche war der Advent ursprünglich die Zeit der Buße und des Fastens mit dem Ziel, die Menschen zu neuer Orientierung zu bewegen. Weihnachten als Geburtsfest von Jesus ist nach Ostern das wichtigste Fest im Kirchenjahr.

Die Verkündung der Geburt durch den Erzengel Gabriel, die Geburt Jesu, die Verkündigung der Geburt an die Hirten, die Suche der Sterndeuter aus dem Morgenland nach dem Sohn Gottes, die Flucht nach Ägypten und die Rückkehr nach Nazareth sind wesentliche Inhalte der Weihnachtsbotschaft.

Das Feiern von Weihnachten wurde im 14. Jahrhundert populär. Auch altgermanisches Brauchtum wie das Sonnenwendfest, das Mittwinterfest, der Wotanskult u. a. hat sich mit christlichem Gedankengut verbunden.

Adventliches und weihnachtliches Brauchtum ist verknüpft mit einer Reihe von Symbolen, die sich über Jahrtausende hinweg zu dem entwickelt haben, was wir heute als weihnachtlich kennen:

Licht
Angelehnt an das heidnische Sonnwendfest wurden Erleuchtung und Erkenntnis durch Lichtsymbole zum Ausdruck gebracht.
Dazu gehören:

* Kerzen am Adventskranz, am Gesteck und am Weihnachtsbaum
* Adventslaternen
* Transparentsterne und -bilder
* Weihnachtssterne

Grüne und blühende Zweige
Als Zeichen des Lebens und der Fruchtbarkeit in der dunklen Jahreszeit und als Schutz vor Winterdämonen:

* Tannenzweige
* Adventskranz
* Lichterpyramide, Adventsbogen
* Barbarazweige
* Weihnachtsbaum (als Brauch in Deutschland seit dem 19. Jahrhundert)

Gebäck
Als Symbol für lebensspendende Nahrung (Lebkuchen) mit ehemals erlesenen Zutaten wie Honig und wertvollen Gewürzen:

* Weihnachtsplätzchen
* Lebkuchen
* Christstollen
* Marzipan

Adventskalender
Sein Erfinder ist nicht bekannt. Die pädagogische Absicht ist, den jüngeren Kindern eine Möglichkeit zu geben, die Zeiteinteilung bis zum Weihnachtstag zu erfahren.

Äpfel und Nüsse
Sie sind das Symbol der Fruchtbarkeit und gleichzeitig das Bild für das verloren gegangene Paradies im Christentum:

* Äpfel und Nüsse im Nikolaussack und auf dem Teller
* Äpfel und Nüsse als Schmuck mit Tannengrün, früher am Weihnachtsbaum
* Apfelmännchen
* Bratäpfel

Krippe
Kunstvoll aufgestellte Weihnachtskrippen und Krippenspiele haben sich im 16./17. Jahrhundert eingebürgert. Heute wetteifern Kirchen häufig um die kunstvollste Ausgestaltung ihrer Krippe.

Droht dem Weihnachtsfest heute der eigentliche Sinn verloren zu gehen?

Am Beispiel des Weihnachtsfestes wird deutlich, dass der eigentliche Sinn vieler religiöser Festes immer stärker in den Hintergrund gerät. Weihnachtsgeschenke stehen mehr im Vordergrund als alles andere. Dem eigentlichen Fest droht Sinnverlust, der anstelle von Freude Leere hinterlässt. Überdruss stellt sich ein. Die Folge ist, dass viele Menschen nur noch den äußeren Rahmen des Festes kennen. Ein wichtiges Kulturgut steht in Gefahr, nur noch oberflächlich erlebt zu werden.

Um dieser Entwicklung entgegenzuwirken, ist es notwendig, den Sinn des Festes zu kennen und den Kindern nahezubringen. Ein intensiver Austausch zwischen sozialpädagogischer Einrichtung und Elternhaus kann somit gesellschaftliche Entwicklungen für beide Seiten sichtbar machen und zu einer neuen Bewusstheit führen.

Überlegungen zu Advent und Weihnachten mit Kindern

Neben dem eigenen Geburtstag wird in unserem christlichen Kulturkreis die Advents- und Weihnachtszeit als großer Höhepunkt im Jahr erlebt. Die weihnachtliche Atmosphäre mit Kerzenschein und Plätzchenduft erzeugt bei Groß und Klein eine gemütliche, heimelige Stimmung.

Die Aussicht auf Geschenke verstärkt die Spannung. Beschenkt zu werden kann Wünsche und Sehnsüchte erfüllen und die Besonderheit des Festes hervorheben. Auch für das schenkende Kind ist es beglückend, ein Geschenk für Eltern und Geschwister zu überreichen.

Allerdings haben Kinder von ihren Familien nicht selten sehr fantastische Vorstellungen vom Weihnachtsgeschehen vermittelt bekommen, wie etwa vom Weihnachtsmann, der vom Himmel geritten kommt, vom Christkind, das zur Erde fliegt, von Engelchen usw.

Die erste Aufgabe von pädagogischen Fachkräften ist es darum, Eltern in die Vorüberlegungen einzubeziehen und darauf zu bestehen, auf Sentimentalität bewusst zu verzichten. Ein gewichtiger Grund dafür ist eine sonst sicher zu erwartende Enttäuschung und Ablehnung durch das größere Kind oder die Jugendlichen.

Die zweite Aufgabe ist es, die Weihnachtsbotschaft behutsam auf kindgemäße Art der Gruppe nahezubringen. Dies beginnt mit der ersten Adventswoche. Tägliche Gesprächsrunden, meditative Betrachtungen, das Singen von Liedern, das Erzählen von Geschichten und das Hören von Musik um den Adventskranz dienen der Vermittlung der Weihnachtsbotschaft.

Der selbst gestaltete Adventskalender hilft den Kindern, die Zeit bis zum Weihnachtsfest mit Spannung zu erwarten.

Weihnachtliche Aktivitäten, wie z. B. Plätzchen backen, Geschenke herstellen oder Adventswerkstattarbeiten, tragen ebenfalls dazu bei, diese Zeit aktiv zu gestalten und mit allen Sinnen zu erleben. Bei all diesen Aktivitäten sollten die pädagogischen Fachkräfte darauf achten, dass eine gewisse Ruhe und Besinnlichkeit erhalten bleiben und nicht Hektik und Überforderung zu Unlust bei allen Beteiligten führen.

Es ist daher ratsam, das Wesentliche des Festes nicht aus den Augen zu verlieren und sich auf ein bestimmtes Schwerpunktthema zu beschränken. Schwerpunktthemen können sein: Licht, Sterne, Schenken, Hören, Mitteilen oder Aspekte der Weihnachtsbotschaft.

In familienergänzenden Einrichtungen wird eine Adventsfeier in der letzten Woche vor Weihnachten stattfinden. Andere weihnachtliche Höhepunkte können ein Weihnachtsbasar, Besuch eines Weihnachtsmarktes oder einer Krippenausstellung, soziale Aktionen für Hilfsbedürftige u. Ä. sein.

Möglicher Verlauf einer Adventsfeier

- Gemeinsames Musizieren und Singen von weihnachtlicher Musik und Liedern im stimmungsvoll geschmückten Raum.
- Die Weihnachtsbotschaft wird in einer dem Alter entsprechenden Form erzählt.
- Dazu spielen einige Kinder mit einfachen Krippenfiguren das Geschehen, andere Kinder untermalen die Geschichte mit Orff'schen Instrumenten.
- Dann findet die Bescherung statt und jedes Kind bekommt ein kleines Geschenk überreicht.
- Danach folgt das gemütliche Beisammensein mit Kinderpunsch, Bratäpfeln und Gebäck.
- Den Abschluss der kleinen Feier bilden einige abschließende Worte der Kita-Leitung und ein gemeinsam gesungenes Lied.

12.3.7 Fasching

Situation

Bei der Faschingsfeier in der Kindertagesstätte St. Christopherus kommt der sonst sehr ruhige Thomas (6,4) als Cowboy verkleidet und mit Revolver bewaffnet. Er findet sichtliches Vergnügen daran, Kinder mit „Hände hoch oder ich schieße" in seinen Bann zu ziehen.

Ähnlich kess tritt Daniela (4,8) auf, die als Hexe verkleidet Kinder und Erzieherinnen „verhext".

Ganz versonnen genießt die Balletttänzerin Elisa (4,3) ihr feines Aussehen und schwebt anmutig durch den Raum.

Der kleine Robin (3,4) hat jedoch die Clownschminke, die ihm seine Mutter aufgetragen hatte, sofort wieder entfernt, als er sich im Spiegel sah, und sich strikt geweigert, verkleidet zu kommen. Nun steht er verängstigt am Rande des Geschehens.

Ich bin eine Tänzerin.

12 Feste und Feiern

Aufgaben

Die vier beschriebenen Kinder erleben Fasching in der ihnen eigenen Art.
1. Was ist jedem Kind dabei wichtig?
2. Welche Gefühle erleben die Kinder dabei?

Hintergrundwissen zum Faschingsbrauchtum

Erste Vorläufer des Faschings, der Fastnacht bzw. des Karnevals gab es schon vor 5 000 Jahren. Im gesamten Mittelmeerraum feierte man ausgelassene Feste mit ähnlichen Inhalten, die meist mit dem Erwachen der Natur im Frühling zusammenhingen.

Im Mittelalter sollte mit dem Faschingsbrauchtum das Reich des Teufels versinnbildlicht werden und dem Menschen seine unchristliche Lebensweise vor Augen geführt werden.

Früher galt als Fastnacht die Nacht vor Aschermittwoch. Sie wurde immer weiter ausgedehnt, die Saison reicht heute bis zum Faschingsdienstag.

Heute bestimmen große regionale Unterschiede das Faschingsbrauchtum:
So tragen die Narren in der schwäbisch-alemannischen Fasnet prächtige, furchterregende Gewänder und treiben dabei allerlei Schabernack.

Der Karneval im Rheinland mit Major und Funken-Mariechen stammt aus napoleonischer Zeit. An den sechs tollen Tagen von Weiberfastnacht bis Faschingsdienstag übernehmen in den Karnevalshochburgen Köln, Düsseldorf und Mainz die Narren das Regiment. In anderen Regionen beschränkt sich das Faschingstreiben auf Bälle und Straßenumzüge mit buntem Treiben.

Pädagogische Überlegungen

An Fasching haben die Kinder die Möglichkeit, ihrer Freude am Verkleiden nachzugehen und damit in eine Wunschrolle zu schlüpfen. Dazu kommt die Freude, neue, vielleicht sonst nicht erwünschte oder gewagte Verhaltensweisen zu erproben. Im Fasching können Kinder ganz legal lärmen und tollen und ausgelassener sein als sonst.

Junge und unsichere Kinder werden jedoch durch die „entstellende" Verkleidung, Lärm und Ausgelassenheit womöglich erschreckt und verängstigt.

Die Faschingsfeier sollte der natürlichen, unbefangenen Fröhlichkeit von Kindern entsprechen. Dazu tragen einfache, bequeme Kostüme bei, die den Verkleidungswünschen der Kinder entsprechen. Wird ein Motto gewählt, sollte es den vielfältigen Rollenvorstellungen der Kinder genügend Raum lassen. Raumschmuck und Dekoration werden von den Kindern selbst hergestellt und auf das Motto abgestimmt. Lieder, Spiele, Tänze und Musik sollen kindgemäß und altersentsprechend mit den Kindern ausgewählt werden. Der Festverlauf sollte so geplant werden, dass noch genügend Freiraum für eigene Ideen der Kinder bleibt.

Möglicher Verlauf einer Faschingsfeier

* Die Kinder werden zu Beginn der Feier gemeinsam begrüßt und auf den Ablauf aufmerksam gemacht.
* Da das Fest unter dem Motto: „Eine Reise um die Welt" steht, sind alle Räume der Einrichtung verschiedenen Ländern gewidmet und entsprechend dekoriert.
* In jedem Raum werden verschiedene Spielangebote mit Geschicklichkeits- und Gewinnspielen entsprechend dem Raummotto gemacht, die die Kinder frei nutzen können.
* Getränke und kleine Snacks stehen im Flur zur Verfügung.

* Auf ein Signal hin versammeln sich alle Kinder zur Polonaise durch alle Räume und ziehen in die Gemeinschaftshalle.
* Dort wird, getreu dem Motto, ein Kasperletheater aufgeführt und die Faschingsfeier wird gemeinsam beendet.

12.3.8 Ostern

Aufgaben

1. *Erklären Sie in wenigen Sätzen, warum Ostern gefeiert wird.*
2. *Versuchen Sie, diese Erklärung so zu gestalten, dass Vorschulkinder sie verstehen und deren Erfahrungen dabei angesprochen werden.*
3. *Werden Sie sich Ihrer eigenen Schwierigkeiten mit dieser Aufgabe bewusst.*

Vermutlich wird es Ihnen nicht leichtgefallen sein, eine kindgerechte Erklärung von Ostern abzugeben. Das mag daran liegen, dass Sie selbst wenig Zugang zu diesem religiösen Thema haben. Ostern wird gemeinhin verbunden mit Symbolen wie Osternest, Osterhase, Ostereiern, vielleicht noch mit Assoziationen an die Kreuzigung und Auferstehung. Wenn wir mit Kindern Osterbrauchtum pflegen wollen, ist es jedoch wichtig, dass wir selbst den Hintergrund des Osterfestes kennen. Nur so können wir vermeiden, ausschließlich bei Äußerlichkeiten stehen zu bleiben. Das, was am Osterfest für das Leben von Menschen auch heute noch Gültigkeit hat, kann bei religiösen Inhalten für Kinder sehr bildhaft veranschaulicht werden. Dazu ist es notwendig, die schwierige Bibelsprache für Kinder zu vereinfachen.

Ostergedicht

Liebes Häschen

Liebes Häschen, willst du morgen uns für Ostereier sorgen? Liebes Häschen, bringe bald bunte Eier aus dem Wald.

Weiches Moos und grüne Ästchen holen wir für dich fürs Nestchen und daneben legen wir Gras und Klee zur Speise dir.

Und der Hund muss an die Kette und wir Kinder gehen zu Bette, dass dir niemand Bange macht, wenn du leise kommst zur Nacht.

(Volksgut)

12 Feste und Feiern

Hintergrundwissen zum Osterfest

Ostern ist das christliche Fest der Auferstehung Jesu. Schon in frühchristlicher Zeit wurden Gedächtnisfeiern zur Auferstehung Jesu Christi begangen. Ostern ist aber nicht nur aus dieser christlichen Bedeutung heraus entstanden. So gibt es die Verbindung zum jüdischen Passahfest, zum Frühlingsfest oder zum Fruchtbarkeitsfest alter Völker.

Die Terminierung von Ostern ist folgendermaßen zu erklären. Die Christen feiern die Auferstehung Jesu nach dem jüdischen Passahfest, denn Jesu ist am dritten Tag nach Passah auferstanden. Das Passahfest richtet sich nach dem Mondstand. Dadurch fällt der Feiertag der Auferstehung auf verschiedene Wochentage. Nach dem christlichen Festkalender lässt sich die Zeitspanne von Ostern vom 22. März bis zum 25. April eines Jahres eingrenzen.

Vor dieser Osterzeit liegt die Fastenzeit, auch „Passionszeit" genannt, die 40 Tage andauert und am Aschermittwoch beginnt. Weitere christliche Feiertage in dieser Zeit sind in der Karwoche der Palmsonntag und der Gründonnerstag. Der Karfreitag und der Ostersonntag sind bedeutsame Tage im christlichen Feiertagskalender. Der Karsamstag ist der Tag der Trauer und der Osternacht. Der Ostermontag schließt das Osterfest ab. Für die Christen sind Traditionen wie Ostermesse, Osternacht, Osterwasser, Osterkerze, Osterlamm usw. wichtig. Diese Symbole haben aber nicht nur christliche Ursprünge.

Für Christen ist die Auferstehung Jesu das zentrale Ereignis ihres Glaubens. Der Tod wird nicht als das Ende, sondern als Neubeginn eines neuen Lebens gesehen. Mit dem Osterfest soll bekundet werden, dass das Leben über den Tod, die Liebe über den Hass, die Wahrheit über die Lüge, die Gerechtigkeit über das Unrecht siegen wird.

Österliche Symbole und Bräuche

Wie bei allen Bräuchen vermischen sich auch bei den österlichen Bräuchen Elemente aus vielen Zeitepochen, aus vorchristlichen Ritualen, dem Naturglauben und aus dem christlichen Glauben. Die bekanntesten Ostersymbole sind der Osterhase und die Ostereier.

Der Hase gilt in vielen Mythologien als heiliges Tier. Seine Fruchtbarkeit ist Sinnbild für neues Leben im Frühling. Dass aus dem Hasen der Eierbringer wurde, geht auf einen Brauch zurück, der vor über dreihundert Jahren im Elsass, in der Pfalz und am Oberrhein entstanden ist: Dort wurden versteckte Eier in den Gärten gesucht und den Kindern wurde das Märchen erzählt, der Osterhase habe sie bei der Futtersuche abgelegt, und weil er so flink sei, könne man ihm nie dabei zusehen.

Ebenso wie der Hase gilt das Ei als Symbol der Fruchtbarkeit und des neuen Lebens. Die Vermischung der beiden Symbole muss wohl zum „Eier bringenden Osterhasen" beigetragen haben. In Deutschland ist dieser Brauch seit etwa 100 Jahren bekannt.

Pädagogische Überlegungen: Ostern feiern mit Kindern

Österliches Brauchtum ist weitverbreitet. In den meisten Familien werden Kinder an Ostern beschenkt mit Osternestern, Schokoladenosterhasen und Eiern. Im Rahmen der religiösen Erziehung und der Brauchtumspflege wird sich die sozialpädagogische Einrichtung an dieser Tradition beteiligen.

Um der Bedeutung des Osterfestes gerecht zu werden, ist es für das Team notwendig, sich mit der inhaltlichen Aussage von Ostern und deren Übertragbarkeit auf die Erfahrungswelt der Kinder auseinanderzusetzen. Folgende Themenschwerpunkte passen in die österliche Zeit, welche mit Kindern auf vielerlei Weise erfahren werden können:

* verzichten, Opfer bringen, Gutes tun, geben
* biblische Geschichten von Jesus
* Leben, Natur, Erwachen
* Wärme, Sonne, Licht
* Freude, Trauer, Zuversicht

Werkarbeiten zum Thema „Ostern", Naturbeobachtungen und Naturexperimente, Gespräche und Geschichten bereiten die Kinder auf Ostern vor.

Möglicher Ablauf einer Osterfeier

* *Die Kinder gestalten den Ostergottesdienst mit.*
* *Ein gemeinsames Osterfrühstück findet mit den Eltern im Kindergarten statt.*
* *Ein Osterspaziergang mit Eiersuche wird durchgeführt.*
* *Eine Nestsuche im Garten findet statt.*
* *Eierspiele:*
  - *Eierraten:*
    Mehrere Kinder halten die Hände auf dem Rücken, eines hält ein Ei versteckt. Ein Kind rät, wer es hat.
  - *Eier verstecken:*
    Ein Spieler sucht ein Ei, die anderen helfen durch lautes (Nähe) oder leises (Ferne) Singen.
  - *Wettlauf mit Eiern:*
    Eier auf einem Löffel tragen – Eier in zwei Reihen auslegen und um die Wette einsammeln – Eier aus einem Korb holen und einzeln ans Ziel tragen.
  - *Ei am Berg:*
    Auf einem „Berg" aus Sand steckt ein Ei. Der Reihe nach nimmt jeder eine Löffelspitze Sand weg. Bei wem das Ei umfällt, der scheidet aus.
  - *Eierpusten:*
    Alle sitzen um einen Tisch und haben die Arme auf der Tischplatte. Ein ausgeblasenes Ei wird durch Pusten in Bewegung gehalten. Wessen Arme vom Ei berührt werden, der gibt ein Pfand.

12.3.9 Muttertag

Text: Wolfgang Schmölders/Ludger Edelkötter Melodie: L. Edelkötter

1. Ich hab', was ich zum Leben brauch;
   trallalalala,
   und eine Mama hab' ich auch,
   mhm, ja, ja.
   Was will ich mehr auf dieser Welt,
   trallalalala,
   als daß es ihr bei mir gefällt,
   mhm, ja, ja.
   Tiro, tira, tirallalalala.

2. Ich hab', was ich zum Leben brauch',
   trallalalala,
   und einen Papa hab' ich auch,
   mhm, ja, ja.
   Was will ich mehr auf dieser Welt,
   trallalalala,
   als daß es ihm bei mir gefällt . . .

3. Ich hab', was ich zum Leben brauch',
   trallalalala,
   und eine Oma hab' ich auch . . .
   und einen Opa hab' ich auch . . .
   und einen Teddy hab' ich auch . . .
   usw, usw.

aus: L. Edelköttar/R. Krenzar, Spiellieder I: Ich gebe dir die Eände
Neue Spiellieder zum Gernhaben - Liedheft mit Spielanleitungen und
IMPULSE-Musikverlag, Natorp 2, 4406 Drensteinfurt 1983

Hintergrundwissen zum Muttertag

Der Wunsch zur Ehrung der Mutter hatte ursprünglich einen natürlichen Grund. Schon in sehr frühen Kulturen wurden Göttinnen, Göttermütter, Frauen und Mütter verehrt. Die großen Weltreligionen haben dies nicht übernommen und in der Folge hat sich die gesellschaftliche Stellung der Frau immer mehr verschlechtert.

Erst einer Frauenrechtlerin aus Amerika gelang es durch eine richtige Werbekampagne, den Muttergedenktag offiziell einzuführen. Seit 1914 ist der Muttertag dort zum offiziellen Feiertag erklärt worden. In Deutschland wird Muttertag seit 1923 offiziell wieder gefeiert, und zwar besonders auf Betreiben der Floristen hin, die damit ihren Umsatz steigern möchten.

Der Hauptgedanke dabei ist, der Mutter für ihre Arbeit und ihre Fürsorge zu danken und diesen Einsatz nicht als selbstverständlich anzusehen. Da dieser Gedanke durch die besagten Geschäftsinteressen und auch durch politischen Missbrauch des Mutterbildes in der Vergangenheit (z. B. im Dritten Reich) sehr strapaziert worden ist, haben heute viele Mütter ein etwas gespaltenes Verhältnis zu ihrem „Ehrentag". Auch durch die zunehmende Berufstätigkeit von Müttern und die damit verbundene geänderte Rollenverteilung innerhalb der Familie geht man heute häufig dazu über, den Muttertag durch einen Familientag, Elterntag, Oma- und Opatag und ähnliche Feste zu ersetzen.

Am Muttertag ehren die Kinder ihre Mutter, machen ihr ein Geschenk oder bereiten ihr eine Überraschung, z. B. in Form von Tätigkeiten, die sie an diesem Tag der Mutter abnehmen.

„Ich habe eine Überraschung für dich!"

Von den familiären Erfahrungen, die innerhalb einer Kindergruppe beobachtet werden, von den Wünschen der Kinder und der Eltern sollten die pädagogischen Fachkräfte einer sozialpädagogischen Einrichtung es abhängig machen, ob und wie der Muttertag gefeiert wird. Einige Einrichtungen feiern alternativ zum Muttertag Eltern-, Großeltern- oder sonstige familiäre Ehrentage mit den Angehörigen.

Möglicher Ablauf einer Muttertagsfeier in der Kindertagesstätte

* Die Leiterin begrüßt die Mütter.
* Die Kinder tanzen mit ihren Müttern eine Polonaise durch Haus oder Garten und bewegen sich zum Ziel, einer Bühne.
* Dort führen Kinder ein kleines Theaterstück mit Musikbegleitung vor.
* Dann treffen sich alle am gedeckten Tisch und es findet ein Brunch in gemütlicher Runde statt mit kleinen Köstlichkeiten, die die Kinder selbst vorbereitet haben.
* Die Kinder singen ein Abschlusslied und überreichen ein selbst hergestelltes Geschenk.

12.3.10 Sommerfest

Heute wird gefeiert.

Bedeutung des Sommerfestes

Am Ende eines Jahres, also vor Beginn der Sommerferien, bedeutet das Sommerfest für die Kinder sowohl Rückblick, Abschluss als auch Vorfreude auf einen neuen Lebensabschnitt in der Schule oder auf die Ferien. Es bietet, wie kaum ein anderer Anlass in der Einrichtung, die Möglichkeit zum gemeinsamen Feiern mit allen Kindern, deren Angehörigen und allen Menschen, die mit der Einrichtung verbunden sind.

Das Sommerfest dient auch der Begegnung innerhalb einer Kirchengemeinde oder eines Stadtteils.

Pädagogische und organisatorische Überlegungen zum Sommerfest

Das Sommerfest ist ein fröhliches Fest, das, wenn möglich, im Freien gefeiert wird. Unterstell- und Ausweichmöglichkeiten für Regenwetter sollten jedoch gleich mit eingeplant werden. Der Festtermin liegt zweckmäßigerweise einige Wochen vor Ferienbeginn, um unnötige Zeitnot für noch zu erledigende Abschlussarbeiten zu verhindern. Geeignete Wochentage sind Freitagnachmittag oder Samstag. Als durchschnittlicher Umfang des Sommerfestes werden in etwa drei Stunden angenommen. Vorführungen der Kinder werden so geplant, dass die Proben die Vorfreude auf das Fest wecken. Das ist mit einfachen Inhalten und nicht allzu langer Vorbereitungszeit möglich. Proben über viele Wochen hinweg sollten vermieden werden. Darum ist es sinnvoll, bekannte Spiele, Lieder und Tänze in die Programmgestaltung einzubeziehen.

Auch Eltern können und sollen sich an der Programmgestaltung und den Vorbereitungen aktiv beteiligen, z. B. in Form eines Theaterstückes oder als Betreuer von Spielstraßenstationen usw. Dazu sind rechtzeitig getroffene Absprachen und ein Informationsaustausch mit dem Elternbeirat notwendig. Helfer werden durch persönliches Ansprechen, Plakate und Mitteilungen rechtzeitig ermittelt und in die Vorbereitungen einbezogen (siehe auch „Elternarbeit").

Eine Planungshilfe könnte etwa folgendermaßen aussehen:

Aufgabe	Wer hilft mit?	
	Eltern von Kind/Gruppe	Wann?
Aufbau		
Abbau		
Bewirtung		
Kuchen backen		
Programmgestaltung		
Spielstraßenbetreuung		
…		

Möglicher Verlauf eines Sommerfestes

* Begrüßung der Gäste und Bekanntgabe des Programmablaufes mit Zeitangaben.
* Begrüßungslied und/oder Tanz – ausgeführt durch die Kinder.
* Ausgabe von Spielgutscheinen für die Spielstraße und Eröffnung der Spielstraße.
* Zwischenzeitlich können Kaffee und Kuchen erworben werden.
* Alle Gäste versammeln sich zum Höhepunkt. Das kann z. B. ein Theaterstück sein, das mit einem Lied von den Kindern eingeleitet und von den Eltern gespielt wird.
* Danach folgt das gesellige Beisammensein mit Essen und Getränken an dafür vorgesehenen Tischen und Stühlen.
* Den Auftakt zum gemeinsamen Abschluss bilden einige Dankesworte und ein Tanz, bei dem alle mitmachen und mitsingen können.

13 Qualität

In diesem Kapitel lernen Sie,

* dass Qualitätsmanagement Leistungen sichert und steigert,
* dass Qualitätsarbeit Reflexion einschließt,
* dass jede Fachkraft zur Qualität beiträgt,
* dass durch Qualitätsarbeit die Einrichtung neue Ideen erhält,
* dass den Bedürfnissen von Kindern, Eltern und Pädagoginnen durch Qualitätsmanagement leichter entsprochen wird,
* dass Pädagoginnen bewusst erleben, wer sie sind und was sie können,
* dass durch Qualitätsmanagement alle Pädagoginnen mit ihrer Arbeit zufriedener sind.

Yes, and I am four years old!

Situation

Frau Ebner sucht für ihre Tochter Julia, 4 Jahre, die „passende" Kita: „Ich hab' mich schon im Internet umgesehen und war auch in der Kita ‚Kunterbunt', die haben Englisch- und auch PC-Kurse. Haben Sie auch so was?", fragt sie Frau Gebbert, die ihr entgegengekommen ist. Und sie erzählt weiter, dass Julia ganz wild drauf sei, Englisch zu lernen, seit Onkel Joe aus den USA mit seinen beiden Söhnen zu Besuch bei ihnen war.

Aufgaben

1. Diskutieren Sie in der Klasse, was für Frau Ebner wichtig ist.
2. Welche Erwartungen der Eltern kennen Sie aus Ihrer Praxisstelle?
3. Lesen Sie im Konzept Ihrer Praxisstelle nach:
   - Sammeln Sie alle Hinweise, die Leistungen für Kinder und Eltern beschreiben.
   - Erstellen Sie in der Klasse drei Info-Plakate:

Was macht die Qualität der Krippe, des Kindergartens, des Horts für Eltern erkennbar?

Das Europäische Parlament hat einen verbindlichen Qualifikationsrahmen (EQR) eingeführt und alle Mitgliedstaaten verpflichtet, einen für ihr Land spezifischen Qualifikationsrahmen zu entwickeln. In Deutschland heißt der Qualifikationsrahmen DQR.

Der Qualifikationsrahmen ist ein Konzept, das Bildungs- und Lernprozesse erfasst und verbessert. Vom Mittelschulabschluss über den Berufsabschluss bis hin zum Universitätsabschluss werden alle Abschlüsse europaweit in acht Niveaustufen eingeteilt und damit vergleichbar gemacht.

Die lebenslange Bildungs- und Lerngeschichte eines jeden Menschen in Europa soll mit der lebenslangen Bildungs- und Lerngeschichte jedes anderen Menschen in Europa vergleichbarer werden.

Die Leistungen eines Menschen sollen europaweit in **vier Kompetenzkategorien** verglichen werden können:

In einem ersten Arbeitsschritt werden zu diesem Zweck von den europäischen Ländern die Qualitätsbeurteilungen der Bildungseinrichtungen und Bildungsangebote vergleichbarer gemacht. Die Qualitätsbeurteilung in Einrichtungen erhält durch diese politische Entwicklung zunehmend mehr Bedeutung.

Zur gleichen Zeit findet eine starke Entwicklung in der gesamten vorschulischen Bildungs- und Erziehungslandschaft statt. Einrichtungen erweitern ihre Bildungs- und Betreuungsangebote für Kinder unter drei Jahren, bieten vermehrt ganztägige Betreuung in Kindergärten an, schaffen Lern- und Bildungsangebote für Schulkinder.

Das Beratungs- und Unterstützungsangebot für Eltern wird ständig erweitert. Einrichtungen entwickeln sich zu Familien- und Gesundheitszentren weiter. Es wird besonderer Wert darauf gelegt, dass auf die Bedürfnisse der Bewohner eines Stadtteils oder einer Gemeinde eingegangen wird (Gemeinwesenorientierung).

Einrichtungen entwickeln sich zu Zentren der Begegnung. Im Folgenden werden die bisher üblichen Bemühungen zur Beurteilung und Förderung der Qualität einer Einrichtung dargestellt.

13.1 Die acht Qualitäts-Schlüsselbegriffe

1. Das Leitbild
* Eine oft kurz gefasste Schrift, die eine Werteorientierung, die sozialpädagogischen Ziele und das Selbstverständnis der Einrichtung zusammenfasst.

2. Das Konzept
* Eine Festlegung der Arbeitsziele, der Spiel- und Lernmethoden, der personellen und organisatorischen Strukturen und Arbeitsabläufe, der räumlichen Ausstattung der Einrichtung und ihrer Ausstattung mit Materialien.

3. Die Qualität
* Das nach außen (für Eltern) sichtbare Leistungsprofil der Einrichtung sowie das nach innen (für pädagogische Fachkräfte) erlebbare ständige Bemühen um qualitativ wertvolle Arbeitsleistung, deren Voraussetzungen und Ergebnisse.

4. Der Qualitätsstandard
* Das geplante, angestrebte Leistungs-, Arbeits-Ergebnis in der vorgesehenen Qualität (= Soll-Standard).

5. Die Qualitätsentwicklung
* Die Bemühungen aller Mitarbeiterinnen einer Einrichtung, die tägliche Arbeit immer wieder durch verarbeitete Erfahrungen, neue Informationen und Fortbildungen zu verbessern, sowie die Entwicklung und die Fortführung der Angebote in der Einrichtung (z. B. Sprachkurse, Kinderturnen, Töpfern, Malen).

6. Die Qualitätssicherung
* Die Vereinbarungen im Team der Einrichtung: Wer ist verantwortlich für die Einhaltung der Qualitätsstandards? Wie kontrollieren wir Arbeitsergebnisse (= Ist-Standards)? Wie führen wir Korrekturen ein? Wie führen wir Selbst-Evaluationen (= Selbstbewertung der Ergebnisse, Leistungen) durch? Beschwerdemanagement.

7. Die Reflexion
* Das individuelle und das gemeinsame Überdenken der Ergebnisse und Leistungen durch alle Teammitglieder sowie die Auswertung und Umsetzung von Rückmeldungen (Elternabend, Einzelgespräche mit Eltern, Elternbefragungen, „Meckerkasten").

8. Das Qualitätsmanagement
* Die Bemühungen aller Teammitglieder der Einrichtung um Messung, Erhaltung und Steigerung der Leistungseffizienz (= Leistungswirksamkeit) sowie der Arbeitsqualität. Ferner die gezielten Maßnahmen der Leitung und der Qualitäts-Beauftragten, diese Bemühungen wirksam zu unterstützen und gezielt einzusetzen, um die Erwartungen aller Beteiligten zu erkunden und sie untereinander und im Verhältnis zu den Ressourcen (= Arbeitsmittel und -voraussetzungen) aufeinander abzustimmen.

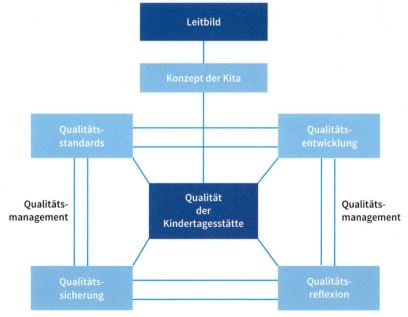

Qualitäts-Schlüsselbegriffe

13.2 Das Konzept gibt den Soll-Standard einer Einrichtung vor

Das Konzept der Kindertagesstätte gibt Eltern und pädagogischen Fachkräften einen Überblick über das **Angebot** dieser Einrichtung. Es enthält Angaben über den Ort, die Innen- und Außenräume, das Spiel- und Arbeitsmaterial, die Spiel- und Arbeitsmethoden, über die Teammitglieder und ihre Aufgaben. Das Konzept informiert auch über die Ziele sowie über pädagogische Ansätze der Arbeit in einer Einrichtung (vgl. Kap. 1.3.2).

Das Konzept der Kita bietet eine Orientierung, wesentliche **Qualitätskriterien**, nach denen sich alle Mitarbeiterinnen dieser Einrichtung in ihrer Arbeit ausrichten. Es beschreibt die Einstellung der pädagogischen Fachkräfte gegenüber den Kindern, ihren Umgang und die Ausrichtung ihrer Arbeit mit ihnen. Es beschreibt auch die Einstellung der pädagogischen Fachkräfte gegenüber den Eltern der Kinder und die Beziehung, die die pädagogischen Fachkräfte ihnen gegenüber anstreben. Pädagoginnen und Eltern bilden eine Bildungs- und Erziehungspartnerschaft. Im Konzept erfahren Eltern, welche Art der Zusammenarbeit sich die pädagogischen Fachkräfte mit ihnen wünschen, um Aufenthalt und Entwicklung der Kinder in der Kita zu gestalten: pädagogische Inhalte, Methoden und Ziele einer Einrichtung.

Im Konzept beschreiben die pädagogischen Mitarbeiterinnen, wie sie sich ständig **fort- und weiterbilden**. Sie beschreiben, wie sie sich in ihrer Einrichtung in regelmäßigen Besprechungen und in aktuellen Situationen verständigen und absprechen (interne Kommunikation).

Das Konzept gibt schließlich Auskunft über arbeitsbedingte Kontakte der Einrichtung mit **Fachdiensten und Kooperationspartnern** (siehe Kap. 10.3).

Aufgaben

1. Informieren Sie sich in Gesprächen mit Ihrer Praxisanleiterin über jeden Abschnitt im Konzept: Wie sieht die Umsetzung in der Praxis des Arbeitsalltags aus?
2. Nehmen Sie in Absprache mit Ihrer Praxisanleiterin an möglichst vielen Veranstaltungen teil, die im Konzept angeboten werden.
3. Tauschen Sie Ihre Erfahrungen in der Klasse aus: Wie werden Konzept-Inhalte (= Soll-Standards) im Kindergarten-Alltag in die Praxis umgesetzt?

Das Qualitätsverständnis der pädagogischen Fachkräfte

Jedes arbeitsbezogene Handeln aller Mitarbeiterinnen einer Einrichtung geschieht aus dem Qualitätsverständnis heraus, das in ihnen lebt. Dieses Qualitätsverständnis, bezogen auf die eigene Arbeitsweise, erwirbt jede pädagogische Fachkraft im Laufe ihrer Zugehörigkeit zum Team und im täglichen kooperativen Arbeitsablauf in einer Einrichtung.

Das Qualitätsverständnis jeder pädagogischen Fachkraft umfasst vier große Teile:

1. **Kenntnis und bewusste Anwendung der arbeitsstrategischen Rahmenbedingungen:** Gesetze, Verordnungen, Arbeitsvertrag, Trägerprofil
2. **Praktische Umsetzung der Arbeitsziele dieser Einrichtung:** Vorgaben aus Konzept, Leitbild, Qualitätshandbuch sowie allgemeine und spezielle Arbeitsschwerpunkte

3. **Persönliche arbeitsspezifische Voraussetzungen:** Entwicklungs- und ausbildungsbedingter Kenntnis- und Fähigkeitsstand, soziale Akzeptanz, gesundheitliche, ökonomische, sonstige persönliche Bedingungen

4. **Verfügbarkeit vorgegebener Ressourcen:** personelle, finanzielle, räumliche, zeitliche, materielle Vorgaben

So wie jede Arbeitshandlung einer pädagogischen Fachkraft von einem persönlichen und einrichtungsbezogenen Qualitätsbewusstsein getragen wird, so stellt diese Arbeitshandlung zugleich auch den Ausdruck eines Qualitätsstandards dar: Dies betrifft die Art und Weise, in der eine pädagogische Fachkraft ihre Aufgabe ausführt.

Qualitätsarbeit im Team: So lebt sich die „Neue" ins Team ein.

Im Laufe der Zusammenarbeit im Team übernimmt die neue pädagogische Fachkraft die Qualitätsstandards ihrer Arbeitskolleginnen. Die Rückmeldungen der Arbeitskolleginnen bilden den Ausgangspunkt der Selbstevaluation (= Selbsteinschätzung) der neuen pädagogischen Fachkraft.

Von der Leiterin der Einrichtung bis zur Schnupperpraktikantin, von der Sozialpädagogin bis zur Küchenhilfe und von der 64-jährigen erfahrenen Pädagogin bis zur 15-jährigen Praktikantin verbinden sich alle Aktivitäten in der Einrichtung in dem **Qualitätsstandard**, den diese Einrichtung nach innen und nach außen repräsentiert.

Genauer definiert sind die Arbeitsstandards im **Qualitätshandbuch** einer Einrichtung.

Das Qualitätshandbuch entsteht in der Praxis aus dem Leitbild und der Konzeptarbeit in der Einrichtung. Kitas legen darin alles fest, was für ihre Arbeit bedeutsam ist. Sie beschreiben, wie Arbeitsabläufe geschehen. Sie dokumentieren darin den Umgang mit Sicherheitsvorschriften, der Hygiene, der Gesundheitsförderung der Kinder. Es werden darin z. B. auch Ziele, Inhalte und Ablauf des Morgenkreises und der Geburtstagsfeier dargestellt. Im Qualitätshandbuch beschreiben Pädagoginnen, wie in ihrer Einrichtung Genderpädagogik, Partizipation und Ko-Konstruktion umgesetzt werden, wie die Entwicklung zur inklusiven Pädagogik geplant und in ihrer Einrichtung gelingen kann. Pädagoginnen dokumentieren auch, wie Praktikantinnen und neue Mitarbeiterinnen eingeführt werden, wie Mitarbeitergespräche geführt werden, wie regelmäßige Team- und Fallbesprechungen stattfinden. Im Qualitätshandbuch ist auch beschrieben, wie die Kooperation mit anderen Einrichtungen, Fachdiensten verläuft.

So sieht das Qualitätshandbuch aus, die Arbeitsanleitung für unsere Kita.

Qualität lässt sich in vier Bereichen beschreiben.

Aspekte der Qualität	
Wozu das in unserer Kita geschieht: **Orientierungsqualität**	Beispiele: – Leitbild und Konzept – Fort- und Weiterbildungsergebnisse – reflektiertes Verständnis des eigenen Arbeitsverhaltens
Was wir benötigen, damit es geschieht: **Strukturqualität**	Beispiele: – Gruppengröße, Ausstattung – Betreuungsschlüssel – räumliches Angebot – Vorbereitungszeiten
Was in unserer Kita geschieht: **Prozessqualität**	Beispiele: – Bezugserzieherin – wertschätzender Dialog – Vernetzung im Stadtteil, Gemeinde
Was dabei herauskommt, wenn es so geschieht: **Ergebnisqualität**	Beispiele: – Zufriedenheit der Kinder, Eltern, Mitarbeiter – Bewährung bei besonderen Anlässen – Annäherung an pädagogische Ziele

Aufgaben

1. Lesen Sie im Qualitätshandbuch Ihrer Praxisstelle nach.
2. Ergänzen Sie die vier oben genannten Gruppen mit weiteren Beispielen aus der Praxis.
3. Schätzen Sie die Qualität Ihrer eigenen Arbeitsleistungen mit eigenen Worten bei der begleitenden Betreuung einer Kleingruppe ein:
   - bei der Bilderbuchbetrachtung (vgl. Kap. 6.4),
   - in der Bauecke,
   - im Garten.

   Vergleichen Sie Ihre Einschätzung (gut, mäßig, schlecht) mit der Beurteilung durch Ihre Praxisanleiterin.
4. Lesen Sie die Info-Blätter, -Broschüren und die Hinweise auf der Info-Tafel Ihrer Praxisstelle und notieren Sie alle Hinweise auf die Qualität der Einrichtung. Vergleichen Sie Ihre Notizen in der Klasse.

13.3 Die Arbeit mit der Qualität

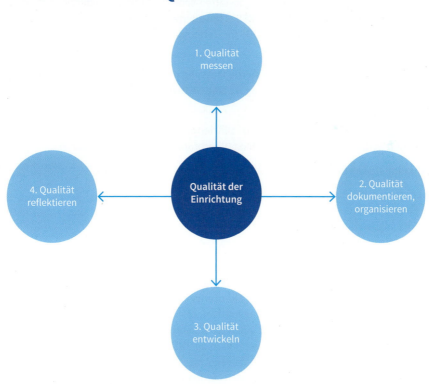

In jeder sozialpädagogischen Einrichtung steht die Qualität der Arbeit im Mittelpunkt.

Qualitätsvolles Arbeiten ist ein vielseitiges, nie abgeschlossenes Geschehen.

Messen, Dokumentieren und Organisieren, Entwickeln und Reflektieren sind ineinander verwoben: der Qualitätsprozess.

Qualität ist Produktbegriff.

13.3.1 Messen der Qualität

Der **Qualitätsstandard der Leistungen einer sozialpädagogischen Einrichtung** kann auf verschiedene Weisen gemessen, bewertet, beurteilt und mit dem anderer Einrichtungen verglichen werden. Hierzu werden in der Praxis der Kindertagesstätten sehr viele unterschiedliche Methoden angewendet. Bewährt haben sich Skalen nach KES-R (revidierte Form der Kindergarteneinschätz-Skala), nach der Krippen-Skala KRIPS-R, nach HUGS für Hort und Ganztagsangebote und nach TAS für die Tagespflege.

Die Qualitätsmessung kann sowohl als **interne Messung** (von innen) als auch als **externe Messung** durchgeführt werden. Die interne Messung ist eine Selbstevaluation (Selbstbewertung) durch die Mitarbeiterinnen oder die Eltern.

Die externe Messung erfolgt durch fachlich qualifizierte, jedoch unabhängige Gutachter. Die externe Messung führt in der Regel zu einem Zertifikat (überprüfbare Qualitätsbewertung).

Diese Qualitätsbewertung umfasst:

* die Leistungen der Einrichtungsleitung
* den Einsatz der Arbeitsmittel
* die Organisation der Arbeitsabläufe
* die Ergebnisinterpretation

Alle Methoden der Messung sind einander ähnlich (Befragungen, Beobachtungsprotokolle, Zählen, Messen). In manchen Bundesländern wurden verschiedene Gütesiegel für sozialpädagogische Einrichtungen entwickelt. Diese Gütesiegel sollen es Eltern erleichtern, eine Einrichtung für ihr Kind zu wählen und Vertrauen in die Arbeit dieser Einrichtung zu entwickeln. Das Gütesiegel soll die Qualität der Arbeit in dieser Einrichtung nach außen hin auf einen Blick sichtbar machen. Verschiedene Einrichtungen sollen durch das Gütesiegel vergleichbar werden. In der Öffentlichkeit wird die Vergabe solcher Gütesiegel jedoch kontrovers diskutiert. Viele Gütesiegel messen unterschiedliche Aspekte von Qualität, bewerten das Gemessene unterschiedlich und werden von Instituten mit unterschiedlichen Interessen vergeben.

Es gibt Bestrebungen, ein einheitliches Verfahren zur Messung von Qualität einzuführen.

13.3.2 Qualität dokumentieren und organisieren

Die Skalen zur Qualitätsbeurteilung geben mit ihren Beurteilungskriterien Ziele für die Dokumentation und Organisation der Qualität vor.

Pädagogische Fachkräfte dokumentieren ihre Arbeit z. B. in

* Jahresberichten,
* Tagebüchern,
* Wochenvor- und Rückschauen,
* Fotodokumentationen der inhaltlichen Arbeit,
* Ergebnissen von Kinder-Eltern-Mitarbeiterbefragungen,
* Teamergebnisprotokollen,
* Präsentationen von Projekten, Ausflügen, Festen, Aktionen,
* Entwicklungsdokumentationen und Portfolioarbeit.

Die Arbeitsqualität, das pädagogische Konzept sowie die Standards der Teamfortbildungen werden im Qualitätshandbuch dokumentiert.

In jeder Einrichtung gibt es eine verantwortliche Mitarbeiterin, die Qualitätsmanagerin.

Ihre Aufgabe ist es, das Qualitätshandbuch zu führen und mit dem Team weiterzuschreiben.

Im Team reflektiert die Qualitätsmanagerin mit ihren Kolleginnen, wie sich die gesamte Arbeit an dem Qualitätshandbuch orientiert. Sie diskutiert neue Entwicklungen, gibt Denkanstöße für Veränderungen. Sie beobachtet, plant und bewertet Arbeitsabläufe in der Einrichtung aus dem Blickwinkel der Qualitätsmanagerin.

Aufgaben

1. Informieren Sie sich im Qualitätshandbuch Ihrer Praxisstelle: Welche Qualitätsthemen sind im Team der Einrichtung in der letzten Zeit bearbeitet worden? Welche Methoden wurden angewendet? Welche Ergebnisse sind erzielt worden?
2. Auf welche Weise können Sie in der Gruppe Ihrer Praxisstelle nach Rücksprache mit Ihrer Anleiterin zur Qualitätsverbesserung beitragen?
3. Nehmen Sie im Team Ihrer Praxisstelle an einem Brainstorming (= Ideenfindung für Projekte) teil.
4. Erkundigen Sie sich in Ihrer Praxisstelle: Welche Kollegin führt die Aufgaben einer Qualitätsmanagerin aus? Welche Aufgaben sind das? Tauschen Sie sich in Ihrer Klasse aus.

Qualitätsmanagement in einer sozialpädagogischen Einrichtung heißt auch **Mitarbeiterorientierung**:

* Wie werden die Leistungsvoraussetzungen geplant, verbessert, gefördert?
* Wie werden Fähigkeiten der Teammitglieder aufrechterhalten, weiterentwickelt?
* Wie können Arbeitsziele und Bedürfnisse der pädagogischen Fachkräfte vereinbart und Leistungen kontinuierlich dokumentiert werden?

* Wie wird ein effektiver (= ergebniswirksamer) Dialog zwischen pädagogischen Fachkräften und Leitung (Träger, Organisation) eingerichtet und aufrechterhalten?

* Wie wird für persönliche Bedürfnisse der pädagogischen Fachkräfte gesorgt?

Arbeitszufriedenheit hebt und trägt die Qualität.

Aufgaben

1. Gestalten Sie ein Plakat: Beschriften Sie die zwölf Speichen eines Sonnenrades mit den zwölf Voraussetzungen für Ihre persönliche Arbeitszufriedenheit.

2. Sprechen Sie mit Ihrer Praxisanleiterin darüber, was die Arbeit in einer Kindertagesstätte erleichtert bzw. was diese Arbeit erschwert.

3. Bei welchen Arbeitsaufträgen in Ihrer Praxisstelle kommen Sie nach eigener Einschätzung zu qualitativ guten Ergebnissen? Was sind dabei für Sie förderliche Umstände?

13.3.3 Qualität entwickeln

Pädagogische Mitarbeiterinnen haben im Team und in Absprachen mit dem Träger und den Eltern festgelegt, was sie unter Qualität in der Einrichtung verstehen. Sie haben festgeschrieben, woran man in ihrer Einrichtung Qualität feststellen, wie diese Qualität gemessen und mit anderen Einrichtungen verglichen werden kann.

Ein **Qualitäts-Ist-Zustand** wurde festgelegt.

Im **Qualitätsprozess** überlegen nun alle Beteiligten, wie die erreichte Qualität erhalten wird, was noch fehlt oder verbessert werden kann.

Das führt dazu, dass das Team, der Träger und die Eltern neue Ziele formulieren. Sie überlegen, wie die pädagogische Arbeit weiterentwickelt werden kann. Schwerpunkt der Entwicklung sind die Bedürfnisse von Kindern, Eltern und Mitarbeiterinnen.

Es werden dabei auch die Rahmenbedingungen, wie z. B. die räumliche, sachliche und finanzielle Ausstattung der Einrichtung, diskutiert.

Überlegt wird, welche Fort- und Weiterbildungen das Team braucht, um neue Ziele in pädagogisches Handeln umzusetzen.

Bedürfnisse und Möglichkeiten werden im kommunalen, regionalen Umfeld ermittelt. Politische und neue gesetzliche Voraussetzungen werden berücksichtigt, wie z. B. der Betreuungsanspruch für Kinder unter drei Jahren und die Integration von Kindern mit Migrationshintergrund.

Das Team überlegt auch, wie es intensiv mit Fachdiensten und anderen Kooperationspartnern zusammenwirken kann. So entwickeln sich auch neue Einrichtungsformen, wie z. B. Familien- und Gesundheitszentren.

Der Weg zu immer wieder verbesserter Qualität und zu neuen Arbeits- und Organisationsformen beginnt oft mit:

* einem Vergleich der Soll-Werte der Qualitätsstandards mit den Ist-Werten
  (z. B.: Arbeiten wir wirklich so, wie wir es uns vorgenommen haben?)
* Mitarbeiterinnen-Befragungen
  (z. B.: Welche Informationen benötigen wir?)
* Elternbefragungen
  (z. B.: „Welche Angebote finden Ihre Zustimmung?")
* Maßnahmen zur Qualitätssicherung
  (z. B.: Dokumentation, Evaluation)

13.3.4 Qualität reflektieren

Die **Reflexion** (= Rückbesinnung) ist der Königsweg zu Sicherheit, Zufriedenheit und guter Leistungsqualität für alle Fachkräfte in sozialpädagogischen Arbeitsfeldern. Gründliche Reflexion ist Ausgangs- und Endpunkt im Kreislauf des Qualitätsmanagements. Nur wer über seine Arbeit gründlich nachdenkt, kommt Leistungsmängeln, Fehlern und Schwachstellen auf die Spur und kann nach besserer Leistungsqualität streben.

Zehn Regeln für die individuelle Reflexion

1. *Eine Reflexion ist zeitlich begrenzt: zehn Minuten für eine Kurzreflexion, 30 Minuten für eine gründliche Reflexion.*
2. *Die Reflexion wird an einem störungsfreien Ort durchgeführt.*
3. *Papier und Schreibstift gehören zu den Arbeitsmitteln einer Reflexion.*
4. *Am Anfang steht das Thema, die Fragestellung wird konkret formuliert: z. B.: „Wie habe ich heute die Kinder in der Gruppe (die Kolleginnen im Team, die Eltern in der Bringzeit o. Ä.) begrüßt?" Oder: „Wie kam es zu dem Streit in der Garderobe?" Oder: „Wie kann ich mich in der Teamsitzung beteiligen?"*
5. *Die Reflexion beginnt mit dem, was sich tatsächlich ereignet hat (= Ist-Situation): „Was ist geschehen? Wie kam es dazu? Wie war der Hergang?"*
6. *Die Reflexion stellt gegenüber: „Was war gut (hat mir, hat anderen gut gefallen)? Was war nicht so gut?"*
7. *Die Reflexion lässt alle Einfälle zu: „Was hätte stattdessen geschehen können? Was hätte mir, hätte anderen besser/schlechter gefallen?"*
8. *Die Reflexion ist ein kreativer Prozess: „Was kann (werde) ich nächstes Mal anders, stattdessen tun? Was kann ich selbst an der Situation verändern? Was möchte ich ein anderes Mal erreichen? Was fällt mir sonst noch ein?"*
9. *Ein Blick nach innen schließt die Reflexion ab: „Wie fühle ich mich jetzt? Wie habe ich mich in jener Situation gefühlt? Was ist der Unterschied? Was nehme ich mir ganz konkret für das nächste Mal (für morgen, für den Fall, dass …) vor?"*
10. *Die Reflexion ist beendet, wenn ich das Thema ausreichend behandelt und alle meine Gedanken und Einfälle dazu notiert, neue Arbeitswege gefunden habe.*

Aufgaben

1. Führen Sie eine gründliche Reflexion Ihres letzten Praxistages nach den oben aufgeführten zehn Regeln durch.
2. Besprechen Sie Ihre Reflexionsergebnisse mit Ihrer Praxisanleiterin.
3. Vergleichen Sie in der Klasse Ihre Reflexionserfahrungen.

Vier Regeln für eine Reflexion in der Arbeitsgruppe oder im Team

1. Eine gemeinsame Reflexion braucht Regeln. Die Kolleginnen finden diese Regeln gemeinsam und stimmen darüber ab.
2. Die zehn Regeln der Reflexion gelten ebenso in der Gruppenreflexion.
3. Jede Reflexion behandelt ein vorgegebenes Thema.
4. Jede Teilnehmerin/jeder Teilnehmer arbeitet aktiv, ergebnisorientiert, produktiv und kooperativ mit.

Gründliche und regelmäßige Reflexionen verbinden den Ist- mit dem Soll-Stand: Reflexion ist Abschluss und Planung neuer Arbeitsschritte in einem. In der folgenden Grafik werden Themen zur Qualitätssteigerung durch Reflexion aufgezeigt:

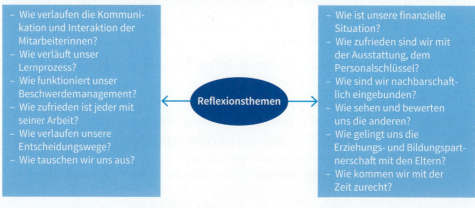

Aufgaben

1. Erkundigen Sie sich bei Ihrer Praxisanleiterin nach fünf unterschiedlichen Möglichkeiten, wie sich Mitarbeiterinnen austauschen können.
2. Wie werden in Ihrer Praxisstelle Informationen weitergegeben?
3. Welche Fortbildungsveranstaltungen werden in Ihrer Einrichtung besucht?
   Wie gelangen Inhalte einer Fortbildung in das Team?
4. Welche Begegnungsformen gibt es in Ihrer Praxisstelle zwischen Trägern, Einrichtung, Team, Eltern, Nachbarschaft und Fachdiensten?
5. Zeichnen Sie einen Wochenplan mit Aufgaben und Zeitstruktur der Mitarbeiterinnen Ihrer Praxisstelle.

14 Methodische Grundsätze zu gezielten Aktivitäten und ausgewählte Praxisbeispiele

In diesem Kapitel lernen Sie,

* wie pädagogische Aktivitäten in den verschiedenen Bildungsbereichen praktisch umgesetzt werden können,
* welche methodischen Grundsätze den einzelnen Aktivitäten zugrunde liegen,
* welche konkreten Beispiele es für die Anwendung im Praktikum bzw. in der sozialpädagogischen Praxis gibt.

14 Methodische Grundsätze zu gezielten Aktivitäten und ausgewählte Praxisbeispiele

Das Kapitel 14 enthält einige neue Elemente. Der Buchstabe **E** steht für den Einstieg, **H** stellt den Hauptteil dar und **A** den Abschluss. Bei der Jugendministerkonferenz und der Kultusministerkonferenz von 2004 sind für die Bundesländer gemeinsame Bildungsbereiche verbindlich vorgeschrieben worden. Aus diesen Bildungsplänen resultierende Ziele sind Grundlage des Handelns für pädagogische Fachkräfte, und zwar in allen Situationen des täglichen Lebens, ob geplant oder ungeplant.

Zur Veranschaulichung und als praktische Hilfe für Lernende finden sich zu den verschiedenen Bildungs- und Erziehungsbereichen im folgenden Kapitel Praxisbeispiele für gezielte Aktivitäten mit den entsprechenden methodischen Grundlagen.

14.1 Emotionalität und soziale Beziehungen

14.1.1 Entspannungsübungen und Fantasiereisen

Methodische Grundsätze

* Da Fantasiereisen und Massagen Angebote sind, die Kinder zur inneren Ruhe und Entspannung führen sollen, sind eine ruhige und besinnliche Atmosphäre sowie die freiwillige Teilnahme wichtige Voraussetzungen.
* Wer eine Fantasiereise anleitet, sollte auch selbst entspannt und gelassen sein und dies mit der Stimme transportieren können, denn innere Unruhe überträgt sich auf die Kinder.
* Zum Gelingen einer Fantasiereise und einer Massage ist es notwendig, dass die Kinder sich körperlich entspannen und die Aufmerksamkeit weitgehend auf den erzählten Inhalt der Geschichte bzw. die Körperwahrnehmung gelenkt wird.
* Der Inhalt der Fantasiegeschichte sollte so gewählt sein, dass die Kinder sich mit ihren eigenen Erfahrungen oder Fantasien wiederfinden können. Sie sollte einen Weg beschreiben, den alle gemeinsam gehen. Dabei werden möglichst viele Sinneserfahrungen angesprochen, z. B. was auf einem Weg gesehen, gehört, gerochen, gespürt werden kann.
* Eine leise meditative Hintergrundmusik und ein entsprechender Raumschmuck unterstützen die entspannte Atmosphäre.
* Wenn jedes Kind mit dem Rücken (oder dem Bauch bei Rückenmassagen) auf seiner Unterlage liegt, gibt der Anleiter zuerst genügend Zeit, sich auf das Liegen zu konzentrieren.
* Dabei sollte klar und deutlich gesagt werden, dass kein Körperteil angewinkelt und gespannt sein sollte.
* Eventuell müssen einzelne Kinder darauf aufmerksam gemacht werden, dass die Position noch nicht ganz stimmt. Das kann auch durch die sanfte Richtigstellung des Beines oder des Armes erfolgen, ohne dass dazu viel gesprochen wird.
* Die Geschichte wird sehr langsam, in ruhigem Ton und mit genügend Pausen an den passenden Stellen vorgelesen bzw. erzählt.
* Während der gesamten Fantasiereise ist es notwendig, die Kinder aufmerksam zu beobachten und ihnen bei allen Schritten genügend Zeit zu lassen.
* Bei Massageübungen ist besonders darauf zu achten, dass sich die Kinder rücksichtsvoll und einfühlsam verhalten und weder zu fest noch zu leicht aufdrücken.
* Auf Ungewöhnliches in der Gruppe wird reagiert: bei Angst, Unsicherheit, Verspannung o. Ä. z. B. mit Berühren, Anlehnen oder Augenöffnen.
* Am Ende der Geschichte lässt man den Kindern genügend Zeit zum Nachempfinden des Gehörten.
* Erst dann führt man die Kinder langsam wieder zurück in das gegenwärtige Erleben. Dies wird unterstützt durch ausgiebiges Dehnen, Strecken und Gähnen.

* Danach setzen sich alle langsam wieder auf.
* Jetzt kann jeder, der möchte, erzählen, was er auf seiner Reise erlebt hat, wen er getroffen hat, was er gesehen hat, was ihm gut gefallen hat usw. Wenn ein Kind nichts erzählen möchte oder kann, wird dies ohne besonderes Aufsehen akzeptiert.

Praxisbeispiel: Fantasiereise mit Partnermassage

Einstieg (1. Beispiel)
Die Kinder bekommen jeweils ein Kärtchen ausgehändigt, das sie so anschauen sollen, dass es kein anderes Kind sieht. Auf den Kartenpaaren sind Tiere abgebildet (Katze, Hund, Esel, Pferd, Vogel). Die Kinder sollen keine Kommentare dazu abgeben. Auf ein Kommando hin beginnen alle zusammen so zu rufen wie das Tier auf ihrem Kärtchen. Dabei suchen sie den passenden Partner. Wer sich gefunden hat, holt sich eine Matte und legt sie sternförmig in den Raum (Markierungen sind angebracht).

Das kitzelt aber!

Einstieg (2. Beispiel)
Jeweils zwei Kinder setzen sich gemeinsam auf eine der ausliegenden Matten. Wenn alle Kinder sitzen, schließen sie ihre Augen und öffnen sie erst wieder, wenn sie „von jemanden aufgeweckt" werden. Die pädagogische Fachkraft geht mit einem Korb voller Igelbälle umher und berührt damit sanft ein Kind nach dem anderen. Wenn es die Augen öffnet, bekommt es den Ball in die Hände. Sobald alle Kinder ihre Bälle haben, betasten sie ihre Bälle und probieren aus, was sie damit machen möchten.

Zielangabe
„Diese Bälle sind heute Igel, die eine Reise mit uns machen."

Hauptteil	
Arbeitsschritte	**Methodisch-pädagogische Hinweise**
Die Ausgangsposition wird eingenommen und Grundregeln werden erklärt.	Die pädagogische Fachkraft kniet sich auf ihre Matte vor eine große Demonstrationspuppe und fordert die Kinder dazu auf, dass sich ein Kind auf den Bauch legt, während das andere seitlich neben ihm kniet. Sie beobachtet jetzt und während der gesamten Massagegeschichte die Kinder und gibt wenn nötig hilfreiche, in die Erzählung eingebaute Hilfestellungen. Eventuell spricht sie auch einzelne Kinder direkt an, um Verbesserungsvorschläge zu machen.
Der Igel schläft … und erwacht.	Der Igelball wird von der pädagogischen Fachkraft während der Erzählung, die langsam und ausdrucksvoll vorgetragen wird, gleichzeitig so bewegt, dass Kinder, die eine Orientierung brauchen, sich die Bewegungen abschauen können. Zunächst liegt der Igelball auf der Fußsohle und fängt langsam an, sich dort mit leichtem Druck zu bewegen.
Er beschließt, eine Reise zu unternehmen.	Der Ball rollt ein wenig hin und her – dabei werden die Kinder darauf aufmerksam gemacht, den Igel so zu bewegen, dass das massierte Kind dies als angenehm empfindet und sich nicht gekitzelt fühlt.

Hauptteil	
Arbeitsschritte	**Methodisch-pädagogische Hinweise**
Er schaut zur Türe hinaus.	Der Igelball rollt zur Ferse hinauf und hin und her.
Er läuft einen kleinen Hügel hinauf,	Er rollt die Wade mit leichtem Druck entlang, langsam, die gesamte Fläche hin und her rollend.
… überquert einen Graben,	Die Kniekehle wird mit einem kleinen Satz übersprungen, das kann wiederholt werden, weil es so viel Spaß gemacht hat, auch mit Anlauf.
… erklimmt einen hohen Berg,	Der Ball wird weiter entlang des Oberschenkels geführt, wo wie bei der Wade langsam, ausdrucksvoll, leichter Druck ausgeübt wird. Er wird in engen Schlangenlinien bis zum Gesäß geführt und hin und her gerollt.
… überquert eine große Wiese, wo er tanzen und springen kann,	Den Igelball den Rücken entlangrollen, hüpfen, Kreise drehen und die Kinder darauf aufmerksam machen, dass sie nicht auf die Wirbelsäule kommen sollen, sondern immer darüberhüpfen oder sanft rollen sollen. Sie sollen auch darauf achten, was dem massierten Kind am meisten Freude bereitet bzw. ihm am angenehmsten ist.
… kommt auf einem Hügel an, schaut zu allen Seiten hinunter.	Am Schulterblatt angekommen, wird der Ball rund um die Schulter gerollt – was er da wohl sieht?
Er schaut zur Türe hinaus,	Der Igelball rollt zur Ferse hinauf und hin und her.
… entdeckt einen Pfad, geht hinunter und findet dort Würstchen zum Essen.	Den Arm hinunterrollen bis zur Hand, ihn dort auf Handrücken und Handfläche rollen und bis zu den einzelnen Fingern rollen und auf und ab rollen.
Jetzt hat er auch noch Durst und geht den anderen Pfad hinunter, dort ist ein Brunnen, aus dem trinkt er.	Den Arm zurückrollen, über die Schulter führen, zwischen die Schulterblätter führen, um die andere Schulter rollen und den anderen Arm hinunterrollen wie gehabt. Den Ball über Handrücken rollen, in die Handfläche und dort hin- und herrollen.
Jetzt geht er wieder zurück	Den Arm wieder zurückrollen.
… über die grüne Wiese, dort macht er ein letztes Tänzchen	Den Ball über den Rücken zurückrollen wie gehabt.
… über den Berg.	Den Ball über das Gesäß abrollen.
Dort entdeckt er einen anderen Rückweg.	Den Igelball über das andere Bein zurückrollen.
Den geht er entlang, kann aber nicht mehr über den Graben hüpfen, sondern läuft mitten durch.	Dabei darauf aufmerksam machen, dass der „Graben" ganz vorsichtig durchschritten wird.
Er steigt bergan, bis er zum Schluss den Hügel mit seinem Haus entdeckt.	Der Ball rollt die Wade entlang zur Ferse, dort noch eine Runde drehen.
Oh, wie ist er müde, er dehnt und streckt sich und legt sich gleich ins Bett.	Den Ball auf die Fußsohle rollen, sich einkuscheln und still liegen bleiben.
Wiederholung mit Partnerwechsel	In der gleichen Weise wird die Massagegeschichte wieder erzählt und dabei mit Bewegungen begleitet wie zuvor.

Abschluss (1. Beispiel)
Alle Kinder setzen sich so auf ihre Matten, dass ein gemeinsamer Kreis entsteht. Jedes Kind bekommt die Gelegenheit, zu erzählen, was ihm besonders gut gefallen hat oder was es besonders angenehm erlebt hat.

Abschluss (2. Beispiel)
Alle Kinder legen sich noch einmal bequem auf den Rücken und denken an die Reise des Igels zurück. Nach einer angemessenen Weile werden sie dazu aufgefordert, sich langsam zu räkeln, zu dehnen und zu strecken, die Augen zu öffnen und gedanklich wieder zurück in den Raum zu kommen.

14.1.2 Die Gesprächsführung

Methodische Grundsätze

* Das Gesprächsthema wird so ausgewählt, dass jedes Kind **Erfahrungen** damit und Vorstellungen davon hat, die es mitteilen kann.
* Dabei ist sich der Gesprächsleiter über das **Gesprächsziel** bewusst (z. B. Erlebnisse zum Thema mitteilen, Lösungsmöglichkeiten für ein Problem suchen, eine gemeinsame Entscheidung finden).
* Der **Gesprächsverlauf** wird zuvor mithilfe von Leitfragen **vorüberlegt**.
* Die **Hinführung** zum Thema erfolgt anschaulich und kindgerecht, d. h. mit passenden Bildern, Gegenständen oder einem gemeinsam erlebten Anlass.
* Der Gesprächsleiter leitet das Gespräch, indem er darauf achtet, dass
   – beim Thema geblieben wird,
   – Gesprächsteile – wenn nötig – zusammengefasst werden.
* Er verwendet Gesprächstechniken wie das Geben von **Impulsen** und das Stellen von **Fragen**.
* Dabei sollten Fragen nach Banalitäten (z. B. *„Wer hat schon einmal einen Apfel gesehen?"*) vermieden werden. Es ist besser, Fragen zu stellen, die darauf ausgerichtet sind, dass Kinder selbst Erkenntnisse gewinnen können.
* Es ist wichtig, das **Kind anzuschauen**, an das eine Aussage gerichtet wird.
* Wenn möglich werden Denkanstöße durch **Impulse** gegeben. Impulse können stumm sein: Gestik und Mimik, sie können durch den Tonfall wirken („so/jaja ... und hm/aha ...") oder durch Worte gegeben werden („Seht genauer hin! Vergleicht die Blätter! Erkläre genauer!").
* Die Kinder werden ermutigt und angeregt, über ihre eigenen Erfahrungen zu sprechen, ohne dass sie fürchten müssen, kritisiert, belehrt oder getadelt zu werden.
* Falls der Gesprächsfluss stockt, kann sich der Gesprächsleiter „Türöffnern" bedienen, z. B.:
   – ein eigener Beitrag, der zum Sprechen anregt
   – Aufnahme von Kinderäußerungen, die mit eigenen Worten wiedergegeben werden
   – Aufforderung zum weiteren Erzählen: „Erzähl doch mal ..."
* Jedes Kind erhält **Anerkennung** für seinen Beitrag.
* Den Kindern **Zeit lassen**, Gesprächspausen zulassen und diese nicht durch vieles Reden füllen.
* Der Gesprächsleiter beachtet selbst die **Gesprächsregeln** und achtet darauf, dass die Kinder sie einhalten: *Jeder kommt an die Reihe; jeder hört jedem zu, ohne zu unterbrechen; jeder bleibt an seinem Platz bis das Gespräch zu Ende ist; abfällige Bemerkungen, Spott und Auslachen werden nicht erlaubt; jeder teilt mit, wenn er etwas nicht verstanden hat; jeder achtet auf das Gefühl des anderen; ich teile mit, was ich verstanden habe.*
* Was Kinder sprachlich noch nicht ausdrücken können, ist möglicherweise beispielhaft durch Gestik und Mimik, durch Vorstellungsbilder usw. zu veranschaulichen und sprachlich zu begleiten.
* Der Gesprächsleiter fasst das **Gesprächsergebnis** am Ende zusammen.

Praxisbeispiel: Gesprächsführung zum Thema „Als ich mich einmal gefreut habe"

E

Einstieg
Die pädagogische Fachkraft zeigt Bilder, auf denen lachende, glückliche Menschen in unterschiedlichen Situationen abgebildet sind, und fordert die Kinder auf, sich die Bilder gut anzusehen. Unterschiedliche Situationen sollen angesprochen werden, sodass es jedem Kind möglich ist, etwas Bekanntes zu entdecken.

Vorgegeben werden Themenimpulse wie:

* „Vielleicht gibt es auch so ein ähnliches Bild von dir, als du dich einmal so gefreut hast oder du einmal so glücklich warst ..."
* „Du hast sicherlich Erinnerungen an Situationen, in denen du einmal sehr glücklich und zufrieden warst ..."
* „Dir fällt vielleicht ein eigenes Bild ein, mit dem sich ein Erlebnis verbindet ..."

Dabei werden die Kinder genau beobachtet und darauf geachtet, dass jedes Kind aufmerksam zuhört. Die pädagogische Fachkraft versucht vielfältige Erinnerungen bei den Kindern wachzurufen. Während die Kinder überlegen, räumt sie die Bilder weg und legt stattdessen Symbolsteine hin.

H

Zielangabe
„Wir sprechen jetzt darüber, wie das war, als wir uns einmal gefreut haben."

Hauptteil	
Arbeitsschritte	**Methodisch-pädagogische Hinweise**
1. Aufforderung zum Erzählen eines Erlebnisses	Die Pädagogin erklärt die Aufgabenstellung, bis sie den Eindruck hat, dass alle Kinder wissen, was sie erwartet, und bis sie ein Erlebnis gefunden haben. Möglicher Impuls: „Wenn dir ein Erlebnis eingefallen ist, nimm als Zeichen dafür einen Stein und leg ihn unter den Stuhl." Wenn jedes Kind seinen Stein unter dem Stuhl liegen hat, beginnt das Gespräch. Die Pädagogin wartet, bis alle so weit sind, und lässt genügend Zeit.
2. Gesprächsregeln einführen	Bevor das erste Kind mit seiner Erzählung beginnt, macht die Pädagogin alle darauf aufmerksam, dass nur ein Kind spricht und alle anderen gut zuhören. Es kommt jeder an die Reihe.
3. Erzählrunde: Jeder erzählt sein Erlebnis. Ein Kind beginnt.	Impuls: „Beschreibe dein Erlebnis, bei dem du dich einmal gefreut hast. Wer war dabei, was ist geschehen ...?" Die Pädagogin schaut aufmerksam in die Runde und vergewissert sich, dass alle ihrer Anweisung folgen können. Wenn sich kein Kind meldet, spricht sie evtl. ein Kind an, von dem sie den Eindruck hat, dass es gerne erzählen möchte. Zeit lassen! Die Pädagogin sorgt dafür, dass alle Kinder zuhören und dieses Kind ungestört erzählen kann. Hat es sprachliche Schwierigkeiten, versucht sie, es bei der Satzbildung zu unterstützen, möchte ein Kind zu einem Beitrag etwas ergänzen oder kommentieren, vertröstet sie es auf später, wenn alle Kinder erzählt haben.
Jetzt ist das nächste Kind an der Reihe ... ... und so geht es weiter, bis alle Kinder an der Reihe waren.	Freiwillige Meldungen haben Vorrang. Wenn sich Kinder nicht trauen, ruft die pädagogische Fachkraft eines auf, von dem sie glaubt, dass es der Aufgabe gewachsen ist.

Hauptteil	
Arbeitsschritte	Methodisch-pädagogische Hinweise
Die Pädagogin selbst erzählt auch ein Erlebnis.	Entweder am Anfang, um den Kindern eine Orientierung für eigene Schilderungen zu geben, oder mittendrin, um ein Stocken zu vermeiden.
4. Austauschrunde Jedes Kind, das sein ähnliches Erlebnis schildern möchte, ist jetzt der Meldung nach an der Reihe.	Möglicher Impuls: „Wem ein ähnliches Erlebnis bei der Schilderung eines anderen Kindes eingefallen ist, der kann das jetzt erzählen." Ein Kind, das erzählen möchte, spricht das Kind an, zu dessen Schilderung ihm ein weiteres Erlebnis einfällt. Dann werden die Kinder gefragt, ob ihnen zur Schilderung dieses Kindes auch ein Erlebnis eingefallen ist. Wenn keine Ideen da sind, macht die Pädagogin den Anfang.
5. Rückgabe der Steine	Die pädagogische Fachkraft fragt die Kinder, ob sie ihre Steine wieder in die Mitte legen möchten, wer nicht möchte, steckt den Stein als Zeichen für seine Erinnerung ein. Sie wartet, bis sich jedes Kind entschieden hat, und spricht einige eventuell an.

Abschluss
Zusammenfassung:
Die Pädagogin arbeitet darauf hin, dass die Bedeutung der Freude in den Blickpunkt rückt und die Erkenntnis, dass wir uns über einfache Dinge freuen können.
Dabei greift sie auf Kinderäußerungen zurück oder schildert eigene Gedanken in einfacher, kindgerechter Form.
Wenn Kinder noch andere Gesichtspunkte nennen, fasst sie diese zusammen.
Mögliche Fragen:

* Wie hat mir dieses Spiel gefallen?
* Wie ist es, wenn ich mich freuen kann?
* Was können andere tun, dass ich mich freuen kann? Was kann ich tun, dass andere sich freuen?
* Was weiß ich jetzt?

14.1.3 Das angeleitete Rollenspiel

Methodische Grundsätze (vgl. Kap. 4.3.2)

* Einstieg mit Geschichte, Film, Lied o. Ä. gestalten
* Spielhandlung wiederholen bzw. erarbeiten
* Requisiten entdecken und erproben
* Rollen verteilen, dabei Freiwilligkeit beachten
* jedes Kind spielt mit, es werden auch z. B. Gegenstände oder Gebäude „gespielt"
* Handlungsort gemeinsam gestalten
* Spielphase beginnt
* kurze Spielinhalte stellen die Kinder selbstständig dar, kompliziertere werden in eine Rahmenerzählung der Pädagogin eingebettet
* nach dem Spiel Erfolgsfreude zum Ausdruck bringen

Praxisbeispiel: Rollenspiel nach dem Lied „Wenn die Frühlingssonne lacht"

2. Wenn die Frühlingssonne lacht
und die Fledermaus erwacht,
ist der Winterschlaf vorbei,
juchhei, juchhei!

3. Wenn die Frühlingssonne lacht
und das Igelchen erwacht,
ist der Winterschlaf vorbei,
juchhei, juchhei!

4. Wenn die Frühlingssonne lacht
und das Springmäuschen erwacht,
ist der Winterschlaf vorbei,
juchhei, juchhei!

Text: Martina Palmen, Melodie: Ludger Edelkötter, 1992

E **Einstieg**

Eine Geschichte wird erzählt von der Sonne, die wiederkommt, während alle Tiere noch schlafen. Sie weckt alle Tiere auf.
Der Inhalt des Rollenspiels wird vorgegeben, also z. B. das Lied „Wenn die Frühlingssonne lacht".
Die Handlungs- und Sprachmuster werden mit den Kindern erarbeitet: Was ist da passiert?
Das Lebensumfeld der Handlung und eine Vorstellung davon werden gebildet.

H **Zielangabe**

„Dieses Lied wollen wir spielen."

Hauptteil	
Arbeitsschritte	Methodisch-pädagogische Hinweise
Vorbereitung des Rollenspiels	– Die Kinder erforschen die Verkleidung und erproben damit schon, welche Rolle sie nachher spielen möchten. – Es ist für jedes Kind eine Verkleidung dabei. Jedes Kind spielt mit. – Der Handlungsort wird mit den Kindern zusammen gestaltet: der Wald, die Wiese, das Haus … – Anhand von Verkleidung und Requisiten werden nochmals die Handlungs- und Sprachmuster erarbeitet.
Rollenverteilung	– Erst wenn die Kinder wissen, was auf sie zukommt, werden die Rollen verteilt. – Die Kinder wählen ihre Rollen freiwillig. – Es wird niemand dazu gezwungen. – Alle Kinder bekommen eine Rolle. Wenn alle Kinder ihre Rolle haben, kommt die Spielphase.

Hauptteil	
Arbeitsschritte	Methodisch-pädagogische Hinweise
Spielphase	– Die pädagogische Fachkraft erzählt die Geschichte, singt das Lied, und die Kinder spielen es nach. – Wenn Ereignisse gewählt werden, spielen die Kinder frei, sprechen und singen selbst dazu.
Rollentausch	– Ist ausreichend Zeit, können die Rollen getauscht werden. – Vielleicht haben die Kinder auch eine andere Idee, das Spiel zu gestalten.

Abschluss:
Reflexion des Rollenspiels: Nach dem Spiel drückt die pädagogische Fachkraft Freude über das Spiel aus. Sie spricht mit den Kindern darüber, wie es ihnen beim Spiel ergangen ist. Was hat dir besonders gut gefallen? Was hast du besonders gut gekonnt?

14.1.4 Kreis- und Singspiele

Methodische Grundsätze (vgl. Kap. 4.3.3)

* Das Spiel mit einer kleinen Vorübung einstimmen, z. B. Markieren der rechten Hand (mein rechter Platz ist frei).
* Erklärungen in kleine Schritte einteilen.
* Sich viel Zeit beim Erklären lassen.
* Ein Kind die Spielregel wiederholen lassen.
* Erst nach der Spielerklärung das Kind auswählen, das die Spielregel am besten verstanden hat.
* Die pädagogische Fachkraft lobt die Kinder.
* Sie achtet auf die jüngeren Kinder und gibt ihnen bei Bedarf Hilfestellung.
* Die Kinder werden darauf aufmerksam gemacht, worauf es bei diesem Spiel ankommt, z. B: „Ihr müsst ganz leise sein, sonst erkennt dich der … nicht".
* Der Schwierigkeitsgrad wird langsam erhöht.
* Das Kind, das beim vorhergehenden Spiel drangekommen wäre, beginnt unter Umständen das nächste Spiel.
* Wenn ein Kind den Text, das Lied nicht kann, erhält es eine Hilfestellung.
* Die pädagogische Fachkraft lässt die Kinder immer wieder zur Ruhe kommen.
* Jedes Kind war am Ende einer Spielrunde einmal dran.
* Sieger werden beklatscht und gelobt.
* Der Spielschluss wird angekündigt: „Jetzt spielen wir das Spiel zum letzten Mal."
* Die Kinder erzählen zum Schluss ggf., welches Spiel ihnen am besten gefallen hat.

Praxisbeispiel: Kreisspiel „Bello, der Wachhund"

Wer hat das Glöckchen?

E Einstieg

In der Einleitung sind die Kinder an den Ort zu führen, an dem sich die Geschichte abspielt. Und in diese Erzählung hinein kann bereits die Spielregel eingebaut werden.

Eine Geschichte als Motivation:

Es war einmal ein König, der hatte eine schöne goldene Glocke geschenkt bekommen. Und weil er Angst hatte, dass ihm jemand die Glocke stiehlt, kaufte er sich einen Wachhund. Der Wachhund „Bello" saß vor seiner Hütte vor dem Schloss. Jeden Abend, bevor der König zu Bett ging, gab er Bello die Glocke, auf die er aufpassen sollte. Eines Abends, als der König schon schlief, schlich sich ein Dieb heran und wollte die Glocke stehlen. Bello aber hörte ihn und bellte ganz laut. Der Dieb bekam Angst und lief davon. Ein paar Tage später, als es schon ganz dunkel war und Bello schon schlief, kam wieder ein Dieb. Er schlich sich ganz leise heran, stahl die Glocke und lief davon.

Die pädagogische Fachkraft erzählt die Geschichte und wendet sich an die Kinder: „Überlegt, was in der Geschichte passiert ist. Wenn jemand erzählen möchte, der soll den Finger heben." Kinder erzählen.

H Zielangabe

Jetzt schauen wir, ob wir auch auf die Glocke aufpassen können, wie es Bello getan hat. Wir wollen die Geschichte spielen."

Hauptteil	
Arbeitsschritte	**Methodisch-pädagogische Hinweise**
1. Spielregel verstehen	Die Spielleitung erklärt: „Ein Kind darf jetzt den Bello spielen und bekommt Hundeohren, weil er ja gut hören soll. Er setzt sich in die Mitte des Kreises auf einen Stuhl. Bello darf die Augen schließen, weil es ja Nacht ist. Die Glocke wird unter den Stuhl gelegt. Ein Kind, dem ich zuwinke, darf der Dieb sein, sich anschleichen und die Glocke holen. Wenn Bello den Dieb hört, bellt er. Der Dieb geht dann wieder zurück an seinen Platz. Alle Kinder verbergen ihre Hände hinter dem Rücken. Wenn der Dieb die Glocke gestohlen hat, darf er sich auf seinen Stuhl setzen und die Glocke hinter dem Rücken verbergen. Bello geht dann im Kreis herum und sucht die Glocke. Findet er ein Kind verdächtig, bellt er. Das Kind muss dann seine Hände zeigen, damit Bello sieht, ob sein Verdacht richtig ist. Dann darf ein anderes Kind den Bello spielen. Das Spiel beginnt von vorne."
2. Regel wiederholen	Ein Kind wiederholt, wie das Spiel geht.
3. Spielen	Das Kind, das das Spiel am besten verstanden hat, darf anfangen. Spielleiter: „Die anderen Kinder sind ganz leise, damit Bello gut hören kann." „Niemand verrät, wer die Glocke gestohlen hat." Beachten der Grundsätze zur Durchführung
Schluss ankündigen	„Jetzt spielen wir das Spiel noch einmal, dann machen wir Brotzeit."

Abschluss
Geschichte zu Ende erzählen:
„Der König war froh, dass er seine Glocke wiederhatte. Und weil Bello so gut auf seine Glocke aufgepasst hat, bekam er eine Riesenwurst vom König.
Und wir wollen uns jetzt auch stärken und gehen zur Brotzeit."

14.2 Sprache und Literacy

14.2.1 Märchen und Geschichten

Methodische Grundsätze (vgl. Kap. 7)

* Kinder werden durch eine jahreszeitliche oder themenbezogene Erfahrung motiviert. Wichtig sind hierbei Verbindungen zu den aktuellen Erlebnissen der Kinder.
* In der Motivationsphase können durch passendes Anschauungsmaterial fremde Begriffe geklärt werden, die in dem Märchen eine Rolle spielen.
* Eine ruhige und dem Märchen angepasste Atmosphäre ist Bedingung, bevor mit dem Erzählen begonnen wird.
* Eine geeignete Sitzordnung ist der Halbkreis auf Stühlen oder Sitzkissen, wobei die Erzählerin mit den Kindern auf gleicher Sitzhöhe sitzt.
* Die Vermittlung des Märchenstoffes erfolgt am besten im freien Vortrag.
* Die Geschichte/das Märchen sollte zügig, aber trotzdem langsam und bedächtig vorgetragen werden.

* Die Erzählweise wird sprachlich und gestisch gestaltet durch
  - häufige Verwendung wörtlicher Reden,
  - Stimmveränderungen bei Dialogen,
  - Variation des Sprechtempos,
  - Einbeziehung von Geräuschen,
  - Abwechslung zwischen lautem und leisem Sprechen,
  - Verwendung von passender Gestik und Mimik,
  - kleinere Pausen, die die Spannung erhöhen.
* Fragen von Kindern werden beantwortet, ohne den Erzählfluss zu sehr zu unterbrechen.
* An passenden Stellen werden die Kinder einbezogen durch Gesten, Impulse – aber nicht zu oft, damit die Geschichte nicht zerredet wird.
* Nachdem das Märchen erzählt worden ist, werden Fragen beantwortet, und die Kinder kommen ausgiebig zu Wort. Sie formulieren Sachverhalte, die Gefühlslage der Figuren und suchen Bezüge zu ihrem eigenen Leben.
* Dabei werden alle Regeln der Gesprächsführung beachtet.
* Als Abschluss eignen sich kurze Legeaufgaben, musikalische Meditationen, kleine Spielszenen, Tänze oder andere Bewegungsabläufe.

In der Zeit, als das Wünschen noch geholfen hat …

Praxisbeispiel: Gesprächsführung zum Thema „Als ich mich einmal gefreut habe"

E **Einstieg (1. Beispiel)**
Wenn alle Kinder ihre Plätze eingenommen haben und ruhig und erwartungsvoll sind, wiederholt die pädagogische Fachkraft ein bei den Kindern bekanntes Ritual für Märchenerzählungen: Sie spielt z. B. eine den Kindern bekannte Melodie auf dem Glockenspiel und läutet damit das Märchen ein. Sie zeigt Kindern Figuren und führt damit zum Märchen hin.

Einstieg (2. Beispiel)
Die Kinder entdecken Stück für Stück Requisiten aus dem Märchen: eine größere Pappkrone, eine goldene Kugel, einen grünen Umhang, eine kleine Krone, einen goldenen Umhang, einen Brunnen (aus einer Waschpulvertrommel selbst gemacht), ein Schwert mit Gürtel. Diese Gegenstände werden von den Kindern der Reihe nach aus einem großen Karton geholt. Wenn sie in der Mitte liegen, überlegen alle, in welchem Märchen diese Dinge eine Rolle spielen. Die Kinder können auf den „Froschkönig" kommen, da sie das Märchen vielleicht früher schon erzählt bekommen haben bzw. von zu Hause kennen. Die Requisiten werden wieder zurückgelegt.

H **Zielangabe**
„Dieses Märchen werde ich euch jetzt erzählen."

Hauptteil	
Arbeitsschritte	Methodisch-pädagogische Hinweise
1. Szene: Die Prinzessin spielt am Brunnen, der Frosch holt gegen ihr Versprechen die goldene Kugel aus dem Brunnen.	Die pädagogische Fachkraft erzählt frei, in fröhlicher, lebendiger Stimmlage von der Prinzessin. Die Kinder begleiten das Erzählte durch Führen der Figuren während der gesamten Erzählung. Die Kinder tragen einzeln die Figuren zum Brunnen. Die pädagogische Fachkraft spielt selbst mit der Kugel und lässt sie in den Brunnen fallen, ein Kind deckt sie mit dem blauen Tuch ab. Die pädagogische Fachkraft untermalt das Fallen mit dem Glockenspiel, sie setzt die Figur des Frosches auf ihre Hand, damit sie die Kinder gut sehen können. Beim Sprechen des Frosches nimmt sie eine tiefe Stimmlage ein, spricht langsam, getragen, in wörtlicher Rede. Dann drückt sie mit der Stimme die Erleichterung der Prinzessin aus, wenn sie die Kugel wieder in ihrer Hand hat. Sie erzählt, wie die Prinzessin fröhlich zum Schloss eilt. Ein Kind führt die Figur zum Schloss.
2. Szene: Der Frosch sitzt im Schloss bei Tisch, die Prinzessin muss ihr Versprechen einhalten.	Die Pädagogin gestaltet das Gehen des Frosches durch Patschen, ein Kind stellt den Frosch neben das Schloss. Beim Anklopfen pocht die Pädagogin gegen den Stuhl, Pause. Die Stimmen von König, Prinzessin und Frosch passt sie den Figuren an, der Dialog erfolgt in wörtlicher Rede, der Ekel der Prinzessin wird durch Mimik, Gesten und Stimmlage unterstrichen. Wenn der Frosch immer mehr und mehr verlangt, legt die pädagogische Fachkraft Pausen ein, um die Spannung zu erhöhen. Sie zeigt einem Kind, wohin es die Figuren im Schloss stellen kann. Sie formuliert die Überleitung zur nächsten Szene mit eigenen Worten.
3. Szene: Der Frosch verwandelt sich in den Prinzen.	Die Pädagogin erzählt die Verwandlungsszene mit geheimnisvoller Stimme und tauscht die Figuren selbst aus.
4. Szene: Prinzessin und Prinz vermählen sich und leben glücklich bis an ihr Lebensende.	Heiter und fröhlich erzählt die Pädagogin von der Erlösung des Prinzen und von der Vermählung. Zwei Kinder tragen die Figuren weiter.

Abschluss (1. Beispiel)

Die pädagogische Fachkraft spielt die bekannte Abschlussmelodie. Jedes Kind gestaltet dann mit Legematerial ein Bild. Hierzu gibt die Pädagogin Themen vor, die zu legen sind, wie die goldene Kugel, den Brunnen, die Freude über die Erlösung. Es ist auch möglich, gemeinsam mit den Kindern Vorschläge zu sammeln. Jedes Kind erhält ein kleines Filzdeckchen, die Materialien werden in mehreren Körben verteilt. Währenddessen begleitet leise Meditationsmusik die Legearbeit.
Abschließend bilden die Kinder einen Kreis und schauen alle Bilder an. Jedes Kind kann von seiner Legearbeit erzählen und erhält eine kurze, positive Rückmeldung.

Abschluss (2. Beispiel)

Die Kinder erzählen reihum, was ihnen an dem Märchen besonders gut gefallen hat. Jedes Kind bekommt genug Zeit, sich frei zu äußern. Gemeinsam entscheiden die Kinder, welche Szene sie davon spielen möchten. Mithilfe der Requisiten wird dann eine kurze Szene gespielt, während die Pädagogin oder ein Kind die Rahmenhandlung dazu erzählt.

14.2.2 Ratespiele

Methodische Grundsätze (vgl. Kap. 4.3.3)

* Kinder raten gerne. Sie erleben dabei Spannung und deren Lösung, wenn die Aufgabe gelöst wurde, sie suchen und finden, entdecken und assoziieren.
* Bei Reimrätseln spielen Kinder mit Lauten, Wörtern, Klängen und dem Sprechrhythmus. Begriffe werden gebildet. Bei vielen Rateformen werden bildhaftes Denken und Sprechen geübt. Kinder vergleichen, ziehen Schlussfolgerungen, erkennen Zusammenhänge. Die Fantasie und das Vorstellungsvermögen werden angeregt, Kinder entwickeln Einfallsreichtum und Ideenvielfalt.
* Für pädagogische Aktionen ist es gut, wenn verschiedene Rätselarten zu einem Thema zusammengestellt werden. Kinder erleben so inhaltliche Zusammenhänge. Verschiedene Rätselformen gestalten die Übung abwechslungsreich und erhalten die Aufmerksamkeit.
Die Interessen der Kinder bestimmen die Wahl des Themas. Ratespiele bereiten Kindern zur Einführung und zum Abschluss von Projekten viel Freude. Der Jahreszeiten- und Festkreis bietet abwechslungsreiche Möglichkeiten für Raterunden. Umwelt- und Naturerkundungen können mit vielen Ratespielen begleitet werden.
Themenbeispiele: „In unserem Stadtteil tut sich was!", „Wir kommen in die Schule/in den Hort!", „Wir gehen in den Wald oder Park, auf die Wiese oder an den Fluss und entdecken, dass ...!", „Advents- oder Weihnachtsrätsel", Rätsel zum Faschingsmotto oder „Der Frühling zieht sein blaues Band ...", „In unserem Sandkasten sind ...!"
Verschiedene Ratespiele beleben auch Eltern-Kind-Feste.
* Für pädagogische Aktionen oder bei Festen ist es schön, wenn die einzelnen Rateaufgaben auf geschmackvoll gestalteten Karten stehen. Kinder bereiten diese Karten sehr gerne vor, entwickeln lustige Ideen, schneiden aus, bemalen und bekleben. Die Rätselkarten werden am Ende spielerisch eingesammelt. Es wird gemeinsam überlegt, wie die Karten weiterverwendet werden.
* Ältere Kinder können Rateaufgaben wechselseitig für verschiedene Gruppen selbst auf Karten schreiben. Für ältere Kinder ist es auch anregend, wenn sie bei Raterunden das Gebäude oder das Außengelände erkunden können. Geschicklichkeitsaufgaben, Reaktionsspiele, auch im Wettstreit mit anderen Kindern, eignen sich insbesondere für ältere Kinder.
* Die Pädagogin wählt Rätsel aus, die dem Verständnis und dem sprachlichen Niveau der Kinder entsprechen. Anforderung und Erfolgserlebnisse stehen dabei in einem harmonischen Verhältnis.
* Pädagogische Fachkräfte bereiten genügend Ersatzrätsel und Ersatzaufgaben vor, damit alle Kinder Teilerfolge erreichen können.
* Kinder betrachten die Rätselkarten, die Spielregeln für die einzelne Raterunde werden vereinbart. Es wird ein System überlegt, mit dessen Hilfe das nächste ratende Kind bestimmt wird. Sinnvoll ist es, zwischen Einzelraten und Gruppenraten zu wechseln. Besonders am Ende der Raterunde sind Gruppenaufgaben, möglichst mit Bewegung kombiniert, zu empfehlen.
* Bei jüngeren Kindern liest die Pädagogin die Rätselaufgaben langsam, gut verständlich und sinnbetont vor. Zum besseren Verständnis legt sie nach jedem Gedanken eine Pause ein. Zum Nachdenken gewährt die pädagogische Fachkraft den Kindern genügend Zeit. Sie ermutigt, zeigt Teilerfolge auf, tröstet, klärt, bestätigt und unterstützt wohlwollend.
* Die Pädagogin motiviert die Kinder, sich gegenseitig nach vorher vereinbarten Regeln zu helfen. Sie begleitet die Kinder, indem sie die Aufgabe nochmals langsam wiederholt oder weitere beschreibende Hinweise gibt.
* Die pädagogische Fachkraft schlägt mit den Kindern bei auftretenden Sachfragen im Lexikon nach oder sucht Informationen im Internet.

Praxisbeispiel: Ratespiele durchführen

Medien: Abbildungen und reale Gegenstände zum Thema der Rätselrunde

Materialien: Rätselkarten mit einzelnen Rätseln, jede Rätselart in einem Korb, ein großes Tuch als Mittelpunkt, eine Tafel mit Kreiden oder ein großes Papier mit Filzstift

Einstieg (1. Beispiel)
Die Pädagogin versteckt vorbereitend im Raum Gegenstände, die das Thema der Rätselrunde verdeutlichen.
Themenbeispiel „Berufe": z. B. Kochtopf, Hammer, Säge, Meterstab, Gartenschaufel, Spielgeld, Kamm, Schere, Backform, Elektrokabel, Schulheft, Kassenbeleg.
Im kurzen Gespräch ordnen Kinder die gefundenen Gegenstände den Berufen zu. Kinder berichten von Tätigkeiten und weiteren Gegenständen, die sie mit den einzelnen Berufen verbinden.

Einstieg (2. Beispiel)
Die pädagogische Fachkraft zeigt den Kindern einige Rätselkarten und bespricht diese kurz mit ihnen. Ein Rätsel wird gemeinsam in der Gruppe gelöst.
Oder: Eine Abbildung aus einem Bilderbuch oder ein Lexikon mit vielen Details, zum Thema passend, wird der Gruppe für kurze Zeit gezeigt. Alle versuchen, sich in der begrenzten Zeit möglichst viele Gegenstände zu merken. Anschließend wird das Gruppenergebnis gezählt.

Zielangabe
„Ich habe mir lustige Aufgaben (Fragen, Rätsel) ausgedacht, die wir jetzt lösen werden!"

Hauptteil	
Arbeitsschritte	**Methodisch-pädagogische Hinweise**
1. Vier bis sechs beschreibende Rätsel stellen	Ein Gegenstand, eine Tätigkeit, Eigenschaften werden beschrieben. Beispiel: „Derjenige, den ich meine, arbeitet in großen Räumen, dort kann es sehr warm werden. Er braucht für seine Arbeit viele Geräte und leckere Zutaten. Es duftet dort oft gut! Welcher Beruf könnte das sein?" Ein Kind wählt eine Rätselkarte aus, bei jüngeren Kindern liest die Pädagogin vor. Sie gibt ein Beispiel, führt mit der gesamten Gruppe ein Proberaten durch. Die Pädagogin vereinbart mit den Kindern Regeln zum Erraten. „Erst wenn ich fertig gelesen habe, dürft ihr die Lösung sagen. Nur das vorher bestimmte Kind darf raten." Die Pädagogin liest langsam und sinnbetont vor. Sie legt nach jedem Gedanken eine Pause ein. Sie spricht das ratende Kind persönlich an, motiviert die Gruppe zum leisen Mitraten. Sie hält nonverbalen Kontakt zur Gruppe. Wenn nötig, stellt sie klärende Verständnisfragen. Sie gibt weitere beschreibende Hinweise. Die Pädagogin bittet ein anderes Kind um kleine Tipps, wiederholt bei Bedarf das Rätsel langsam. Wenn die Lösung gefunden wurde, legt das Kind, das das Rätsel gelöst hat, die Rätselkarte in die Mitte. Die Pädagogin legt mit der Gruppe fest, nach welchen Regeln das nächste ratende Kind ausgewählt werden soll. Sie hält Ersatzrätsel bereit, damit nach Möglichkeit jedes Kind eine Lösung finden kann.

Hauptteil	
Arbeitsschritte	Methodisch-pädagogische Hinweise
2. Fünf Reimrätsel stellen	Ein Reim beschreibt einen Gegenstand, einen Beruf, eine Tätigkeit. Es werden auch Reimworte gesucht oder ein Satz wird vervollständigt. Beispiele: „Schwarz vom Scheitel bis zur Sohle, ja so schwarz wie richtige Kohle. Kugel, Leiter und der Besen, die gehören fast zu seinem Wesen!", Reimwörter: „Kanne – Pfanne – Tanne – Wanne." „Gelb und rund und duftet fein, das kann nur ein (Brötchen) sein!" Die Pädagogin informiert die Kinder über die neue Rätselart. Sie liest die selbst gereimten Rätsel rhythmisiert vor. Mit der Gruppe legt sie fest, ob ein einzelnes Kind oder die gesamte Gruppe die Rätsel erraten soll. Sie achtet dabei auf einen sinnvollen Wechsel zwischen Einzel- und Gruppenaufgaben, damit die Aufmerksamkeit und die Konzentration der Kinder erhalten bleiben.
3. Fünf Bilderrätsel zusammensetzen	Zwei Hauptwörter bilden ein neues, zusammengesetztes Hauptwort. Jeder Begriff ist auf eine Rätselkarte, in Form eines Puzzleteiles gemalt. Beispiel: Auf der ersten Karte ist ein Bäcker abgebildet, auf der zweiten Karte eine Mütze, zur Vereinfachung kann auch die Lösung auf einer dritten Karte abgebildet werden. Die Pädagogin bittet ein Kind, eine Karte zu ziehen. Das Kind benennt den ersten Begriff, die Pädagogin wiederholt den Begriff, das Kind nennt den zweiten Begriff. Die Pädagogin zeigt auf den ersten Begriff und sagt: „Bäcker und Mütze ergeben zusammen – Bäckermütze." Nach weiteren Rätselbeispielen, die gemeinsam gelöst wurden, lösen die Kinder einzeln Aufgaben.
4. Rateaufgaben für ältere Kinder Beispiele: * Suchaufgaben im Gebäude der Kita	Statt Bilderrätsel können ältere Kinder kleine Suchrätsel im Gebäude der Kita lösen. Auf Rätselkarten stehen Aufgaben wie z. B. die Anzahl von Türen und Fenstern im ersten Stock feststellen; einen Wegeplan zu einem bestimmten Raum zeichnen, den andere Kinder gehen und erraten sollen; Spielmaterialien aufzeichnen oder beschreiben, die Kinder finden sollen; bestimmte Bilder, Aushänge, Dekorationsmaterialien beschreiben und finden.
* Rateaufgaben zur Sprachförderung, z. B. Wortassoziationsspiele durchführen	Zu einem Oberbegriff werden möglichst viele passende Begriffe gesucht. Beispiel „Bäcker": Ofen, Mehl, Zucker, Butter, Rührgerät, Eier. Für jeden passenden Begriff, der noch nicht genannt wurde, erhält die Spielgruppe einen Punkt (z. B. eine Perle, ein Farbblättchen). Gruppen können hier in Wettbewerb treten.
* Für Hauptwörter die Mehrzahl bilden	Auf je eine Rätselkarte ist ein einzelner Gegenstand aufgemalt oder aufgeschrieben. Die Pädagogin bittet ein Kind, den Begriff in der Einzahl und anschließend in der Mehrzahl zu nennen. Für jede richtige Lösung gibt es einen Punkt. Beispiel: Kamm – Kämme, Schere – Scheren, Kochlöffel – Kochlöffel. Die Pädagogin motiviert die Kinder, selbst Begriffe zum Thema zu finden und bei diesen die Mehrzahl zu bilden. Hierbei können Kinder Zusatzpunkte erzielen.

Hauptteil	
Arbeitsschritte	Methodisch-pädagogische Hinweise
* Für Zeitwörter die erste Vergangenheit bilden.	Auf je einer Rätselkarte steht ein Zeitwort geschrieben. Jedes Kind bildet davon die erste Vergangenheit. Beispiel: schneiden – schnitt; rühren – rührte; wiegen – wog. Pädagogische Fachkräfte achten bei allen Rateaufgaben darauf, dass spielerisches, fröhlich-heiteres Vorgehen das Geschehen in der Gruppe bestimmt. Pädagoginnen wechseln für konkurrierende Gruppenaufgaben spielerisch die Zusammensetzung der einzelnen Gruppen. Sie unterstützen jüngere oder schwächere Kinder durch Hilfestellungen, einfachere Aufgaben oder Zusatzaufgaben. Sie teilen dieses Vorgehen offen in der Gruppe mit. Sie motivieren einzelne Gruppenmitglieder, dass diese nach vorheriger Absprache die Aufgaben eines Rateassistenten („Einsager") übernehmen. Sie achten darauf, dass alle Kinder kleine Erfolge erzielen.
5. Vier bis sechs Zeichenrätsel lösen	Auf einer Wandtafel oder einem großen Bogen Papier wird je ein Begriff, eine Tätigkeit passend zum Thema aufgemalt. Beispiel: Haare schneiden, Kochtopf, Schraubenzieher. Jeder Begriff steht auf einer Rätselkarte. Bei jüngeren oder ungeübten Kindern malt die Pädagogin den Begriff selbst auf. Diese Rätselart passt gut zum Ende einer Raterunde, wenn Aufmerksamkeit und Konzentration sich langsam erschöpfen. Die Gruppe kann die Lösung des Rätsels in die Runde rufen. Die Pädagogin motiviert wieder die Kinder, selbst Rätselaufgaben zu finden.

Abschluss (1. Beispiel)
Pantomimische Rätsel durchführen.
Ein Kind stellt pantomimisch eine Tätigkeit dar, die Gruppe errät die Lösung.
Die pädagogische Fachkraft zeigt den Kindern, wie diese die Tätigkeit erkennbar vorspielen können.

Beispiele: Brötchen verkaufen, ein Brett absägen, einen Nagel einschlagen, Geld an der Kasse entgegennehmen.

Abschluss (2. Beispiel)
Rätselkarten, Spielgegenstände werden beschrieben, erratene Rätselkarten und Gegenstände werden aufgeräumt.
Oder: Es werden Rate- oder Tauschspiele durchgeführt.

14.2.3 Das Fingerspiel

Methodische Grundsätze (vgl. Kap. 4.3.2)

* Zur Motivation eignet sich immer etwas Anschauliches aus dem Sinnzusammenhang des Fingerspieles wie z. B. passende Bilder oder Gegenstände, eine Sinnesübung zum Hören oder Schauen usw.
* Das Fingerspiel wird zunächst im Ganzen ausdrucksvoll vorgetragen und gespielt.
* Die Kinder erzählen, was sie vom Inhalt und von den Bewegungen verstanden haben. Dabei werden schwierige Wörter, Zusammenhänge und Bewegungen erklärt.
* Das Fingerspiel wird je nach Länge in logisch sinnvolle Abschnitte unterteilt.

- Text und Bewegungen werden immer gemeinsam gesprochen und gespielt.
- Die pädagogische Fachkraft hört zwischendurch auch nur zu und beobachtet die Kinder.
- Häufige Wiederholungen sind zum Erlernen notwendig. Sie werden durch Abwechslung interessanter (z. B. im Stehen spielen, alle Kinder mit blauen Augen, mit blonden Haaren, die etwas Blaues anhaben, leise …).
- Den Abschluss bildet ein vollständiger Vortrag, der evtl. mit Kamera aufgenommen wird, das Fingerspiel wird als Rollenspiel gespielt u. Ä.

Praxisbeispiel: Die Erarbeitung eines Fingerspiels

Fingerspiele regen zum Sprechen an.

E **Einstieg:** Die Fingergeschichte wird mit der Hand erzählt.
Die Pädagogin versteckt vorbere
Die Hand wird betrachtet: Alle Finger haben einen Namen, eine Aufgabe.
Die Hand und die Finger werden der Reihe nach geöffnet.
Die Motivation wird wie beim Vers, beim Kinderlied, der Geschichte gestaltet: Das Kind wird dahin geführt, wo die Geschichte des Fingerspiels stattfindet.

H **Zielangabe**
„Diese Geschichte wollen wir nun mit den Fingern spielen."

Hauptteil	
Arbeitsschritte	Pädagogisch-methodische Hinweise
1. Das Fingerspiel im Ganzen vorspielen	Die pädagogische Fachkraft spielt das Fingerspiel ausdrucksvoll mit Bewegungen vor. Dabei betont sie lebhaft und hat alle Kinder im Auge.
2. Den Inhalt verstehen	Die pädagogische Fachkraft klärt den Inhalt der Fingergeschichte, d. h., evtl. schwierige Begriffe werden nachgefragt und wenn nötig erklärt.

Hauptteil	
Arbeitsschritte	Pädagogisch-methodische Hinweise
3. Gemeinsames Spielen	Sie spielt das Fingerspiel vor, und die Kinder spielen mit den Händen mit. Sie spielt das Fingerspiel nochmals vor, die Kinder spielen mit den Händen und sprechen nun auch mit.
4. Spielerisches Wiederholen und Einprägen des Fingerspieles	Das Fingerspiel wird in abwechslungsreicher Weise mehrmals wiederholt, z. B. unterschiedliche Begründungen für das Spiel vortragen oder in unterschiedlichen Situationen sprechen. Das Fingerspiel wird mit lustigen Fingerhütchen gestaltet, die abwechselnd verteilt werden. Die anderen Kinder sprechen und spielen mit den Händen. Die Finger können auch mit Farben gestaltet werden, z. B. bemalte Fingerkuppen als Gesichter.

Abschluss
Das Fingerspiel kann als Bewegungs- oder Rollenspiel gestaltet werden.

14.3 Informations-, Kommunikationstechnik und Medien

14.3.1 Die Bilderbuchbetrachtung

Methodische Grundsätze (vgl. Kap. 7.2.1)

* Die Kinder sitzen so, dass sie alle ungehindert die Bilder sehen können, sich nicht gegenseitig behindern und Blickkontakt zur Pädagogin haben.
* Beim Einstieg werden Begriffe geklärt, Gegenstände vorgestellt oder es wird in die Grundthematik des Buches eingeführt, ohne etwas vorwegzunehmen. Dies alles geschieht in einer kindgerechten, anschaulichen Weise mit Aktionen ohne Bilder.
* Die Pädagogin zeigt Seite für Seite, sodass die Bilder den Kindern frontal zugewandt sind.
* Die Kinder benötigen genügend Zeit, um die Bilder intensiv entdecken zu können.
* Die pädagogische Fachkraft achtet auf umsichtigen Blickkontakt zu allen Kindern, sie fühlt sich in die Kinder ein und schaut selbst weniger ins Bilderbuch.
* Doppelseitige Bebilderungen werden abgedeckt, um die Aufmerksamkeit auf das gemeinsam besprochene Bild zu lenken.
* Jedes Kind sollte Gelegenheit haben, den Inhalt des Bildes selbst aktiv zu entdecken, denn nur durch genaues Hinschauen können Gemeinsamkeiten, Unterschiede und Zusammenhänge erfasst und in Worte gefasst werden.
* Spontane Äußerungen der Kinder werden zugelassen und aufgegriffen. Dabei wird langsam auf das Wesentliche des Bildes hingeführt und der rote Faden der Handlung verfolgt.
* Das Gespräch wird durch eine Regel geordnet, sodass immer nur ein Kind spricht.
* Die Pädagogin setzt Impulse, die die Kinder zum Schauen, Denken und Sprechen anregen. Fragen, die nur mit Ja oder Nein beantwortet werden können oder die nur zum Aufzählen anregen, erfüllen diese Voraussetzung nicht! Die Frage „Was passiert da?" ist besser als die Formulierung „Was sehen wir da?".
* Die Pädagogin bestätigt die Antworten der Kinder. Sie fragt nach, lobt, korrigiert – Verhaltensweisen, die wichtiger sind als das Bilderbuch selbst.
* Bilder, die keinen Handlungszusammenhang erkennen lassen, können von den Kindern nicht erarbeitet werden – sie werden von der Pädagogin vorgetragen.
* Diese liest den Text vor oder erzählt und verfolgt die Wirkung der Worte auf die Kinder.

- Der Vortrag erfolgt lebendig und abwechslungsreich (durch häufige wörtliche Rede, Betonung, Gestik, Mimik).
- An passenden Stellen werden die Kinder durch das Mitmachen von Gesten, Geräuschen, Reimen usw., die im Buch vorkommen, aktiv einbezogen.
- Am Ende erfolgt eine Zusammenfassung, die ausschließlich von den Kindern formuliert wird. Die Pädagogin hilft mit Fragen wie „Was wäre gewesen, wenn …", blättert evtl. noch einmal zurück oder lässt die Kinder das Verhalten der Personen bewerten.
- Die Pädagogin gibt hier nur Anregungen, die zum Lebensbezug der Kinder führen.
- Als Abschluss eignen sich kurze Nachspielszenen, typische Bewegungen oder Laute, das Gestalten mit Material oder ein passendes Spiel.
- Nach Bilderbuchbetrachtungen sollte den Kindern das Bilderbuch zum eigenständigen Betrachten zur Verfügung stehen, sodass diese es immer wieder anschauen oder sich vorlesen lassen können, denn Kinder lieben Wiederholungen. Dadurch werden sie befähigt, das Buch mit allen Zusammenhängen und Einzelheiten richtig zu erfassen.
- Ein Kind darf umblättern.

Methodische Grundsätze für U3-Kinder

- Sehr junge Kinder suchen gerade beim Erzählen noch stark die körperliche Nähe zur Bezugsperson, daher sollte Körperkontakt bei der Bilderbuchbetrachtung in einer gemütlichen Sitzhaltung möglich sein.
- Das Buch wird zuerst außen, dann innen vorgestellt.
- Dabei werden Impulse gegeben, z. B.: Was ist denn da? Kennt ihr das oder den? Was kommt da vor? Was passiert da?
- Das nächste Bild immer zuerst zeigen und Zeit zum Betrachten und für spontane Äußerungen lassen, bevor der Text erzählt oder vorgelesen wird.
- Wo es möglich ist, die Kinder erraten lassen, wie es weitergeht.
- Die Stimme, Gestik und Mimik lebendig einsetzen.
- Am Ende den Kindern Zeit lassen, das Buch noch einmal anzusehen und darüber zu sprechen.
- Gemeinsam zuklappen und an seinen Platz zurückstellen.

Praxisbeispiel: Bilderbuchbetrachtung „Das schwarze Schaf" von Eleonore Schmid

Materialien:
ein Holzbrett als Unterlage für die Smileys, acht weiße Pappkreise mit lachenden Gesichtern, ein schwarzer Pappkreis mit abnehmbarem Mund, ein Tuch zum Abdecken

Medien:
Bilderbuch: „Das schwarze Schaf" von Eleonore Schmid

Was geschieht hier?

Einstieg (1. Beispiel)

Stuhlhalbkreis, als Mittelpunkt am Boden liegt das Holzbrett mit den Smileys, viele lachende weiße und ein traurig wirkendes isoliertes am Rand. Die Kinder äußern sich darüber, was ihnen auffällt. Sie werden bemerken, dass ein Smiley anders aussieht, traurig ist, die anderen sind fröhlich. Die Aufmerksamkeit wird auf mögliche Ursachen gelenkt. Auch wird gefragt, wer oder was die Kreise sein könnten. Viele verschiedene Äußerungen werden abgewartet, zunächst kein Kommentar der pädagogischen Fachkraft.
Wenn sich alle Kinder geäußert haben, deckt ein Kind die Platte mit einem Tuch ab.

Einstieg (2. Beispiel)

Stuhlhalbkreis, als Mittelpunkt steht ein Korb am Boden, aus dem ein schwarzes Plüschschäfchen hervorschaut. Ein Kind hebt das Schäfchen heraus und bemerkt, dass darunter mehrere weiße Plüschschäfchen und das Bilderbuch liegen. Alle Kinder können das Schäfchen streicheln und feststellen, dass es sehr weich ist, dass es schwarz ist, während die meisten Schafe weiß sind. Die pädagogische Fachkraft nimmt das Bilderbuch zu sich, das letzte Kind setzt das Schaf zurück in den Korb.

Zielangabe

„Die Geschichte von dem schwarzen Schaf werden wir uns gemeinsam im Bilderbuch anschauen, dabei spricht immer einer und die anderen hören zu."

Hauptteil

Arbeitsschritte	Methodisch-pädagogische Hinweise
Den Buchdeckel betrachten und das schwarze Schaf in seiner Umgebung wahrnehmen.	Die pädagogische Fachkraft fordert die Kinder auf, das Bild genau zu betrachten und zu beschreiben. Mögliche Fragen: „Was passiert da, erzähl!" „Was fällt euch denn an den Schäfchen auf?"
Nun wird der Inhalt des Bilderbuches erzählt.	Sie bezieht die Kinder an passenden Stellen durch Fragen, Gesten und die Aufforderung zum Mitmachen von Geräuschen ein.
1. Seite: Das Schäfchen kam zur Welt und merkte, dass es anders war als die anderen Schafe.	Die Pädagogin beobachtet die Kinder aufmerksam, während der Text frei erzählt wird. Die unzufriedene Stimmung demonstriert sie durch ihren Tonfall. Frage: „Warum ist das Schäfchen so unzufrieden?" Die Pädagogin schaut aufmerksam in die Runde und beobachtet die Reaktionen aller Kinder. Besonders achtet sie darauf, dass alle Kinder sich immer wieder äußern können bzw. den Inhalt aufmerksam verfolgen.
2. Seite: Die Pädagogin erzählt, dass es in der Nacht fortgelaufen ist von der Herde, weil es so unglücklich war.	Sie lässt das dunkle Bild auf die Kinder wirken und spricht in traurigem Ton. Die Pädagogin wartet auf spontane Äußerungen und lässt den Kindern Zeit. Dabei lässt sie das Bild langsam in der Runde kreisen.
3. Seite: Inhalt: Am Tag lernt es die Vögel kennen, hat aber noch Angst und versteckt sich.	Die Kinder haben Zeit zum Entdecken der Bilder und können sich frei äußern oder nur staunen.

Hauptteil	
Arbeitsschritte	**Methodisch-pädagogische Hinweise**
4.–6. Seite: Die pädagogische Fachkraft erzählt den Inhalt: Das Schäfchen lernt die verschiedenen Tiere kennen und wundert sich über deren Fressgewohnheiten.	Die Pädagogin erzählt langsam und betont, auch „angeekelt". Die Kinder äußern sich zu den Tieren und teilen selbst mit, wie die Tiere heißen und was sie fressen.
7. Seite: Die Pädagogin erzählt vom Sommer im Wald.	Die pädagogische Fachkraft gibt den Kindern die Gelegenheit, den Inhalt selbst zu entdecken. Was die Kinder allein entdecken, äußern sie selbst.
8. Seite: Es wird Herbst. Die Kinder werden gefragt, was sich auf diesem Bild verändert.	Die Pädagogin spricht nachdenklich und macht deutlich, dass das Schäfchen sich nur wundert. Sie lässt eine angemessene Pause. Einige Kinder beschreiben die Veränderungen, z. B. fallende Blätter usw.
9. Seite: Es ist Winter. „Was ist denn jetzt passiert?" Die Kinder erzählen selbst.	Diese Seite muss besonders ernst und nachdenklich dargestellt werden. Frage: „Was soll das Schäfchen jetzt nur machen?" Äußerungen sollten im Raum stehen gelassen werden. Ein Kind blättert die Seite um. Die Verlassenheit soll deutlich werden.
10. Seite: Das schwarze Schaf verlässt den Wald und sucht seine Herde.	Es ist sinnvoll, wenn die Pädagogin an dieser Stelle nicht zu schnell weitermacht und die Spannung eine Weile bestehen lässt. Frage: „Ob es wohl seine Herde findet?" Die Kinder raten, stellen Vermutungen an. Raum für spontane Äußerungen.
11. Seite: Das Schaf sucht weiter und ruft.	Die Pädagogin erzählt spannend und wartet. Sie blökt wie das Schaf und fordert die Kinder auf, mitzublöken. Frage: „Ob die anderen Schafe das Schaf wohl hören?" Sie lässt den Kindern Zeit. Die Kinder sind ganz aktiv.
Letzte Seite: Das Schäfchen hat seine Herde wiedergefunden.	Die Pädagogin drückt Erleichterung aus. Frage: „Wie fühlt sich das Schäfchen jetzt?" Sie beobachtet, ob die Kinder den Sinn der Geschichte verstanden haben, wenn nicht, ergänzt sie und wiederholt noch einmal. Sie regt die Kinder zu verschiedenen Äußerungen an.

A **Abschluss (1. Beispiel)**

Die pädagogische Fachkraft holt das Brett langsam und bedächtig wieder hervor und ein Kind deckt es wieder auf. Alle überlegen gemeinsam: „Was sollten wir denn jetzt an unseren Smileys verändern?"

Alle Ideen werden gehört, den Kindern wird Zeit gelassen. „Wo möchte der schwarze Smiley jetzt sein?" Ein Kind nach dem anderen verändert etwas an der Ordnung, so lange bis alle zufrieden sind und keiner mehr traurig ist. Dabei werden behutsam wesentliche Teile der Handlung wiederholt und mit dem Schäfchen verglichen.

Die pädagogische Fachkraft beendet die Runde, wenn sie den Eindruck hat, dass von allen verstanden wurde, wie wichtig die anderen Schafe für das schwarze Schaf sind.

Wenn die Kinder noch aufnahmebereit sind, gestalten sie mit Legematerial dem Schäfchen ein Zuhause.

Abschluss (2. Beispiel)
Die Stoffschäfchen werden wieder in den Mittelpunkt gestellt. Die Kinder werden aufgefordert, sich nach freier Wahl ein schwarzes oder ein weißes Schäfchen zu nehmen und den anderen Schäfchen etwas Wichtiges mitzuteilen. Das führt die Pädagogin den Kindern vor, indem sie ein weißes Schäfchen nimmt und es zum schwarzen Schaf sagen lässt, dass es sein schwarzes Fell ganz schön findet. Wer möchte, beginnt entweder als schwarzes oder als weißes Schaf, sich etwas mitzuteilen. Auch wenn Kinder sich wiederholen, wird jede Antwort noch einmal bestätigt und evtl. von der pädagogischen Fachkraft kurz kommentiert. Wichtig ist ihr dabei, dass die Kerngedanken des Buches deutlich werden.

14.3.2 Lebenspraktische Übungen

Methodische Grundsätze (vgl. 4.3.1)

* Eine lebenspraktische Übung vermittelt den Kindern Fähigkeiten und Fertigkeiten zur Bewältigung alltäglicher Tätigkeiten. Daher sollte der Einstieg möglichst so gewählt werden, dass die Notwendigkeit des Lernens dieser Kompetenz für die Kinder deutlich wird.
* Die Kinder werden bei der Erarbeitung des Vorgehens möglichst aktiv einbezogen. Ein Überblick über den Gesamtvorgang geht der Durchführung voraus.
* Das Lernen durch Versuch und Irrtum sollte, wenn es das Thema zulässt, möglich sein. Hilfreiche Kommentare, Hinweise oder Zusammenfassungen sind dabei unerlässlich.
* Gewonnene Erkenntnisse werden anschaulich festgehalten.
* Falls das Vorgehen nur in einer bestimmten Form möglich ist (z. B. bei einem Kochrezept), sollte es mithilfe des benötigten Materials oder mit einer übersichtlichen bildhaften Verlaufsbeschreibung den Kindern veranschaulicht werden.
* Wo die Beherrschung einer bestimmten Technik oder eines Werkzeuges notwendig ist, (z. B. Umgang mit dem Fotoapparat oder mit dem Hammer) demonstriert die Pädagogin den Vorgang zuerst deutlich.
* Danach werden verbindliche Regeln für den Umgang vereinbart, u. U. auch schriftlich bzw. bildlich festgehalten und aufgehängt.
* Jedes Kind übt die Technik oder den Umgang mit dem Werkzeug zunächst, bevor es selbstständig damit umgeht.
* Erst wenn sich die Pädagogin durch aufmerksame Beobachtungen versichert hat, dass die Kinder die Technik beherrschen, arbeiten die Kinder selbstständig weiter.
* Weitere Beobachtungen sind notwendig, um sich zu versichern, dass die Kinder sich an die vereinbarten Regeln halten.

Praxisbeispiel: Lebenspraktische Übung „Der PC-Führerschein"

Einstieg (1. Beispiel)
Die Kleingruppe und die Pädagogin sitzen gemeinsam vor den PCs im PC-Raum. Die Kinder wissen, dass sie nur an den PC dürfen, wenn sie vorher einen „PC-Führerschein" gemacht haben, und sind sehr motiviert. Die Pädagogin zeigt den Kindern das leere Formular eines „PC-Führerscheins".

„Wie geht das noch mal?"

Einstieg (2. Beispiel)
Die Pädagogin spielt den Kindern ein kleines Rollenspiel mit dem Kasperl und dem Seppl vor, bei dem deutlich wird, dass die beiden ein Computerspiel spielen möchten, aber viele Fehler dabei machen, sodass der PC am Ende kaputtgeht und sie nicht mehr damit spielen können. Gretel schickt die beiden in die „PC-Fahrschule", wo sie einen „PC-Führerschein" machen können.

H **Zielangabe**
„Ihr könnt jetzt versuchen, euren PC-Führerschein zu machen. Passt gut auf, damit ihr ihn auch alle besteht!"

Hauptteil	
Arbeitsschritte	**Methodisch-pädagogische Hinweise**
Unterschiedliche Verhaltensweisen werden wahrgenommen.	Die Pädagogin hat von jedem Schritt des PC-Umgangs ein Foto gemacht und diese Fotos in ungeordneter Reihenfolge in der Kreismitte der Kleingruppe verteilt (Händewaschen, PC starten, Spiel-CD einlegen, CD starten, Sanduhr stellen, CD schließen, PC herunterfahren). Die Kinder betrachten alle aufmerksam die einzelnen Bilder und erklären, was darauf jeweils geschieht. Da sie schon öfters zugeschaut haben, ist diese Aufgabe für sie zu bewältigen.
Die richtige Reihenfolge der PC-Regeln wird erarbeitet.	Mit Unterstützung der Pädagogin legen die Kinder die Bilder in der richtigen Reihenfolge des Vorgehens auf ein vorbereitetes Poster. Dabei wird den Kindern Gelegenheit gelassen, auch Fehler zu machen, die sie durch hilfreiche Kommentare oder provokative Impulse selbst richtigstellen können (z. B. „Wenn wir fertig sind, müssen wir uns aber die Hände waschen!").
Die Regeln werden bildlich festgehalten.	Wenn sich alle auf die Reihenfolge geeinigt haben, werden die Bildchen auf das vorbereitete Poster geklebt und über die PCs geklebt. So haben die Kinder selbst einen Regelkatalog erstellt, der als Erinnerungshilfe dient.
Alle waschen sich die Hände.	Ein Kind wird aufgefordert, nun allen zu sagen, was man machen muss, um mit der Bedienung des PCs zu beginnen. Daraufhin waschen sich alle Kinder die Hände. Die Pädagogin achtet darauf, dass sich jedes Kind die Hände gründlich abtrocknet, dies wird ggf. noch mal geübt.
Der Startvorgang wird demonstriert.	Die Pädagogin fordert ein Kind auf, den nächsten Schritt zu erklären. Je nach Erfahrung kann auch ein Kind diesen Schritt demonstrieren, ein weiteres Kind kann den zweiten PC starten.
Einlegen und Starten einer CD mit einem PC-Spiel	Das Herausnehmen der CD aus der Hülle und Einlegen in das Laufwerk demonstriert die Pädagogin deutlich und lässt es von allen Kindern der Reihe nach wiederholen. Bei Bedarf wird der Vorgang korrigiert und so lange geübt, bis er von jedem Kind beherrscht wird.
Starten des Spiels	In gleicher Weise wird das Starten des Spiels von der Pädagogin demonstriert. Ein Kind wiederholt diesen Vorgang am anderen PC. Die Pädagogin beobachtet sowohl das aktive Kind als auch die zuschauenden Kinder und macht darauf aufmerksam, dass genau beobachtet werden muss.

Hauptteil	
Arbeitsschritte	**Methodisch-pädagogische Hinweise**
Schließen des Spiels	In gleicher Weise wird das Schließen des Spiels, das Herausnehmen der CD aus dem Laufwerk und das Verwahren in der Hülle demonstriert und von einem anderen Kind wiederholt.
Herunterfahren des PCs	Dies gilt ebenso für das Herunterfahren des PCs.
Wiederholen des gesamten Vorgangs von jedem Kind	Die Kinder werden darauf aufmerksam gemacht, dass jetzt jeder der Reihe nach seine „Führerscheinprüfung" macht und alle Kinder mithilfe des Posters mitschauen, ob alles richtig gemacht wird. Es soll eine konzentrierte Tätigkeit sein und trotzdem wird jedes Kind in positiver Weise unterstützt, damit es am Ende ein Erfolgserlebnis hat.

Abschluss
Jedes Kind bekommt das vorbereitete Führerschein-Formular von der Pädagogin unterschrieben und mit Gratulation ausgehändigt.

14.3.3 Informationstechnik im darstellenden Spiel
Praxisbeispiel: Kasperletheater „Seppel verschickt eine E-Mail"

Projektarbeit und Lernsituation
Schülerinnen spielen in einer ihrer Praxisgruppen mit ihrer Ausbildungsgruppe ein Kasperletheater zur Medienerziehung. Als Anhaltspunkt dient der Text **„Seppel verschickt eine E-Mail"** (Klimke, 2002, S. 19 - 21), es können aber auch andere, auch selbst ausgedachte Geschichten verwendet werden.

Checkliste zum Projekt

- Warum, zu welchem Anlass soll das Kasperletheater durchgeführt werden?
- Was muss dabei genau gemacht werden?
- Wie soll vorgegangen werden?
- Wo wird gearbeitet?
- Wer ist an der Durchführung beteiligt?
- Wann fangen die Arbeiten an, wann sollen sie beendet werden?
- Wie viel darf das Projekt kosten?
- Wie gut muss das Ergebnis sein?
- Vorbereitung und Organisation des Kasperletheaters in der Praxiseinrichtung: Terminabsprachen, Alter und Anzahl der Kinder

Methodische Grundsätze zur Planung eines Kasperletheaters

* **Auswahl der Geschichte:** einfacher Handlungsverlauf aus dem kindlichen Erfahrungsbereich, kindgemäße Sprache, kurze Sätze, klar im Ausdruck, entsprechend der Spielatmosphäre traurig, lustig, ... Dialoge, Monologe passend zur kindlichen Wahrnehmungs- und Auffassungsgabe
* **Requisiten und Musik:** passende Figuren, z. B. die Handpuppen Kasperle, Seppel, Großmutter, König, Prinzessin und Spielrequisiten wie Computer, Bildschirm, Computermaus, Hintergrundbilder und Beleuchtung
* **Musik** zu Beginn, als Umrahmung der Handlung, bei Szenenwechsel, nach Abschluss einer Szene oder zum Schluss ein gemeinsames Lied

- **Spiel mit der Handpuppe:** Das Puppenkleid ist wie ein gut sitzender Handschuh. Der Zeigefinger der Spielhand sitzt gut passend bis zum zweiten Fingerglied im Puppenhals. Der Daumen und der kleine Finger stellen die beiden Arme und Hände der Puppe dar. Mittelfinger und Ringfinger werden auf dem Handballen locker aufgelegt und füllen damit gleichzeitig den Puppenkörper aus.
- **Umgang mit der Handpuppe üben:** Die Spieler sprechen mit der Figur den Text durch. Sie versetzen sich in die Puppe, drehen ihr Gesicht zu sich und beobachten die Bewegungen, die sie dabei machen können. Langsame Bewegungen sind wirkungsvoller als wilde Zuckungen und Verrenkungen. Sie werden als Erstes die Hände der Puppe bewegen. Dann versuchen sie, den Kopf zu beteiligen. Sie erproben die Wirkung einer langsamen und schnellen Drehung des Körpers.
  Die ganze Figur wird nur bewegt, wenn die Handlung es erfordert, z. B. beim Nachdenken, Hin- und Hergehen und Stehenbleiben. Die Spieler bringen Bewegung, Mimik und Gestik der Puppe auch selbst zum Ausdruck. Auch laufen, schreien, humpeln sie, sie brauchen daher Platz hinter der Bühne. Beim Spielen sollte ein Spieler zwei Figuren übernehmen können. Es braucht Zeit, um in die verschiedenen Rollen zu schlüpfen. Die Spieler schauen beim Spielen nicht nach oben zur Puppe, sie halten mit dem Mitspieler Kontakt, denn mit ihm und seinen Puppen spielen sie ja letztendlich auch. Bei der Figurenführung nehmen sie Kontakt zu den Zuschauern auf, schauen und sprechen sie an.
- **Das Erscheinen der Handpuppe auf der Bühne:** Die Spielerin lässt nie die Puppe aus der Versenkung auftauchen und in dieser verschwinden. Empfehlenswert ist eine Türe oder ein Zwischenraum in der Kulisse. Die Spielerin kann dann die Puppe von der Seite kommen lassen. Beim Handpuppenspiel **ermüdet** leicht der Arm. Die Figur versinkt während des Spiels. Ein schmales glattes Brett, auf das der Spieler seinen Ellenbogen stützen kann, hilft, dieses zu vermeiden.
- **Es bewegt sich nur die Figur, die spricht.** Sie spricht laut und deutlich. Pausen werden bewusst geprobt. Geübte Spieler sprechen erst dann, wenn sich aus ihrer Bewegung erraten lässt, was sie sagen werden. Stumme Pantomimen können eingebaut werden. Das Sprechtempo sollte so oft wie möglich wechseln. Ausrufe werden in mehreren Variationen ausprobiert.

Fächerübergreifende Planung und Vorbereitung im Unterricht
- **Pädagogik/Psychologie:** die Bedeutung des Spiels und der Handpuppen für die kindliche Entwicklung
- **Rechtskunde:** Datenschutz bei Filmen und Fotografieren, Urheberrechte
- **Werken/ Gestalten im künstlerisch-kreativen Bereich:** Bau der Handpuppen (kindgerecht, liebevolles Aussehen), Hintergrundbilder (z. B. auf alte Betttücher malen) mit Beschränkung auf das Notwendigste (Überflüssiges lenkt ab), Ausmalbilder von Kasperle und Seppel mit Computergrafik
- **Deutsch:** Gefühle, Verhalten und Gedanken ausdrücken; Einladungsschreiben, z. B. in Form einer E-Mail erstellen; Text lesen und erarbeiten, Sprechübungen zum Ausdruck der Stimme, entsprechend der Figuren
- **Musikerziehung:** Musikalische Gestaltung mit Musik/Instrumenten, Melodien, Geräuschen, z. B. Musik für die Pausen und Computergeräusche für das Spiel aufnehmen
- **Praxis- und Methodenlehre/Medienerziehung:** Die Schülerinnen üben in Gruppen (je drei Mitspielerinnen) den Umgang mit den Handpuppen und den Ablauf des Kasperletheaters. Sie passen das Tempo von Bewegung, Sprechweise und Handlung dem kindlichen Wahrnehmungs- und Auffassungsvermögen an. Situationen, Handlungen und Gesprochenes werden durch die Figuren nach Möglichkeit wiederholt. Die Kinder werden aktiv beteiligt, z. B. wie sie dem Kasperl durch Rufen oder motorische Aktivitäten helfen können.

Projektdurchführung in der Sozialpädagogischen Praxis

Am Praxistag spielen die Schülerinnen in ihrer Praxisstelle. Jeweils zwei Praktikantinnen arbeiten an einer Praxisstelle oder an einem Praxisort. Die Vorführung wird nach Rücksprache mit den Eltern gefilmt und fotografiert.

Am Ende des Spiels folgen nach einer kurzen Pause Rückfragen an die Kinder, z. B. wie es weitergehen könnte.

Danach dürfen die Kinder hinter den Kulissen Musik machen und mit den Handpuppen spielen. Sie vergessen dabei ihre Hemmungen und entdecken den Reiz von Gesang und Spiel neu. Am Schluss erhalten alle Kinder vom Kasperl eine E-Mail, ein Bild vom Kasperl und Seppel zum Ausmalen.

Auswertung des Projekts

Den Kindern wurde vor dem Spiel die Handhabung und Funktion der Computermaus erklärt. Die Mehrzahl der Kinder hat Erfahrung mit der Maus und konnte die Funktion erklären.

Die Spielerinnen haben sich vor dem Spiel den Kindern nicht gezeigt.

Nach dem Spiel erzählen die Kinder den Praktikantinnen voller Aufregung von dem Spiel. Der Stolz der Schülerinnen über den Erfolg, vor so vielen Kindern zu spielen, ist das Hauptthema der Reflexion.

Dokumentation

Die Fotos, Ausmalbilder und Aussagen der Kinder und der Schülerinnen werden in der Praxisstelle und in der Ausbildungsstätte ausgestellt.

14.4 Mathematik, Naturwissenschaft und Technik

Zählen – ordnen – messen

14.4.1 Die mathematische Bildung

Methodische Grundsätze

* Mathematik wird im Tun erfahren und mit allen Sinnen gelernt.
* Die pädagogische Fachkraft beobachtet und erkennt den aktuellen Moment, in dem Kinder mathematische Zusammenhänge erforschen, logisches Denken entwickeln und in dem sich mathematische Lernprozesse in Gang setzen.
* Die Pädagogin unterstützt diese individuellen Bildungsprozesse durch entsprechende Hilfestellung.
* Mathematische Gesetzmäßigkeiten und die Alltagserfahrungen der Kinder werden mit emotionalen Lernerfahrungen verknüpft, z. B. beim Kochen, Einkaufen oder bei Konstruktionsspielen.
* Kinder brauchen eine Lernwerkstatt, die der Mathematik gewidmet ist.
* Kinder brauchen eine gestaltete Lernumgebung, in der sie Materialien für ihr Spiel selbst auswählen.
* Sie brauchen mathematische Werkzeuge wie Maßband, Waage, Thermometer, um ihr mathematisches Handeln zu unterstützen.
* Dabei werden mathematische Erfahrungen immer in Sprache ausgedrückt und Fachbegriffe und Symbole behutsam eingeführt.

Praxisbeispiel: Spielen mit Obstkernen

Teilnehmer: sechs Kinder im Alter von vier und fünf Jahren

E

Einstieg: Betrachten der Obstkerne und Begriffsbildung:
Die Kinder nehmen Kerne aus verschiedenen Säckchen heraus, erzählen dazu und ordnen sie den entsprechenden Bildern zu: Zwetschge – Zwetschgenkern, Kirsche – Kirschkern, Aprikose – Aprikosenkern, Apfel – Apfelkern.

H

Zielangabe
„Wir spielen heute mit Kernen. Dabei brauchen wir unsere Sinne, vor allem unsere Augen. Damit wir gut sehen, reiben wir uns die Augen. Dazu brauchen wir unsere Finger, sie sollen gut fühlen können. Reiben wir uns die Hände und die Finger, damit wir gut spüren können. Unsere Spieledeckchen aus Filz sind der Spielplatz. In der Mitte des Tisches stehen die Obstteller mit jeweils einer Obstsorte (oder entsprechende Abbildungen)."

Hauptteil

Arbeitsschritte	Pädagogisch-methodische Hinweise
1. Tasten Zuordnen der Kerne zu den Obstsorten	Die verschiedenen Kerne befinden sich in einem Säckchen. Kind 1 holt die Kerne aus dem Säckchen und ordnet sie der entsprechenden Obstsorte zu. Kind 2 holt den Kern aus dem Säckchen, den Kind 1 bestimmt.
2. Schauen	Kind 3 legt vier Obstkerne in eine Reihenfolge und schließt die Augen. Kind 4 verändert die Reihenfolge. Kind 3 legt die ursprüngliche Reihenfolge.

Hauptteil

Arbeitsschritte	Pädagogisch-methodische Hinweise
3. Zählen	Kind 5 legt vier Kerne in eine Reihe. Kind 6 legt 2 Kerne dazu. Kind 5 zählt die Kerne
4. Figur-Grundwahrnehmung Muster legen und verändern	Kind 1 legt mit den Kernen ein Muster und schließt die Augen. Kind 2 verändert das Muster. Kind 1 öffnet die Augen und legt das ursprüngliche Muster.
5. Würfelspiel	Es sollen so viele Kerne gelegt werden, wie Punkte auf dem Würfel sind.

Abschluss
Die Kinder kleben mit Kernen auf farbigem Tonpapier Muster und Bilder. Dazu hören sie Musik.
Die Kinder essen das Obst und nehmen die Kerne mit nach Hause.
Die Kerne werden in die mathematische Lernwerkstatt gelegt. Dort können die Kinder weitere Spiele erfinden. Sie können ihre Ideen auch aufmalen.
(Vorsicht: Die Kerne sollten für kleinere Kinder nicht erreichbar sein.)

Praxisbeispiel für jüngere Kinder: Spielerische Erfahrungen mit Formen

Teilnehmer: drei Kinder im Alter von 2;8 bis 3;6 Jahren

Materialien: Formblättchen (Kreis, Dreieck, Viereck), rundes Tuch, drei Formen auf unterschiedlich farbigen DIN-A-4-Blättern aufgemalt, selbstklebende Kreppstreifen, Seil, Tastschachtel, Holzstäbchen, Formenperlen mit Schnüren zum Auffädeln

Einstieg (1. Beispiel)
Jedes Kind erhält ein Formblättchen (Kreis, Dreieck, Viereck) und sucht im Raum die formgleiche Sitzmöglichkeit (drei Formen sind mit Kreppstreifen am Boden aufgeklebt oder mit Tüchern nach der jeweiligen Form gestaltet). Jedes Kind zeigt seine Form, alle überprüfen, ob alle die entsprechende Sitzmöglichkeit gefunden haben. In der Mitte liegt ein kreisförmiges, großes Tuch.

Einstieg (2. Beispiel)
Pädagogin schüttelt eine Tastschachtel mit Handeingriffen, die Formblättchen (Kreis, Dreieck, Viereck, zwei nicht dazugehörige Gegenstände) enthält. Jedes Kind greift in die Schachtel und legt den Gegenstand auf das kreisförmige Tuch in der Mitte. Nicht dazugehörige Gegenstände werden aussortiert.

Zielangabe
„Mit diesen Formblättchen werden wir jetzt spielen!"

Hauptteil

Arbeitsschritte	Pädagogisch-methodische Hinweise
1. Die Form „Kreis" beschreiben und benennen.	Die Pädagogin fordert ein Kind freundlich auf, sein Formblättchen allen zu zeigen und zu beschreiben. „Ist es rund?" „Hat es Ecken?" Die Pädagogin formuliert vor: „Wenn es rund ist, dann heißt es Kreis!" Alle Kinder formen mit den Händen einen Kreis. Die Pädagogin beginnt damit und zeigt es allen Kindern deutlich vor.
2. Die „Form" Viereck beschreiben und benennen.	Die Pädagogin fragt das nächste Kind: „Wie sieht deine Form aus?" „Wie viele Ecken hat deine Form?" Jede Ecke langsam zählen und darauf hindeuten. Die Pädagogin formuliert vor: „Wenn es vier Ecken hat, dann heißt es Viereck!" Alle Kinder zeigen und zählen erst die Ecken auf dem Formblättchen, dann die entsprechende Anzahl mit den Fingern. Die Pädagogin zeigt mit beiden Händen ein Viereck und fordert die Kinder auf, es ebenfalls zu versuchen.
3. Die Form „Dreieck" beschreiben und benennen.	„Wie sieht deine Form aus?" „Wie viele Ecken hat deine Form?" Wiederholung der Vorgehensweise wie unter Punkt 1 und 2 beschrieben.
4. Formen benennen und aufgezeichnete Formen zuordnen.	Die Pädagogin zeigt auf das große, mittig gelegte kreisförmige Tuch. „Welche Form hat unser Tuch? Wie heißt diese Form?" Die Pädagogin bietet verdeckt, fächerförmig, drei unterschiedlich farbige DIN-A-4-Blätter mit aufgezeichneten Formen den Kindern einzeln an. Jedes Kind zieht nach der Reihe ein Blatt, beschreibt und benennt die aufgezeichnete Form mithilfe der Gruppe, der Pädagogin. Anschließend wird das DIN-A-4-Blatt in die Mitte gelegt. Jedes Kind ordnet sein Formblättchen der jeweiligen, aufgezeichneten Form zu. Die Pädagogin motiviert und unterstützt die Kinder.

A Abschluss (1. Beispiel)
Spielerisches Aufräumen:
Pädagogin fragt: „Wer kann mir eine runde Form zeigen?" Die richtig gefundene Form aus dem Kreismittelpunkt wird in ein Körbchen gelegt.
Das Kind erhält dafür eine selbstklebende Form als „Anstecker".

Abschluss (2. Beispiel)
* Alle stehen auf und reichen sich die Hände, wir bilden einen Kreis: „Zusammen sind wir ganz **rund**!"
* Alle Kinder gehen, laufen, krabbeln um einen großen **Kreis** aus Seilen.
* Jedes Kind läuft in eine **Ecke** des Raumes.
* Alle Kinder laufen zur Türe (**Viereck**).

Spiel- und Gestaltungsideen für spätere Aktivitäten:
* eine runde, viereckige oder dreieckige Form aus einem Tastsäckchen herausfinden
* mit Holzstäbchen, Biegedraht, Seilen oder Wollfäden Formen gestalten
* aus Modelliermasse Formen gestalten und zu einer Kette auffädeln, Formen modellieren und auf ein Tastbrett aufkleben
* bei einem Rundgang durch die Krippe Gegenstände in den drei Formen suchen, mit selbstklebenden Formen kennzeichnen

- mit ausgeschnittenen Buntpapierformen/Filzformen je ein Formplakat gestalten
- fortgeschrittenes Thema „Formen treffen sich":
  - mit ausgeschnittenen Formen Collagen gestalten
  - mit ausgeschnittenen Folienformen Fenster gestalten (ein Fenster mit Kreisen, eins mit Vierecken ...)
  - auf den Boden des Bewegungsraumes mit bunten, selbstklebenden Klebestreifen die drei Formen groß aufkleben (herumlaufen, fahren, schieben, ziehen ...)
  - eine Bewegungsgeschichte erfinden: „Der Kreis geht spazieren und trifft seine Freundin ..."

14.4.2 Didaktische Spiele

Methodische Grundsätze (vgl. Kap. 4.3.3)

- Didaktische Spiele sind Lernspiele. Didaktische Spiele beabsichtigen, eine oder mehrere abgegrenzte Kompetenzen zu fördern.
- Didaktische Spiele gibt es hauptsächlich zur Förderung von sprachlichen, kognitiven, sozialen und motorischen Kompetenzen.
- **Bei Spielen zur Förderung der sprachlichen Kompetenzen** geht es insbesondere um Wortschatz, Begriffsbildung, Grammatik, Laute und Lautverbindungen. Reimwörter oder Reizwörter werden aus einer Geschichte herausgehört, ein sinnvoller Ablauf von Situationen beschrieben. Ebenso werden das Erkennen und Zuordnen von räumlichen Beziehungen geübt.
  Bei Spielen zur Förderung von kognitiven Kompetenzen werden besonders das Unterscheiden und Zuordnen von Farben, Formen, Mengen und Oberflächenbeschaffenheit geübt. Es sollen logische Reihenfolgen gebildet und nach Größen, Längen, Entfernungen, Gewicht und zeitlichen Abläufen geordnet werden. Es sollen Fehlendes und Falsches erkannt und Kategorien gebildet werden.
  Bei Spielen zur Förderung von sozialen Kompetenzen soll besonders das Zusammenspiel mit anderen Kindern geübt werden. Gemeinsam ein Ziel verfolgen, Konkurrenzverhalten aufgeben und stattdessen gemeinsam entscheiden, wie gewonnen werden kann, diese Fähigkeiten stehen im Mittelpunkt des Spielgeschehens. Gewinner des Spiels kann nur die Gruppe sein. Kooperatives Verhalten wird belohnt.
  Bei Spielen zur Förderung motorischer Fähigkeiten werden hauptsächlich die Fingergeschicklichkeit, die Beweglichkeit, die Zielgerichtetheit von Bewegungen und das Gleichgewicht geübt.
- Bei vielen pädagogisch wertvollen didaktischen Spielen gibt es Querverbindungen zu verschiedenen Kompetenzbereichen. Sprachliche, motorische und kognitive Kompetenzen werden gleichzeitig angesprochen. Einige dieser Spiele haben eine Fehlerkontrolle integriert, sodass das Kind selbst erkennen kann, was richtig oder falsch ist. Bestätigung erfahren die Kinder, wenn sie die Spielaufgaben vollständig und richtig gelöst haben.
- Didaktische Spiele fördern das Regelverhalten des einzelnen Kindes. Gemeinsam oder einzeln zu siegen und zu verlieren wird in kleinen, überschaubaren Situationen geübt.
- Didaktische Spiele können Kindern helfen, aktiv am Gruppengeschehen teilzuhaben. Viele Kinder beobachten das Spielgeschehen erst nahe bei einer Gruppe, später auf dem Schoß der Pädagogin. Zunehmend werden sie selbst aktiv, indem sie beispielsweise würfeln oder die Spielfigur der Pädagogin weitersetzen.
- In Kitas werden besonders neue, differenzierte didaktische Spiele in Kleingruppen eingeführt. Ziel dieses Vorhabens ist es, dass die Kinder, für deren Alter und Entwicklungsstand das Spiel angeschafft wurde, das Spiel eigenständig allein oder mit Freunden spielen können.

- Pädagogische Fachkräfte achten darauf, dass Kinder die Spieleinführung möglichst aktiv mitgestalten. Zu Beginn lernen die Kinder die Spielgegenstände kennen, indem sie durch ihr Spiel möglichst deren Bedeutung erfahren. Erklären, Zeigen und gleichzeitiges Anwenden stehen hierbei im Mittelpunkt. Pädagoginnen setzen Spielgegenstände als Impulse ein, damit Kinder selbst erkennen, erklären, Zusammenhänge erfassen und eigenständig Schlussfolgerungen ziehen können.
- Spielregeln werden schrittweise bei der Durchführung des Spiels mit den Kindern erarbeitet. Spielerische Detailaufgaben helfen zu erkennen, ob sich die Pädagogin verständlich machen konnte. Schwierigere Aufgaben werden in einem Probespiel geübt.
- In vielen Kitas werden mit den Kindern gemeinsam Spiele zu einzelnen Projekten hergestellt. Die Palette reicht von einfachen Memospielen bis zu komplexen Brettspielen mit Aufgaben zur sprachlichen und kognitiven Förderung mit Bewegungselementen. Diese Form der spielerischen Förderung regt Kinder zu kreativem Schaffen und zu hoher Eigenbeteiligung an.
- Spielfreude und das natürliche Neugierverhalten von Kindern stehen beim Einsatz von didaktischen Spielen im Mittelpunkt. Spieldynamik und Ernsthaftigkeit im Spiel entstehen, wenn Pädagoginnen selbst emotional Anteil am Spiel der Kinder nehmen. Sie zeigen ihre Freude, bangen mit, weisen auf kleine Fortschritte hin, loben, bestätigen und ermutigen. Sie zeigen auch, dass sie Kinder verstehen, wenn diese ärgerlich, wütend oder traurig sind. Sie handeln mit Kindern Regeln aus und achten darauf, dass sich alle Kinder aktiv beteiligen können. Bei der Förderung kognitiver Kompetenzen können Pädagoginnen und Kinder besonders einfallsreich und kreativ sein.

Der Lerneffekt eines Spieles ist hoch, wenn Kinder ganzheitliche Lernangebote erfahren. Das bedeutet für die pädagogische Fachkraft, dass sie das Spiel so plant,
- dass Sinne angesprochen werden,
- dass Kinder selbst erproben, mithilfe von Versuch und Irrtum lernen,
- dass Kinder eigenständig nach Lösungen suchen und diese überprüfen,
- dass Kinder Erklärungen formulieren und Schlussfolgerungen ziehen,
- dass Kinder sich mitteilen können,
- dass Kinder sich im Kontakt mit Gleichaltrigen häufig über Erfolge freuen und Misserfolge annehmen lernen,
- dass Kinder ihre Gefühle äußern können.

Praxisbeispiel: Einführung eines Lernspiels zum Erfassen von Mengen – das Spiel „Glückskäferdomino"

Medien: Farbabbildungen von Marienkäfern

Materialien: großes, grünes Tuch als Unterlage, drei rote Rhythmiktücher, eine schwarze Kordel, zwei schwarze Pfeifenputzer, zehn schwarze Kreise aus Filz, Spielkarten: Marienkäfer mit Punkten in unterschiedlichen Anzahlen

Einstieg (1. Beispiel)
Pädagogin summt ein bekanntes „Marienkäfer-Lied" (z. B. „Erst kommt der Marienkäfer-Papa, dann die Marienkäfer-Mama und hinterdrein, ganz klitzeklein, die Marienkäfer-Kinderlein). Die Kinder raten, um welches Lied es sich handelt.

Nach der Auflösung des kleinen Rätsels beschreiben die Kinder die Abbildung eines Marienkäfers. Sie zählen die Punkte auf den Flügelhälften.

Die Pädagogin schüttelt leicht die Spieleschachtel (in ein rotes Tuch eingewickelt). Ein Kind packt das Spiel aus.

Einstieg (2. Beispiel)

Als Mittelpunkt ist ein großes, grünes Tuch mit der Abbildung eines Marienkäfers vorbereitet. Die Kinder erzählen von ihren Erlebnissen mit Marienkäfern. Eine kurze Bildbeschreibung folgt. Mit Rhythmiktüchern (zwei Halbkreise), Kordel, Pfeifenputzer und Filzkreisen gestalten die Kinder einen Marienkäfer. Die Pädagogin weist die Kinder besonders auf die zwei Flügelhälften hin. Ein Kind zeigt allen Kindern die Spieleschachtel mit den Marienkäfer-Spielkarten.

Allgemein: Spielbrett, Spielfiguren, Karten, Spielgegenstände betrachten, kurzes Erproben, Spielnamen nennen.

Zielangabe
„Mit den vielen Marienkäferkarten werden wir jetzt Domino spielen!"

Hauptteil

Arbeitsschritte	Methodisch-pädagogische Hinweise
1. Merkmale der Spielkarte unterscheiden	Die Pädagogin zeigt eine Spielkarte. Sie greift die Reaktionen der Kinder auf. Die Kinder zeigen die zwei Flügelhälften. Sie zählen die Punkte auf jeder Flügelhälfte der Spielkarte gemeinsam. Die Pädagogin zeigt eine weitere Spielkarte. Sie motiviert die Kinder, die Spielkarten besonders genau zu betrachten, sie zu vergleichen, Unterschiede (in der Anzahl der Punkte) zu benennen. Die Pädagogin reicht einem Kind eine Karte, die Gruppe zählt gemeinsam die Punkte. Das Zählen der Punkte wird an mehreren Spielkarten wiederholt.
2. Die Spielregel schrittweise erarbeiten	Ein Kind zeigt erneut eine Spielkarte (Spielkarte mit einer geringeren Punktezahl wählen). Die Kinder zählen die Punkte auf den verschiedenen Flügelhälften. Die Pädagogin kommentiert: „Der Käfer sucht Freunde, die auf einer Flügelhälfte genauso aussehen wie er selbst. Wie viele Punkte soll der Freund des Käfers haben?" Die Pädagogin bestätigt die Antworten der Kinder oder hilft, die Punkte nochmals zu zählen.
3. Die Gruppe wendet die Spielregel spielerisch an	Die Kinder legen einige Karten auf dem Tisch aus, die Gruppe sucht die jeweils richtige Karte. Die Pädagogin bemerkt: „Wie viele Käfer-Freunde kann ein Marienkäfer haben? Welcher Käfer kann links, welcher Käfer kann rechts von ihm sitzen?" Kinder legen beispielhaft ein bis zwei Karten an. Die Pädagogin vergewissert sich, ob alle Kinder die Spielregel verstanden haben.
4. Das Spiel durchführen	Die Pädagogin kündigt das Spiel an. Ein Kind verteilt einzeln die Karten an die Kinder. Die Kinder legen die Spielrichtung fest. Die Pädagogin motiviert die Kinder zu überlegen, wer mit dem Spiel beginnen darf (z. B. das älteste Kind oder ein Kind, das heute etwas Rotes trägt). Die Pädagogin bestätigt die Kinder, zeigt ihre Freude, ist überrascht, wenn eine passende Karte gefunden wurde, bittet ein Kind zu helfen, indem gemeinsam gezählt wird. Sie fragt nach dem Fortgang, lässt ein Kind für sich überlegen, welche Karte sie nun anlegen kann. Zur Überraschung aller baut sie selbst einen Fehler ein, den die Kinder berichtigen. Wenn alle Spielkarten angelegt wurden, ist das Spiel zu Ende und die Gruppe hat gesiegt. Sieger kann auch das Kind sein, das als Erstes alle Karten anlegen konnte. Wenn die Kinder noch Aufmerksamkeit und Spielfreude haben, kann das Spiel wiederholt oder eine Spielvariation durchgeführt werden.

Hauptteil	
Arbeitsschritte	Methodisch-pädagogische Hinweise
5. Spielvariationen durchführen	Die Pädagogin kündigt nun die Veränderung an. Spielvariationen eignen sich für ältere Kinder, da sie hierbei die eigenen Anlegemöglichkeiten mit denen der Spielpartner in Beziehung setzen und sich strategisch verhalten sollen. Außerdem sollte das Addieren im Zahlenraum bis ca. 15 angewendet werden können. Die Pädagogin teilt den Kindern mit, dass es nun noch schwieriger werde, weil die Kinder bisher schon so schnell die richtige Lösung gefunden hätten. Sie zeigt an einem Beispiel, wie Karten durch Addieren der Punkte angelegt werden können. Die Gruppe wendet die zusätzliche Spielregel probeweise an mehreren Beispielen an. Die Pädagogin bittet die Kinder, ihre eigenen Spielkarten umzudrehen, „damit wir nicht sehen können, welche Karten die anderen Kinder haben". Die Pädagogin kündigt den Spielabschluss an.

Abschluss (1. Beispiel)
Spielerisches Aufräumen der Spielgegenstände.
Die Pädagogin stellt einem Kind die folgende Aufgabe: „Such alle Karten, die auf einer Flügelhälfte zwei Punkte haben!" Diese Karten werden in die Spieleschachtel geräumt. Die Kinder setzen die Aufgabenstellungen mit unterschiedlichen Punktezahlen fort.
Die Pädagogin vereinbart mit den Kindern einen Platz, an dem sie das Spiel wiederfinden.
Gemeinsam wird die Abbildung des Marienkäfers aufgehängt.

Abschluss (2. Beispiel)
Spielerisches Aufräumen der Spielgegenstände wie oben beschrieben.
Spiel zur Auflösung der Spielgruppe: Die Pädagogin ruft eine Zahl von null bis sieben. Wer die Zahl zuerst mit seinen Fingern richtig zeigen kann, darf den Raum verlassen.
Oder: Suche so viele Marienkäferfreunde, dass alle zusammen fünf Punkte, sieben Punkte oder neun Punkte haben.
Die Abbildung des Marienkäfers und der von den Kindern gestaltete Marienkäfer werden gemeinsam ausgestellt und mit Legematerial gestaltet.

14.4.3 Naturwissenschaftliche Experimente

Methodische Grundsätze (vgl. Kap. 4.3.1)
Die Wissenschaftlerin Gisela Lück gibt den pädagogischen Fachkräften in den Kindertagesstätten folgende Grundsätze für die Durchführung von Experimenten an die Hand:

* „Die eingesetzten Materialien sind ungefährlich.
* Das Experiment soll gelingen.
* Die erforderlichen Materialien sind preiswert, leicht erhältlich und schon vorhanden, z. B. Luft, Wasser, Salz, Zucker, Essig, Teelichter.
* Die Experimente haben einen Alltagsbezug zur Erfahrungswelt der Kinder.
* Die naturwissenschaftlichen Hintergründe sollten verständlich vermittelt werden, um den Eindruck von Zauberei und Magie zu vermeiden.
* Die Versuche werden von den Kindern selbst durchgeführt.
* Sie sollten nicht länger als 20–30 Minuten dauern.
* Die Experimente sollen aufeinander aufgebaut sein.
* Wichtige Themen sind z. B. Luft, Kerze, Löslichkeit, Farben."

(Lück, 2004, S. 15)

Beim Experimentieren mit Kindern sind folgende Handlungsschritte zu beachten:

1. Orientieren
* Welche Fragestellungen sollen erforscht werden?
* Welche Vorbereitungen sind notwendig? Sicherheit beachten, z. B. Schürzen, geeigneter Bodenbelag, Lernwerkstatt mit Materialtisch und Arbeitstisch für jedes Kind

2. Informieren
* Eigener Wissensstand?
* Welche Gesprächsregeln, welche Verhaltensregeln sind notwendig (z. B. Lernplakat mit möglichen Vorgehensweisen)?

3. Planen und Durchführen
* Alle Kinder sind zu aktivieren.
* Alle Ideen der Kinder werden aufgegriffen.
* Materialien sollten mit allen Sinnen erfasst werden.
* An Erfahrungen mit diesen Materialien ist anzuknüpfen.
* Hypothesen aufstellen: Jedes Kind erzählt seine Vorgehensweise und vermutet, was passieren wird.
* Kinder führen den Versuch durch und beobachten, was geschieht.

4. Reflektieren
* Kinder formulieren ihre Beobachtungen, sie vergleichen mit ihrer vorhergehenden Vermutung, sie vergleichen mit den vorherigen Versuchen.
* Wiederholen und Zusammenfassen: Jedes Kind stellt seine Versuchsergebnisse und die Reihenfolge seiner Versuche vor. Es findet Erklärungen.
* Die Pädagogin fasst alle Ergebnisse zusammen und formuliert neue Fragestellungen, die sich dabei ergeben. Sie bietet Erklärungsmodelle an.

5. Dokumentieren
* Die Forscher werden mit ihren Forschungsergebnissen fotografiert und Forscherurkunden werden verliehen.

Praxisbeispiel: Experimentieren mit Wasser und Öl

Einstieg
Gespräch über Wasser (mit allen Sinnen erfassen), Gespräch über Speiseöl und die Erfahrungen der Kinder damit.

Zielangabe
„Wir sind heute auf einem Forscherkongress. Wir sind Forscher und erhalten einen Forscherkittel. Wir sollen heute herausfinden, was passiert, wenn Wasser und Öl zusammentreffen. Hier auf dem Ausstellungstisch findest du einen Platz mit deinem Namen. Hier darfst du deine Forschungsergebnisse ausstellen und später berichten, was du gefunden hast. Für jeden Forscher gibt es zum Schluss eine Überraschung."

„... noch etwas größer"

Hauptteil	
Arbeitsschritte	**Methodisch-pädagogische Hinweise**
1. Auf einem Lernplakat mögliche Vorgehensweisen erkennen	Ansprache der Kinder: „Du kannst vieles ausprobieren. Was möglich ist, kannst du auf diesen Bildern erkennen." * *Mögliche Schüttspiele* mit Öl, kaltem und warmem Wasser in unterschiedlicher Reihenfolge, z. B. Wasser – Öl – Wasser * *Mögliche Rührspiele* mit unterschiedlichen mechanischen Rührgeräten
2. Regeln aufstellen: z. B. zum Umgang mit Wasser, mit Öl, mit den Materialien wie Weckgläsern, Glasschüsseln, Rührzubehör und zum Umgang miteinander in der Gruppe	„Ihr könnt euch von mir Hilfe holen. Ihr dürft schütten und rühren. Dabei beachten wir folgende Regeln: Wir holen nur Material, das wir brauchen. Was wir nicht mehr brauchen, geben wir zurück. Vielleicht kann es ein anderer brauchen. Wasser nicht auf dem Boden verschütten, zum Abtrocknen benutzen wir die Lappen am Materialtisch, wir trinken nicht aus den Gläsern, wir achten auf die Glasbehälter, dass sie nicht kaputt gehen. Wir stören die anderen Forscher nicht beim Arbeiten. Wir spritzen nicht mit Wasser und Öl. Die fertigen Forschungsergebnisse stellt ihr zum Ausstellungstisch zu euren Namenskärtchen. Dein Beobachtungsblatt darfst du am Schluss dazulegen.
3. Material erkunden	Wasser, Speiseöl, du kennst es, erzähl. Wozu braucht ihr das zu Hause? Mit allen Sinnen erfassen: riechen, schmecken, fühlen. Es gibt noch anderes Öl – wozu brauchen wir das?
4. Hypothesen bilden	Was passiert, wenn wir Wasser und Öl zusammenschütten?
5. Planen	Jedes Kind erzählt, wie es vorgehen will und wie es forschen möchte.
6. Experimentieren	Jedes Kind richtet sich seinen Arbeitsplatz her und experimentiert. Es malt auf einem Blatt seine Beobachtungsergebnisse auf, z. B. das Öl schwimmt, es taucht erst unter, es entstehen Blasen, das Öl kommt blitzschnell wieder hoch, die unterschiedlichen Rührgeräte machen unterschiedliche Blasen.
7. Neue Fragen entstehen	Kann man das Öl aus dem Wasser wieder herausholen? Filter können bereitgestellt werden. Kinder probieren aus.
8. Forscherkongress	Die Kinder stehen vor ihren Gläsern mit den unterschiedlichen Ergebnissen. Sie erzählen, was sie erforscht haben. Die Pädagogin liest einen Forscherbericht vor, in dem der Grund beschrieben ist, warum das Öl immer oben schwimmt.

Aus dem Forschungsbericht der pädagogischen Fachkraft:

> Liebe Kinder,
>
> ich bin begeistert von eurem Fleiß und euren Ergebnissen als Forscher. Dieser Forscherkongress war ein voller Erfolg. Ihr wisst bereits, manche Dinge vermischen sich mit Wasser. Öl tut das nicht. Wir haben vor dem Schütten vermutet, dass das Öl oben schwimmt, dass Öl unten schwimmt, dass Öl sich mit Wasser vermischt, dass Wasser sich verfärbt oder dass das Öl sich in kleine Teilchen auflöst.
>
> Wir haben gesehen, du kannst rühren, so viel du willst, das Öl verbindet sich nicht mit Wasser. Wenn du aufhörst zu rühren, finden die Ölteilchen immer wieder zusammen. Das Öl steigt dann auf. Das kommt daher, weil Flüssigkeiten verschiedene Dichten haben. Sie ordnen sich übereinander an. Die Flüssigkeit mit der höchsten Dichte bleibt unten, die Flüssigkeit mit der niedrigsten Dichte oben. Das Wasser hat eine höhere Dichte als Öl und bleibt unten. Das Öl hat eine niedrigere Dichte als Wasser und bleibt daher oben.
>
> Wenn ihr Lust habt, lade ich euch zum nächsten Forscherkongress ein. Da werden wir erforschen, ob es auch bei verschiedenen Materialien, bei verschiedenen Stoffen, wie wir Forscher sagen, unterschiedliche Dichten gibt und wie sie sich verhalten, wenn wir sie ins Wasser geben. Manche Stoffe werden schwimmen, manche sinken und manche sogar schweben.
>
> Also, bis zum nächsten Mal!
>
> Auf Wiedersehen!

Abschluss
Die pädagogische Fachkraft kann dann, wenn noch Zeit ist, einen Tropfen Spülmittel in ein vorbereitetes Glasschälchen mit Öl und Wasser geben (Erfahrungen vom Abspülen).
Sie berichtet von einem Tanker, der im Meer Öl verloren hat. Das Öl schwimmt oben.
Gespräch: Was hat das für Folgen für die Tiere und die Umwelt?
Die Forscher erhalten eine Forscherurkunde oder einen Forscherstempel auf ihr Beobachtungsblatt.

14.5 Umwelt und Gesundheit

14.5.1 Kimspiele

Methodische Grundsätze (vgl. Kap. 4)

* Bei Kimspielen werden die Wahrnehmung differenziert und das Gedächtnis geübt. Kinder sehen sorgfältig etwas an, hören gut zu, tasten gezielt, riechen und schmecken genau, sie nehmen ihre Umwelt bewusst wahr.
* Kinder merken sich diese Sinneseindrücke, erkennen sie wieder, vergleichen sie mit anderen, unterscheiden sie von ähnlichen. Kinder erkennen die Anzahl von Gegenständen, beschreiben fehlende oder nicht dazugehörige Gegenstände. Sie bilden Kategorien. Kinder stellen räumliche Beziehungen zwischen den Gegenständen her, wie z. B. „vor", „neben", „hinter", „dazwischen", „über", „unter". Sie ordnen die Gegenstände und beschreiben Raum-Lagebegriffe, wie z. B. „die Spitze des ... zeigte erst zum Fenster".

- Kinder erkennen leichter, wenn in einer Spielerunde jeweils nur eine Sinneswahrnehmung angesprochen wird.
  Beispiel: Spiele zur visuellen Wahrnehmung (Sehen), Spiele zur auditiven oder akustischen Wahrnehmung (Hören), Spiele zur taktilen oder haptischen Wahrnehmung (Tasten), Spiele zur olfaktorischen und gustatorischen Wahrnehmung (Riechen und Schmecken).
- Bei all diesen Übungen ist es wichtig, dass die Pädagogin spielerisch und kreativ vorgeht und die Neugierde der Kinder weckt. Kindern bereitet es Freude, wenn sie Veränderungen entdecken. Es macht ihnen auch Spaß, wenn sie selbst kleine Aufgaben für andere Kinder stellen können.
- Pädagogische Fachkräfte gehen vom Leichten zum Schwierigeren. Sie begrenzen die Anzahl der Sinneseindrücke und steigern langsam den Schwierigkeitsgrad.
- Pädagoginnen betrachten mit den Kindern einzelne Gegenstände genau. Sie motivieren die Kinder, ihre Wahrnehmungen zu unterscheiden und zu beschreiben.
- Pädagoginnen wählen Sinneseindrücke, die den Kindern vertraut sind. Sie fügen wenige neuartige, fremde Eindrücke dazu, damit die Kinder angeregt, jedoch nicht überfordert werden.
- Spiele zur Wahrnehmungsdifferenzierung eignen sich für Kleingruppen. Pädagogische Fachkräfte wiederholen diese Spiele oftmals zu unterschiedlichen Anlässen, z. B. wenn neue Materialien erkundet werden sollen oder wenn Themen abgeschlossen werden.
- Pädagogische Fachkräfte stellen für Wahrnehmungsübungen Spiele thematisch zusammen. Beispiele hierfür sind: „Wir kommen in die Schule", „Alles was in meine Schultasche, mein Federmäppchen gehört", „Wir verkleiden uns! Was finden wir in unserer Verkleidungskiste?", „Spaziergang in den Park, den Wald, auf die Wiese", „Naturmaterialien", „Sandspielsachen", „meine Badetasche", „Badezimmer" oder „Küche", „unsere Mathe-Ecke".
  Mit zunehmenden Erfahrungen stellen Kinder selbst thematisch Spielgegenstände zusammen. Kinder beteiligen sich bei der Materialbeschaffung für Übungen zum Geruchs- und Geschmackssinn, erzeugen selbst Geräusche und Klänge oder nehmen Geräusche aus ihrer Umwelt auf.
- Pädagogische Fachkräfte motivieren und bestätigen Kinder während der gesamten Übung, zeigen Erfolge auf. Sie ermutigen Kinder, eigene Aufgabenstellungen zu entwickeln. Sie führen mit den Kindern die einzelnen Übungen freudig und dynamisch durch. Sie achten auf die Aufmerksamkeitsspanne der Kinder und begrenzen die Übungszeit. Sie beenden die Übungen mit einem Spiel, das Bewegungsimpulse bietet.

Praxisbeispiel: Visuelles Kimspiel mit Naturmaterial

Materialien:
Naturmaterialien, z. B. Blätter, Zweige, Kastanien, Rindenstücke, Moose, Flechten, Eicheln, Bucheckern, Steine, Sand in einem Teller, ein Korb für Naturmaterialien, ein Baustein, eine Plastiktüte, ein großes einfarbiges Tuch zur Gestaltung eines Bodenmittelpunktes

Wo war dieser Stein?

Einstieg (1. Beispiel)
Die Kinder werden darüber informiert, dass sie nun etwas Bekanntes zum Spielen in ihrer Hand spüren können. Dazu formen sie mit den Händen eine Schale und schließen ihre Augen. Die Pädagogin gibt jedem Kind etwas Sand in die Hände. Kinder beschreiben, was sie spüren. Anschließend wird der Sand wieder in einer großen Schüssel eingesammelt. Zwei oder drei weitere Naturmaterialien werden so erkundet und nebeneinander auf das Tuch am Boden, in die Kreismitte gelegt. Weitere Gegenstände werden betrachtet und beschrieben.

Einstieg (2. Beispiel)
Die Pädagogin erzählt von einem wunderschönen Spaziergang in den Wald (See, Wiese, Berg). Begeistert berichtet sie, dass sie dabei viel Schönes erlebt und gefunden hat.
Die Kinder wählen aus einem Korb vier oder fünf Gegenstände. Im Gespräch beschreiben die Kinder die Naturmaterialien: Namen, Aussehen, Formen, Farben, Oberflächenbeschaffenheit, Besonderheiten. Sie überlegen, wo die einzelnen Materialien wachsen/zu finden sind. Kinder legen die beschriebenen Materialien nebeneinander auf das Tuch in der Kreismitte.

Zielangabe
„Mit diesen Naturmaterialien werden wir nun spielen!"

Hauptteil

Arbeitsschritte	Methodisch-pädagogische Hinweise
Sich Gegenstände und Anzahl der Gegenstände einprägen	Die Kinder benennen gemeinsam die Naturmaterialien der Reihe nach. Ein Kind zeigt auf den jeweils genannten Gegenstand.
Fehlendes erkennen, einen Gegenstand entfernen	Die pädagogische Fachkraft erklärt die Spielregel schrittweise. „Ich entferne einen Gegenstand, während ihr die Augen geschlossen habt." Die Pädagogin entfernt den Gegenstand. „Wenn ich damit fertig bin, sage ich es euch. Ein Kind darf erraten, welcher Gegenstand fehlt."
Die Spielregel verstehen	Ein Probespiel wird durchgeführt. Ein Kind hat die Augen geschlossen, ein Kind entfernt den Gegenstand und versteckt ihn hinter seinem Rücken. Ein Kind klatscht oder lässt Fingerzymbeln erklingen, zum Zeichen dafür, dass die Augen geöffnet werden können. Drei bis vier Spieldurchgänge werden durchgeführt. Nach jedem Spieldurchgang werden die Gegenstände wieder auf ihren ursprünglichen Platz zurückgelegt.
Sich räumliche Positionen einprägen	Die Pädagogin kündigt ein neues Spiel an. Sie lenkt die Aufmerksamkeit der Kinder auf den Mittelpunkt am Boden. Sie zeigt dabei auf die einzelnen Gegenstände und motiviert die Kinder zu beschreiben, wo die Gegenstände liegen. Sie beginnt mit einer eigenen Beschreibung, z. B.: „Der Ahornzweig liegt neben dem Stein. Der Stein liegt zwischen dem Ahornzweig und dem Moos." Sie erarbeitet mit den Kindern Begriffe wie „neben", „vor", „hinter", „dazwischen", „als Erstes", „als Nächstes", „als Letztes".

Hauptteil	
Arbeitsschritte	**Methodisch-pädagogische Hinweise**
Einen Gegenstand auf einen anderen Platz legen	Sie erklärt die Spielregel und zeigt gleichzeitig, wie sie einen Gegenstand auf einen anderen Platz legt. Wenn die Kinder die Spielvariation verstanden haben, wird das Spiel wie oben beschrieben fortgesetzt. Ebenfalls drei bis vier Spieldurchgänge werden durchgeführt. Die Pädagogin bestätigt die Kinder, motiviert die Gruppe bei Bedarf zu helfen, indem die Kinder den Gegenstand beschreiben. Sie führt auch einen Wechsel zwischen Einzelraten und Gruppenraten durch, damit mehrere Kinder gleichzeitig aktiv sein können und die Aufmerksamkeit erhalten bleibt. Beim Gruppenraten rufen alle Kinder laut die Lösung.
Die Lage eines Gegenstandes verändern	Die Pädagogin kündigt wieder ein neues Spiel an. Sie sagt den Kindern, dass ihr etwas noch Schwierigeres eingefallen sei, da ja die Kinder alle bisherigen Aufgaben so gut gelöst hätten. Sie erklärt und zeigt wieder gleichzeitig die Veränderung. Sie lässt einen Gegenstand in eine andere Richtung zeigen, legt ihn mit der Rückseite nach oben hin u. a. Gemeinsam werden markante Merkmale beschrieben. Beispiel: Die Spitze des ... schaute zum Fenster und nun zeigt sie zur Türe. Je nach Konzentration der Kinder können wieder mehrere Spieldurchgänge durchgeführt werden.
Veränderungen in der Anzahl erkennen. Einen oder zwei Gegenstände hinzufügen	Die Pädagogin berichtet begeistert, dass sie noch eine Überraschung für die Kinder habe. Zwei Kinder legen je einen neuen Gegenstand in die Kreismitte, während die Gruppe die Augen geschlossen hat. Auf ein Zeichen hin öffnen alle die Augen und dürfen die Lösung mitteilen.
Einen nicht dazugehörenden Gegenstand erkennen	Die Pädagogin teilt ihre Freude über die Schnelligkeit ihrer Kinder mit. Sie motiviert die Kinder weiter, indem sie noch eine Überraschung ankündigt. Ein Kind darf einen nicht zum Thema gehörenden Gegenstand (z. B. Baustein, Plastiktüte) dazulegen, während die Gruppe die Augen geschlossen hält. Auf ein Zeichen hin darf die Lösung gerufen werden.
Zwei oder drei Spielvariationen kombinieren	Wenn die Konzentration und die Aufmerksamkeit der Kinder es noch zulassen, können zwei oder drei Spielvariationen in einem Spieldurchgang miteinander verbunden werden. Die Pädagogin kündigt das neue Spiel an, erklärt und zeigt gleichzeitig die Veränderung. Sie weist auf den bevorstehenden Spielabschluss hin.

A **Abschluss (1. Beispiel)**

Jedes Kind drückt einmal seine Hand in den Sand (Schüssel). Ein Kind spielt jeweils den Wind und streicht für das nächste Kind den Sand wieder glatt.
Die Pädagogin lobt nochmals die Kinder für ihre Aufmerksamkeit und vereinbart mit den Kindern, ein andermal ein weiteres Spiel zu spielen. Der Reihe nach darf jeder „Blitzmerker" einen Gegenstand zurück in den Korb legen.

Abschluss (2. Beispiel)

Ein kleines **Ratespiel** zum Aufräumen durchführen: Erst beschreibt die Pädagogin, anschließend rät je ein Kind einen Gegenstand. Wer den Gegenstand errät, legt ihn zurück in den Korb.
Es ist auch möglich, eine **Reizwortgeschichte** zu erzählen.

Beispiel: Als ich gestern in den Wald ging, leuchtete die Sonne zwischen den Zweigen. Als ich auf den Boden sah, entdeckte ich etwas kleines Braunes im grünen, weichen Moos.
(Immer, wenn ein Gegenstand genannt wird, der im Mittelpunkt liegt, darf dieser Gegenstand aufgeräumt werden.)

14.5.2 Hauswirtschaftliche Angebote

Methodische Grundsätze

* Mit den Eltern bespricht die pädagogische Fachkraft Besonderheiten (Krankheit, Religion) beim Essen, die Regeln für die Brotzeit, unerwünschte Lebensmittel in der Einrichtung (Schokoriegel …), das Getränkeangebot, den Umgang mit Süßigkeiten und die Zahnpflege.
* Die Pädagogin wählt Rezepte aus, bei denen mehrere Kinder aktiv sein können.
* Die Lebensmittel werden gemeinsam eingekauft.
* Die Arbeitsflächen werden mit einem Plastiktischtuch abgedeckt.
* Die funktionstüchtigen Küchengeräte stehen in ausreichender Anzahl zur Verfügung.
* Am Materialtisch werden die Regeln im Umgang mit den Lebensmitteln und Küchengeräten besprochen.
* Ältere Kinder übernehmen die Patenschaft für jüngere Kinder.
* Der gesamte Arbeitsablauf wird zu Beginn mit den Kindern erarbeitet.
* Die einzelnen Arbeitsschritte werden kindgerecht veranschaulicht (z. B. mit Bildern).
* Maßeinheiten werden dem kindlichen Vorstellungsvermögen angepasst (z. B. zwei Tassen anstatt ¼ Liter).
* Arbeitsgeräte und Lebensmittel werden erst verteilt, wenn die Kinder damit arbeiten.
* Messer werden nur zum Schneiden benutzt, ansonsten liegen sie auf dem zuvor vereinbarten Platz.
* Bei der Vermittlung praktischer Fertigkeiten wird folgende Reihenfolge beachtet:
    1. Erklären bei gleichzeitigem Vorzeigen.
    2. Die Kinder probieren selbstständig und werden dabei aufmerksam beobachtet.
    3. Die Kinder üben selbstständig unter Aufsicht (der Umgang mit dem Messer wird besonders aufmerksam beobachtet).
* Aufgaben werden den Fähigkeiten der Kinder entsprechend verteilt.
* Jedes Kind sollte so viel wie möglich selbstständig arbeiten.
* Alle Kinder sollen häufig aktiv sein.
* Hygienevorschriften werden begründet und selbstverständlich eingehalten (z. B. Hände waschen, Schürzen tragen …).
* Der Arbeitsplatz wird sauber gehalten, dabei werden auch Abfälle rechtzeitig und sachgerecht beseitigt (Umweltschutz: Mülltrennung).
* Nach dem Kochen reflektiert die pädagogische Fachkraft nochmals die lernmethodischen Kompetenzen, z. B. was ist gut gelungen, wo hast du Hilfe gebraucht und was hast du an Tricks herausgefunden, worauf muss man besonders achten, wenn …?

Praxisbeispiel: Zubereitung eines Erdbeerquarks (lebenspraktische Übung)

Bildungsschwerpunkt: Gesundheitserziehung

Thema:
Zubereitung eines Erdbeerquarks mit zwei Krippenkindern

Küchengeräte:
kleine Messer, Rührbesen, fünf Probierlöffel, eine große Glasschüssel

Lebensmittel:
Quark, Milch, Erdbeeren, Honig, Mandelplättchen oder andere Zutaten zum Verzieren

„Mmmh, das schmeckt!"

E Einstieg
Erdbeeren werden mit den Sinnen (Sehen, Riechen) erfasst und vor allem probiert (Schmecken).

H Zielangabe
„Wir sind heute Köche und wollen mit den Erdbeeren eine Mahlzeit für alle Kinder zubereiten. Dazu brauchen wir Kochmützen und Schürzen." Die Kochmützen können aus weißem Krepppapier, das an einem weißen Papring befestigt wird, hergestellt werden.

Hauptteil	
Arbeitsschritte	Methodisch-pädagogische Hinweise
1. Hygienemaßnahmen ergreifen	Hände waschen, Kochmütze und Schürze anziehen, Ärmel hochkrempeln, Haare zusammenbinden
2. Das Rezept erarbeiten	Die Pädagogin bespricht anhand einer Rezepttafel, wie die Kinder die Quarkspeise zubereiten können.
3. Materialtisch, Küchengeräte und Regeln kennenlernen	Die pädagogische Fachkraft sichert die Begriffe, die Handhabung der Küchengeräte, z. B. den Umgang mit dem Messer, Rührbesen, Teigschaber, Handtuch oder der Papierrolle zum Abwischen der Hände usw. Sie bespricht die Regeln, z. B. das Messer zur Seite legen, wenn man nicht mehr schneidet.
4. Lebensmittel kennenlernen	Die Pädagogin erläutert die Handhabung und die Regeln im Umgang mit Quark, Honig, Milch, Erdbeeren und (falls noch Zeit ist) die Verzierung der Quarkspeise mit Mandelplättchen usw.
5. Milch in den Quark rühren	Die Kinder dürfen der Reihe nach mit dem Rührbesen die Milch in den Quark (Glasschüssel) rühren und die Veränderung beobachten. Sie dürfen vorher und nachher probieren und erzählen. Der Rührbesen kommt in den Arbeitstopf. Die Glasschüssel steht in der Mitte.
6. Erdbeeren schneiden	Ein Kind holt die gewaschenen Erdbeeren und teilt sie aus. Das andere Kind holt die Messer. Die Pädagogin bespricht nochmals den Umgang mit dem Messer. Die Kinder entfernen den Stiel und schneiden die Erdbeere auf einem Brett (ein feuchtes Handtuch unterlegen, dann verrutscht das Brett nicht). Sie wischen sich die Hände ab. Die geschnittenen Erdbeerstückchen werden in die Glasschüssel zum Quark gegeben. Ein Kind sammelt die Messer ein und bringt sie zum Arbeitsplatz zurück.

14 Methodische Grundsätze zu gezielten Aktivitäten und ausgewählte Praxisbeispiele

Hauptteil	
Arbeitsschritte	Methodisch-pädagogische Hinweise
7. Umrühren	Mit dem Rührlöffel dürfen die Kinder die Erdbeeren in den Quark rühren. Der Rührlöffel kommt in den Arbeitstopf. Die Kinder probieren und entscheiden, ob noch Honig dazugegeben werden soll.
8. Verzieren	Ein Kind holt Schälchen. Die Kinder verteilen die Quarkspeise mit einem Löffel auf die Schälchen, die auch für die anderen Kinder reichen. Wenn noch Zeit ist, verzieren sie die Schälchen mit Mandelsplittern und lustigem Dekomaterial.
9. Tisch decken	Die zwei Kinder decken und verzieren den Tisch. Sie ziehen Kochmütze und Schürze aus.
10. Gemeinsam essen	Sie laden die anderen Kinder zum Essen ein. Sie erzählen den anderen Kindern, wie sie den Erdbeerquark zubereitet haben.
11. Abspülen und aufräumen	Die Kinder bringen das Geschirr zur Spülmaschine und wischen den Tisch ab. Sie waschen sich die Hände.

Abschluss: Die Kinder erhalten einen Meisterbrief als Spitzenkoch.

Praxisbeispiel: Backen von Muffins

Bildungsschwerpunkt: Hauswirtschaft

Thema: Backen von Muffins mit Hortkindern

Rezept:

250 g Mehl	125 g Zucker
2 ½ Teelöffel Backpulver	1 Päckchen Vanillinzucker
½ Teelöffel Natron	80 ml Rapsöl
1 Ei	250 g Joghurt
50 g Schokoraspeln	1 Glas Sauerkirschen

Backofen auf 180 °C vorheizen.
Zum Verzieren: 2 Packungen Kuvertüre, Bonbons und Streusel

Vorbereitung und Arbeitsmittel: Arbeitstisch in Kinderhöhe, Mixer, zwei Backschüsseln, Waage, ein Messbehälter, ein Teelöffel zum Abmessen, vier Teelöffel (immer für zwei Kinder) zum Füllen der Förmchen, Sieb zum Abtropfen der Sauerkirschen, Backförmchen, zwei Muffinbleche, Topf zum Erwärmen der Kuvertüre, Pinsel zum Bestreichen; Spülwasser einlassen, Spüllappen und Geschirrtücher bereitlegen.

Einstieg
Erfahrungen mit dem Backen werden ausgetauscht; Muffins sollen zu einem festlichen Anlass gebacken werden.

Zielangabe
„Heute wollen wir gemeinsam Muffins backen. Immer vier Kinder, die mit der Hausaufgabe fertig sind, dürfen in die Küche kommen."

Hauptteil	
Arbeitsschritte	**Methodisch-pädagogische Hinweise**
1. Rezepttafel mit Arbeitsschritten wird gemeinsam mit allen Hortkindern besprochen.	Gespräch: Rezepttafel wird vorgelesen. Die Pädagogin teilt die Arbeiten ein: Wer will was mit wem zusammen machen? Immer vier Kinder dürfen in die Küche kommen. Wenn diese fertig sind, informieren sie die nächsten vier Kinder, die inzwischen ihre Hausaufgaben machen. Dabei gehen immer zwei Mädchen und zwei Jungen in eine Vierergruppe. Die Zutaten und das Arbeitsmaterial werden bereitgestellt.
2. Regeln besprechen	**Regeln:** Jeder verlässt seinen Arbeitsplatz, wie er ihn vorgefunden hat. Jeder spült sein Geschirr, das er zum Arbeiten verwendet hat. Hygiene: Hände waschen und Haare zurückbinden. Probiert wird nur das, was erlaubt wird.
3. Erfahren und erkunden der Zutaten	„Woher kennst du das? Wie heißt das? Erzähl."
4. Arbeiten nach Plan	Das Rezept soll verdoppelt werden. Die Kinder orientieren sich am Rezept und an der Backbeschreibung. Vier Kinder messen ab und mischen die Zutaten. Vier Kinder bereiten den Teig für die Muffins. Vier Kinder füllen die Muffins in Papierförmchen mit Kirschen und schieben die beiden Bleche in den Backofen. Immer vier Kinder verzieren ihre Muffins mit Schokolade, Streusel und Bonbons.

Abschluss

Vier Kinder spülen und trocknen ab. Vier Kinder decken den Tisch. Alle Kinder kommen zum Essen: „Wir wünschen uns einen guten Appetit."
Wer möchte, kann sich das Rezept abschreiben und zu Hause nachbacken.

14.6 Ästhetik, Kunst und Kultur

14.6.1 Das angeleitete Malen

Methodische Grundsätze (vgl. 4.3.1)

* Vor dem Malen sollen alle Sinne der Kinder angeregt werden. Kinder können malen, was sie erlebt, erfahren, verstanden haben, was für sie von Bedeutung ist.
* Die Themen so auswählen, dass sie an Erfahrungen oder Erlebnisse der Kinder anknüpfen.
* Anschauungsmaterialien, gute bildliche Darstellungen, Gemälde von Künstlern einsetzen: Vorstellungen der Kinder sollen spielerisch aktiviert werden.
* Kinder gestalten entsprechend ihres Entwicklungsstadiums. Sie sollen in Ruhe diese Stadien durchlaufen können. Sie spielen mit Farben, Formen, Materialien und Techniken. Dieses Experimentierverhalten fördert die Entwicklung von Eigeninteressen. Erwachsene können Kinder bei der Entwicklung dieser Verhaltensweisen unterstützen, wenn sie das natürliche Experimentierverhalten von Kindern positiv bewerten. In der Freispielzeit, in der Malerwerkstatt können Kinder diese Erfahrungen sammeln.
* Konkrete Themen in einem pädagogischen Angebot, wie im Beispiel beschrieben, sind für Kinder erst geeignet, wenn sie bereits bewusst gestalten können. Jüngere Kinder gestalten auch zu abstrakten Themen mit Begeisterung.

* Die Themen sollten mit den Kindern konkret und anschaulich besprochen werden, ebenso die Gestalt des Objekts, Teile, Formen, Farben, Größenverhältnisse und Details.
* Papiere, Farbmaterialien großzügig anbieten.
* Je jünger die Kinder sind, desto größer sollen Papier, desto dicker die Stifte, Kreiden und Pinsel sein. Wenn für die Kinder eine Technik unbekannt ist, sollten Erprobungsphasen eingebaut werden. Hier eignen sich besser abstrakte oder großflächige Themen.
* Materialien sorgfältig und ansprechend vorbereiten.
* Die pädagogische Fachkraft gestaltet selbst kein eigenes Bild. Sie begleitet die Kinder beobachtend, regt an, ermutigt und bestätigt.

Methodische Grundsätze für U3-Kinder

* Für Kinder im U3-Bereich gilt: Keine gegenständlichen Motive vorgeben!
* Die Freude am entdeckenden und sinnlichen Umgang mit dem Material steht immer im Vordergrund.
* Zuerst wird der Malbereich vorbereitet, indem er mit Folie ausgelegt wird.
* Für jedes Kind stehen Materialien bereit.
* Die Kinder erhalten geeignete Schutzkleidung.
* Die Pädagogin zeigt dann, was man mit dem Material machen kann.
* Die Kinder übernehmen immer mehr selbst die Regie über ihr Tun.
* Die Pädagogin akzeptiert alle Ideen, solange Kinder sich dabei nicht gefährden.
* Sie begleitet das gesamte Tun aufmerksam und fasst es in Worte.
* Das Malangebot wird mit einem bekannten Ritual beschlossen.
* Das Material wird soweit wie möglich gemeinsam mit den Kindern aufgeräumt.
* Der letzte Akt ist das Waschen der Kinder.

Praxisbeispiel: Malen nach der Erzählung oder Bilderbuchbetrachtung: „Tico und die goldenen Flügel" für ältere Kinder (von Leo Lionni, 2. Aufl. Beltz, Weinheim: Beltz Verlag, 2005)

Technik:
Malen mit Wasserfarben

Materialien:
Papier in Größe DIN A3, Wasserfarben, Pinsel, Lappen, Unterlagen, Malerkittel

Medien:
Federn in verschiedenen Farben und Größen, Abbildungen von Vögeln, ein geflochtener Korb, ein Kompass, Handpuppen

„Mein Tico wird ganz schön."

Einstieg (1. Beispiel)
Die pädagogische Fachkraft zeigt den Kindern eine Feder. Diese ruft Erinnerungen an die am Vortag erzählte Geschichte, die Bilderbuchbetrachtung, wach. Der Reihe nach werden die Anschauungsmaterialien betrachtet.
Szenen, die gemalt werden können, werden inhaltlich kurz wiederholt.

E **Einstieg (2. Beispiel)**
Erinnerungen der Kinder an die Geschichte werden mit einem Bild aus dem Bilderbuch oder der Abbildung eines Vogels wachgerufen. Zur Veranschaulichung sollten einzelne Szenen, die dargestellt werden können, kurz „angespielt werden".
Beispiele: Tico wird von seinen Freunden gefüttert; Tico schenkt dem Korbflechter/dem Puppenspieler/dem Kapitän/der Braut eine goldene Feder; Tico ist mit seinen Freunden wieder am Baum zusammen.

H **Zielangabe** „Heute malen wir ein Bild von Tico!"

Hauptteil	
Arbeitsschritte	Methodisch-pädagogische Hinweise
1. Gestaltungsmöglichkeiten der einzelnen Szenen besprechen	Die pädagogische Fachkraft regt die Kinder im Gespräch an, wie einzelne Szenen gestaltet werden könnten. Beispiele: Tico schenkt dem Korbflechter eine goldene Feder. „Ist da auch die kranke Tochter, das Haus, in dem sie wohnen, dabei? Hat der Korbflechter die Medizin schon gekauft? Welche (Flasche, Tabletten)?" Tico schenkt dem Puppenspieler eine goldene Feder. „Hat der Puppenspieler schon wieder neue Puppen? Welche? Schauen ihm vielleicht Kinder beim Puppenspiel zu?"
2. Entscheidungshilfen zur Auswahl der einzelnen Szenen geben	Die pädagogische Fachkraft motiviert jedes Kind zu entscheiden, was es malen möchte. „Was gefällt dir besonders gut?"
3. Aussehen der Hauptfiguren besprechen	Die pädagogische Fachkraft regt die Kinder an, Vorstellungen konkret zu beschreiben. Beispiele: „Wie könnte bei dir Tico aussehen? Kopf, Körper, Flügel, Schwanz? Wie stellst du dir den Schnabel vor? Lang und schmal? Kurz und stumpf? Gebogen? Wie könnten bei dir die Beine aussehen?" Sie setzt dabei unterschiedliche Abbildungen von Vögeln ein. „Wie sehen geflochtene Körbe und ein Kompass aus?" Die Kinder beschreiben die Anschauungsmaterialien.
4. Bei Bedarf die Technik des Wasserfarbenmalens kurz wiederholen	Die pädagogische Fachkraft motiviert ein Kind, nochmals kurz zu zeigen, wie der Pinsel in das Wasser eingetaucht, abgestreift und Farbe aufgenommen wird.
5. Blatteinteilung überlegen	Die pädagogische Fachkraft bittet jedes Kind zu überlegen, wie es sein Blatt einteilen möchte. Beispiel: „Wo könnte bei dir der Puppenspieler, wo Tico sitzen? Wie groß soll bei dir der Baum sein, auf dem Tico sitzt? Wohin willst du die Körbe, die Medizin malen?" Die Kinder deuten mit dem Finger auf dem Papier ihre Vorstellungen an.
6. Kinder gestalten ihre Ideen	Die pädagogische Fachkraft beobachtet die Kinder. Sie regt die Kinder an, weist auf weitere Gestaltungsmöglichkeiten hin, ermutigt und bestätigt. Die Kinder beschriften ihr Bild mit ihrem Namen.
7. Aufräumen	Jedes Kind räumt seinen Arbeitsplatz auf und hilft mit, Materialien und Raum zu ordnen.

Abschluss (1. Beispiel)
Kinder gestalten eine kleine Vernissage. Jedes Kind erzählt kurz etwas zu seinem Bild.
Jedes Kind erhält eine individuelle, positive Rückmeldung.
Verwendung der Bilder angeben. Beispiele: Die Bilder foliert als Bilderbuch zusammenstellen, für ein kleines Kindertheater als Einleitung zu den einzelnen Szenen verwenden oder einfach einen schönen Platz zum Aufhängen finden.

Abschluss (2. Beispiel)
Die Bilder werden gemeinsam betrachtet. Kinder werden durch Fragen zum Erzählen angeregt.
Jedes Kind erhält eine individuelle, positive Rückmeldung.
Kleine darstellende Ratespiele können durchgeführt werden. Zwei Kinder stellen pantomimisch eine Szene dar, die Gruppe errät die Szene.

14.6.2 Das Falten

Methodische Grundsätze

* Faltarbeit selbst erproben, Faltgänge üben.
* Möglichst Arbeiten wählen, die sich zu einem anschließendem Spiel eignen. Ansonsten die Verwendung angeben.
* Vorgefertigtes Muster den Kindern zeigen, sie damit spielen lassen.
* Vorbereitete Faltblätter und Ersatzblätter bereithalten, Ergänzungsmaterialien, wie Stifte, Scheren, Klebstoff, Woll-, Stoff- und verschiedene Papierreste, vorbereiten. Kreative Gestaltungsmöglichkeiten überlegen.
* Jeden Faltschritt vorzeigen, dabei auf die Aufmerksamkeit der Kinder achten. Wenn alle Kinder mit dem Faltschritt fertig sind, den nächsten Schritt zeigen. Geübte Kinder können eigenständig verschiedene Faltschritte oder Kombinationen davon (z. B. Buch, Taschentuch, Drachen, Haus, Briefumschlag, Schrank) falten.
* Materialien, Vorgehensweisen genau besprechen/einführen.
* Treffende Begriffe verwenden, wie z. B. „Seite", „Kante", „Bug", „Linie", „Viereck", „Quadrat", „Rechteck", „Raute". Kinder immer wieder Formen entdecken lassen und diese richtig benennen. „Wortneuschöpfungen" von Kindern bestätigen.
* Wenn mehrere Kinder einen Faltschritt nicht verstanden haben, den Faltgang für alle langsam wiederholen. Falsche Faltgänge sofort mit den Kindern einzeln verbessern, damit die Arbeit erfolgreich beendet werden kann. Kleine Hilfestellungen geben, z. B. Faltschritte nochmals am eigenen Modell langsam vormachen, das Papier festhalten, Hilfspunkte, Hilfslinien aufzeichnen. Die Gruppe dabei um Geduld bitten.
* Auf dem Tisch von sich weg falten, damit die Arbeit gelingt. Mit dem Daumen abstreifen.
* Erklärungen einfach und klar verständlich formulieren. Zur Demonstration ein eigenes Modell falten, anhand dessen immer wieder etwas vorgezeigt werden kann. Langsam und schrittweise vorgehen, bestätigen, die Kinder während der gesamten Arbeit ermutigen und loben.

Praxisbeispiel: Falten von Fantasie-Fingerpuppen

„Oli-Oktober mit der Freundschaftsfeder" oder „Winnie-Wind und Betty-Blatt"

Technik:
Falt-Schneidearbeit

Materialien:
Zwei fertig gestaltete Fingerpuppen, Herbstlaub, Handtrommel, bunte Faltblätter (15 cm × 15 cm), Scheren, Buntstifte, Klebestreifen, kleine Federn, buntes Herbstlaub auf Chiffontüchern, ein Schuhkarton

Erst falten, dann schneiden.

E **Einstieg (1. Beispiel)**
Die Fingerpuppe tritt fröhlich, heiter, mit säuselnden Herbstgeräuschen auf. Sie stellt sich mit ihrem Namen „Oli Oktober mit der Freundschaftsfeder" vor. Sie begrüßt die Kinder, fragt sie nach ihren Namen und nach ihren Freunden. Sie erzählt von ihren Spielen im Oktober.
Die Pädagogin pustet die Feder der Fingerpuppe einem Kind zu. Sie fordert es auf, mitzuspielen, indem das Kind die Feder einem anderen Kind zupustet. Das Pustespiel wird mit allen Kindern fortgesetzt. Die Handpuppe freut sich über das Spiel der Kinder und schlägt vor, ebenfalls Herbstpuppen zu falten.

E **Einstieg (2. Beispiel)**
Die pädagogische Fachkraft raschelt hinter dem Rücken mit trockenem Herbstlaub. Sie erzeugt mit der Handtrommel Windgeräusche. Aus einem Laubhaufen huschen zwei Fingerpuppen mit je einem Herbstblatt hervor. Mit fröhlichen Windstimmen begrüßen sie schwebend und tanzend die Kinder. Sie stellen sich mit ihren Namen „Winnie-Wind" (Windgeräusch erzeugen) und „Betty-Blatt" (mit dem Blatt winken) vor. Die Fingerpuppen erzählen von ihren Windrennen und den vielen Blätterfreunden. Sie motivieren die Kinder, von ihren Lieblingsspielen und ihren Freunden zu erzählen.
Die pädagogische Fachkraft spricht jedes Kind an, bestätigt die Kinder, motiviert sie zum Sprechen. Sie gibt jeder Fingerpuppe eine eigene Stimme, verwendet wörtliche Rede.

H **Zielangabe**
„‚Oli-Oktober mit der Freundschaftsfeder' (oder ‚Winnie-Wind' und ‚Betty-Blatt'), so eine Fingerpuppe falten wir jetzt!"

Hauptteil	
Arbeitsschritte	Methodisch-pädagogische Hinweise
1. Gestalt, Körperteile, Form der Fingerpuppe erfassen	Die pädagogische Fachkraft zeigt das fertige Modell, lässt die Körperteile, die gesamte Figur benennen und zeigen; sie geht auf die Besonderheit dieser Form ein, weil die gesamte Gestalt für die Kinder nicht so leicht zu erfassen ist.
2. Material, Arbeitsweisen bestimmen	Die pädagogische Fachkraft gibt die fertige Fingerpuppe den Kindern, fragt nach dem Material (dünnes, leichtes Papier, Faltpapier) und bittet die Kinder zu beschreiben, wie die Fingerpuppe hergestellt wurde (falten, kleben, schneiden); ein Kind bietet das Faltpapier fächerförmig an; Farben und Form werden benannt (Viereck oder Quadrat, Ecken und Seiten werden gemeinsam gezählt).

Hauptteil	
Arbeitsschritte	**Methodisch-pädagogische Hinweise**
3. Falten der Figur 3.1 Diagonale zweimal falten	Die pädagogische Fachkraft führt eine Regel ein: „Ich zeige und erkläre erst, ihr beobachtet aufmerksam. Wenn ich fertig bin, dann könnt ihr falten." Sie achtet während der Demonstration auf die Aufmerksamkeit der Kinder. Während die Kinder arbeiten, beobachtet sie die Kinder besonders genau, damit sie bei Bedarf sofort helfen kann (z. B. den Faltvorgang nochmals zeigen, eine Seite festhalten, Hilfspunkte markieren). Sie bittet die Kinder, ihr Blatt so hinzulegen, dass eine Ecke zu ihrem Bauch zeigt. Sie zeigt, wie sie die Ecke genau zu der gegenüberliegenden Ecke faltet, beide mit einem Finger festhält und mit dem Daumen abstreift. Die Kinder falten und wiederholen den Faltschritt mit einem umgedrehten Blatt.
3.2 Raute (Drachen) falten	Die pädagogische Fachkraft weist die Kinder auf die Schwierigkeit des nächsten Schrittes hin. Sie bittet die Kinder, ihr Blatt zu öffnen und es so zu drehen, dass die Mittellinie (zeigen lassen) zu ihrem Bauch zeigt. Sie demonstriert, wie sie nacheinander beide Seiten zur Mittellinie faltet. Die Kinder benennen die neu entstandene Form.
3.3 Überstehendes Dreieck nach oben falten	Die Pädagogin zeigt, wie sie ihr Blatt wendet, sodass die geöffnete Seite oben liegt. Sie lässt das kleine Dreieck bestimmen. Sie demonstriert, wie sie dieses Dreieck nach oben faltet. Sie öffnet die beiden großen Dreiecke und legt das kleine Dreieck darunter.
3.4 Kurze Seite des gleichschenkeligen Dreiecks nach oben falten (ca. 1/3 der Gesamtfigur)	Die Kinder suchen am neu entstandenen Dreieck die kurze Seite. Die pädagogische Fachkraft zeigt, wie sie die kurze Seite eine Kinderhandbreit nach oben faltet. (Bei Bedarf die Mittellinie auf der Rückseite als Hilfslinie verwenden oder den Kindern einzeln an ihrer Arbeit zeigen, wie weit sie nach oben falten sollen.) Besonders gut abstreifen.
3.5 Den Körper zusammenkleben	Am fertigen Modell zeigt ein Kind, wo und wie der Körper zusammengeklebt wird.
3.6 Die Ohren falten	Die Kinder wenden ihre Arbeit. Die pädagogische Fachkraft weist die Kinder wieder auf die drei neu entstandenen Dreiecke hin und lässt die Kinder die beiden kleinen Dreiecke bestimmen. Sie zeigt den Kindern, wie sie beide Dreiecke hintereinander schräg nach unten faltet.
3.7 Die Führungsöffnung einschneiden	Kinder suchen an ihrer Arbeit die Mittellinie. Die pädagogische Fachkraft zeigt, wie sie ca. einen großen Kinderfinger breit seitlich schräg zur Mittellinie einschneidet. Sie wiederholt diesen Vorgang auf der anderen Seite; bei Bedarf zeichnet sie Hilfspunkte auf. Ein Kind verteilt die Scheren.
3.8 Das Gesicht gestalten	Die pädagogische Fachkraft motiviert die Kinder zu überlegen, wie sie das Gesicht der Fingerpuppe gestalten wollen. Die Kinder zeigen, wo sie das Gesicht auf ihrer Fingerpuppe anbringen wollen. Ein Kind verteilt die Buntstifte. Die Kinder beschriften auf der Rückseite ihre Fingerpuppe mit dem Namen.
4 Aufräumen	Die pädagogische Fachkraft bittet die Kinder, kleine Aufgaben zu übernehmen, z. B. Stifte, Scheren, Papierreste einzusammeln.

A   Abschluss (1. Beispiel)

Den Kindern werden positive, individuelle Rückmeldungen gegeben, Spielimpulse der Kinder werden aufgegriffen.
Jedes Kind wählt sich eine „Freundschaftsfeder" und schmückt damit seine Handpuppe.
Mit den Kindern herausfinden, was die Freundschaftsfeder bedeuten kann, z. B. einmal kitzeln heißt: „Darf ich mitspielen?" Die Feder zupusten heißt: „Magst du mit mir spielen gehen?"
Abschlussspiel: Jedes Kind erprobt, wie weit es seine Feder pusten kann; jedes versucht, seine Feder in einen Schuhkarton zu pusten.

Abschluss (2. Beispiel)

Den Kindern werden positive, individuelle Rückmeldungen gegeben, Spielimpulse der Kinder werden aufgegriffen.
Jedes Kind wählt sich ein „Windblatt" und schmückt damit seine Handpuppe.
Die Kinder tanzen mit ihrer Fingerpuppe um einen Laubhaufen.
Sie stellen dar, wie die Blätter im Wind tanzen, sich drehen, schweben, auf- und niederwirbeln, rasch voranfliegen, sich treffen und eine Weile zusammen flattern, um sich dann langsam zu Boden zu senken.
Die Pädagogin begleitet das Tun der Kinder erzählend mit der Handtrommel.

14.6.3 Die Drucktechnik

Methodische Grundsätze

* Vor jeder kreativen Arbeit sind Vorstellungen zu aktivieren. Was Kinder wahrgenommen und verstanden haben, können sie mit ihren altersgemäßen Möglichkeiten ausdrücken. Ideenvielfalt kann sich erst entwickeln, wenn Ideen vorhanden sind.
* Kinder benötigen ein Thema, Impulse, Anleitungen, Hilfestellungen, Bestätigung und Anregungen durch die Gruppe. Es sollte ein Klima der gegenseitigen Anregung entstehen.
* Abbildungen, Bilder großer Meister, reale Gegenstände helfen ein Objekt zu erfassen; das Verstandene kann so auf individuelle, originelle Weise, je nach eigenem Können und persönlichen Einfällen, ausgedrückt werden.
* Bevor Kinder mit thematischen Arbeiten beginnen, sollte unbedingt vorher das Material erkundet, die Technik erprobt werden. Vor einem angeleiteten Angebot steht das Experimentieren mit der Technik und unterschiedlichen Materialien.
Hand-, Handkanten-, Faust-, Finger-, Fußabdrücke können zu Beginn stehen.
Verschiedene Materialien, z. B. Schnüre, Schachteln, Naturmaterialien, Korken, Lebensmittel, Stoffe, Wellpappe und ausgestanzte Teile ermöglichen viele Erfahrungen mit Drucktechniken. Bei älteren Kindern können auch Drucktechniken mit Walzen eingesetzt werden.
* Zu Beginn einfache Themen wählen. So können z. B. Druckflächen und Muster zu Collagen zusammengestellt werden. Stempel können sich „treffen, miteinander spielen". Um Erfahrungen zu sammeln, eignen sich auch Themen wie z. B. „Wiese", „See", „Moor", „Sonne", „Farbenteppich".
* Beispiele für weitere einfache Themen: Haustiere, Käfer, Vögel, Schmetterlinge, Obst, Häuser, später als Stadt zusammengestellt; Löwenzahn, Gänseblümchen als Finger- oder Pinseldruck, Sonnen- und Mohnblume als Kartoffeldruck.
* Ältere Kinder schneiden ihre Stempel, Druckvorlagen selbst. Bei jüngeren Kindern erst mit Körperdruck beginnen. Später werden große Stempel zur Verfügung gestellt.
* Den Kindern die Objekte nicht vormalen. Stattdessen das Thema möglichst anschaulich erarbeiten, bei Bedarf die Kinder schrittweise anleiten.

* Materialien und Arbeitsplätze gut vorbereiten. Ersatzmaterialien bereitstellen. Genügend Arbeitsfläche zur Verfügung stellen. Auf Ordnung achten. Unterlagen, Mallappen und Malerkittel sind zu empfehlen.
* Drucktechniken selbst erproben. Eigene Erfahrungen mit der Technik und dem Thema helfen, die Kinder konkret anzuregen. Die Pädagogin weiß dann aus eigener Erfahrung, worauf zu achten ist.
* Die pädagogische Fachkraft begleitet die Kinder beobachtend. Sie erstellt während der Arbeit mit den Kindern selbst kein eigenes Bild, damit die Aufmerksamkeit bei den Kindern bleibt. Bewertende Vergleiche mit den Arbeiten Erwachsener können so vermieden werden.

Praxisbeispiel: Drucken eines Huhns

Technik: z. B. Finger-, Korken-, Pinsel- oder Kartoffeldruck

Materialien: Wasserfarben, Wasserbecher, farbiges Tonpapier DIN A4, Papier zum Erproben, Pinsel, Korken, Kartoffeln, Lappen, Malunterlagen, Malerkittel, gelbe und weiße Buntstifte

Medien: Große, realistische Abbildungen von verschiedenen Hühnern, Hühnerfeder, gekochtes Hühnerei, Stroh, Huhn als Dekomaterial im Federkleid oder Huhn als Holztier, grünes, gelbes und braunes Rhythmiktuch

Einstieg (1. Beispiel)
Stuhlkreis, als Mittelpunkt am Boden steht unter Rhythmiktüchern verdeckt eine Dekohenne oder ein Holztier. Die pädagogische Fachkraft zeigt eine Hühnerfeder. Unter Umständen erfolgt eine kleine meditative Besinnung auf den vorausgegangenen Bauernhofbesuch. Die Vorstellungen der Kinder werden auf das Thema „Huhn" gelenkt. Mit einer Hühnerfeder werden die Kinder sanft berührt. Ein Kind deckt den Kreismittelpunkt auf. Die Kinder erzählen von ihren Erlebnissen auf dem Bauernhof.

Einstieg (2. Beispiel)
Stuhlkreis, als Mittelpunkt am Boden liegen auf Rhythmiktüchern Stroh und ein gekochtes Hühnerei als Impuls. Assoziationen der Kinder werden aufgegriffen, ihre Mitteilungen zu einem kurzen Gespräch zusammengefasst. Große, farbige Abbildungen von Hühnern werden als Einstieg mit den Kindern betrachtet, um den Mittelpunkt gelegt oder an der Wand gut sichtbar aufgehängt.

Zielangabe
„Heute drucken wir solche Hühner mit unseren Fingern!" (bzw. mit Korken, Pinsel ...)

Hauptteil	
Arbeitsschritte	**Methodisch-pädagogische Hinweise**
1. Aussehen, Gestalt, Körperteile, Formen, Farben des Huhns wahrnehmen und verstehen	Die Kinder werden motiviert, Abbildungen von einem Huhn differenziert zu beschreiben. **Fragen:** „Wie genau sieht das Huhn, der Kopf, der Körper, sehen die Beine … aus?" **Beispiel für Beschreibungen:** Runder Kopf; länglicher Hals, der in einem Halbbogen in den Rücken, die Schwanzfedern übergeht; Brust gewölbt in Bauch und Schwanzfedern übergehend; (jüngere Kinder werden sicherlich die Henne in drei Teilen: runder Kopf, ovaler Körper und Schwanzfedern darstellen). Zwei Beine: dünn, lang; drei Krallen spitz nach vorne zeigend, eine Kralle zeigt nach hinten; Schnabel: gebogen, spitz zulaufend; Flügel: seitlich, leicht gebogen; Augen: klein, rund; Kamm: gezackt, ähnlich einer Krone; Lappen: unterhalb des Schnabels, länglich und rund auslaufend; Schwanzfedern: schräg nach oben verlaufend, bei einem Hahn in einem großen Halbbogen nach unten zeigend. Die Kinder werden angeregt, die verschiedenen Formen mit den Händen zu zeigen. Farben des Federkleides: einfarbig, mehrfarbig oder bunt gesprenkelt
2. Drucktechnik demonstrieren	Die pädagogische Fachkraft zentriert die Aufmerksamkeit der Kinder, zeigt auf einem eigenen Papier langsam die Technik und erklärt sie dabei. **Beispiel Fingerdruck:** Fingerkuppe in Farbnapf eintauchen, Finger gerade und fest auf das Papier aufsetzen, gerade wegnehmen, nicht verwischen. Jeden Abdruck nahe an den anderen setzen. Erst wenn die Farbe verblasst, erneut Farbe aufnehmen. Die Besonderheit der Drucktechnik wird herausgestellt, Hell-Dunkeleffekte: Jeder Abdruck sieht anders aus, nicht nachträglich „nachmalen". Mehrere Abdrücke werden gezeigt. **Korken- und Kartoffeldruck:** Die Farbaufnahme wird mit dem Pinsel vorgezeigt, wenig Wasser und viel Farbe verwenden.
3. Die Kinder erproben die Technik	Die Kinder verteilen die Materialien. Auf einem gesonderten Papier erproben sie die Drucktechnik. Die Pädagogin beobachtet die Kinder, zeigt bei Bedarf nochmals Einzelheiten, gibt Tipps zur Farbaufnahme, Stempelhaltung u. a.
4. Format besprechen, zur Blatteinteilung anregen	Die Kinder schreiben ihre Namen auf die Blattrückseite. Die Pädagogin regt die Kinder an zu überlegen, wie sie ihr Blatt bedrucken wollen (Längs- oder Querformat). Sie regt die Kinder an, selbst zu entscheiden, wie sie sich den Platz auf ihrem Blatt einteilen wollen. **Fragen, Beispiele:** Wo soll der Kopf, der Körper, … sein? Wo und wie groß willst du den Körper drucken, den Schnabel, die Beine, …

Hauptteil	
Arbeitsschritte	Methodisch-pädagogische Hinweise
5. Kinder drucken Huhn auf dem Originalblatt	Nach Wunsch können die Kinder ihr Huhn selbst mit einem Buntstift skizzieren. (Jüngere Kinder werden darauf aufmerksam gemacht, dass sie ihr Huhn nicht ausmalen, sondern mit Stempeln drucken sollen.) Die Pädagogin begleitet die Kinder beobachtend. Sie erstellt selbst keinen Druck, sondern wendet ihre Aufmerksamkeit den Kindern zu. Bei Bedarf gibt sie kleine Tipps und Hilfestellungen. Sie beschreibt, bestätigt, regt an, motiviert die Kinder.
6. Aufräumen organisieren	Jedes Kind legt seinen Druck auf einen vorbereiteten Platz zum Trocknen. Jedes Kind übernimmt eine kleine Aufgabe beim Aufräumen, z. B. die Pinsel auswaschen, den Arbeitstisch säubern.

Abschluss (1. Beispiel)
Bildbetrachtung: Die Kinder betrachten ihre Bilder. Die pädagogische Fachkraft gibt positive, individuelle Rückmeldungen, indem sie z. B. Einzelheiten beschreibt und ihr Erstaunen, ihre Freude ausdrückt.
Die Verwendung nach dem Trocknen wird angegeben.
Ein **kleines Imitationsspiel** wird durchgeführt.
Beispiel: Wie Hühner laufen, gackern, scharren, nach Körnern picken, im Sand baden, auf einem Bein auf der Hühnerstange schlafen.

Abschluss (2. Beispiel)
Bildbetrachtung: Die Kinder betrachten ihre Bilder. Die pädagogische Fachkraft gibt positive, individuelle Rückmeldungen, indem sie z. B. Einzelheiten beschreibt, ihr Erstaunen, ihre Freude ausdrückt.
Ausblick geben: Nach dem Trocknen werden alle Bilder als großes Wandbilderbuch aufgehängt. Gemeinsam denken sich alle Kinder dazu eine Geschichte aus. Die Texte werden unter die Bilder geschrieben.
Impulse: „Wem fällt jetzt schon ein lustiger Name für sein Huhn ein?
Vielleicht ‚Gackermaxi' und ‚Kornpickerlissi'?
Wie soll unsere Geschichte heißen?"

14.6.4 Das Modellieren

Methodische Grundsätze

* Modellieren ist eine kreative Ausdrucksmöglichkeit von Kindern, die dem Malen ähnlich ist. Kinder brauchen erst Erfahrungen, Wissen, Vorstellungen, „innere Bilder", die sie dann ausdrücken können. Was bewusst aufgenommen und begriffen ist, kann dann auch gestaltet werden.
* Anschauungsmaterialien (Objekte, Abbildungen) für Kinder gut sichtbar präsentieren.
* Kindern häufig Gelegenheit zum freien Modellieren mit unterschiedlichen Materialien (z. B. im Freispiel) geben. Erst dann sollten angeleitete Angebote zu konkreten Themen stattfinden.
* Kinder unter vier Jahren gestalten oftmals flächig, indem sie die Knetmasse auf der Unterlage ziehen und drücken. Differenzierte, konkrete Themenstellungen sind häufig unpassend, da jüngere Kinder den „werkschaffenden Charakter" noch nicht verstehen. Stattdessen haben diese Kinder große Freude am spielerischen Erforschen der Knetmasse. Kugeln werden z. B. als „Brote" und „Brötchen", dünne Rollen als „Würstchen" oder „Schlange" bezeichnet, große

Flächen werden „Pfannkuchen" genannt. Diese Formen werden oft unzählige Male neu geformt, verformt, verbunden oder im Spiel willkürlich als Auto, Puppe, Hund o. Ä. gedeutet.
* Vor dem Modellieren Kinder erst mit der Modelliermasse vertraut machen, spielen lassen.
* Anfangs einfache Objekte modellieren, sitzende oder liegende Figuren herstellen. Bei stehenden Figuren besteht die Gefahr, dass die Körper zu schwer werden und deshalb die Figur immer wieder in sich einsackt.
* Beispiele für einfache Themen: Schlangen, Schnecken, Fische, Käfer, Henne mit Küken, Krokodil, Schildkröte, sitzende oder liegende Haustiere, Obst für den Kaufladen, kleine einfache Schalen, Schüsseln, Körbe.
* Der Aufbau von Gefäßen erfolgt entweder aus einer Kugel, die mittig eingedrückt und deren seitliche Ränder langsam hochgezogen werden, während das Objekt gedreht wird. Oder es wird eine Platte als Boden geformt, die Ränder werden langsam mit Bändern oder Rollen aufgebaut.
* Bei allen Modellierarbeiten ist auf eine gute Verbindung der Teile zu achten.
* Wenn Kinder im Modellieren erfahren sind, genügt es, wenn das Thema genau erarbeitet ist. Sobald die Kinder eigene Vorstellungen und Ideen zum Thema haben, können sie auch eigenständig arbeiten. In diesem Falle bedürfen sie der hier beschriebenen schrittweisen Anleitung nicht.
* Die pädagogische Fachkraft ist während der Arbeit aktive Ansprechpartnerin der Kinder. Sie begleitet die Kinder beobachtend, sie bestätigt und ermutigt und regt die Kinder an. Sie zeigt den Kindern Techniken, sie demonstriert ihre Aussagen an einem Klumpen Knetmasse.
Sie formt aber nicht einzelne Teile an der Arbeit der Kinder.
* Die pädagogische Fachkraft erstellt selbst kein eigenes Objekt, sie widmet ihre Aufmerksamkeit den Kindern. Vergleiche einzelner Arbeiten werden vermieden.

Praxisbeispiel: Modellieren von Hasen

Technik: freies Modellieren

Materialien: Ton, Salzteig, Papiermaschee, selbsttrocknende Modelliermasse oder Plastilin, Tischunterlage, gefüllte Wasserbecher, Lappen, Schürzen, runde Holzstäbe, vorbereitete Namensschilder

Medien: große, realistische Abbildungen von verschiedenen Feldhasen, Hase mit Fell als Dekomaterial oder Holztier, grünes und braunes Rhythmiktuch, Heu, Gräser, Möhre, Salatblätter

Felix modelliert Freude mit hinein.

E **Einstieg (1. Beispiel)**
Stuhlkreis, als Bodenmittelpunkt liegen auf Rhythmiktüchern Heu, Gräser, eine Möhre, Salatblätter.
Die pädagogische Fachkraft spricht ein selbsterfundenes Rätsel, z. B.:
„Flinke Beine, Stummelschwänzchen,
Ohren groß und lang.
Hopple über Feld und Wiesen,
Auch im Zickzack geht's entlang!
Frische Kräuter, auch mal Rüben,

Ja, ein Salatblatt, das ist mein!
Wer kann ich sein?"
Nach der Auflösung des Rätsels stellt ein Kind einen Feldhasen (Dekomaterial oder Holztier) in den Mittelpunkt. Kinder berichten von ihren Erfahrungen mit Hasen.
Begriffsklärung: Feldhase, Stallhase, Kaninchen.

Einstieg (2. Beispiel)
Die Kinder suchen im Raum versteckte Bilder von Feldhasen.
Im Stuhlkreis betrachten Kinder ihre Bilder und berichten von ihren Erfahrungen.
Die Bilder werden gut sichtbar an der Wand aufgehängt.

Zielangabe
„Heute wollen wir einen Feldhasen modellieren!"

Hauptteil	
Arbeitsschritte	Methodisch-pädagogische Hinweise
1. Vorstellungen von Feldhasen aktivieren und konkretisieren	Die Kinder werden motiviert, ihre Vorstellungen von einem Feldhasen zu äußern. Frage: „Wie sieht es aus, wenn der Hase läuft, sitzt, liegt?"
2. Aussehen, Gestalt, Körperteile, Körperhaltung, Formen wahrnehmen und verstehen	Die Kinder betrachten eine große Abbildung eines Feldhasen. Sie werden durch Fragen zum Beschreiben angeregt: „Wie sieht der Kopf, der Körper, wie sehen die Ohren aus? Welche Form haben der Kopf, der Körper, die Ohren, das Stummelschwänzchen?" Beschreibende Begriffe einführen, wie z. B. „rund", „oval", „lang", „spitz zulaufend". „An was erinnern euch diese Formen?"
3. Knetmasse warm kneten (mit dem Material vertraut werden)	Jedes Kind erhält eine Kugel fertig formbarer Modelliermasse. Spielimpulse der Kinder werden aufgegriffen, die Kinder motiviert zu formen, zu kneten, zu ziehen, zu drücken, zu stauchen und zu rollen. Wenn die Modelliermasse den Kindern bereits bekannt ist, kann dieser Schritt kürzer ausfallen.
4. Den Hasen modellieren 4.1 Kopf formen	Die Kinder einen kleinen Teil ihrer Modelliermasse zu einer Kugel formen lassen. Hinweis: Der Kopf ist wesentlich kleiner als der Körper, deshalb brauchen wir dazu weniger Modelliermasse. Die Kinder bestimmen nochmals die Form des Kopfes und geben durch Drücken, Streichen und Ziehen dem Kopf eine längliche Form.
4.2 Körper formen Verbindungen bei Tonarbeiten zeigen	Die Pädagogin lässt die Kinder von ihrer restlichen Modelliermasse ein großes Stück zu einer dicken Rolle formen. Hinweis: Für die Ohren und das Stummelschwänzchen soll noch Modelliermasse übrig bleiben. Die Kinder werden angeregt, beide Teile zu verbinden und durch Drücken und Streichen Ecken und Kanten abzurunden. Die Aufmerksamkeit der Kinder zentrieren. Bei Tonarbeiten beide Teile aufrauen, mit Wasser leicht bestreichen und Übergänge verstreichen oder dünne Rollen zwischen den Teilen einfügen und verstreichen. Diesen Arbeitsschritt sollte die Pädagogin besonders genau zeigen, da einzelne Teile sonst auseinanderbrechen. Bei Bedarf zeigt sie einzelnen Kindern Verbesserungsvorschläge.

Hauptteil	
Arbeitsschritte	**Methodisch-pädagogische Hinweise**
4.3 Ohren und Stummelschwänzchen formen	Die Kinder werden nochmals auf die Abbildung hingewiesen. Die Kinder formen dünnere Rollen, drücken zwei Drittel der Rolle etwas breiter, formen den oberen Teil spitz zulaufend. Die Kinder formen eine kleine Kugel für das Stummelschwänzchen. Die pädagogische Fachkraft weist die Kinder auf gute Verbindungen hin. Die Modelliermasse gut verstreichen, besonders bei den Ohren, da es sich um kleine Flächen handelt.
4.4 Gesicht gestalten	Mit abgerundeten Holzstäbchen ritzen oder drücken Kinder Augen, Nase, Mund ein.
5. Aufräumen	Die Kinder stellen ihren Hasen mit einem Namensschild versehen zum gestalteten Mittelpunkt. Jedes Kind übernimmt eine kleine Aufgabe, z. B. die restliche Knetmasse zusammendrücken, Unterlagen säubern.

Abschluss (1. Beispiel)

Die Ergebnisse werden gemeinsam betrachtet. Die pädagogische Fachkraft gibt positive, individuelle Rückmeldungen.

Die Kinder werden darüber informiert, dass ihre Hasen noch an der Luft trocknen müssen bzw. im Brennofen gebrannt werden. Anschließend können die Kinder ihre Hasen als Ostergeschenk mit nach Hause nehmen.

Gemeinsam wird das eingeführte Reimrätsel nochmals gesprochen. Abschließend kann noch der bekannte Liedruf gesungen werden,
z. B. „Has, Has, Osterhas, bring doch allen Kindern was!
Große Eier, kleine Eier, für die schöne Osterfeier. Osterhas! Osterhas!"
Oder: „Has, Has, leg den Kindern was ins Gras! Has, Has!"

Abschluss (2. Beispiel)

Gemeinsam werden die Ergebnisse betrachtet. Die pädagogische Fachkraft gibt den Kindern positive, individuelle Rückmeldungen.

Kleines Suchspiel: Ein Kind versteckt eine Möhre, ein anderes sucht diese Möhre. Während des Suchens spricht die Gruppe einen selbst erdachten Reim, z. B.:
„Möhren groß und Möhren klein
schmecken Hasen und Kindern fein!"

14.6.5 Das kreative Gestalten

Methodische Grundsätze

* Vor dem Gestalten kommt immer erst das Wahrnehmen, das Überlegen, das Erfassen des Materials und der Gestaltungsprinzipien. Die Ideen der Gruppe werden in einem Gespräch gesammelt.
* Kreatives Gestalten erfordert das bildliche und sprachliche Erfassen des Themas. Eine Blume kann erst gemalt, gestaltet werden, wenn das Kind Blumen genauer betrachten und wahrnehmen konnte, wenn es die entsprechenden Begriffe (Blüte, Stiel, Blatt usw.) kennengelernt hat. Bauen und Konstruieren kann es erst, wenn es die Welt der Architektur kennengelernt

hat, wenn es erfahren hat, wie eine Stadt, ein Bauernhof, ein Zirkus aufgebaut ist, wenn es die entsprechenden Prinzipien und Gestaltungsregeln erlebt hat.
* Kreatives Gestalten mit Kindern erfordert einen Rahmen und ein Rahmenthema, das die Kinder nicht überfordert. Wichtig ist auch die Materialauswahl, denn ansprechende Materialien, wie z. B. leuchtende Farben, große Pinsel, große Papierbögen usw. regen die kindliche Fantasie an.
* Kreatives Gestalten erfordert Anleitung und Anregung zur Gestaltung. Die Aussage „Du kannst das machen, wie du willst" kann zur Überforderung führen, weil das Kind noch nicht weiß, was es will. Es braucht erst eine Auswahl gestalterischer Möglichkeiten, aus denen es auswählen kann.
* Die zur Verfügung stehende Zeit und das Alter der Kinder haben Einfluss auf die Größe und Menge der Materialien.
* Es ist wichtig, räumliche Voraussetzungen zu bedenken wie die Aufteilung von Arbeits- und Materialtisch, Platzangebot und Übersicht. Manchmal sind Absprachen mit den Kolleginnen notwendig.
* Regeln zum Gestalten, Malen, Konstruieren und Bauen sind aufzustellen.
* Das Material wird auf seine Tauglichkeit überprüft.
* Wachsende Zusammenarbeit und Absprachen zwischen den Kindern sollten ermöglicht und gefördert werden.
* Die pädagogische Fachkraft sorgt für Schaffensruhe – evtl. durch den Einsatz meditativer Musik.

Praxisbeispiel: Gestalten einer Blumenwiese in Schneidetechnik

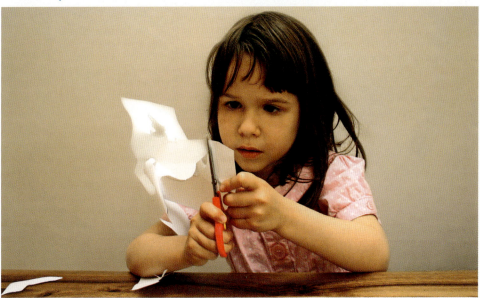

„Mir fällt etwas ein."

Einstieg
Die Kinder werden in Gedanken dahin geführt, wo der kreative Prozess stattfinden soll, z. B. auf die Blumenwiese, in den Wald oder zu den Elfen und Waldgeistern. Durch Sinneseindrücke wie Hören, Schauen, Riechen und Tasten wird die Fantasie angeregt. Die pädagogische Fachkraft erarbeitet mit den Kindern Grundlagen: Die Blume braucht Wurzeln, Blätter, eine Blüte besteht aus Blütenblättern. In einem Lexikon oder anhand eines Blumenstraußes werden verschiedene Blumenformen gezeigt. Auch Anschauungsmaterial wie z. B. Kunstwerke bekannter Künstler oder eine Geschichte, die eine Gestaltungsanleitung enthält, können motivierend wirken.

Geeignet ist z. B. eine Geschichte, in der ein Schmetterling (gespielt von einer Handpuppe) von einer bunten Blumenwiese träumt, die er aber nicht finden kann. Die Kinder helfen ihm und gestalten für ihn eine Wiese.

H   **Zielangabe**

„Wir sind heute in einer Künstlerwerkstatt. Wir sind Künstler und tragen einen Malerkittel. Wir wollen zusammen ein gemeinsames Kunstwerk, und zwar eine Blumenwiese gestalten. Hier seht ihr Bilder von Fotografen und Künstlern. Wir werden unser Kunstwerk, unsere Blumenwiese, zu diesen Bildern hängen."

Die Kinder betrachten unterschiedliche Bilder von Blumen.

Hauptteil	
Arbeitsschritte	**Methodisch-pädagogische Hinweise**
1. Auf einem Lernplakat mögliche Vorgehensweisen erkennen	Die pädagogische Fachkraft wendet sich an die Kinder: „Ihr habt viele Gestaltungsmöglichkeiten. Auf diesem Plakat könnt ihr sehen, wie ihr eure Blume gestalten könnt." *Mögliche Anordnungen von Blüten- und Blätterformen* „Ihr habt sicher noch andere Ideen."
2. Material erkunden	Buntes Papier, Scheren, Kleber, Schälchen, ein großes Plakat, auf dem die Blumenwiese gestaltet werden soll.
3. Regeln im Umgang mit dem Material und Sicherheitsmaßnahmen kennenlernen; Regeln im Umgang in der Gruppe	Die pädagogische Fachkraft zeigt, wie das Material gehandhabt wird; sie bespricht Regeln beim Umgang mit Schere, Kleber und Papier. „Ihr könnt euch von mir Hilfe holen. Wir holen nur Material, das wir brauchen. Was wir nicht mehr brauchen, geben wir zurück. Vielleicht kann es ein anderer brauchen. Wir laufen nicht durch den Raum mit der Schere in der Hand. Beim Kleben sind wir vorsichtig. Wir stören die anderen Künstler nicht beim Arbeiten."
4. Planen	Jedes Kind erzählt, wie es vorgehen will. Jedes Kind richtet seinen Arbeitsplatz her.
5. Gestalten der Blume Schneiden Legen Kleben	1. Vorzeigen: Schneiden von unterschiedlichen Blättern, Stiel und Blütenformen 2. Austeilen von Scheren, Papier und Schälchen. 3. Schneiden: Die Kinder entwickeln neue Formen von Blüten und Blättern. 4. Abfall wegräumen, Einsammeln der Scheren. 5. Jedes Kind gibt die geschnittenen Teile in sein Schälchen. 6. Vorzeigen: Zeigen, wie die Blumen zusammengelegt und aufgeklebt werden. 7. Kleber austeilen. 8. Die Blume auf die Wiese (Plakat) legen und aufkleben. 9. Den Kleber einsammeln.
6. Neue Ideen entstehen, z. B. was für die Blumenwiese noch wichtig ist: Bienen, Käfer ...	Die pädagogische Fachkraft beobachtet und gibt Hilfestellung, z. B. beim Schneiden in die richtige Richtung, für Linkshänder, sie hilft bei der Materialauswahl.

Hauptteil	
Arbeitsschritte	Methodisch-pädagogische Hinweise
7. Malen	Die pädagogische Fachkraft malt nicht mit. Sie achtet auf die Einhaltung der Regeln und beobachtet den kreativen Prozess der Kinder. Sie kündigt den Schluss an. Kinder, die eher fertig sind, dürfen den Platz für das Kunstwerk mit Legematerial schmücken.

Abschluss
Wenn die Blumen, Käfer usw. aufgeklebt sind, wird das Werk nochmals betrachtet. Die Kinder fassen in Worte, was sie in der Fantasie entwickelt haben. „Wie ist meine Blume entstanden? Wie habe ich das gemacht? Was ist mir gut gelungen? Was kann ich gut?" Es wird ein geeigneter Platz für das Kunstwerk gefunden, z. B. in der Mitte eines Stuhlkreises. Diese Mitte kann dann noch mit Legematerial ergänzt werden.
Die Geschichte vom Schmetterling wird zu Ende erzählt. Er freut sich auf die Blumenwiese.
Ausstellung: mit Künstlernamen, auch die gefertigten Blumen und Tiere bekommen einen Namen.
Die Kinder räumen auf und waschen sich die Hände.

14.7 Musik

14.7.1 Singen mit Kindern

Methodische Grundsätze

* Jedes Kinderlied erzählt eine besondere Geschichte, die gesungen wird.
* Um das Prinzip der Ganzheitlichkeit beim Kind zu gewährleisten, werden das Lied und die Geschichte nicht in Strophen zerstückelt. Jede Geschichte hat vielmehr einen Anfang, einen Fortgang und ein Ende.
* Am deutlichsten wird das, wenn das Lied in ein Spiel, z. B. ein Bewegungs- oder Rollenspiel, eingebunden wird (Verkleidung und Gestaltung des Ortes, an dem eine Geschichte stattfindet).
* Ansonsten gelten alle methodischen Gesichtspunkte, die auch bei der Einführung von Fingerspielen zu berücksichtigen sind.

Methodische Grundsätze für U3-Kinder

* Liedinhalte werden mit Gegenständen, die zum Liedinhalt passen, anschaulich gemacht.
* Diese Gegenstände werden in die gestaltete Mitte gelegt und die Pädagogin erzählt etwas dazu oder fragt die Kinder, woher sie das kennen.
* Dann wird das Lied mehrmals deutlich vorgesungen.
* Das Singen wird immer begleitet von entsprechenden Gesten, die zum Inhalt passen.
* Die Kinder bekommen die Gelegenheit, mit einfachen Rhythmusinstrumenten das Lied zu begleiten.
* Das Mitsingen wird durch auffordernde Gesten unterstützt.
* Das Ende des Angebotes wird durch gemeinsames Aufräumen der Instrumente und Einräumen des Anschauungsmaterials deutlich.

Praxisbeispiel: Einführung eines Kinderliedes

Singen – rasseln – schütteln – klatschen

E **Einstieg**
Zum Einstieg führt die pädagogische Fachkraft die Kinder dahin, wo die Geschichte stattfindet.
Einstieg kann eine Sinnesübung zum Hören oder Schauen (Mitte gestalten) sein.
Die pädagogische Fachkraft baut das Lied in eine Geschichte ein und erzählt diese den Kindern.

H **Zielangabe**
„Dieses Lied wollen wir heute zusammen singen und spielen."

Hauptteil	
Arbeitsschritte	Methodisch-pädagogische Hinweise
1. Hören	Die pädagogische Fachkraft singt das gesamte Lied vor.
2. Verstehen	Die Kinder erzählen, was sie verstanden haben, worum es in dem Lied ging. Dabei werden schon Handbewegungen eingebaut, um den Inhalt des Liedes zu verdeutlichen.
3. Spielen	Die pädagogische Fachkraft singt den ersten Teil der Geschichte (1. Strophe) vor, die Kinder machen die Handbewegungen mit.
4. Singen	Die Kinder machen Bewegungen und singen mit der pädagogischen Fachkraft mit. Diese singt noch einmal mit den Kindern und vertieft die Handbewegungen.

Hauptteil	
Arbeitsschritte	Methodisch-pädagogische Hinweise
5. Hören	Sie macht die Kinder darauf aufmerksam, dass die Geschichte noch weitergeht, die Kinder sollen gut aufpassen. Die pädagogische Fachkraft singt das Lied von vorne und schließt den zweiten Teil der Geschichte an.
6. Verstehen	Der Inhalt des neuen Teils wird geklärt.
7. Spielen	Die Bewegungen werden zum zweiten Teil des Liedes vorgemacht.
8. Singen und spielen	Gemeinsam wird der erste Teil des Liedes gesungen und der zweite Teil mit Gesten gestaltet. Nun folgt das gemeinsame Singen des Liedes mit Handbewegungen. Wo dies möglich ist, kann auch schon mit dem Rollenspiel während der Geschichte begonnen werden. Bis alle Kinder beim Rollenspiel an der Reihe waren, können die Kinder das Lied sicher singen.

Abschluss (1. Beispiel)
Rollenspiel: Methodische Hinweise zum Rollenspiel
Die Rollenverteilung erfolgt erst, wenn das Kind weiß, was es genau spielen soll, wo es sein soll und wie es sich bewegen soll. Jedes Kind hat seine eigene Rolle, die auf das Kind abgestimmt ist. Einteilung der Kinder: Es gibt Kinder, die singen, und Kinder, die spielen.

Abschluss (2. Beispiel)
Einsatz von Instrumenten als Begleitung
Um die Geschichte des Liedes mit Klängen zu vertiefen, können Instrumente eingesetzt werden: z. B. Sonnenschein = helle Töne, wie z. B. Triangel, Glockenspiel.
Sollen Rhythmen unterstützt werden, ist der Einsatz von Trommeln oder Klangstäben möglich.
* Das Instrument wird den Kindern vorgestellt.
* Die Spieltechnik wird gezeigt.
* Das Kind, das sich meldet, erhält das Instrument.
* Die Kinder dürfen das Instrument ausprobieren.
* Immer zwei Kinder erhalten dasselbe Instrument, das gibt ihnen Sicherheit.
* Gesamtaufführung: Kinder singen, Kinder spielen mit dem Instrument, Kinder spielen im Rollenspiel.

Überlegungen zur Auswahl geeigneter Kinderlieder
* Welche Lieder kennen die Kinder schon?
* Welche Lieder sind für Kinder geeignet?
* Kleinkinder singen höher als Erwachsene, und zwar vom f` bis f``. Die Töne, die darunterliegen, sollten mit Vorsicht angesungen werden. Die Tonart F-Dur ist daher besser geeignet als C-Dur.
* Wo kann ich Lieder finden, die für diese Gruppe geeignet sind?
* Welche Lieder ermöglichen selbstbestimmtes Lernen?
* Welche Lieder können in weiterführende Projekte integriert werden?
* Wo finde ich Hilfe?

14.7.2 Gestaltung von Klangszenen

Methodische Grundsätze

* Die Stimmung, den Kern der Geschichte, des Bildes oder des Gedichtes erfassen.
* Bilder, Dekoration und Verkleidung, vor allem bei Tiergeschichten dazu auswählen.
* Passende Instrumente zur Imitation oder Assoziierung aussuchen.
* Die Vorerfahrungen der Kinder zum Thema und zum Umgang mit Instrumenten erfassen.
* Klare Regeln über den Umgang miteinander und mit den Instrumenten aufstellen.
* Den Kinder Möglichkeiten zeigen, wie sie Klangfarbe, Klangdauer, Lautstärke, Tonhöhe, Tempo, Klangort und Klangdichte gestalten können.
* Die Namen der Instrumente sichern.
* Die Spielweise und Handhabung, z. B. mit den Schlägeln, zeigen.
* Die Geschichte erzählen.
* Mit den Kindern gemeinsam passende Instrumente den einzelnen Szenen bzw. Figuren der Geschichte zuordnen.
* Dann wird die Geschichte erzählt und die Kinder spielen dazu.
* Eventuell kann eine Wiederholung mit einem Tausch der Instrumente stattfinden.

Praxisbeispiel: Klanggeschichte vom Wetter

Teilnehmer:
Fünf ältere und fünf jüngere Kinder

Material:
jeweils eine Trommel, ein Becken, ein „Regenmacher", eine Triangel, Abbildungen verschiedener Wetterphänomene

E **Einstieg**
Die Mitte wird gestaltet, um die Kinder dahin zu führen, wo die Geschichte spielt.
Mögliche Einstiege: ein Gespräch über das Thema der Geschichte, die Geschichte wird erzählt, z. B. eine Gewittergeschichte. Die Erfahrungen der Kinder mit Gewittern werden geklärt. Der Verlauf der Geschichte wird gesichert, z. B. durch die Frage „Was ist da passiert?". Der Sinn der Geschichte kann anhand vorbereiteter Fragen („Was wäre gewesen, wenn ...?") erarbeitet werden.

H **Zielangabe**
„Diese Geschichte wollen wir heute mit Instrumenten spielen. Ich habe euch hier fünf Tische aufgebaut. Ihr werdet da Bilder sehen, die zur Geschichte passen, und jeweils zwei Instrumente vorfinden."

Hauptteil	
Arbeitsschritte	Pädagogisch-methodische Hinweise
1. Assoziationen äußern	Die Tische sind so dekoriert, dass die Kinder die Klangszene, zu der dieses Instrument passt, assoziieren. Alle können sich äußern.
2. Instrumente kennenlernen	„Ich habe euch an den fünf Tischen Instrumente vorbereitet. Immer zwei Kinder dürfen an einen Tisch gehen, sich das Instrument anschauen und es ausprobieren." Die Spielleiterin geht mit allen Kindern von Tisch zu Tisch, zeigt die Spielweise und klärt die Namen der Instrumente.
3. Regeln kennenlernen	„Wenn ich mit der Triangel spiele, dann schaut ihr wieder zu mir her."

Hauptteil

Arbeitsschritte	Pädagogisch-methodische Hinweise
4. Experimentieren mit den Instrumenten	Die Kinder probieren zu zweit (ein älteres und ein jüngeres) an einem Tisch ihre Instrumente aus.
5. Zur Geschichte passende Musik finden	Die Kinder finden mit ihrem Instrument Klänge zum Bild auf dem Tisch. „Ihr dürft ausprobieren, welche Musik zu unserer Geschichte passt. Schaut euch das Bild genau an." Die Kinder wechseln beim Triangel-Ton zum nächsten Tisch, so lange, bis sie wieder am ersten Tisch angekommen sind.
6. Vorspielen der einzelnen Szenen	Die Kinder (das ältere und das jüngere sitzen nebeneinander) bringen ihr Instrument in den Stuhlkreis und stellen ihre Ideen vor: – Wind (Streichen über die Trommel) – Regen (Regenmacher) – Sonne (Becken) – Blitz (Schellentrommel) – Donner (Pauke)
7. Mitte gestalten	Die Bilder oder die Dekoration der Tische (Wind, Regen, Sonne, Blitz, Donner) werden in die Mitte des Kreises gelegt und das passende Instrument dazu.
8. Spielen der Geschichte	Die pädagogische Fachkraft erzählt die Geschichte und baut in die Geschichte die Spielanleitung für die Kinder mit ein. Die fünf älteren Kinder spielen. Sie bekommen evtl. auch Verkleidungen zur besseren Identifikation. Die jüngeren Kinder hören zu.
9. Instrumententausch	Die Kinder zeigen den anderen Kindern, wie das Instrument gespielt wird, es können aber auch andere Ideen der Kinder verwirklicht werden.
10. Spielen der Geschichte	Die pädagogische Fachkraft erzählt die Geschichte und die Kinder spielen.
11. Reflexion	Mögliche Fragen an die Kinder: „Was hat dir Spaß gemacht?" „Was ist dir gelungen?" „Was möchtest du noch einmal ausprobieren?"

Abschluss

Rollenspiel: Methodische Hinweise
* Die Geschichte wird zu Ende erzählt.
* Die Mitte wird mit Legematerial ergänzt.
* Schlussmusik (freies Experimentieren) wird gefunden, z. B. ein Stimmungsbild.
* Dokumentation: Aufführung für andere Kinder, Aufführung vor den Eltern
* Fotos werden bei der Durchführung gemacht.
* Kinder malen auf, was sie gespielt haben (erste Form der Notation).

Zielsetzung

Spiele mit Tönen, Klängen und Geräuschen werden durch Klangfarbe, Klangdauer, Lautstärke, Tonhöhe, Tempo, Klangort und Klangdichte zu Klangszenen gestaltet.
Bilder, Gedichte, Geschichten und Bilderbücher können so verklanglicht werden.
Dabei werden Klänge imitiert (z. B. der Donner) oder assoziiert (Gefühle bei Sonnenschein).

14.8 Bewegung, Tanz und Sport

14.8.1 Das Erlebnisturnen

Methodische Grundsätze

* Der Raum ist entsprechend der Geschichte vollständig vorbereitet („Erlebnispark").
* Mit älteren Kindern kann der „Erlebnispark" auch gemeinsam gestaltet werden.
* Die Erwärmung zu Beginn (Einstieg) wird bereits in die Geschichte mit eingebunden.
* Bei der Erlebnisturnstunde steht das gemeinsame Erleben der erzählten Geschichte im Vordergrund. Daher ist die richtige Ausführung der Übungen von untergeordneter Bedeutung.
* Wichtiger ist, dass jedes Kind die Möglichkeit hat, eigene Bewegungsideen zu entwickeln.
* Dabei wird nicht kritisiert, vielmehr werden die Kinder zu originellen Ideen angeregt.
* Besondere Aufmerksamkeit gilt den bewegungsgehemmten und ängstlichen Kindern. Durch aufmunternde Kommentierung sollen besonders diesen Kindern Erfolgserlebnisse ermöglicht werden.
* Am Ende einer Erlebnisturnstunde erfolgt eine in die Geschichte eingebaute Entspannung, ein passendes Spiel oder ein Tanz.

Methodische Grundsätze für das Turnen mit U3-Kindern:

* Wenn Kinder sich auf unterschiedliche Weise bewegen können, werden unterschiedliche Spielsachen in Sichtweite des Kindes angeboten.
* Der Raum soll zu vielen unterschiedlichen Bewegungsmöglichkeiten anregen durch unterschiedliche Bodenbeläge, schiefe Ebenen, Stufen, Kriechtunnel usw.
* Die Fachkraft bereitet Bewegungslandschaften vor und begleitet die Kinder durch echtes Interesse, Anregungen, sprachliche Begleitung, eigenes Mittun und Vormachen.

Praxisbeispiel: Erlebnisturnen „Küken entdecken die Welt"

E **Einstieg**

Alle Kinder liegen zusammengerollt in einem Reifen und sind mit einer Decke bedeckt. Sie wissen, dass sie alle Küken sind, die noch in ihren Eiern schlummern. Die pädagogische Fachkraft erzählt eine Rahmenhandlung, nach der sich die Kinder bewegen:
* Sie werden größer – dehnen sich,
* werden größer und wollen aus dem Ei – strampeln,
* sehen Licht – schauen unter der Decke vor,
* entdecken ihre Flügel und Beine – zappeln und strampeln,
* rollen sich hin und her – legen sich auf den Bauch,
* merken, dass sie stehen können – stehen auf,
* merken, dass sie Flügel bewegen können – flattern,
* wollen die Welt kennenlernen – gehen aus den Reifen heraus.

H **Zielangabe**

„Wir werden einen Ausflug machen und dabei die Welt entdecken."

Hauptteil	
Arbeitsschritte	Methodisch-pädagogische Hinweise
Bank überqueren	Impuls: „Da ist ein tiefer Fluss, wie könnten wir darüber kommen?" Die Kinder kommen auf unterschiedliche Ideen, jeder geht so über die Bank, wie er möchte. Die pädagogische Fachkraft kommentiert die verschiedenen Ideen und bestärkt unsichere Kinder besonders.

Hauptteil	
Arbeitsschritte	Methodisch-pädagogische Hinweise
Weichbodenmatte überqueren	Impuls: „Dieser tiefe Sumpf, wie könnten wir da hindurchkommen?" Die Kinder werden in der gleichen Weise bestärkt wie oben. Wer möchte, darf den Vorgang mehrmals wiederholen.
Durch den Kriechtunnel kriechen	Impuls: „Ein dunkler, enger Tunnel – wer kommt da durch?"
Über ein Tau balancieren	Impuls: „Eine tiefe Schlucht mit einer Hängebrücke – wie könnte man diese überqueren?"
Über Reifen hüpfen	Impuls: „Da hat es wohl geregnet und es gibt viele Pfützen – da wollen wir hineinhüpfen – das macht Spaß!"
Auf Hüpfkissen balancieren	Impuls: „Ein reißender Fluss, zum Glück gibt es Steine, auf denen wir laufen können."
Auf Kasten steigen und herunterhüpfen	Impuls: „Ein hoher Berg, kommen wir da hoch? Wie ist die Aussicht, wer möchte hüpfen?"
Ruhepause	Impuls: „Es ist schon spät geworden, wir müssen uns auf den Rückweg in unser Nest machen, sonst wird es noch dunkel."
Der gleiche Weg wird zurückgegangen	Dabei können die Kinder sagen, wo sie sich befinden und wie man am besten weiterkommt.

Abschluss
Impuls: „Beim Nest angelangt, legen sich alle Küken müde zurück. Sie ruhen sich aus und träumen vielleicht von ihrer Reise."
Nach einer kurzen Entspannungsphase stehen die Küken, die wieder munter sind, leise auf und ziehen sich an. Alle gehen zusammen als „Kükenkette" zurück zu den anderen.

14.8.2 Die Turnstunde

Methodische Grundsätze

* Jede Turnstunde wird mit Erwärmungs- und Raumerfahrungsübungen eingeleitet (= Einstieg).
* Bei Turnstunden mit Kleingeräten werden danach die Geräte geordnet verteilt und von jedem Kind individuell ausprobiert (= Experimentierphase).
* Die daran anschließende Übungskette ist von der pädagogischen Fachkraft so vorbereitet,
   - dass auf zunächst einfachere Übungen schwierigere folgen,
   - dass alle Körperpartien einbezogen werden,
   - dass sowohl Einzel- als auch Partnerübungen eingeplant werden,
   - dass Übungen im Stehen, Liegen, Sitzen vorgesehen werden,
   - dass auf anstrengende Übungen entspannende folgen.
* Jede Übung wird richtig vorgemacht und gleichzeitig kurz und kindgerecht erklärt, dabei schauen alle Kinder grundsätzlich zu.
* Die Übungen werden spielerisch gestaltet, z. B. „Wir hüpfen wie ein Frosch".
* Dabei werden passende Bewegungsbegleitungen eingesetzt wie z. B.
   - Rhythmus durch Instrumente oder Klatschen,
   - Musik,
   - rhythmisches Sprechen („und hoch – und vor ...").

- Die Kinder stehen gleichmäßig im Raum verteilt und nutzen den ganzen Raum.
- Die pädagogische Fachkraft steht so, dass sie die gesamte Gruppe überblicken kann.
- Ideen der Kinder werden, wenn möglich, aufgegriffen und umgesetzt.
- Während des Übens werden die Kinder beobachtet, gezielt gelobt und angespornt.
- Bei Bedarf wird den Kindern Hilfestellung geleistet.
- Die Kinder werden zur Rücksichtnahme auf andere Kinder und zum richtigen Umgang mit den Geräten aufgefordert.
- Bei aller Planung soll jedoch immer genug Freiraum für die Ideen der Kinder bleiben bzw. sollen Kinder dazu angeregt werden, Bewegungsaufgaben selbstständig zu lösen (z. B. „Wie können wir noch über die Bank kommen?").

Zur praktischen Vorbereitung gehören:
- vollständige Turnkleidung von Kindern und pädagogischer Fachkraft (geeignete Turnschuhe!)
- ein vorbereiteter Raum, d. h. gelüftet und von herumstehenden Gegenständen befreit
- ein Rhythmusinstrument (z. B. Tamburin) oder geeignete Musik
- je nach Thema liegen Kleingeräte oder funktionsgeprüftes wertloses Material bereit (Zeitungen, Luftballons, Tücher ...)

Praxisbeispiel: Bewegungsgeschichte zur psychomotorischen Förderung der Sinne

Teilnehmer: sechs Kinder, davon zwei entwicklungsverzögert
Material: Rundhölzer, Pappkarton, Schwungtuch, Turnmatte, Langbank

E **Einstieg**
Erzählung von einem Königreich, in dem ein König wohnt, der gerne isst.

H **Zielangabe**
„Das wollen wir heute spielen."

Hauptteil	
Arbeitsschritte	**Methodisch-pädagogische Hinweise**
Der König sitzt am Tisch und ruft nach seinem Hofbäcker.	Es war einmal ein König, der war dick und kugelrund. Des Königs Lieblingsspeise waren Zuckerstangen. Täglich aß er fünf Bleche voller süßer, klebriger Zuckerstangen.
Bäcker rollt Rundhölzer vor und zurück; alle Rundhölzer auf die Kartondecken verteilen; ein Backblech nach dem anderen zum König befördern; dabei über die Langbank balancieren.	Der königliche Bäcker hatte natürlich alle Hände voll zu tun, denn er musste diese zahlreichen Zuckerstangen ja backen und sie dem König bringen.
Kinder stellen sich vor dem König auf, Verbeugung.	Bald konnte der Bäcker seine viele Arbeit nicht mehr allein bewältigen. Darum beschloss der König, noch einen weiteren Bäcker einzustellen. Am Königshof erschienen daraufhin mehrere Bäcker, die den Wunsch hatten, in die Dienste des Königs zu treten.
Jedes Kind im Schwungtuch durchschütteln; hier treten die Kinder ohne bestimmte Rolle in Aktion.	Der König wollte aber nur den besten Bäcker von allen haben und stellte den Bewerbern drei Aufgaben, die sie erfüllen mussten. Die erste Aufgabe lautete: Lasst euch durchschütteln, damit sich die Zutaten gut vermischen.

Hauptteil

Arbeitsschritte	Methodisch-pädagogische Hinweise
König und Hofbäcker rollen die sechs Kinder auf den Turnmatten vor und zurück.	Die zweite Aufgabe: Lasst euch ausrollen, als wärt ihr ein Zuckerstangenteig. Die dritte Aufgabe lautete schließlich: Berichtet mir, wie ihr euch als Teig gefühlt habt. Die Bäcker antworteten: „Das Durcheinanderschütteln und Ausrollen waren eine Leichtigkeit für uns, du kannst uns also ruhig als Hofbäcker einstellen!"
Kleiner Bäckeranwärter windet sich hin und her. Ihm ist ganz schwindelig.	Da meldete sich der kleinste Bäcker zu Wort: „Ach, mir war ganz schwindelig und schwabbelig zumute vom vielen Schütteln und Ausrollen. Wie mag es da wohl einem richtigen Zuckerstangenteig ergehen?"
König hilft ihm aufstehen und führt ihn in die Schlossbackstube.	Als der König dies hörte, sagte er: „Du bist der richtige Bäcker für mich, denn nur du weißt, wie sorgsam und behutsam man mit einem Teig umgehen muss!"

(Entdeckungskiste 5/6, 2001, S. 31 f.)

Abschluss
Jedes Kind erhält eine Urkunde mit dem Titel „Königlicher Bäcker". Die pädagogische Fachkraft teilt den Kindern mit, dass sie im Nebenraum in der Knetbackstube backen dürfen, um später im Kaufladen ihr Gebäck zu verkaufen. Die Teilnahme daran wird den Kindern freigestellt.

Praxisbeispiel: Turnen mit Bällen

Einstieg = Erwärmungsphase
Die Kinder **laufen frei im Raum** – ein Ball nach dem anderen wird in den Raum gerollt, jedes Kind fängt einen Ball ein, bis jedes Kind einen Ball hat.
Jedes Kind legt seinen Ball auf seinen Platz und **bewegt sich um die Bälle** herum.
Die Kinder experimentieren frei (die pädagogische Fachkraft beobachtet, schreibt auf, um am Ende der Phase Übungen vormachen zu lassen).
Die Kinder zeigen ihrem Ball die Turnhalle (Wände, Matten, Heizkörper usw. zeigen).

Zielangabe
„Wir turnen heute mit Bällen."

Hauptteil/Übungsphase

Arbeitsschritte	Methodisch-pädagogische Hinweise
1. Wurfübungen	* Den Ball so weit wie möglich von einer Hallenseite zur anderen werfen (Hände abwechseln), * so hoch wie möglich werfen, * durch einen aufgestellten Reifen werfen, * aufgestellte Becher oder Kegel umwerfen, * den Ball über ein gespanntes Seil werfen, * den Ball an eine Wand werfen und wieder auffangen, * den Ball hochwerfen und wieder auffangen.

Hauptteil/Übungsphase	
Arbeitsschritte	Methodisch-pädagogische Hinweise
2. Bodenübungen	* Im Schneidersitz Ball um den Körper rollen mit Richtungswechsel. * Die Kinder ergreifen den Ball mit den Füßen, heben ihn hoch und legen ihn wieder ab. * Wie oben, aber den Ball hinter dem Kopf ablegen und die Füße wieder vorne ablegen. * Auf dem Boden sitzend um die eigene Achse drehen, mit einem Fuß abstoßen, der Ball begleitet die Bewegung, bleibt dabei immer in Kontakt mit dem anderen Fuß (Bein- und Richtungswechsel).
Partnerübungen	* PÜ 1: Zwei Kinder sitzen sich im Grätschsitz gegenüber und rollen sich den Ball zu, Abstand nach und nach vergrößern. * PÜ 2: Ein Kind sitzt mit gestreckten Beinen auf dem Boden, das andere legt ihm den Ball auf die Füße. Nun hebt das Kind seine Beine an, bis der Ball zum Bauch rollt, versucht ihn aber vorher mit den Händen zu fangen, nach einigen Wiederholungen Partnerwechsel.
Übungen im Kreis	* Kreis 1: Alle sitzen mit gegrätschten Beinen. Immer ein Kind rollt einen Ball einem anderen Kind zu. * Kreis 2: Ein Ball wird hinter dem Rücken mit den Händen weitergegeben. * Kreis 3: Wie zuvor, aber der Ball wird über den Köpfen weitergegeben. * Kreis 4: Den Ball unter den angewinkelten Knien durchrollen. * Kreis 5: Den Ball mit den Füßen weitergeben.
3. Rollübungen	* Den Ball mit den Füßen eine Linie entlangrollen. * Den Ball mit den Händen eine Linie entlangrollen. * Den Ball mit den Händen um den Partner herumrollen. * Den Ball durch einen Parcours aus Kegeln, Stuhlbeinen, Reifen rollen. * Mit dem Ball kegeln (Becher).
4. Entspannungsübungen	* Partnerübung: Ein Kind kniet neben seinem Partner, der auf dem Boden liegt. Der Ball wird vorsichtig mit leichtem Körperkontakt um das liegende Kind gerollt. * Rollenwechsel
5. Prellübungen	* Den Ball mit beiden Händen auf den Boden prellen und wieder auffangen. * Das Gleiche als Partnerübung, die Kinder stehen sich gegenüber, eines prellt den Ball, das andere fängt ihn auf. * Den Ball auf der Stelle immer abwechselnd mit der einen und der anderen Hand auf den Boden prellen. * Wie oben, aber zu jedem Prellen einen Schritt nach vorne gehen.

Abschluss
Spiel „Ball in den Korb":
Die pädagogische Fachkraft stellt in die Raummitte einen Wäschekorb, der mit allen Bällen gefüllt wird. Innerhalb einer Zeit von zwei Minuten (Wecker wird gestellt) versucht sie nun alle Bälle aus dem Korb in den Raum zu rollen. Die Kinder müssen sie wieder einfangen und zurückwerfen. Ist der Korb nach zwei Minuten leer, hat die pädagogische Fachkraft gewonnen, sind noch Bälle darin, sind die Kinder Sieger.

14.9 Wertorientierung und Religiosität

Methodische Grundsätze

* vgl. Kap. 14.1.2 Gesprächsführung und 14.7.1 Singen mit Kindern

Religiöse und ethische Bildung fördern eine Grundhaltung, anderen gegenüber mit Achtung zu begegnen, zu erkennen, was Glück ist und was andere verletzt. Geschichten über Personen aus anderen Religionen und Regionen erweitern das Mitgefühl und Einfühlungsvermögen, machen Ausgrenzung und Diskriminierung sichtbar und fördern die Resilienz, d. h. die Fähigkeit, mit schwierigen Lebenssituationen fertig zu werden.

Praxisbeispiel: Erzählung

Diese Geschichte handelt von Ausgrenzung, Regeln, Zerstörung und Glückserfahrung:
Ben Sadok ist einer, der aus der Stadt, der Gemeinschaft ausgegrenzt worden ist.
In der Weite der Wüste, in einem Raum ohne Regeln und Zuneigung, zerstört er.
Die betroffenen Tiere und Pflanzen haben Angst vor ihm und laufen davon.
Dann trifft er auf die Palme und erfährt durch ihr Glück, ihre Stärke und Zuneigung selbst Glück und Freundschaft.
Er bekommt die Aufmerksamkeit, die er braucht. Er bekommt sie geschenkt. Er braucht nicht mehr um sie zu kämpfen.

Einstieg

In der Mittel liegen ein Stein und ein braunes Tuch (Wüste), ein blaues Tuch (Oase) und grüne Tücher. Sand wird mit einem Tuch verdeckt in einer Schale von der Pädagogin herumgereicht.	„Niemand sagt, was drin ist. Es ist unser Geheimnis." Die Kinder spielen mit den Händen das, von dem sie glauben, dass in der Schale ist. Ein Kind darf die Schale abdecken und die Schale mit Sand in die Mitte stellen. Der Sand ist die Wüste: Die Kinder spielen mit den Händen, was es in der Wüste alles gibt: Springmäuse, Kamele, Schlangen … „Im Wüstensand kann man Spuren von Tieren und Menschen entdecken." Immer ein Kind malt in den Sand Spuren von Wüstenbewohnern. Nach dem Spurenrätsel jedes Kindes kommt der Wüstenwind und verweht die Spur. Dann kommt ein anderes Kind dran. Die Kinder schließen die Augen. Die Pädagogin macht mit zwei großen Stiefeln einen Sandabdruck in die Wüste. Die Kinder öffnen die Augen und stellen Vermutungen an.

Zielangabe:
„Diese Spur gehört einem Mann, von dem ich euch jetzt eine Geschichte erzähle."

Erzählung

In einem fernen Wüstenland, das Land heißt Arabien, da lebte ein finsterer Mann, der hieß Ben Sadok. Ben Sadok war böse, er war ein Wüstenräuber.

Deshalb mochten ihn die Bewohner nicht, die am Rande der Wüste in der Stadt lebten. Ben Sadok macht alles kaputt, was ihm in den Weg kam. Er konnte nichts Schönes und Gesundes sehen, ohne es zu verderben.

Einmal stand in der Wüste ein kleiner, herrlich blühender Kaktus. Er öffnete gerade seine winzigen gelben Blüten und streckte sich der Sonne entgegen. Er war so stolz, dass ihm so schöne Blüten gewachsen sind. Ben Sadok ging einfach zu dem kleinen Kaktus hin und stieß ihn mit seinem Stock um.

Im Wüstensand kringelte sich eine kleine Klapperschlange. Sie spitzelte mit ihren Augen zur Sonne und freute sich über diesen herrlich warmen Wüstentag.

Ben Sadok bemerkte diese Schlange. Er gab ihr mit seinen großen Stiefeln einen mächtigen Tritt. Die kleine Schlange verkroch sich ganz schnell in ihr Erdloch.

An einer Oase, einer Wasserstelle in der Wüste, wuchs eine kleine Palme. Sie war stolz auf ihre kleinen gefächerten Blätter, die sich schon richtig im Wüstenwind wiegen konnten. Sie wedelte mit ihren Blättern zur Sonne hinauf. „Schau mal, liebe Sonne, wie groß ich schon geworden bin."

Ben Sadok kam zur Oase und sah, wie glücklich die kleine Palme sich im Wind hin und her wiegte. Er holte den dicksten und schwersten Stein, den er finden konnte. Er nahm den schweren Stein und legte ihn der jungen Palme mitten in die Krone. „So, nun kannst du wachsen. Probier's doch mal! Haa!!" Er lachte so böse, dass die Tiere, die an der Oase gerade ihr Wasser tanken, erschrocken zusammenzuckten und vor Angst davonliefen. Die junge Palme schüttelte sich und bog sich und versuchte, die Last abzuschütteln. Vergeblich. Zu fest saß der Stein in der Krone. Da krallte sich der junge Baum tiefer in den Boden und stemmte sich gegen die eiserne Last. Er senkte die Wurzeln so tief, dass sie die verborgene Wasserader der Oase erreichten. Die Palme stemmt den Stein so hoch, dass die Krone über jeden Schatten hinausreichte. Wasser aus der Tiefe und Sonnenglut aus der Höhe machten eine königliche Palme aus dem jungen Baum.

Nach Jahren kam Ben Sadok wieder zur Oase. Ein Schreck durchfuhr ihn. Da stand mitten im Grünen, neben dem Wasser, eine schöne, große Palme. Ihre Blätter tanzten und wiegten sich im Wind, und sie war groß und kräftig. Ben Sadok ging wütend auf die Palme zu. Er schrie sie an: „Was fällt dir ein? Habe ich nicht einen schweren Stein auf dich gelegt, damit du nicht mehr wachsen kannst!"

Die Palme neigte ihm ruhig ihre Blätter zu und sprach: „Ich danke dir für diesen Stein. Er hat mich stark gemacht. Ich bin so glücklich. Wollen wir Freunde werden? Ich werde dir mit meinen kühlen Blättern Schatten spenden. Du könntest dich bei mir ausruhen."

Ben Sadok dachte nach.

Er schaute rings umher. Und plötzlich war es ihm, als ob die Oase schöner denn je blühte. Er hörte das Wasser rauschen und sprudeln und gluckern. Er roch den Duft der Blumen und spürte den warmen Wind auf seiner Haut. Es wurde ihm warm ums Herz.

Er freute sich. Endlich hatte er einen richtigen Freund gefunden. Er blickte um sich. Plötzlich war in der Oase alles wärmer, freundlicher. Die Tiere lachten ihn an, als wollten sie sagen: „Hast du aber Glück!" Und weil es schon Nacht wurde, legte sich Ben Sadok unter seine Palme. Diese wiegte sich leicht und fächerte ihm mit ihren Palmwedeln kühle Luft zu. Ben Sadok schlief ein. Er träumte von einer blühenden Oase, von seiner Freundin, der Palme, von der Wüstenmaus und dem Wüstenfuchs, von der kleinen Klapperschlange im Wüstensand und von einem kleinen Kaktus mit winzigen gelben Blüten, von den Menschen, die am Rande der Wüste wohnten ...

Von dieser Zeit an wollte Ben Sadok kein Wüstenräuber mehr sein. Er beginnt zu singen:

14 Methodische Grundsätze zu gezielten Aktivitäten und ausgewählte Praxisbeispiele

2. Ich mag die Nächte mit ihrem Sternenschein. Ich mag die Monde, egal ob groß, ob klein ...

3. Ich mag die Menschen mit ihrem Eigensein. Ich mag die Kinder, egal ob groß, ob klein ...

(Altes englisches Volkslied
Quelle: Kett Franz, Religionspädagogische Blätter, Landshut 3/95, S. 40)

Abschluss

Das Gespräch über die Geschichte. Die Pädagogin sichert die Gesprächsregeln. Impuls	Was hat dir in der Geschichte am besten gefallen? Was hat dir nicht so gefallen? „Erst war Ben Sadok ganz allein, niemand hat ihn gern gehabt." „Er hatte gar keine Freunde." ...
Die Kinder erzählen Impuls	„Ben Sadok ist jetzt ganz glücklich." „Jetzt hat er wieder Freunde." „Wie hat er das geschafft?" ...
Die Kinder erzählen Die Mitte gestalten	Nach dem Gespräch gestalten die Kinder die Mitte. Sie schmücken die Oase und die Wüste mit Legematerial und Tüchern. Zur Entspannung läuft meditative Musik. Zum Schluss singen die Kinder das Lied von Ben Sadok.
Lied Dokumentation	Die Pädagogin fotografiert die Kinder für das Portfolio.
Reflexion	Nach dem pädagogischen Angebot reflektiert die Pädagogin den Verlauf und notiert sich Aussagen und Dialoge der Kinder.

Anhang

Ich verschaffe mir einen Überblick über meine Kompetenzen oder – was habe ich schon gelernt?

Ich kann Personen und Situationen wahrnehmen, ich	++	+	–	– –
1. nehme Verhalten von Kindern wahr.				
2. nehme Verhalten von Praxisanleitung und Team wahr.				
3. kenne verschiedene Beobachtungsverfahren.				
4. beobachte Stärken und Schwächen von Kindern.				
5. erkenne unterschiedliche Lernwege von Kindern und Gruppen.				
6. überblicke Entwicklungsverläufe.				
7. erfasse Entwicklungsrisiken.				
8. kenne verschiedene Dokumentationsformen.				
9. interpretiere, verstehe und bewerte Beobachtungsergebnisse.				
10. beobachte die Fähigkeiten und Grenzen der Kinder.				
11. schätze die eigene berufliche Eignung und das erzieherische Verhalten ein.				

Ich kann Bedürfnisse des täglichen Lebens erkennen und ihnen gerecht werden, ich	++	+	–	– –
1. erkenne individuelle Bedürfnisse.				
2. gehe einfühlsam und verantwortlich darauf ein.				
3. bin zuverlässig.				
4. habe eine freundliche, optimistische Einstellung.				
5. bringe Kindern und Jugendlichen Wertschätzung entgegen.				
6. erkenne die grundlegende Bedeutung der Bewegung für die Entwicklung und Gesundheit.				
7. strukturiere den Tagesablauf Einzelner nach entwicklungsstärkenden Gesichtspunkten.				

Ich kann Bedürfnisse des täglichen Lebens erkennen und ihnen gerecht werden, ich	++	+	−	− −
8. erkenne, dass sich ethische Grundhaltungen aus der eigenen Erfahrungs- und Erlebniswelt entwickeln.				
9. bin umsichtig und verantwortungsbewusst.				
10. erkenne Krankheitsanzeichen und reagiere angemessen.				
11. kenne die soziale Funktion des Essens und gepflegter Tischsitten.				

Ich kann erzieherisches Handeln planen, durchführen und reflektieren, ich	++	+	−	− −
1. begreife die Bedeutung strukturierten erzieherischen Handelns.				
2. setze mich mit didaktischen Entscheidungen und methodischen Schritten auseinander.				
3. weiß, dass konkrete Handlungsziele abhängig sind von den eigenen Einstellungen.				
4. weiß, dass konkrete Handlungsziele abhängig sind von den Werten einer Gesellschaft und den Zielvorstellungen der Einrichtung.				
5. weiß, dass Planung die Grundlage für situationsangemessenes Handeln ist.				
6. entscheide mich bei pädagogischen Aktivitäten für Ziele, Inhalte, Themen und Methoden.				
7. fixiere die pädagogischen Aktivitäten schriftlich.				
8. kann mein Handeln fachlich reflektieren.				
9. berücksichtige meine Reflexionsergebnisse bei künftigen Planungen.				
10. strukturiere meine persönlichen Lernprozesse.				

Ich kann Beziehungen und Kommunikationen gestalten, ich	++	+	−	− −
1. kenne die Bedeutung verbaler und nonverbaler Kommunikation und Interaktion für die Gestaltung personaler Beziehungen.				
2. erkenne in der Kommunikation mit Kindern und Jugendlichen den besonderen Mitteilungscharakter nonverbaler Signale.				

Ich kann Beziehungen und Kommunikationen gestalten, ich	++	+	–	– –
3. erkenne die Befindlichkeit der jungen Menschen.				
4. kenne die Wirkung meines Verhaltens auf die pädagogische Beziehung zum Einzelnen und zur Gruppe.				
5. reflektiere meine Einstellungen und Werthaltungen.				
6. bin in der Lage, auf Gesprächspartner aus unterschiedlichen Kulturen und mit unterschiedlicher Herkunft unvoreingenommen und selbstbewusst zuzugehen.				
7. kann Gesprächsanlässe und Gesprächsabsichten einschätzen.				
8. berücksichtige die Grundsätze der Gesprächsführung.				
9. hinterfrage mein Verhalten, weil ich weiß, dass es auf andere Menschen Wirkung ausübt, und kann es gegebenenfalls verändern.				
10. kann mich schriftlich und mündlich differenziert und fachkompetent ausdrücken.				
11. kann Berichte, Protokolle und Mitteilungen schreiben.				
12. habe einen Überblick über verschiedene Medien.				
13. weiß, dass Medienkonsum Einfluss auf Kinder und Jugendliche hat.				
14. entwickle einen bewussten Umgang mit dem Medienangebot.				
15. nutze Medien für die eigene Aus- und Weiterbildung.				

Ich kann mit allen am Bildungs- und Erziehungsprozess Beteiligten zusammenarbeiten, ich	++	+	–	– –
1. kann mit allen am Bildungs- und Erziehungsprozess beteiligten Personen Beziehungen aufbauen und pflegen.				
2. kenne meine Stellung im Team und meine Pflichten.				
3. kenne die Rahmenbedingungen und die pädagogische Konzeption der Praxiseinrichtung.				
4. weiß um meine Handlungsspielräume und Grenzen.				
5. entwickle als Teammitglied die Fähigkeit, mich mit Grenzsetzungen, Kritik und Konflikten konstruktiv und professionell auseinanderzusetzen.				

Ich kann mit allen am Bildungs- und Erziehungsprozess Beteiligten zusammenarbeiten, ich	++	+	−	− −
6. kenne die Notwendigkeit und Bedingungen einer vertrauensvollen und verlässlichen Zusammenarbeit.				
7. entwickle eine berufliche Identität, die auf einem reflektierten Wertebewusstsein basiert.				
8. bin offen für die Kooperation mit verschiedenen Institutionen.				
9. kenne Hilfseinrichtungen und Fachdienste.				
10. kenne andere sozialpädagogische Einrichtungen.				

Testen Sie zusätzlich Ihre Fähigkeiten als pädagogische Mitarbeiterin mithilfe des Kompetenzrasters im Anhang des Arbeitsheftes.

Literaturverzeichnis

Ahnert, Lieselotte/Kappler, Gregor/Eckstein-Madry, Tina: Eingewöhnung in die Kinderkrippe, in: Viernickel et al. (Hrsg.): Krippenforschung. Methoden, Konzepte, Beispiele, München: Ernst Reinhardt Verlag, 2012, S. 83.

Albers, Timm: Mittendrin statt nur dabei. Inklusion in Krippe und Kindergarten, München: Ernst Reinhardt Verlag, 2011.

Bayerisches Staatsministerium für Arbeit und Sozialordnung, Familie und Frauen/Staatsinstitut für Frühpädagogik München: Bildung, Erziehung und Betreuung von Kindern in den ersten drei Lebensjahren, Weimar: Verlag Das Netz, 2010.

Bayerisches Staatsministerium für Arbeit und Sozialordnung, Familie und Frauen/Staatsinstitut für Frühförderung München (Hrsg.): Bayerischer Bildungs- und Erziehungsplan für Kinder in Tageseinrichtungen bis zur Einschulung (BEP), Weinheim/Basel: Beltz Verlag, 2006.

Baumann, Anette/Jung, Simone: Sternstunden für Kinder. Eine besondere Form der Be(ob)achtung, in: Kindergarten heute, Nr. 12/2006, S. 34.

Beller, E. Kuno: Eingewöhnung in der Krippe. Ein Modell zur Unterstützung der aktiven Auseinandersetzung aller Beteiligten mit Veränderungsstress: hrsg. v. Deutsche Liga für das Kind, Berlin, 2008.

Berndt, Christina: Von den Lippen abgelesen, in: Süddeutsche Zeitung Nr. 14 vom 18.01.2012, S. 16.

Bernstein, Saul/Lowy, Louis: Untersuchungen zur sozialen Gruppenarbeit, in: Theorie und Praxis, übers. v. Margarethe Bellebaum, Ernst Nathan und Gertraud Wopperer, Freiburg: Lambertus Verlag, 1978.

Bodenburg, Inga/Kollmann, Irmgard: Frühpädagogik. Arbeiten mit Kindern von 0-3 Jahren, Köln: Bildungsverlag EINS, 2014.

Bohsem, Guido: Sprachstörungen nehmen zu, in: Süddeutsche Zeitung Nr. 26 vom 01.02.2012, S. 5.

Borchardt, Alexandra: Welche Welt wollen wir?, in: Süddeutsche Zeitung Nr. 99 vom 29.04.2016, S.13.

Botzenhardt, Tilman/Kirady, Maria: Die Schule der Natur, in: Geowissen Gesundheit Nr. 3, S. 54-66, Hamburg, 2016.

Brandes, Holger: Selbstbildung in Kindergruppen. Die Konstruktion sozialer Beziehungen, München: Ernst Reinhardt Verlag, 2008.

Brazelton, Thomas/Greenspan, Stanley I.: Die sieben Grundbedürfnisse von Kindern. Was jedes Kind braucht, um gesund aufzuwachsen, gut zu lernen und glücklich zu sein, Weinheim/Basel: Beltz Verlag, 2002.

Brecht, Berthold: Redensart aus: Dreigroschenoper, Erstdruck 1928, mit Kommentar, hrsg. von Joachim Lucchesi, Frankfurt am Main: Suhrkamp, 2004, S. 67

CHIP-Studie: Kids am Computer. Repräsentative Schülerbefragung, durchgeführt von: Iconkids & youth international research GmbH, München, März 2008.

Clever, Ria: Beobachten und Dokumentieren als Aufgabe der Bildungsvereinbarung, in: Jugendhilfe Report Nr. 3/04, hrsg. vom Landschaftsverband Rheinland, 2004, S. 4 f.

Cloos, Peter/Schulz, Marc: Kindliches Tun beobachten und dokumentieren, Basel/Weinheim: Beltz Juventa, 2011.

Cratzius, Barbara: Ein Paar Schuhe sind genug, in: Ein ganzes Jahr – und noch viel mehr, Teil 1, Freiburg: Herder Verlag, 1992, S. 73.

Deutsche Verkehrswacht/Gesamtverband der Deutschen Versicherer e. V.: Wir können das, in: Entdeckerkiste Heft 1/2, 2003, S. 27 und Heft 5/6, 2001, S. 31 f.

Elschenbroich, Donata: Weltwissen der Siebenjährigen. Wie Kinder die Welt entdecken können, München: Kunstmann Verlag, 2001.

Entdeckungskiste 5/6, Freiburg: Herder Verlag, 2001.

Finkenzeller, Anita/Kuhn-Schmelz, Gabriele: Praxis und Methoden. Arbeitsheft, Troisdorf: Bildungsverlag Eins, 2010.

Franz, Petra/Hilke, Gabriele: Ein Plädoyer für die Ungleichbehandlung oder: Geschlechterdifferenz im Kindergarten – Der Blick auf Mädchen, in: betrifft Mädchen Nr. 2/1996, S. 10 f.

Fritz, Volker/Krenzer, Rudolf (Hrsg.): 100 einfache Texte zum Kirchenjahr, 4. Auflage, Lahr: Kaufmann Verlag, 1991.

Fthenakis, Wassilios E.: Bildung für alle Kinder, in: KiTa spezial, Nr.3/2002, S. 51.

Graff, Bernd: Zehn Gebote der Netzsicherheit, in: Süddeutsche Zeitung Nr. 65 vom 17./18.03.2012, S. 4.

Grosch, Harald/Leenen, Wolf Rainer: Bausteine zur Grundlegung interkulturellen Lernens, in: Interkulturelles Lernen, Arbeitshilfen für politische Bildung, hrsg. v. Bundeszentrale für politische Bildung, Bonn, 2000, S. 29–48.

Günther, Sybille: Krippenkinder begleiten, fördern, unterstützen, Münster: Ökotopia Verlag, 2008.

Heidenreich, Elke: Vorwort, in: Bücherbox, Neue Kinder- und Jugendbücher, hrsg. v. Bundeszentrale für gesundheitliche Aufklärung, Köln, 2000, S. 1.

https://verwaltung.hessen.de/irj/servlet/prt/portal/prtroot/slimp.CMReader/HSM_15/BEP_Internet/med/1, Seite 13, [15.09.2016].

Hock, Beate/Holz, Gerda/Wüstendörfer, Werner: Armut und Benachteiligung im Vorschulalter. Über die frühen Folgen von Armut und Handlungsansätze in der Kita-Arbeit, in: KiTa aktuell BY, Nr. 6/2001, S. 124–132.

JMK/KMK: Gemeinsamer Rahmen der Länder für die frühe Bildung in Kindertageseinrichtungen, Beschluss der Jugendministerkonferenz vom 13./14.05.2004 und Beschluss der Kultusministerkonferenz vom 03./04.06.2004.

Kasüschke, Dagmar: Geschlechtsspezifische Erziehung im Kindergarten, in: Kindergarten heute, Nr. 2/2001, S. 10–11.

Kelber, Magda: Was verstehen wir unter Gruppenpädagogik, in: Gruppenpädagogik. Auswahl von Schriften und Dokumenten, 2. Auflage, hrsg. v. Wolfgang C. Müller, Weinheim: Beltz Studien, 1972, S. 127–141.

Kiphard, Ernst, J.: Mototherapie Band 2, Dortmund: Verlag Modernes Lernen, 1990.

Klein, Ferdinand: Inklusive Erziehungs- und Bildungsarbeit in der Kita, Troisdorf: Bildungsverlag EINS, 2010.

Klein, Irene: Gruppenleiten ohne Angst. Ein Handbuch für Gruppenleiter, München: Pfeiffer Verlag. 1996.

Klein, Lothar/Vogt, Herbert: Freinet- Pädagogik in Kindertageseinrichtungen, Freiburg: Herder, 2002.

Klimke, Silvia: Seppel verschickt eine E-Mail. Kasperletheater, in: Entdeckungskiste Nr. 1/2002, S. 19–21.

Knauf, Tassilo: Beobachtung und Dokumentation: Stärken statt Defizitorientierung. Wahrnehmen – Beobachten – Beachten, in: KiTa aktuell BY, Nr. 4/2006, S. 79–87.

Knauf, Tassilo: Beobachtung und Dokumentation: Stärken- statt Defizitorientierung, in: Martin R. Textor (Hrsg.): Das Kita-Handbuch, abgerufen unter: www.kindergartenpaedagogik.de/1319.html [01.06.2016].

Krenz, Armin: Ist mein Kind schulfähig?, München: Kösel Verlag, 2003.

Landesstelle Jugendschutz Niedersachsen (Hrsg.): Handy ABC, Hannover, 2014.

Largo, Remo H.: Babyjahre. Entwicklung und Erziehung in den ersten vier Jahren, München: Piper, 2015.

Leber, Aloys/Trescher, Hans-Georg/Weiss-Zimmer, Elise: Krisen im Kindergarten, Frankfurt: Fischer Verlag, 1990.

Leu, Hans Rudolf: Vorschulische Bildungsprozesse und die „Perspektive der Kinder", in: KiTa aktuell BY, Nr. 12/2001, S. 254–258.

Leu, Hans Rudolf: Zum Bildungsauftrag von Kindertagesstätten – Bildungs- und Lerngeschichten von Kindern, in: KiTa aktuell BY Nr. 12/2005, S. 250.

Liegle, Ludwig: Pädagogische Konzepte und Bildungspläne – wie stehen sie zueinander, in: Kindergarten heute, Nr. 1/2007, S. 6–12.

Liegle, Ludwig: Leitungsaufgaben, in: Leitungsheft von Kindergarten heute, Nr.1/2008, S. 19.

Lionni, Leo: Tico und die goldenen Flügel, 2. Auflage, Weinheim: Beltz, 2005.

Lück, Gisela: Naturwissenschaftliche Bildung im Kindergarten, Bedeutung und Umsetzung, in: Kindergarten heute, Nr. 1/2004, S. 6–15.

Malaguzzi, Loris: Ein Kind hat hundert Möglichkeiten, in: Welt des Kindes, Nr.3/1991, S. 11.

Marx, Edeltrud: Welche Bedeutung hat es, wie Erwachsene auf Erfolge und Misserfolge von Kindern reagieren? In: Kindergarten heute, Nr. 5/2008, S. 18.

Marx, Edeltrud: Steht schon im Kindergarten fest, was aus uns wird? LOGIK – eine Entwicklungspsychologische Langzeitstudie, in: Kindergarten heute, Nr. 9/2007, S. 20–24.

Mayr, Toni: BEK. Beobachtungsbogen zur Erfassung von Entwicklungsrückständen und Verhaltensauffälligkeiten bei Kindergartenkindern, hrsg. v. Staatsinstitut für Frühpädagogik, München, 1998.

Mayr, Toni: Vernetzung von Kindertageseinrichtungen mit psychosozialen Diensten. KiTas als Teil einer verzweigten Jugendhilfelandschaft, in KiTa spezial, Nr. 1/2001, S. 42–46.

Mayr, Toni: Früherkennung und Entwicklungsrisiken in Kindertagesstätten, in: KiTa spezial BY, Nr. 1/2003, S. 32 ff.

Mayr, Toni/Ulich, Michaela: PERIK Beobachtungsbogen für die Positive Entwicklung und Resilienz im Kindergartenalltag Freiburg: Herder, 2003.

Mayr, Toni/Ulich, Michaela: Kinder gezielt beobachten – die Engagiertheit von Kindern in Tageseinrichtungen, in: KiTa spezial, Nr. 1/2003, S. 32–34.

Mayr, Toni/Ulich, Michaela: PERIK. Fragebogen zur Erfassung der emotional-sozialen Kompetenz, hrsg. v. Staatsinstitut für Frühpädagogik München, Freiburg: Herder Verlag, 2006.

Mayr, Toni/Ulich, Michaela: SISMIK, ein Beobachtungsverfahren für die Sprachentwicklung von Migrantenkindern, Freiburg: Verlag Herder, 2003.

Mayr, Toni/Ulich, Michaela: Sprachentwicklung und Literacy bei deutschen Kindern – der Beobachtungsbogen SELDAK, in: KiTa spezial, Nr. 1/2006, S. 10 –11.

Mayr, Toni/Ulich, Michaela: Und wie steht es um die sprachliche Bildung deutscher Kinder? Der Beobachtungsbogen SELDAK (Sprachentwicklung und Literacy bei deutschsprachig aufwachsenden Kindern), in: Kindergarten heute, Nr. 12/2006, S. 22–27.

Mayr, Toni/Ulich, Michaela: SELDAK - Beobachtungsbogen für Sprachentwicklung und Lite-racy bei deutschsprachig aufwachsenden Kindern, Freiburg: Verlag Herder, 2006.

Ministerium für Bildung und Frauen des Landes Schleswig-Holstein (Hrsg.): Systematisches Beobachten und Dokumentieren, Kiel, 2006.

Ministerium für Generationen, Familie, Frauen und Integration des Landes Nordrhein-Westfalen (Hrsg.): Kinder früher fördern. Das neue KinderBildungsgesetz in Nordrhein-Westfalen, 2008.

Niesel, Renate/Wertfein, Monika/Bayerisches Staatsministerium für Arbeit und Sozialordnung, Familie und Frauen: Kinder unter drei Jahren im Kindergarten, München 2009.

Öszinmaz, Metin: Islamische Unterweisung, in: Interkulturelles Lernen. Arbeitshilfen für die politische Bildung, hrsg. v. Bundeszentrale für Politische Bildung, Bonn, 2000, S. 287–306.

Palmen, Martina (Text), Edelkötter, Ludger (Melodie), in: Irmchen Edelkötter, Ludger Edelkötter: Wenn die Frühlingssonne lacht, Das Frühling-Lieder-Spiel-Geschichten-Buch, München 1992.

Pascal, Chris/Bertram, Toni: Erfassung des Erzieherverhaltens in pädagogischen Situationen, in: KiTa spezial, Beobachtungen in Kindertageseinrichtungen, Nr. 1/2003, S. 4 ff.

Pausewang, Gudrun: Eva bäckt Brot, in: 100 einfache Texte zum Kirchenjahr, hrsg. v. Volker Fritz und Rudolf Krenzer, 4. Auflage, Lahr: Kaufmann, 1991.

Reidelhuber, Almut: Beobachten, Bilden und Erziehen, in: KiTa aktuell BY, Nr. 3/2005, S. 52–54.

Renz-Polster, Herbert: Menschenkinder. Ein Plädoyer für eine artgerechte Erziehung, München: Kösel Verlag, 2011.

Reuys, Eva/Viehoff, Hanne: Feste kreativ gestalten. 1000 Ideen für Kindergruppen, 3. Auflage, München: Don Bosco Verlag, 1992.

Robert-Koch-Institut (Hrsg.): Die KiGGS Publikation. Bundesgesundheitsblatt 2007, abgerufen unter: www.kiggs.de/experten/downloads/Basispublikation/pdf, S. 800 ff. [07.08.2012].

Rogers, Carl R.; Die klientzentrierte Gesprächspsychotherapie, Reihe Geist und Psyche, Frankfurt/Main: Fischer Verlag, 1991.

Rosenberg, Susanne/Kindergarten-Workshop: So kann Ostern erklärt werden…, abgerufen unter: www.kindergarten-workshop.de, Feuerdornstraße 81, 45487 Wesel, 2004.

Rusch, Martina: Spielpädagogik, in: Bayerischer Landesverband für Gartenbau und Landespflege e. V. (Hrsg.): Praxisordner für Ganztagsschulen, 2009, S. 5–12.

Schäfer, Gerd E.: Bildung beginnt vor der Schule. Nach PISA, in: KiTa spezial, Nr. 3/2002, S. 35–39.

Schäfer, Gerd E.: Entwicklungsgespräch, in: Kindergarten heute, Nr. 9/2007, S. 35.

Schäfer, Gerd: Ethnografische Bildungsforschung, in: Viernickel u. a., Krippenforschung, München 2012, S. 89 ff.

Schaarschmidt, Monika: Wege entstehen beim Gehen. Wege des selbstbestimmten Lernens. Was Kinder alles können, wissen wollen und selbst herausfinden – Lernwerkstatt, in: Kindergarten heute, Nr. 3/2007, S. 34.

Schaarschmidt, Monika: Auf der Suche nach Antworten. Mit Kindern staunen, fragen, philosophieren, in: Kindergarten heute, Nr. 5/2008, S. 20.

Spitzer, Manfred: Digitale Demenz, München: Droemer Knaur, 2012.

Statistisches Bundesamt: Wirtschaftsrechnungen – Einkommens- und Verbrauchsstichprobe, Ausstattung privater Haushalte mit ausgewählten Gebrauchsgütern, Fachserie 15 Heft 1, Wiesbaden: 2008.

Stegmaier, Susanne: Grundlagen der Bindungstheorie, in: Martin R. Textor (hrsg.): Das Kita-Handbuch, abgerufen unter: www.kindergartenpaedagogik.de/1722.html [27.06.2016].

Strauß, Ludwig: Gesammelte Werke Bd. 1. Prosa und Übertragungen, Göttingen: Wallstein Verlag, 1998.

Sturzberger, Dietrich/Dietrich, Peter (Hrsg.): Umsetzungshilfe „Partizipation leben in Kindergarten & Grundschule. Modul 4 Kooperations- und Partizipationskompetenz, Vehlefanz: IFK, 2010, S. 5.

Tietze, Wolfgang: NUBBEK – Nationale Untersuchung zur Bildung, Betreuung und Erziehung im frühen Kindesalter, in: Viernickel, Susanne et al. (Hrsg.): Krippenforschung. Methoden, Konzepte, Beispiele, München: Ernst Reinhardt Verlag, 2012.

Van Dieken, Christel: Lernwerkstätten – Erfahrungen und Wissenswertes über ein aktuelles Thema, in: Kindergarten heute, Nr. 5/2005, S. 6–14.

Von Langen, Tanja: Kletterbäume, plätschernde Bäche und köstliche Waldbeeren, in: Kindergarten heute, Nr. 4/2008, S. 36 f.

Viernickel, Susanne et al. (Hrsg.): Krippenforschung. Methoden, Konzepte, Beispiele, München: Ernst Reinhardt Verlag, 2012.

Weiss, Gabriele: Verschiedene Adressaten – verschiedene Entwicklungsberichte. Wie Sie die Form und den Inhalt zielgenau ausrichten, in: Kindergarten heute, Nr. 11/2007, S. 20–23.

Winterhoff, Michael: Warum unsere Kinder Tyrannen werden, Gütersloh: Gütersloher Verlagshaus, 2010.

Wustmann, Corina/Remsperger, Regina: Bildungs- und Lerngeschichten – ein Beobachtungs- und Dokumentationsverfahren in bundesweiter Erprobung, in: KiTa aktuell BY, Nr. 12/2005, S. 248–252.

Wygotsky, Lew: Ausgewählte Schriften. Band 2, Arbeiten zur psychischen Entwicklung der Persönlichkeit, Köln: Pahl-Rugenstein, 1987.

Zoch, Annette: Vernarbte Seelen, in: Süddeutsche Zeitung Nr. 224 vom 29.9.2015, S. 5.

Bildquellenverzeichnis

akg-images GmbH, Berlin: S. 385

Renate Alf, Freiburg: S. 51

Bilderbox/Thening: S. 151

Bildungsverlag EINS GmbH, Köln: S. 65.2

Bundeszentrale für gesundheitliche Aufklärung, Köln: S. 207, 213

Nadine Dilly, Bottrop/Bildungsverlag EINS GmbH, Köln: S. 25, 33, 44, 64.2, 72.2, 72.4, 112, 113.1-4, 187, 195, 203, 223.5, 237, 286, 289, 366, 383, 427, 433

dpa Picture-Alliance GmbH, Frankfurt: S. 19, 63, 64.1, 70, 88.1, 88.2, 102, 198, 217, 233, 239, 244, 250, 256, 260, 261, 283, 306, 308, 327, 331, 340, 350

Anita Finkenzeller, Zolling: S. 36.1-2, 126 (links)

Fotolia.com: 20.1 (Dron), 20.2 (Uschi Hering), 20.3 (Christian Schwier), 21.1 (Dream-Emotion), 21.2 (Peter Atkins), 24.1-4 (Marcin Sadlowski), 41.1 (Christian Schwier), 41.2 (pilgrim), 65.1 (Grischa Georgiew), 72.1 (Herjua), 72.3 (Erika Kyte), 72.5 (contrastwerkstatt), 72.6 (Jose Manuel Gelpi), 72.7 (Michael Ireland), 77 (detailblick), 78 (runzelkorn), 86 (paulthomass), 87 (Stefan Richter), 92.1 (Zakharov Vitaly), 92.2 (lu-photo), 119 (Ramona Heim), 120 (Vaidas Bucys), 126. 1 (rechts: HP_Photo), 138.2 (pmphoto), 155.2 (MNStudio), 163 (Brebca), 166 (Erika Walsh), 171 (wildman), 200 (Stefan Gräf), 204.1 (Elnur), 204.2 (Franz Pfluegl), 204.3 (Dave Peck), 205.1 (contrastwerkstatt), 208 (Pavel Losevsky), 210 (Ramona Heim), 218.2 (Peter Atkins), 221 (st-fotograf), 227 (Markus Bormann), 228 (sommersprosse), 240 (lisalucia), 245 (contrastwerkstatt), 249 (Picture-Factory), 251 (photophonie), 253 (Photoinjection), 255 (brainstorming out), 257 (M.H.), 258 (womue), 281.1 (Lucian Binder), 281.2 (KCl1), 282.1 (Imagemaker), 282.2 (Increa), 282.3 (photoclicks), 282.4 (Monkey Business), 313 (Carolina K. Smith MD), 325.1 (microimages), 325.2 (ayazad). 325.3 (takranik), 329 (V&B Photo Studio), 332 (st-fotograf), 341 (Olga Lyubkina), 344 (Anna Karwowska), 349 (Sandra Thiele), 353 (Marianna Zaturjan), 356 (photophonie), 367 (dvarg), 369 (niceshot), 396 (Paul Hill), 400 (Patrizier Design), 408 (Monika Adamczyk), 411 (Tina Stumpp), 415 (Dina Magnat), 418 (picsfive), 421 (arthurdent), 430 (greenlab18), 435 (JL)

Cornelia Kurtz, Boppard am Rhein/Bildungsverlag EINS GmbH, Köln: S. 12, 16.1, 16.2, 17, 18, 29, 30, 45, 48, 49, 50, 52, 56, 59, 73, 84, 90, 106, 107, 110, 114, 118, 121, 122, 127, 131, 135, 136.1-2, 137.1-2, 138.1, 140, 142, 144, 147, 153.1-3, 154.1-3, 156, 157.1-4, 158.1-2, 162, 165, 168, 170, 175, 176, 183, 196, 218.1, 259, 262, 267, 273, 276, 278, 280, 290, 291, 296, 302, 304, 307, 322, 326, 336, 339, 345, 347, 355, 359, 361, 362, 371, 376, 391

Harald Marxen, Stapelfeld: S. 159

Illustration Sead Mujic/Süddeutsche Zeitung, Nr. 99, 29.04.2016, S. 13: S. 60

Mauritius images GmbH, Mittenwald: S. 358

MEV Verlags GmbH, Augsburg: S. 105, 333.1, 333.2, 333.4

NordSüd Verlag AG, Zürich: S. 393

Project Photos, Augsburg: S. 333.3

Programmberatung für Eltern e. V. c/o Bayerische Landeszentrale für neue Medien (BLM): S. 223.1

Ravensburger AG, Ravensburg: S. 133

Christine Rieger, Altomünster: S. 155.1

Christian Schlüter, Essen/Bildungsverlag EINS GmbH, Köln: S. 11, 20.4, 58, 62.1-4, 69.1-2, 264

Friederike Schumann, Berlin/Bildungsverlag EINS GmbH, Köln: S. 89, 205.2, 266

Shutterstock, New York: S. 31 (Poznyakov), 130 (Sunny studio), 160.1 (Susan Leggett), 161 (Pressmaster), 229 (riopatuca)

Süddeutsche Zeitung, Nr.99, 29.4.2016, S.13: S. 160.2

Oliver Wetterauer, Stuttgart/Bildungsverlag EINS GmbH, Köln: S. 311.1-4

www.basteln-gestalten.de: S. 1921-9

Stichwortverzeichnis

A

Ablösephase 154
Abschluss 189, 192, 194, 379, 381, 383, 385, 387, 391, 393, 396, 397, 399, 403, 404, 408, 411, 414, 417, 418, 421, 424, 427, 430, 433, 435, 437, 439, 441, 443, 445
Abzählreime 131
Advent 351
Aggressionen 117
aktives Zuhören 313, 316, 318
Alltagstheorien 46
angeleitetes Rollenspiel 381
Angst 117, 140
Anleitertätigkeit 18
Anschauungsmaterial 194
Arbeitsablauf 269
Arbeitsergebnisse 270
Arbeitsmaterial 194
Arbeitsstelle 19
Arbeitswelten 283
Arbeitszufriedenheit 270
Armut 100
Ästhetik 418
Asyl 100
Aufforderungscharakter 187
Aufnahmegespräch 327
Aufsichtspflicht 33, 128
Ausbildungsstätte 18
Ausdauer 116, 125
Außenseiter 118
Auswertung 44, 339
Auswertungsphase 199
Autonomie 147
Autonomieerleben 180

B

Basiskompetenzen 179, 247, 255, 256
Bauecke 157
bauen 125
Bedeutung des Spiels 114
Bedürfnisse 323
begreifen 120
beobachten 45, 142
Beobachtung 24, 115, 118
Beobachtungsberichte 247
Beobachtungsdauer 29
Beobachtungsergebnis 29
Beobachtungsfehler 29
Beobachtungsinhalte 26
Beobachtungsinstrument 32
Beobachtungsverfahren 31
Beobachtungsziele 26
Berliner Eingewöhnungsmodell 236
Beruf 283
Berufliche Anforderungen 11
Berufliches Lernen 16
Berufsmotivation 14
Beschwerde 321, 322
Beurteilungsfehler 45
Beurteilungskriterien für Bilderbuch 208
Beurteilungskriterien für gute Kinderfilme 215
Beurteilung von Computer- und Videospielen 220, 224
Bewegung 115, 254, 438
Bewegungsabläufe 120
Bewegungsbedürfnisse 119
Bewegungserziehung 256
Bewegungsfreude 257
Bewegungskompetenz 255, 256
Bewegungsspiele 138, 140
bezugsorientiertes Betreuen 236
bezugspersonenorientiertes Betreuen 236
Bilderbuchbetrachtung 393
Bilderbuch 208
Bilderbücher 210
Bilderbuchgeschichte 208
Bildungsangebot 184
Bildungschance 173
Bildungsgespräch 44
Bildungspartnerschaft 324
Bildungsplan 44, 179
Bildungspotenzial 164
Bildungsprozess 160
Bildungsprozesse 151
Bildungs- und Erziehungspartner 290
Bildungs- und Erziehungspartnerschaft 44, 291, 294, 295
Bildungs- und Lerngeschichte 363
Bild vom Kind 293
Bindung 145, 162
Biografie , 13, 45
Biografiebezug 105
Bräuche 357
Brettspiele 133
Bundeskinderschutzgesetz 21

C

Computer 221
Computermedien 221, 227
Computernutzung 226

D

darstellendes Spiel 126
Datenschutz 249
demokratische Teilhabe 182
Denkfähigkeit 180
Didaktische Planung 189, 193
Didaktische Spiele 405
Differenzierungsphase 154
Dokumentation 339, 371
Drucktechnik 424
Durchführungsphase 199

E

Early-Excellence-Konzept 21
Eingewöhnung 235, 240
Eingewöhnungsphase 235
Eingewöhnungsprozess 235
Eingewöhnungszeit 236, 237, 242
Einsatzfelder 20
Einstellungen 179
Einstieg 188, 190, 194, 377, 380, 382, 384, 386, 389, 392, 395, 397, 398, 402, 403, 406, 407, 409, 413, 416, 417, 419, 420,

422, 425, 428, 429, 431, 434, 436, 438, 440, 441, 443, 444
Elektronische Medien 213
Eltern 20, 44, 245, 292, 321
Elternabend 245, 299, 322
Elternbefragung 308
elternbegleitete Zeit 236
Elternbeirat 245, 308
Elternbeschwerden 322
Elternbildungsabend 300
Elternbrief 304
Elterncafé 328
Elterngespräch 317
Eltern-Kind-Feste 307
Elternmitarbeit 329
Elternsprechstunde 301
Elternstammtisch 245
Eltern-und-Kind-Nachmittage 328
Elternvertreter 308
emotionale Kompetenz 117
emotionale Sicherheit 162
Emotionalität 376
Empathie 181
entdeckendes Beobachten 34
Entspannung 118, 181
Entspannungsübungen 140, 376
Entwicklungsbericht , 43
Entwicklungsbrief 143
Entwicklungsgefährdung 109
entwicklungsgerecht 281
Entwicklungspartnerschaft 242
Entwicklungsplan 34

Entwicklungsschritte 243
Entwicklungsstand 116, 133
Erfahrungen 117
Ergebnisprotokoll 45
Ergebnisqualität 368
Erkenntnis 178
Erlebnisturnen 438
Erntedankfest 342, 344
Erstbilderbuch 208
Erstgespräch 293, 327
Erstsprache 327
Erwartungen 13, 15
Erzählung 210
Erzieherisches Handeln 175, 203
Erziehungspartner 310
Erziehungspartnerschaft 324
Erziehungs- und Bildungspartnerschaft 292, 331
Esstisch 156
Ethnografie 36
experimentieren 115, 124 139 , 409

F

Fachdienste 90
Fachdiensten 331, 373
Fähigkeiten 178
Fahrradtraining 263
Falten 189, 421
Familie 89, 131, 234, 323
Familienberatung 21
Familienförderung 21
Familiensprache 327
Familienwelt 233
Familienzentrum 21
Fantasie 180

Fantasiereisen 376
Fantastische Kindergeschichten 211
Fasching 354
Faschingsfeier 355
feiern 333
Fernseherfahrungen 216
Fernsehgebrauch 214
Fernsehnutzung 216
Fertigkeiten 178
Festen 329
Film 213
Fingerspiel 130, 391
Flucht 100
Formen der Zusammenarbeit 296
Forschen 115, 125
Fort- und Weiterbildungen 372
Frage 166
freie Rollenspiel 127
Fremdheitsphase 153
Fremdwahrnehmung 29
Funktion 122
Funktionsspiel 125
Fußgänger-Grundwissen 253
Fußgängertraining 261

G

Geborgenheit 131
Geburtstagsbrauchtum 340
Gedächtnis 180
Gefahren 128, 139
gefährliches Spielzeug 124
Gefühle 118
gelenkte Rollenspiel 129
gemeinsame Runde 195

Gesamtgruppe 33
Geschicklichkeit 119
Gespräch 312
Gesprächsführung 309, 313, 379
Gesprächsregeln 311
Gesprächs- und Abstimmungsregeln 182
gestalten 124, 126
Gesundheit 411
Gesundheitserziehung 416
Gewalt 98
gezielte Aktivität 177, 184,189
gezieltes Angebot 177
Grob- und feinmotorische Kompetenzen 181
Grobziele 179
Grundbedürfnis 115
Grundregeln 120
Grundschule 263
Gruppe 119
Gruppenkreis 195, 196
Gruppenpädagogik 152
Gruppenzugehörigkeit 197
Gütesiegel 370

H

Halloween 345
Halo-Effekt 46
Haltungen 179
Handlungsfähigkeit 131
Handmotorik 131
Handpuppen 261
Hauptteil 188, 194
Hausbesuche 330
hauswirtschaftliche Angebote 415

Stichwortverzeichnis

Hilfsmittel 194
Homepage 293
Hort 246, 248, 263
Hort- und Kitazeitung 306
Hospitation 328
HUGS für Hort 370

I

Ich-Botschaften 313, 319
Identifikation 117
Imitations- und Symbolspiel 127
Impuls 166
Individualisierung 186
Informationsübermittlung 331
Inklusion 105
Interessen 177, 182
interkulturelle Erziehung 324
interkulturelles Lernen 331

J

Jugendhilfe 111

K

Kasperletheater 399
Kimspiele 411
Kinder-CDs 217
Kinderfilm 215
Kinder-CDs 219
Kindergarten 20, 239, 242
Kindergarteneinschätz-Skala 370
Kindergartenjahre 133
Kindergeburtstag 340
Kindergottesdienst 200
Kinderhaus 21
Kinderhörspiele 218
Kinderhort 20
Kinderkonferenz 195, 196, 197
Kinderkrippe 20, 234, 237, 239
Kinderliteratur 204, 211, 212
Kindertagesstätte 20
Kindesmisshandlung 98
Kindgemäßheit 186
Kindheitserfahrungen 11
Kitazeitung 304
klärendes Gespräch 312
Kleinkinder 125
Kleinstkind 20
Kognition 254
kognitive Kompetenz 120, 255, 259
Kognitiver Förderbedarf 87
kollegialer Führungsstil 267
Kommunikationsfähigkeit 181
Kommunikationstechnik 393
kommunikative Kompetenz 149
Kompetenzen 44, 446
Kompetenzerleben 151, 180
Konflikt 147, 148
Konflikte 118, 128, 139, 277
Konflikte bewältigen 272
Konfliktgespräche 321
Konfliktmanagement 181
konstruieren 125, 139
Konstruktionsspiel, 125
konstruktive Kritik 272
konstruktive Zusammenarbeit 295
Kontaktaufnahme 131
Konzentration 116, 125
Konzept 364, 366
Konzeption 22, 23
Kooperation 89, 285, 292, 294, 295
Kooperationsbeauftragten 249
Kooperationsfähigkeit 181
Kooperationspartner 248, 279, 284, 373
Körpersprache 130
Körperwahrnehmung 131
kreatives Gestalten 430
kreatives Handeln 125
Kreativität 180
Kreis- und Singspiele 135, 383
Krippe 235
Krippen-Skala KRIPS-R 370
Kritische Distanz 45
Kultur 104, 418
Kunst 418
Kurzkontakte 297
Kuschelecke 157

L

learning stories 34
Lebensform 115
Lebensnähe 186
Lebenspraktische Übungen 397
Leitbild 364
Leitziele 179
Lernfortschritt 43
Lerngegenstand 183, 193
Lerngeschichte 34, 45
Lerngeschichten, Portfolios 247
Lernmethodische Kompetenz 182
Lernsituation 399
Lernspiele 405, 406
Lernumgebung 87
Lernwerkstatt 165, 402
Lernziele 178, 179, 190, 193
Leseecke 157
Literacy 385
logische Beurteilungsfehler 46
Loris Malaguzzi 139

M

malen 126, 418
Maltisch 157
Märchen 210, 314, 385
Margret Carr 34
Martinsfeier 348
Material 190
Materialauswahl 186
Mathematik 401
mathematische Bildung 402
Medien 204
Medienkompetenz 217
Methode 182
methodische Grundsätze 44, 133, 140, 184, 313, 322
methodische Grundsätze 399
methodische Planung 190, 193

methodisches Vorgehen 184
Migrantenfamilien 326, 331
Migration 105
Migrationshintergrund 118, 323, 324
Milde-Effekt 46
Mitarbeiterorientierung 371
Mitteilungsform 329
Mitwirkungsmöglichkeiten 293
Mobilitätserziehung 256
modellieren 427
Morgenkreis 187
motorische Entwicklung 140
motorisch Fertigkeiten 119
motorische Kompetenz 119
motorische Fähigkeiten 256
Musik 131, 433
Muttersprache 107
Muttertag 359
Müttertreff 328

N

Natur 141
Naturwissenschaft 401
naturwissenschaftliche Experimente 408
Neugier 180
Nikolaus 348
Nikolausbrauchtum 349
Nikolausfeier 349
nonverbale Mitteilungen 311

O

Objektivität 30
Öffnungszeiten 20
organisatorischer Rahmen 338
Orientierungsphase 153
Orientierungsqualität 368
Osterfest 356, 357
Ostern 356

P

pädagogisches Konzept 155
Partizipation 89, 197
Persönliche Ansprache 328
physische Kompetenzen 181
Planungsphase 199
Planungsraster 338
Polizei, Verkehrswacht 260
positive Grundhaltung 314
positives Selbstkonzept 180
„POZEK"-Schlüssel 212
Praktikum 15
Praktische Organisation 338
Praxisanleitung 17
Praxisstelle 18
Problemlösefähigkeit 180
Problemlösungen 272
Projekt 200
Projektdurchführung 202
Projekte 197, 198
Projektreflexion 202
Projektverlauf 199
Prozessqualität 368

Puppenecke 158

Q

Qualifikationsrahmen DQR 363
Qualifikationsrahmen (EQR) 363
Qualität 34, 270, 362, 364, 369, 370
Qualität entwickeln 372
Qualität reflektieren 373
Qualitätsbeurteilungen 364
Qualitätsbewertung 370
Qualitätsentwicklung 308, 365
Qualitätshandbuch 367
Qualitätskriterien 366
Qualitätsmanagement 365
Qualitätsprozess 369, 372
Qualitäts-Schlüsselbegriffe 364
Qualitätssicherung 199, 365
Qualitätsstandard 365, 367, 370
Qualitätsverständnis 366

R

Ratespielen 388
Raum 40
Raumgestaltung 190
realistische Kindergeschichten 211
reflektieren 203
Reflexion 114, 203, 365, 373
Regel 146, 263
Regeln 132, 139, 142, 197, 226, 262, 263, 276, 298, 373
Regelspiele 131, 132
Regelspiele: Gewinnen und Verlieren 134
Reggio-Pädagogik 139
religiöse Erziehung 327
Religiosität 200, 443
Repräsentanz 105
Resilienz 182
Risikofaktoren 109
Risikokind 286
Ritual 146
Rituale 197, 340
Rolle 118
Rollenspiel 127
Rücksicht 258

S

Sach- und Beziehungsaussage 313
Säugling , 20, 118
Säuglinge 125
Scaffolding 169
Schaffenslust 125
Scheidung 96
Schnuppertage 328
Schonraum 260
Schule 18, 246, 286
Schuleintritt 247
schulfähig 247
Schulwegtraining 262
Schutzfaktoren 109
Selbstbewusstsein 115
Selbstbildung 162
Selbstevaluation 367
Selbstlerner 138
Selbstregulation 180
Selbstwahrnehmung 180
Selbstwertgefühl 180

Stichwortverzeichnis

Selbstwirksamkeit 180
selektive Wahrnehmung 30
sexueller Missbrauch 98
Sicherheitserziehung 264
singen 433
Sinneserfahrungen 125
Sitzordnung 193
Softwareangebot 222
Solidarität 181, 273
Soll-Standard 366
Sommerfest 360, 361
soziale Beziehungen 376
soziale Eingebundenheit 152
soziale Kompetenz 118, 181, 255, 256
Soziale Kompetenzen 181
soziale Lernprozesse 128
Spannung 118
Spiel 112
Spieldauer 134
Spielerfahrungen 118
Spielfigur 132
Spielformen 124
Spielhandlung 117
Spielideen 127
Spielmaterial 119, 121, 131, 139
Spielpartner 118
Spielraum 155
Spielräume 118
Spielregeln 133
Spielsituation 117
Spielstörungen 143
Spielthema 133
Spieltherapie 118
Spiel- und Lebensräume 279
Spielverhalten 142
Spielwelt 281
Spielwert 133
Sport 438
Sprache 84, 120, 130, 131, 385
Sprachentwicklung 85, 130
Sprachförderung 108
Sprachverhalten 86
St.-Martins-Fest 347
Strenge-Effekt 46
Stress 244
strukturierte Beobachtungsverfahren 37
Strukturqualität 368
Sucht 96
Symbole 352, 357

T
Tag der offenen Tür 303
Tagesablauf 237
Tagespflegemutter 21
Tagespflegestelle 21
Tagesverlauf 29
Tanz 438
TAS für die Tagespflege 370
Team 39, 266, 269
Teamarbeit 265, 266, 270
Teambildung 274
Teamfähigkeit 131
Teamleistungen 272
Teammitglieder 267, 269
Teamregeln 275
Teamsitzung 276
Technik 401
Teilschritte 186
Theater- und Figurenspiel 131
Thema 182
Themensuche 183
Themenwahl 183
Toleranz 89
Träger 22
Trauma 101
Turnstunde 439
Tür-und-Angel-Gespräche 298, 328

U
Überblick 134, 197
Übergang 229, 231, 234, 239, 246
Übergangssituationen 244
Umfeld 279
Umgebung 138
Umwelt 411

V
Verantwortungsübernahme 181
verbale Mitteilungen 311
Verkehrserzieher 253
Verkehrsgarten 260
Verkehrssicherheitserziehung 251, 253, 256, 260
Verkleidungskiste 128, 131
Verlauf planen 187
Verlaufsplanung 190, 194
Vertrautheitsphase 154
Videoaufzeichnung 36
Volksmärchen 211
Vorbereitung 338
vorurteilsbewusste Erziehung 324

W
wahrnehmen 29
Wahrnehmung 180, 254
Wahrnehmungsentwicklung 138
Wahrnehmungskompetenz 255, 257
Wahrnehmungstäuschung 30
Weihnachten 351
Weihnachtsbrauchtum 352
Weihnachtsfest 353
Werte- und Standortbestimmung 338
Werthaltungen 116, 181
Wertorientierung 443
Wertschätzung 85, 105
Widerstandsfähigkeit 182
Wissen 178

Z
Zahlen, Farben und Formen 120
Zertifikat 370
Zielangabe 188, 194
Ziele 182
zielführend 281
Zielgruppe 177
Zusammenarbeit 308, 309, 321, 326, 331
Zusammensetzung der Gruppe 189
Zuständigkeit 338
Zweitsprache 327
Zweitspracherwerb 107